D1930039

Über dieses Buch

Dieses Buch ist ein Beispiel für die Fruchtbarkeit der phänomenologischen Methode. Schicht um Schicht legt Laurence Wylie den Alltag jener kleinen südfranzösischen Gemeinde frei, in der er mit seiner Familie ein Jahr gelebt hat und die er hier ebenso unparteiisch wie liebevoll beschreibt. In einer der Rezensionen der deutschen Ausgabe heißt es, man erführe alles über das Dorf, von den Fassaden seiner Häuser bis zum Unbewußten seiner Bewohner. Und in ›Die Tat‹ schrieb der Rezensent: »Ganz abgesehen von seiner soziologischen Bedeutung und auch davon, daß Wylies Buch auch für Frankophile und besonders für Kenner der Provence eine Fundgrube darstellt – es ist ein Musterbeispiel für eine neue Art von soziologisch fundierter, beschreibender Sachliteratur, die unser Bewußtsein von uns selbst entwickelt, indem sie unser Wissen von unseren Nachbarn, vom Menschen, von der conditio humana erweitert.«

Der Autor hat seit der Erstpublikation der deutschen Ausgabe die Veränderungen in der Gemeinde weiter beobachtet und darüber 1974 ein zusätzliches Kapitel – ›Fünfundzwanzig Jahre später‹ – veröffentlicht. Die deutsche Übersetzung dieses Kapitels erscheint erstmalig in der vorliegenden Taschenbuchausgabe.

Der Autor

Laurence Wylie, geboren 1909 in Indianapolis. Studium an der University of Indiana und an der Sorbonne sowie an der École libre des sciences politiques. 1940 Promotion an der Brown University. Zunächst lehrte er am Simons College, dann – von 1947 bis 1959 – am Haverford College. 1959 wurde er als C. Douglas Dillon Professor of the Civilization of France an die Harvard University berufen. Er ist dort Mitglied sowohl des sozialwissenschaftlichen als auch des romanistischen Fachbereichs. 1965 bis 1967 arbeitete er als amerikanischer Kulturattaché und Vorsitzender der Fulbright Kommission an der amerikanischen Botschaft in Paris. – *Dorf in der Vaucluse* erschien zuerst 1957 bei Harvard University Press, 1962 als Paperback bei Harper. Die vollständige französische Ausgabe wurde 1968 von Gallimard publiziert. Wylie ist ferner Ko-Autor folgender Bücher: *Deux Villages* (1962); *In Search of France* (1963); *Chanzeaux* (1966) (einer anderen großen gemeindesoziologischen Untersuchung, die er geleitet hat).

LAURENCE WYLIE

Dorf in der Vaucluse

Der Alltag einer französischen Gemeinde

FISCHER TASCHENBUCH VERLAG

Der vorliegende Abdruck übernimmt
– bis auf das neu hinzugekommene 19. Kapitel ›Fünfundzwanzig Jahre später‹ –
unverändert den Text
der erstmals 1969 in der S. Fischer Reihe CONDITIO HUMANA;
ERGEBNISSE AUS DEN WISSENSCHAFTEN VOM MENSCHEN
(Herausgeber: Thure von Uexküll und Ilse Grubrich-Simitis;
Berater: Johannes Cremerius, Hans J. Eggers, Thomas Luckmann)
erschienenen Edition.

Fischer Taschenbuch Verlag
Juni 1978
Umschlagentwurf: Jan Buchholz/Reni Hinsch
Die amerikanische Originalausgabe erschien unter dem Titel
›Village in the Vaucluse‹ erstmals 1957 bei
Harvard University Press, Cambridge, Mass.
© The President and Fellows of the Harvard College, 1957, 1964, 1974
Aus dem Amerikanischen übersetzt von Eva Krafft-Bassermann
Fischer Taschenbuch Verlag GmbH, Frankfurt am Main
Die Taschenbuchausgabe erfolgt mit freundlicher Genehmigung
des S. Fischer Verlags GmbH, Frankfurt am Main
Für die deutsche Ausgabe:
© S. Fischer Verlag, Frankfurt am Main 1969, 1978
Druck und Bindung: Clausen & Bosse, Leck (Schleswig)
Printed in Germany
980-ISBN-3-596-26621-1

Zu diesem Buch

»Ich bin Lehrer für französische Zivilisation. Ich habe nie in Südfrankreich und noch nie in einem Dorf gelebt. Wir würden gerne ein Jahr hier bleiben, um zu sehen, wie man hier lebt.« Mit diesen Worten stellte Laurence Wylie, heute Professor an der Harvard University, sich und seine Familie den Bewohnern jenes Dorfes im südfranzösischen Departement Vaucluse vor, deren Alltag er erforschen wollte. Er hatte nichts anderes im Sinn, als seinen amerikanischen Studenten ein möglichst anschauliches Bild von den ländlichen Verhältnissen zu geben, die für einen beträchtlichen Teil der französischen Bevölkerung typisch sind. Mittlerweile zählt das Buch, das aus diesem Unterfangen entstand, zu den bedeutenden Beispielen gemeindesoziologischer Literatur. Mit seiner untheoretischen, überaus konkreten Beschreibungstechnik und der Intensität minutiöser Beobachtung demonstriert es die Fruchtbarkeit der phänomenologischen Methode. Seiner Lebendigkeit wegen fand es auch bei den Nicht-Fachleuten starke Resonanz. Diese unterhaltsame Studie merkwürdiger Dorfbewohner schildert einen Modellfall sozialen Zusammenlebens und beweist gleichzeitig, daß man keineswegs zu den fernen Trobriand-Inseln zu reisen braucht, um sich davon zu überzeugen, wie anders als man selbst Menschen denken und sich verhalten können, wie prägbar und variabel die Conditio humana ist. Dies war das entscheidende Argument für die Aufnahme des Buches in die Reihe.

Wylie zeigt einen in sich geschlossenen Kosmos im Kleinen. Mit der inneren Distanz des Ethnologen geht er durch die Straßen, sitzt im Café, begleitet die Leute zum Markt, auf die Felder, studiert ihre Methoden der Kindererziehung, ihre kuriosen Bräuche und Aberglauben, das Belote- und Boulesspiel, feiert mit ihnen die Feste der Gegend, besucht ihre politischen Versammlungen, analysiert ihr Gesellschaftsbild und die Besitzverhältnisse, recherchiert in den Gemeindearchiven und notiert Tag für Tag, was ihm begegnet ist. Er will wissen, warum die

Lehrerin dem kleinen Alphonse Peretti seine schlechte Schularbeit auf den Rücken heftet und ihn damit auf die Straße schickt, warum der Kommunist Chanon und der Katholik Jouve bei der Wahl sich gegen die Radikal-Sozialisten zusammentun, warum auf die Stimmzettel häufig Beleidigungen geschrieben werden, weshalb die Erwachsenen jeder Form organisierter Macht feindselig gegenüberstehen, sich vor Staat, Politik und Öffentlichkeit fürchten usw.

›Dorf in der Vaucluse‹ handelt von konkreten Figuren und erzählt Geschichten, die sich tatsächlich zugetragen haben. »Dennoch«, schreibt der Autor, »ist dies Buch mehr als ein Bericht von Anekdoten. Es ist wichtig zu sehen, wie Einzelheiten und Ereignisse des Alltags sich zu einem geschlossenen Lebensbild zusammenfügen«, und es »wurde der Versuch gemacht, lebende Personen im Rahmen einer systematischen Beschreibung ihrer Zivilisation zu schildern«. So verstanden, ist ›Dorf in der Vaucluse‹ für den deutschen Leser mindestens ebenso interessant wie für den amerikanischen.

Inhalt

Erholung und Vergnügungen der Erwachsenen

Wie man alt wird in Peyrane

Epilog

Anhang

[Alle Fotos wurden vom Autor aufgenommen]

Für A. Irving Hallowell

Vorwort zur deutschen Ausgabe

Dieser Kontakt mit deutschen Lesern ist mir sehr willkommen, denn so bietet sich mir die Gelegenheit auszusprechen, wie sehr ich in der Schuld deutscher Autoren stehe, die das Leben in Frankreich analysiert haben. Ich bin in einer kleinen Stadt in den Bergen von Süd-Indiana aufgewachsen und hatte *mon pays* fast nie verlassen, als ich im Alter von zwanzig Jahren für ein Jahr nach Frankreich ging. Der kulturelle »Schock« dieses Aufenthaltes erwies sich als so außerordentlich anregend, daß ich, wie ich jetzt vierzig Jahre später rückblickend feststelle, als Erwachsener einen großen Teil meiner Zeit damit zugebracht habe zu begreifen, warum die Menschen in Frankreich so anders sind als jene, mit denen ich in Indiana aufgewachsen bin.

Ich suchte Antwort in Büchern über Frankreich und stellte fest, daß zwei der besten von Deutschen stammen: *Einführung in die französische Kultur* von Ernst Robert Curtius und *Gott in Frankreich* von Friedrich Sieburg. Offenbar werden die geistreichsten Analysen von Kulturen jeweils von Ausländern geschrieben: Borrow über Spanien, Tocqueville und Myrdal über die Vereinigten Staaten, Madariaga über England und Frankreich, Madame de Staël über Deutschland. Aber obwohl ich diese Bücher aufschlußreich und scharfsinnig finde, kann ich ein gewisses Mißtrauen doch nie loswerden, weil ihre Generalisierungen derart umfassend sind und weil Kulturmerkmale, soziale Unterschiede usw., sofern sie nicht in die allgemeine Theorie passen, allzu bereitwillig beiseite geschoben werden. Ich hätte gerne spezifischere, konkretere Studien gelesen, in denen man die Richtigkeit der Thesen genau nachprüfen kann.

Weil es dergleichen nicht gab, habe ich meine Studie über die Vaucluse sowie eine weitere über den Anjou (*Chanzeaux; Ein Dorf im Anjou*, 1966) unternommen. Ich wollte an die Wurzeln des französischen Lebens gelangen, um zu sehen, ob auch in diesen speziellen Fällen die

Thesen von Curtius und anderen Autoren sich verifizieren ließen. Im Buch habe ich diese Frage offengelassen, der Leser möge selbst darüber entscheiden. Denn nach wie vor bin ich wenig geneigt, verallgemeinernde Aussagen über alle Franzosen zu machen. Ich beschreibe hier lediglich die Gemeinde, die ich untersucht habe. Der Leser mag, wenn es ihm angebracht erscheint, meine Erfahrungen und Beobachtungen auf ganz Frankreich ausdehnen; für solche Generalisierungen ist er dann freilich selbst verantwortlich.
Gewiß ist der in diesem Buch beschriebene Teil Frankreichs vielen Deutschen nicht unbekannt. Während unseres Aufenthaltes trafen wir oft Deutsche, die die herrliche Lage von Peyrane bewunderten und das köstliche Essen von Monsieur Vincent genossen. Es war interessant, ihre Ansichten zu hören. Ich hoffe, daß die deutsche Ausgabe noch manchen Leser dazu bewegen wird, das Dorf zu besuchen. Er wird einer eigenwilligen Welt begegnen und sein Leben um eine köstliche Erfahrung bereichern.

Cambridge, Massachusetts
Juni 1969 L. W.

Vorwort zur zweiten Auflage der Originalausgabe

Dieses Buch wurde in der Hoffnung verfaßt, eine genaue Beschreibung des Lebens in Peyrane, einem französischen Dorf, geben zu können, in dem wir 1950/1951 lebten. Ebenso hoffte ich, wenn auch mit weniger Gewißheit und geringerer Überzeugung, damit einen Einblick in die französische Lebensweise auch außerhalb der Gemeinde Peyrane zu vermitteln; es war immerhin erfreulich, daß andere Beobachter bestätigten, man könne das französische Volk durch die Bekanntschaft mit den Leuten von Peyrane besser verstehen. Heute, nach dreizehn Jahren, bedarf die Beschreibung einer Korrektur. Weil ganz Frankreich und damit auch Peyrane sich verändert hat, entsteht die Frage, wieviel von der ursprünglichen Beschreibung noch zutreffend ist. Zum Teil wird diese Frage in meinem Aufsatz ›In Search of France‹[1] beantwortet. Anläßlich der zweiten Auflage habe ich die Frage nun unmittelbarer in einem Kapitel erörtert, das dem ursprünglichen Text hinzugefügt ist. Ich habe darin versucht, das Peyrane von heute zu verstehen und zu beschreiben, das in mancher Hinsicht von dem des Jahres 1950 verschieden, in wichtigen Punkten jedoch dasselbe geblieben ist.

Dieser zusätzliche Bericht beruht auf vielen Quellen, vor allem auf unseren neuerlichen Erfahrungen in der Gemeinde selbst, denn im Frühjahr 1959 und in den Sommern 1959 und 1961 kamen wir zu Besuch dorthin zurück. Wir erhielten auch Briefe aus Peyrane und Berichte von Freunden und Lesern des Buches, die das Dorf besucht hatten. Ein französischer Soziologe und ein italienischer Psychiater haben über spezielle Aspekte des Lebens in Peyrane Studien gemacht und mir über einige ihrer Erfahrungen berichtet. Im November 1962 hatte ich Gelegenheit, den neuen Bürgermeister von Peyrane in Paris zu treffen, als er gerade aus der Vaucluse kam, wo er an den Wahlen zur Natio-

[1] *Social Change at the Grass Roots*, Harvard University Press, 1963, S. 159–234.

nalversammlung teilgenommen hatte. Die Volkszählungen von 1954 und 1962 bildeten mit anderen Daten die Basis für weitere Studien über die Bevölkerungsentwicklung.

Natürlich gibt es jetzt keinen Grund mehr, den richtigen Namen der Gemeinde – Roussillon – zu verschweigen, seitdem Interessierte ihn ziemlich leicht ausfindig machen konnten und seitdem das Buch in Peyrane bekannt geworden ist. Gleich nach der Veröffentlichung im Jahre 1957 schickte ich ein Exemplar an Rivet, der mir durch Informationen, die ich beim Schreiben benötigte, besonders geholfen hatte. Es gelangten noch weitere Exemplare in die Gemeinde; amerikanische Besucher brachten die ihren mit. Mauron, der Besitzer eines Cafés, bestellte Exemplare durch die UNESCO sowie durch einen Buchhändler in Apt und verkaufte einige Dutzend an Touristen und Sommergäste. Ein Exemplar hatte er auf dem Bartisch liegen und benutzte es als Gästebuch. Moïse und andere haben ihre Photographien signiert. Moïse schickte mir in seiner Begeisterung ab und zu eine Postkarte und unterschrieb mit dem Pseudonym Moïse Jannel statt mit seinem richtigen Namen.

Moïses Einstellung zu dem Buch wird aber keineswegs von allen Leuten in Peyrane geteilt. Obwohl ich der Meinung war, freundlich über das von mir so geliebte Dorf geschrieben zu haben, bestätigte sich meine Hoffnung offensichtlich nicht, einen genauen Bericht veröffentlichen zu können und dennoch mit jedem in gutem Einvernehmen zu bleiben. So sagte mir Monsieur Reynard später, als wir über dieses Thema sprachen: »Sie können kein Omelette machen, ohne die Eier aufzuschlagen!« Gewiß waren nachteilige Dinge, die ich über manche schrieb, reine Schmeicheleien, verglichen mit den Unfreundlichkeiten, die die Peyraner über einander sagen. Trotzdem war es nicht zu vermeiden, unbeabsichtigt das Empfinden einiger Leute zu verletzen. Als jedoch Jahre vergangen waren, schien die Wunde geheilt. Unsere Peyraner Freunde sind immer besonders herzlich, wenn wir sie besuchen oder wenn unsere amerikanischen Freunde ihnen unsere Grüße überbringen.

Die meisten unserer Freunde in Peyrane – und sie sind die Hauptfiguren in diesem Buch – scheinen wenig am Text interessiert zu sein, aber sie lieben die Photographien, auf denen sie zu sehen sind, und sie freuen sich, daß man Peyrane jetzt besser kennt. Die meisten von ihnen sind jedoch keine großen Bücherfreunde; sie sind weniger an einem Text interessiert und von ihm beeindruckt als Menschen, die gewohnt sind, Bücher zu lesen. Sie haben gehört, daß das Buch intime Details enthält,

aber solange Dinge in einer Sprache berichtet werden, die die Nachbarn nicht verstehen, fühlen sich die Peyraner nicht betroffen. Ich schickte einigen Freunden Exemplare einer gekürzten Fassung, die, ins Französische übersetzt, in Frankreich veröffentlicht worden war.[2] Doch sie enthielt nur wenige der vertraulichen *»petites histoires«*; die Gefahr, die Leute in Verlegenheit zu bringen, war daher gering. Die Reaktion auf diesen französischen Text war herzlich; doch hatten die Leute von Peyrane ihr größtes Vergnügen daran, den Professor bei sachlichen Irrtümern zu ertappen, z. B. Erbsen sind *nicht* schon im März reif; Roussillon ist nicht ein *monument classé*, sondern ein *site classé*. Manche fanden, ich hätte einigen der in der Gemeinde weniger angesehenen Personen einen zu guten Charakter zugeschrieben. Im ganzen sind meine Beziehungen zu Peyrane nicht beeinträchtigt worden, und es gibt für mich kein größeres Vergnügen, als nach Peyrane zurückzukehren und mit meinen alten Freunden ein Glas Wein zu trinken – Bourdin, Carette, Rivet, Moïse, Favre, Jouvaud, Pascal und Mauron.
Die einzigen Leute, die, offenbar aus Prinzip, das Buch mißbilligten, waren einige aus der Stadt, die ihre Ferien in Peyrane verbrachten, oder Leute, die, seitdem das Buch geschrieben wurde, dorthin gezogen sind. Für sie ist Peyrane ein Zufluchtsort, sie sehen in ihm einen idyllischen Platz für Künstler und Intellektuelle und wollen, daß die Welt es auch so sehe. Meine Schilderung von Peyrane bekräftigt diese Vorstellung nicht. Sie kritisieren das Buch, weil es eher einen offenen Bericht als eine künstlerisch veränderte Wirklichkeit enthält. *Tout n'est pas bon à dire, n'est-ce pas?*
Tatsächlich hätte ich dem Buch lieber noch etwas hinzugefügt als etwas gestrichen, denn ich weiß wohl, wie viel vom Leben in Peyrane in meiner Schilderung fehlt. Für die Anthropologen und die Soziologen hätte ich gerne eine vollständige Beschreibung der sozialen Struktur, der Genealogie und der Besitzverhältnisse gegeben. Für die historische Vollständigkeit und für das allgemeine Interesse hätte ich mehr von den Tatsachen wissen müssen, die ich unterdessen kenne – wie das faszinierende Detail, auf das ich in Samuel Becketts ›Warten auf Godot‹ stieß. Mein Herz schlug höher, als ich die Stelle las, an der eine der Hauptpersonen zu einer anderen sagt: »Aber wir waren zusammen in der Vaucluse, ich schwöre es. Wir arbeiteten zusammen während der Ernte

[2] *Village en Vaucluse*, herausgegeben von Armand Bégué, Houghton Mifflin Company, Boston 1961.

auf Bonellys Hof in Roussillon ..... Alles ist rot dort unten.« Vor mir auf dem Schreibtisch lag die Wahlliste Roussillons von 1953 mit Bonellys Namen.
Natürlich schrieb ich gleich an Rivet und erfuhr, daß Beckett während der Kriegsjahre in Peyrane gewesen war. Als ich das nächste Mal nach Peyrane kam, ging ich zu Bonelly. Er erzählte mir, er hätte Beckett Wein und Gemüse verkauft; aber er kannte ihn nicht so gut wie unser alter Freund Aude. Und dabei hatte ich Stunden mit Aude verbracht, ohne etwas über diese Kriegsfreundschaft zu erfahren!
Denke ich an die vielen Dinge, die ich versäumte, als ich Peyrane erforschte, so bemerke ich Lücken in meinem Bericht. *»Mais c'est comme ça!«* Doch ich hoffe, daß das Buch mit dem neuen Kapitel, das die Dinge auf den heutigen Stand bringt, eine recht genaue Vorstellung vom Leben in Peyrane gibt – einmal für die Amerikaner, für die das Buch geschrieben wurde, und zum anderen für die Leute von Peyrane, denen ich so dankbar und zutiefst verbunden bin.

Cambridge, Massachusetts
Juni 1963 L. W.

Vorwort zur ersten Auflage der Originalausgabe

Dies ist ein Bericht vom Leben in einem französischen Dorf in der Sprache der Leute, die heute in der Gemeinde Peyrane leben; so ist er menschlich, typisch und spezifisch. Einzelheiten vom Leben in Peyrane interessieren oft um ihrer selbst willen. Wir wollten wissen, warum Gleizers Geld auf die Straße warfen, als Michel getauft wurde, warum man Alphonse Peretti seine unsaubere Schularbeit auf den Rücken geheftet hatte, warum die Leute es billigten, wenn Olivier Borel mit anderen jungen Leuten vom »Peyraner Krug« zu einem Saufabend ging, warum Lucien Bourdin sich weigerte, den schlüpfrigen Weg zu seinem Spargelfeld auszubessern, warum Janine Imbert sich erschießen wollte, warum der Kommunist Chanon und der Katholik Jouve sich bei der Wahl gegen die Radikal-Sozialisten zusammentaten.
Dennoch ist dies Buch mehr als ein Bericht von Anekdoten. Es ist wichtig zu sehen, wie Einzelheiten und Ereignisse des Alltags sich zu einem geschlossenen Lebensbild zusammenfügen. Die meisten Schilderungen vom ländlichen Frankreich ließen die Leute seltsam und oft wie lächerliche Puppen erscheinen, weil ihr Verhalten nicht unter bestimmten Gesichtspunkten gesehen wurde. In diesem Buch wurde der Versuch gemacht, lebende Personen im Rahmen einer systematischen Beschreibung ihrer Zivilisation zu schildern.
Fast die Hälfte der französischen Bevölkerung lebt in ländlichen Gemeinden wie Peyrane. Das will nicht heißen, daß die Hälfte der französischen Bevölkerung Bauern sind, denn das Wort »ländlich« ist nicht identisch mit »landwirtschaftlich«. Als ländliche Gemeinde gilt offiziell ein Dorf, das weniger als 2000 Einwohner hat. Die 46,8 % der französischen Bevölkerung, die 1946 in ländlichen Gemeinden lebten, schlossen daher nicht nur die Bauern ein, sondern auch Handwerker, Geschäftsleute, Industriearbeiter und alle, die in kleinen Siedlungen und deren Umgebung wohnten. Ein richtiges Verständnis der französi-

schen Zivilisation setzt daher die Kenntnis der Lebensweise von 19 Millionen Menschen, die in Dörfern wie Peyrane leben, voraus.
Diese Kenntnis der ländlichen Lebensweise wird noch bedeutungsvoller, wenn wir erfahren, daß sie auch das Leben einer großen Zahl von Menschen geformt hat, die in der Stadt leben. Es ist bekannt, daß die Stadtbevölkerung in westlichen Ländern in der Regel nicht imstande ist, sich von Generation zu Generation zu ergänzen. Ländliche Gebiete sind menschliche Kinderstuben, die dafür sorgen, daß die Städte bevölkert bleiben und sogar wachsen. Neuere Studien zeigen, daß die Abwanderung von Bauernhöfen und Dörfern nach den Städten einen größeren Umfang hat, als man annahm. 1950 veröffentlichten Charles Bettelheim und Suzanne Frère ein aufsehenerregendes Buch über die Stadt Auxerre. Sie zeigten, daß diese alte Stadt, deren Bevölkerung man für konstant gehalten hatte, in Wirklichkeit das Zentrum einer Bevölkerungsbewegung war. Sehr wenige Familien hatten dort länger als zwei Generationen gelebt. Zwei Drittel der gegenwärtigen Bevölkerung war irgendwo anders geboren, und mehr als die Hälfte stammte aus ländlichen Gemeinden. Studien über andere Städte deuten darauf hin, daß dies eine normale Situation ist. Unter diesen Umständen kann man sicher sagen, daß die Mehrheit der französischen Bevölkerung – sowohl Bewohner der Städte wie des Landes – in ländlichen Gemeinden geboren und aufgewachsen ist.
Um diesen ländlichen Hintergrund kennenzulernen, lebten der Autor und seine Frau mit ihren beiden Söhnen, die damals drei und fünf Jahre alt waren, in den Jahren 1950/1951 in Peyrane. Die dort gesammelten Erfahrungen lieferten fast alle Informationen, auf denen dieses Buch beruht.
Aber warum Peyrane? Warum wählten wir aus den unzähligen französischen Dörfern, wo wir ebensogut hätten leben können, gerade dieses aus? Viele Dörfer wären gleichwertig gewesen. Wir nahmen an, dasjenige Dorf sei das beste, in dem keine außergewöhnlichen Umstände herrschten. Es sollte weder zu nahe bei Paris oder sonst einer großen Stadt liegen, noch versteckt in einem zu abgelegenen Gebiet. Es sollte auch nicht geprägt sein durch eine große Kaserne, eine Fabrik, ein Bergwerk, eine Schule oder ein Krankenhaus, und es sollte auch kein Kurort sein. Es sollte im Krieg keinen großen Schaden erlitten haben. Das Land sollte nicht einer kleinen Gruppe von Besitzenden gehören, und seine Erzeugnisse sollten nicht zu spezialisiert sein. Die Arbeitsmethoden sollten modern sein, aber nicht die einer industrialisierten Land-

wirtschaft. Die Bevölkerungsbewegung vom und zum Dorf sollte normal sein. Der Dialekt sollte nicht so schwierig sein, daß ich ihn nicht in kurzer Zeit erlernen könnte – also nicht Baskisch oder Bretonisch.
Vorbereitende Beratungen und Untersuchungen brachten uns auf die Vaucluse. Man braucht nur die Statistiken des *Institut national de la statistique et des études économiques* zu studieren, um festzustellen, daß die Vaucluse ein in jeder Hinsicht recht durchschnittliches Departement ist. Im allgemeinen Wohlstandsindex steht sie an 45. Stelle, genau in der Mitte der 89 Departements. Sie rangiert in den meisten statistischen Tabellen in der Nähe der Mitte: Bevölkerungsdichte, Verhältnis von städtischer zu ländlicher Bevölkerung, Heirats- und Geburtenrate, Prozentsatz von bebaubarem zu unbebaubarem Land, landwirtschaftliche und industrielle Produktion, Anzahl der umlaufenden 5 000-Francs-Scheine, Prozentsatz der Dörfer mit fließendem Wasser und Kanalisation sowie Anzahl der Bars pro Kopf. Sie liegt auch auf anderen Gebieten, die schlecht statistisch erfaßt werden können, etwa in der Mitte. Zum Beispiel stand sie in der Politik immer in der Mitte. Die Wahlen sind nicht einseitig, denn es gibt starke Wählergruppen für die extreme Linke und für die Rechte, aber der charakteristische Beitrag der Vaucluse zur französischen Politik ist Edouard Daladier.
1949/50 machten Lucien Bernot und René Blancard eine Studie über ein Dorf, das an der alten Grenze zwischen der Picardie und der Normandie liegt. Durch Lévi-Strauss lernte ich Lucien Bernot kennen, und wir diskutierten ausführlich die Studien, die er gerade abgeschlossen hatte, und die, die ich beginnen wollte. Um die Kenntnis vom französischen Leben als ganzem zu vervollständigen, schien es vernünftig, mein Vorhaben in den Süden Frankreichs zu verlegen und damit in gewisser Weise die Studie von Bernot-Blancard im Norden Frankreichs zu ergänzen. Diese Überlegung half uns, das Departement Vaucluse zu wählen. Es bestand formal kein Zusammenhang zwischen unseren beiden Projekten, und, obwohl wir in enger Verbindung standen, schrieben wir unsere Berichte unabhängig voneinander. Unsere Dörfer unterscheiden sich in vielen Beziehungen. Aber in der Beurteilung der Grundmotivation der Bevölkerung stimmen wir im wesentlichen überein. Bezogen auf diese beiden Dörfer sind die stereotypen Unterschiede zwischen Nord- und Südfranzosen, wenn es sie überhaupt gibt, eher oberflächlich als grundlegend.
Zur Erforschung der Vaucluse schien es angezeigt, bei der Wahl eines Dorfes einige Gebiete innerhalb des Departements auszuschließen.

Längs des Rhônetals geben die industrialisierten Gemüsekulturen und Weinberge den Gemeinden eher eine städtische als eine ländliche Atmosphäre. In den Bergen, etwa 50 Kilometer nach Nordosten, sind die Gemeinden arm und isoliert; sie repräsentieren kaum heutiges französisches Leben. Aber zwischen beiden Extremen liegt ein Gebiet, das für unser Vorhaben genau das Richtige war.

Im August 1950 ließ sich unsere Familie in der kleinen Stadt Pernes, im Zentrum der Vaucluse, nieder. Im nächsten Monat fuhren wir 4 000 Kilometer in diesem kleinen Gebiet herum und suchten unser Dorf und ein Haus, in dem wir leben könnten. Wir besuchten jede Gemeinde und sprachen mit allen, die uns geeignete Ratschläge geben konnten – Bürgermeister, Lehrer, Ratschreiber, Notare, Regierungsbeamte, Briefträger, Cafébesitzer und Bauern. Dieses Vorgehen half uns nicht nur, den Ort zu finden, den wir suchten; es war auch wertvoll zur Orientierung über die Lebensgewohnheiten in diesem ganzen Gebiet.

Ende des Monats hatten wir drei oder vier Dörfer ausgesucht, von denen jedes geeignet gewesen wäre. Wir wählten Peyrane. Es erfüllte alle unsere Bedingungen, und außerdem fanden wir dort ein Haus, das so günstig lag, daß die meisten Leute, die ins Dorf gingen oder aus ihm kamen, an unserer Haustüre vorbeigehen mußten. Zurückschauend scheint unsere Wahl von Peyrane glücklich. Das Dorf hat seine Eigenheiten, die im Buch erwähnt werden, aber im ganzen sind sie nicht wesentlich. Die einzige, die hier erwähnt werden muß, betrifft die Schule. Der Einfluß der *École nouvelle*, der fortschrittlichen Bewegung der Schulentwicklung im heutigen Frankreich, hat Peyrane kaum berührt. Die Schule in Peyrane repräsentiert die traditionelle Form der Erziehung, in der noch die meisten jetzt erwachsenen Franzosen ausgebildet wurden; sie ist nicht so, wie französische Pädagogen sie gerne hätten, und sie entspricht zweifellos nicht der französischen Pädagogik der Zukunft.

Manche Leute, die das Manuskript dieses Buches gelesen hatten, meinten, Peyrane käme eine Sonderstellung zu, weil die Kirche dort eine geringe Rolle spielt, aber diese Annahme ist irrig. In vielen französischen Dörfern spielt die Kirche nur eine formale Rolle. Katholische Soziologen haben nachgewiesen, daß von 38 Millionen getauften Franzosen nur etwa 8 Millionen ihre Religion ausüben. Die meisten beschränken sich auf die traditionellen Bräuche der Taufe, der Erstkommunion, der Hochzeit und des Begräbnisses. Dies trifft auch für Peyrane zu. Bevor ich nach Frankreich ging, besprach ich meinen Plan mit einem Beamten der Diözese Philadelphia, der mir ein Einführungsschreiben an den Priester des Dorfes mitgab, das wir uns auswählen würden. Als ich den Abbé Malval in Peyrane aufsuchte und ihm einen Umschlag mit dem Siegel der Diözese Philadelphia aushändigte, wurde er sichtlich erregt. Er war es nicht gewohnt, so wichtig genommen zu werden.

Wir hatten noch andere Empfehlungsschreiben bei uns, aber wir brauchten sie nicht. Daß wir mit unseren Kindern kamen, genügte, um uns alle Türen zu öffnen. Die Leute von Peyrane lieben Kinder, und da wir ja unsere mitbrachten, nahmen sie an, daß wir nichts Böses im Sinne hatten. Wir erzählten den Leuten genau, warum wir gekommen waren. »Ich bin Lehrer für französische Zivilisation«, sagte ich. »Ich habe nie in Südfrankreich und noch nie in einem Dorf gelebt. Wir würden gerne ein Jahr hier bleiben, um zu sehen, wie man hier lebt.« Diese Begründung wurde akzeptiert. Man erzählte mir, einige Kommunisten wären zuerst skeptisch gewesen. Sie verbreiteten Gerüchte, wir wären gekommen, um die nächste amerikanische Landung vorzubereiten; aber bald glaubten auch sie unsere Geschichte. Der Eindruck, den die amerikanischen Einrichtungen des Forschungsurlaubs und der Stiftungsstipendien machten, war beachtlich. Sie erhöhten in diesem Dorf den Respekt vor der amerikanischen Zivilisation mehr, als es irgendeine Propaganda vermocht hätte.

Die ersten Wochen in Peyrane verbrachten wir damit, uns zu orientieren. Ich studierte in Büchern und an Ort und Stelle, um mir so viel wie möglich von der lokalen Geschichte, Geographie und Wirtschaft anzueignen. Ich verstand nach und nach den einheimischen Dialekt, das Provençalisch. Da fast jedermann in der Gemeinde auch korrektes Französisch sprach, war es nicht unbedingt notwendig, Provençalisch zu sprechen, aber nützlich, es zu verstehen. Während dieser Wochen der Orientierung sammelte ich Informationen mit Hilfe eines Fragebogens, den mir der Professor für Völkerkunde, Arnold Van Gennep, gegeben hatte. Wir schrieben die Berichte der Volkszählung von 1946 und einen wesentlichen Teil der Kirchenberichte seit 1900 ab.

Ich hatte mir ausgedacht, im Dorf die Rolle eines zusätzlichen Lehrers zu übernehmen. Mit Genehmigung des Schulinspektors von Avignon gab ich der *classe des grands* viermal wöchentlich nachmittags Englischunterricht und verbrachte noch weit mehr Zeit in der Schule als Beobachter. Unser älterer Sohn war in der *classe des petits* und trug zur Fülle der Informationen bei. Meine Frau wurde von den Lehrerinnen eingeladen, beim Unterricht zuzuhören. Bald kannten wir die Schule sehr genau. Am Ende des Jahres fand ich einen Weg, mir Informationen zu verschaffen, die mir von Anfang an nützlich gewesen wären: die Lehrerinnen stellten eine Aufgabe über ein Thema, das mich interessierte, und nachdem die Arbeiten der Kinder in der Schule ihren Zweck erfüllt hatten, wurden sie mir ausgehändigt. Die Lehrerinnen arbeiteten auf jede Weise mit mir zusammen, und ich wollte, ich könnte ihre richtigen Namen nennen, um ihnen für ihre Hilfe zu danken.

Aber es war nicht meine Rolle als Lehrer, durch die ich am Dorfleben teilzunehmen begann. Nachdem wir einen Monat in Peyrane waren, nahm ich meine Kamera, um die Feuerwehrleute bei ihren Sonntagsübungen zu photographieren. In der folgenden Woche hatte ich eine Reihe Abzüge für jeden Feuerwehrmann. Von diesem Moment an war meine Rolle festgelegt: ich war der Dorfphotograph. Obwohl meine photographische Aufzeichnung des Dorflebens nur zum Teil in dieses Buch aufgenommen werden konnte, trug meine Karriere als Photograph doch wesentlich zum Gelingen des Buches bei, weil ich dadurch selbstverständliche Kontakte mit der Bevölkerung bekam.

Als wir die Leute besser kannten, fanden wir, daß sie gerne mit uns zusammenarbeiten würden. Ich hatte keine Schwierigkeit, bei formellen oder zwanglosen Interviews Informationen zu erhalten. Alle Informationen wurden in Tagebuchform niedergeschrieben oder nach den Anleitungen ausgewertet, die die Human Relations Area Files in der *Outline of Cultural Materials* veröffentlicht hatte.

Mir war von Leuten aus städtischem Milieu abgeraten worden, den Rorschach-Test zu verwenden. Sie meinten, im schlimmsten Fall wären die Bauern gegenüber den Tintenklecksen so mißtrauisch, daß sie uns aus dem Dorf jagen würden; im besten Fall würden sie das Verfahren so dumm finden, daß sie nicht mit uns zusammenarbeiten würden. Ich ließ mich von diesen Warnungen zu stark beeindrucken und machte den ersten Rorschach-Test erst im letzten Monat unseres Aufenthalts in Peyrane, als ich wußte, daß ich bei dem Versuch nichts mehr zu verlieren hatte. Die Vorhersagen waren zu pessimistisch gewesen, denn die Leute von Peyrane liebten den Test. Das einzig Schwierige für mich war, daß einige sich verletzt fühlten, weil ich nicht genug Zeit hatte, sie auch sagen zu lassen, was sie auf den Blättern sahen. Ich gab den Test an 10 % desjenigen Teiles der Bevölkerung, der mich am meisten interessierte – an Leute im Dorf und solche, die in der Umgebung lebten und für die das Dorf der Mittelpunkt ihres Lebens war. Obwohl die Resultate des Rorschach-Tests nicht explizit in dieses Buch aufgenommen wurden, waren die Monate, die ich am Institut des Pennsylvania Hospitals und am Klopfer Workshop arbeitete, und die Zeit, die ich dazu verwendete, die Tests in Peyrane zu machen, keineswegs verloren. Durch die Tests kam ich mit vielen Leuten in Verbindung und gewann Einblicke, die ich ohne sie nie hätte bekommen können. Ich bedaure nur, daß mir die Zeit fehlte, um auch TAT-Protokolle zu bekommen. Das einzige projektive Testmaterial, das ich sammelte, war ein großer Stoß Zeichnungen, die die Kinder in der Schule gemacht hatten.

Seit dem Tag, an dem wir Peyrane verließen, ist mein Material beständig angewachsen. Freunde teilten uns Neuigkeiten mit, aber mit der Zeit immer seltener. Wenn ich die Lehrerinnen, den Kolonialwarenhändler, den Briefträger und den Ratsschreiber um Informationen bat, bekam ich bereitwillig Antwort. Beim Durchsehen meiner Notizen werde ich immer daran erinnert, daß dieses Buch nicht die Arbeit eines Einzelnen, sondern das Unternehmen vieler ist. Die Leute von Peyrane taten alles, was sie konnten, um das Jahr, das wir bei ihnen verbrachten, für uns erfolgreich und angenehm zu gestalten. Ich bedaure, ihnen für ihre freundliche Aufnahme nicht namentlich danken zu können, aber vielleicht zeige ich meine Dankbarkeit am besten durch die Verheimlichung ihrer Identität. Der Name des Dorfes, seine genaue Lage und die Namen aller Personen, die in diesem Buch vorkommen, sind geändert. Ich bin meinem Freund Paul Maucorps dankbar, daß er seinen Namen als Pseudonym für den farbigsten Charakter in diesem Buch hergegeben hat.

Daß mein Name allein unter dem Titel steht, finde ich anmaßend. In Wirklichkeit basiert das Buch, ebenso wie das ganze Projekt, auf einem Familien-Unternehmen. Und wir Vier möchten zwei Institutionen unseren Dank aussprechen, die das Unterfangen möglich machten: dem Haverford College, das mir Forschungsurlaub gab, und dem Social Science Research Council, der mir ein Forschungsstipendium gewährte.

Von dem Tag, an dem ich begann, mir jene speziellen Kenntnisse und Fähigkeiten anzueignen, die für diese Studie notwendig waren, bis zu dem Tag, an dem ich das Manuskript dem Verleger schickte, habe ich viele Leute um Hilfe gebeten. Sie sind unglaublich geduldig und freundlich gewesen. Ich kann unmöglich beschreiben, auf welche Weise jeder geholfen hat, aber ich kann nicht umhin, ihre Namen zu nennen. Sie und ich wissen, warum ich ihnen dankbar bin: Cletus J. Benjamin,

Lucien Bernot, M. Carrère, André Casanova, Daniel Faucher, René Girard, François Goguel, Geoffrey Gorer, Martha Gordon, Georges Gurvitch, Maude Hallowell, Otto Klineberg, Bruno Klopfer, Martha und Paul Lawrence, E. Lee Porter, Louisa Kussin, Claude Lévi-Strauss, Marcel Maget, Paul Maucorps, Margaret Mead, Rhoda Métraux, Georges du Miffre, Henri Peyre, André Philip, Ira De A. Reid, Georges-Henri Rivière, Alphonse Roche, Eleanor Ross, Ellbridge Sibley, Helen und Harry Stiles, Arnold Van Gennep, Evon Z. Vogt, Gilbert F. White und Anne Stiles Wylie. In diese Liste sollten eigentlich noch einige meiner Fachkollegen vom Haverford College aufgenommen werden, die mir immer wieder bei meinen Vorstößen in andere Wissensgebiete geholfen haben.

Einen Mann muß ich besonders erwähnen. A. Irving Hallowell machte mich im Seminar und in freundschaftlicher Unterhaltung mit einer Welt von Ideen und Methoden bekannt, die diesem Buch zugrunde liegen. Er half mir, die praktischen Probleme, die meine Studie aufwarf, zu lösen. Er beriet mich bei der Auswertung meiner Informationen und las das lange Konzept meines Manuskripts. Aus Dankbarkeit, Verehrung und Zuneigung habe ich ihm dieses Buch gewidmet.

Haverford College
Mai 1956 L. W.

Zugang zu Peyrane

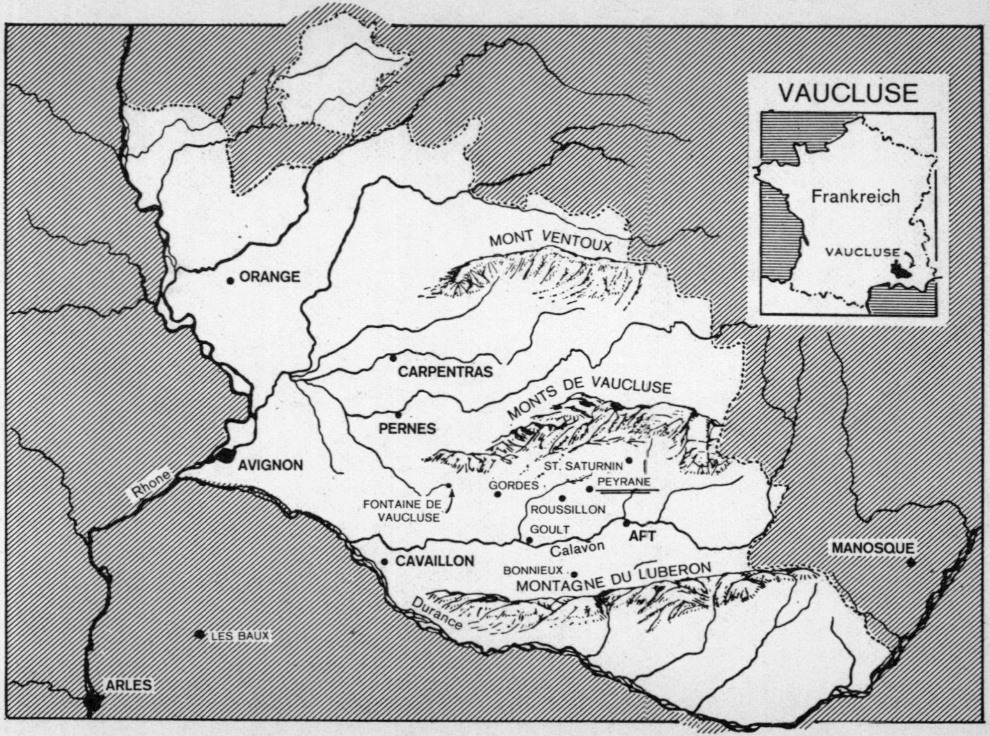
VAUCLUSE
Frankreich
VAUCLUSE
MONT VENTOUX
ORANGE
CARPENTRAS
MONTS DE VAUCLUSE
PERNES
AVIGNON
Rhone
ST. SATURNIN
GORDES
PEYRANE
FONTAINE DE VAUCLUSE
ROUSSILLON
GOULT
AFT
Calavon
CAVAILLON
BONNIEUX
MONTAGNE DU LUBERON
MANOSQUE
Durance
LES BAUX
ARLES

1. KAPITEL

Peyrane und seine Umgebung

Sechsundfünfzig Kilometer östlich von Avignon auf der Route Nationale 100 zweigt die Straße nach Peyrane ab. Von da bis zum 275 Meter hoch gelegenen Dorf sind es etwa fünf Kilometer auf einer sanft ansteigenden geteerten Straße. Mit dem Wagen braucht man von Avignon nach Peyrane nur vierzig Minuten. Wenn es nicht windig ist, kann man auch gut mit dem Fahrrad fahren.

Ohne Wagen oder Fahrrad ist die Reise umständlich. Die Eisenbahnlinie, die früher durch die Gemeinde führte, wurde eingestellt. Der einzige direkte Omnibus nach Peyrane fährt jeden Donnerstagmorgen um acht Uhr in Avignon ab. Er benutzt nicht die Hauptstraße, sondern schlängelt sich von Dorf zu Dorf und erreicht Peyrane erst am Nachmittag. Sieben Stunden für sechsundfünfzig Kilometer.

Es ist bequemer, den Bus von Avignon nach Apt, einer sechseinhalb Kilometer von Peyrane entfernten kleinen Stadt, zu nehmen und dort auf den Bus von Monsieur Baume zu warten, der dienstags, donnerstags und samstags zweimal von Apt nach Peyrane fährt. An anderen Wochentagen muß man die Post in Peyrane anrufen und Monsieur Baume benachrichtigen lassen, der dann eine Sonderfahrt mit seinem Wagen als Taxi macht. Doch ist es möglich, daß ihn die Nachricht nicht erreicht, denn er widmet seine meiste Zeit der Jagd. Man vermeidet Komplikationen, wenn man die Reise nach Peyrane dienstags, donnerstags oder samstags unternimmt.

Die Omnibusfahrt von Avignon durch die Vaucluse nach Apt geht so langsam, daß man Gelegenheit hat, die seltsame Struktur der windschützenden Hecken und Kanäle, die die Gemüsekulturen im Tal durchziehen, zu betrachten. Diese Struktur haben die Menschen der Vaucluse erschaffen, um ihre Lebensweise den vier Elementen anzupassen, die dieser Landschaft ihren Charakter geben: der Sonne, dem Wasser, dem Wind und den Bergen.

Die größte natürliche Hilfsquelle des Departements Vaucluse ist die Sonne. Zwar gibt es hier kalte und nasse Jahre, aber meistens scheint die Sonne so warm und beständig, daß man elfmal im Jahr Salat ernten kann. Karotten und Kohl können das ganze Jahr hindurch gezogen werden. Blumenkohl, Sellerie, Spinat und Artischocken werden von September bis Mai geerntet. Erbsen, Spargel, grüne Bohnen, Frühkartoffeln und Melonen sind Ende März reif. Erdbeeren werden tonnenweise im ersten Frühjahr gepflückt. Alles wird per Eilfracht auf die nördlichen Märkte geschickt, in die Städte Deutschlands, Belgiens, Hollands, Englands und Frankreichs. Dank der Sonne ist die Vaucluse eines der bedeutendsten Anbaugebiete für Frühgemüse in Frankreich.
Die Sonne macht die Vaucluse auch zu einem der blühendsten Departements Frankreichs. Zwar steht die Vaucluse hinsichtlich des gesamten Wohlstandes nur an fünfundvierzigster Stelle unter den neunundachtzig Departements. Da der Wohlstand aber gleichmäßig verteilt ist, nimmt sie hinsichtlich des Lebensstandards den zehnten Platz ein. Im ganzen gesehen ist die Vaucluse ein Gebiet mit kleinen, rentablen Bauernhöfen, die von ihren Besitzern bewirtschaftet werden.
Um Nutzen von der Sonne zu haben, müssen die Bauern der Vaucluse das Wasser-Problem lösen. Die jährliche Regenmenge ist in diesem Gebiet ziemlich groß, aber die Regenfälle verteilen sich nicht gleichmäßig über das ganze Jahr. Die Winter sind trocken, die Sommer noch trokkener. Der meiste Regen fällt im Frühjahr und im Herbst, verbunden mit heftigen Stürmen, die das Getreide niederwerfen, die Erde aufreißen und manchmal Hagel bringen, der für den Gemüsebau verheerende Folgen hat.
Solche Stürme bringen nicht den Regen, den sich die Bauern erflehen, und die Bauern der Vaucluse sind sowieso nicht von der Art, daß sie um Regen beten. Sie nehmen das Wetter, wie es ist, und haben ein ausgedehntes System von Bewässerungskanälen angelegt, das von den Wassern der Durance und der Sorgue gespeist wird. So erhalten die Felder der Talniederungen die gleichmäßige Bewässerung, die sie brauchen.
Weiter oben, auf den Hügeln rings um Peyrane, haben nur wenige Bauern einen Vorteil durch die Kanäle. Ihre Felder bekommen kaum mehr Wasser, als der Regen bringt. Hin und wieder sagt ein Bauer sehnsüchtig, wenn Peyrane ein Bewässerungssystem bekäme, würde sein Hof so reich sein wie die Gehöfte in der Ebene bei Avignon; aber er weiß, daß dies nur ein frommer Wunsch ist, denn niemand denkt ernst-

haft an den Bau einer solchen Anlage. Es ist freilich ein verlockender Gedanke, denn der Boden von Peyrane ist so gut wie der Boden im Tal; und Peyrane hat sogar mehr Sonne, denn im Tal ist es oft neblig, wenn es dort klar ist.

Die Tallandschaft sieht wegen des Bewässerungssystems wie von Menschen gemacht aus. Bewässerungskanäle und Gräben gliedern die Felder in kleine, scharf umrandete geometrische Figuren. Diese Zeichnung wird noch betont durch dichte Reihen von Zypressen und Schilf, die an der Nordseite eines jeden Feldes angepflanzt sind. Viele Felder werden durch hohe geflochtene Schilf- und Rohrmatten unterteilt, die etwa alle drei Meter errichtet sind.

Diese Hecken und Trennwände dienen als Schutz vor dem Mistral. Der Mistral ist ein Wind, der von den kalten Alpen das Rhônetal hinunter zum wärmeren Mittelmeer stürmt, mit einer Geschwindigkeit von fünfzig bis achtzig Kilometer in der Stunde. In engen Passagen erreicht der Mistral nicht selten die Geschwindigkeit eines Orkans. Einem alten Sprichwort zufolge leidet die Provence unter drei Plagen: der Regierung, den Überschwemmungen durch die Durance und dem Mistral. Der Volksmund sagt auch: hat der Mistral erst einmal angefangen zu blasen, dann bläst er in Vielfachen von drei weiter: gewöhnlich drei, sechs, manchmal sogar neun Tage. Wissenschaftliche Beobachtungen bestätigen dies nicht; wahr ist, wenn der Mistral anfängt zu blasen, bläst er stunden- und tagelang, vor allem im Dezember, Februar und März.

Dieser kalte, aber trockene Wind bei Sonne hat der ganzen Gegend in jeder Hinsicht seinen Stempel aufgedrückt. Man sieht es an den Zypressenhecken, die die Felder und Häuser schützen (und die van Gogh so malerisch fand). Die Olivenbäume biegen sich alle nach Süden. Auch die Häuser scheinen nach Süden ausgerichtet, denn sie sind meist so gebaut, daß eine kahle Mauer und ein langes, schräges Dach nach Norden weisen. Auf dem Dachrand liegen schwere Steine, damit die Ziegel nicht weggeblasen werden.

Trotz aller Vorsichtsmaßnahmen kann man dem Mistral nicht entgehen. Er kommt durch die Tür ins Haus. Er dringt durch Risse in der Wand. Er jagt durch den Schornstein herunter und bläst Rauch durch das Haus. Wenn er lange anhält, geht er einem auf die Nerven. Die Lehrer fürchten den Mistral, weil die Kinder dann schwer zu bändigen sind. Man kann den Mistral nicht erleben, ohne von ihm beeinflußt zu werden. Stendhal schrieb am 14. Juni 1837 in Avignon in seinen *Mémoires d'un Touriste*:

»Heute morgen brach ein wütender Mistral los. Das ist die Schattenseite aller Freuden, die man in der Provence findet.

Als wir vor zwei Wochen über die Beaucaire-Brücke fuhren, mußte die Postkutsche von acht Männern an Seilen, die am Dach befestigt waren, festgehalten werden. Es sah aus, als würde die Kutsche in die Rhône fallen.

Der Nordwind trifft auf dieses lange nord-südlich verlaufende Flußtal, das wie ein Blasebalg wirkt und damit seine Geschwindigkeit erhöht. Wenn in der Provence der Mistral herrscht, weiß man nicht, wohin man sich flüchten soll. Die Sonne scheint zwar, aber ein kalter unerträglicher Wind dringt in noch so gut verschlossene Räume, zerrt an den Nerven und macht ohne Grund auch den ausgeglichensten Menschen schlechter Laune.«

Mit Recht heißt der 1800 Meter hohe Vorposten der Westalpen, der die Landschaft der Vaucluse beherrscht, Mont Ventoux – der windige Berg. Seit dem 14. Jahrhundert, als Petrarca zum ersten Mal eine Besteigung des Mont Ventoux beschrieb, haben Schriftsteller und Lokalpatrioten diesen windigen Berg immer wieder als Symbol für die windige Vaucluse in Anspruch genommen. Wenn man im Omnibus von Avignon nach Apt fährt, erscheint der Mont Ventoux am nördlichen Horizont und ist immer sichtbar, wenn Zypressen- und Schilfhecken eine Lücke lassen.

Ist man etwa zwanzig Kilometer von Avignon entfernt, so verschwindet der Mont Ventoux hinter einer niedrigeren Gebirgskette. Kurz darauf überquert die Straße den Kanal, der das Rhônetal bewässert. Dies ist die Grenze zwischen den intensiven Gemüsekulturen des Tales und den extensiven Anbaugebieten am Fuße der Berge, den Weinbergen, Obstplantagen und Getreidefeldern. Die Route Nationale 100 führt einen kleinen Fluß, den Calavon, entlang in die Berge – dieser ist für die Bewässerung von geringem Nutzen, denn er hat nur sehr wenig Wasser. Im Sommer ist sein Bett trocken; im Frühjahr und im Herbst tritt er nach einem Sturm über die Ufer. Das Wasser von den Bergen sickert in den Kalkstein und fließt in unterirdischen Rinnen fort.

Vierzig Kilometer lang verlaufen parallel zum Calavon zwei Bergketten, die ein Becken bilden, in dessen Mitte die Stadt Apt liegt – die Berge der Vaucluse im Norden und das Lubérongebirge im Süden. Sie sind beide niedriger als der Mont Ventoux, aber sie sind eindrucksvoll, weil phantastisch zerklüftete Felsen und spärliche Vegetation ihnen ein wildes Aussehen geben. Höfe und halb verlassene Dörfer schmiegen sich eng an diese Berge, wo immer Wasser und ein wenig fruchtbarer Boden ist; aber ihre Armut steht in auffallendem Gegensatz zu den blühenden Höfen des Tales. Immer mehr von diesem Gebirgsland wird aufgeforstet und zu Jagdgebieten gemacht.

Zwischen diesen beiden niedrigen Gebirgsketten liegt, wie schon gesagt, das Becken von Apt. Geologisch ist es kompliziert, aber für einen Reisenden erscheint es einfach: drei bis fünf Kilometer Gebirge im Norden, drei bis fünf Kilometer Gebirge im Süden und dazwischen ein von Hügeln durchzogenes Tal, das in der Mitte von einem fast ausgetrockneten Flußbett geteilt wird. Wirtschaftlich gesehen liegt es in der Mitte zwischen dem Wohlstand des Rhônetals und der äußersten Armut der Gebirgshöfe.

Wer den Weinbergen entlang in das Zentrum des Beckens von Apt fährt, wundert sich, durch so wenige Ortschaften zu kommen – nur zwei auf einer Strecke von dreißig Kilometern, obwohl das Gebiet dicht bevölkert ist. Aber es gibt natürlich auf der ganzen Strecke Dörfer. Sie starren auf den Vorbeikommenden herab, auch wenn er sie vielleicht gar nicht sieht. Fast an jeder Stelle der Straße kann man anhalten, und wenn man genau hinschaut, kann man vier bis fünf Dörfer zwei- oder dreihundert Meter hoch am Gebirgsrand erkennen, die mit ihren Kalksteinhäusern vor dem Kalksteinhintergrund kaum sichtbar sind. Fast alle Dörfer der Gegend liegen hoch auf Hügeln, die das Bekken umrahmen. In seinem Mittelpunkt liegt die Subpräfektur und die traditionelle Marktstadt Apt.

Auf den ersten Blick sehen diese Dörfer alle gleich aus, und sie gleichen allen Bergnestern, die für Südfrankreich so charakteristisch sind. Meistens umschließt das alte Viertel des Dorfes die Ruinen eines kleinen Schlosses, das auf dem höchsten Punkt liegt. Die alten Häuser scheinen in Schichten an den Hängen zu liegen, und die roten Ziegeldächer unterstreichen die horizontalen Linien. Der neuere Teil des Dorfes zieht sich weiter den windgeschützten Hang des Hügels hinunter und erstreckt sich sogar bis ins Tal. In manchen Dörfern ist der alte, hochgelegene Teil ganz ausgestorben und liegt als zerstörte Häusermasse über dem neuen Teil. In anderen Dörfern ist dieser Prozeß fast abgeschlossen. Es scheint das unvermeidliche Los dieser Dörfer zu sein. Die Bewohner sind wohl ihrer hochgelegenen Häuser überdrüssig geworden und sind in eine bequemere Lage hinunter gezogen.

Wenn der Omnibus in Apt ankommt, fragt man sich, was es außer den gelben Ocker-Lagern, den schmalen, gewundenen Gassen und dem stehenden Wasser des fast ausgetrockneten Calavons noch zu sehen gibt. Der Reiseführer weiß nicht viel mehr zu sagen. Er erwähnt den Schrein der Heiligen Anna und die Reste der Stadtmauer, sagt aber nichts über die wirkliche Bedeutung von Apt.

Um die Funktion und den Charakter dieser Stadt zu verstehen, muß man am Samstag morgen den Markt sehen, der – mit Ausnahme einiger Jahre im 14. Jahrhundert – seit achthundert Jahren jeden Samstag morgen abgehalten wird. Verkaufsstände füllen die öffentlichen Plätze. Straßen und Geschäfte sind so bevölkert, daß man glauben möchte, alle Leute der Umgebung hätten ihre Häuser verlassen, um hierher zu kommen. Dies ist nicht der Fall, denn um die engen Straßen von Apt zu füllen, genügen bereits viel weniger Menschen.

Es sind gleichwohl viele Leute da, und sie kommen aus vielerlei Anlässen nach Apt. Kommunalbeamte diskutieren Probleme mit dem Subpräfekten, der an diesem Tag Sprechstunde hat. Die Wartezimmer der Ärzte sind überfüllt. Ohren- und Augenspezialisten aus Avignon haben hier am Samstagvormittag Sprechstunde. Die Apotheken machen große Geschäfte. Um eine Medizin zu bekommen, muß man mit fünfzehn bis zwanzig Personen Schlange stehen. Die Büros der Rechtsanwälte sind überlaufen. Die Notare treffen ihre Kollegen und Klienten in Arènes Café, das auch von Bürgermeistern und Ratsschreibern bevorzugt wird. Jedes Café ist das Hauptquartier der Angehörigen eines bestimmten Berufes, so daß Politiker, Gewerkschaftsfunktionäre, Genossenschaftsvertreter, Jagdliebhaber, Radsportler oder Kegelfreunde genau wissen, in welches Café sie gehen müssen, um Gleichgesinnte zu treffen. Für Schmiede und Automechaniker ist der Samstag der arbeitsreichste Tag der Woche. Schlosser, Schuster, Uhrmacher, Optiker und Schneider – sie alle sammeln am Samstag die Aufträge für die nächste Woche. Die Jugend kommt nach Apt, um sich zu vergnügen. Einige Leute kommen, um zu trinken, und andere kommen einfach nur, um zu »bummeln«.

Der Markt am Samstagvormittag macht aus dem Becken von Apt eine wirkliche Einheit, eine Einheit, die aber beeinträchtigt wird durch die günstigeren Transportmöglichkeiten, die es den Leuten erlauben, die modernere Stadt Cavaillon mit der Bahn zu erreichen. Apt wird durch seinen Samstag-Markt geprägt. An anderen Tagen ist es ohne Leben – wie eine Kirche am Montagmorgen.

Als Fremder interessiert man sich natürlich für Dinge auf dem Markt, die für die Bewohner dieser Gegend selbstverständlich, für einen Fremden aber merkwürdig sind. Man bleibt dort stehen, wo die Bauern Hasen, Drosseln, Lavendelwasser, Lavendelhonig und Bienenhonig verkaufen. Wenn man früh genug hingeht, kann man Raymond Caizac, den Dichter und Trüffelkönig, sehen, der das wöchentliche Trüffel-Angebot von den Besitzern der Steineichenpflanzungen oder den weniger begüterten Trüffel-Jägern, die in den Bergen wohnen, aufkauft. Die Trüffelernte ist nicht mehr, was sie war; so dauert dieser Handel nicht lange. Danach bringt Caizac die Trüffeln sofort seiner Mutter nach Hause, die sie in einer Drosselpastete in Büchsen einmacht, die er dann an Händler in der Stadt verkauft.

Wenn Caizac mit seinen Trüffeln fertig ist, findet er sich bereit, Ihnen die Cafés von Apt zu zeigen und zu erklären, wie man Pastis trinkt und Anchovis ißt. Er kann Monsieur Baume benachrichtigen, damit er den Omnibus von Peyrane für Sie warten läßt, und nach einigen Runden Pastis wird er Sie zum Omnibus bringen – ein paar Minuten nach der fahrplanmäßigen Abfahrtszeit.

Natürlich wußte er, daß Monsieur Baume nicht rechtzeitig zur Abfahrt da sein würde. Monsieur Baume hat Botengänge für die Leute von Peyrane zu machen, die nicht zum Markt kamen. Er muß noch einige Medizinen in der Apotheke abholen, ein Ersatzteil für Sautels Motorsäge besorgen, einige Meter Stoff für Mademoiselle Pamard kaufen und einige beglaubigte Papiere in einem Anwaltsbüro für Bourdin abholen.

Die Leute, die schon im Omnibus sitzen, tun so, als interessiere sie der Fremde nicht, aber sie sind eben doch neugierig, und ihre Neugier ist auch berechtigt, denn Peyrane liegt an einer Straße, die sonst nirgendwo hinführt. Außer der Route Nationale 100, die außerhalb des Dorfes vorbeiführt, gibt es nur Straßen, die im Dorf enden. Man kommt nicht nach Peyrane, um woanders hinzugehen; wer dorthin kommt, muß daher einen Grund haben.

Wenn Caizac Sie einigen Leuten im Omnibus vorstellt, befriedigt er damit deren Neugier. Gleichzeitig können Sie dabei einige wichtige Personen von Peyrane kennenlernen, denn vier von ihnen sitzen am Samstagnachmittag bestimmt im Omnibus.

Marcel Rivet zum Beispiel, *Secrétaire de la Mairie*, ein Amt, das etwa dem eines Ratsschreibers entspricht, obwohl der Sekretär in Frankreich mehr Verantwortung und größeren Einfluß hat als der »Town Clerk« in Amerika. Jeden Samstag vormittag trifft Rivet den Bürgermeister Ginoux in Arènes Café und bespricht mit ihm die Angelegenheiten der

Gemeinde. Ginoux ist zwar Bürgermeister von Peyrane, wohnt aber im Nachbardorf Gargas und kommt nur Freitag nachmittags nach Peyrane, sofern nicht irgendetwas Dringendes vorliegt. Da Rivet und er oft am Samstag morgen etwas auf der Präfektur in Apt zu tun haben, treffen sie sich gewöhnlich im Café und erledigen dort einen großen Teil der Arbeit.

Rivet stammt aus Marseille. Als es während des Krieges schwierig wurde, eine Familie in der Stadt zu versorgen, zog er mit seiner Frau und den beiden kleinen Jungen zu einer Tante, die in Peyrane ein großes Haus hatte. Nach einer kurzen, erfolglosen Tätigkeit im Restaurant des Hotels von Peyrane wurde er Ratsschreiber. Er ist leidenschaftlich und bestimmt, und es fällt ihm schwer, in einer Gemeinde zu leben, in der er Streitigkeiten und Fehden vermeiden muß. Er schützt sich selber durch die gleichgültige Haltung eines Stadtmenschen, der lächelnd auf die »alteingesessenen« Dorfbewohner herabsieht, aber im Grunde fühlt er sich verletzt. Er würde gerne einer der ihren sein, denn er mag sie gerne leiden.

Rivets Feind ist auch im Bus, Edouard Pascal, der sich für den Intellektuellen des Dorfes hält. Er war in seiner Klasse einer der hellsten Jungen, und da seine Familie Geld hatte, schickte sie ihn zur weiteren Ausbildung in die Stadt. Nach zwei Jahren kam er kränklich wieder nach Hause und ist seitdem in Peyrane geblieben, prahlt aber mit seinen Verbindungen und Freundschaften zu Intellektuellen im ganzen Departement. Die Führung des schlechtgehenden Kolonialwarenladens seiner kränkelnden Tante erlaubt ihm nur ein kümmerliches Leben. Da er keinen Wagen hat, muß er für den Einkauf seiner Waren am Samstag mit dem Bus nach Apt fahren. Monsieur Baume bringt die Waren dann im Anhänger des Busses mit. Pascal verachtet die Leute im Dorf. Er macht keinen Hehl daraus, daß er sie für dumm und ungebildet hält. Sie ärgern sich über seinen Hochmut und lachen über seine Eigenheiten, aber – und dies macht Rivet wütend – sie respektieren ihn dennoch, weil sie einerseits von seiner Haltung eingenommen sind und andererseits seine scharfe Zunge fürchten.

Julien Vincent, der Besitzer des Hotel-Restaurants von Peyrane, fährt auch jeden Samstag nach Apt, um Vorräte einzukaufen. Er kam nach Peyrane, um das Restaurant zu übernehmen, nachdem Rivet gescheitert war. Rivets Offenheit gegenüber den Gästen und seine Leidenschaft für das Boules-Spiel waren die Ursache für sein Scheitern. Vincent hat keine solchen Schwächen. Er sagt, daß er aus Lyon stammt

Peyrane über den Ockerfelsen (zu Seite 12)

◁ *Monsieur Ginoux, der Bürgermeister von Peyrane (zu Seite 9)*
▽ *Francis Favres an seinem Klempnertisch (zu Seite 11; 159)*

▽ *Das Dorf wandelt sich; die Erosion verändert sogar die Formen seiner Felsen (zu Seite 16; 142)*

Großvater und Enkelin (zu Seite 44)

und Geschäfte um der Geschäfte willen betreibt. Er bezieht sich dabei auf den französischen Gemeinplatz über die Leute aus Lyon, die man für geschäftstüchtig und humorlos hält. Wichtiger ist jedoch, daß er ein ausgezeichneter Koch ist, das Restaurant eine schöne Lage hat und seine Frau die sechs Zimmer des kleinen Hotels tadellos in Ordnung hält. Infolgedessen hat Vincent es geschafft, gerade noch in den *Guide Michelin* zu kommen. Er hat die Fassade des Restaurants renovieren lassen und hebt sein Ansehen noch dadurch, daß er jeden Donnerstag abend mit drei der konservativsten und einflußreichsten Männer des Dorfes Bridge spielt. Er ist ein Außenseiter wie Rivet, aber die Leute von Peyrane akzeptieren ihn; er wurde sogar in den Gemeinderat gewählt.

Francis Favre findet immer einen Grund, um am Samstag nach Apt zu fahren, in Wirklichkeit freut er sich einfach auf die *promenade*. Er rechtfertigt die Fahrt mit den vielen Aufträgen, die er stets hat. Er ist nicht nur der offizielle Briefträger von Peyrane, sondern zugleich der einzige Klempner und der einzige Elektriker der Gemeinde. Jede der drei Tätigkeiten könnte Francis genug beschäftigen und seiner Familie ein annehmbares Auskommen verschaffen; aber Francis liebt die Abwechslung. Er meint, immer nur eine Sache zu machen, sei langweilig, und außerdem seien drei Jobs sicherer, denn man könne ja nie wissen ... Am liebsten ist er Briefträger, weil ihn das jeden Tag in der ganzen Gemeinde herumbringt und ihm Gelegenheit gibt, mit den Leuten zu schwätzen. Infolgedessen kommen seine Rollen als Klempner und Elektriker zu kurz. Außerdem hat Francis eine Schwäche, immer »ja« zu sagen, und einen Hang, angefangene Arbeiten nicht zu beenden. Die Folge davon ist, daß er viele Aufträge annimmt, die Arbeit anfängt und sie dann über Wochen und Monate unfertig liegen läßt. Er geht fort und läßt sein Handwerkszeug da – als Zeichen, daß er wiederkommt. Er kommt auch wieder, aber nur, um sein Werkzeug zu holen, das er für eine andere angefangene Arbeit braucht. Sein Werkzeug ist überall in der Gemeinde verstreut. Die Leute raufen sich die Haare, bleiben aber doch freundlich zu ihm, weil er der einzige Klempner und Elektriker ist, an den sie sich wenden können, wenn sie nicht einen bezahlen wollen, der den weiten Weg von Apt machen muß. Wenn ein Konkurrent von außerhalb käme, um Aufträge zu übernehmen, würde er Ärger mit Favres Verwandten bekommen – und Favre ist der häufigste Name in der Gemeinde.

Der zweithäufigste Name in der Gemeinde ist Jouvaud; so ist es nicht

erstaunlich, wenn zwei Jouvauds im Omnibus sitzen. Marguerite, die Tochter des reichen Maurers und Mitglieds des Gemeinderats – sie fährt jeden Samstag vormittag in die Nähstunde nach Apt. Hinten im Bus sitzt ihr Onkel Simon, ein hilfloser Mensch, der dank seines Bruders nicht arbeiten muß. Er fährt regelmäßig nach Apt, um eine Kalkverbrennung an seinem Auge behandeln zu lassen.
Caizac stellt Sie Simon Jouvaud, Marguerite und den drei anderen Frauen, die noch im Bus sitzen, nicht vor. Rivet, Vincent, Pascal und Francis Favre werden Fragen stellen und Ihre Fragen beantworten, bis der Omnibus abfährt. Wenn Monsieur Baume kommt, zählt er nach, ob alle erwarteten Fahrgäste da sind. Prayal fehlt, aber Baume weiß, wo er ist. Er schickt einen Jungen in das *Café des Sports*, und einige Minuten später besteigt Prayal gemächlich den Bus. Er setzt sich neben Rivet und erzählt, daß es ihm nicht gelungen sei, den Besitzer des *Café des Sports*, einen der besten Boules-Spieler der Gegend, zu überreden, mit Rivet und ihm beim Boules-Turnier in Peyrane zusammen zu spielen, das jedes Jahr beim Sankt-Michaels-Fest stattfindet.
Mit Prayal an Bord fährt der Bus ab; er bewegt sich vorsichtig zwischen den vielen Leuten, Autos, Bussen, Fahrrädern und Fuhrwerken hindurch. Baumes Hupen und Rufen machen den Weg frei, und schließlich fährt der Bus die Straße hinauf und zur Stadt hinaus. Drei Kilometer fährt er die Route Nationale 100, über die man von Avignon kommt, biegt dann in eine kleinere Straße ein und klettert langsam die Hügel hinauf. Im Tal, einen kleinen Bach entlang, sind Viehweiden und Gemüsepflanzungen, ähnlich wie man sie bei Avignon findet. An den Hängen der Hügel liegen Weinberge, Weizenfelder und Obstgärten. Auf den Kuppen findet man nur noch Wälder, Pinienwälder, deren frisches Grün sich deutlich gegen das intensive Blau des südlichen Himmels abhebt.
Die Straße windet sich in Serpentinen. Schaut man sich in einer scharfen Kurve um, so stockt unwillkürlich der Atem, wenn zum ersten Mal die Ocker-Felsen von Peyrane auftauchen. Die weichen roten und gelben Sandsteinhügel wurden von Ockerminen durchfurcht, von Stürmen ausgehöhlt und vom Mistral so zernagt, daß sie heute als steile Felsen, als geisterhafte, bunte Gestalten erscheinen. Auf der Kuppe des Hügels liegt das rote Dorf Peyrane, auf drei Seiten fallen die sechzig Meter hohen Ocker-Felsen steil ab.
Peyrane unterscheidet sich von anderen Dörfern durch seine Farbe. Es wirkt bunt gegenüber deren matten Kalksteinen. Edouard Pascal hat

ein *syndicat d'initiative* gegründet, eine Art kombinierter Touristen-Agentur und Handelskammer, um die gelben und roten Felsen des Dorfes publik zu machen, die, wie er zu sagen pflegt, »ihre Fluten von Gold und Blut verströmen«. Er hatte auch die Regierung veranlaßt, Peyrane unter Denkmalschutz zu stellen. Um die Schönheit von Peyrane und seiner umgebenden Berge zu bewahren, muß für jede wesentliche Änderung – baulicher oder landschaftlicher Art – an Häusern, Wäldern oder Felsen die Genehmigung der Regierung eingeholt werden. Die Schönheit von Peyrane ist also offiziell anerkannt, und wenn man Peyrane sieht, muß man dem zustimmen.

Die Leute von Peyrane sind sich der Schönheit ihres Dorfes bewußt, und sie sprechen davon voller Stolz. Die Kinder malen Bilder, die das Blut eines Psychologen zum Stocken bringen würden, wenn er nicht wüßte, daß die roten Häuser und die roten Hügel der Wirklichkeit entsprechen. Hin und wieder hält ein Bus mit Touristen, die Ansichtskarten kaufen, in die Abgründe starren und bei Vincent zu Mittag essen. Maler versuchen immer wieder, Peyrane darzustellen, ohne hoffnungslos Kitsch zu malen. Die gelben Häuser, die grünen Bäume, die roten Felsen mit dem blauen Himmel und der strahlenden Sonne machen aus Peyrane ein besonderes Dorf.

Es ist erstaunlich, in wie kurzer Zeit das Rot eines roten Dorfes selbstverständlich wird. Nach wenigen Wochen in Peyrane wird man von der Schönheit der Felsen und der Farbe der Häuser kaum mehr berührt. Wenn die Farbenpracht Peyranes zur Selbstverständlichkeit geworden ist, wirkt dieses auszeichnende Merkmal nur noch oberflächlich. Touristen und Maler haben kaum mehr Einfluß auf die Leute von Peyrane als ein Passagierschiff auf das Leben auf dem Meeresboden. Die wirkliche Bedeutung Peyranes beruht nicht auf seinen roten Felsen, sondern auf dem Leben der Menschen, die in dem Dorf über den roten Felsen wohnen.

2. KAPITEL

Peyrane und seine Geschichte

Von den vier Männern, Rivet, Pascal, Vincent und Favre, ist nur einer in Peyrane geboren. Zwei stammen aus einer Nachbargemeinde und einer aus Marseille. Das ist typisch für die Bevölkerung von Peyrane, denn die meisten, die dort leben, sind nicht dort geboren. Sie stammen aus Gemeinden rings um Apt, und manche kommen von weiter her – aus den ärmeren Gegenden der Alpen, aus Italien und Spanien. Auch elsässische und belgische Flüchtlinge sind hier, die nach dem Kriege nicht mehr in ihre Heimat zurückgekehrt sind; die bretonische Frau des Bauern, der einst zur See fuhr, und die normannische Frau des Mannes, der früher in einer Baumwollspinnerei in Rouen gearbeitet hatte.

Die mannigfaltige Herkunft dieser ländlichen Bevölkerung erstaunt uns, paßt sie doch gar nicht in unsere stereotype amerikanische Vorstellung vom europäischen Bauern – eines unbedarften Menschen, der noch mit dem gleichen Fleckchen Erde verbunden ist, das schon seine Vorfahren beackerten, seit sie nicht mehr in Höhlen lebten. Man kann leicht verstehen, wie diese stereotype Vorstellung entstanden ist. Romane von Balzac und Bilder von Millet im Kopf, kommen wir in ein Dorf, das amerikanischen Augen so alt erscheint, als sei es »schon immer so gewesen, wie es ist«.

Dieser Eindruck wird durch das, was wir über die Vergangenheit des Dorfes erfahren, noch verstärkt. In einer nahen Höhle hat man vorgeschichtliche Funde gemacht. Vom höchsten Punkt des Dorfes aus sieht man über den Perréal, den Hügel, an dessen Fuß vor der Zeit Cäsars eine berühmte Schlacht zwischen Barbaren und Römern stattgefunden hat. Am südlichen Ende der Gemeinde liegt die *Pont Julien*, eine von den Römern erbaute Brücke über den Calavon, über die die Domitianische Straße führte und die heute noch benutzt wird. Im Museum von Avignon befinden sich römische Münzen und Inschriften, die auf Bauern-

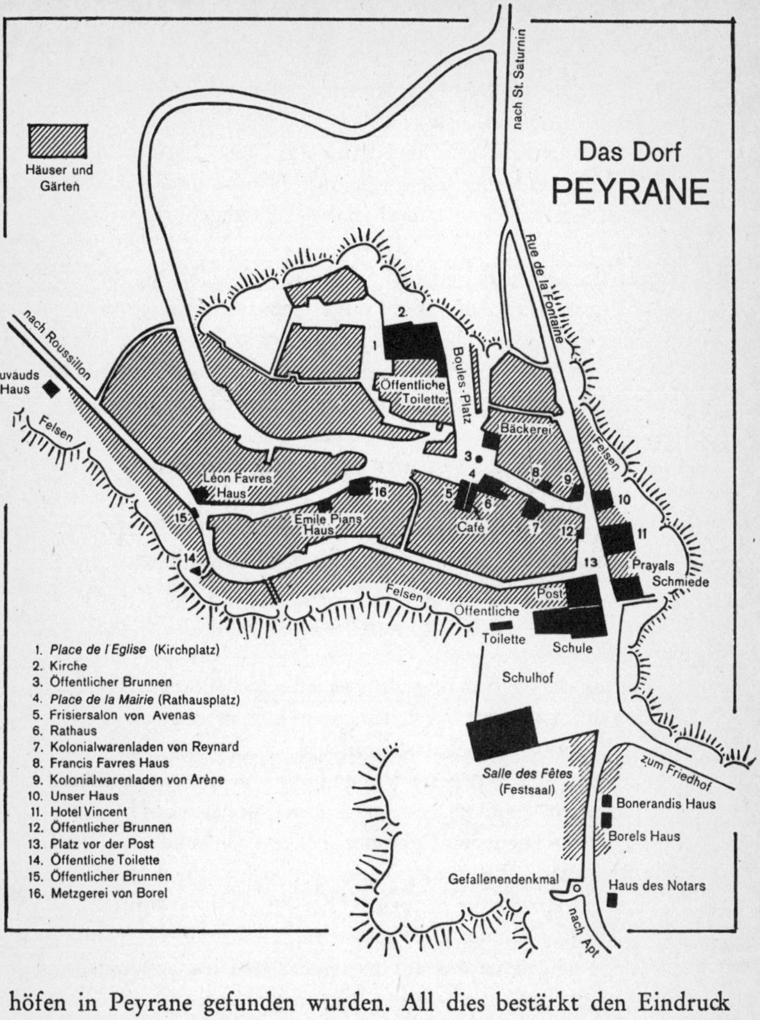

höfen in Peyrane gefunden wurden. All dies bestärkt den Eindruck von ehrwürdigem Alter, von Kontinuität und Beständigkeit.

Beim Durchblättern der Gemeindearchive (große Stöße von Schriftstücken, die in einem kleinen Raum des Rathauses aufgestapelt sind) hat man sogar den Eindruck, als ob die Dorfbevölkerung immer die gleiche geblieben sei. Eine Liste von angesehenen Personen der Gemeinde aus dem 18. Jahrhundert enthält Namen, die man heute in der Liste der Gemeinderäte findet. Ein amtliches Dokument von 1793 berichtet von einem Mann namens Jouvaud, der eine Schar junger Leute, die Farandole tanzten, mitten durch eine Gruppe von Boules-Spielern führte. Einer der Boules-Spieler namens Favre geriet darüber so in Wut, daß er Jouvaud tötete. Heute sind die Favres Kommunisten, die Jouvauds Radikale, und man kann sich kaum des Gefühls erwehren, die Favres und die Jouvauds, ihre Häuser und ihr Verhalten untereinander seien ebenso dauerhaft Peyrane zugehörig wie die Okker-Felsen.

Aber sogar die Ocker-Felsen verändern sich schneller, als man denkt. Monsieur Prayal zeigt eine Stelle hinter seinem Schuppen, wo früher ein Weg über die Felsen führte. Während der letzten fünfzig Jahre verwitterte der weiche Sandstein, und der Weg rutschte ins Tal. Heute fällt der Felsen direkt hinter dem Schuppen steil ab, und innerhalb weniger Jahre wird auch der Schuppen ins Tal stürzen.

Peyrane verändert sich. Die Felsen verwittern. Die Kuppe des Hügels ist verlassen, das Dorf breitet sich ins Tal aus. Auch die Bevölkerung ändert sich. Der Eindruck der Beständigkeit täuscht. Peyrane ist ein altes Dorf, aber Alter ist nicht dasselbe wie Beständigkeit. Die Veränderungen fallen vielleicht nicht so auf wie an anderen Plätzen der Welt, aber über einen größeren Zeitraum gesehen, sind sie doch erheblich.

Im 19. Jahrhundert gab es drei unterschiedliche Peyranes. Das Peyrane von heute kann man nicht verstehen, wenn man es nicht als den augenblicklichen Zustand eines kaleidoskopartigen Prozesses ansieht. Vielleicht bekommt man die beste Vorstellung von den dauernden Veränderungen, wenn man sich vor Augen stellt, wie sich das heutige Peyrane aus den verschiedenen Peyranes des 19. Jahrhunderts entwickelt hat. Zur Rekonstruktion dieser Vergangenheit verfügen wir nur über Volkszählungen, ungenaue historische Berichte und die sichtbaren Zeugen der Vergangenheit im Dorf selbst. Fügt man diese Informationen zusammen, so zeigen sie uns auf wenigen Seiten die vergangenen Lebensformen, aus denen die heutigen hervorgegangen sind.

1801, im Jahr der ersten offiziellen Volkszählung in Frankreich, lebten in Peyrane 1195 Menschen in fast völliger Abgeschiedenheit. Der wirtschaftliche und kulturelle Mittelpunkt war das Dorf, denn die Straßen waren schlecht und die Verbindung mit der Außenwelt spärlich. In geringem Umfang wurden Seidenraupen gezüchtet und die Kokons nach Avignon geschickt; doch die Hauptanstrengung der Bauern war darauf gerichtet, das für den Erhalt ihrer eigenen Familien und ihrer Gemeinde Notwendige zu produzieren. Die Erzeugnisse waren die im mittelländischen Raum üblichen: Getreide, Kartoffeln, Zwiebeln, Hülsenfrüchte, Oliven, Wein, Honig, Feigen und Mandeln. Schafe und Ziegen lieferten Milch, Wolle und ein wenig Fleisch und – was am wichtigsten war – sie düngten die Felder. Man pflügte mit dem *araire*, einem Pflug ohne Räder, der seit mindestens zweitausend Jahren im Mittelmeerraum verwendet wurde. Das Getreide wurde mit der Sichel geschnitten, doch verbreitete sich in der Vaucluse ein neues Gerät, die Sense.

Die primitiven Methoden der Bodenbearbeitung erbrachten keine großen Ernten, und leider begünstigen der Boden, das Gelände, die geringe Größe der Felder und das Klima des Beckens von Apt den Anbau lagerfähiger Produkte, wie Getreide und Oliven, nicht. Sogar in guten Jahren war die Ernte gering. Das übliche Verhältnis von geerntetem zu gesätem Getreide war 5 : 1, in den besten Jahren 7 : 1. Unter solchen Umständen war der Lebensstandard der Bevölkerung niedrig. Nicht selten machten plötzlicher Frost, eine Epidemie unter Pflanzen oder Tieren, Hagel und Regenfluten die ganze Ernte zunichte. Dann herrschte Hungersnot. Die fünf Windmühlen auf den Hügeln rings um das Dorf hatten kein Korn zum Mahlen und die der Gemeinde gehörende Ölmühle keine Oliven zum Pressen. Beschreibungen von Reisenden und Wirtschaftsberichte jener Zeit erwähnen häufig das große Elend der Bauern der Vaucluse.

Ganz anders war das Peyrane von 1851. Durch die verbesserten Transportmöglichkeiten war man nicht mehr völlig auf die Selbstversorgung angewiesen. Der gewohnte Anbau wurde zwar nicht aufgegeben, aber es war nun leichter, zusätzlich Getreide und Öl von außerhalb zu beziehen. Diese Lieferungen konnten bezahlt werden, weil sich der Schwerpunkt der Wirtschaft verlagert hatte. Er lag nicht mehr in der Selbstversorgung, sondern in der Erzeugung von Gütern, die außerhalb der Gemeinde verkauft wurden. Eine neue Pflanze wurde angebaut, welche das Einkommen der Gegend wesentlich erhöhte – *garance*, die Pflanze, die den roten Farbstoff lieferte, mit dem die Uniformen der französischen und englischen Soldaten gefärbt wurden. Die Seidenraupenzucht nahm in der ersten Hälfte des 19. Jahrhunderts sehr zu und erreichte ihren Höhepunkt um 1850, als die Frauen und Kinder der Vaucluse (denn Seidenraupenzucht ist keine Männerarbeit) es auf fast zweieinhalb Millionen Tonnen Seiden-Kokons brachten.

Die Angst vor dem Hunger war vorbei, und die Seidenraupenzucht

Verteilung der Bevölkerung nach Geschlecht, Alter und Familienstand

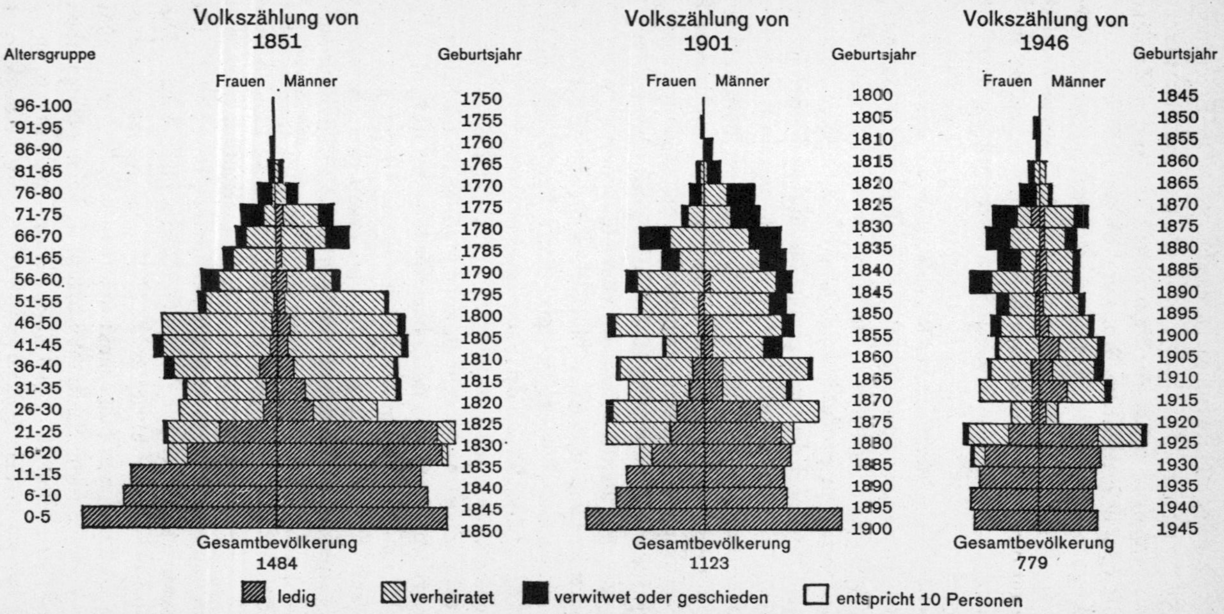

ließ es lohnend erscheinen, viele Kinder zu haben. Von 1801 bis 1851 wuchs die Bevölkerung von Peyrane von 1195 auf 1484. In der gleichen Zeit vermehrte sich die Bevölkerung der Vaucluse und die ganz Frankreichs um dreißig Prozent. Die Bevölkerungszunahme von fünfundzwanzig Prozent in der ländlichen Gemeinde Peyrane blieb nicht weit hinter der Zunahme in den größeren Industriestädten zurück.

Die auf der Volkszählung von 1851 basierende Bevölkerungspyramide zeigt, daß Peyrane eine wachsende Gemeinde war. Diese ziemlich symmetrische Pyramide mit breiter Basis zeigt eine Zusammensetzung der Bevölkerung aus verhältnismäßig wenigen alten Leuten, einem großen Anteil kleiner Kinder und einer beträchtlichen Anzahl von Personen mittleren Alters, der wirtschaftlich produktivsten Bevölkerungsgruppe. Es ist interessant festzustellen, daß die Unregelmäßigkeiten in der Pyramide hauptsächlich durch die Napoleonischen Kriege hervorgerufen wurden. Die Generation der zwischen 1785 und 1795 geborenen Männer, die für Napoleon »verblutete«, ist reduziert, und die Generation, der ihre Kinder angehört hätten – die Jahrgänge von 1815 bis 1825 – ist verhältnismäßig klein. Von diesen Unregelmäßigkeiten und dem offensichtlichen Überschuß männlicher Geburten über weibliche von 1825 bis 1835 abgesehen, spiegelt die Bevölkerungspyramide von 1851 das Bild einer blühenden, wirtschaftlich erfolgreichen Gemeinde wider.

Von 1851 bis 1861 wuchs Peyrane weiter. Die Bevölkerungszahl stieg von 1484 auf 1568. Fünfunddreißig neue Häuser wurden von einundzwanzig Maurern und Zimmerleuten der Gemeinde gebaut. 1861 war Peyrane ein großer *bourg*. Es gab im Dorf zwei Müller, sieben Bäcker, drei Kolonialwarenhändler, zwei Metzger, zwei Weber, sechs Schneider, fünf Schuhmacher, fünf Schmiede, zwei Priester und drei Nonnen. Es gab dort drei Cafés.

Aber das Wachstum der Gemeinde hatte seinen Höhepunkt erreicht. Innerhalb weniger Jahre wurde Peyrane, wie jedes Dorf dieses Gebiets, von mehreren Katastrophen schwer getroffen. Zuerst brach eine Seuche unter den Seidenraupen aus. Die Seidenraupenzucht war schon durch die Konkurrenz anderer Zuchtgebiete in der Welt geschwächt worden. Vielleicht hätte die Vaucluse sowieso nicht konkurrieren können und die Produktion allmählich einstellen müssen, aber die Krankheit der Raupen gab ihr den *coup de grâce*. Plötzlich war die Seidenproduktion kein wichtiger wirtschaftlicher Faktor mehr.

1870 wurden drei andere wichtige Einkommensquellen vernichtet. Zuerst die Oliven. Der Winter 1870/71 war so streng, daß alle Olivenbäume erfroren. Im selben Jahr wurde ein künstlicher roter Farbstoff erfunden, der den aus den Wurzeln der *garance* gewonnenen ersetzte. Die *garance* war zu einem der wichtigsten Erzeugnisse der Vaucluse geworden. Schließlich erreichte 1870 die Phylloxera (Reblaus) das Gebiet von Peyrane. Dieses Insekt war von Amerika in ein benachbartes Departement eingeschleppt worden und breitete sich über ganz Frankreich aus. Die Reben der Gemeinde wurden vollständig vernichtet.

So fielen in wenigen Jahren vier wichtige Wirtschaftszweige aus. Zur selben Zeit zog die industrielle Revolution, die Frankreich spät erreicht hatte, immer mehr Leute vom Land in die Stadt. In den vier Jahren von 1876 bis 1880 verlor ein vorwiegend ländlicher Bezirk wie die Vaucluse zwanzigtausend Einwohner an die Städte.

1886 standen in Peyrane neunundsiebzig von dreihundertneunundvierzig Häusern leer, und dreihundertfünf Menschen waren weggezogen. Die Einwohnerzahl sank auf 1213, sie war wieder fast dieselbe wie 1801. Das Peyrane von 1851 war verschwunden, das ursprüngliche Peyrane mit Getreideanbau und Schafzucht entstand wieder und ernährte etwa die gleiche Anzahl Menschen wie vor hundert Jahren.

Die auf der Volkszählung von 1901 basierende Bevölkerungspyramide zeigt, wie sich Peyrane verändert hat. Der Anteil der alten Leute ist viel höher als 1851, und bis 1895 ist der Anteil der Neugeborenen viel niedriger. Es fehlt die wesentliche Gruppe wirtschaftlich produktiver Erwachsener, die zwischen 1855 und 1860 geboren wurden. Es sind diejenigen, welche etwa zwanzig Jahre alt waren, als die Katastrophe Peyrane traf; sie waren natürlich die ersten, die die Gemeinde verließen und in die Städte zogen.

Die Flucht der Dorfbevölkerung ist sogar größer, als die Pyramide zeigt; die Abnahme tritt aber zum Teil deshalb nicht in Erscheinung, weil 1901 einige Leute von auswärts in die Gemeinde zogen und die leergewordenen Plätze einnahmen. Man erkennt dies daran, daß die Bevölkerung von Peyrane im Jahre 1861 ziemlich homogen war. Es lebten keine Ausländer im Dorf, und nur zehn Personen waren nicht in der Vaucluse geboren. 1896 lebten in Peyrane sechsundzwanzig Ausländer und sechsundsechzig Personen, die nicht aus der Vaucluse stammten. Fast 10% der Bevölkerung also waren *étrangers*, Leute, die aus anderen Departements oder aus anderen Ländern kamen.

Der tatsächliche Bevölkerungsrückgang wird auch dadurch verdeckt, daß die Geburtenrate 1895 sprunghaft anstieg. Es wurden viel mehr Kinder zwischen 1895 und 1900 geboren als in irgendeiner vorangegangenen Fünfjahresperiode. Der Zustrom von Fremden und das beträchtliche Anwachsen der Geburtenrate sind Merkmale einer völlig neuen Entwicklung im Leben des Dorfes. Ein neues Peyrane entwikkelte sich, sehr verschieden von dem des Jahres 1801 und dem des Jahres 1851.

Um 1901 begann man wieder die roten und gelben Felsen der Gemeinde, die vermutlich schon vor zweitausend Jahren für die Römer Ocker geliefert hatten, in größerem Umfang abzubauen. Während des 19. Jahrhunderts wurde die Ockergewinnung nur in beschränktem Maße betrieben, aber die Ausdehnung des Marktes und die Entwicklung moderner Maschinen bewirkten einen schnellen Aufschwung der Industrie. Um 1914 exportierte die Vaucluse jährlich 56 000 Tonnen Ocker. Peyrane, ein Zentrum des Ockerabbaus, war eine Bergarbeiterstadt geworden.

Der ausgedehnte Exportmarkt schien der Industrie einen dauernden Erfolg zu sichern, erwies sich aber als ihr schwächster Punkt. 1914 fiel durch den Krieg sofort der russische Markt aus, und innerhalb von drei Jahren gingen alle anderen Auslandsmärkte verloren. Die Produktion sank nahezu auf Null und die Einwohnerzahl Peyranes auf neunhundert.

Nach dem Krieg lief die Produktion von neuem an und erreichte 1929 endlich wieder den Stand von 1914. Dann kam eine neue Katastrophe. Die Weltwirtschaftskrise traf das Baugewerbe und infolgedessen auch die Ockerindustrie, denn ein großer Teil des Ockers wurde zum Anstrich von Häusern verwendet. 1938 sank die Produktion in der Vaucluse auf 18 000 Tonnen. Im nächsten Jahr schaltete der Krieg nochmals die Auslandsmärkte aus, und dieses Mal gingen einige von ihnen für immer verloren. Das Ende des Krieges brachte nur wenig Erleichterung, weil in Amerika synthetischer Ocker entwickelt worden war, welcher den natürlichen der Vaucluse fast ganz ersetzte. Aus politischen Gründen wurden die Märkte Osteuropas auf unbestimmte Zeit gesperrt. Um 1951 produzierten die Minen der Vaucluse zwar noch Ocker, aber sehr viel weniger. In Peyrane waren nur noch vierzehn Einwohner und einige vorübergehend anwesende Araber in der Ockerindustrie beschäftigt. Das Peyrane von 1901 war endgültig verschwunden wie das von 1851 und das von 1801.

Das Peyrane von 1951 ist anders als die bisher beschriebenen, und doch kann man es nicht verstehen ohne Bezugnahme auf die früheren. Zum Beispiel hat sich die Größe und die Verteilung der Felder seit 1801 offensichtlich wenig verändert und die allgemeine Struktur wahrscheinlich nicht viel seit 1501. Wie andere Gemeinden in dieser Gegend Frankreichs ist Peyrane eine Gemeinde mit kleinen Höfen. Von seinen zweiundneunzig Höfen haben etwa ein Viertel weniger als zehn Hektar Land, die Hälfte zwischen zehn und zwanzig und ein Viertel zwischen zwanzig und vierzig Hektar. Die Zerstückelung des Landes ist noch größer, als es scheint. Ein Hof besteht in Peyrane nämlich selten aus einem zusammenhängenden Stück Land. Es liegt vielleicht ein großes Stück rings um das Haus, aber die meisten Bauern besitzen weit zerstreut liegende Felder, die durch Felder anderer Bauern getrennt sind.

Die meisten Höfe – 60 % – werden von der eigenen Familie bewirtschaftet, 25 % von *fermiers* (Pächter) und 15 % von *métayers* (Pächtern, die als Pacht 50 % der Ernte abgeben). Diese Situation ist komplizierter, als man denkt. Ein Mann kann einige Felder besitzen, andere pachten und noch weitere als *métayer* bebauen. *Fermiers* und *métayers* können spezielle Klauseln in ihren Verträgen haben, die nicht genau in die Kategorien passen, in die sie für statistische Zwecke eingereiht sind. Die drei Kategorien von Bauern implizieren nicht unbedingt soziale Merkmale, die man diesen gerne zuordnen möchte. Die Rabouls sind zum Beispiel *fermiers* auf dem Hof, auf dem sie in Peyrane leben, aber sie besitzen einen Hof in der Nachbargemeinde Gordes, den sie an einen *fermier* verpachtet haben. Die Bonnels sind *métayers*, aber sie leben seit vielen Generationen in Peyrane und bewirtschaften denselben Hof seit vier Generationen. Sie genießen mehr Achtung als die Grundbesitzer Figeards. Jeder Fall scheint, einzeln betrachtet, statistische Verallgemeinerungen Lügen zu strafen.

Ein Blick in das Grundbuch oder auf eine Luftaufnahme vom Dorf läßt deutlich erkennen, wie das bebaute Land in kleine und unregelmäßige Felder aufgeteilt ist. An der geringen Größe und der Unregelmäßigkeit der Felder mag zum Teil der Boden schuld sein, aber die Hauptursachen sind in den Archiven verborgen, die bis in mittelalterliche Zeiten zurückreichen. Die vielen Erbteilungen, jahrhundertelang, sind natürlich die Hauptursache des Durcheinanders, und das Studium dieser Verflechtungen würde vieles enthüllen, denn ihr Einfluß auf familiäre und persönliche Beziehungen in der Gemeinde ist offensichtlich groß. Peretti, zum Beispiel, gehört das meiste seines Hofes; aber die Hälfte seines Hauses sowie einige der Schuppen gehören Reynard, dem Kolonialwarenhändler, dessen Frau sie von ihrer Großmutter mütterlicherseits geerbt hat. Reynard will sie nicht an Peretti verpachten, denn er hat Grund zur Annahme, daß Peretti kein guter Pächter sein würde.

Diese Landaufteilung hat auch einen großen Einfluß auf die wirtschaftliche Leistungsfähigkeit der Bauern. Im 18. Jahrhundert, als die meiste Landarbeit noch von Hand ausgeführt wurde, war dies weniger bedeutsam. 1950 jedoch ist die Bestellung kleiner Felder nicht mit der Verwendung von Landmaschinen und modernen landwirtschaftlichen Methoden zu vereinen. Der Anbau der im Peyrane von 1801 üblichen Pflanzen ist nie ganz aufgegeben worden. Auf etwa einem Drittel des bearbeiteten Bodens werden immer noch Getreide, Kartoffeln, Zwiebeln und Hülsenfrüchte angepflanzt. Aus Gründen, auf die wir später zurückkommen werden, verschwindet dieses Erbe der Vergangenheit allmählich.

Das Erbe des Peyrane von 1851 zeigt sich in mannigfaltigen Formen des Verfalls. In der Umgebung des Dorfes leben heute nur 472 Menschen gegenüber 1075 vor hundert Jahren. Im Dorf selbst wohnten 493 Menschen, heute 307. Die über das Land verstreut liegenden, verfallenen Häuser beweisen am besten diese Veränderung. 1861 waren 400 Häuser bewohnt, 1946 weniger als 250.

Wenn man in diesen Ruinen herumstöbert (und aufpaßt, daß man nicht in einen alten Brunnenschacht fällt oder eine baufällige Mauer zum Einsturz bringt), kann man noch andere Spuren der Vergangenheit entdecken. Zum Beispiel findet man oft in den Wänden des größten Raumes der Häuser merkwürdige Reihen von Löchern, etwa 5 Zentimeter breit und 2,5 Zentimeter tief. In diese Löcher hat man einst Stangen gesteckt, auf die Bretter für die Seidenraupen ge[illegible]gt wurden, mehrere Etagen übereinander, quer durch das ganze Zi[illegible] Die Seidenraupenzucht hat in der Gemeinde fast aufgehört. [illegible] der fleißigsten Frauen machen sich noch die Mühe, die unersättlic[illegible]-pen zu füttern.

Die malerischsten Bauten des Peyrane von 1851 sind die Windmühlen auf den Kuppen rings um die Stadt. In ›Le Secret de Maître Cornille‹ beschreibt Daudet, wie die Windmühlen in diesem Teil Südfrankreichs allmählich den mit Dampf und Wasser betriebenen in den Städten weichen mußten. Als die Mühlen Peyranes stillgelegt wurden, entfernte man die Flügel, nahm das Mahlwerk heraus und machte aus dem oberen Raum einen Taubenschlag. Inzwischen wurden auch die Taubenschläge aufgegeben, und die alten Mühlen stehen verlassen. In zweien von ihnen waren während des Krieges Flüchtlinge untergebracht, in einer lebte später ein Künstler, bis der Mistral ihn vertrieb. Heute kann man in Peyrane eine ganze Bergkuppe mit Windmühle für dreihundertsechzig Mark kaufen.

Ein unauffälligeres Gebäude aus dem Peyrane des 19. Jahrhunderts ist die *Salle des Fêtes.* Sie war ursprünglich eine offene Markthalle mit einem von schweren Säulen getragenen Dach. Als der moderne Verkehr Peyranes Funktion als Handelszentrum aufhob und aus ihm einen Vorort von Apt und Cavaillon machte, wurde die alte Markthalle geschlossen. Der Bürgermeister ließ Mauern zwischen den Säulen errichten. Jetzt dient sie der Gemeinde als öffentlicher Tanzsaal, als politischer Versammlungsraum und als Festsaal. Man kann sich schwer vorstellen, daß dieses düstere Gebäude, das nur bei besonderen Gelegenheiten benutzt wird, einst der von geschäftigen Menschen wimmelnde Mittelpunkt Peyranes war.

Spuren des Peyrane von 1851 findet man auch in den Wirtschaftsstatistiken, welche der Ratsschreiber jedes Jahr aufstellt. Diese Berichte geben an, daß von den 2 800 Hektar Land in Peyrane etwa 1 400 nutzbar sind. Weiterhin geht aus ihnen hervor, daß von diesen 1 400 Hektar zwei Drittel brachliegen. Das ist ein bemerkenswert hoher Prozentsatz ungenutzten Landes. Die entscheidende Frage ist, was man unter »nutzbar« versteht.

1851, als Peyranes Boden eine viel größere Bevölkerung ernährte als heute, wurde jedes nutzbare Stück Land bestellt. Die meisten Arbeiten wurden mit der Hand verrichtet, und Arbeitskräfte waren billig. Es war notwendig und vorteilhaft, jedes Fleckchen Land zu kultivieren, das heute für unbestellbar oder bestenfalls gerade noch für bestellbar gehalten würde. Da jedoch dieser Boden früher bestellt worden war, wird er in den offiziellen Statistiken immer noch als bestellbar geführt, auch wenn er nie wieder bebaut worden ist. Tatsächlich sind von den 2 800 Hektar Land in Peyrane ein Drittel unfruchtbar, ein Drittel mager und ein Drittel fruchtbar. Das ertragreiche Drittel umfaßt natürlich nicht nur das Ackerland, sondern auch Obstgärten, Weinberge und Viehweiden.

Das Peyrane von 1901 hat noch auffallendere Monumente hinterlassen als das von 1851. Einige der farbigsten und bizarrsten Felsen sind durch Erosion der Ockerbrüche entstanden, die fünfzig Jahre zuvor in Betrieb genommen worden waren. In halber Höhe des Piedconil, der sich über dem Dorf erhebt, ist inmitten eines orangefarbenen Felsens ein riesiges schwarzes Loch. Es ist der Eingang zu einer verlassenen Grube. Die Kuppe des Berges über dem Eingang ist eingezäunt, um *promeneurs* bei einem möglichen Einsturz zu schützen. Das ganze Ende eines kleineren Hügels, des Roussens, ist abgebröckelt. Steht man vor der Schule und schaut nach Osten, so sieht man ähnliche Felsen und Grubeneingänge in den benachbarten Dörfern längs der ockergelben Hügelkette. Einige der Gruben und Brüche sind noch in Betrieb, aber die meisten sind nur noch schöne, farbige Überreste eines ehemaligen Wirtschaftszweiges.

Vor kurzem begann man in einigen der verlassenen Gruben in großem Stil Champignons zu züchten, und in einigen Fällen war das Experiment erfolgreich. Die Voraussetzungen für die Champignonzucht in den Gruben sind ausgezeichnet, und wenn für die Champignonbeete mehr Dünger zu bekommen wäre, könnten die Gruben noch einmal zu einer wichtigen Einkommensquelle für die Gemeinde werden. Im Augenblick steht die Anzahl der Champignons, die in Peyrane gezüchtet werden, in direktem Verhältnis zu der Anzahl der Pferde in den Rennställen und in den Kasernen von Marseille, denn diese sind in diesem Gebiet die einzigen größeren Bezugsquellen für Dünger.

Ebenso malerisch wie die Ocker-Felsen, doch als Monument der Vergangenheit weniger auffallend, ist der Brunnen am Fuße des Hügels. Vor fünfzig Jahren war er die einzige Wasserquelle des Dorfes, abgesehen vom Regenwasser, das in Zisternen gesammelt wurde. Die Leute mußten ihr Wasser vom Brunnen einen halben Kilometer weit den Berg hinaufschleppen oder mußten es von Wasserhändlern kaufen, die es in Fässern, die auf Räder montiert waren und von Eseln gezogen wurden, ins Dorf heraufbrachten. 1912 gelang es dem Bürgermeister, Monsieur Prullière, mit Unterstützung des Abgeordneten Georges Laguerre eine Wasserleitung von einer elf Kilometer entfernten Quelle im Lubéron-Gebirge ins Dorf legen zu lassen. Eine schwierige Aufgabe, denn die Leitung mußte unter dem Flußbett des Calavon hindurch zum Reservoir auf der Kuppe des dreihundert Meter hohen Hügels von Peyrane verlegt werden. Dank der Initiative von Monsieur Prullière hatte Peyrane Jahrzehnte vor den meisten Dörfern der Umgebung fließendes Wasser; viele von ihnen haben heute noch keines.

Monsieur Prullière besaß eine Ockergrube. Eine der kostspieligsten Vorgänge beim Ockerabbau war der Transport des Wassers zu den Gruben, denn es wurde eine Menge Wasser gebraucht, um den Sand vom Ocker zu trennen. Der Bürgermeister, Monsieur Prullière, hatte

Wasser auf die Kuppe des Dorfhügels leiten lassen. Der Grubenbesitzer am Fuße des Hügels, ebenfalls Monsieur Prullière, schloß einen Vertrag mit der Gemeinde, der ihn ermächtigte, alles überschüssige Wasser zu verbrauchen. So ergoß sich seit 1912 ein sprudelnder Bach vom Reservoir oberhalb des Dorfes in einen offenen Rinnstein hinunter zum Steinbruch am Fuß des Hügels.

Wenn auch die meisten Monumente des Peyrane von 1901 zum Ockerbergbau in Beziehung stehen, so gibt es doch auch andere, die an die Landwirtschaft der damaligen Zeit erinnern. Schaut man von der höchsten Stelle von Peyrane über die Bauernhöfe, so kann man leicht die Kornfelder von den Weinbergen, die Weinberge von den Spargelfeldern und die Spargelfelder von den Obstplantagen unterscheiden. Man entdeckt aber eine Art von Bäumen, die man schlecht identifizieren kann, denn sie sind für Oliven-, Aprikosen- oder Kirschbäume zu dunkel. Diese dunklen Flecken sind Steineichenpflanzungen. Als Ende des 19. Jahrhunderts die meisten der bis dahin ertragreichen Kulturen nicht mehr rentabel waren, suchte man sie durch neue zu ersetzen. Bis dahin war die Trüffelsuche eine Beschäftigung für die Ärmsten der Gemeinde gewesen, die mit ihren Trüffelhunden in die Berge und in das Brachland gingen. Als Trüffeln häufig unter Steineichen gefunden wurden, hielt man es der Mühe wert, Steineichen zu pflanzen, und hoffte so auf Trüffelernten. Das Experiment hatte nur mäßigen Erfolg. Nach sechs Jahren wuchsen die ersten Trüffeln zwischen den obersten Wurzeln einiger Bäume. Der Ertrag war nie vorhersehbar, und in den letzten Jahren wurde die Trüffelernte immer geringer. Langsam verschwinden die Plantagen.

Wohin man sich in Peyrane auch wendet, überall sind Ruinen, die vergangene Augenblicke aus dem Leben des Dorfes heraufbeschwören. Sehen wir uns die Volkszählung von 1946 an[1] und konstruieren eine Bevölkerungspyramide des Peyrane von heute, dann erscheint uns diese moderne Bevölkerungspyramide ebenfalls wie eine Ruine. Die heutige Pyramide ist, verglichen mit der von 1851, nur ein zerlumptes Gespenst. Der Anteil der alten Leute ist viel größer, der Anteil der wirt-

[1] Von 1801 bis in die Gegenwart wurde in Frankreich alle fünf Jahre eine Volkszählung vorgenommen, außer in den Kriegsjahren 1871, 1916 und 1941. Aus Sparsamkeitsgründen beschloß die Regierung, die Volkszählung von 1951 ausfallen zu lassen. Deshalb liegt dieser Arbeit als letzte brauchbare Information über die Bevölkerung die Volkszählung von 1946 zugrunde. Inzwischen fand zwar eine Volkszählung 1954 statt, doch konnten wir die Ergebnisse in unserer Arbeit nicht mehr berücksichtigen.

schaftlich produktiven Erwachsenen mittleren Alters viel kleiner. Tatsächlich ist der Anteil der Peyraner Kinder sogar kleiner, als er auf der Pyramide erscheint, denn die Volkszählung enthielt eine kleine Kolonie von Flüchtlingskindern, die nach dem Krieg noch nicht repatriiert waren. Die Gesamtbevölkerung der Gemeinde sank von 1484 im Jahre 1851 (und von einer Spitze von 1568 im Jahre 1861) auf 779 im Jahre 1946 (auf 713 im Jahre 1954).

Alle Veränderungen in der Geschichte der Gemeinde der letzten hundert Jahre spiegeln sich in dieser Umbildung der Bevölkerung wider, dabei haben die beiden Weltkriege die tiefgreifendsten Wirkungen gehabt.

Im Ersten Weltkrieg fielen achtunddreißig Männer von Peyrane. Aus der Pyramide kann man ersehen, wie die Generation der in den letzten beiden Jahrzehnten des 19. Jahrhunderts geborenen Männer dezimiert wurde. Der Prozentsatz der Witwen der gleichen Generation ist entsprechend hoch. Es fehlen die Kinder, die diesen Männern hätten geboren werden können. Während des Krieges wurden fast keine Kinder geboren; die zwischen 1915 und 1920 registrierten Geburten fallen zum größten Teil in die Jahre 1919 und 1920. Als die überlebenden Männer nach dem Kriege wieder nach Hause kamen und das Ockergeschäft wieder begann, stieg natürlich die Geburtenrate schnell an. Dann kamen die Weltwirtschaftskrise und der Zweite Weltkrieg. Wie schon erwähnt, zeigt die Pyramide wegen des vorübergehenden Aufenthalts von Flüchtlingskindern in Peyrane im Jahre 1946 einen größeren Anteil der zwischen 1930 und 1945 geborenen Kinder, als gerechtfertigt ist.

Es erscheint fast lächerlich, in abstrakten Zahlen von der Wirkung des Krieges zu sprechen, denn für die Bewohner von Peyrane war vor allem die psychologische Wirkung des Krieges von Bedeutung. Oft sagten uns die Leute: »Sie kommen zu spät, um etwas über das Leben in Peyrane zu erfahren. Sie hätten vor dem Krieg kommen müssen. Jetzt ist alles anders.«

Fragt man, wieso das Leben vor dem Krieg anders war, bekommt man immer dieselben Antworten: »Damals ging es uns besser. Das Leben war nicht so schwierig. Wir kamen besser vorwärts. Jeden Samstagabend war Tanz, und wir luden uns gegenseitig zum Kaffee ein. Jetzt bleibt jeder zu Hause. Der Krieg hat das Leben verändert.«

Die Wirkungen des Krieges auf Peyrane waren verhältnismäßig gering. Weder Deutsche noch Amerikaner kamen ins Dorf, nur hin und wieder eine Patrouille, die, ohne Störungen zu verursachen, durch das Dorf zog. Im Dorf wurde nicht gekämpft. Es fielen keine Bomben. Kaum ein französisches Dorf hat äußerlich weniger gelitten als Peyrane. Aber aus allen Erzählungen und aus allen unangenehmen Ereignissen, auf die die Leute anspielen, aber über die sie nicht gerne sprechen, wird deutlich, daß die Wirkung des Krieges auf das Leben im Dorf verheerend war, vor allem, was die Beziehungen der Menschen untereinander betrifft.

Von Peyranes Männern, die zu Beginn des Krieges eingezogen wurden, fielen sechs, und fünfzehn waren als Kriegsgefangene fünf Jahre in Deutschland. Der große Verlust von gesunden Männern zerstörte nicht nur Familien und erhöhte emotionale Spannungen; er verursachte den Ausfall einer wichtigen Gruppe produktiver Arbeiter. Aber trotz dieses Verlustes wuchs die Bevölkerung des Dorfes durch den Zustrom von Flüchtlingen, einer, offen gesagt, unproduktiven Gruppe. Gleichzeitig schlossen fast alle Ockergruben und fielen somit als Einkommensquelle aus. So wurde in kurzer Zeit die produktive Kapazität der Gemeinde wesentlich reduziert, während die Anzahl der Konsumenten sich erhöhte. Gleichzeitig wurden alle Arten von Waren knapp, sowohl die in der Gemeinde selbst produzierten als auch die von außerhalb bezogenen. Die Leute hatten immer weniger Geld, das Geld wurde immer weniger wert, und es gab immer weniger zu kaufen. Es war ärgerlich, ohne einen Artikel auskommen zu müssen, den man brauchte. Entdeckte man aber endlich den Artikel und hatte auch einen Weg gefunden, ihn zu bezahlen, so war der Preis so hoch, daß man sich auch wieder ärgerte.

Natürlich mußten die Leute oft auf dem Schwarzmarkt kaufen, wenn sie haben wollten, was sie brauchten; dafür mußten sie ihrerseits etwas auf dem Schwarzmarkt verkaufen, damit sie die Schwarzmarktpreise für die benötigten Waren bezahlen konnten. Dies bedeutete eine doppelte Gesetzesübertretung. Auch wer durch Tauschhandel leben wollte, bewegte sich außerhalb der Gesetze. Man konnte nicht etwa ein Lamm gegen einen Autoschlauch tauschen, denn neue Verordnungen untersagten die freie Verfügung über solche Dinge wie Lämmer und Autoschläuche. Es gab immer mehr Gesetze, die man übertreten konnte, und es gab viele Gesetze, die man übertreten mußte, um leben zu können.

Normalerweise haben die Leute von Peyrane keine großen Bedenken, von der Regierung in Paris angeordnete geringfügige Restriktionen zu übertreten, aber es ist unbequem, ständig mit Übertretungen zu leben.

Man ist den Angriffen von *les autres* ausgesetzt, das heißt, dem ganzen Dorf. Durch eine Anzeige konnte irgendeiner der *autres* eine Familie ins Unglück stürzen. In normalen Zeiten sind *les autres* zwar lästig, aber unter diesen Umständen sind sie eine Bedrohung. Um sich vor ihnen zu schützen, mußte eine Familie möglichst zurückgezogen leben.
Da Einzelne, Familien und Freundeskreise versuchten, immer mehr für sich zu leben, und da sie immer mehr Geheimnisse zu verbergen hatten, erhöhten ihre Isolation und ihre Heimlichtuerei den Verdacht der *autres*. Gleichzeitig vertieften sich die alltäglichen Meinungsverschiedenheiten und führten zu allgemeiner Verbitterung. Für einige Leute war Pétain ein Held oder zumindest ein *»brave type«*, der sein Bestes tat, den Franzosen zu helfen. Für andere war er ein Schurke, eine lächerliche Figur, de Gaulle dagegen der Held. Einige glaubten, gute Patrioten zu sein, wenn sie den Anordnungen der Vichy-Regierung gehorchten, andere, wenn sie ihnen nicht gehorchten.
Auch die Spannungen zwischen Dorfbewohnern und Bauern wuchsen. Die Dorfbewohner, deren Ernährung von den Bauern abhing, beklagten sich darüber, daß diese Schwarzmarktpreise von ihnen verlangten und sich sogar oft weigerten, ihnen etwas zu verkaufen, weil sie ihre Waren lieber auf dem Schwarzmarkt in der Stadt verkauften. Die Bauern beklagten sich darüber, daß die Dorfbewohner versuchten, die Erzeugnisse zu legalen Preisen zu kaufen, um sie dann in der Stadt zu Schwarzmarktpreisen wieder zu verkaufen. Jeder Vorfall vermehrte den Verdacht und den Neid. Wenn irgend jemand zusätzlich Benzin, Kleider oder Nahrungsmittel erhielt, verbreiteten *les autres* das Gerücht, es sei illegal erworben. Es schien, als ob niemand etwas tun konnte, ohne die Feindschaft eines anderen hervorzurufen.
In diese Atmosphäre von Bitterkeit, Entbehrung und Mißtrauen wurde ein noch heftigeres Element hineingetragen: der *maquis*. Der *maquis*, die Widerstandsbewegung, bestand aus jungen Leuten der Gemeinde. Die meisten stammten aus Peyrane, aber einige waren *étrangers*, die sich dem Zugriff der Vichy-Regierung entzogen hatten oder der Zwangsarbeit in Deutschland entgehen wollten. Mit Maschinengewehren bewaffnet durchstreiften sie nachts das Land, auf der Suche nach Nahrungsmitteln, Lebensmittelkarten und allem, was die Gruppe brauchte, um weitermachen zu können. Die meisten Leute gaben mehr oder weniger freiwillig; die sich weigerten, wurden gezwungen.
Die jungen Leute behaupteten zwar, nur von patriotischen Beweggründen geleitet zu werden, aber schließlich waren die meisten von

ihnen in der Gemeinde aufgewachsen und versteckten sich sogar zu Hause oder bei Freunden. Als Mitglieder des *maquis* hatten sie eine patriotische Funktion, aber sie alle hatten auch ein persönliches Verhältnis zu den anderen Bewohnern des Dorfes. Sie standen mit den einen gut und mit den anderen schlecht. Die Beweggründe des *maquis* wurden natürlich von den übrigen Leuten im Licht ihres persönlichen Verhältnisses zu jedem einzelnen der jungen Leute ausgelegt. Folglich gab es keine Übereinstimmung über die Verdienste der Peyraner Untergrundbewegung. Für einige Leute waren die Männer des *maquis* ein Haufen Banditen; für andere eine Gruppe von Patrioten. Das vernünftigste Urteil über sie scheint Lucien Bourdin ausgesprochen zu haben. Er war während des Krieges Gefangener in Deutschland und wußte über den *maquis* nur, was er bei seiner Rückkehr über ihn erfuhr: »Ich wuchs mit ihnen auf, und ich weiß, was ich getan hätte, wenn ich bei ihnen gewesen wäre. Die Wahrheit ist, daß sie manchmal Banditen waren und manchmal Helden, je nachdem.«

Das Erstaunlichste an dieser gespannten Lage war, daß sie nicht in heftige Gewalttätigkeit ausartete und mit einer Tragödie endete, wie es in anderen Dörfern der Umgebung, die alle in der gleichen mehr oder minder mißlichen Lage waren, geschehen ist. In Gordes führten Denunziationen und Repressalien zu einer teilweisen Zerstörung des Dorfes. Die Deutschen kamen mit Tanks auf den Berg, auf dem Gordes liegt, und vernichteten ein ganzes Dorfviertel. In Saint-Saturnin führten ähnliche Denunziationen zur Gefangennahme einiger Männer der Untergrundbewegung und zu deren Exekution auf dem Dorfplatz.

In Peyrane geschah nichts dergleichen. Es gab keine schwerwiegenden Denunziationen. Niemand wurde verhaftet. Niemand wurde vom *maquis* getötet, auch nicht von den Deutschen oder von der Vichy-Polizei. Es bestand dauernd die Gefahr, daß solche Gewalttätigkeiten ausbrechen könnten, aber es geschah nichts. Es gingen Gerüchte, der *maquis* von Peyrane habe bei den Ereignissen in Gordes und Saint-Saturnin eine wichtige Rolle gespielt. Vermutlich hatten es die jungen Leute von Peyrane vorgezogen, in einer anderen Gemeinde *»faire leurs farces«*, denn man erwartet, daß ein junger Mann nicht zu Hause *»fait ses farces«*. Wir werden auch sehen, daß man in Peyrane den Krieg als eine Familienangelegenheit ansah. Innerhalb der Familie mochte man sich streiten, aber der Streit sollte innerhalb der Familie bleiben und der Familie als solcher nicht schaden.

Die Streitigkeiten unter den Dorfbewohnern führten nicht zu Gewalttätigkeiten in der Gemeinde, doch waren sie heftig genug, eine langanhaltende Wirkung zu hinterlassen. Die Leute übertreiben sicher nicht, wenn sie sagen, sie kämen nicht mehr so gut miteinander aus wie vor dem Krieg und blieben häufiger zu Hause als früher. So wie der Krieg die Ockerindustrie fast zerstörte und die Wirtschaftslage von Peyrane veränderte, so hat er zweifellos auch die psychologische Atmosphäre in der Gemeinde verändert. Er bezeichnet das Ende eines der Peyranes der Vergangenheit.

In den fünf Jahren nach dem Krieg stieg die Geburtenrate in Peyrane, wie in ganz Frankreich, erheblich. Daher würde eine auf der Volkszählung von 1954 basierende Bevölkerungspyramide einen hohen Anteil von Kindern unter zehn Jahren zeigen. Es ist ein ähnliches Phänomen wie in den Jahren vor 1851 und 1901, als der Wohlstand von Peyrane aufgrund neuer wirtschaftlicher Voraussetzungen wuchs. 1850 war ein Höhepunkt in der Entwicklung neuer, rentabler Erwerbsquellen, die das kleine, selbstzufriedene Peyrane in einen großen, von Märkten und Versorgungsquellen außerhalb der Gemeinde abhängigen Ort verwandelten. 1900, nach dem Ausfall wichtiger Erwerbsquellen, begann für Peyrane eine neue Periode des Wohlstands auf der Basis der Ockerindustrie.

Seit dem Krieg scheint ein anderes Peyrane zu entstehen. Es ist schwer zu erkennen, weil die Spuren der Vergangenheit es verbergen. Die alten, zerfallenen Häuser, die Windmühlen und die verlassenen Ockergruben sind so auffallend, daß man die neuen Aprikosenpflanzungen und die Spargelfelder nicht bemerkt. Landwirtschaftliche Statistiken, nach denen 70 % des bestellbaren Bodens brachliegen, verschweigen die Tatsache, daß das Land besser ausgenutzt wird als früher. Die Abnahme der Bevölkerung von 1568 im Jahre 1861 auf 713 im Jahre 1954 ist so eindrucksvoll, daß wir einen wesentlichen Punkt übersehen: 1954 kann eine kleinere Bevölkerung mehr produzieren und sich eines höheren Lebensstandards erfreuen als die größere Bevölkerung im Jahre 1861.

Die Faktoren, die zu der Entwicklung eines neuen Peyrane beitragen, sind die gleichen, die auch anderswo auf der Welt die Landwirtschaft verändert haben. In Peyrane wird jetzt die Landwirtschaft mit wissenschaftlichen Methoden betrieben. Die meisten Bauern haben zwar nur Volksschulbildung, kennen sich aber doch in der Terminologie der Bodenkunde und der Wahl von Samen und Düngemitteln aus. Die Mondphasen sind für die Wahl der Pflanzzeit weniger wichtig als die Anweisungen der Samenlieferanten und der landwirschaftlichen Experten und als die Wettervorhersagen im Radio. Das Radio vermittelt dem Bauern auch die laufenden Marktpreise. So kennt er den besten Preis, den er für seine Ware bekommen kann. Er braucht sich sogar nicht einmal um den Verkauf zu kümmern; er kann ihn der Genossenschaft anvertrauen. Er kann auch seine finanzielle Lage verbessern, wenn er durch die Genossenschaft in Apt einkauft, wenn er seinen Wein in einer der drei nahegelegenen Winzergenossenschaften keltern und seinen Schnaps in der Destillerie der Genossenschaft brennen läßt und seine Felder mit dem Traktor der Genossenschaft bearbeitet.

Das Absatzgebiet der Peyraner Bauern hat sich weit über die Grenzen des Beckens von Apt ausgedehnt. Spargel, die in Peyrane gestochen werden, werden am nächsten Tag auf den Märkten von Paris verkauft. Aprikosen, Tafeltrauben und Melonen werden in die Städte geliefert. Tomaten bringt man in die Konservenfabriken nach Apt, Pernes und Carpentras. Wein wird in großen Tankwagen von den Genossenschaften in die Stadt befördert. In der Kirschenzeit belädt Louis Borel seinen Wagen mit Körben voll Kirschen, die die Bauern für ihn an den Straßenrand gestellt haben. Wenn der Marktpreis gut ist, bringt er sie direkt in die Konservenfabrik nach Apt. Ist der Preis schlecht, schüttet er sie in große Bottiche, die er mit seinem Schwiegersohn vor seinem Haus aufgestellt hat. Mit Hilfe von Konservierungsmitteln kann er die Kirschen so lange aufbewahren, bis der Preis wieder steigt. Natürlich geht dabei das bißchen Aroma dieser großen, schönen Kirschen verloren; aber die Fabriken reichern das Aroma sowieso immer an. Es geht also nichts verloren, und Borels Einkommen steigt.

Ein Amerikaner kann auf einem Hof in Peyrane nicht ohne weiteres feststellen, daß die Wissenschaft Peyrane modernisiert hat. Die Modernisierung ist nicht nur durch die Überreste der Vergangenheit verdeckt, sondern auch durch die Schäbigkeit der Gegenwart. Es gibt keine äußeren Zeichen der Modernität – kein Chrom, keine Emaille, keine elektrischen Eisschränke, keine Tiefkühltruhen, kein Fernsehen, keine modernen Küchen und keine schicken Badezimmer. Viele Arbeiten, die auf einer modernen amerikanischen Farm vollautomatisch ausgeführt werden, erledigt man in Peyrane mit der Hand. Viele der schäbigen Einrichtungen erinnern eher an einen amerikanischen Autofriedhof als an einen modernen Bauernhof. Anstelle eines prächtigen, neuen Traktors findet man einen alten, der aussieht, als ob er mit Draht zusammengehalten würde. Manchmal ist die Rebspritze ein zusammengebastelter Apparat, der zwischen einem Lastwagen- und einem Autoreifen montiert ist. Auf den Markt fährt manche Familie in einem Renault von 1923, dessen Rückseite so umgebaut ist, daß er als Lieferwagen benutzt werden kann. Mit diesem Wagen braucht man fünfundzwanzig Minuten nach Apt statt fünfzehn mit einem neuen.

Der Widerspruch zwischen Modernität und Schäbigkeit ist aber mehr scheinbar als wirklich. Das Chrom, die Emaille, der neue Anstrich sind oberflächliche Merkmale, die uns bestechen, die aber wenig mit der Sache an sich zu tun haben. Die Widersprüche entstehen durch die grundlegend verschiedenen Verhaltensweisen der Amerikaner und der Leute aus Peyrane, Unterschiede, die in den folgenden Kapiteln geklärt werden.

Peyrane kann natürlich nur einen bescheidenen Wohlstand erwarten. Einige der Hindernisse, die einer unbegrenzten Ausdehnung der Wirtschaft im Wege stehen, sind naturbedingt und unüberwindbar. Man darf nicht vergessen, daß nur ein Drittel des Bodens wirklich ertragreich ist, daß es im Sommer und Winter wenig regnet und daß mit einer Bewässerungsanlage nicht gerechnet werden kann. Es gibt die verheerenden Frühjahrs- und Herbststürme. Der Mistral vernichtet die Ernten und bringt plötzliche Frostperioden. Das Land ist in kleine, unregelmäßige Parzellen aufgeteilt, und es scheint unwahrscheinlich, daß sich diese Situation ändert.

Außer diesen naturbedingten Hindernissen steht der Entwicklung des Wohlstandes in Peyrane ein mehr modernes und menschliches Problem im Weg: Wie der vergangene Krieg das geringe Vertrauen der Menschen untereinander fast ganz zerstört hat, so hat die Angst vor einem künftigen Krieg das Vertrauen in die Zukunft vernichtet. Ohne Vertrauen in die Zukunft kann Peyrane aus seinen natürlichen Hilfsquellen nicht den besten Nutzen ziehen.

Nach Aussagen landwirtschaftlicher Experten ist der Anbau von Obst und Gemüse für das Gelände, den Boden und das Klima von Peyrane am günstigsten, und von diesen sind Trauben und Aprikosen am geeignetsten. Den Bauern sind beim Anbau der Trauben jedoch Grenzen gesetzt. Die Überproduktion von Wein in Frankreich veranlaßte die Regierung, das Pflanzen von Rebstöcken zu verbieten; lediglich alte Weinstöcke dürfen durch neue ersetzt werden. Es gibt Wege, die Verbote zu umgehen, denn diese gelten nicht für den Anbau von Tafeltrauben und von Unterlagen für Pfropfreben. Leider ist der Markt dafür nahezu gesättigt. Es wäre gefährlich, den Weinbau weiter auszudehnen.

Besser wäre es, Aprikosen anzupflanzen, aber da muß man warten, bis die Bäume Früchte tragen. Der Verdienst würde erst in mehreren Jahren anfallen. Das Pflanzen von Obstbäumen bedeutet Vertrauen in die Zukunft. Viele Bauern, mit denen wir dieses Problem besprachen, reagierten ähnlich: »Wir wissen, wir sollten Bäume pflanzen, aber was hat es für einen Sinn? Wer weiß, ob wir und unsere Kinder noch hier sind, wenn sie anfangen zu tragen?«

Ende des 19. Jahrhunderts legten die Bauern von Peyrane Steineichenplantagen an, die, wenn überhaupt, erst in sechs Jahren Trüffeln bringen würden. Diese Art von Zuversicht ist verschwunden. Lucien Bourdin, dessen Vater im Ersten Weltkrieg fiel und der während des Zweiten Weltkrieges fünf Jahre als Gefangener in Deutschland war, sprach zwar verbitterter als die meisten Leute, drückte aber einen weit verbreiteten Standpunkt aus: »Soll man eine Aprikosenplantage anlegen, damit die Russen und Amerikaner sie als Schlachtfeld benutzen können? So dumm sind wir nicht.«

Während des letzten Krieges ging es in der Gemeinde nicht denjenigen am besten, die die modernsten Höfe hatten und die günstigsten Erzeugnisse anbauten. Es hatte wenig Sinn, Spargel und Tafeltrauben in großen Mengen zu produzieren, wenn keine Expreßzüge nach Paris fuhren. Die Bauern, welche sich am wenigsten von der alten, autarken Produktionsweise des Peyrane von 1801 gelöst hatten, konnten am besten für ihre Familien sorgen. Obwohl Getreideanbau und Schafzucht unwirtschaftlich waren, lieferten sie doch Brot, Käse und Wolle für die Familie oder zum Tausch. Dies war keine Wohlstandswirtschaft, aber man konnte damit überleben – wenn eine Krise droht, muß man zuerst an das Überleben denken. 1950 wurden noch 14% des besten Bodens mit Getreide bepflanzt. Jeder wußte, daß dieser Boden besser genutzt werden konnte, aber andererseits ist ein Getreidefeld eine Art Katastrophenschutz.

Niemand ist so töricht zu glauben, er könne mit seiner Familie, seinem Getreidefeld und seiner Schafherde isoliert von der übrigen Welt leben. Vor zweitausend Jahren wären die Menschen von Peyrane auf den höchsten Punkt des Dorfes gestiegen und hätten mit Gleichgültigkeit zugesehen, wie Zimbern und Römer am Fuße des Perréal miteinander kämpften. Heutzutage glauben die Leute von Peyrane nicht mehr, sich durch Isolation schützen zu können. Obwohl sie von den letzten beiden Kriegen kaum in Mitleidenschaft gezogen wurden, empfanden sie die Auswirkungen doch so stark, daß sie sich keine Illusionen mehr über ihre Sicherheit und Isoliertheit im Falle eines Krieges machen.

Sie wissen auch, daß sie nichts tun können, um eine drohende Katastrophe abzuwenden, weil ihr Schicksal nicht in ihrer Hand liegt. Vor einer Wahl macht die eine Hälfte der Leute die Russen für eine Katastrophe verantwortlich, die andere die Amerikaner. Diese offizielle Einstellung wird durch die Einstellung der Leute untereinander beeinflußt. Inoffiziell sind sich die meisten Leute darin einig, daß anscheinend sowohl die Russen als auch die Amerikaner den Krieg wollen, Frankreich aber nur eine Schachfigur im Kampf dieser beiden Giganten ist. Sie würden vielleicht Partei ergreifen, wenn auf der einen oder der anderen Seite etwas zu erhoffen wäre, aber nach ihrer Erfahrung gibt es im Krieg überhaupt keine Hoffnung. Sie haben immer verloren. Eine konservative Marseiller Zeitung brachte während der Korea-Krise folgende Schlagzeile: »Die USA denken an Sieg, Frankreich denkt an Krieg.« Seit 1918 wissen sie, daß das Wort Sieg ein Hohn ist.

Trotz dieser Situation sind die Peyraner nicht verzweifelt. Sie pflanzen einfach keine Aprikosenbäume. *»C'est comme ça.«* Man kann nur von der Hand in den Mund leben. Im übrigen stehen die Sorgen und Freuden der eigenen Familie so im Vordergrund, daß man nicht viel über »all das« nachzudenken braucht. Kriege kommen und bringen Katastrophen. Das Regime wechselt. Die Regierungen stürzen. Aber die Familie bleibt immer bestehen.

Wie man in Peyrane aufwächst

3. KAPITEL

Kindheit

In Peyrane kommen die meisten Kinder zu Hause auf die Welt. Nur in außergewöhnlichen Fällen, wenn eine Operation zu erwarten ist oder wenn niemand da ist, der sich daheim um die Mutter und das Baby kümmern kann, denkt man an eine Entbindung in der Klinik. Die Leute sagen, Pflege im Krankenhaus sei zwar besser als gar keine, aber sicherlich schlechter als zu Hause, da man von »Fremden« nicht die gleiche liebevolle Fürsorge erwarten könne wie von Familienangehörigen. Sie wissen, daß es in den Städten viele Frauen gibt, die lieber in der Klinik entbinden, und sie haben von den schönen, neuen Entbindungsheimen in kleinen Orten wie Carpentras gehört, aber sie wissen auch, daß ein Mensch, der Pflege nötig hat, seine Familie braucht. Als ich Françoise Bonerandi fragte, ob sie ihr Kind zu Hause oder in der Klinik bekommen würde, schien sie gekränkt zu sein, daß ich eine solche Frage überhaupt gestellt hatte. Sie bewohnte ein großes Haus, ihre Familie war wohlhabend, liebte sie und wollte für sie sorgen. Warum sollte sie in eine Klinik gehen, wo sie von Fremden gepflegt würde? Die Geburt eines Kindes ist das wichtigste Ereignis in einer Familie, und alle umsorgen Mutter und Kind.

Die qualifizierteste Person, ein Kind auf die Welt zu bringen, ist der Arzt, und der beliebteste Arzt der Gegend ist Doktor Magny. So bringt er die meisten Kinder von Peyrane auf die Welt. Hebammen sind zwar in diesem Teil Frankreichs nicht unbekannt, aber in Peyrane gibt es keine. Am geeignetsten wäre die achtzigjährige Mélanie Favre, die gerufen wird, wenn eine Familie fremde Hilfe braucht. Seitdem der Staat einen großen Teil der Entbindungskosten bezahlt, spart man kein Geld, wenn man jemand anderen als einen Arzt holt.

Jeder kann in dem Raum, in dem die Geburt vor sich geht, bleiben, solange er dort etwas zu tun hat. Man hat nichts gegen die Anwesenheit einer Schwiegermutter oder eines Vaters, andererseits verlangt die Tradition auch nicht die Gegenwart eines bestimmten Verwandten oder einer bestimmten Persönlichkeit. Wichtig ist nur, daß diejenigen Personen anwesend sind, die sich um Mutter und Kind kümmern. Man macht keine Narkose. Die Frauen finden es »viel natürlicher«, bei der Geburt nicht eingeschläfert zu werden.

Wenn die Geburt normal verlaufen ist und das Kind keine besondere Pflege braucht, legt man es an einen warmen Platz, bis die Mutter versorgt ist. Dann kümmert man sich um das Kind. Es wird gewaschen, gewickelt und warm eingepackt. Beim Wickeln läßt man die Arme frei, aber die Beine werden gestreckt und fest in Bandagen eingebunden.

Als ich fragte, warum die Babys gewickelt würden, erhielt ich die verschiedensten Antworten. Einige meinten, weil ihre Körper so empfindlich seien; wenn man sie ungewickelt ließe, könnten sie sich die Wirbelsäule verrenken. Andere sagten, Babys bewegten sich so heftig und unvernünftig hin und her, daß sie sich stoßen und verletzen könnten. Ein wieder anderer Grund war, daß die Beine für einige Wochen gerade gestreckt werden sollten; wenn ein Kind nicht gewickelt würde, könne es O-Beine bekommen. Fragte ich nach dem Erfolg, verhielten sich die Leute ablehnend, denn sie wissen, daß in den Städten die Babys kaum noch gewickelt werden. Sie wissen auch, daß die Lehrerin im Unterricht über Babypflege ihr Mißfallen über das Wickeln äußert, weil dadurch keine Sonne und keine Luft an den Körper kommen. Sie sagt, keine Sonne bedeute Mangel an Vitamin D, und dies verursache Rachitis. Die Leute respektieren die Ansicht der Lehrerin, können andererseits aber nicht einsehen, inwiefern das Wickeln in der Vergangenheit Schaden angerichtet haben soll, und die Lehrerin hat sich darüber noch nicht geäußert.

Detaillierte Fragen über die Ernährung des Säuglings fanden die Leute ziemlich töricht. Sie fragten, was es da für Schwierigkeiten geben könne. Niemand brauche dem Baby zu zeigen, wie es saugen soll. Es wird einfach an die Brust gelegt, und alles geht von allein. Natürlich, sagen sie, haben manche Mütter aus irgendwelchen Gründen keine oder nicht genug Milch. In solchen Fällen holte man früher eine Amme, oder man brachte das Baby zu einer Amme; aber Ammen gehören der Vergangenheit an. Wenn eine Mutter ihr Baby nicht stillen kann, bekommt es Ziegen- oder Kuhmilch oder Babynahrung aus der Flasche. Aber das Stillen wird immer der Ernährung mit der Flasche vorgezogen. Die Mutter findet es selbstverständlich, das Baby zu stillen, und jeder erwartet es auch von ihr. Im allgemeinen aber hat man den Eindruck, als hätten die Mütter heutzutage weniger Milch als in früheren Generationen. Es soll immer weniger Mütter geben, die ihre Babys ganz stillen können.

Ein Kind soll, gleichgültig ob es gestillt oder mit der Flasche ernährt wird, einigermaßen an einen Zeitplan gewöhnt werden, der vom Arzt vorgeschlagen wird oder auf der Packung der Babynahrung angegeben ist; aber niemand versucht, diesen Zeitplan streng einzuhalten. Glaubt man, das Kind sei hungrig, so wird es gefüttert. Hat es keinen Hunger, versucht man nicht, es zum Essen zu zwingen, obwohl man vielleicht etwas beunruhigt ist, weil fehlender Hunger ein Krankheitssymptom sein könnte. Man versucht auch nicht, einen Plan aufzustellen, damit das Baby regelmäßig schläft. Im allgemeinen ißt und schläft das Baby, wann es will. Wenn es schreit, wird es trockengelegt und gefüttert. Schreit es länger als ein paar Minuten, versucht irgend jemand, es durch Liebkosungen zu beruhigen. Man nimmt es auf den Arm, trägt es herum und singt dabei. Es wird nicht geschaukelt, denn in Frankreich gibt es keine Schaukelstühle, aber es wird von dem, der es beruhigen will, in den Armen gewiegt. Man küßt es und spricht ständig mit ihm.

Wenn ein Baby die Windeln naß oder voll gemacht hat, wird die lange Bandage aufgewickelt, es wird sauber gemacht und wieder gewickelt. Es macht viel Arbeit, immer genug saubere Windeln und Bandagen bereit zu haben, denn alle Wäsche muß mit der Hand gewaschen werden, aber trotz dieser Mühe wird das Baby saubergehalten. Eines Tages sah ich zu, wie Françoise Bonerandi ihr Baby wickelte. »Es kostet sicher viel Zeit und Mühe«, meinte ich. »Im Sommer ist es nicht so schlimm«, sagte sie, »denn da wickeln wir das Baby nur einen Monat lang, im Winter aber zwei oder drei Monate, und dann ist es auch unangenehmer, die Wäsche zu waschen. Wie lange wickelt man die Babys in Amerika?« Als ich ihr sagte, daß Babys in Amerika gar nicht gewickelt würden, schien sie überrascht. Nach kurzem Schweigen sagte sie: »Ihre Kinder haben aber doch gerade Beine, so mag an dem, was die Lehrerin sagt, doch etwas dran sein.« Dann nach einer Weile: »Aber wir machen es hier eben so.«

Zu Hause überläßt man das Baby so viel wie möglich sich selbst, außer wenn es Gästen vorgeführt wird. Die Mutter hat zu viel zu tun, um sich ständig um es kümmern zu können, es sei denn, sie glaubt, es habe Hunger, sei schmutzig oder krank, oder wenn sonst ein triftiger Grund vorliegt, der ihre Fürsorge verlangt. Wenn es im Kinderwagen ausgefahren wird, ist die Sache ganz anders. Dann wird paradiert. Wie die Familie auch finanziell gestellt sein mag, keine Ausgabe wird gescheut, einen eleganten Kinderwagen zu erwerben, welcher der Familie alle Ehre macht, wenn das Baby durch das Dorf geschoben wird. Die Dorfbewohner sind voller Bewunderung. Das Baby wird aus dem Wagen gehoben, geküßt und liebkost, und von einem zum anderen gereicht. Die Leute stupsen es am Kinn und am Bauch und machen dabei leise schmatzende Geräusche. Sie sagen ihm in Babysprache, wie hübsch und gesund es aussieht. Sie schaukeln es auf ihren Knien oder in den Armen. Diese Bewunderung und diese Liebesbezeugungen sind aufrichtig, denn die Leute von Peyrane lieben Babys.

Sobald sich die Mutter wohl fühlt, empfängt sie ihre Freunde, die sie und das Baby sehen wollen. Früher war es üblich, daß der erste Besucher ein Hühnchen mitbrachte, aus dem der Mutter eine Hühnerbrühe gekocht wurde, aber wie die meisten Traditionen, die mit wirtschaftlichen Opfern verbunden sind, wurde auch diese aufgegeben. Aber das Baby bekommt manchmal noch einige Geschenke, hauptsächlich gestrickte Babysachen. Der Vater erhält weder Geschenke noch macht er welche, und obwohl die anderen Männer vielleicht mit ihm über die Vaterschaft scherzen, gibt es keine überlieferte Scherzzeremonie, der er sich unterziehen müßte.

Innerhalb von drei Tagen nach der Geburt muß das Baby vom Vater oder vom Arzt auf dem Rathaus angemeldet werden. Seine Existenz wird in das *livret de famille* eingetragen und es bekommt den *civil status*, den es sein Leben lang brauchen wird, um seine Identität nachzuweisen. Einige Wochen nach der Geburt, meist zwischen der dritten und sechsten Woche, wird das Baby in die religiöse Gemeinschaft des Dorfes aufgenommen; man bringt es zur Taufe in die Kirche. Alle Eltern in Peyrane lassen ihre Kinder taufen, gleichgültig welche religiöse und politische Überzeugung sie haben. Manche lassen ihre Kinder aus rein religiösen Gründen taufen, aber die meisten bestehen auf der Taufe aus ganz praktischen Gründen. Ein nicht getauftes Kind, so meinen sie, das später jemanden heiraten möchte, der auf der kirchlichen Trauung besteht, müßte nachträglich getauft werden und sich einer für einen Erwachsenen unbequemen und unangenehmen Zeremonie unterziehen. Man tut das besser zur gewohnten Zeit. Nebenbei bietet die Taufe Gelegenheit für ein Familienfest.

Offenbar wurden früher bei der Taufzeremonie bestimmte Einzelheiten genau beachtet, aber niemand erinnert sich mehr an sie. Heute verhandeln die Eltern des Kindes ganz ungezwungen mit dem Pfarrer über den geeigneten Termin der Taufe, die meistens an einem Sonntagmorgen nach der Messe stattfindet. Keine engstirnige Tradition regelt die Wahl der Taufpaten. Beim ersten Kind ist es meistens ein naher Verwandter des Vaters und einer der Mutter. Bei den folgenden Kindern versucht man, jemanden zu finden, der dem Kind im späteren Leben von praktischem Nutzen sein könnte – einen kinderlosen, wohlhabenden Freund zum Beispiel. Doch meinen die Leute von Peyrane, solche Versuche führten selten zum Erfolg. Taufpaten zeigen kein anhaltendes Interesse an ihren Patenkindern. Ihre Funktion beschränkt sich praktisch darauf, wenn möglich an der Taufe teilzunehmen und dem Kind einen Namen zu geben. Jedes Kind erhält drei Namen, einen von seiner Mutter und einen von jedem Taufpaten, aber es wird, außer in offiziellen Dokumenten, nur der Name, den ihm die Mutter gibt, gebraucht.

Die Taufpaten, die bei der Taufe anwesend sind, haben eine lästige Verpflichtung. An einem Sonntagmittag kamen unsere Kinder und fragten, ob sie mit den anderen Kindern zur Kirche hinaufgehen dürften, um Geld aufzulesen, das irgendwelche Leute wegwürfen. Ich glaubte, sie hätten etwas falsch verstanden, aber die Möglichkeit, in Peyrane Leute zu sehen, die Geld wegwerfen, faszinierte mich so, daß ich meine Kamera nahm und mit den Kindern zur Kirche hinauflief. Wir kamen gerade zurecht, als die jungen Gleizers mit ihrem Baby aus der Kirche traten, gefolgt von den Taufpaten und Verwandten. Alle Dorfkinder umringten sie und riefen: »Die Taufpaten sollen leben!«. Der Taufpate holte aus seiner Tasche eine Handvoll Francs-Stücke und warf sie unter die Kinder. Während die Kinder noch herumkrochen, setzte sich die Prozession in Bewegung. Aber schnell waren die Kinder wieder hinterher und riefen ihren Spruch. Im Gehen warf der Taufpate noch eine Handvoll Francs-Stücke unter sie. Dies wiederholte sich während des ganzen Weges, den die Prozession hinunter zum Dorf nahm. Vor Monsieur Vincents Hotel stieg die Taufgesellschaft in ihre Autos und fuhr ab, während die Kinder hinterherschrien. Als der Taufpate losfuhr, warf er noch eine Handvoll Francs aus dem Fenster. Die Kinder sortierten und zählten ihr Geld. Ich blieb stehen und sprach mit dem alten Monsieur Prayal, dem Schmied. »Dies ist«, sagte er, »eine Tradition, die nicht verlorengegangen ist, aber mit einem Unterschied: früher warf man den Kindern Süßigkeiten zu, aber heute sind Süßigkeiten zu teuer, es ist billiger, ihnen Geld zuzuwerfen.«

Sobald die Mutter des Säuglings ihre gewohnten Arbeiten wieder aufnehmen kann, taucht die Frage auf, wer für das Kind sorgen wird. Obliegen der Mutter die üblichen häuslichen Pflichten, wird sie sich selbst um das Kind kümmern, muß sie aber auf dem Feld arbeiten, dann braucht sie jemanden, der für das Kind während ihrer Abwesenheit sorgt. Gewöhnlich übernimmt eine Großmutter oder eine ältere Schwester des Kindes diese Aufgabe. Ist dies nicht möglich, so kann man fast jeden, der keiner produktiven Tätigkeit nachgeht, bitten, auszuhelfen – einen Bruder, einen Großvater, einen Verwandten oder einen Nachbarn, der das Glück hat, nicht arbeiten zu müssen oder das Unglück, arbeitslos zu sein.

Vom Vater erwartet man normalerweise nicht, daß er sich viel um die Pflege des Kindes kümmert, auch wenn er nicht arbeitet. Er liebt seine Kinder und spart nicht an Zärtlichkeiten, aber es ist nicht seine Sache, für sie zu sorgen. Nur unter ungewöhnlichen Umständen bittet man ihn, ein Auge auf sie zu haben. Es gab einen Vater im Dorf, dem es offensichtlich Spaß machte, für sein Baby zu sorgen, aber man war der Meinung, er benähme sich nicht normal, und schrieb es dem Umstand zu, daß er und seine Frau aus dem Elsaß stammten. Sobald aber ein Kind laufen und alleine essen kann, nimmt es der Vater gerne mit ins Café, um es seinen Freunden zu präsentieren. Das Kind darf dann ein Schlückchen Pastis aus des Vaters Glas trinken und ein Glas Granatapfelsaft, das die Frau des Wirts ihm spendiert. Es dreht sich hierbei nicht um die Beaufsichtigung des Kindes; der Vater will vielmehr zeigen, wie stolz er auf das Kind ist und wie gut er mit ihm steht.

Wer auch immer für das Kind sorgt, es wird bestimmt zärtlich und nachsichtig behandelt. Sogar die älteren Geschwister scheinen Freude daran zu haben, ihr Brüderchen oder Schwesterchen herumzutragen, mit ihm zu spielen, es zu küssen und zu streicheln. Die Erziehung der Babys ist nicht streng. Sie besteht meistens aus Schelte, die mit vorgetäuschter Strenge in Babysprache vorgebracht wird. Ein Baby zu betreuen wird von jedermann eher als Vergnügen denn als Arbeit angesehen, außer von der Mutter, auf deren Schultern die Hauptverantwortung ruht.

Die Mutter stillt zwischen dem zwölften und dem vierundzwanzigsten Monat langsam ab, etwa zur gleichen Zeit, wenn das Kind zu laufen anfängt. Es darf dann am Tisch sitzen, während die Familie ißt, und bekommt ein Löffelchen Suppe oder ein bißchen Marmelade oder Pudding. Mit der Zeit ißt es immer öfter mit bei Tisch. Weitere Nahrung bekommt das Kind, wenn es danach verlangt – bei Tag meist die Flasche und nachts die Brust, weil das Füttern mit der Flasche nachts zu viel Umstände macht. Zwischen den Mahlzeiten gibt man ihm den Schnuller.

Als wir nach Peyrane kamen, war Dédou Favre eineinhalb Jahre alt. Da er nur wenige Häuser von uns entfernt wohnte, sahen wir ihn ein Jahr lang fast täglich, und zwar nie ohne seinen Schnuller, der an einer Schnur um seinen Hals hing. Wenn er ihn auch nicht ständig benutzte, so vergaß er ihn doch nie ganz; er steckte ihn ab und zu in den Mund und saugte, nicht besonders gierig, aber mit Vergnügen. Ein paar Häuser weiter wohnte ein nur wenige Monate älteres Kind, das auch Dédou Favre hieß. Es hatte keinen Schnuller. Seine Mutter fand Schnuller unappetitlich. Sie mißbilligte auch, daß die Mutter des anderen Dédou diesem erlaubte, auf der Straße zu spielen oder in Arènes und Reynards Laden zu gehen und dort um Süßigkeiten zu betteln. Wenn Arène oder Reynard ihm nichts gaben, ging der bettelnde Dédou ins Café, wo er sicherlich jemanden fand, der ihm ein paar Francs für Süßigkeiten gab. Seine Mutter ermunterte ihn nicht dazu, aber sie hinderte ihn auch nicht daran. Darüber war die Mutter des anderen Dédou entsetzt. Weder die eine noch die andere Einstellung dominierte im Dorf. Manche Mütter waren mehr wie die eine Madame Favre, manche wie die andere. Beide Dédous schienen glückliche Kinder zu sein.

Gleichgültig, ob ein Kind in Peyrane mehr wie der eine Dédou oder mehr wie der andere ist, die Menschen, die ihm tagsüber begegnen, geben ihm bestimmt von sich aus Süßigkeiten und Gebäck. Viele Leute haben Süßigkeiten in den Taschen, um sie den Kindern auf der Straße zu schenken, und die meisten haben einen Vorrat an Süßigkeiten und Gebäck zu Hause, eigens für die Kinder, die sie besuchen kommen. Aber man gibt den Kindern die Süßigkeiten nur, wenn sie die gesellschaftlichen Formen beachten.

Wenn ein Kind alt genug ist, um laufen und ein paar Worte sprechen zu können, dann weiß es, daß »bitte, Monsieur« und »danke, Madame« wirksame Worte sind, die ihm zu dem verhelfen, was es haben möchte. Es weiß, daß es deutlich und klar sprechen muß und daß es »Monsieur« und »Madame« nicht weglassen darf. Es muß gerade stehen, wenn es spricht, und es muß natürlich beim Guten-Tag- und Auf-Wiedersehen-Sagen jedem die Hand geben. Es weiß, wenn es einen Teil dieser gesellschaftlichen Formen unterläßt, wird jeder Anwesende,

sei er aus der Familie oder nicht, diese Unterlassung monieren und ihm sein Wohlwollen entziehen, bis der Fehler wiedergutgemacht ist.
Unsere eigenen Kinder nahmen ohne weiteres die Gewohnheit an, Süßigkeiten und Gebäck zu jeder Tageszeit zu essen, aber sie fanden es unerträglich, sich einer gesellschaftlichen Form zu unterwerfen, um die Süßigkeiten und das Gebäck zu bekommen. Bevor sie sich an die französische Sprache gewöhnt hatten, konnte man ihre Schüchternheit zum Teil mit Sprachschwierigkeiten entschuldigen, aber nur zum Teil. Die Hauptschwierigkeit lag vielmehr darin, daß ihre frühere Erziehung sie nicht auf eine Situation vorbereitet hatte, in der sie sich unerbittlich und konsequent den Höflichkeitsregeln der Erwachsenen fügen mußten. Mehr als alles andere ärgerte sie, daß jeder versuchte, ihnen beizubringen, dauernd die Hand zu geben. Ihre Weigerung, diese französische Sitte anzunehmen, bereitete uns Schwierigkeiten. Obwohl wir der Meinung waren, daß sich unsere Kinder zu Hause in gesellschaftlichen Situationen normal benahmen, mußten wir einsehen, daß sie in Peyrane nach den Regeln aller Dorfbewohner, sogar der ärmlichsten, *mal élevés* (schlecht erzogen) waren.
Marie Fratani, unsere *femme de ménage*, unternahm aus eigener Initiative den Versuch, das Benehmen der Kinder zu bessern. Jeden Morgen, wenn sie ins Haus kam, und jeden Mittag, wenn sie ging, gab sie meiner Frau und mir die Hand, und trotz des Eigensinns und der Feindlichkeit der Kinder bestand sie darauf, daß diese sie genauso begrüßten. Sie zeigte ihnen lachend und freundlich, daß sie noch hartnäckiger sein konnte als sie. Fünf oder zehn Minuten lang blieb sie bei ihnen stehen und streckte ihnen immer wieder die Hand hin, bis sie es endlich zufriedenstellend machten. Andere Dorfbewohner zeigten fast ebensoviel Interesse an der mangelnden Höflichkeit unserer Kinder. Es lag kein persönlicher Vorwurf in ihrer Haltung. Sie waren davon überzeugt, daß wir an weniger strenge Sitten gewöhnt waren. Sie empfanden einfach eine kollektive Verantwortung für die Manieren aller Kinder im Dorf, unsere eingeschlossen. Natürlich akzeptierten unsere Kinder mit der Zeit die Höflichkeitsregeln so bereitwillig wie alle anderen Regeln des Dorfes. Und nebenbei lernten sie, daß Höflichkeit sich oft in Form von Süßigkeiten auszahlte.
Wenn ein Kind groß genug ist, um am Tisch mit zu essen, wird es streng dazu angehalten, alles zu essen, was es auf dem Teller hat, gleichgültig, ob es vorher Süßigkeiten und Gebäck gegessen hatte oder nicht, denn Kinder müssen lernen, Essen nicht verderben zu lassen. Es

wird zwar nicht gezwungen, alles auf seinem Teller zu essen, aber es muß es wenigstens versuchen. Wenn ein Kind sich weigert, alles aufzuessen, wird es behandelt, als ob es krank sei, da man glaubt, daß nur ein krankes Kind sich weigern würde zu essen. Wenn man merkt, daß es ein Gericht nicht mag, muß es seinen guten Willen zeigen und versuchen, ein bißchen davon zu essen, aber wenn es klar ist, daß es das Gericht wirklich nicht mag, macht die Mutter ihm etwas anderes.

Wenn ein Kind mit der Familie ißt, lernt es Tischmanieren, denn es muß wissen, wie *se tenir comme il faut à la table*. Es muß gerade sitzen und beide Handgelenke auf die Tischkante legen, wenn es seine Hände nicht gerade zum Essen braucht. Ein Ellenbogen darf nie auf dem Tisch und eine Hand nie unter dem Tisch sein. Wenn ihm eine Hand unter den Tisch rutscht, sagen die Eltern: »Was tut die Hand dort unten? Tu sie auf den Tisch, wo sie hingehört!«. Das Kind muß »bitte, Papa und Mama« sagen, wenn es etwas zu essen haben möchte, und es muß »danke, Papa und Mama« sagen, wenn es etwas bekommen hat. Wenn es dies vergißt, stellen sich die Eltern taub und geben ihm nichts, bis es sich daran erinnert.

Traditionsgemäß, und theoretisch auch heute noch, darf ein Kind bei Tisch nicht sprechen, aber die Eltern halten sich nicht streng an die Regel *»mange et tais-toi«*. Sie sagen, die Kinder seien so sehr Mittelpunkt der Familie, daß man sie an der Unterhaltung bei Tisch teilnehmen lassen müsse, und oft haben die Kinder Interessanteres zu erzählen als die Erwachsenen. Trotzdem müssen Kinder lernen, Erwachsene nicht zu unterbrechen.

Theoretisch und traditionsgemäß dürfen Kinder auch nie ungestraft widersprechen oder respektlos gegenüber Erwachsenen sein. Doch in der Praxis sprechen viele Kinder respektlos mit ihren Eltern, die sich nur mit Drohungen zur Wehr setzen, welche aber meistens nicht wahrgemacht werden. Die Haltung der Eltern gegenüber respektlosen Kindern scheint von Familie zu Familie sehr verschieden. Manche Eltern, wie Francis und Suzanne Favre, verlangen eine respektvolle Haltung von ihren Kindern und erreichen sie auch. Andere, wie der Bäcker Canazzi und seine Frau, bekommen bei jedem Versuch, ihre Kinder zu erziehen, von diesen Unverschämtheiten zu hören. Sie schämen sich wegen des Betragens der Mädchen, aber sie sind unfähig, es zu ändern. Janine und Suzanne beschimpfen ihre Mutter genauso, wie diese sie beschimpft. Aber die meisten Kinder sind wie die von Henri und Nicole Favre; ihnen werden kleinere Frechheiten gelegentlich durchgelassen, besonders, wenn es ihnen gelingt, sich der Aufmerksamkeit der Eltern so lange zu entziehen, bis die Frechheit vergessen ist.

Sobald ein Kind groß genug ist zu verstehen, was man zu ihm sagt – gewöhnlich im Alter von zehn oder elf Monaten –, erwartet man von ihm, daß es seine Hosen nicht mehr naß macht oder beschmutzt, sondern daß es die Mutter zu Hilfe ruft, um alles vernünftig zu erledigen. Wenn es auf seinen kindlichen Gewohnheiten besteht, machen sich die Eltern und alle, die sich um es kümmern, über es lustig, lachen es aus und reden ihm zu, daß es vernünftig sein soll. In hartnäckigen Fällen droht man ihm mit ein paar Klapsen auf den Hintern oder gibt sie ihm gleich. Im ganzen zeigt die Mutter große Geduld, trotz der Arbeit, die sie mit der schmutzigen Wäsche hat. Wenn die Wäsche des Kindes schmutzig ist, muß man sie waschen, denn es ist für die Mutter eine Schande, wenn ihr Haus von Urindüften durchzogen wird. Nur Leute, die »wie die Tiere leben«, ertragen eine solche Atmosphäre. Es gibt solche Leute in Peyrane, aber nicht viele.

Im allgemeinen dauert es ein Jahr, bis ein Kind sauber ist, aber man weiß, daß Kinder sehr verschieden lange brauchen, bis sie soweit sind. Man gibt auch zu, daß einmal ein Malheur passieren kann, wenn das Kind eigentlich schon sauber ist. Eine Mutter findet das ärgerlich, aber sie wird das Kind nur dadurch strafen, daß sie sich über es lustig macht. Gewöhnlich nehmen die Eltern das Kind in der Nacht nicht hoch, um es auf den Topf zu setzen, nur wenn es im Schlaf aufschreit oder ungewöhnlich unruhig ist. Im allgemeinen sind die Kinder mit vier Jahren, wenn sie in die Schule kommen, sauber.

Bis zum Alter von vier oder fünf Jahren erlaubt man Kindern, vor allem Jungen, fast überall im Dorf zu urinieren; aber wenn sie alt genug sind, um in die Schule zu gehen, erwartet man von ihnen, daß sie ihre Körperfunktionen unter Kontrolle und genug *pudeur* (Schamgefühl) haben, um einen »verschwiegenen« Ort aufzusuchen. Dies ist natürlich ein relativer Begriff. Zumindest bedeutet er, daß ein Junge oder ein Mann sich mit dem Rücken zu einem möglichen Zeugen dreht. Im extremen Fall meint er völliges Absondern, aber daran halten sich die wenigsten Männer.

Die relative Ungezwungenheit, mit der Kinder urinieren, macht sie in sehr frühem Alter mit dem Unterschied zwischen den Geschlechtern vertraut. Diese Beobachtung ist so natürlich, daß meist keine übermäßige Neugier aufkommt. Natürlich sind Kinder neugierig, wenn eine Situation für sie nicht normal ist. Als wir eines Tages mit Favres

Kirschen pflückten, gingen ihre drei und unsere zwei Jungen in eine Ecke im Obstgarten, um zu urinieren. Als sie länger nicht zurückkamen, ging ich zu ihnen hinüber, wo sie alle beisammen standen. Unser älterer Sohn erklärte den Jungen von Favres, was Beschneidung ist. Kein Junge des Dorfes war beschnitten, und die kleinen Favres waren von dem ungewohnten Anblick fasziniert.

In Peyrane tragen kleine Jungen, wenn sie hübsches Haar haben, dieses lang, bis sie in die Schule kommen. Die kleinen Favres hatten Engelsgesichter, schönes lockiges Haar, und natürlich trugen sie Kittelschürzen, die für Amerikaner wie Kleider aussehen. Als ich sie zum ersten Mal sah, gratulierte ich ihrem Vater zu seinen hübschen Töchtern. Er lachte und sagte, es seien Jungen. Natürlich glaubte ich ihm, aber meine Söhne nicht. Sie sprachen weiter von des Briefträgers kleinen Mädchen, bis sie regelmäßig mit ihnen spielten.

Man erlaubt den Kindern zwar, in der Öffentlichkeit zu urinieren, ihr »großes Geschäft« aber dürfen sie nur an einem abgeschlossenen Ort erledigen. Als ich fragte, warum ein Unterschied zwischen diesen beiden Verrichtungen gemacht würde, lächelten die Leute und meinten, daß es eine Angelegenheit der Intimsphäre sei. Urinieren verlange nur eine sehr schnelle und unbedeutende Entblößung, bei der Defäkation aber sei die Entblößung länger und ziemlich vollständig. Sie meinten, es handle sich nicht darum, daß sich jemand seines Körpers schäme, sondern darum, daß intime Dinge jedermanns Privatangelegenheit seien.

Als ich eines Tages an Fratanis Haus vorbeikam, sah ich Marie vor dem Haus sitzen und ihren dreijährigen Enkel Louis hüten. Louis hockte gerade über dem Rinnstein und machte sein »Geschäft«. Marie war verlegen und entschuldigte sich für den Anblick. »Aber was kann man schon erwarten«, sagte sie. »Wir haben keine Toilette im Haus, und von einem Jungen in diesem Alter kann man nicht verlangen, daß er wartet, bis man ihn auf die öffentliche Toilette gebracht hat. Man sollte nicht so leben, aber es ist nun mal nicht anders.« Es schien sie nicht zu stören, daß Louis Schmutz im trockenen Rinnstein hinterlassen hatte. Was sie störte, war die Öffentlichkeit. Bei der ganzen Erziehung zur Sauberkeit liegt die Betonung nicht so sehr auf dem Schmutz und der Schande, sondern auf der Wichtigkeit der Privatsphäre eines Menschen und auf der Notwendigkeit, die Kleider sauber zu halten.

Kinder müssen lernen, ihre Kleider beim Spielen möglichst nicht schmutzig zu machen. Dies ist schwierig in einem Dorf, das auf Ocker-Felsen gebaut ist, wo die leiseste Berührung mit dem gelben Sandstein die

Kleider färbt. Aber die Kinder lernen wirklich zu spielen, ohne sich schmutzig zu machen.

Eines Tages machte ich mit unseren Jungen und der achtjährigen Colette Favre einen Spaziergang zu einigen nicht so steilen Felsen. Die Jungen begannen sofort, die Abhänge hinunterzurutschen und zu -rollen und von einem Plateau auf das andere zu springen. Bald war alles an ihnen gelb; sie sahen wie Ockerarbeiter aus, die von der Arbeit zurückkamen. Colette hatte selbstverständlich gespielt, ohne sich zu beklagen, daß sie nicht so spielen durfte wie die Jungen. Als ich den Kindern zusah, fiel mir nicht auf, daß sie anders spielte; aber als wir uns auf den Heimweg machten, bemerkte ich, daß sie nur zwei oder drei leichte Flecken auf ihrem Pullover hatte, während die Jungen von Kopf bis Fuß gelb waren. Als wir zurückkamen, stand ihre Mutter vor dem Haus. Colette zog ihren Pullover aus, bevor ihre Mutter sie gesehen hatte und versuchte, unbemerkt ins Haus zu gelangen. Aber ihre Mutter sah sie und rief: »Colette! Warum hast du deinen Pullover nicht an? Du wirst dich erkälten. Komm her!« Sie nahm den Pullover und wollte Colette helfen, ihn wieder anzuziehen, als sie die Ockerflecken entdeckte. »Oh«, fuhr sie los, »deswegen also! Du hast deine Kleider schmutzig gemacht und wolltest es vor mir verbergen! *Vilaine, va!* Du gehst ohne Abendessen und Nachtisch ins Bett. Geh' hinein!«

Da ich mich verantwortlich fühlte, versuchte ich mich zu entschuldigen. Madame Favre war nicht unfreundlich zu mir, aber sie erklärte mir die Situation. »Sie haben Marie zum Waschen, aber ich muß alles selber waschen. Außerdem geht der Ocker schwer heraus, und das viele Schrubben macht die Kleider kaputt.«

Als ich am nächsten Tag Colette mein Bedauern darüber aussprach, daß sie kein Abendessen bekommen hätte, sagte sie: »Oh, es war nicht schlimm, Monsieur! Sie hatten bis zum Abendessen alles vergessen, und ich aß wie gewöhnlich. Aber ich wäre besser nicht mit Ihnen spazierengegangen, denn ich weiß ja, wie Sie Ihre Kinder spielen lassen.«

Die Leute waren nicht nur darüber entsetzt, daß wir unseren Kindern erlaubten, sich schmutzig zu machen, sondern auch, daß wir zuließen, daß sie sich in Gefahr begaben. Wir waren so streng wie andere Eltern und erlaubten unseren Kindern nicht, in die Nähe der steilen Felsen zu gehen, aber wo sie schräg abfielen oder terrassiert waren, ließen wir sie von ungefährlichen Höhen hinunterspringen. Ich wurde von älteren Leuten des Dorfes öfters getadelt, weil ich den Kindern solche gefährlichen Dinge erlaubte.

Als die Jungen und ich eines Tages den Ausschachtungen hinter Borels Haus zusahen, hatten diese die Idee, auf die Erdhaufen zu klettern und in meine Arme zu springen. Trotz der Warnungen von Madame Borel machte auch mir das Spiel Spaß. Schließlich zuckte sie die Schultern, sagte nichts mehr und schaute zu. Nach ein paar Minuten standen noch zehn weitere Leute bei ihr. Jeder Vorübergehende blieb stehen, um das ungewohnte Schauspiel zu betrachten.

Die Kinder von Peyrane müssen lernen, sorgfältig mit ihrem Spielzeug umzugehen, denn sie haben nicht viel. Wir hatten einen Teil der Spielsachen unserer Kinder mitgebracht und zu Weihnachten kauften wir neue. So wurde unser Haus zum Mittelpunkt für die Kinder der Nachbarschaft, die noch nie so viel Spielzeug und Bücher gehabt hatten. Sie erhalten statt an Weihnachten an Neujahr Geschenke, und jedes Kind bekommt nur eins oder zwei. Vielleicht bekommen sie noch an ihrem Namenstag ein Geschenk von einem Paten, aber meistens sind es praktische Dinge, wie zum Beispiel Kleider. Spielzeug ist so rar, daß die Kinder ganz von selbst sorgfältig damit umgehen.

Außerdem scheint französisches Spielzeug so konstruiert zu sein, daß es nur hält, wenn es vorsichtig behandelt wird. Als wir Weihnachtsgeschenke einkauften, hatten wir Mühe, so stabiles Spielzeug zu finden, daß Jungen »normal« damit spielen konnten. Die großen Lastwagen sahen verlockend aus, aber sie waren aus dünnem Holz zusammengenagelt. Die kleinen Lastwagen waren aus Leichtmetall mit einem aufziehbaren Federwerk, das gefährlich für die Finger war und so schwach aussah, als müßte es nach ein paar Runden schon kaputt sein. Das meiste Spielzeug schien eher für kleine Erwachsene gemacht als für Kinder. Wir, als amerikanische Eltern, bevorzugten stabiles Spielzeug, kleine einfache Wagen aus England, französische Zinnfiguren, Soldaten, Matrosen, Feuerwehrleute usw. und alle möglichen harten Fußbälle aus Gummi. Es gab auch bunte Bauklötze, die uns besser gefielen als alle amerikanischen.

Wenn ein Kind in Peyrane ein Spielzeug bekam, gab man ihm nicht etwa ein stabiles und damit in unseren Augen zufriedenstellendes, sondern einen der kümmerlichen Lastwagen oder ein Spielzeug aus Plastik oder Zelluloid. Es war interessant, einem Kind zuzusehen, das mit einem solchen Spielzeug spielte. Es schien völlig damit zufrieden zu sein, so mit ihm zu spielen, daß es nicht kaputtging. Es hatte anscheinend nicht das Bedürfnis, es herumzuwerfen. Wenn es kaputtging, begegnete es der Katastrophe auf philosophische Weise und spielte mit dem zerbrochenen Spielzeug weiter. Wenn Kinder zu uns zum Spielen kamen, bemerkten wir, daß sie ein Spielzeug auswählten und sich ganz auf dieses konzentrierten. Unsere Jungen waren glücklicher, wenn sie eine ganze Reihe von Spielsachen auf einmal hatten.

Vielleicht hält das Spielzeug in Peyrane auch deshalb länger, weil den Kindern beigebracht wird, miteinander auszukommen, ohne sich zu prügeln. Wenn Kinder anfangen, sich zu prügeln, werden sie sofort von jedem hinzukommenden Erwachsenen getrennt. Natürlich dürfen nur nahe Verwandte ein Kind bestrafen (man wird mit einer Familie Streit bekommen, wenn man sich die Bestrafung eines fremden Kindes anmaßt), doch wenn Verwandte die streitenden Kinder trennen, werden beide Kinder bestraft. Es wird nicht untersucht, welches Kind den Streit begann oder welches im Recht war. Sie haben beide geschlagen, folglich sind beide schuldig. Francis Favre erzählte mir, daß er seine Kinder beim Streit um den Besitz oder den Gebrauch eines Gegenstandes nie fragte, wem der Gegenstand gehöre. Er nahm ihn einfach weg und sagte, sie würden ihn erst wiederbekommen, wenn sie gelernt hätten, ohne Streit zu spielen. Andere Eltern teilen diesen Standpunkt. Daß man den Kindern nicht erlaubt, sich zu prügeln, bedeutet aber nicht, daß man ihnen alle Mittel der Aggression verwehrte; man erlaubt ihnen, zu drohen und sich gegenseitig zu beschimpfen, so viel sie wollen. Wenn die Verwünschungen zu schlimm werden, versucht ein Erwachsener, die Kinder zur Vernunft zu bringen oder sie zu beruhigen, aber er wird nie ein Kind für die Beschimpfung eines anderen bestrafen.

Wenn eine größere Gruppe von Kindern bei uns spielte, klang es oft, als ob ein fürchterliches Gemetzel im Gang wäre, aber es gab selten eine wirkliche Prügelei. Ich möchte nicht unterstellen, daß die Haltung der Kinder untereinander immer feindselig war. Im Gegenteil, es schien uns, daß die Kinder besser miteinander auskamen als eine entsprechende Gruppe bei uns; wenn aber Feindseligkeit ausbrach, wurde zwar heftig mit Gewalt gedroht, aber sie wurde selten angewendet. Man konnte oft beobachten, wie sich Colette Favre und Janine Canazzi, die sich nicht leiden konnten, beschimpften und einander mit den Fäusten drohten, während sie sich immer weiter voneinander entfernten. Die Jungen waren ein wenig kühner als die Mädchen. Paul Favre oder Dédé Fraysse landeten gelegentlich einen Faustschlag, aber auch bei den Jungen ging der Kampf nie über einen Schlag hinaus. Der angreifende Junge lief danach weg, und der angegriffene holte heulend einen Erwachsenen zu Hilfe oder verfolgte den anderen Jungen, ohne ihn wirklich einholen zu wollen.

Als unser ältester Sohn mühelos französisch sprechen konnte, hatte ich den Eindruck, als ob seine Persönlichkeit, oder vielmehr der Ausdruck seiner Persönlichkeit, sich je nach der Sprache, die er sprach, veränderte. Sprach er englisch, dann war er meist zurückhaltend, trotz gelegentlicher Ausbrüche. Sprach er französisch, so war sein Ausdruck lebhafter, und er schien leichter mit anderen Kindern in Streit zu geraten und sie geschickter zu beschimpfen. Natürlich gibt es für diesen Unterschied die Erklärung, daß er mit seiner Familie englisch sprach und mit seinen Freunden französisch, aber ich glaube nicht, daß diese Erklärung an sich genügt. Es wäre interessant zu wissen, ob er wirklich weniger Bedürfnis nach physischer Aggression empfand, wenn er sich durch mündliche Aggression Luft machen konnte.

Die Kinder von Peyrane lernen in frühem Alter, daß Müdigkeit und körperliches Unbehagen keine Entschuldigung dafür sind, das nicht zu tun, was von ihnen erwartet wird. Sobald ein Kind läuft, muß es immer laufen und wird nicht mehr getragen. Wenn man sieht, daß ein Kind, das laufen kann, von seinen Eltern getragen wird, ist man erstaunt und besorgt. Man nimmt an, daß das Kind verletzt oder krank ist. Wenn wir spazierengingen und unser dreijähriger Junge jammerte, er sei müde, nahm ich ihn gewöhnlich auf die Schultern. Als die Leute auf Befragen erfuhren, daß ihm nichts fehlte, lächelten sie nachsichtig und sagten: »Ah, der kleine Junge will verwöhnt werden«. Wenn ich mich damit verteidigte, er sei einfach müde, weil ich nicht zugeben wollte, daß ich meine Kinder verwöhnte, war die Antwort ein skeptisches »Ach?«. Dann, um mich nicht zu kränken, »er wird sich bald daran gewöhnen, auf diesen Hügeln herumzulaufen«.

Ein Kind muß auch lernen, Hitze und Kälte zu ertragen. Als Säugling wird es nicht nur gewickelt, sondern auch noch mit vielen Bettdecken zugedeckt, sogar bei warmem Wetter. Wenn es anfängt zu laufen, trägt es nicht nur im Winter, sondern auch an warmen Frühlingstagen wollene Stricksachen: wollene Strümpfe, wollene Hosen, wollene Pullover und wollene Halstücher. Seine Knie hingegen bleiben bloß. Man sieht nicht selten kleine Kinder, wie Dédou Favre, im kalten Winter draußen spielen, gut eingemummelt mit einem dicken Schal um den Hals, aber mit vor Kälte blauen Knien. Man hält offenbar den Hals für den wichtigsten Körperteil. Er wird immer gut vor Kälte geschützt, während die Beine und Knie anscheinend keinen Schutz brauchen.

Kinder lernen, lange aufzubleiben und schläfrig zu werden, ohne zu jammern oder gereizt zu sein. Manche Eltern nehmen ihre Kinder mit ins Kino, das nie vor elf oder halb zwölf Uhr zu Ende ist. Wenn sie abends eingeladen sind, nehmen sie die Kinder immer mit. Die amerikanische Einrichtung des »Babysitting« setzte sie in Erstaunen. Als die Leute erfuhren, daß unsere Kinder gewöhnlich um sieben Uhr ins Bett gebracht wurden, schienen einige dies für gut zu halten, aber die meisten überzeugte es nicht. Die Lehrerinnen aber billigten unser Verhalten, denn nach einem Abend im Kino oder nach einem Familienfest schliefen die Kinder oft über ihren Büchern ein. Sie gingen gewöhnlich um neun Uhr ins Bett, wenn der *marchand de sable* (Sandmännchen) seine Runde durchs Dorf machte.

Wenn ein Kind sich gegen seine Erziehung auflehnt, kann es zeitweilig mit Erfolg Widerstand leisten, und es vermag sich gelegentlich durch »Widerspruch« gegen seine Eltern zu wehren, aber letzten Endes muß es sich ihrem Willen fügen. Wenn es sich der Erziehung widersetzt, versuchen die Eltern zuerst, ihm gut zuzureden und ihm zu erklären, warum es etwas tun muß, oder zumindest ihm zu erklären, daß es sich gegen etwas auflehnt, was es doch nicht ändern kann, und es daher gescheiter wäre, gleich zu gehorchen. Leistet es immer noch Widerstand, versuchen sie es dadurch zum Gehorchen zu bringen, daß sie ihm sagen, es sei erwachsen genug, um einzusehen, daß es sich nicht mehr wie ein Baby aufführen könne. Sie machen es lächerlich durch Vergleiche mit kleineren Kindern, die schon viel besser gehorchen als es.

Wenn vernünftiges Zureden, Beschämung und Spott nicht den gewünschten Erfolg haben, helfen die Eltern sich mit der Angst. Die in Frankreich traditionellen Gestalten, um Kindern Angst zu machen, sind der *loup-garou* (Werwolf) und der *lustucru* (der Dorftrottel), aber die Leute von Peyrane finden diese Figuren ziemlich lächerlich. Sie meinen, für ihre Großeltern seien sie vielleicht brauchbar gewesen, aber heute benutze sie niemand mehr. Manche Leute ängstigen ihre Kinder mit der Drohung, eine finstere Gestalt würde sie holen, vielleicht *le barbu* (der bärtige Mann) oder *le ramoneur* (der schwarze Mann), aber selbst diese Figuren sind für die meisten Eltern und Kinder zu unwirklich. Es gibt im Dorf keinen Menschen, der wie eine Hexe oder ein Menschenfresser aussieht, mit dem man die Kinder erschrecken könnte. Die schmutzigste Erscheinung ist Monsieur Maucorps, aber er ist ein freundlicher alter Mann, der niemandem Furcht einflößt.

Populärer als diese Kinderschrecks sind Tiere, die fressen und nagen.

Als wir zu Martrons kamen, warnte Madame Martron unsere Kinder vor dem Brunnen, in dem »widerliche Tiere seien, die kleine Kinder auffräßen«. Um die Kinder davon abzuhalten, zum alten Dorfbrunnen zu gehen – er wurde nicht mehr benutzt, war aber nicht zugedeckt –, erzählten ihnen manche Eltern, es sei ein Wolf darin. Als Louis Pian ungezogen war, sagte ihm sein Vater, er würde ihn in den Keller sperren, wo ihn die Ratten beißen würden. Francis Favre drohte seinen Kindern, er würde sie in das Haus von Monsieur Maucorps bringen, damit die Ratten sie bissen. Ratten scheinen die bevorzugten Schreckgespenster zu sein, vielleicht weil die Kinder wissen, daß es Ratten im Keller und bei den Felsen *gibt* und daß sie *wirklich* beißen.
Die Eltern schrecken nie mit körperlicher Verstümmelung, doch abgesehen davon, daß sie dem Kind Angst machen, drohen sie ihm mit körperlicher Züchtigung und mit dem Entzug alles dessen, was ihm Freude macht: Nachtisch, Abendessen, Spielen im Freien, Kinobesuch mit den Eltern und Besuch irgendeiner Veranstaltung. Aber solche Drohungen haben nur eine schwache Wirkung, denn die Kinder merken sehr bald, daß sie nie wahrgemacht werden.
Die Androhung einer körperlichen Züchtigung wird ernster genommen, weil sie manchmal ausgeführt wird. Wir fanden versteckt auf dem Dachboden unseres Hauses einen *martinet*, eine Art Strickpeitsche, und wir entdeckten, daß man solche Peitschen kaufen konnte und daß sie nicht selten in Häusern dieser Gegend zu finden waren. Doch behaupteten alle Leute einstimmig, *martinets* seien *nie* wirklich benutzt worden. Vielleicht drohte man einem Kind damit, und vielleicht schlug man ihm manchmal damit auf die Beine, aber nie wurde ernsthaft mit einer solchen Peitsche eine Strafe vollzogen. Die üblichste Form der körperlichen Züchtigung war einfach eine Tracht Prügel mit der Hand auf den Hintern.
Aber körperliche Züchtigung ist das äußerste Mittel, wenn ein Kind sich allen Überredungsversuchen widersetzt hat. Sie ist selten nötig. Meistens genügt schon die Androhung der Strafe, um Gehorsam zu erreichen. Man sieht oft, wie ein Vater die Hand drohend hebt, um seinem Kind ins Gesicht zu schlagen; aber diese Geste wird selten in die Tat umgesetzt. Sie scheint eher des Vaters Ungeduld als eine beabsichtigte Strafe auszudrücken. Wir sahen nur einmal einen Vater sein Kind schlagen, als Dédé Fraysse eines Tages auf der *Place de la Mairie* besonders unverschämt zu seinem Vater André wurde. André wollte Dédé fassen; Dédé duckte sich und rannte davon. Aber er war zu frech

gewesen, als daß sein Vater es ihm hätte nachsehen können, vor allem, weil alle Leute auf der *Place* Zeuge des Vorfalls gewesen waren. André lief Dédé nach, holte ihn ein und gab ihm eine kräftige Ohrfeige. Nebenbei gesagt war der Elsässer Fraysse der einzige Mann im Dorf, dem es offensichtlich Freude machte, sich um sein Baby, einen jüngeren Sohn, zu kümmern.

Wenn ein Kind in Peyrane vier Jahre alt ist, wird es nicht mehr nachsichtig behandelt. Seine Entwicklung ist stufenweise und offensichtlich recht schmerzlos vor sich gegangen. Jede Stufe ist von der Entwicklung seiner, wie die Leute sagen, *raison* abhängig, was heißt, daß das Kind versteht, was man zu ihm sagt. Von einem kleinen Kind nimmt man an, daß es keine Kontrolle über sich selbst hat. Sobald es fähig ist zu verstehen, was seine Eltern ihm mitteilen, erwartet man von ihm, daß es versucht, das zu tun, was man von ihm verlangt. Seine Eltern sind geduldig und nachsichtig. Wenn es sich Mühe gibt, ermutigt man es und straft es nicht. Sobald ein Kind in einem Punkt die Kontrolle über sein Verhalten erlangt hat, ist man in diesem Punkt nicht mehr nachsichtig. Gelegentliche Vorkommnisse und Rückfälle verzeiht man ihm, aber man hält das Kind jetzt in diesem Punkt für *raisonnable* und erwartet, daß es auch *raisonnable* bleibt. Nach und nach übt man immer weniger Nachsicht und betont die eigene Verantwortung des Kindes.

Mit vier Jahren haben die Kinder gelernt, sich so zu betragen, wie man es ihnen beigebracht hat. Sie sind folgsam, gelassen, meist höflich gegenüber Erwachsenen, manchmal aber auch ein wenig frech. Sie passen beim Spielen auf, damit sie sich nicht allzu schmutzig machen. Ihre hygienische Erziehung ist abgeschlossen. Sie prügeln sich selten, beschimpfen sich aber um so heftiger. Sie können allein auf die Straße gehen. Sie erledigen Aufträge und helfen im Haushalt. Wenn ein neues Baby ankommt, akzeptieren sie es. Sie beanspruchen nicht länger, Mittelpunkt der Familie zu sein, sondern helfen, ihre jüngeren Geschwister liebevoll zu betreuen. Ihre Grunderziehung zu Hause ist beendet. Sie wird zwar fortgesetzt und vervollständigt, aber die Kinder sind jetzt für eine Erziehung außerhalb des Hauses gerüstet. Sie können jetzt in die Schule gehen.

4. KAPITEL

Schule

Madame Biron, die Frau des Metzgers, lebte in Apt, bevor sie nach Peyrane kam. Sie ist gerne in Peyrane, meint aber, das Leben in der Stadt sei für eine Frau mit einem dreijährigen Jungen wie ihr Jeannot von Vorteil, weil man dort bereits Dreijährige in die Schule schicken könne. In kleinen Schulen wie der in Peyrane weigern sich die Lehrer, Kinder vor ihrem vierten Geburtstag aufzunehmen. Madame Biron sprach mit Madame Girard, der Lehrerin der *classe enfantine*, und versuchte, sie zu überreden, Jeannot einige Monate vor seinem vierten Geburtstag zuzulassen; aber Madame Girard wollte keine Ausnahme machen, obwohl Jeannot für sein Alter groß war.

Hätte Madame Girard in diesem Fall eine Ausnahme gemacht, so würde sie gewiß bald alle dreijährigen Kinder von Peyrane in der Schule gehabt haben. Alle Mütter möchten ihre Kinder so früh wie möglich in die Schule schicken. Ein Kind in der Schule ist zu Hause eine Verantwortung weniger – zumindest für sechs Stunden am Tag –, und Mütter ergreifen gerne die Gelegenheit, einen Teil ihrer Verantwortung dem Lehrer zuzuschieben.

Der vierte Geburtstag ist im Leben eines Kindes wichtig, denn genau an diesem Tag geht es zum ersten Mal in die Schule. Dieses Ereignis ist jedoch für das Kind keine Überraschung, denn es wurde zu Hause schon vorher viel darüber gesprochen. Es bekommt neue Schuhe, feste Stiefel, groß genug, um dicke wollene Socken darin zu tragen. Wenn es der Geldbeutel der Familie erlaubt, bekommt es außerdem noch eine neue Kappe oder eine Baskenmütze, neue Kittel und einen dicken Schal, den die Mutter gestrickt hat. Es braucht auch eine Mappe für seine Bleistifte und Hefte. Die Gemeinde stellt zwar die Lehrmittel, aber im allgemeinen haben die Kinder gerne ein paar eigene Dinge; doch erlaubt Madame Girard nicht, daß die Kinder sie in der Schule lassen. Gingen private Sachen verloren, würde sie für den Verlust haften, und sie hat keine Lust, diese Verantwortung auf sich zu nehmen. So tragen schon die Vierjährigen oft eine Mappe in die Schule und nehmen sie wieder mit nach Hause, obwohl sie bis zum Alter von sechs oder sieben keine Hausaufgaben bekommen.

Die einzigen Kinder, die sich vor Schulbeginn einer bestimmten Zeremonie unterziehen müssen, sind Jungen mit schönem Haar wie Jeannot Biron und Bébert Favre. Sie müssen ihre langen Locken zu einem normalen Jungenschnitt kürzen lassen, seitlich gescheitelt und mit einer langen Strähne, die mit einer Haarklammer nach hinten gehalten wird. Bei Bébert Favre machte es der Vater selbst am Tage, bevor das Kind in die Schule kam; aber Madame Biron, die mehr städtische Gewohnheiten hatte und deren Mann ein einträgliches Geschäft betrieb, brachte Jeannot in Madame Avenas Frisiersalon, denn sie wollte, daß der erste Haarschnitt »saß«. In der *classe enfantine* hatte ein Junge noch lange Locken, und seine Mutter glaubte, erklären zu müssen, aus welchem Grund sie den Haarschnitt auf später verschieben wollte. In einigen Monaten würde seine Tante heiraten, und sie hätte es gerne, wenn Loulou auf der Hochzeit möglichst gut aussähe.

Wenn irgend möglich, begleitet die Mutter das Kind am ersten Schultag; andernfalls übernimmt eine ältere Schwester, ein älterer Bruder oder ein Nachbarkind die Aufgabe, es dem Lehrer vorzustellen und die notwendigen Papiere vorzuweisen: Geburtsschein und Impfschein für Diphtherie und Pocken. Madame Girard begrüßt das neue Kind mit betonter Liebenswürdigkeit und Anteilnahme. Sie gibt ihm die Hand, umarmt und küßt es und sagt ihm, wie glücklich es darüber sein kann, daß es schon erwachsen genug ist, um mit den größeren Kindern in die Schule zu gehen. Wenn die Mutter die Schule wieder verläßt oder die ältere Schwester in ihre Klasse geht, weint das Kind vielleicht; aber Madame Girard tut alles, um es zu trösten. Sie nimmt es auf den Schoß und bemuttert es, ohne darüber die Arbeit mit den anderen Kindern in ihrer Klasse zu vernachlässigen. Wenn es ihr zu viel wird, ruft sie Odette Peretti oder ein anderes Mädchen aus der *classe des grands*; die Größeren sollen sich um das Kind kümmern, bis es sich der neuen Situation angepaßt hat.

Sobald sich das Kind an die Umgebung gewöhnt hat, was selten länger als eine Stunde dauert, erwartet man von ihm, daß es keinen Unsinn mehr macht. Es muß sich den gleichen Regeln und Gewohnheiten fügen wie alle anderen Kinder. Es muß drei Stunden vormittags und drei Stunden nachmittags ruhig auf seiner Bank sitzen. Es darf nicht herumzappeln oder mit anderen Kindern schwätzen. Nur während der fünfzehn Minuten Pause am Vormittag und am Nachmittag darf es frei herumspringen.

Strenggenommen sind die *classes enfantines* nur eine Art *garderie*, ein Kindergarten, in den kleine Kinder für ein paar Stunden täglich aufgenommen werden, um ihre Mütter zu entlasten. Ab und zu nimmt sich Madame Girard ein wenig Zeit, richtig mit ihnen zu arbeiten; sie lehrt sie das Alphabet, zeigt ihnen, wie man Buchstaben und Zahlen schreibt und versucht, sie Lieder und Gedichte auswendig lernen zu lassen. Aber die meiste Zeit ist sie mit den älteren Kindern auf der anderen Seite des Raumes beschäftigt, die schon richtige Aufgaben machen müssen. Die Jüngeren sollen lernen, sich selbst zu beschäftigen, ohne Unruhe zu stiften. Dafür haben sie Papier, Farbstifte, Bauklötze und ein paar Bücher. Ein vierjähriges Kind spielt mit diesen Dingen, oder es sitzt einfach still da und hört zu, was die älteren Kinder aufsagen. Manchmal legt es seinen Kopf auf die Bank und schläft ein wenig. Madame Girard läßt die Kleinen schlafen, wenn sie wollen, denn sie weiß, daß sie vielleicht am Abend vorher bei einer Familienfeier oder im Kino sehr lange aufgeblieben waren. Sie meint: »In diesem ersten Jahr brauchen sie noch nicht ernsthaft zu lernen.«

Trotzdem lernen Vier- und Fünfjährige wichtige Dinge. Zum Beispiel längere Zeit stillzusitzen oder sich der Schuldisziplin zu fügen. Sie lernen sogar, wie man lernt – das heißt, es wird ihnen eingeprägt, daß es beim Lernen darauf ankommt, das, was der Lehrer sagt, zu wiederholen. Sie werden nicht ermutigt, ihre »Persönlichkeit zu kultivieren«; im Gegenteil, sie lernen, ihre Persönlichkeit ständig zu kontrollieren. Dieses Verhalten wird den Vier- und Fünfjährigen so eingeprägt, daß sie mit sechs Jahren für eine methodische Erziehung reif sind.

Als wir nach Peyrane kamen, war unser älterer Sohn fast fünf Jahre alt, und man erwartete natürlich, daß er zur Schule gehe. Madame Girard sagte, wir könnten tun, was wir für gut hielten, sie jedenfalls würde sich freuen, wenn er zu ihr käme. Uns kam es grausam vor, von einem fünfjährigen Kind zu verlangen, sechs Stunden täglich auf einer Bank zu sitzen und eine Sprache zu hören, die es nicht verstand; deshalb schickten wir ihn zuerst nur morgens zur Schule. Aber nach einigen Wochen bat er, morgens und nachmittags in die Schule gehen zu dürfen. Er sagte, er habe die Schule in Peyrane viel lieber als den Kindergarten zu Hause. »Zu Hause mußten wir immerzu nur spielen; hier können wir richtige Buchstaben, Zahlen und viele andere Dinge lernen.«

Aus einem bestimmten Grund zögerten wir, unseren Sohn täglich sechs Stunden im Schulzimmer verbringen zu lassen; die Schule und das Schulzimmer kamen uns ungesund vor. Wie die meisten Gebäude in Peyrane, scheint auch das Schulhaus aus grauer Vorzeit zu stammen; dabei ist es nur ungefähr zweihundertfünfzig Jahre alt. Ursprünglich als Heim für Arme und Alte gebaut, wird es seit 1833, als die Volksschule in Peyrane eingeführt wurde, als Schulhaus benutzt.

Es ist zwar ein malerisches Gebäude, aber alle sind sich darin einig, daß es als Schule ein Schandfleck für die Gemeinde ist. Das Dach droht an verschiedenen Stellen einzustürzen; die Mauern haben Risse vom Dach bis zum Boden. Die Maurer tun ihr Bestes, um das Gebäude immer wieder auszubessern, aber sie sagen, man könne es eigentlich nicht mehr reparieren. Sie haben sogar die Gemeindeverwaltung gewarnt, und die Gemeindeverwaltung hat das Unterrichtsministerium darauf aufmerksam gemacht, daß die Kinder der oberen Klassenzimmer dauernd der Einsturzgefahr ausgesetzt sind.

Von der Einsturzgefahr abgesehen, beklagen sich die Lehrerinnen über die unzureichenden Klassenzimmer. Vor fünfzig Jahren mögen sie den Anforderungen entsprochen haben, aber für heutige Ansprüche sind sie zu klein, zu dunkel, schlecht belüftet und dürftig eingerichtet.

Jedes Zimmer ist ungefähr dreieinhalb Meter breit und sechs Meter lang, gerade groß genug, um die zehn Doppelbänke für die Kinder einer Klasse unterzubringen. In der Mitte steht ein kleiner Holzofen mit einem eisernen Schutzgitter. Von der Mitte der Decke hängt eine 60-Watt-Birne ohne Lampenschirm, die einzige künstliche Lichtquelle des Zimmers. Selbst an sonnigen Tagen ist der Raum nicht sehr hell, weil er nur ein Fenster hat und die düsteren gelben Wände das Licht kaum reflektieren. Bei warmem Wetter ist die Luft frisch genug, wenn Tür und Fenster offen stehen, aber im Winter ist sie muffig. Jede Lehrerin hat deshalb eine Schale Wasser mit stark riechenden Kräutern auf dem Ofen stehen.

Es gibt wenige Fragen, über die sich alle Leute von Peyrane einig sind; aber darüber herrscht Einstimmigkeit, daß Peyrane ein neues Schulhaus braucht, eine schöne moderne *groupe scolaire*, wie die in der Nachbargemeinde Goult. Warum aber gerade Peyrane trotz der außergewöhnlichen Einstimmigkeit keine neue *groupe scolaire* hat, ist eine schwierige Frage, die an dieser Stelle nicht erörtert werden kann, weil uns dies zu sehr von dem hier zu behandelnden Problem der Erziehung entfernen würde. 1950 bis 1951 sah es so aus, als ob bald eine *groupe*

scolaire gebaut würde, aber solange sie nicht stand, war die alte Schule eine Tatsache, die einzige Tatsache, die für das Kind, das in die Schule ging, Bedeutung hatte, und die einzige Tatsache, die uns hier angeht.
Die Lehrerinnen nannten das alte Schulhaus einen Beweis dafür, wie gleichgültig den Eltern die Erziehung ihrer Kinder sei. Wenn es ihnen wirklich ernst wäre, sagte Madame Girard, dann würden sie sich alle im *Conseil de Parents d'élèves* zusammentun und eine neue Schule erzwingen. Aber sie kommen nicht einmal zu den Versammlungen des *Conseil.*
Madame Girard hatte zweifellos recht in ihrer Annahme, daß eine gemeinsame Aktion von seiten der Eltern zum Bau einer neuen Schule führen würde; doch es war unvernünftig von ihr, eine gemeinsame Aktion zu erwarten, und unbillig, deren Ausbleiben auf die Gleichgültigkeit der Eltern zu schieben. Wie wir sehen werden, schließen sich die Erwachsenen von Peyrane nie zusammen, um für irgendeine Sache gemeinsam etwas zu unternehmen. Sie hassen es wie die Pest, mit der Regierung zu tun zu haben, es sei denn, sie würden dazu gezwungen. Es ist daher unvernünftig, von ihnen zu erwarten, daß sie sich freiwillig zusammentun, um die Regierung zu etwas zu zwingen, und ginge es auch um eine berechtigte und wichtige Angelegenheit wie die Errichtung eines neuen Schulhauses.
Den Eltern ist die Bildung ihrer Kinder keineswegs gleichgültig, sie sind vielmehr von deren Wichtigkeit zutiefst überzeugt. Diese Überzeugung geht weit über den praktischen Gesichtspunkt der Frage hinaus. Es ist ihnen selbstverständlich, daß alle Kinder lesen, schreiben und rechnen lernen müssen, daß sie ein wenig von Geschichte, Naturwissenschaften und Geographie hören sollen. Solche Kenntnisse werden aus praktischen Gründen für unumgänglich gehalten. Aber von den praktischen Gründen abgesehen, glauben sie, Bildung sei an sich etwas Gutes. »Man kann nie zu viel wissen«, sagten viele Eltern, wenn sie mit mir über die Schule sprachen.
Sie sind zwar unfähig, sich zu organisieren und sich öffentlich für die Schule einzusetzen, aber in dem Bereich, in dem sie sich sicher fühlen, wo ihre Autorität unbezweifelt ist – in den familiären Gruppen arbeiten sie bereitwillig mit den Lehrern zusammen. Vor allem sorgen sie dafür, daß ihre Kinder regelmäßig zur Schule gehen, und wenn ein Kind in der Schule fehlt, hat es fast immer einen triftigen Grund. Die Gesetze ermöglichen es den Behörden, den Schulbesuch zu erzwingen. Die Gemeinde kann sogar einer säumigen Familie das Kindergeld ent-

ziehen. Aber nie sind Strafen notwendig; die Eltern schicken ihre Kinder freiwillig in die Schule, weil sie wollen, daß sie etwas lernen.
Natürlich gibt es Ausnahmen. Ein wenig verantwortungsbewußter Dorfbewohner, ein spanischer Ockerarbeiter namens Mariano, schickte seinen ältesten Sohn zur Kirschernte in einen anderen Teil des Departements, ohne sich eine befristete Arbeitsgenehmigung, die man für elfjährige Kinder bekommen kann, geben zu lassen. Er sagte der Lehrerin, Madame Vernet, der Junge sei in die Stadt gegangen, um einen kranken Verwandten zu besuchen; doch sie erfuhr auf Umwegen den wahren Grund seiner Abwesenheit. Aber es war auch im Falle Mariano nicht nötig, den *garde-champêtre* (Dorfpolizisten) aufzubieten, um den Vater auf die Gesetzesübertretung hinzuweisen. Madame Vernet sagte ihm einfach, sie wüßte, warum sein Sohn nicht in die Schule gekommen sei – und zwei Tage später war der Junge wieder in Peyrane und besuchte regelmäßig den Unterricht.
Die meisten Eltern bestehen nicht nur darauf, daß ihre Kinder regelmäßig zur Schule gehen, sie verlangen von ihnen auch bestmögliche Leistungen. Sagt die Lehrerin den Eltern, ihr Kind sei in der Schule nicht so gut, wie es sein könnte, und es lerne nicht fleißig genug, dann wird für das Kind das Leben zu Hause unerfreulich. Dauernd wird es an seine Faulheit erinnert. Man wirft ihm vor, es bereite der Familie Schande. Man läßt es nicht spielen und überträgt ihm zusätzliche Arbeiten. Man übt jeden möglichen Druck auf es aus, damit es die Erwartungen der Lehrerin und der Eltern erfüllt. Die Eltern übertreiben manchmal, so daß die Lehrerin einschreiten muß, um zu verhindern, daß sich das Kind zu Hause überarbeitet. Es ist für die Lehrerin schwierig, den Wunsch der Eltern nach zusätzlichen Aufgaben zu dämpfen. Die Eltern wollen, daß die Kinder hart arbeiten, und sie beklagen sich, wenn sie den Eindruck haben, daß die Lehrerin nicht genug verlangt.
Die Eltern unterstützen die Lehrerinnen darin, den Kindern gutes Benehmen beizubringen. Wenn ein Kind in der Schule wegen schlechten Betragens bestraft wird, kann es zu Hause keine Sympathie erwarten. Es wird vielmehr versuchen, den Eltern den Vorfall zu verheimlichen, denn es weiß, daß es sonst noch einmal bestraft wird. Die Eltern hören sich noch nicht einmal seine Entschuldigung an, denn sie finden, für schlechtes Benehmen gäbe es keine Entschuldigung. »Man muß sich nur richtig benehmen. Das ist alles.« Lediglich wenn das Kind seine Eltern überzeugen kann, daß es benachteiligt oder zu Unrecht bestraft worden ist, ergreifen sie Partei gegen die Lehrerin.

Eine Lehrerin, die Erfolg haben will, muß sich den Familien gegenüber sehr vorsichtig verhalten. Sie muß Strafen völlig unparteiisch zumessen. Sie darf Eltern niemals in Gegenwart ihrer Kinder kritisieren oder auf eine andere Weise deren Autorität herabsetzen. Sie darf sich nie in Familienauseinandersetzungen und Sippenstreitigkeiten einmischen. Kurz gesagt, sie darf nie die Familie als Institution in Zweifel ziehen.

Die Lehrerinnen kennen die Wichtigkeit dieser ungeschriebenen Gesetze und versuchen, den Stolz der Familien nicht zu verletzen, sondern ihm zu schmeicheln. Zwei Monate des Schuljahres werden fast ausschließlich der Vorbereitung von Aufführungen geopfert, in denen die Kinder vor ihren Eltern und vor der versammelten Gemeinde auftreten. Fast der ganze Monat Dezember wird benötigt, um Lieder und kleine Szenen für die Weihnachtsfeier einzustudieren. Jedes Kind erhält eine Rolle, in der es so vorteilhaft wie möglich erscheint. Loulou Favre, der einen Sprachfehler hat, bekommt eine stumme Rolle, bei der man seine Schwierigkeiten nicht bemerkt. Bei der Feier erhält jedes Kind ein Weihnachtsgeschenk, das die Lehrerin ausgesucht hat.

Von Mitte Juni bis Mitte Juli steht das Schulhaus praktisch leer. Die Lehrerinnen und die Kinder sind die meiste Zeit in der kahlen *Salle des Fêtes*, wo sie für die Vorführungen bei der *distribution des prix*, der Preisverteilung, die das Schuljahr beschließt, proben. Jedes Kind nimmt an den Darbietungen teil, und jedes bekommt einen Preis für seine Jahresleistungen. Sicher verdienen nicht alle Kinder einen Preis, aber es ist für jedes Kind wichtig, anerkannt zu werden, damit sich seine Familie in ihrer Würde respektiert fühlt.

Wenn der Lehrer einer Dorfschule den Ruf hat, gewissenhaft zu sein und fähig, die Kinder tüchtig arbeiten zu lassen, wenn die Eltern glauben, daß die Kinder ihn fürchten und lieben, wenn er auf die Ehre der Familien bedacht ist, wenn er so geschickt ist, sich nicht in Dorfstreitigkeiten verwickeln zu lassen, ohne dabei für *fier* (hochmütig) gehalten zu werden, wenn er peinlich genau über jeden Franc des Schulbudgets abrechnet und zu Klatsch keinen Anlaß gibt, dann kann er sich einer geachteten Stellung in der Gemeinde erfreuen. Gewiß sind diese Bedingungen nicht leicht zu erfüllen; man müßte schon ein Heiliger sein.

Trotz dieser Schwierigkeiten ist das Leben eines Lehrers verlockend. Gesellschaftlich steht der Lehrer an zweiter Stelle hinter dem Notar. Er verkörpert Wissen und Kultur, die in der Gemeinde hoch geachtet sind. Er wird auch respektiert, weil er mehr Geld verdient als jeder andere Angestellte im Dorf. Als Repräsentant des Staates erfreut er sich eines gewissen Prestiges. Die Leute achten ihn auch wegen der Sicherheit seiner Stellung und wegen der Pension, die er einmal beziehen wird. In manchen Dörfern ist der Lehrer mehr als ein Bürger in leitender Stellung; wenn er Energie und Takt hat, kann er Ratsschreiber werden, und der Ratsschreiber ist häufig das wirkliche Oberhaupt einer Gemeinde, wenn es auch der Bürgermeister dem Namen nach bleibt.

Die Karriere als Dorfschullehrer ist also wirtschaftlich und gesellschaftlich attraktiv. Sie ist vor allem für Kinder von Bauern und für solche aus Familien des unteren Mittelstandes verlockend, die in der Schule ungewöhnliche intellektuelle Begabung zeigen, deren Ehrgeiz aber gering ist. Und doch ist es nicht einfach, Volksschullehrer zu werden. Bevor ein Kandidat die Lehrberechtigung erhält, muß er sein *baccalauréat* (Abitur) bestehen; er muß an einer *Ecole Normale d'instituteurs* (Pädagogischen Hochschule) studieren; er muß eine zweijährige Erfahrung als Lehramtspraktikant nachweisen; er muß dabei eine Reihe von schwierigen mündlichen und schriftlichen Examen ablegen, und er muß Lehrproben abhalten. Es gibt wenige offene Stellen und viele Kandidaten, deshalb ist die Konkurrenz groß. Es gibt keine regionale Schulbehörde, die einem lokalen Kandidaten zuliebe Druck ausüben oder die Anforderungen herabsetzen könnte. Alles wird vom Erziehungsministerium geregelt, das einen hohen Standard zu halten sucht.

Deshalb sind die drei Lehrerinnen an der Schule von Peyrane untadelig. Leider haben sie kein Interesse an der Gemeinde selbst. Sie wurden vom *Inspecteur d'Académie* in dieses Amt eingewiesen und mußten es annehmen, weil ihre Dienstzeit für die begehrten Stellen in den größeren Städten nicht ausreichte. Alle drei haben sich um andere Stellen beworben und werden Peyrane verlassen, sobald eine interessantere Stelle frei wird. Folglich fehlt Peyrane die notwendige Führung, wie sie in Gemeinden mit engagierten Lehrern besteht.

Madame Girard, die Lehrerin der jüngsten Kinder, verbringt ihre Freizeit meist in Apt, wo ihre kleine Tochter bei Verwandten lebt. Sie ist eine attraktive, recht elegante Frau von etwa achtundzwanzig Jahren. Sie wurde Lehrerin, als sie sich 1945, wenige Monate nach ihrer Heirat, von ihrem Mann scheiden ließ, und sie ist seit ihrem Examen Lehrerin in Peyrane. Sie hat ihre Versetzung an eine Schule in Apt beantragt, damit sie mit ihrer Tochter zusammenleben kann.

Madame Druetta, die die Mittelklassen unterrichtet, ist die jüngste der drei Lehrerinnen, sie ist noch als Praktikantin und erst seit einem Jahr in Peyrane. Sie wird nächstes Jahr nicht wiederkommen, wenn sie eine Stellung in der Nähe von Pertuis bekommt, wo ihr Mann Bankangestellter ist. Sie fährt über Samstag/Sonntag nach Hause. Am Montagmorgen bringt ihr Mann sie auf seinem Motorrad nach Peyrane. Montags und dienstags schläft sie in der Wohnung, die die Gemeinde ihr zur Verfügung gestellt hat. Mittwoch abend holt ihr Mann sie wieder ab und bringt sie Freitag früh wieder zurück. Samstag nachmittag kommt er, um sie über das Wochenende mit nach Hause zu nehmen. Wenn er sie nicht holen kann, fährt sie elf Kilometer mit dem Fahrrad nach Apt und nimmt von dort den Bus nach Pertuis. Madame Druetta hat offensichtlich wenig Interesse daran, in Peyrane zu bleiben.

Schulvorsteherin und Lehrerin der oberen Klassen ist Madame Vernet. Sie ist dreißig Jahre alt, aber man hält sie wegen ihres zierlichen Aussehens für jünger. Sie kam während des Krieges als Lehrerin nach Peyrane. Als sie Philippe Vernet, den Sohn des *garde-champêtre* heiratete, sah es so aus, als ob sie ihr Leben lang in Peyrane bleiben würde. Aber Philippe war einer der anziehendsten, intelligentesten und ehrgeizigsten jungen Männer im Dorf und hatte nicht die Absicht, den Rest seines Lebens damit zu verbringen, einen Lastwagen in die Ockergruben zu fahren. In den sechs Jahren seit ihrer Verheiratung bildete er sich durch Fernkurse aus und wurde, mit Hilfe seiner Frau, Mechanikermeister. Er hofft jetzt, Lehrer an einer Gewerbeschule zu werden. Mittlerweile hat Madame Vernet ihre Versetzung an eine Stadtschule beantragt, damit Philippe in einer Autowerkstatt arbeiten kann.

Obwohl die Lehrerinnen am Dorf selbst wenig Interesse haben, befassen sie sich doch ernsthaft mit der Schule und den Kindern ihrer Klassen. Es ist offensichtlich, daß Unterrichten für sie wirklich eine Berufung bedeutet. Sie widmen sich den Kindern von Peyrane, wie sie sich den Kindern jeder anderen Schule widmen würden, und sie erfüllen ihre Pflicht gewissenhaft. Ihre Vorgesetzten, ihre Schüler und deren Eltern sind sich einig, daß Madame Girard, Madame Druetta und Madame Vernet gute Lehrerinnen sind.

Das heißt aber nicht, daß sie nicht von den Dorfbewohnern kritisiert würden. Niemand kann in Peyrane leben, ohne der Kritik ausgesetzt zu sein. Trotz des Ansehens, das die Lehrerinnen genießen, sind sie ein bevorzugtes Objekt der Kritik. Ihr Sozialprestige und ihre Privilegien erwecken Ressentiments unter den Dorfbewohnern. Sie werfen ihnen vor, daß sie »es leicht haben«, daß sie gut bezahlt werden, ohne schwer arbeiten zu müssen, daß sie lange Sommerferien und viele Feiertage im Jahr haben und daß sie nur dreißig Stunden in der Woche unterrichten müssen. Natürlich geben diejenigen, die Kritik üben, offen zu, daß sie ungern mit den Lehrerinnen tauschen würden und ungern sechs Stunden täglich, neun Monate jährlich mit zwanzig Kindern in einem Raum zusammenarbeiten möchten. Die Leute wissen auch, daß die Lehrerinnen viele Stunden damit zubringen, Hefte zu korrigieren und Schülern Nachhilfestunden zu geben. Trotzdem besteht dieses grundsätzliche Ressentiment gegen die Lehrerinnen, und es wird auch oft zum Ausdruck gebracht.

Der beste Beweis für die wirkliche Anerkennung der Lehrerinnen durch die Gemeinde ist, daß die neunundsechzig Kinder in der Schule den größten Teil der schulpflichtigen Kinder der Gemeinde repräsentieren. Neununddreißig Kinder wohnen außerhalb des Dorfes, und für manche wäre es bequemer, eine nähergelegene Schule zu besuchen. Zum Beispiel wohnt die Familie Marchal nur zweihundert Meter von der Schule des Dörfchens Les Pins entfernt; ihre Kinder gehen jedoch in Peyrane zur Schule, trotz des täglichen Schulwegs von sechs Kilometern. Madame Marchal sagte mir, sie mute zwar ihren Kindern nur ungern diese Unbequemlichkeit zu, aber die Lehrerinnen in Peyrane seien viel besser als der Lehrer in Les Pins, so daß es die Mühe lohne. Der Lehrer in Les Pins hatte seine Lehrerlaubnis während des Krieges bekommen, als die Vichy-Regierung wegen Lehrermangels gezwungen war, die Qualität der Lehrer nicht so genau zu nehmen.

Um acht Uhr morgens beginnt sich der Schulhof zu füllen. Die Kinder, die den weitesten Schulweg haben, kommen zuerst. Dorfbewohner stehen später auf als die Landbevölkerung. Die Dorfkinder kommen erst in letzter Minute vor Schulbeginn, um halb neun Uhr. Sogar fünf oder zehn Minuten nach Schulbeginn kann man noch eine Tür schlagen und dann schwere Kinderstiefel auf der Straße poltern hören. Vielleicht ist es Yves Biron oder Colette Favre, die wie gewöhnlich zu spät kommen, aber hoffen, um die gewohnte Schelte irgendwie herumzukommen.

Um halb neun Uhr, beim Pfeifensignal von Madame Vernet, stellen sich die Kinder in drei Reihen vor den Eingängen zu den Klassenzimmern auf. Unter den Vier-, Fünf- und Sechsjährigen gibt es immer eine Drängelei, weil alle vorne in der Reihe sein wollen, aber Madame Girard klatscht in die Hände und stoppt sofort das Durcheinander mit einem scharfen Wort. Die sieben- bis neunjährigen Kinder stehen vor

Madame Druettas Türe und die zehn- bis vierzehnjährigen vor der Madame Vernets. Sie sind voller Würde und schauen belustigt und überlegen auf die sich drängelnden jüngeren Kinder. Wenn endlich Ruhe eingetreten ist, öffnen die Lehrerinnen die Türen, und die Kinder gehen hinein, hängen ihre Mäntel auf die Haken, setzen sich in ihre Bänke und packen ihre Schulmappen aus.

Der Schultag beginnt mit fünfzehn Minuten *leçon de morale*. Die Lehrerin liest eine kurze Geschichte vor oder erzählt eine Begebenheit, aus der sie ein moralisches Gebot ableitet und in einem Satz zusammenfaßt, welcher von den Kindern im Chor wiederholt und auswendig gelernt wird. Der Zweck der *leçon de morale* ist es, den Kindern »die Ausübung der wichtigsten individuellen und gesellschaftlichen Tugenden (Beherrschung, Aufrichtigkeit, Bescheidenheit, Freundlichkeit, Mut, Toleranz) beizubringen; in ihnen die Liebe zur Arbeit zu erwecken, die Freude an der Gemeinschaft, den Geist des Teamworks, die Respektierung eines Ehrenwortes, das Verständnis für andere Menschen, die Liebe zum Heimatboden, die Pflichten gegenüber der Familie und gegenüber Frankreich«.[1]

Die meisten moralischen Geschichten, die die Lehrerin erzählt, stammen aus fertigen Texten wie Souchés ›Les Nouvelles Leçons de Morale‹ oder ›Sur le droit chemin‹ von Leterrier und Bonnet, und wenn möglich, bezieht sie die Geschichten direkt auf das Leben der Kinder. Dies ist leicht, wenn es sich zum Beispiel um Familienpflichten handelt. Es ist schwieriger, wenn die moralischen Lektionen Gemeinschaft und Zusammenarbeit betreffen, die keine charakteristischen Tugenden der Menschen von Peyrane sind. Einige dieser Lektionen stehen so völlig in Widerspruch zu den Gewohnheiten in Peyrane, daß sie als wertlos erscheinen.

Meine Frau war einmal in der Klasse, als Madame Girard eine moralische Lektion gab, mit der Absicht, die Liebe der Kinder zur Natur und die Achtung vor ihr zu wecken. Die Anekdote aus Souchés ›Les Nouvelles Leçons de Morale‹ betraf ›Deux pauvres petits oiseaux‹ (Zwei arme, kleine Vögel), und die Sentenz, welche die Kinder wiederholten und auswendig lernten, lautete: »Wir wollen Freunde und Beschützer der kleinen Vögel sein.« In einer Gegend, in der gebratene kleine Vögel ein Lieblingsgericht sind und in der ein kräftiger Mann

[1] *Le livre des instituteurs*, Le Soudier, Paris [19]1948, S. 161.

damit prahlt, fünfzig bis sechzig Singvögel auf einmal essen zu können, ist es unwahrscheinlich, daß diese Lektion viel Erfolg haben wird. Nach der *leçon de morale* werden Themen des Lehrplans behandelt. Um zehn Uhr haben die Kinder fünfzehn Minuten Pause und gehen in den Schulhof. Manchmal, besonders am Jahresanfang, singen die Lehrerinnen mit den Mädchen und den kleinen Kindern, aber meist überläßt man die Kinder ihren eigenen Einfällen. Sie dürfen laufen, schreien und spielen, wie sie wollen, nur sich nicht prügeln, sich nicht naß oder schmutzig machen oder sich Gefahren aussetzen. Die Kinder bilden spontan Gruppen; die jüngeren Kinder spielen mit Freunden beiderlei Geschlechts, die älteren nur mit Freunden des eigenen Geschlechts. Die Jungen spielen Fangen oder Fußball, wenn einer von ihnen einen Ball mitgebracht hat. Es gibt auf dem Schulhof keine Spiel- und Sportgeräte außer einem Kletterseil, das die Kinder hinaufklettern müssen, um ihr *brevet sportif scolaire* (Schulsportabzeichen) zu bekommen. Die älteren Mädchen sitzen in einer sonnigen Ecke des Hofes, schwätzen und liebkosen ein oder das andere der kleinsten Kinder, die sich ihnen instinktiv zuwenden, wenn sie Zärtlichkeit brauchen. Die jüngeren Jungen und Mädchen laufen zu zweit, zu dritt oder zu viert wie verrückt umher und verfolgen und beschimpfen oft einen davonlaufenden »Sündenbock«. Die drei Lehrerinnen schlendern im Hof einher, unterhalten sich und behalten dabei die Kinder im Auge. Das Spielen muß nur aufhören, wenn ein Kind verletzt oder gestraft wird. Dann versammeln sich alle Kinder um das Opfer. Ist ein Kind verletzt, sieht man in den Gesichtern der anderen Kinder Sympathie und einige flüstern: »Das hätte er nicht tun dürfen; es mußte ja so kommen«. Wird das Kind bestraft, dann nehmen die Gesichter einen spöttischen Zug an. Aber meistens geht das Spiel ohne Zwischenfall vor sich, bis Madame Vernet pfeift und die Kinder sich aufstellen, um in die Schule zurückzugehen.

Gegen halb zwölf Uhr schickt Madame Vernet ein Kind in den Schulhof, um auf die Kirchturmuhr zu schauen. Wenn es zurückkommt, um zu berichten, daß die Zeit um ist, drängeln alle, ihre Bücher einzupakken. Die zwei oberen Klassen sind entlassen und dürfen gleich nach Hause gehen. Die Kleinen in Madame Girards Klasse müssen sich vor dem Klassenzimmer aufstellen und warten, bis alle fertig sind. Sie gruppieren sich in Zweierreihen, Jungen und Mädchen paarweise, und geben sich die Hand. Dann gehen sie bis zur Mauer, die den Schulhof von der Straße trennt, und bleiben einen Augenblick stehen. Madame Girard läßt sie warten, bis alle still sind und bis sie sich vergewissert hat, daß kein Auto die Straße entlang kommt. Dann ruft sie: *»Avancez!«* Die Kinder antworten einstimmig *»'voir, Madame«*, und laufen lärmend die Straße hinunter, für eine Weile befreit von der drückenden Last der Disziplin.

Die meisten Dorfkinder gehen gleich nach Hause, denn sie haben vor dem Essen noch etwas zu tun. Jacques Leporatti muß einen Eimer und einen Krug Wasser vom öffentlichen Brunnen nach Hause bringen, denn im Haus Leporatti gibt es kein fließendes Wasser. Georges Vincent muß Brot für das Restaurant seines Vaters aus der Bäckerei mitbringen. Tatave Pouget muß im Kolonialwarenladen eine Flasche Wein holen. Colette Favre muß auf ihren kleinen Bruder aufpassen, während die Mutter das Essen fertig macht, und wenn es soweit ist, muß sie ihren Vater aus dem Café holen.

Kinder, die sehr weit entfernt wohnen, essen in der Schule, sowie auch einige der Dorfkinder, deren Mütter arbeiten. Manche Kinder, die bequem nach Hause gehen könnten, überreden ihre Eltern, sie in der Kantine essen zu lassen, denn alle Kinder lieben das. Sie essen gerne gemeinsam mit anderen Kindern, und sie sagen, das Essen, das die alte Madame Bardin zubereitet, sei besonders gut. Es besteht aus drei Gängen – zwei kräftigen Gerichten (Eintopf, einer dicken Suppe, Spaghetti oder sonst etwas Ähnlichem) und einem Dessert (meistens Marmelade oder Kompott). Jedes Kind bringt ein großes Stück Brot mit in die Schule. Das Essen kostet fünfundzwanzig Francs, etwa zwanzig Pfennig.

Die Disziplin in der Kantine ist streng. Die Kinder müssen gerade sitzen, ihre Handgelenke auf die Tischkante legen und ihre Teller leer essen. Es gibt zwei Gründe, warum die Kinder ihre Teller leer essen müssen. Sie lernen dabei, Nahrungsmittel nicht zu vergeuden, und gleichzeitig müssen weniger Teller abgewaschen werden. Denn in der Kantine wie in den meisten Familien ist es üblich, nach dem Hauptgang den Teller mit einem Stück Brot auszuwischen, dann den Teller umzudrehen und das Dessert auf der Rückseite zu verzehren. Auch der Löffel wird einfach umgedreht und die Marmelade mit dem Stiel gegessen.

Während des Essens herrscht absolutes Schweigen. Ein Kind darf nur sprechen, wenn es von der aufsichthabenden Lehrerin die Erlaubnis dazu erhält. Die Lehrerinnen begründen dieses Gebot des Schweigens mit der Akkustik der Kantine, sie behaupten, wenn man die Kinder reden ließe, gäbe es einen Heidenlärm, und das Essen würde ewig dauern. Auf diese Weise geht das Essen so diszipliniert vor sich, daß es nie länger als fünfzehn oder zwanzig Minuten dauert. Dann dürfen die Kinder bis zum Wiederbeginn des Unterrichts um ein Uhr auf dem Schulhof spielen, wie in der Pause.

Der Nachmittagsunterricht unterscheidet sich wenig von dem am Vormittag. Er dauert drei Stunden, mit einer Pause von fünfzehn Minuten. Die Kinder werden um vier Uhr auf die gleiche Weise entlassen wie um halb zwölf Uhr, nur fünf oder sechs Kinder müssen noch länger dableiben, um eine mißglückte Arbeit zu verbessern oder als Strafe für schlechtes Benehmen.

Gegen fünf Uhr ist die Schule leer, und die Putzfrau kommt, um zu fegen und zu schrubben. Wenn sie gegangen ist, ist die Schule für den nächsten Tag bereit, und die Fensterläden und die Türen bleiben bis zum nächsten Morgen geschlossen.

Wenn die Dorfkinder aus der Schule kommen, laufen sie sofort nach Hause, um ihr *goûter* oder Vesper zu bekommen. Da es erst drei oder vier Stunden später Abendessen gibt, ist das *goûter* sehr wichtig, und wenn ein Kind nicht gleich nach der Schule nach Hause kommt, läßt die Mutter es suchen. Manche Kinder setzen sich zu einer ziemlich ausgiebigen Mahlzeit an den Tisch, die meisten aber können es nicht erwarten, ins Freie zu kommen. Sie erhalten ein dickes Stück Brot und ein Stück Schokolade oder Käse und gehen auf die Straße, um es in Gesellschaft anderer Kinder zu verzehren.

Nach dem *goûter* spielen die kleineren Kinder meistens, die größeren jedoch haben zu arbeiten. Sie müssen Wasser vom öffentlichen Brunnen und Holz aus dem Keller holen. Sie müssen am Dorfausgang frisches Gras für die Hühner und Kaninchen schneiden und Maulbeerblätter für die Seidenraupen pflücken. Sind diese Arbeiten erledigt, dann müssen sie im Haus helfen. Um sechs oder halb sieben endlich können auch die größeren Kinder zum Spielen auf die Straße gehen, aber die größeren Mädchen müssen auch dann noch auf ihre kleinen Geschwister aufpassen.

Wenn die Kinder, die auf dem Land wohnen, aus der Schule kommen, machen sie sich gleich auf den langen Heimweg. Manche von ihnen wohnen drei Kilometer vom Dorf entfernt. Im Winter, wenn es früh dunkel wird und der Mistral bläst, gehen sie so schnell wie möglich nach Hause. Aber bei schönem Wetter trödeln sie in kleinen Gruppen auf dem ganzen Heimweg. Dies ist für sie die einzige Zeit, in der sie nicht von Erwachsenen überwacht werden. Sie lernen, ohne die Kon-

Die alte Schule (zu Seite 60)

Das Schulkind als Träger der Familienehre (zu Seite 97) ▷
Beim Beobachten des Hufschmieds (zu Seite 70) ▽

Alain, Johnny, Loulou (zu Seite 91) ▽

Monsieur Arène in seinem Laden (zu Seite 109; 149)

trolle autoritärer Erwachsener miteinander auszukommen, stehen aber unter dem starken Druck, der von anderen Kindern innerhalb ihrer Gruppe ausgeübt werden kann.

Je mehr Kinder ihr Zuhause erreichen, desto kleiner wird die Gruppe. Die letzten hundert Meter laufen sie plötzlich schneller, denn sie fürchten, geschimpft zu werden, weil sie zu sehr getrödelt haben. Sie könnten zu spät zum *goûter* kommen, das auf dem Land immer eine wichtigere und reichlichere Mahlzeit ist als im Dorf. Die Männer kommen vom Feld zurück, und die ganze Familie setzt sich zusammen zu einem ergiebigen Imbiß, bestehend aus Brot, Käse, Wurst, Marmelade und Wein.

Nach dem *goûter* haben alle Kinder außer den Kleinsten noch Arbeiten zu verrichten, die zahlreicher und wichtiger sind als die der Dorfkinder. Sie müssen Holz und Wasser holen, Gras für die Kaninchen und die Hühner schneiden, und wenn sie damit fertig sind, müssen sie auf dem Feld und im Garten helfen. Sie müssen die Schafe und die Ziegen hüten, sie bei einbrechender Dunkelheit in den Pferch treiben und melken. Wenn zwischen diesen Arbeiten und dem Abendessen noch Zeit bleibt, machen sie ihre Schulaufgaben. Nach dem Abendessen ist für Schulaufgaben keine Zeit mehr, denn es wird erst gegessen, wenn die Männer ihre Arbeit beendet haben, meist lange nach Einbruch der Dunkelheit. Nach dem Abendessen müssen die Kinder ins Bett gehen. Am nächsten Morgen müssen sie früh aufstehen, um rechtzeitig in die Schule zu kommen, und in der Kälte des Morgens haben sie weder Zeit noch Lust zu trödeln oder zu spielen. Nur am Nachmittag auf dem Heimweg von der Schule haben die Landkinder Zeit zum Spielen.

Ein vierjähriges Kind, das gerade in die Schule gekommen ist, gewöhnt sich schnell an diese strenge Einteilung. Es bekommt noch keine Hausaufgaben und muß zu Hause nicht helfen. Aber die Anforderungen sind trotzdem hart, und es muß sie ohne Klagen erfüllen. Es weiß, daß Klagen es nicht von dem Druck befreien würden, denn niemand würde sie sich anhören. Es hat schon gelernt, daß es unliebsame Dinge im Leben gibt, denen man nicht ausweichen kann. Man sagt ihm, daß es alt genug dazu ist, und es fügt sich gelassen. Ein wenig wird es belohnt durch den Stolz, den es darüber empfindet, daß man es für alt und vernünftig genug hält, sich in das Unvermeidliche zu schicken.

Die Schule ist für ein Kind zehn Jahre lang – bis es vierzehn ist – das Wichtigste im Leben. Eltern, Lehrer und Freunde erinnern es ständig daran. Da es diesem starken Druck ausgesetzt ist, nimmt es die Schule als ernsthafte Verpflichtung auf sich.

Das Erziehungsprogramm der Schule in Peyrane ist dasselbe wie in jeder Volksschule in Frankreich. Es wird vom Erziehungsministerium aufgestellt, das genaue und detaillierte Vorschriften erläßt, für die Erziehung, den Lehrstoff, die Unterrichtsmethoden, die Studienpläne und für alles, was für das Funktionieren einer Schule wichtig ist. Wenn man Seite für Seite diese Vorschriften liest, bekommt man den Eindruck, daß die Beamten des Ministeriums die besonderen Verhältnisse der einzelnen Gemeinden nicht kennen und dennoch nichts der Phantasie der Lehrer überlassen wollen. Sogar die Spiele für die Vorschule sind »durch das Dekret vom 15. Juli 1921 festgelegt«.

In der Praxis aber ist das Programm nicht so starr und unpersönlich wie es scheint. Die Lehrer wissen, daß diese offiziellen Vorschriften als Anleitung gemeint sind und nicht zu wörtlich genommen werden sollen. Schließlich sind die Lehrer Franzosen und kennen folglich den Unterschied zwischen Gesetzen und Anordnungen einerseits und der praktischen Handhabung andererseits. Sie wissen, daß sie nicht blind das tägliche Programm einhalten müssen, solange sie in einer bestimmten Zeitspanne die relative Verteilung der wichtigsten Lehrstoffe beachten. Die Lehrerinnen von Peyrane wissen, daß es für alle Kinder des Dorfes wichtiger ist, richtig lesen zu können als erfolgreich im Chor mitzusingen. Benutzen sie die für das Singen vorgesehene Zeit zu Leseübungen, so wird niemand etwas dagegen einwenden.

Monsieur Valentini, Oberinspektor in Avignon, der die Volksschulen des Distrikts beaufsichtigt, unterstützt diese flexible und vernünftige Haltung. Die Lehrerinnen reden so, als lebten sie in ständiger Angst vor seinen jährlichen Inspektionen und vor seinen gelegentlichen unerwarteten Besuchen, aber im Vertrauen geben sie zu, daß diese Angst unbegründet ist, denn Monsieur Valentini ist ein freundlicher, toleranter Mann, der stillschweigend voraussetzt, daß die Lehrer das offizielle Programm im Rahmen der besonderen örtlichen Gegebenheiten, so gut sie es können, durchführen. Er ruft die Lehrer des Distrikts ein- oder zweimal jährlich zusammen, um mit ihnen das Programm, ihre eigenen Probleme und die neuen Anordnungen des Erziehungsministeriums zu besprechen. In einer solchen Besprechung, an der ich teilnahm, erklärte Monsieur Valentini ausführlich eine neue Vorschrift, die einige Lehrer nicht verstanden hatten. Er schloß seine Äußerungen mit: »Dies sagt die Vorschrift, und ich hoffe, Sie verstehen sie jetzt alle. Inoffiziell möchte ich natürlich hinzufügen, daß niemand etwas dagegen hat, wenn Sie in dieser Angelegenheit Ihrem eigenen Urteil folgen.«

Obwohl die offiziellen Vorschriften, die vom Erziehungsministerium herausgegeben werden, lang und kompliziert sind[2], kann man sehr einfach beschreiben, wie sie an der Schule in Peyrane praktisch gehandhabt werden. Die Schule hat fünf Klassen: die *Classe enfantines* (Vorschule) für Kinder von vier bis sechs Jahren, die *Section préparatoire* (Vorbereitungsklasse) für Kinder von sechs bis sieben, den *Cours élémentaire* (Elementarklasse) für Kinder von sieben bis neun, den *Cours moyen* (Mittlere Klasse) für Kinder von neun bis elf, und die *Classe de Fin d'Etudes* (Abschlußklasse) für Kinder von zwölf bis vierzehn. Natürlich wird die Einteilung nach dem Alter nicht streng gehandhabt. Ein aufgewecktes fünfjähriges Kind kann in die Gruppe der Siebenjährigen eingeteilt werden, und ein dummes zwölfjähriges bleibt in der Gruppe der Siebenjährigen. Paul Jouvaud, der nicht ganz normal ist, blieb in der Klasse der kleinsten Kinder, bis er dreizehn Jahre alt wurde und das größte und kräftigste Kind der Schule war. Er schloß die Schule mit der Vorschule ab und wurde nach Aussage von Madame Girard entlassen, als der Beginn der Pubertät es zu schwierig machte, mit ihm fertigzuwerden.

Madame Girard hat die Vorschulklasse und die Vorbereitungsklasse zu betreuen. Wir wissen schon, was in der Vorschulklasse getan wird. In der Vorbereitungsklasse, der Madame Girard ihre meiste Zeit widmet, wird hauptsächlich Lesen, Schreiben und einfaches Rechnen gelehrt. An einem durchschnittlichen Sechs-Stunden-Schultag wird etwa zwei Stunden gelesen, eine halbe Stunde geschrieben, eine halbe Stunde Grammatik und eine Stunde Rechnen getrieben. Was in den übrigen zwei Stunden gemacht wird, hängt von der Laune der Lehrerin und der Kinder ab und von verschiedenen anderen menschlichen Faktoren. Meistens wird die Zeit in zwei Perioden eingeteilt, in denen man singt, zeichnet, mit Papier und Schere arbeitet, eine *leçon morale* gibt und kurz über die Einteilung des Jahres, über Einzelheiten des Kompasses, Teile des menschlichen Körpers, über Hygiene und dergleichen spricht. Natürlich ist eine halbe Stunde Pause.

Es besteht kein wesentlicher Unterschied zwischen diesem Programm und dem der Kinder der Elementarklasse, welcher Madame Druetta vorsteht. Die gleiche Zeit wird für Lesen und Schreiben verwendet,

[2] *Le livre des instituteurs*, Le Soudier, Paris [19]1948, S. 150 ff.

doch der Schwerpunkt ist leicht verschoben. Auf das Lesen wird weniger Zeit verwendet, dafür mehr auf das genaue Studium der Grammatik. Zwei neue Fächer werden eingeführt, aber in geringem Umfang: Geschichte und Geographie, etwa fünfzehn Minuten täglich.

In Madame Vernets Klassenzimmer sind die Mittlere Klasse und die Abschlußklasse, und man muß schon so geschickt sein wie Madame Vernet, um diese beiden so verschiedenen Gruppen in einem Raum unterrichten zu können. Die Mittlere Klasse ist die Fortsetzung der Elementarklasse und hat auch ein ähnliches Programm. Die Hälfte der Zeit wird gelesen und geschrieben, aber der Schwerpunkt ist noch mehr verschoben: die Grammatik ist wichtiger als das Lesen. Es werden keine neuen Fächer in dieser Stufe eingeführt, aber die Zeit für Rechnen, Geographie und Geschichte wird verdoppelt. Diese drei Fächer nehmen ein Drittel der Unterrichtszeit in Anspruch. Allein eine Stunde täglich wird Rechnen unterrichtet. Wir bemerkten, daß Madame Girard in der Vorschule manchmal über praktische Dinge wie die Einteilung der Zeit erzählte. Wenn die Kinder die Mittelstufe erreicht haben, wird die Behandlung dieser Themen wesentlicher Bestandteil des Unterrichts, dem täglich eine halbe Stunde gewidmet wird und der *leçons de choses* (Anschauungsunterricht) heißt. Diesen Anschauungsunterricht kann man als praktische Vorbereitung für den naturwissenschaftlichen Unterricht ansehen.

Der Unterricht der Abschlußklasse ist von dem der anderen Klassen ziemlich verschieden. Französisch ist noch das Wichtigste, aber die Zeit, die dafür verwendet wird, ist auf etwa eine Stunde täglich reduziert, die gleiche Zeit, die man jetzt auf Rechnen und Naturwissenschaften verwendet. Der Geschichts- und Geographieunterricht dauert etwa eine halbe Stunde, und was bisher *leçon morale* war, ist jetzt Staatsbürgerkunde, die eine halbe Stunde täglich unterrichtet wird. Der Unterricht ist jetzt ausgeglichener als in den früheren Klassen, aber dies zeigt sich natürlich nicht jeden Tag. Wenn die Klasse in einem Fach besonders schwach ist, wird die meiste Zeit darauf verwendet, die Schüler in diesem Fach zu drillen, bis sie es beherrschen. Dies trifft vor allem im Französisch zu, das jedermann als wichtigstes Fach in der Schule ansieht. Alle anderen Fächer können vernachlässigt oder sogar ganz aufgegeben werden, um Zeit für Leseübungen (leise und laut) und Schreiben (Schönschreiben, Rechtschreiben, Grammatik, Aufsatz) zu gewinnen.

Der Unterricht wird oft unterbrochen. Der Besuch des Inspektors oder eines anderen Beamten, die Krankheit einer Lehrerin, die Vorbereitungen zur Abschlußprüfung, eine Lehrerversammlung in Apt, ein Besuch der Ockerbrüche, der jährliche Ausflug nach Marseille und viele andere Ereignisse unterbrechen oft den gewohnten Gang der Arbeit. Dazu kommen die Vorbereitungen für die beiden öffentlichen Veranstaltungen – der Weihnachtsfeier und der Preisverteilungsfeier –, für die zwei Monate lang ein wesentlicher Teil der Unterrichtszeit verwendet wird. Trotz dieser Unterbrechungen und trotz des nur scheinbar starren Systems des offiziellen Lehrplans hat ein Kind, wenn es mit vierzehn Jahren die Schule verläßt, annähernd das gelernt, was seine Eltern erwartet haben. Es kann gut lesen; es kann fast ohne grammatikalische Fehler schreiben. Es beherrscht das Rechnen, wie es im täglichen Leben vorkommt. Es weiß genug von der Geschichte, dem Staat, der Geographie und den Naturwissenschaften, um sich in seiner Umgebung zurechtzufinden; es kennt die sittlichen und ethischen Werte, zu denen sich die Gesellschaft bekennt.

Wer das Schulleben in Peyrane eine Zeitlang beobachtet, wird sich darüber klar, daß die Kinder vieles lernen, was nicht ausdrücklich im Lehrplan festgelegt ist. Aus dem Verhalten der Lehrerinnen, aus der Art der Schularbeiten und aus den Lehrbüchern sammeln die Kinder grundlegende Kenntnisse über das Wesen der Realität und über ihre Beziehung zu ihr. Die Vermittlung dieser Kenntnisse ist in den Direktiven des Erziehungsministeriums nicht erwähnt. Es wird auch vom Oberinspektor nicht vorgeschrieben. Wenn die Lehrerinnen sich dessen auch bewußt sind, so sprechen sie doch im Unterricht nicht darüber. Aber diese Kenntnisse sind so wichtig, daß sie weitgehend bestimmen, wie das Kind die Probleme anpackt, denen es im späteren Leben begegnet.

Die Lehrerin unterrichtet Ethik, Grammatik, Rechnen und Naturwissenschaften immer nach der gleichen Methode. Sie beginnt mit den Grundbegriffen oder Regeln, die jeder Schüler auswendig lernen muß, so daß er sie bei jeder Gelegenheit ohne Stocken wiederholen kann. Dann wird ein konkretes Problem im Hinblick auf die Grundbegriffe untersucht und gelöst. Weitere Probleme werden geprüft, bis die Kinder das abstrakte Prinzip in den konkreten Fakten und umgekehrt die Fakten im abstrakten Prinzip erkennen. Hat sich dieser Bezug in den Köpfen der Kinder genügend eingeprägt, dann geht die Lehrerin zu anderen Grundbegriffen und entsprechenden Tatsachen über.

Der Grundbegriff selber wird nicht in Frage gestellt und kaum diskutiert. Die Kinder werden nicht ermutigt, selbständig Grundsätze aus der Untersuchung konkreter Fälle abzuleiten. Man prägt ihnen ein, die Grundbegriffe seien vorgegeben. Sie sind immer existent: unveränderlich und beständig. Man kann nur lernen, sie zu erkennen und zu akzeptieren. Dasselbe gilt für konkrete Tatsachen und Ereignisse. Sie existieren in ihrer unveränderlichen Wirklichkeit. Man kann sie nicht ändern. Man kann sie nur erkennen und akzeptieren. Man muß die abstrakten Prinzipien und die konkreten Tatsachen erkennen und die Beziehung zwischen ihnen herstellen, um jedes Problem lösen zu können.

Ein weiterer Grundbegriff wird vor allem in der Art, wie Geschichte, Staatsbürgerkunde, Geographie und Literatur unterrichtet werden, deutlich, er ist aber auch in den anderen Unterrichtsfächern wichtig. In Geschichte lernen die Kinder zuerst, sich einen allgemeinen historischen Rahmen einzuprägen. Geschichte zu lernen, besteht teilweise darin, diesen Rahmen auszufüllen, das heißt, zu lernen, wie die geschichtlichen Tatsachen in den Rahmen passen. Eine einzelne Tatsache ist an sich unwichtig. Sie gewinnt erst Bedeutung, wenn man ihre Beziehung zu anderen Tatsachen und vor allem zum Ganzen erkennt. In Geographie lernt ein Kind zuerst seine eigene Gegend, dann die weitere Umgebung kennen; dann folgen Frankreich und die ganze Welt. Man legt großen Wert darauf, daß jede geographische Einheit in Beziehung zu einem größeren Ganzen gesehen wird. Im Ethikunterricht und in der Staatsbürgerkunde lernen die Kinder die richtige Einstellung und die gegenseitigen Verpflichtungen des Einzelnen gegenüber der Familie, der Gemeinde, gegenüber Frankreich und der ganzen Menschheit kennen.

Diese Betonung der Beziehung eines Teils zum Ganzen findet man auch im ziemlich elementaren Literaturunterricht der oberen Klassen. Es wird kein Versuch gemacht, den vorliegenden Text zu verstehen oder zu würdigen, bevor er nicht vollständig zergliedert und analysiert worden ist. Er wird in seine logischen Teile zerlegt und in jedem Teil die Absicht des Autors erklärt. Schwierige und unklare Wörter und Ausdrücke werden erläutert. Erst wenn jeder Teil und seine Beziehung zum Ganzen klar geworden sind, wird der Abschnitt als geschlossene Einheit bewertet.

So lernt ein Kind, daß jede Tatsache, jedes Phänomen und jedes Individuum ein integrierender Bestandteil einer größeren Einheit ist. Wie in einem Puzzle hat jedes Teil seinen eindeutig bestimmten Platz. Die Teile haben nur einen Sinn, wenn ihre richtige Beziehung erkannt wird.

Schließlich ist man überzeugt, daß Wissen nur in seiner Beziehung zum Menschen von Bedeutung ist. Es wird kein Wert auf Lernen nur um des Lernens willen gelegt oder auf die Anhäufung von Tatsachen, ohne ihren Nutzen zu bedenken. Dies wird besonders deutlich im Rechnen und in der Geometrie. Man läßt die Kinder nur deshalb Grundbegriffe lernen und Aufgaben lösen, damit sie nach Verlassen der Schule in der Lage sind, die Probleme, mit denen sie konfrontiert werden, zu lösen.

Der Elementarunterricht in den Naturwissenschaften wird ebenfalls zu den Kindern als menschlichen Wesen in Beziehung gebracht. Die Kinder müssen nicht Schmetterlinge sammeln, die verschiedenen Vogelarten kennen und Gestein untersuchen, nur um alles zu klassifizieren. Ein Vogel an sich ist nicht interessant. Er ist interessant, weil man ihn essen kann, weil er schädlich für die Ernte ist, schädliche Insekten frißt oder weil er ein hübsches Gefieder hat und schön singt. Ebenso ist es nicht das Ziel des Geographieunterrichts, daß die Kinder die Hauptstädte aller französischen Departements auswendig lernen; der Zweck ist vielmehr, die Beziehung der Leute von Peyrane zu ihrer Umgebung deutlich zu machen.

Das Lernen von grammatikalischen Regeln wird so wichtig genommen, daß es manchmal den Anschein hat, als ob die Regeln an sich Bedeutung hätten. Aber dieser Eindruck ist falsch. Die Regeln werden für wichtig gehalten, weil man glaubt, niemand könne sich richtig ausdrücken, der sie nicht genau kennt. Für einen Angelsachsen ist es schwierig zu verstehen, wie wichtig dieses Sprachstudium für den Franzosen ist. Die Franzosen beurteilen einen Menschen in viel höherem Maße als wir Angelsachsen nach seinen Fähigkeiten, korrekt zu sprechen und zu schreiben. Sogar in einer ländlichen Gemeinde wie Peyrane wird der soziale Status eines Menschen danach beurteilt, wie er spricht und schreibt. Die Grammatik wird in der Schule nicht um ihrer selbst willen so ernst genommen, sondern weil man weiß, daß ihre Kenntnis für das spätere Leben der Kinder sehr wichtig ist.

Der Geschichtsunterricht wird ebenso gehandhabt. Sicher müssen die wichtigsten Daten und Tatsachen auswendig gelernt werden, aber nur, um den Blick auf zwei Aspekte der Geschichte zu lenken, die im Unterricht besonders betont werden: das Leben des französischen Volkes in den verschiedenen Geschichtsepochen und das Leben großer Männer.

1938 ließ Monsieur Jean Zay, der damalige Erziehungsminister, ein Rundschreiben verschicken, das Madame Vernet und Madame Girard auch heute noch für die verbindlichste Darlegung von Ziel und Methode des Volksschulunterrichts halten. Es heißt darin über den Geschichtsunterricht:

> »Im Geschichtsunterricht sollten die Lehrer die Rolle derjenigen Männer betonen, die dem Fortschritt dienten. Wir glauben heute nicht mehr, daß die Geschichte uns Mittel in die Hand geben kann, die Zukunft vorauszusagen; wir glauben auch nicht länger, das Studium der Geschichte könnte uns Lösungen für die Probleme von heute geben. Sie lehrt uns indessen, den Ereignissen in ihrem Ablauf leidenschaftsloser zu begegnen, und dies ist ein sehr wertvoller Hinweis. Sie lehrt uns den Wert ehrlicher Arbeit, den Wert des großen Vorbildes, und sie lehrt uns, Trost zu finden in heilsamer Bewunderung. Man sollte den Kindern von der wichtigen Rolle jener Männer und Frauen erzählen, die wir für Wohltäter der Menschheit halten. Wenn sie nur dafür ein echtes Empfinden bekommen, so haben wir schon viel erreicht. Denn sie werden lernen, daß der materielle Fortschritt, auf den wir stolz sind, nur mit großer Anstrengung erreicht wurde, daß er das immer wieder in Frage gestellte Ergebnis einer immensen Zusammenarbeit ist und daß wir, indem wir uns daran erfreuen, den großen Männern, die ihn schufen, verpflichtet sind.«[3]

Nicht Daten und Fakten allein, sondern die Menschen in ihrer Beziehung zu Daten und Fakten sollten den Geschichtsunterricht bestimmen.

So lernen die Kinder in Rechnen, Naturwissenschaften, Geographie, Grammatik und Geschichte, daß der Mensch das Maß aller Dinge sei. Fakten sind wichtig, sie müssen erkannt, akzeptiert und gelernt werden, aber sie sind nur wichtig in Beziehung zum Menschen, und hier besonders zu den Menschen in der Gemeinde Peyrane.

Das erfolgreichste Kind in der Schule von Peyrane ist dasjenige, welches über den behandelten Stoff hinaus diese grundlegenden Prinzipien zu erfassen vermag. Ohne sich dessen bewußt zu sein, lernt es die Beziehung zwischen abstrakten Prinzipien und konkreten Fakten erken-

[3] Jean Zay, ›Enseignement du Premier Degré. Instructions relatives à l'application des arrêtés du 23 mars 1938 et du 11 juillet 1938‹, in: *Journal officiel, Annexe*, 24 septembre 1938.

nen, zwischen einem Teil und dem Ganzen und zwischen Wissen und Erfahrung.

Sogar ein durchschnittlich begabtes Kind, das gewiß nur einen Teil dieser Beziehungen erfaßt, ist zur Genüge von deren Wichtigkeit durchdrungen, so daß es mit ihrer Hilfe an die Lösung jedes Problems gehen kann – im menschlichen Bereich, in der Politik und im Technischen. Es wird jedes Problem so anfassen, wie es in der Schule gelernt hat, Probleme anzufassen. Es weiß, daß jedes Problem ein Prinzip enthält und daß es wichtig ist, dieses Prinzip zu erkennen. In jedem Problem stecken konkrete Schwierigkeiten, die die Anwendung des Prinzips erschweren. Es gibt kein isoliertes Problem; jedes Problem steht zu einem größeren in Beziehung. Die einzigen Probleme, über die man sich Gedanken machen muß, sind die menschlichen. Ein Problem unter diesen Grundvoraussetzungen anfassen heißt, es verständig, vernünftig, logisch und folglich richtig anfassen.

Natürlich sind diese Prinzipien einem Schulkind nicht neu, denn es kennt sie bereits aus der häuslichen Erziehung. Eines Tages saß Madame Favre vor ihrem Haus und nähte. Der dreijährige Dédou spielte auf der Straße und kam dabei zu nahe an den Rinnstein. Seine Mutter sah auf und rief:

»Dédou, du wirst dich schmutzig machen. Geh da weg!« Dédou war gewöhnlich ein fügsames Kind, aber diesmal stach ihn der Hafer. Frech schaute er auf und schrie:

»Warum?«

Seine Mutter warf ihm einen Blick zu, den er nicht vergessen würde, und sagte:

»Weil du vernünftig *(sage)* sein sollst. Weil du das Kind bist und ich die Mutter. Weil wir keine Tiere sind. Weil es nun einmal so ist! Schluß!«

Madame Favre machte nicht nur ihre Autorität geltend, sie erklärte damit, daß in dieser Situation ein Prinzip enthalten sei, das Dédou nicht beherrschte. Er konnte es nur zur Kenntnis nehmen und akzeptieren. Sie erklärte, daß sie und er Teile einer Familie seien und jedem eine Rolle zukomme, die er zu spielen habe. Sie betonte die Wichtigkeit der menschlichen Würde. Sie sagte, so sei es nun einmal, ob angenehm oder unangenehm; das einzig vernünftige Verhalten für ihn sei, sich zu fügen.

Die Prinzipien im Denken und Handeln sind zu Hause und in der Schule die gleichen. Der einzige Unterschied ist, daß sie in der Schule formal unterrichtet werden. Die Grundvoraussetzungen sind aber die gleichen.

Viermal wöchentlich blieben einige der älteren Kinder nachmittags von vier bis halb fünf Uhr in der Schule, um in einem Spezialkurs Englisch zu lernen, welchen ich mit Erlaubnis der Lehrerinnen und des Oberinspektors abhielt. Kurz nach Beginn des Kurses sprach ich eines Tages mit Henri Favre, dem Vater einer meiner Schülerinnen.

»Wie macht sich Jacqueline in Englisch?«, fragte er.

Ich war verlegen, weil Jacqueline die schlechteste Schülerin der Klasse war. Sie war für ihre dreizehn Jahre körperlich gut entwickelt und betrachtete die Schule nur als Zeitvertreib bis zu ihrem vierzehnten Geburtstag. Sie nahm am Englischunterricht nur aus Prestigegründen teil. Aber weil ich des Vaters Gefühle nicht verletzen wollte, antwortete ich möglichst positiv:

»Oh, sie macht Fortschritte.«

Henri Favre war erfreut, aber überrascht. »Das freut mich«, sagte er, »aber, wissen Sie, es wundert mich, denn sie ist faul und nicht sehr intelligent.«

Es dauerte einige Zeit, bis ich mich an die ehrliche und objektive Weise gewöhnt hatte, mit der die Eltern die Intelligenz ihrer Kinder beurteilen. Sie wissen, daß manche Menschen intelligenter sind als andere, und da dies eine Tatsache ist, muß man sie anerkennen, sich ihr stellen und sie akzeptieren wie alle Tatsachen. Es hat keinen Sinn, sie zu verbergen, zu verneinen oder auch nur abzuschwächen. Man kann nicht verbergen, was für jeden offensichtlich ist, und es hätte wenig Zweck, es abzuschwächen. Es ist besser, solche Gegebenheiten hinzunehmen und das Beste aus ihnen zu machen. Deshalb diskutieren Eltern, Lehrer und Kinder Intelligenzunterschiede relativ offen. Wenn einer der Eltern sagt, »mein Kind ist nicht so intelligent wie Ihres«, so will er nicht Komplimente hören, sondern er stellt eine Tatsache fest.

Als ich zum ersten Mal in Madame Girards Klasse am Unterricht teilnahm, war ich schockiert, daß sie darauf bestand, mit mir über ihre Schüler in deren Anwesenheit zu sprechen. Jedesmal, wenn ein Kind eine Frage beantwortet hatte, unterbrach sie den Unterricht, um mir eine Analyse seiner Fähigkeiten zu geben.

»Diese Kleine ist intelligent«, sagte sie, nachdem Jeanne Reynard eine Frage beantwortet hatte, »sie arbeitet auch fleißig. Es ist ein Vergnügen, ein solches Kind zu unterrichten.«

Renée Chanon konnte ihre Frage nicht beantworten. »So ist Renée

Nicht dumm, aber faul. Sie sitzt den ganzen Tag zerstreut und mit offenem Mund da. Und unordentlich! Von einem solchen Kind kann man nicht viel erwarten.«
Marie Père versuchte mühsam, eine Antwort zu geben; Madame Girard unterbrach das Kind und warf mir einen verzweifelten Blick zu. »Arme Marie, sie strengt sich an, aber – ich glaube, da stimmt etwas nicht.« Sie deutete vielsagend mit dem Finger an ihre Stirn. Marie wand sich auf ihrem Platz und sah sehr unglücklich aus. Ich selbst fand die Situation peinlich, aber das Befragen und die Kommentare wurden fortgesetzt, bis alle Kinder an der Reihe gewesen waren.
Wenn ich mich auch vielleicht daran gewöhnte, Lehrerinnen und Eltern über die Kinder in deren Anwesenheit diskutieren zu hören, so war es mir selbst doch nie möglich, in Gegenwart der Kinder offen über sie zu sprechen. Aber ich bin sicher, daß man das nicht meinem Taktgefühl zuschrieb, sondern daß man einfach glaubte, ich sei nicht in der Lage, ihre Intelligenz richtig einzuschätzen.
Da die Kinder unterschiedlich intelligent sind und man es für zwecklos hält, dies zu verheimlichen, erwartet niemand, daß alle dieselbe Stufe erreichen. Man fordert von jedem, entsprechend den individuellen Fähigkeiten sein Bestes zu tun. So steht jedes Kind in der Schule auf der Stufe, die seiner intellektuellen Leistung entspricht. Natürlich wird dieser verschiedene Leistungsstand nicht ausdrücklich anerkannt. Das System ist viel einfacher. Sobald die Lehrerin ein Kind einigermaßen kennt, beurteilt sie dessen intellektuelle Fähigkeiten und erwartet dann, daß das Kind ihrer Vorstellung gerecht wird. Sie setzt unbewußt jedem Kind ein hohes Ziel, vielleicht ein zu hohes, aber sie übt einen ständigen Druck auf das Kind aus, damit es sich anstrengt, dieses Ziel zu erreichen.
Nur das Kind, das sich besonders anstrengt, seine individuellen Möglichkeiten auszuschöpfen, entgeht einer Bestrafung. Georges Vincent, einer der klügsten Jungen der Schule, leistet im Unterricht viel mehr als die meisten Kinder, aber er wird von Madame Vernet mit großem Sarkasmus kritisiert, weil sie glaubt, seine Leistungen könnten besser sein. Andererseits kritisiert sie Marie Père sehr wenig, weil sie weiß, daß sie bei ihren begrenzten Fähigkeiten ihr Möglichstes tut. Nachdem die Klasse das Alphabet zu schreiben gelernt hatte, sagte Madame Girard eines Tages zu Maries Mutter:
»Marie arbeitet sehr gut. Sie kann zwar nur drei Buchstaben schreiben, aber das macht sie recht ordentlich.«

Das Urteil der Lehrerin über die Möglichkeiten eines Kindes gründet sich ausschließlich auf ihren gesunden Menschenverstand. Sie kennt zwar objektive Intelligenztests, die sie während ihrer Ausbildung auf der *Ecole Normale* gelernt hat, aber sie ist hinsichtlich der Brauchbarkeit und des Werts objektiver Tests skeptisch. Sie gibt diese Skepsis – die nebenbei von ihrem Vorgesetzten, dem Oberinspektor, geteilt wird – nicht gerne zu, weil sie weiß, ein wie großes Gewicht die »moderne« Pädagogik auf objektive Tests legt; sie will auch nicht für altmodisch gehalten werden. Aber sie traut mehr ihrem eigenen Urteil, das meist mit dem der Eltern und Freunde eines Kindes übereinstimmt.
»Warum«, fragte Monsieur Valentini, »sollte ein Lehrer mit solchen Tests Zeit und Mühe verschwenden, um etwas herauszufinden, das ohnedies offensichtlich ist?«
Man erkennt die unterschiedliche intellektuelle Kapazität an und stellt danach verschiedene Normen für die zu erreichenden intellektuellen Leistungen auf. Auch Unterschiede des Charakters und der häuslichen Erziehung werden berücksichtigt, aber es gibt nur eine für alle verbindliche strenge Norm für soziales Verhalten. Die Lehrerinnen verstehen die Gründe für das schlechte Benehmen eines Kindes. Es überrascht sie nicht, wenn Joseph Mariano, das mutterlose Kind eines zugewanderten Arbeiters, ungezogener ist als Henri-Paul Favre, der von seinen Eltern zu Hause gütig, aber streng erzogen wird. Diese Unterschiede verstehen, heißt nicht, sie akzeptieren. Schlechtes Benehmen wird keinesfalls geduldet. Mißachtung der für alle Kinder geltenden Normen hat sofortige strenge Bestrafung zur Folge.
Die Verhaltensregeln, welche die Lehrerinnen den Kindern beibringen, sind im wesentlichen dieselben, welche die Eltern zu Hause durchzusetzen versuchen. Es ist Aufgabe der Lehrerinnen, die häusliche Erziehung fortzusetzen und Versäumnisse nachzuholen. Da die meisten Eltern in irgendeiner Beziehung nachsichtig sind, ist die Erziehung in der Schule für fast alle Kinder strenger als zu Hause.
Wenn ich in die Klasse Madame Vernets kam, standen alle Kinder auf und sagten im Chor: *»Bonjour, Monsieur«*. Sie blieben stehen, bis Madame Vernet sagte, sie sollten sich setzen. In der Klasse von Madame Girard standen nur die Sechsjährigen auf; die Jüngeren mußten erst von Madame Girard dazu aufgefordert werden. Sie sagte zu ihnen: »Nun! Was tut man, wenn ein Erwachsener ins Zimmer kommt? Man steht sofort auf – und sagt *›Bonjour, Monsieur‹*.« Dann standen auch die Kleinen auf und sagten: *»Bonjour, Monsieur«*.

Es störte mich, daß ich die Arbeit der Klasse unterbrechen mußte, wenn ich einmal unbeobachtet hereinschlüpfen wollte. Ich bat also Madame Vernet, diesen Brauch zu unterlassen, wenn ich kam; sie lehnte es aber ab.

»Wir freuen uns, wenn Sie kommen«, sagte sie. »Es gibt den Kindern Gelegenheit, sich in Höflichkeit zu üben, was sie sehr nötig haben.«

In der Schule ist es für die Kinder ebenso wichtig, höflich zu sein wie ihre Aufgaben zu machen. Sie dürfen nie mit einer Lehrerin oder irgendeinem Erwachsenen sprechen, ohne sie oder ihn deutlich mit »Mademoiselle«, »Madame« oder »Monsieur« anzureden. Wenn ein Erwachsener stehenbleibt und sie begrüßt, müssen sie ihm sofort die rechte Hand geben. Ein Junge muß beim Grüßen natürlich seine Mütze abnehmen; es genügt nicht, diese nur mit einem Finger zu berühren. Die Kinder dürfen die Worte der Lehrerin nie in Zweifel ziehen. Was sie auch sagt, es muß uneingeschränkt, respektvoll und ohne Kommentar mit einem »Oui, Madame« oder »Non, Madame« akzeptiert werden. Wenn eine Lehrerin sich irrt, muß sie es selbst merken. Ein Kind darf niemals widersprechen.

Unter allen Umständen muß das Kind *parler comme il faut*, das heißt, es muß klar und deutlich sprechen. Es darf nicht ohne Erlaubnis der Lehrerin mit einem anderen Kind in der Klasse reden. Wenn es mit der Lehrerin sprechen möchte, muß es den Finger strecken und geduldig warten, bis sie es merkt. Es darf auch nicht mit dem Finger herumfuchteln und halblaut rufen »'dame, 'dame!«

Kinder müssen ferner jederzeit darauf bedacht sein, *»se tenir comme il faut«*. Das heißt, sie müssen gerade sitzen und ihre Hände auf der Bank haben. Sie dürfen sich nicht in den Bänken räkeln. Wenn sie stehen, müssen sie gerade auf beiden Beinen stehen, ohne sich an die vordere Bank zu lehnen.

Auch auf eine andere Tugend wird großer Wert gelegt, auf Sauberkeit. Die Kinder haben bereits gelernt zu spielen, ohne sich schmutzig zu machen; jetzt müssen sie lernen, sauber zu arbeiten. Sie dürfen keine Tintenflecken auf Hände, Kleider oder Bücher machen. In den Heften dürfen keine Tintenkleckse oder Schmutzflecken sein. Ein Rechenheft mit richtigen Lösungen wird nicht abgenommen, wenn die Aufgaben nicht auch sauber geschrieben sind. Fingerabdrücke oder unsorgfältiges Schreiben sind eine fast ebenso ernsthafte Verfehlung wie eine falsche Antwort.

Die Lehrerinnen versuchen, bei den Kindern große körperliche Reinlichkeit zu erreichen, aber unkontrollierbare häusliche Verhältnisse machen ihre Anstrengungen oft zunichte. Wenn ein Kind immer schmutzig ist, versuchen sie alles, um ihm Reinlichkeit beizubringen, achten aber dabei darauf, die Eltern nicht zu kritisieren. Nur wenn der Schmutz die Gesundheit der anderen Kinder gefährdet, werden sie bei den Eltern vorstellig. Wenn ein Kind krank ist, wird es natürlich sofort nach Hause geschickt. Aber Husten und Schnupfen werden als normale Begleiterscheinungen des Winters angesehen.

Den Kindern wird klargemacht, daß unnötiger Mut keine Tugend ist. Gefahren soll man sich nur aussetzen, wenn es unvermeidlich ist. Die Lehrerinnen legen großen Wert auf diesen Punkt, nicht nur, weil er im Lehrplan vorgesehen ist, sondern weil sie sich für die Sicherheit der Kinder in der Schule verantwortlich fühlen. Sie setzen die Sicherheitsvorschriften mit allem Nachdruck durch. Die Kinder dürfen nicht auf Mauern klettern oder von hohen Bänken springen. Sie dürfen keine Messer mit in die Schule bringen. Sie dürfen keine anderen Kinder gefährden. Wilde Spiele sind verboten. Wenn zwei Kinder sich zu prügeln beginnen, werden sie getrennt, und beide werden bestraft, gleichgültig, wer den Streit angefangen hat, und gleichgültig, wer »im Recht war«. Man duldet zwar uneingeschränkt verbale Beschimpfungen, aber physische Aggression ist tabu.

Wird ein Kind verletzt, so versucht es, seinen Schmerz zu verbergen. Eines Nachmittags, während der Pause, sprang Jules Marchal von einer Mauer und verletzte sich den Arm. Alle drängten sich um ihn, zeigten aber wenig Mitleid, obwohl Jules offensichtlich starke Schmerzen hatte. Der Vorfall wurde gewissermaßen dazu benutzt, den Kindern klarzumachen, daß sie sich leicht verletzen können, wenn sie die Vorschriften nicht befolgen. Um der Kritik der Lehrerinnen und der Kinder zu entgehen, behauptete Jules, er habe sich nicht sonderlich wehgetan. Er lachte und fing wieder an zu spielen, aber sein Gesicht war weiß, und er war unsicher auf den Beinen. Er blieb den Rest des Nachmittags in der Schule, und erst am Abend, als seine Eltern ihn zum Arzt brachten, entdeckte man, daß sein Arm gebrochen war. Ein Kind, das in eine solche Lage gerät, lernt, seine Gefühle zu verbergen. Wenn es sie äußert, wird es nur getadelt. Ich will damit nicht sagen, Madame Vernet habe in diesem Fall kein Mitleid für Jules empfunden. Ihr Mitleid war einfach dem Wunsch untergeordnet, die Wiederholung eines solchen Unfalles zu vermeiden und sich selber von der Verantwortung zu entlasten.

Das allerschlimmste Vergehen für ein Schulkind ist Unehrlichkeit, Unehrlichkeit in Form von Lügen oder Stehlen. Für diese beiden Vergehen wird ein Kind hart bestraft. Wenn erwiesen ist, daß ein Kind absichtlich und böswillig etwas genommen hat, was ihm nicht gehört, wird es noch strenger bestraft.
Aber ich erfuhr nur von sehr wenigen Fällen. Von zwei Kindern der Schule hieß es, sie seien unverbesserliche Schwindler, und sie wurden häufig bestraft. Der einzige aufsehenerregende Fall, von dem ich erfuhr, war der eines der jüngsten Mädchen, dessen Vater eines Tages in die Schule kam und Madame Girard erzählte, sie hätte ihm vierzig Francs aus seinem Portemonnaie genommen. Auf Befragen stritt sie es ab. Der Vater ging darauf zu Monsieur Reynard in den Laden und fragte, ob sie da gewesen sei. Monsieur Reynard sagte, sie wäre am Morgen bei ihm gewesen und hätte für vierzig Francs Kaugummi gekauft. Dieses Mädchen bekam in der Schule die strengste Strafe, die in diesem Jahr verhängt wurde. Zweifellos wurde sie zu Hause noch strenger bestraft.
Dieses Beispiel der Zusammenarbeit zwischen Familie und Schule ist typisch für das Gewicht, das auf das Erlernen der gesellschaftlichen Verhaltensregeln gelegt wird. Die Eltern begrüßen die Mitarbeit der Lehrerinnen und beklagen sich nur, wenn diese nicht streng genug sind. Im allgemeinen sagen sie, die Lehrerinnen hätten mit der Erziehung der Kinder mehr Erfolg als sie selbst. Die Zeiten haben sich geändert, sagen sie. Als *sie* noch Kinder waren, hatten sie Angst vor ihren Eltern und wagten nicht, sie zu erzürnen. Heutzutage, sagen sie, sind die Kinder unhöflich. Sie gehorchen ihren Eltern nicht und beleidigen sie ungestraft. Nur die Lehrer verschaffen sich noch Respekt.
Einem Amerikaner jedoch erscheinen die Kinder von Peyrane unglaublich wohlerzogen. Sie sind höflich, fügsam, freundlich, hilfsbereit und respektvoll. Sie scheinen nicht besonders mutig zu sein, aber dafür gibt es auch keine böswilligen Zerstörungen fremden Eigentums durch Kinderbanden. Sie haben böse Zungen gegenüber Gleichaltrigen, aber sie sind freundlich und geduldig mit Kleineren. Vor allem haben sie ein Gefühl für Würde und Haltung. Ungeachtet der Klagen der Eltern scheinen die Kinder von Peyrane die ihnen auferlegte soziale Verpflichtung zu akzeptieren. Die Lehrerinnen müssen selten eine ernsthafte Verfehlung bestrafen. Ihr größtes Anliegen ist es, Höflichkeit und Reinlichkeit zu erreichen und Unruhe und Dazwischenreden zu unterbinden.

In den Anordnungen des Erziehungsministeriums ist die körperliche Züchtigung der Kinder ausdrücklich verboten. Dies steht nicht im Widerspruch zu dem Verhalten der Lehrerinnen und auch der Eltern in Peyrane, denn sie finden Prügeln weder erstrebenswert noch wirkungsvoll. Wenn Madame Girard am Ende ihrer Geduld ist, gibt sie zwar einem Kind einen Klaps auf den Hintern oder zieht es an den Haaren oder am Ohr, aber die eigentliche Strafe kommt dann erst noch.

Man bemüht sich, daß die Strafe der Verfehlung angemessen ist. Wenn ein Kind seine Arbeit schlecht macht, bekommt es zusätzliche Aufgaben. Wenn seine Arbeit unsorgfältig ist, muß es sie so lange wiederholen, bis sie einwandfrei ist. Das heißt, daß es außerhalb der normalen Schulzeit arbeiten muß – während der Pause, nach der Schule oder am Donnerstag, dem schulfreien Tag. Ein Kind kann auch sonntags in die Wohnung einer Lehrerin bestellt werden, um dort seine Strafarbeiten zu machen. Diese Art der Bestrafung bedeutet natürlich, daß das Kind weniger Zeit zum Spielen hat und daß es zu Hause die von ihm erwarteten Arbeiten nicht verrichten kann. Dies hat zur Folge, daß es zu Hause noch einmal bestraft wird.

Auch die Bestrafung für Unruhe in der Klasse ist angemessen. Als ich eines Nachmittags in die Schule kam, sah ich während der Pause nur die vierjährigen und die größeren Kinder im Schulhof. Als ich Madame Girard fragte, wo die fünf- und sechsjährigen seien, sagte sie: »Sie waren nach dem Mittagessen ungezogen, sie waren so zappelig, daß ich sie in der Pause drinnen behielt.« Ich schaute in das Klassenzimmer und sah »die Kleinen« mit gefalteten Händen in ihren Bänken sitzen. Sie hatten keine Pause, und es waren noch eineinhalb Stunden bis Schulschluß. Aber sie wußten sich zu helfen. Als sie mich sahen, sprangen sie auf und riefen alle zusammen so höflich *»Bonjour, Monsieur«*, daß Madame Girard sich erweichen ließ und sie für die restlichen paar Minuten in den Schulhof schickte. Vielleicht war auch sie froh über diese Lösung, denn es ist gegen die Vorschrift, den Kindern die Pause vorzuenthalten.

Die häufigste Strafe und offensichtlich auch die wirkungsvollste besteht darin, ein Kind zu isolieren und die übrigen gegen es auszuspielen. Es wird alles getan, damit es in den Augen der anderen lächerlich wird oder sich schuldig fühlt. Bei kleineren Verfehlungen verspottet die Lehrerin es vor der ganzen Klasse und ruft die übrigen Kinder als Zeugen für das schlechte Benehmen auf. Wenn ein Besucher anwesend ist, wird auch er als Zeuge herangezogen.

Ich wurde öfter zu diesem Richtamt ausersehen, als mir lieb war. Eine Szene, die sich einen Tag, nachdem Madame Vernet ein Diktat gegeben hatte, in ihrem Klassenzimmer abspielte, war typisch. Ich kam gerade, als sie die Hefte zurückgab.

»Ah, Monsieur, Sie kommen genau im rechten Augenblick«, sagte sie. »Sehen Sie sich nur einmal dieses Diktat von Laure Voisin an. Haben Sie schon einmal so etwas Unsorgfältiges, so Unsauberes gesehen. Sechs Fehler in drei Zeilen, und am Schluß ein Tintenklecks!«

Sie sprach mit mir, aber ihre Augen schauten nach Laure, die auf ihre Bank starrte.

»Sehen Sie nur, Monsieur«, fuhr sie fort. »Sie hat *ses* anstatt *c'est* geschrieben, so hat der Satz überhaupt keinen Sinn. Dumm! Es ist nur Dummheit – und ich dachte immer, sie sei recht intelligent.«

Sie machte eine Pause, damit ihre Äußerungen sich einprägten.

»Und auch noch faul. Sie könnte gut arbeiten, wenn sie wollte. Aber nein, sie sitzt lieber da und träumt! Wenn man bedenkt, daß sich dieses Mädchen zum *certificat primaire* melden will! Ich werde doch nicht die Schule und ihre Eltern blamieren, indem ich dies zulasse. Welcher Kandidat könnte durchkommen, der im Diktat *ses* anstatt *c'est* schreibt?«

Die anderen Kinder lachten spöttisch. Ich wäre lieber anderswo gewesen. Laure zuckte zusammen und begann zu weinen.

»So ist es richtig. Jetzt heulst Du. Als ob Dir das helfen würde. Du wirst nicht durch Heulen lernen, ein Diktat zu schreiben. Nein, Du bleibst nach der Schule hier, und wir werden das Diktat so lange üben, bis Du es richtig machst.«

Ein Kind wird auch dadurch beschämt, daß seine Arbeit, die gut sein könnte, es aber nicht ist, mit der Arbeit eines anderen Kindes verglichen wird, das besser als erwartet abgeschnitten hat. Die Klasse von Madame Druetta übte eines Tages das Einmaleins. Marie Bourgues war eine gute Schülerin, aber sie war schwach im Einmaleins.

»Wieviel ist sieben mal neun, Marie?«

»Ich weiß nicht, Madame.«

»Ah! Du weißt nicht, was sieben mal neun ist. Alle in der Klasse wissen es. Kinder, wieviel ist sieben mal neun?«

Die Klasse brüllte die Antwort.

»Siehst Du, Marie, alle in der Klasse wissen es außer Dir. Weißt Du sieben mal acht?«

». . . . .«

»Nein, natürlich weißt Du es nicht. Schämst Du Dich nicht? Sogar

Alain Jouvand weiß es, und er hat monatelang gefehlt, weil er krank war. Wieviel ist sieben mal acht, Alain?«

»Sechsundfünfzig, Madame.«

»Nun, Marie, sogar Alain weiß das, dabei ist er nicht so intelligent wie Du. Du hast nichts getan, sonst wüßtest Du es. Hast Du was getan?«

»Non, Madame.«

»Du bleibst während der Pause hier und lernst die Siebener-Reihe, und wenn Du sie nicht kannst, bleibst Du nach der Schule noch da. Hast Du mich verstanden?«

»Oui, Madame.«

Als unser Sohn Johany in Madame Girards Klasse kam und noch kaum Französisch konnte, griff sie gerne auf ihn zurück, um die anderen zu beschämen. Wenn ein Kind etwas nicht wußte, was Johany gelernt hatte, sagte sie jedesmal: »Siehst Du, sogar Johany weiß das, der vor ein paar Monaten noch gar kein Französisch konnte!« (Der Name »Johany« war Madame Girards Version von Jonathan.)

Die Schande eines Kindes wird dadurch vergrößert, daß man seine Verfehlung einem größeren Kreis preisgibt. Madame Vernet kann zum Beispiel Madame Girard in ihre Klasse rufen, damit sie sich eine besonders schlechte Leistung anhört. Ein Kind kann sogar vor dem ganzen Dorf gedemütigt werden. Alphonse Peretti lieferte eines Tages eine *copie* mit vielen Fehlern ab, unsorgfältig geschrieben und voller Flecken. Kurz danach wurde er mit anderen Kindern zum Katechismusunterricht in die Kirche geschickt. Da die Kirche oben auf dem Hügel liegt und die Schule ganz unten, müssen die Kinder durch das ganze Dorf gehen, um zur Kirche zu kommen. Bevor Alphonse die Schule verließ, heftete Madame Vernet die *copie* auf seinen Rücken, damit sein Vergehen die Aufmerksamkeit und den Spott aller errege, die ihm auf der Straße begegneten. Sie konnte sich darauf verlassen, daß die Dorfbewohner dabei mitmachten.

Das kleine Mädchen, das, um sich Kaugummi zu kaufen, vierzig Francs aus ihres Vaters Portemonnaie genommen hatte, wurde dadurch bestraft, daß man ihr ein großes Schild mit der Aufschrift *»voleuse«* auf den Rücken heftete. Während der Pause mußte sie im Schulhof im Kreis herumgehen, während die anderen Kinder hinter ihr herliefen, sie verspotteten und »Diebin, Diebin!« riefen. Dies war die schlimmste Demütigung, die ich erlebt habe.

Für geringere Vergehen wird ein Kind meist *au piquet* gestellt, eine Bestrafung, bei der es eine unangenehme Stellung einnehmen muß, wodurch es sich ein wenig lächerlich macht. Das Kind muß einige Zentimeter vor der vorderen Wand des Klassenzimmers niederknien, die Stirn gegen die Wand lehnen und die Hände auf dem Kopf falten. Die Kinder finden *piquet* schlimmer, wenn sie dabei nicht knien, sondern stehen müssen. Um die Verspottung und Demütigung zu steigern, läßt die Lehrerin den Schuldigen während der viertelstündigen Pause auf dem Schulhof mit den Händen auf dem Kopf in einem engen Kreis herumgehen. Man sieht häufig während der Pause sechs bis acht Kinder mit den Händen auf dem Kopf im Kreis herumgehen und stoisch die Sticheleien der anderen Kinder über sich ergehen lassen.

Vor allem die Vier-, Fünf- und Sechsjährigen werden auf diese Weise bestraft. Das Vorherrschen dieser Art der Bestrafung in Madame Girards Klasse kann bis zu einem gewissen Grad der Persönlichkeit Madame Girards zugeschrieben werden, aber es mag auch darauf zurückzuführen sein, daß die jüngeren Kinder von Natur aus unruhiger und weniger diszipliniert sind als die älteren in den Klassen von Madame Vernet und Madame Druetta. Die Kinder in höheren Klassen haben die Disziplin, die man von ihnen verlangt, schon besser gelernt.

Wenn aber ein älteres Kind in schlechtes Benehmen zurückfällt, wie es für kleinere Kinder typisch ist, wird es zur Demütigung so bestraft, als wäre es noch ein kleines Kind. Eines Tages hörten in Madame Vernets Klasse Odette und Alphonse Peretti nicht auf, miteinander zu schwätzen. Madame Vernet tadelte sie mehrmals, aber sie hörten nicht auf. Schließlich sagte sie ihnen, sie benähmen sich wie kleine Kinder, und schickte sie in Madame Girards Klasse, wo sie neben den fünfjährigen Léon Pascal *au piquet* gestellt wurden.

Ein Kind, das bestraft wird, kann von niemandem Mitleid erwarten. Weder Tränen noch ein verzweifeltes Gesicht erwecken Sympathie. Im Gegenteil, Tränen können einen neuen Schwall sarkastischer Bemerkungen der Lehrerin und Sticheleien der Kinder auslösen. Der Schuldige erweckt kein Mitleid, wenn er gerechterweise bestraft wurde. Auch die Eltern haben diese Einstellung, außer wenn ein Kind, wie ich es erlebt habe, nachweisen kann, daß der Lehrer es zu Unrecht beschuldigt oder diskriminiert hat. Wenn die Bestrafung berechtigt ist, steht das Kind völlig allein. Es kann nur Trost in sich selbst finden.

Außerhalb der Schule und wenn sie von Erwachsenen nicht beaufsichtigt sind, scheinen die Kinder als Gruppe auf die Einhaltung der gesellschaftlichen Regeln zu achten. Joseph Mariano, der schon mehrmals erwähnt wurde, will sich in keinem Punkt den Regeln fügen und wird infolgedessen in der Schule am häufigsten bestraft. Außerhalb der Schule, wenn die Kinder auf der Straße spielen, fahren sie fort, Joseph Mariano zu verspotten und ihn, wie die Lehrerin in der Schule, zu isolieren.

Den Kindern bereitet es offensichtlich Vergnügen, sich ein einzelnes Kind vorzunehmen und es zu verspotten, auch wenn sein Benehmen nur geringfügig von der Norm abweicht. Ein Kind, das seine laufende Nase nicht putzt, wird von seinen Spielgefährten mit *»Uuuuuuuuu, Uuuuuuuu, Uuuuuuuu, la chandelle, la chandelle!«* ausgelacht, wobei sie Zeigefinger und Mittelfinger krümmen, um seine laufende Nase nachzumachen. (*La chandelle* heißt Kerze. Die Nase des Kindes tropft wie eine Kerze.)

Wenn eine Lehrerin gezwungen ist, vorübergehend das Klassenzimmer zu verlassen, bestimmt sie oft ein Kind zur Aufsicht über die Klasse. Bei ihrer Rückkehr gibt der Aufpasser einen genauen Bericht, und sie bestraft die Schuldigen unverzüglich. Die anderen Kinder, sogar die Schuldigen, akzeptieren dieses Vorgehen und scheinen keine Ressentiments gegen den Aufpasser zu hegen. Verpetzt aber ein Kind von sich aus einen Kameraden, so wird dies von den anderen Kindern mißbilligt. Eine der schlimmsten Beleidigungen unter Kindern, wenn sie sich streiten, ist *mouchard* (Angeber). Auch die Lehrerin mißbilligt die Angeber aus Prinzip, auch weil sie dadurch manchmal gezwungen wird, ein schlechtes Betragen zu bestrafen, das sie lieber ignorieren würde. Der eigenmächtige Angeber, der als Dank nur scharfe Worte der Lehrerin einheimst, macht die Erfahrung, daß er sich besser nicht mit den Vertretern der Autorität anlegt.

Das Kind, das von der Lehrerin den Auftrag erhält, während ihrer Abwesenheit aufzupassen, ist meistens ein Liebling der Lehrerin. Die Lehrerinnen behaupten zwar, daß sie kein Kind vorziehen, aber die Kinder und deren Eltern, mit denen ich sprach, waren erstaunt, daß ich überhaupt fragte, ob die Lehrerinnen Lieblinge hätten. Sie sagten, die Lehrerinnen hätten natürlich Lieblinge. Lehrer haben immer Lieblinge. Sie haben natürlich Sympathien und Antipathien wie jedermann. Es wäre töricht anzunehmen, daß Lehrer alle Kinder gleich behandeln.

Da es unvermeidlich scheint, daß einige Kinder vorgezogen werden, hegt man kaum Ressentiments gegen diese Lieblinge. Solange die Lehrerin gerecht und unparteiisch straft, hat niemand etwas dagegen, daß sie einige Schüler bevorzugt. Bevorzugung gehört nicht unbedingt in das System von Strafe und Belohnung, und Tugend und Gerechtigkeit müssen dabei nicht unbedingt der Beweggrund sein. Sie wird oft einfach auf der Basis einer undefinierbaren und mysteriösen persönlichen Vorliebe gewährt. Die anderen Kinder schließen sich der Vorliebe der Lehrerin sogar an, anstatt gegen das bevorzugte Kind Vorurteile zu hegen.

Unser Sohn Johany wurde in der Schule in ungewöhnlichem Maße bevorzugt. Wir baten die Lehrerinnen, ihn wie alle Kinder zu behandeln, aber wir erreichten nichts. Er durfte in der Schule herumlaufen, soviel er wollte. Wenn er sich in Madame Girards Klasse langweilte, ging er in Madame Vernets Klassenzimmer und setzte sich neben Odette Peretti, ein größeres Mädchen, von dem er sich in der Schule bemuttern ließ. Madame Vernet erlaubte ihr, ihre Arbeit zu unterbrechen, »um Johany zu unterhalten«. Madame Girard ließ ihn gewöhnlich auf die anderen Kinder aufpassen, wenn sie nicht im Zimmer war. Die anderen Kinder taten, was sie konnten, um ihn noch mehr zu verwöhnen. Sie ließen ihn auf ihren Plätzen in der vorderen Reihe sitzen. Sie brachten ihm Kaugummi und Süßigkeiten. Die größeren Jungen ließen ihn mitspielen und behandelten ihn sehr freundlich. Die größeren Mädchen bemutterten und hätschelten ihn, so oft er es sich gefallen ließ.

Dieser Fall von Bevorzugung war natürlich außergewöhnlich. Kein Kind von Peyrane konnte jemals eine solche Behandlung erhoffen. Johany stand außerhalb des Systems, für ihn galten die Regeln nicht. Da man wußte, daß er nicht in Peyrane bleiben würde, war es nicht notwendig, ihn in die Norm zu zwingen. Die Lehrerinnen fühlten keine Verantwortung für Johany als künftigen Bürger des Dorfes. Die Kinder sahen in ihm keinen Rivalen, ihre Eltern in seiner Disziplinlosigkeit keine Verletzung ihrer Familienwürde. Sie alle fühlten, daß sie ohne Gewissensbisse und ohne kritisiert zu werden ihrer starken, meist jedoch unterdrückten Neigung nachgeben konnten, kleine Kinder zu verwöhnen.

Dieses Gefühl wurde dadurch bestärkt, daß sie Johany als Gast in Peyrane betrachteten. Die Bewohner billigten ihm deshalb Privilegien zu, die sie sich selber verweigerten. Er war als amerikanisches Kind ein ausländischer Gast, dem man ungewöhnliches Interesse entgegenbrachte. Schließlich weckte er als fremdes Kind den missionarischen Eifer der Lehrerinnen. Wenn ich mich bei Madame Vernet über die bevorzugte Behandlung unseres Sohnes beklagte, sagte sie stets:

»Oh, Monsieur, er ist doch nur ein paar Monate bei uns. Das ist sehr kurz, um ihm Französisch beizubringen. Wenn er sich in der Schule nicht amüsiert, kommt er vielleicht gar nicht mehr. Wir aber möchten, daß er Frankreich liebt und es in guter Erinnerung behält.«

Johany war also ein ganz besonderer Fall. Wir konnten trotz großer Anstrengung nicht erreichen, daß er sich in das normale Erziehungssystem der Schule einfügte. Um dahin zu gelangen, hätten wir uns in Peyrane endgültig niederlassen müssen.

Kinder, die nicht die Lieblinge sind, erwerben sich die Anerkennung und die Gunst der Lehrerin durch Leistungen, für die sie nach dem allgemeinen Belohnungssystem, dem sogenannten *système des bons points*, ausgezeichnet werden. Ein *bon point* ist meist ein kleiner Farbdruck von einer Blume, einem Tier, einer ländlichen Tracht und dergleichen – von der Art der *images d'Epinal.* Schokoladenfabriken packen oft solche Drucke als Zugabe mit ein. Sie werden als ganze Serien gedruckt, die die Kinder sammeln und in ein Album kleben. Die Lehrerinnen können diese Drucke zu Großhandelspreisen von einer *imagerie* beziehen, einer für diese Bilder spezialisierten Druckerei.

Für jede gute Leistung bekommt ein Kind nach diesem Belohnungssystem einen *bon point.* Es sammelt seine *bons points*, und wenn es zwanzig hat, bekommt es noch eine besondere Belohnung. Kleinere Kinder bekommen als Belohnung meist ein Bonbon, die größeren aber belohnt man etwas »vernünftiger«. Sie dürfen auf der Kirchturmuhr nachschauen, wieviel Uhr es ist, einer anderen Lehrerin eine Nachricht bringen oder die Hefte für den Tag austeilen. Ihr Name wird in ein Notizbuch geschrieben, in dem Madame Girard besondere Verdienste notiert. In Madame Vernets Klasse wird der Name des ausgezeichneten Kindes in die wöchentliche Ehrentafel eingetragen, die aushängt.

Die Lehrerinnen meinen, daß das *système des bons points* die Kinder dazu anrege, ihre Kameraden in Fleiß und Betragen zu übertreffen. Aber für einen Beobachter scheint es zwei Belohnungen zu geben, die die Kinder noch stärker dazu anregen, den hohen intellektuellen und sozialen Standard zu erreichen, den man von ihnen erwartet.

Ein außergewöhnlich intelligentes und ehrgeiziges Kind fühlt sich dadurch belohnt, daß es stolz sein kann. Man erwartet von ihm höhere Leistungen, und die Lehrerin widmet ihm mehr Zeit und Mühe. Sie ist aber keineswegs freundlicher zu ihm, und sie lobt es nicht mehr als die anderen, denn ihre Erwartungen sind immer etwas höher als die tatsächlichen Leistungen. Das Kind hat keine Vorteile, es muß sogar mehr lernen als die anderen, weil man mehr von ihm erwartet. Es wird allein in eine Bank gesetzt. Die Lehrerinnen, seine Eltern und die

Schulkameraden sagen ihm, es sei intelligenter als die anderen, und laden ihm täglich mehr Verantwortung auf. Die Familie hat beschlossen, daß es fortgeschickt werden soll, wenn es die Erwartungen erfüllt, um ein Gewerbe zu erlernen, zu studieren oder Staatsbeamter zu werden. Um dieses Ziel zu erreichen, muß die Familie finanzielle Opfer bringen, auf die das Kind deutlich hingewiesen wird. Es kann die auf ihm lastende Verantwortung nicht abschütteln, und Lehrerin und Eltern erinnern es ständig daran. Dieser Druck ist ein großer Ansporn, um in der Schule das Beste zu leisten.

Den anderen Kindern fehlt natürlich diese Art von Ansporn völlig. Sie haben keine höheren Ambitionen. Das Durchschnittskind weiß, daß es nicht überdurchschnittlich intelligent ist; die Lehrerinnen und die Eltern haben ihm das oft genug gesagt. Es würde nicht daran denken, den begabteren Schüler zu beneiden, weil es nicht *raisonnable* wäre, Ambitionen zu hegen, die nicht verwirklicht werden können. Andererseits weiß es, daß es nicht dumm ist und daß es im Leben zurechtkommen wird.

Jacques Leporatti war ein durchschnittlicher Schüler, gerade intelligent genug, um mit großer Anstrengung das Abgangszeugnis zu bekommen. Als ich fragte, warum er so fleißig lerne, antwortete er prompt und offenherzig:

»*Pour qu'on me laisse tranquille!*« (»Damit man mich in Ruhe läßt!«).

Für Jacques und die meisten Kinder in der Schule ist die wichtigste Belohnung für gutes Betragen und fleißige Arbeit, daß sie selber und ihre Familien sich *nicht* zu schämen brauchen, daß sie *nicht* bestraft werden und daß sie *keine* vermeidbaren Verantwortungen aufgebürdet bekommen. Sie wissen, daß man sie in Ruhe läßt, wenn ihre Leistung zufriedenstellend ist, so daß sie sich des täglichen Lebens ohne wesentliche autoritäre Einmischung erfreuen können. Diese Beweggründe mögen etwas negativ und undynamisch sein, aber das durchschnittliche Kind ist so zufrieden.

Die besten Schüler, wie Georges Vincent, verlassen Peyrane, wenn sie zwölf Jahre alt sind, um sich an einer höheren Schule in irgendeiner Stadt weiterzubilden. Die schlechten Schüler, wie Jacqueline Favre, gehen an ihrem vierzehnten Geburtstag ohne Formalitäten von der Schule ab. Aber wenn ein Kind intelligent genug ist und wenn es bereit ist, hart zu arbeiten, wird es für das *certificat d'études primaires* vorbereitet. Dieses Zertifikat, das eingerahmt in der *salle* (der Wohnküche) aufgehängt wird, bringt der Familie Ehre ein und bleibt für das Kind sein Leben lang eine Quelle des Stolzes. Das Zertifikat bringt auch praktische Vorteile, denn es ist der zumindest erforderliche Bildungsnachweis für jede Anstellung beim Staat und für viele andere Berufe. Ein vierzehnjähriges Kind ist vielleicht gar nicht an einer Arbeit interessiert, für die man dieses Zertifikat benötigt, aber wer weiß? Vielleicht will es eines Tages Briefträger werden. Wenn auch das Zeugnis nur mit besonders harter Arbeit erlangt werden kann, ist es doch gut, man bemüht sich darum, um für die Zukunft gewappnet zu sein.

Für Madame Vernet als Lehrerin ist die Prüfung für das Abschlußzeugnis das wichtigste Ereignis des Jahres. Die Dorfbewohner, und bis zu einem gewissen Grade auch ihre Kollegen und Vorgesetzten, beurteilen ihre Fähigkeit als Lehrerin nach den Leistungen ihrer Kandidaten im Examen. Dieses findet in dem zehn Kilometer von Peyrane entfernt liegenden Gordes, dem *chef-lieu* des Bezirks statt. Es wird von Monsieur Valentini, dem Oberinspektor der Volksschulen, mit Unterstützung von Volksschullehrern aus anderen Bezirken abgenommen. Die Kandidaten von Peyrane stehen im Wettbewerb mit den Kandidaten aller anderen Volksschulen des Bezirks, und ihre Arbeiten werden von Sachverständigen beurteilt, die aus anderen Bezirken kommen. Die ganze Angelegenheit steht nicht unter der Kontrolle der örtlichen Lehrer. Ob die Kandidaten Madame Vernet Schande bereiten oder ihr Ehre einbringen, liegt nur an ihnen selbst.

Deshalb muß Madame Vernet, wie jeder Lehrer einer Abschlußklasse, die Schüler für die Prüfung sorgfältig auswählen. Ein Schüler muß nicht unbedingt von ihr zum Zertifikat vorgeschlagen werden, er kann sich selbst als Kandidat bewerben. Aber wenn Madame Vernet glaubt, daß er sich und ihr im Examen Schande bereiten wird, ist es unwahrscheinlich, daß er gegen ihren Willen darauf besteht.

Im Frühjahr 1951 wählte Madame Vernet drei erfolgversprechende Schüler aus, Jules Marchal, Félix Raboul und Jacques Leporatti. Laure Voisin wollte auch ins Examen gehen, und obwohl Madame Vernet ihr sagte, daß sie keine Chancen habe, es zu bestehen, war Laure nicht davon abzubringen. Madame Vernet ließ sie murrend als Kandidatin zu. Sie blieb dabei, daß es hoffnungslos sei, half ihr aber doch, so gut sie konnte.

Das Examen sollte Ende Mai stattfinden, und Madame Vernet widmete im April und Mai ihre meiste Zeit und Kraft der Betreuung ihrer drei Kandidaten und Laure Voisins. Sie bekamen zusätzlichen Unterricht. Jules und Jacques kamen nicht mehr in meine Englisch-Stunden.

Die Gruppe blieb fast täglich nach vier Uhr noch eine Stunde oder länger in der Schule. Sie gingen außerdem donnerstags und sonntags zu Madame Vernet nach Hause. Daheim wurden sie von allen Arbeiten befreit, um ihre ganze Zeit dem Lernen widmen zu können.
Die Form des Examens ist vom Erziehungsministerium genau festgelegt. Es besteht aus vier Stunden schriftlicher Prüfung morgens und zwei Stunden mündlicher Prüfung nachmittags. Die Fächer und die Bewertungen sind folgende:

SCHRIFTLICHE PRÜFUNG

Fach	*Erforderliche Punktzahl, um es zu bestehen*
I. Diktat, gefolgt von Fragen über: 1. Allgemeines Verständnis des Textes 2. Grammatik 3. Erklärung schwieriger Wörter	10 von möglichen 20
II. Mathematik 1. Geometrie 2. Rechnen 3. Dezimalsystem	10 von 20
III. Aufsatz 1. Ein gestelltes Thema 2. Ein freies Thema	5 von 10 für Aufsatz 2 1/2 von 5 für Schönschreiben

MÜNDLICHE PRÜFUNG

Fach		*Erforderliche Punktzahl, um es zu bestehen*
I. Geographie	2 1/2 von 5	Der Kandidat muß in dieser Gruppe mindestens 10 Punkte insgesamt haben
II. Geschichte	2 1/2 von 5	
III. Naturwissenschaften	5 von 10	
IV. Kopfrechnen		Es werden keine Punkte gegeben, es muß ausreichend sein
V. Zeichnen (für Jungen) Nähen (für Mädchen)		
VI. Vorlesen, Rezitieren oder Singen		

Um das Examen zu bestehen, muß ein Kandidat insgesamt mindestens vierzig Punkte aufweisen, er kann in einem Fach weniger Punkte haben und mit einem anderen ausgleichen, vorausgesetzt, daß er in jedem Fach die Mindestpunktzahl erreicht. Die Prüfer haben das Recht, von diesen Vorschriften abzuweichen, und können in besonderen Fällen eine andere Entscheidung treffen, aber solche Ausnahmen werden selten gemacht. Alle Leute, die ich über das Examen befragte – Lehrer, Eltern und Kinder –, waren der Ansicht, daß die Prüfungen schwer und die Prüfer streng, aber gerecht seien. Man sollte keine Ausnahme machen; ein Kind, das durchfällt, hat nicht verdient, das Examen zu bestehen.

Madame Vernet kennt natürlich die Fragen, die im Examen gestellt werden, nicht genau, aber aus ihrer Erfahrung als Lehrerin und Prüferin (sie nimmt in anderen Bezirken Examen ab) kennt sie die Art der Fragen, die meistens gestellt werden. Sie kennt die üblichen Fehler. Sie weiß, über welche Fehler stillschweigend hinweggegangen wird und welche für den Kandidaten katastrophal sind. Sie weiß zum Beispiel, daß in einem Diktat *ses* anstatt *c'est* »Durchfallen« bedeuten kann, während andere Fehler nicht einmal angerechnet werden. Sie kennt auch noch andere Eigenheiten. Sie weiß, daß ein Schüler, der sehr gut im Rechnen, aber schwach im Aufsatz ist, mehr Chancen hat durchzukommen als umgekehrt, denn im Rechnen kann man eine eindeutige Note geben, nicht aber im Aufsatz. Sie weiß, daß ein Kind, das in Französisch und Mathematik gute Arbeiten geschrieben hat, fast nie durchfällt, ungeachtet seiner Leistungen im Mündlichen.

Dies alles berücksichtigt Madame Vernet, wenn sie ihre Kandidaten die letzten Wochen vor dem Examen drillt. Jedes Kind hat seine besonderen Schwächen, manche davon sind unwichtig, andere hingegen besonders gefährdend. Wenn ein Kind in einem schwachen Fach nicht besser wird, muß es in seinen starken Fächern gedrillt werden, damit es darin genug Punkte sammeln kann, um seine Schwächen aufzuwiegen.

Am Prüfungstag verließen um sieben Uhr morgens zwei vollbesetzte Wagen Peyrane und fuhren die kleine Straße hinunter nach Gordes. Jules Marchal fuhr mit seinen Eltern in deren Renault aus dem Jahre 1923. Ich hatte in meinem Wagen Madame Vernet, Jacques Leporatti, Laure Voisin und ihre Mutter. Wenige Kilometer hinter Peyrane hielten wir an und nahmen die Familie Raboul mit, die Félix begleitete. Ich wunderte mich, daß so viele Eltern es auf sich nahmen, ihre Kinder zum Examen zu begleiten, denn in den meisten Fällen bedeutete es ein erhebliches finanzielles Opfer, einen Tag nicht zu arbeiten. Doch von den Eltern unserer vier Kandidaten blieben nur die ärmsten, die Leporattis, zu Hause. Als ich Monsieur Marchal fragte, warum so viele Eltern mitkämen, sagte er:

»*Qu'est-ce que vous voulez?* Jules bat uns, mitzukommen. Er sagte, er würde sich sicherer fühlen, wenn wir dabei wären. Wenn ich zu Hause geblieben wäre, hätte ich vor lauter Aufregung doch nicht arbeiten können.«

Die Bewährungsprobe des Kindes ist zugleich die Bewährungsprobe der Familie. Jedes Kind weiß das. Es trägt die Last der Familienehre auf seinen Schultern.

Als wir anhielten, um die Rabouls mitzunehmen, verteilten wir uns anders in den Wagen; alle Eltern nahmen in Monsieur Marchals Wagen Platz, die vier Kandidaten und Madame Vernet in meinem. Sie wollte die letzten Minuten mit ihnen zusammensein, um noch einmal alles durchzugehen. Während der Fahrt sprach sie mit jedem Kind, warnte es vor seinen üblichen Fehlern und stellte allen Fragen, von denen sie überzeugt war, daß sie in der Prüfung gestellt würden.

Als wir in Gordes ankamen, war die *place* voller Autos, und der Schulhof wimmelte von Eltern, Lehrern und Schülern, die gefaßt in kleinen Gruppen zusammenstanden, zu erregt, um eine normale Unterhaltung aufkommen zu lassen. Um acht Uhr klatschte Monsieur Valentini in die Hände, und die Kandidaten und Prüfer gingen in die Klassenzimmer. Die Eltern verließen den Schulhof. Die Mütter setzten sich in kleinen Gruppen auf die Treppenstufen der *place* und zogen ihre Handarbeiten heraus. Manche Väter benutzten die Gelegenheit, in Gordes Geschäfte zu erledigen; andere gingen ins Café. Die Lehrer und Lehrerinnen, die nicht als Prüfer fungierten, blieben im Schulhof und unterhielten sich in kleinen Gruppen.

Kurz vor zehn Uhr waren alle Eltern wieder im Schulhof und warteten auf die Kinder, die fünfzehn Minuten Pause hatten. Die Glocke läutete, und sie kamen heraus und blinzelten in der Morgensonne. Die Mütter gaben ihnen Brot und Schokolade, und Madame Vernet versammelte die Kinder um sich, um von ihnen zu hören, was sie gefragt worden waren und wie sie geantwortet hatten. Sie versuchte, die Leistung jedes Kindes einzuschätzen, um ihm eine Vorstellung zu geben, ob es für einen sicheren Vorsprung genug Punkte hatte oder ob es vermutlich so schlecht abgeschnitten hatte, daß es sich für den Rest der

Prüfung besonders anstrengen müßte. Bevor die Kinder wieder zur Prüfung gingen, erinnerte sie sie an verfängliche Fragen, die noch gestellt werden könnten.

Um zwölf Uhr kamen die Eltern zurück, um ihre Kinder zu einem Picknick abzuholen; sie sollten sich ausruhen, bis um zwei Uhr das mündliche Examen begann. Ich ging mit den Lehrern und den Prüfern zum Mittagessen, das in der Dorfwirtschaft vorbereitet war. Monsieur Valentini kam nicht mit uns. Als ich einen der Lehrer fragte, warum sie nicht gemeinsam äßen, sagte er:

»Wir mögen uns gerne, aber seine Gegenwart macht uns befangen.«

Die Situation beim Mittagessen war nicht ganz angenehm, weil die Prüfer und Lehrer der Kandidaten durcheinander saßen. Während des Essens wurde gescherzt und Berufsklatsch erzählt, aber manche Lehrer unterhielten sich auch ernsthaft mit den Prüfern, die neben ihnen saßen. Vor dem Essen hatte sich Madame Vernet dafür entschuldigt, daß sie sich nicht neben mich setzen könne, denn sie wolle die Gelegenheit benutzen, mit einer Freundin zu sprechen. Später erklärte sie mir, ihre Freundin sei Lehrerin in einem benachbarten Bezirk und fungiere hier als Prüferin. In der folgenden Woche sollte Madame Vernet in jenem Bezirk prüfen. Während des Essens hatte sie versucht herauszufinden, wie die Kandidaten von Peyrane abgeschnitten hatten, aber sie wollte nicht zu indiskret fragen, denn sie wußte, daß in der nächsten Woche die Rollen vertauscht sein würden.

Um zwei Uhr versammelten sich alle wieder im Schulhof, und das mündliche Examen begann. Um vier Uhr waren alle schriftlichen Prüfungsarbeiten zensiert und die mündliche Prüfung beendet. Eltern, Kinder und Lehrer warteten nervös im Hof, während Monsieur Valentini noch mit den Prüfern konferierte. Endlich erschien er mit den Zeugnissen der erfolgreichen Kandidaten unterm Arm, alle von ihm unterschrieben. Er stand in der Mitte des Schulhofs und rief jeden mit Namen auf. Die Kinder traten einzeln vor und nahmen ihr Zeugnis in Empfang. Es gab keinen Beifall, keine Glückwünsche und kein Händeschütteln, ich konnte die erfolgreichen Kandidaten und ihre Familien nur an dem Lächeln auf ihren Gesichtern erkennen.

Es lag auch ein Lächeln auf den Gesichtern der Kinder, die durchgefallen waren, aber es war ein eingefrorenes Lächeln, das die Tränen in ihren Augen nicht verbergen konnte. Von den Peyraner Kandidaten war nur Laure Voisin durchgefallen, genau wie es Madame Vernet ein paar Wochen zuvor vorausgesagt hatte. Madame Vernet stand bei

Laure; aber weder sie noch sonst jemand machte den Versuch, sie zu trösten. Als ich zu ihr hinüber ging, ihr auf die Schultern klopfte und versuchte, ihr ein paar tröstliche Worte zu sagen, sah sie mich so verwirrt an, daß ich verlegen wurde und sie mit ihrer Enttäuschung alleine ließ.

Auf dem Heimweg waren Madame Vernet, Jacques Leporatti, Madame Voisin und Laure in meinem Wagen. Madame Vernet und Jacques sprachen kaum ein Wort. Madame Voisin hingegen sprach fast die ganze Zeit. Ihre Augen waren voller Tränen wie die Laures, und sie war ebenso enttäuscht. Aber ihre Erregung wandte sich gegen ihre Tochter. Laure sei nur durchgefallen, sagte Madame Voisin, weil sie nicht genug gearbeitet habe. Immer wenn ihre Eltern versucht hätten, sie zum Lernen anzuhalten, sei sie hinten im Café ihres Vaters an einem Tisch verträumt mit Jacqueline Favre sitzen geblieben oder hätte mit den größeren Jungen Tischfußball gespielt. Es war also nicht die Schuld ihrer Eltern. Und es war auch nicht die Schuld Madame Vernets, die sicher alles getan hatte, um Laure davon abzuhalten, sich zu blamieren. Es war Laures Schuld, und sie hatte es so verdient. Schlimm war nur, daß sie durch ihre Faulheit Schande über ihre Eltern gebracht hatte. Laure machte keinen Versuch, ihrer Mutter etwas zu entgegnen.

Der Monat Juni ist einer der geschäftigsten Monate im Dorf und auf den Bauernhöfen. Die Kinder, die die Abschlußprüfung bestanden haben, könnten jetzt, da sie mit der Schule fertig sind, zu Hause nützliche Arbeit tun, sie gehen jedoch weiter in die Schule bis zum Ende des Schuljahres am 14. Juli. Die harte Arbeit in der Schule ist für sie zwar beendet, aber nun naht die Preisverteilung. Die drei Lehrerinnen verbringen die meiste Zeit in der *Salle des Fêtes* und proben mit den Kindern Lieder, Rezitationen und Sketchs für die Vorstellung. Laure Voisin kam nach der Prüfung nicht mehr in die Schule, aber Jules Marchal, Jacques Leporatti und Félix Raboul waren jeden Tag da. Die Eltern waren bereit, auf ihre Hilfe im Haus zu verzichten, damit ihr Kind – ein Kind, das sein Examen bestanden hatte – sie bei der Feier der Preisverteilung würdig vertrete.

5. KAPITEL

Jugend

Die wenigen Wochen zwischen dem Abschlußexamen im Juni und dem Tag der Preisverteilung im Juli waren für Jules Marchal und Jacques Leporatti sehr angenehm. In der Schule wurde keine ernsthafte Arbeit mehr von ihnen erwartet. Zu Hause brauchten sie nur die gewohnten Arbeiten zu erledigen. Ihre Eltern verwöhnten sie, und die Leute im Dorf beglückwünschten sie. Zum ersten Mal, seit sie in die Schule gingen, standen sie nicht unter Druck.

Nur Félix Raboul machte eine Ausnahme, er konnte sein Leben nicht so sorglos genießen wie Jules und Jacques. Seine Leistungen in der Schule waren ungewöhnlich gut, und da Madame Vernet seinen Eltern versichert hatte, daß er intelligent genug wäre, um sich weiter auszubilden, war beschlossen worden, er solle Mechaniker werden. So verbrachte Félix den ganzen Juni damit, sich für das im Juli stattfindende Aufnahmeexamen der Gewerbeschule in Sorgues vorzubereiten.

Félix war in dieser Hinsicht nicht allein. Auch Georges Vincent, das einzige Kind des Restaurantbesitzers, arbeitete für das Examen. Er war dreizehn Jahre alt und hätte eigentlich noch ein Jahr in der Peyraner Schule bleiben müssen, aber wenn er die Aufnahmeprüfung bestand, konnte er sofort ohne Abgangszeugnis in die Gewerbeschule eintreten. Seine Eltern und Madame Vernet hatten ihm geraten, es zu versuchen, um schon jetzt mit der Ausbildung als Bauingenieur beginnen zu können.

Im Juli bestanden Félix und Georges ihre Aufnahmeprüfungen, und im Oktober verließen sie Peyrane. Wenn sie an der Gewerbeschule Erfolg hatten, würden sie nur noch zu Besuch nach Peyrane kommen. Ihre Arbeit würde jedes Jahr härter werden, entsprechend der schärfer werdenden Konkurrenz. Sie würden einsam sein. Durch Erfolg aber würden sie zum Stolz der Familie und könnten diese finanziell unterstützen, was die Opfer der Eltern weitgehend aufwiegen würde.

Jedes Jahr verlassen zwei oder drei der intelligentesten und ehrgeizigsten Kinder Peyrane, um sich anderswo weiter auszubilden. Die einzigen, die für immer nach Peyrane zurückkommen, sind diejenigen, welche während ihrer Ausbildung versagen; sie werden dann zu Hause mißachtet. Félix und Georges haben das Beispiel Edouard Pascals vor Augen, der für begabt galt und versagte und der jetzt nur seiner Tante in ihrem kleinen Kolonialwarenladen hilft.

Für die Kinder, die nicht intelligent oder ehrgeizig genug sind, um eine auswärtige Schule zu besuchen, wird das Leben, wenn sie vierzehn Jahre alt geworden sind, plötzlich einfacher und angenehmer. Sie sind jetzt keine Kinder mehr. Sie sind junge Leute, und in Peyrane erwartet man nur zwei Dinge von jungen Leuten: daß sie ihren Lebensunterhalt verdienen und daß sie sich amüsieren. Sie haben keine anderen Verpflichtungen, bis sie *sérieux* genug sind, einen eigenen Hausstand zu gründen. Die fünf oder zehn Jahre zwischen Schule und Heirat sind relativ unbelastet, frei von der harten Disziplin der Schule, die sie hinter sich gelassen haben, und noch frei von familiären Verpflichtungen, die später auf ihnen lasten werden. Es sind die Jahre, welche die Leute von Peyrane »die schönsten Jahre des Lebens« nennen.

Seinen Lebensunterhalt zu verdienen, ist für einen durchschnittlichen Jungen wie Jules Marchal kein Problem. Am Tag nach der Preisverteilung, die seine Schulzeit abschloß, begann er auf dem Hof seines Vaters zu arbeiten. Der Wechsel von der Schule zur Arbeit war nicht hart, denn Jules hatte schon immer mit seinem Vater gearbeitet, wenn er nicht in der Schule war. Jetzt arbeitete er ständig mit ihm, was seit langem vorgesehen war.

Einige Monate zuvor mußte Jules' Klasse einen Aufsatz darüber schreiben, wie die Urgroßeltern, Großeltern und Eltern ihren Lebensunterhalt verdienten, wie der Vater seinen Beruf gewählt, wie er sich darauf vorbereitet hatte, was die Kinder selbst vorhätten und wie sie ihr Ziel zu erreichen gedächten. Jules schrieb folgenden Aufsatz:

> »Meine Urgroßeltern waren Bauern. Meine Großeltern waren Bauern. Meine Eltern sind Bauern. Mein Vater entschloß sich, Bauer zu werden, weil er es gerne sein wollte und weil er nicht wußte, was er anderes tun sollte. Er erlernte die Landwirtschaft, indem er mit seinem Vater auf dem Feld arbeitete. Ich will auch Bauer werden, weil es mir gefällt. Ich lerne, Bauer zu werden, indem ich meinem Vater auf dem Feld helfe. Ich bitte ihn, jede Arbeit, die er tut, auch tun zu dürfen.«

Die Neigung von Jules' Familie zur Landwirtschaft beruht nicht auf einer romantischen Liebe zu einem bestimmten Stück Land, zu einem Bauernhof, der seit Generationen im Besitz der Familie ist. Die Marchals besitzen gar kein Land. Sie sind seit mindestens drei Generationen *fermiers* und bestellen in den verschiedensten Gegenden der Vaucluse Land, das anderen Leuten gehört. Ihre Neigung gilt mehr der Tätigkeit als dem Besitz. Die Kinder von *fermiers* und *metayers* schrieben in der Schule über das gestellte Thema im allgemeinen das gleiche wie die Kinder von Bauern mit eigenem Landbesitz. Sie wollten wie ihre Väter Bauern werden.

Auch die meisten Kinder von Handwerkern, Ladenbesitzern und Arbeitern schrieben, sie wollten die Berufe ihrer Eltern ergreifen. Sogar Jacques Leporatti, ein intelligenter Junge, der das Abgangszeugnis hatte, erwartete nichts anderes, als künftig mit seinem Vater Aldo Leporatti, einem der ärmsten Männer der Gemeinde, in den Ockerbrüchen zu arbeiten. Jacques schrieb folgendes:

> »Mein Vater arbeitet in den Ockerbrüchen. Er wählte diesen Beruf, weil es in Peyrane nicht viele Arbeitsmöglichkeiten gibt und weil er niemanden kannte, als er nach Frankreich kam. Er erfuhr von dieser Möglichkeit durch einige Männer, die in den Ockerbrüchen in Peyrane arbeiteten.
>
> Meine Eltern erwarten von mir, daß ich Ockerarbeiter werde oder bei Bauern auf dem Land arbeite.«

Man kann nicht sagen, daß es Jacques' Ehrgeiz war, Ockerarbeiter zu werden; aber es schien ihm am selbstverständlichsten. Trotz seiner Intelligenz und seines Zertifikats wurde er Arbeiter. Wenn er zur Berufsberatung nach Avignon gegangen wäre, hätte er sich kostenlos Ratschläge holen können, wie er am besten seinen Unterhalt verdienen könnte, aber seine Familie – wie alle Familien – kannte diese Institution nicht. Es ist jedoch fraglich, ob sie sich ihrer bedient hätten, wenn sie davon gewußt hätten.

Die Möglichkeit, auf einem Bauernhof zu arbeiten, die Jacques in seinem Aufsatz erwähnt, war eine neue Idee von ihm. Als ich ihn darüber befragte, erinnerte er mich daran, was kürzlich seinem Bruder Paul zugestoßen war. Paul hatte seit seinem fünfzehnten Lebensjahr in den Ockerbrüchen gearbeitet. (Familien können für ein Kind unter fünfzehn Kindergeld vom Staat bekommen, wenn es keiner regelmäßigen Arbeit nachgeht; deshalb arbeitet kein Kind »offiziell« regelmäßig vor seinem fünfzehnten Geburtstag.) Einen Monat, bevor Jacques seinen

Aufsatz schrieb, wurde ein Streik der Ockerarbeiter ausgerufen. Sein Vater Aldo und sein Bruder Paul wurden entlassen. Aldo griff auf seinen Nebenverdienst zurück – Lockvögel aufzuziehen, um sie Jägern zu verkaufen. Paul konnte kurzfristig Arbeit auf dem Hof von Marnas bekommen, weil die Spargelernte auf dem Höhepunkt war. Als der Streik beendet war, bot Monsieur Marnas, der alt und krank war, Paul an, für immer dazubleiben. So bot der Zufall Paul eine Möglichkeit, an die er selbst nie gedacht hätte, und sein jüngerer Bruder Jacques entdeckte durch diesen Vorfall, daß seine Zukunft mit den Ockerbrüchen nicht so untrennbar verbunden war, wie er geglaubt hatte.

Jacques mag vielleicht nicht so viel Glück haben wie Paul, einen anderen Arbeitsplatz als in den Ockerbrüchen zu finden, denn es gibt nur wenige Arbeitsplätze in Peyrane für Jugendliche, die nicht bei ihren Eltern arbeiten können. Es gibt zweiundneunzig Bauernhöfe in der Gemeinde. Sie sind klein, und die Arbeitskraft in der Familie reicht gewöhnlich aus, um sie zu bewirtschaften. Nur zwölf Landarbeiter arbeiten auf den Höfen von Peyrane.

Manchmal bieten sich andere Möglichkeiten. Ab und zu stellt die Genossenschaft einen Jungen als Traktorfahrer ein, aber fest angestellt ist dort ein junger verheirateter Mann. In den Champignonkellern sind sechs Männer angestellt; zwei davon sind Jugendliche. Gaston Jouvaud, Maurer und Bauunternehmer, beschäftigt sechs Leute, aber darunter nur einen Jugendlichen. Auch in den Ockerbrüchen arbeiten nicht viele Leute – nur vierzehn aus der Gemeinde Peyrane; ein junger Mann kann jedoch in den Gruben der Nachbargemeinden Arbeit finden und trotzdem zu Hause wohnen. Allein die Bauernhöfe, die Champignonkeller, die Ockerbrüche und das Baugewerbe können den jungen Leuten von Peyrane Arbeit geben.

Handwerker und Händler haben keine Arbeit anzubieten. Sie können mit ihren Geschäften kaum ihre eigenen Familien unterhalten. Gelegentlich braucht der Metzger Biron jemanden, der ihn bei seinen Fahrten mit dem Lastwagen begleitet, aber er holt sich dafür immer Mario Fratani. Mario lebt in Birons Haus, und sein Lohn kann mit Miete und Fleisch verrechnet werden. Der Schneider Avenas hat einen Lehrling – Paul Rivet, den taubstummen Sohn des Ratsschreibers –, aber dies ist keine normale Arbeitsstelle für einen Jugendlichen von Peyrane.

Henri Rivet, Pauls älterer Bruder, ist in der schwierigen Lage der jungen Leute, deren Eltern weder einen Bauernhof noch ein Familienunternehmen haben, in dem sie mitarbeiten können. Henri ist stark, gesund, freundlich, intelligent, kurz gesagt, sehr brauchbar, aber er hat, seit er die Schule vor fünf Jahren verlassen hat, nur Gelegenheitsarbeiten gefunden. Er half auf Bauernhöfen bei der Ernte. Er arbeitete ein paar Wochen in den Ockerbrüchen. Wenn die Gemeinde Peyrane Arbeit zu vergeben hat, gibt sie sein Vater ihm. Er half bei Straßenarbeiten im Dorf und bei der Volkszählung. Er war mehrere Monate Aushilfsbriefträger und arbeitet jetzt beim Katasteramt. Aber Henri kann nicht immer weiter nur Gelegenheitsarbeiten verrichten; wenn er den Militärdienst abgeleistet hat, verlangt die Familie eine Entscheidung über seine Zukunft, und wahrscheinlich wird er nach Marseille gehen müssen, um Arbeit zu finden. Er würde gerne in Peyrane bleiben, aber da er nicht an der Landwirtschaft und nicht am Bergbau interessiert ist, gibt es nichts, was ihn verlocken könnte. Die Rivets beklagen sich wie andere Familien auch, daß sie ihre Kinder verlieren, weil Peyrane keine Arbeit für sie hat.

Wenn man zum ersten Mal nach Peyrane kommt und Jungen wie Jules Marchal und Jacques Leporatti trifft, die beruflich der Tradition ihrer Eltern folgen, bekommt man einen in Wirklichkeit nicht zutreffenden Eindruck von Stabilität. Man sieht nicht die vielen Jugendlichen, die von zu Hause fortgegangen sind und die nur an den beiden traditionellen Heimkehr-Feiertagen, an Allerheiligen und an Pfingsten, zu Besuch nach Hause kommen – Gilberte Reynard von Marseille, Paulette Biron von Apt, Louis Pascal von Avignon, Renée Bonerandi von Sorgues und alle die anderen, die von zu Hause fortgegangen sind, um in der Stadt zu arbeiten oder sich weiter auszubilden.

Als Jeanne Favre an Pfingsten von Apt, wo sie in der Küche des Krankenhauses arbeitet, nach Hause kam, hatte ihr Vater Léon Neuigkeiten für sie. Monsieur Vincent und seine Frau brauchten ein Mädchen für ihr Gasthaus, das demnächst im Guide Michelin erwähnt werden sollte. Vincent hatte Léon Favre gefragt, ob Jeanne nicht gerne nach Peyrane zurückkommen wolle, um bei ihnen zu helfen. Léon erzählte Jeanne eifrig die Neuigkeit, betonte aber, daß sie selbst entscheiden müsse. Sie entschied sich dagegen. Als sie nach Apt gekommen war, war sie anfänglich einsam, aber jetzt hatte sie Freunde und lebte gerne dort. Sie wurde im Krankenhaus gut behandelt, und die Arbeit gefiel ihr. Die Familie bedauerte, daß die Stellung nicht früher zu haben gewesen war, aber nun war es zu spät.

In Peyrane ist es üblich, daß junge Mädchen eine wenn auch nur vorübergehende Arbeit übernehmen, bis sie heiraten. Aber sie suchen nicht alle eine bezahlte Stellung. Als erstes sind sie ihrer Mutter verpflichtet. Wenn diese Hilfe braucht, bleibt die Tochter zu Hause und arbeitet mit ihr im Haushalt und in der Landwirtschaft. Man hält diese Arbeit für besonders geeignet, denn die Tätigkeit im Haushalt bereitet ein Mädchen auf seine künftige Rolle vor.

Selbst wenn eine Familie auf den Verdienst ihrer Tochter nicht angewiesen ist, muß diese wenigstens dem Anschein nach ernsthaft arbeiten. Marguerite Jouvaud, das einzige Kind des Maurers, geht zweimal wöchentlich nach Apt, um nähen zu lernen. An den übrigen Tagen näht sie mehrere Stunden unter der Anleitung ihrer Großtante, die Näherin ist. Jeanne Bonnel, die Tochter eines reichen Bauern, geht dreimal wöchentlich nach dem elf Kilometer entfernten Bonnieux, um einen unentgeltlichen Nähkurs zu besuchen, den eine staatliche Lehrerin gibt. Louise Paul, Tochter eines Grubenbesitzers, ist Lehrmädchen bei Madame Avenas, der Friseuse des Dorfes.

Natürlich verdienen die Kinder, die in eine Lehre gehen, kein Geld. Auch die Jungen, die bei ihrem Vater auf dem Hof arbeiten, und die Mädchen, die zu Hause der Mutter helfen, verdienen nichts. Aber ihre finanzielle Lage unterscheidet sich nicht von der anderer Kinder, die für Lohn arbeiten, denn die Löhne für junge Leute werden deren Eltern ausgehändigt. Obwohl man die jungen Leute für reif genug hält, Geld zu verdienen, sind sie doch nicht *sérieux* genug, als daß man ihnen das verdiente Geld schon anvertrauen wollte.

Gleichgültig, ob sie für die Eltern arbeiten oder für Lohn, sie befinden sich alle in der gleichen Situation: sie haben kein eigenes Geld. Wenn sie mehr verdienen, als ihr Lebensunterhalt kostet, geht der Überschuß nicht an sie, sondern an den Haushalt.

Andererseits ist der Vater verpflichtet, seinen heranwachsenden Kindern so viel Geld zu geben, wie sie für ihre Vergnügungen brauchen. Nicht nur die Kinder erwarten, daß sie Geld ausgeben können, auch die Gesellschaft verlangt von einem Vater, daß er großzügig ist. Ein knausriger Vater wird kritisiert. Vor drei Jahren lief Robert Cavaud, der siebzehnjährige Sohn von Paul Cavaud, von zu Hause fort. Er ging nach Marseille, fand Arbeit und lebte dort monatelang, bis der Familienfrieden wiederhergestellt war und er nach Hause zurückkehren konnte. Madame Borel, die mir davon erzählte, sagte: »Was konnte man schon anderes erwarten? Sein Vater war nicht bereit, ihm Geld zu geben, damit er sich wie die anderen jungen Leute amüsieren konnte, so ging er eben fort. Es war nicht seine Schuld, *pécaïre.*«

Die Leute von Peyrane nahmen in diesem Fall einmütig für den Rebellen gegen den Vater Partei, denn sie glauben, daß ein junger Mensch das Recht hat, sich zu amüsieren. Sie glauben sogar, es sei die Pflicht eines jungen Menschen, sich zu vergnügen. So ist es auch die Pflicht der Eltern, die Vergnügungen der heranwachsenden Kinder nicht nur zu dulden, sondern zu unterstützen. Ein Erwachsener, der sich in seiner Jugend nicht amüsiert hat, wird fast nicht als volle Persönlichkeit angesehen. Man blickt mitleidig oder sogar mißtrauisch auf ihn.

Roger Prayal ist der Sohn eines Schmieds. Er ist fünfundzwanzig Jahre alt, freundlich, intelligent, zuverlässig, fleißig, und dennoch kritisieren ihn die Leute, weil er als junger Mann zuverlässiger und fleißiger war, als ein junger Mann sein sollte. Er ließ sich nie gehen und amüsierte sich nie wie Olivier Borel, Louis Pascal und andere gleichaltrige Jungen. Es ist also weder normal noch wünschenswert, wenn sich ein junger Mann wie ein Erwachsener benimmt.

Auch Lucien Bourdin hatte keine normale Jugend, aber die Leute bemitleiden ihn. Es war nicht seine Schuld, daß er sich nicht vergnügt hatte. Sein Vater fiel im Ersten Weltkrieg, und Lucien mußte gleich nach der Schulzeit hart arbeiten, um seine Mutter und Großmutter zu ernähren. Als er fünfundzwanzig war, blühte seine Landwirtschaft, und er konnte für kurze Zeit seine verspätete Jugend genießen. Dann kam der Zweite Weltkrieg, und Lucien kam für fünf Jahre in deutsche Gefangenschaft. Bei seiner Rückkehr fand er seinen Hof heruntergewirtschaftet und seine Ersparnisse durch die Inflation zunichte gemacht; er mußte wieder von vorne anfangen. Er ist jetzt fünfunddreißig, noch unverheiratet, und man hält ihn für eigenartig. Die Leute schreiben dies dem Umstand zu, daß er sich nie wie andere junge Leute amüsieren konnte.

Gaston Jouvaud ist einer der angesehensten Leute in Peyrane. Durch harte Arbeit und Intelligenz ist er der führende Maurer der Gemeinde geworden. Er beschäftigt sechs Arbeiter. Aber er war nicht immer so *sérieux*. Marie Fratani erzählte, vor zehn Jahren hätte niemand geglaubt, daß er vernünftig werden würde. Er und sein Kumpan Guy Vidal waren der Schrecken des Dorfes. Dann heiratete Jouvaud Gina Pian, baute sein eigenes Haus und ist jetzt einer der am meisten respektierten Männer in Peyrane.

Gaston Jouvaud und Guy Vidal hatten eine normale Entwicklung. Sie genossen ihre Jugend in aller Freiheit und wurden dann *sérieux* (vernünftig). Ihr Verhalten war normal, übersehbar und deshalb in Ordnung. Roger Prayal und Lucien Bourdin haben nie wirklich ihr Leben genossen. Bei ihnen könnten noch verborgene Leidenschaften durchbrechen. Sie sind nicht normal, übersehbar und in Ordnung. Die Leute von Peyrane sprechen dies nicht direkt aus, aber sie bestehen darauf, daß junge Leute sich amüsieren *müssen* und daß die Eltern daher verpflichtet seien, Mittel zur Verfügung zu stellen.

Sobald die jungen Leute die Schule verlassen haben, können sie an den Vergnügungen der Erwachsenen teilnehmen. Die vierzehnjährigen Jungen und Mädchen sind schüchtern, zum Teil weil sie wissen, daß sie anfänglich geneckt werden. Wenn die jungen Mädchen in Gesellschaft von Erwachsenen sind, müssen sie lernen, nicht über die Anspielungen zu erröten, die man über sie und verschiedene Jungen des Dorfes macht. Jungen, die während ihrer Schulzeit mit anderen Kindern nur zu Hause Karten oder im Schulhof *boules* spielten, können jetzt am *belote*-Turnier am Samstagabend im Café teilnehmen oder am *boules*-Turnier am Sonntagnachmittag. Sie haben diese Spiele ihre ganze Kindheit über gespielt und beherrschen sie so gut wie die meisten Männer; verlieren sie, so beachtet es kaum jemand, gewinnen sie aber, so hänseln die älteren Männer sie tagelang.

An einem Samstagabend gewannen Philippe Aubenas und sein Partner, beide fünfzehn Jahre alt, das *belote*-Turnier und nahmen die Preise mit nach Hause – genügend Drosseln für ein Familienfestessen. Philippe, der der bessere war, bekam gleich den Spitznamen *»Phili la Terreur«* und wurde von allen Männern tagelang *»la Terreur«* genannt. Bald hörte das Necken auf, und es blieb nur die Bewunderung aller. Wenn ein Junge beweist, daß er ein guter Spieler ist, wird er bald von den anderen Männern akzeptiert. Manchmal ziehen sie ihn sogar einem ihrer Altersgenossen vor.

Jungen, die gerade die Schule beendet haben, zögern, allein ins Café zu gehen; aber wenn sie fünfzehn sind, fühlen sie sich dort genauso zu Hause wie die älteren Männer. Im Café mischen sich die verschiedenen Altersgruppen weniger als beim *boules* oder *belote*. Entsprechend ihren unterschiedlichen Interessen bilden sich meist drei Gruppen: die alten Männer, die Männer mittleren Alters und die Jungen. Die Unterhaltung kann zwar von einem Tisch zum anderen überspringen, so daß zeitweilig eine allgemeine Unterhaltung entsteht, aber bald danach wenden sich die Gruppen wieder ihren eigenen Interessen zu. Fünf-

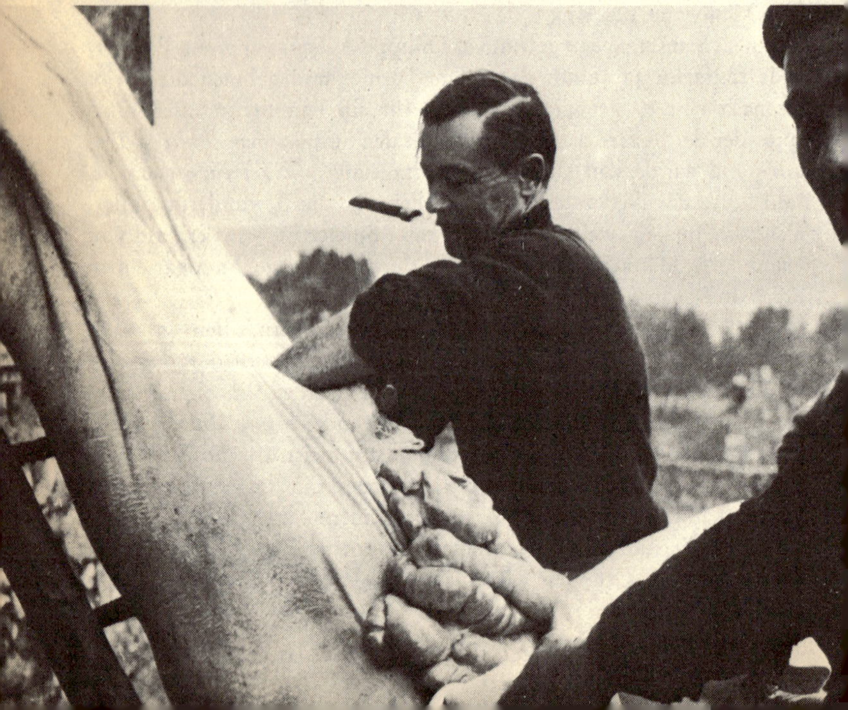

◁ *Die Prayals, Vater und Sohn, vor ihrer Schmiede (zu Seite 106; 315; 346)*
▽ *Henri Favre, Ockerarbeiter, bei seiner Freizeitbeschäftigung, dem Schweineschlachten (zu Seite 166)*

▽ *Moïse Jannel beim Traubenpressen (zu Seite 162)*

zehn- und sechzehnjährige Jungen bestellen ihre Getränke selber, aber die Kindergewohnheiten sind noch wirksam; deshalb ziehen sie meist nicht-alkoholische Fruchtsäfte vor. Wenn sie siebzehn oder achtzehn sind, folgen sie dem Beispiel der Erwachsenen und trinken Pastis oder einen anderen Apéritif – außer an den Tagen, an denen sie wie die Erwachsenen verkünden, ihre Leber sei in Unordnung und sie würden nur Vichy-Wasser trinken.

Die Erwachsenen von Peyrane bedauern, daß es nicht mehr Unterhaltungsmöglichkeiten für die Jugend gibt. Sie finden allgemein, daß die gewohnten Unternehmungen – wie Kaffeekränzchen, Belote, Boules, Unterhaltung im Café – Amusement für seriöse Erwachsene seien, daß man aber nicht erwarten könne, daß sich die Jugend damit zufrieden gäbe.

Nach dem Krieg wurde ein Jugendverein, *»Le Club des Jeunes«*, gegründet. Ein Vorstand wurde gewählt, und man beschloß, daß die Gruppe hauptsächlich Theaterstücke aufführen sollte. Der Verein fiel aber bald auseinander, denn jeder, der versuchte, ein Projekt zu starten, wurde beschuldigt, die anderen dirigieren zu wollen. Die kommunistischen Mitglieder wurden ärgerlich und traten aus, als sie ihre Kandidaten für den Vorstand nicht durchbrachten. Sie behaupteten, die anderen trügen die Politik in den Club, indem sie kommunistische Mitglieder diskriminierten. Die Nicht-Kommunisten behaupteten, die Kommunisten hätten versucht, die Organisation an sich zu reißen, um sie der kommunistischen Partei dienstbar zu machen. Alle wurden des Streites müde, und der Verein ging ein.

Während des Krieges hatte der Ratsschreiber Henri Viquier, ein pensionierter Feldwebel, versucht, eine Fußballmannschaft aufzustellen. Da viele Gemeinden dieser Gegend Fußballmannschaften hatten, erschien dies auch für Peyrane angemessen. Außerdem ermutigte die Vichy-Regierung die Behörden, den Sport zu unterstützen, in der Hoffnung, die französische Jugend körperlich zu kräftigen und sie gleichzeitig von der Politik abzulenken. Viquier überredete den Gemeinderat, den Bau eines Fußballplatzes sowie eines Umkleideraumes mit Duschen zu finanzieren. Leider war Viquier in seinem Herzen ein Feldwebel. Er versuchte, die Jungen zu drillen, wie er eine Kompanie Rekruten gedrillt haben würde. Eines Tages schlug er einen der jüngeren verheirateten Männer, der zu spät zum Training kam. Jedermann kritisierte ihn, denn »man behandelt ein Familienoberhaupt nicht auf solche Weise«. Die Jungen lehnten Viquier ab, und die Fußballmannschaft fiel auseinander. Nach der Landung der Alliierten in Südfrankreich verlor Viquier das Interesse. Sein eigener Sohn verließ ihn, um sich der Résistance anzuschließen, und fiel einige Tage später in einem Gefecht.

Der Fußballplatz und der Duschraum erinnern zwar noch an die Fußballmannschaft, wurden seither aber nicht mehr benutzt. Ab und zu findet jemand, man solle eine neue Mannschaft aufstellen, aber keiner will sich entschieden dafür einsetzen. Als Monsieur Arène, der früher ein begeisterter Sportler gewesen war, vor zwei Jahren einen neuen Kolonialwarenladen eröffnete, schlug ihm der Bürgermeister vor, eine neue Mannschaft zusammenzubringen, damit die Aufwendungen, die der Gemeinderat gemacht hatte, auch genutzt würden. Arène sagte mir, als wir auf die Sache zu sprechen kamen: »Damals kannte ich das Dorf noch nicht so gut. Heute aber weiß ich, wie gut ich daran tat abzulehnen. Niemand will aktiv mithelfen. Ich hätte nur Kritik geerntet, und das wäre für mein Geschäft nicht gut gewesen.«

Das einzige, was für die Jugend erfolgreich organisiert wurde, sind Tanzveranstaltungen. In Peyrane gibt es jedes Jahr zwei wichtige Tanzfeste. Das eine wird von der Freiwilligen Feuerwehr veranstaltet, das andere von dem Festkomitee, das vom Bürgermeister zum St. Michaelsfest berufen wird. Bei der Freiwilligen Feuerwehr sind keine Jugendlichen, aber doch meistens jüngere unverheiratete Männer, die noch gerne tanzen. Beim Tanzen treffen sie Mädchen, unter denen sie vielleicht eine sexuelle Partnerin, vielleicht sogar ihre zukünftige Frau finden können. Die Feuerwehrleute geben sich viel Mühe mit ihrem Tanzfest, und meist ist es ein Erfolg.

Für das Michaelsfest muß jedes Jahr ein neues Fest-Komitee ernannt werden. Dem Bürgermeister wäre es lieber, wenn dieselbe Gruppe über eine Reihe von Jahren hinweg tätig bleiben könnte; aber das bereitet große Schwierigkeiten, denn jeder, der irgendeine Initiative ergreift, wird von den anderen beschuldigt, sie dirigieren zu wollen. Deshalb tritt das Komitee nach dem Fest zurück, und eine andere Gruppe muß sich um die Feier für das nächste Jahr kümmern.

Die Vorbereitung der Tanzfeste bringt Verantwortung und viel Arbeit mit sich. Als erstes muß ein Orchester ausgewählt werden. Die Feuerwehrleute versuchen meist, ein namhaftes Orchester aus Cavaillon zu verpflichten; für das Michaelsfest ist jedes Orchester gut genug, denn die Leute werden, wenn es nichts kostet, zum Tanz kommen, ob das Orchester gut ist oder nicht. Wenn der Tag feststeht und das Orchester engagiert ist, muß sich das Komitee um die Bekanntmachung kümmern. Den Marseiller Zeitungen wird eine Notiz für die Vaucluser Ausgabe zugesandt. Bei einem Drucker in Apt werden Flugblätter und Plakate bestellt. Das Komitee beauftragt zwei bis drei Mitglieder mit Autos oder Motorrädern, in die Umgebung zu fahren, um sie an Mauern und in Cafés anzuschlagen. Die Autobusunternehmer der Umgebung werden gebeten, am Tanzabend Sonderfahrten zu veranstalten, um die Besucher, die über keine eigenen Fahrzeuge verfügen, zu befördern. Man bemüht sich, die *Salle des Fêtes* nicht so düster und feucht erscheinen zu lassen. Das Orchesterpodium wird mit immergrünen Zweigen und einigen Blumen dekoriert. Der Oberfeuerwehrmann fährt mit dem Feuerwehrauto zum Sägewerk von Sansom Favre, um einige Säcke Sägemehl für den großen Ofen zu holen.

Das Tanzfest soll um neun Uhr beginnen, aber es beginnt nie so früh. Selbst das Orchester kommt nach neun Uhr. Die Leute, die mit dem Bus kommen, erscheinen früher als die Leute von Peyrane, denn die Busfahrer müssen den Fahrplan ungefähr einhalten.

Die jungen Leute, die in der *Salle des Fêtes* ankommen, teilen sich; die Jungen gehen in eine Ecke und die Mädchen in eine andere. Jede Gruppe spricht und scherzt unter sich und tut so, als bemerke sie die Gruppe auf der anderen Seite nicht. In Wirklichkeit werfen sie sich heimliche Blicke zu. Manchmal drehen sich zwei oder drei der Jungen um und starren ein Mädchen an, über das sie offensichtlich gerade gesprochen haben. Sie macht einen verzweifelten Versuch, die auf sie gerichtete Aufmerksamkeit zu ignorieren.

Wenn das Orchester zu spielen beginnt, bleiben die beiden Gruppen zunächst in ihren Ecken. Der Tanz beginnt aber trotzdem, denn es sind einige Familien von Peyrane da (nicht viele, aber ein paar), die immer darauf erpicht sind, an jeder Art von Vergnügung teilzunehmen. Sie besuchen alle Filme, Zirkusse und politische Versammlungen; sie tauchen sofort bei jedem Unfall auf. So kommen die Favres, die Bellets und die Pougets auch immer zum Tanz. Wenn die Musik zu spielen beginnt, tanzt Henri Favre mit seiner dreizehnjährigen Tochter Jacqueline, und die siebenjährige Colette walzt mit ihrem dreijährigen Bruder Dédou herum. Die älteren Schwestern Bellet tanzen zusammen. Die kleinen Jungen von Léon Favre tanzen nicht, sondern spielen Fangen und necken ihre Cousinen, die zu tanzen vorgeben. Die Mütter dieser Kinder sitzen an der Seite der Halle zusammen, unterhalten sich und schenken der übrigen Familie wenig Aufmerksamkeit.

Bald kommen ein paar junge Ehepaare auf die Tanzfläche: die Lehrerin und ihr Mann, des Bäckers Sohn und seine Frau, der junge Aubenas und seine Frau, die erst ein paar Monate verheiratet sind und von Apt herübergekommen sind. Dann gesellen sich einige Mädchen, die in einer Ecke standen, zu ihnen. Sie sind es leid zu warten, bis die Jungen sie auffordern, und so beginnen sie, zusammen zu tanzen. Manche von ihnen wissen, daß nie ein Junge sie zum Tanz bitten wird; andere glauben, daß sie leichter einen Partner auf sich aufmerksam machen, wenn sie mit einem anderen Mädchen tanzen.
Nach zwei oder drei Tänzen fangen die Jungen an, aktiv zu werden. Ihre Blicke werden intensiver. Plötzlich verläßt ein Junge seine sichere Ecke und geht durch den Saal. Er tritt vor ein Mädchen und murmelt etwas. Sie scheint nicht zu antworten – oft schaut sie den Jungen nicht einmal an –, aber sie beginnen zu tanzen. Sie vermeiden, sich anzusehen; sie lachen nicht. Sind sie schlechte Tänzer, so ist es mehr ein Gehen als ein Tanzen, immer wieder rund um den Saal. Sind sie gute Tänzer, dann vollführen sie schwierige Schritte. Manche tanzen sogar Jitterbug. Alle Tänzer klammern sich aneinander, aber sie scheinen nur mit ihren Beinen zu tanzen. Der Oberkörper bleibt steif; ihre Gesichter sind ausdruckslos. Es ist erstaunlich, wie graziös sie ihre Beine und Füße zu bewegen wissen, während der übrige Körper unbeteiligt scheint.
Hört die Musik auf, dann trennen sich die Jungen von den Mädchen wortlos, ohne sich anzusehen, und kehren in ihre Gruppe zurück. In ihrer sicheren Ecke entspannen sie sich, lachen und schwätzen. Sogar Verlobte trennen sich; nur die verheirateten Paare bleiben beisammen und unterhalten sich ungezwungen zwischen den Tänzen. Beginnt die Musik von neuem, kommt der gleiche hölzerne Ausdruck wieder in die Gesichter der Ehepaare wie in die der Unverheirateten.
So gesehen, würde man nicht denken, daß Tanzen das beliebteste Vergnügen der jungen Leute von Peyrane ist, und trotzdem versuchen sie unter allen Umständen, an jedem Tanz in der Gegend teilzunehmen. In Peyrane gibt es nur zwei Tanzfeste, aber in der Nachbarschaft kann man jeden Samstagabend tanzen gehen. Ein Junge, der ein Motorrad besitzt, hat es gut; er kann alle Tanzveranstaltungen besuchen. Hat er eine Schwester, so hat sie Glück, denn sie kann auf dem Rücksitz mitfahren. Jeden Samstagabend knattern Lucienne und Roger Prayal auf dessen Motorrad von Peyrane los. Etwa zur gleichen Zeit kommt der Friseur aus Bonnieux auf seinem Motorrad nach Peyrane, um seine Verlobte, die älteste Tochter von Henri Favre, zum Tanz abzuholen.

Obwohl die beiden verlobt sind, mißbilligen manche Leute, daß die Favres ihre Tochter ohne Aufsicht mit einem Mann ausgehen lassen. Aber man gibt zu, daß die Zeiten sich geändert haben und man von jungen Leuten nicht verlangen kann, sich an Formen zu halten, die die älteren Leute in ihrer Jugend respektieren mußten. Während des Krieges haben sich die Sitten gelockert, aber man findet es immer noch richtiger, wenn eine Gruppe junger Mädchen mit dem Vater oder dem älteren Bruder eines der Mädchen zum Tanz geht. Manche Väter begleiten gerne eine Gruppe junger Mädchen zum Tanz, obwohl sie sich beklagen, zu lange aufbleiben zu müssen. Wenn es sie langweilt, dem Tanz weiter zuzusehen, gehen sie in ein Café und spielen Karten, bis ihre Schützlinge bereit sind, nach Hause zu gehen.

Im Laufe des Abends zieht es auch die jungen Leute ins Café. Manchmal ist der Tanzboden fast leer. Einige der älteren unverheirateten Männer, die »hinter Mädchen her waren«, haben Partnerinnen gefunden und sind fortgegangen. Die meisten jungen Leute gehen in Gruppen ins Café, um sich vom Tanzen auszuruhen. Dort sitzen sie, lachen, scherzen und trinken. Sie trinken allerdings mäßig. Die Jungen sind manchmal etwas angeheitert, die Mädchen sehr selten.

Einige ausgelassene junge Männer bilden eine Ausnahme von dieser Regel. Ihnen liegt wenig am Tanzen; sie haben auch wenig Interesse an den Mädchen und machen fast anstößige Bemerkungen über sie. Wenn ein Junge zu viel getrunken hat und sich schlecht zu benehmen droht, halten ihn seine Kameraden im Zaum. Sie wollen sich amüsieren und keinen Ärger haben.

Um zwei oder drei Uhr hört die Kapelle auf zu spielen, die Musiker packen ihre Instrumente in ein Auto und fahren weg. Die Busse mit den Tänzern aus Bonnieux, Apt und Cavaillon fahren zurück. Väter und ältere Brüder sammeln die Mädchen ein, für deren sichere Rückkehr sie verantwortlich sind. Die *Salle des Fêtes* wird geschlossen. Der Cafébesitzer überredet die letzten Gäste, nach Hause zu gehen. Bald ist das Dorf ruhig – bis auf jene wenigen ausgelassenen jungen Männer. Für sie fängt der Abend erst an. Wenn sie aus dem Café hinausgeworfen worden sind, zwängen sie sich in ein Auto und verlassen lärmend das Dorf in Richtung Apt oder Cavaillon.

Obwohl die beiden Tanzfeste die einzigen organisierten Veranstaltungen für die jungen Leute sind, beklagen sie sich nicht. Nur die Erwachsenen sagen immer wieder: »Irgend jemand sollte etwas für die jungen Leute tun«. Als ich mich mit Philippe Aubenas, Robert Paul und

Louise Imbert darüber unterhielt, sagten sie, sie hätten zu viel zu tun. Philippe sagte: »Und abgesehen davon, tun wir das, was wir möchten, lieber dann, wenn wir es wollen. Angenommen, wir hätten einen Club und es wäre beschlossen, an dem und dem Tag ein Fest zu veranstalten, so könnte es doch sein, daß wir an diesem Tag keine Lust hätten hinzugehen«.

Das beliebteste Vergnügen der jungen Leute ist neben dem Tanzen eine *promenade.* Eine *promenade* ist unbestimmt und formlos; man kann sie am besten »als eine Gelegenheit zur Erholung« definieren. Es kann ein kurzer Gang durchs Dorf, ein Picknick im Wald oder ein lange voraus geplanter Ausflug auf den Mont Ventoux sein. Eine *promenade* kann von einer Familie unternommen werden, um die Erste Kommunion zu feiern, von einer Gruppe Mädchen, um die jährliche Parade in Apt zu sehen, oder von einem verliebten Paar. Auch von einer einzelnen Person, die ziellos umherwandert, sagt man, sie mache eine *promenade.*

Wenn ich zu verschiedenen Tageszeiten meine Runden durchs Dorf machte, um zu sehen, was los war, glaubten alle, denen ich auf der Straße begegnete, daß ich mich erholen wollte. Sie begrüßten mich alle gleichermaßen mit: »Nun, machen Sie eine *promenade?*« Es war schwierig, nicht zu antworten, daß es meine Aufgabe sei, im Dorf herumzugehen, um zu sehen, was vorging. Ihre Begrüßung war nicht vorwurfsvoll, vielleicht aber neidisch. Denn die Leute von Peyrane finden es ein Vergnügen, zu jeder Tageszeit einen Spaziergang machen zu können – vor allem, wenn die Sonne scheint und der Mistral bläst.

Die Tanzveranstaltungen, die *promenade* und alle anderen Arten der Freizeitgestaltung der Erwachsenen sollen auch den jungen Mädchen genügend Gelegenheit geben, sich zu amüsieren. Ein gut erzogenes Mädchen will darüber hinaus nichts anderes, und die meisten Mädchen scheinen damit zufrieden zu sein. Die Arbeit nimmt die meiste Zeit in Anspruch. Am Dienstag abend können sie das Kino besuchen, Samstag abend gehen sie zum Tanz. Sonntag nachmittags und an Feiertagen machen sie eine *promenade.* Sie können am Samstag morgen auf den Markt nach Apt fahren und dort bleiben, um den Abend mit einer Freundin zu verbringen. Wenn sie tagsüber und abends Zeit haben, können sie zu einer Tasse Kaffee zu einer Freundin gehen. Sind sie älter, so ist es ihnen erlaubt, am Abend den Besuch eines Verehrers zu empfangen.

Die Jungen suchen ausgelassenere Vergnügungen. Vor drei Jahren gab es hier eine Gruppe von älteren Jungen, die die *Bombonne peyranaise* genannt wurde, was man wohl am besten mit der »Peyraner Krug« übersetzt, weil diese Gruppe eine Unmenge Wein vertragen konnte. Louis Pascal wollte Dorfschuster werden und hatte den Hof seines Vaters verlassen, um einen Laden in einem halbverfallenen Haus des Dorfes aufzumachen. Nach einem Jahr gab er das Schusterhandwerk wieder auf und ging auf den Hof zurück, aber während des Jahres, in dem er halben Herzens sein Handwerk betrieben hatte, war sein Haus Treffpunkt vieler junger Leute des Dorfes. Sie kamen dort jeden Abend und jeden Feiertag zusammen, spielten Karten und tranken bis spät in die Nacht. Ab und zu gingen sie für zwei oder drei Tage auf Abenteuer.

Das Abenteuer der Bande begann mit dem Entschluß, irgendwo gut zu essen. Sie fuhren mit Borels Wagen nach Apt oder Fontaine-de-Vaucluse, wo sie zwei oder drei Stunden tafelten. Die Pastis-Runden vor dem Essen, der Wein, den sie während der Mahlzeit tranken, der Schnaps oder Rum nach dem Kaffee hielten sie bis elf Uhr in guter Laune. Dann fuhren sie zu einem Tanzfest. Auch beim Tanz blieb die Gruppe zusammen. Eine Zeitlang standen sie herum und schauten den Tänzern zu, lachten und machten Bemerkungen über die Mädchen. Wenn die Wirkung des Alkohols nachließ, gingen sie in ein Café, um etwas zu trinken. Dort spielten sie so ausgelassen an den Spielautomaten und einige Runden Belote, daß der Cafébesitzer drohte, sie hinauszuwerfen. Sie hielten sich abseits von den Tanzenden, die ab und zu vom Tanzboden herüberkamen. Wenn die Tanzveranstaltung zu Ende war und das Café schloß, konnten sie im Dorf nichts mehr ausrichten, aber mit dem Auto konnten sie noch woanders hinfahren. Auch in Apt und in Cavaillon waren die meisten Cafés um diese Zeit geschlossen. Blieben immer noch die Bordelle, die man neuerdings »Hotels« nannte, weil Bordelle verboten waren; diese Etablissements waren die ganze Nacht geöffnet. Die Jungen waren nicht primär an den Prostituierten interessiert; sie wollten nur irgendwo sitzen und trinken, scherzen und Karten spielen, so lange sie Lust hatten. Sie hatten Spaß an den Mädchen, die um sie herumstrichen, weil sie mit ihnen scherzen und tanzen konnten, wenn ihnen danach zumute war. Aber bei den meisten dieser Unternehmungen spielten die Weiblichkeiten entschieden eine sekundäre Rolle.

Wenn die Sonne aufging, hatten die jungen Leute genug vom Bordell und vom Trinken. Dann fuhren sie nach Peyrane zurück, holten ihre

Gewehre und ihre Hunde, und in einer Stunde waren sie im Wald und jagten Hasen und Drosseln. Die Jagd dauerte so lange, bis sie müde und hungrig waren. Dann fuhren sie nach Hause, aßen und tranken. Aber dann zogen sie wieder weiter – diesmal vielleicht zu einem Fest in einem Nachbarort, wo sie »sehen wollten, was los war«, und beim Boules mitspielten. Ob sie verloren oder gewannen, sie tranken ein paar Runden, und vielleicht war es nun Zeit zum Abendessen – einem guten Abendessen, denn sie hatten vierundzwanzig Stunden lang nichts Richtiges zu sich genommen. Wenn einer von ihnen erwähnte, es gäbe in Gordes ein neues, gutes Restaurant, würden sie gewiß hinfahren und die Nacht wieder auf ähnliche Weise verbringen.

Die Mitglieder der *Bombonne peyranaise* bemühten sich mehr darum, sich zu amüsieren, als die meisten jungen Leute von Peyrane. Sie gingen darin bis zum Äußersten. Zuweilen fanden die Erwachsenen, Pascal, Borel und Vidal würden zu weit gehen, aber im allgemeinen billigten sie es. Sie hielten mehr von diesen jungen Leuten als von Roger Prayal, der sich immer nur vernünftig benahm. Der Beweis, wie berechtigt ihr Vertrauen war, zeigt sich in der Tatsache, daß heute, nach drei Jahren, Pascal, Borel und Vidal ernsthafte, hart arbeitende junge Männer sind.

Die *Bombonne peyranaise* ging nicht jedes Wochenende auf Abenteuer. Das hätte mehr Geld gekostet, als die Jungen zur Verfügung hatten, und sie hatten auch nicht immer einen Wagen zur Hand, um irgendwohin zu fahren. Aber diese Wochenendfahrten waren für sie das Schönste, und sie unternahmen alles, um sie so oft wie möglich zu realisieren; aber meistens verbrachten sie das Wochenende damit, in Louis Pascals altem Haus geruhsam zu trinken und Karten zu spielen.

Wie wir gesehen haben, spielten Frauen bei diesen Abenteuern eine untergeordnete Rolle. Selbst wenn die Jungen in ein Bordell gingen, taten sie es mehr, um zu trinken und mit den Mädchen zu scherzen, als den Vorteil einer problemlosen, wenn auch kostspieligen sexuellen Befriedigung wahrzunehmen. Manchmal allerdings wurde ein Junge verführt, mit einem der Mädchen nach oben zu gehen. Emile Pian, heute ein fünfunddreißigjähriger solider Mann, erzählte mir von einem solchen nächtlichen Abenteuer. Er war erst fünfzehn, aber groß für sein Alter. Zusammen mit älteren Jungen landete er im Laufe des Abends in einem Bordell in Apt, wo sie einige Zeit tranken und tanzten. Die Jungen begannen, Emile zu necken, weil er noch keinen Geschlechtsverkehr gehabt hatte, und drängten ihn, mit einem der Mädchen nach oben zu gehen. Er widerstand zunächst, gab aber schließlich nach und machte so seine erste sexuelle Erfahrung in einem Bordell in Apt.

Emile sagte, er sei danach fast krank vor Angst gewesen. Daß er nicht mehr unerfahren war, war ihm gleichgültig, aber er fürchtete, eine der »scheußlichen Krankheiten« gefangen zu haben. Er war nur um seine Gesundheit besorgt – was auch der Grund war, warum er mir die Geschichte erzählte –, aber ohne moralische Bedenken. Als ich ihn danach fragte, schien er überrascht: »Warum sollte ich mich darüber beunruhigen? Es war doch ganz natürlich. Früher oder später mußte es geschehen, warum also nicht damals? Das gehört nun einmal zum Erwachsenwerden.«

Soweit ich es feststellen konnte, ist Emiles Einstellung zu seiner ersten sexuellen Erfahrung typisch für die Einstellung der meisten Leute von Peyrane. Sie meinen, es habe wenig Sinn, gegen den Geschlechtstrieb anzukämpfen, da er ein natürlicher Teil unseres Lebens sei. Es ist wie mit allen unumgänglichen Dingen des Lebens: Da man nichts gegen sie ausrichten kann, ist es besser, sie zu bejahen. In diesem Fall bedeutet die Bejahung ein Bekenntnis zu einer der Hauptfreuden des Lebens. Es wäre töricht, sich ein Vergnügen zu versagen, das so natürlich und so leicht zu erlangen ist. Man muß selbstredend lernen, den Geschlechtstrieb unter Kontrolle zu halten, damit er nicht zum Schaden gereiche.

Fast alle, und nicht nur die Männer im Café, beteiligen sich an Scherzen über Sexualität. Aber sie beziehen sich meist auf sehr unwahrscheinliche Geschichten, und je unwahrscheinlicher die Geschichte, desto komischer ist sie. Wenn einer der jüngeren Maurer mit großen Tönen der neunundneunzigjährigen Madame Carbonnel einen unschicklichen Antrag macht, biegen sich alle vor Lachen. Einer der Witzbolde an der Bar kann z. B. die Frau des Cafébesitzers illegitimer Beziehungen zu Monsieur Maucorps, dem schmutzigsten und unfähigsten Mann in Peyrane, bezichtigen; eine so unglaubwürdige Beschuldigung löst nur großes Gelächter aus.

Natürlich kann man auf diese Weise nicht mit jedem seine Scherze treiben. Man würde kaum wagen, der Frau des Notars ins Gesicht zu sagen, sie schlafe mit Monsieur Maucorps, weil man mit der Frau des Notars keine Witze macht. Man würde nicht mit Monsieur A. darüber scherzen, er schliefe mit Madame P., denn es gab Anzeichen dafür, daß Monsieur A. wirklich mit Madame P. schlief.

Ein großer Teil des Geschwätzes, und das heißt ein großer Teil der Unterhaltungen im Café, im Kolonialwarenladen und in den Strick- und

Nähzirkeln, dreht sich um das Benehmen der Leute von Peyrane, über die irgend etwas gemunkelt wird. Hier zollt man der mutmaßlichen Affaire zwischen Monsieur A. und Madame P. große Aufmerksamkeit.

Wenn die Männer in den Cafés Karten spielen oder diskutieren, fallen viele Schimpfworte, meist sexuellen Charakters: *con, couillon, 'fant de pute, putain, putain de sort,* etc. Niemand wird durch diese Worte beleidigt; jeder tut so, als höre er sie nicht, es sei denn, der Zusammenhang ist so witzig, daß alle Anwesenden lachen. In diesem Fall wird nach einer Erwiderung verlangt, einer witzigen und treffenden Erwiderung, die – wenn möglich – das regelwidrige, übermäßige oder unzureichende sexuelle Verhalten des Widersachers bloßlegt.

Bei solchem Scherzen, Schwätzen und Fluchen könnte man meinen, Sexualität sei für die Leute von Peyrane das Wichtigste. Aber es wird so beiläufig darüber gesprochen, daß deutlich wird, daß das Sexuelle für die meisten Leute in Peyrane kein ernsthaftes Problem ist. Nicht als ob das sexuelle Leben aller Leute von Peyrane in Ordnung wäre oder jeder ein ihm adäquates sexuelles Leben führen könnte. Das Leben in einem »zivilisierten« Dorf frustriert in gewisser Weise. Aber die Menschen von Peyrane, die die Sexualität an sich nicht verleugnen, sind gleichwohl frei von jenen komplizierenden Faktoren, die das Sexualproblem in anderen Kulturen belasten.

Trotz der Freimütigkeit, mit der die Leute über Sexuelles sprechen und scherzen, sind sie doch immer diskret, wenn es um ihre persönlichen Probleme und Erfahrungen geht. Das Gespräch über Sexuelles bleibt stets oberflächlich und unpersönlich. Über Sexuelles zu scherzen ist nicht komisch, wenn es persönlich wird. Als einmal einige junge Leute über das Geschlechtsleben der Madame N. scherzten, erzählte ich eine Episode, die das zur Diskussion stehende Thema erhellen sollte. Einer der Jungen, der die derbsten Scherze machte, wandte sich gegen mich, wodurch ich merkte, daß ich als Ausländer nicht den feinen Unterschied zwischen den Scherzen der jungen Leute und den meinen beachtet hatte. Es war mir eine zu persönliche Anspielung unterlaufen.

Man findet es geschmacklos, über das eigene Geschlechtsleben mit anderen zu sprechen. Ebenso geschmacklos ist es, jemanden über seine sexuellen Erfahrungen zu befragen. Als ich einige Leute des Dorfes besser kannte, wagte ich direktere Fragen zu stellen, denn sie begriffen den Sinn meines Vorhabens. Sie realisierten, daß ich kein Interesse an ihren persönlichen Erfahrungen hatte, sondern mir eine Vorstellung vom Leben in Peyrane zu machen suchte. Aber auch sie wechselten entschieden das Thema, wenn meine Fragen zu intim wurden.

Die Leute waren nur bereit, mir Auskunft über das Sexualleben anderer zu geben, wenn diese unbedacht genug waren, sich der ganzen Bevölkerung zu verraten. Sie erzählten mir gerne, wie Monsieur C. den öffentlichen Leichenwagen für ein Rendezvous mit seiner Freundin benutzt hatte. Darüber konnte man sprechen, denn als Madame C. die Untreue ihres Mannes entdeckt hatte, machte sie eine solche Szene, daß die Geschichte allgemein bekannt wurde. Aber niemand wollte oder konnte mir Informationen über das normale diskrete sexuelle Verhalten anderer geben. Sie konnten es nicht, weil sie wirklich nichts wußten. Solche Dinge diskutierte man nicht.

Die Einstellung zu sexuellen Dingen spiegelt sich in der sexuellen Erziehung der Kinder wider. Die Eltern klären sie nicht auf. Es erscheint ihnen lächerlich, taktlos und ohne *pudeur*, ihren Kindern die »Tatsachen des Lebens« zu erläutern. Fragte ich, wie die Kinder denn diese Tatsachen erfahren sollten, antworteten sie: »Nun, ganz natürlich. Sie erfahren sie beim Heranwachsen; dafür sorgt ihr Instinkt.«

Niemand gerät in Verlegenheit, wenn kleine Kinder fragen, wo ein Baby herkommt. Man erzählt ihnen, man habe das Baby unter einem Kohlkopf gefunden oder der Doktor habe es gebracht. Eine solche Lüge täuscht das Kind nicht, aber die Frage ist beiseite geschoben. Raoul Favre erzählte, während des Krieges hätten eine Cousine und ihre beiden Kinder – ein Junge und ein kleines Mädchen – bei ihm gewohnt. Der Junge mußte die Kuh und das Kalb hüten. Als er eines Tages fragte, wo sein Schwesterchen hergekommen wäre, sagte ihm seine Mutter, das Baby sei in einer Kiste angekommen. »Dummes Zeug«, sagte er, »Babys kommen aus ihrer Mutter heraus, genau wie ein Kalb aus dem Hintern der Kuh.« In einer ländlichen Gemeinde wie Peyrane ist es ganz unvermeidlich, daß Kinder sich über sexuelle Dinge durch Beobachtungen an Tieren orientieren.

Man erzählte mir auch, daß sie die »Tatsachen des Lebens« in der Schule erfahren, aber niemand konnte mir genau sagen, was die Lehrerinnen den Kindern erzählten. Die Lehrerinnen selbst sagten, sie müßten außerordentlich diskret sein, um nicht kritisiert zu werden. Sie informierten die Kinder nur über persönliche Hygiene und Säuglingspflege.

In manchen Kulturen erfahren die Kinder sexuelle Dinge durch Beobachtung ihrer Eltern. In Peyrane sorgt selbst die ärmste Familie dafür, daß nur ein Baby im gleichen Zimmer wie die Eltern schläft. Die Pougets – eine Familie, die besonders schlecht wohnt – beklagen sich bitter, weil die ganze Familie in drei Betten Seite an Seite in einem Zimmer schlafen muß. Pouget meint, nur Tiere sollten so leben. Die Francis Favres haben auch schlechte Wohnverhältnisse, aber sie legen die Kinder ins Schlafzimmer und schlafen selbst in der Küche.

Die wichtigste Quelle für sexuelle Informationen sind ältere Kinder. Jede Generation von Kindern klärt die jüngere Generation auf. Ich weiß nicht, in welchem Alter die Aufklärung vor sich geht, noch auf welche Weise solche Informationen vermittelt werden. Meine einzige persönliche Erfahrung ist Henri-Paul Favre, der mit sieben Jahren zu unserem Fünfjährigen sagte: »Bei den Mädchen ist es anders. Es ist rund mit einem Loch in der Mitte.« Offensichtlich addieren sich solche zufälligen Informationen, so daß ein Kind, wenn es die Schule verläßt, recht gut informiert ist. Die Leute, mit denen ich sprach, konnten sich nicht vorstellen, daß ein Kind bis dahin nicht alles wüßte. »Ihr Instinkt sorgt dafür.«

Wenn ich mit Männern vertraulich darüber sprach, gaben sie freimütig zu, als Kinder onaniert zu haben, ohne sich jedoch erinnern zu können, in welchem Alter sie angefangen oder wie oft sie es getan hatten. Wurde ein Junge von seinen Eltern dabei ertappt, so wurde er beschimpft und mit einer leichten Strafe bedroht, die aber nie ausgeführt wurde. Alle Eltern bestritten, ihren Kindern mit Kastrierung gedroht zu haben, gaben aber zu, daß ein Kind, von jemand anderem als von seinen Eltern ertappt, möglicherweise damit geschreckt würde.

Fragte ich, ob Männer mit Tieren Geschlechtsverkehr hätten, war niemand empört. Es wird behauptet, es gäbe darüber Witze, aber ich habe nie einen gehört. Man erzählte nur von einem alten Mann, der auch aus anderen Gründen verachtet wurde, er habe eine Ziege mißbraucht. Dies wurde aber nur als Beispiel für persönliche Absonderlichkeiten gewertet, die nicht erklärt werden können.

Wenn die Kinder größer werden, bemerken sie die Diskrepanz zwischen den gepredigten Regeln und dem tatsächlichen sexuellen Verhalten. Nach diesen Regeln sollte niemand außerhalb der Ehe Geschlechtsverkehr haben. Wahrscheinlich glauben ein paar Erwachsene in Peyrane wirklich an dieses Gebot. Aber niemand ist davon überzeugt, daß die Mehrheit der Peyraner Bevölkerung es befolgt. Dieses Gebot steht auch im Widerspruch zu einer anderen gesellschaftlichen Regel, die besagt, es sei für einen Mann gut, vor der Heirat Geschlechtsverkehr zu haben. Vor allem glaubt man, ein Mann könne keine Existenz gründen und die Verantwortungen des Lebens auf sich nehmen, bevor er nicht seinen Leidenschaften freien Lauf gelassen habe. Außerdem ist die Ansicht verbreitet, die sexuellen Beziehungen in der Ehe würden besser funktionieren, wenn der Mann vor der Ehe genügend Erfahrungen habe sammeln können.

Die meisten Leute von Peyrane würden folgende Feststellung eines Mannes für fair und realistisch halten: »Man sagt uns, wir sollten nur mit unseren eigenen Frauen schlafen, aber ich halte nichts davon. Ich machte meine erste Erfahrung, als ich vierzehn war, und das war nicht die einzige vor meiner Heirat. Ich war ein gesunder junger Mann, was sollte schon sein? Ein junger Mann soll sich amüsieren; es ist nichts Unrechtes daran, wenn er nur ein wenig vorsichtig dabei ist. Bei einem Mädchen ist es natürlich etwas anderes. Ich finde, es wäre für ein Mädchen besser, vor der Heirat keinen Geschlechtsverkehr zu haben; sie könnte in Schwierigkeiten geraten. Und schließlich meinen wir, daß ein Mädchen jungfräulich sein sollte, wenn es heiratet. Vielleicht gibt es noch ein paar Mädchen, die es sind, wenn sie heiraten .... aber ich bezweifle das. Es ist nicht schlimm, wenn sie aufpassen. Aber wenn man einmal verheiratet ist, dann muß man *sérieux* genug sein, nicht jede Gelegenheit wahrzunehmen. Es ist besser für Mann und Frau, zusammen zu schlafen und nicht mit anderen. Ich will nicht behaupten, ich sei meiner Frau immer treu gewesen. Als ich während des Krieges Soldat war und dann als Gefangener auf einem Bauernhof in Deutschland ..., aber das war etwas anderes. Ich glaube, meine Frau war mir treu, und wenn sie es nicht war, will ich es nicht wissen.«

Dieser Mann machte seine erste sexuelle Erfahrung mit einem Mädchen auf dem Heimweg von der Schule. Das ist für Kinder, die auf von der Schule entfernt liegenden Bauernhöfen wohnen, nicht ungewöhnlich. Einige Jungen bezogen, wie wir bei Emile Pian gesehen haben, ihre ersten Erfahrung im Bordell, aber dies ist nicht üblich. Prostituierte sind zu teuer, und es ist »zu gefährlich, eine scheußliche Krankheit zu fangen«. Manchmal bieten die *promenades*, die die jungen Leute machen, Gelegenheit zu sexuellen Begegnungen. Ein Junge sagte: »Man geht nicht unbedingt mit dieser Absicht spazieren. Immerhin ist man mit einem Mädchen zusammen, das man gerne hat oder das bereitwillig ist. Man trennt sich von den anderen. Eines führt zum anderen, man küßt sich – und schon ist es so weit, man kann dann nicht aufhören.«

Ob ein Junge mit einem »willigen« Mädchen seiner Bekanntschaft Geschlechtsverkehr hat oder mit *sa petite amie*, seiner Freundin, auf jeden Fall ist es seine Sache aufzupassen. Da nie Verhütungsmittel benutzt werden, muß einer von beiden aufpassen, und von einem Mann erwartet man, daß er seine Leidenschaften eher beherrschen kann als eine Frau.

Raoul Favre erzählte mir, er habe einmal mit zehn Jahren mit einem neunjährigen Mädchen sexuelle Spiele getrieben. Im unpassenden Augenblick seien ihre beiden Väter um die Ecke des Kornfeldes gekommen, in dem er sich mit dem Mädchen befand. Sein Vater schickte ihn nach Hause und kündigte ihm an, daß er am Abend »ordentlich eine abbekäme«. Aber als sein Vater nach Hause kam, verlor er kein Wort über die Angelegenheit. Das Mädchen wurde gezankt und mußte einige Tage zu Hause bleiben. Manche Eltern wären sicher nicht so nachsichtig wie die Raoul Favres. Zweifellos wären beide Eltern strenger vorgegangen, wenn ihre Kinder so alt gewesen wären, daß die Gefahr einer Schwangerschaft bestanden hätte.

Wird ein Mädchen tatsächlich schwanger, dann bleibt dies nicht verborgen. Man bedauert das Mädchen, und das Gerede verstummt bald; es gibt im Dorf Beispiele von »Mädchen-Müttern«, die gute Ehemänner fanden. Jeanne Imbert bekam ein Kind, als sie achtzehn Jahre war. Der Vater des Kindes heiratete sie nicht. Sie war über seine Weigerung so entsetzt, daß sie mit einem Schuß in den Unterleib versuchte, sich das Leben zu nehmen. (Sie genas, aber die Leute sagten: »Die Kugel hätte beinahe das ungeborene Kind getötet, denn es hat eine Narbe auf der Lippe!«) Trotz dieses Vorfalls führte Jeanne später eine gute Ehe. Sie heiratete Francis Favre, den Briefträger, dessen erste Frau ein paar Jahre zuvor gestorben war.

Dann gab es noch Madeleine Fratani. Als ihr Vater krank wurde und nicht arbeiten konnte, nahm ihre Mutter einen Mieter ins Haus. Madeleine war erst sechzehn, und der Mieter schlief mit ihr. Madeleine wurde schwanger, und der Mann verließ das Dorf. Es wurde viel darüber geschwätzt, aber nicht lange. Schlimm war nur, daß das Kind mit einem Jahr starb. Bald danach kam Emile Pian aus deutscher Kriegsgefangenschaft zurück. Die Familie Pian ist wohlhabend, geachtet und fleißig. Emile verliebte sich in Madeleine, und wenige Monate später heirateten sie. Sie sind jetzt ein sehr geachtetes Paar in Peyrane.

Auch für das unehelich geborene Kind gibt es keine Tragödien. Ich fragte Madame Borel, ob man solche Kinder in Peyrane geringschätze.

Sie war über diese Frage empört. »Warum sollte man dem Kind die Schuld geben? Es kann nichts dafür. Es ist die Schuld seiner Eltern, die nicht aufgepaßt haben. In der Schule neckt es niemand, und bis es erwachsen ist, haben die Leute die Geschichte vergessen. Sehen Sie sich Robert Peretti an. Zwischen ihm und den anderen ist kein Unterschied. Seine Mutter war eine schlechte Frau, so billigten alle, daß Gaston Jouvaud sie nicht heiraten wollte.«

Wenn ein unverheiratetes Mädchen ein Kind bekommt, gibt es also keine Tragödie aus moralischen Gründen: das Mädchen ist nicht entehrt, und auf dem Kind lastet nicht der Makel seiner Geburt. Eine Tragödie ist vielmehr, daß der einen oder beiden Familien eine unerwartete finanzielle Last aufgebürdet wird. Es ist auch eine Tragödie, weil die Geburt des Kindes die Jugend der Mutter und des Vaters frühzeitig beendet. Sie müssen vorzeitig seßhaft werden und die Verantwortungen von Erwachsenen auf sich nehmen, bevor sie ihr Leben genossen haben.

Man sollte natürlich keine übertriebenen Vorstellungen von »das Leben genießen« haben. Außer gelegentlichen Eskapaden sind die Unterhaltungsmöglichkeiten für junge Leute Kartenspielen, Boules, *promenades*, Besuche und Tanzen. Man macht mehr Aufhebens von den Vergnügungen der jungen Leute als von ihrer täglichen Arbeit. Aber da sie zum Familienunterhalt so viel beisteuern müssen, wie man für sie selber aufgewendet hat, müssen sie schon fleißig arbeiten.

Trotzdem muß man anerkennen, daß die Vergnügungen in Peyrane eine wichtige Angelegenheit sind. Dies wird nie direkt ausgesprochen, es steht einfach fest, »daß junge Leute ihr Vergnügen haben müssen«. Man ist tolerant und gibt ihnen jede mögliche finanzielle Hilfe. Man findet es tragisch, wenn ein junger Mensch in seiner Jugend zu kurz kommt oder wenn er Verantwortungen aufgebürdet bekommt, die er normalerweise noch nicht zu übernehmen braucht.

Wenn ein Kind mit vierzehn Jahren die Schule verläßt, ist es bis zu einem gewissen Grade in gesellschaftlichen Dingen durchaus bewandert. Es gibt keine der vorgeschriebenen Regeln, die es nicht kennt. Außerdem haben Eltern, Lehrer und die Gesellschaft im großen und ganzen alles getan, damit es diese Regeln befolgt. Die Dreizehn- und Vierzehnjährigen bilden die am besten angepaßte Gruppe im Dorf. Sie benehmen sich zweifellos am korrektesten von allen Bewohnern Peyranes.

Die Anpassung ging jedoch um den Preis der Unterdrückung vor sich, und die Leute von Peyrane finden, daß diese Unterdrückung auf die Dauer nicht möglich ist. Sie wissen, daß Heranwachsende Neigungen haben, die heftiger sind als die der Kinder. Da junge Leute nicht gezwungen werden können, sich den gesellschaftlichen Regeln so vollständig zu unterwerfen wie Kinder, wird bei ihnen ein Verhalten geduldet, das man bei Kindern oder Erwachsenen nicht dulden würde. Wenn Erwachsene sehen, wie ein Siebzehnjähriger sich töricht benimmt, lächeln sie nachsichtig und sagen, *»Cette jeunesse, faut qu'elle passe«*, das heißt, »Die jungen Leute müssen durch dieses Stadium hindurch«. Solange junge Leute nicht allzu beleidigend werden, nicht mit dem Gesetz in Konflikt geraten oder irgendeine Torheit begehen, die ihre Jugendzeit frühzeitig beendet, wird ihr Verhalten akzeptiert.

Junge Leute müssen ihrerseits lernen, daß es zweierlei soziale Richtlinien gibt: die ideellen, die Familie und Schule ihnen vorgeschrieben haben, und die praktischen, welche die Handlungen der Erwachsenen bestimmen. Praktische und ideelle Richtlinien unterscheiden sich in Peyrane weniger als in anderen Gesellschaftsordnungen, aber es gibt eine Differenz. Wenn zum Beispiel die Lehrerin die Klasse auswendig lernen läßt, »Wir müssen die Freunde und Beschützer der kleinen Vögel sein«, wiederholen die Kinder pflichtgemäß diesen Satz. Sie wissen aber, daß sie, sobald sie alt genug sind, allen Finken, Meisen und Drosseln, deren sie habhaft werden können, Fallen stellen oder sie abschießen werden, genau wie ihre Väter.

Kinder bekommen beigebracht, daß sie vor jedem älteren Menschen Achtung haben müssen. Aber sie sehen, wie Monsieur Maucorps, einer der ältesten Männer im Dorf, von ihren Eltern respektlos behandelt wird. In der Schule lernen die Kinder, daß es Bürgerpflicht sei, Steuern zu zahlen, aber wenn sie größer werden, bemerken sie, daß man nur die Steuern zahlt, die man unbedingt zahlen muß. Den Kindern sagt man, daß außerehelicher Geschlechtsverkehr unrecht sei. Bevor sie erwachsen sind, machen sie jedoch die Erfahrung, daß diese Regel nicht immer eingehalten wird. Ehe die Kinder zur Ersten Kommunion gehen, haben sie Katechismusunterricht, und der Pfarrer unterweist sie so ausführlich, wie es bei diesen praktischen Leuten nur möglich ist. Wenn sie erwachsen sind, betreten nur wenige von ihnen noch die Kirche, es sei denn bei Familienfeiern.

Bevor ein Kind erwachsen wird, muß es durch dieses Zwischenstadium gehen. Die realen sozialen Richtlinien sind wie die ideellen nicht ausdrücklich formuliert, und der Unterschied zwischen beiden kann nur

durch Erfahrung erlernt werden. Ein junger Mann wie Roger Prayal, der für einen jungen Mann zu brav, nicht stürmisch genug ist, erwirbt nicht genug Erfahrung. Er wird nie ganz verstehen, was man wirklich tun kann und was nicht. *»Il faut se faire une idée de la vie«*, sagen die Leute. Dies bedeutet mehr, als den Unterschied zwischen den ideellen Richtlinien und der Realität zu kennen. Roger wird dies nie unterscheiden können, weil er nicht dazu neigt, die Grenzen zu erproben.
Junge Leute, die versuchen, die Grenzen zu erproben, erfahren, daß manche Grenzen besonders anziehend sind. Die Leute von Peyrane glauben nicht, daß der Mensch von Natur aus gut sei, denn es ist ihnen klar, daß Kinder nicht von Natur aus gut sind. Diese gleichen eher kleinen Tieren, die gezähmt werden müssen, und sie werden zu Hause und in der Schule gründlich gezähmt. Sie befolgen die Regeln, die man ihnen vorschreibt, weil sie dazu gezwungen werden, nicht weil sie es wollen. Sie müssen aber auch lernen, sich aus eigenem Antrieb im Zaum zu halten und nicht weil eine höhere Autorität sie dazu zwingt.
Man nimmt an, daß auf die Dauer gesehen die Leute nicht von Sünden verlockt werden, die gegen die gesellschaftliche Konvention verstoßen, wenn sie diese Sünden ausprobiert haben. Trinkt ein Mensch übermäßig, so entdeckt er, daß mäßiges Trinken mehr Vergnügen macht. Wenn ein Mensch jede Nacht aufbleibt und von einem Ort zum anderen zieht, um nach Vergnügungen zu jagen, wird er eines Tages entdecken, daß es befriedigender ist, ein geregeltes Leben zu führen und nicht weiter als bis ins Café zu gehen. Niemand kann *sérieux* werden, ohne die Exzesse so weit getrieben zu haben, daß er Mäßigung vorzieht. Ein junger Mann soll von seinen Verantwortungen so viel wie möglich beiseite schieben, er muß so unabhängig wie möglich leben. Er muß aus dem Familienleben im Hause seiner Eltern ausbrechen; dann wird er schließlich erkennen, wie einsam er ist, und bereit sein, einen Teil seiner Unabhängigkeit für ein Familienleben zu opfern.
Olivier Borel erzählte von Freunden, die mit sechzehn und siebzehn Jahren Peyrane verließen, nach Marseille gingen, um dort zu wohnen und zu arbeiten. Die meisten kamen nach wenigen Wochen wieder zurück. »Zunächst amüsierten sie sich besser als in Peyrane, aber sie wurden es müde und kehrten heim.«
Wenn nach einer Zeit der Freiheit und der Experimente ein junger Mann die Bedingungen und Verpflichtungen des Lebens in Peyrane akzeptiert, wird er als vollgültiges Mitglied der Gemeinde anerkannt. Seine Jugendzeit ist zu Ende; er ist erwachsen, *sérieux* geworden. Ein

Mensch, der *sérieux* ist, richtet sich nach den Regeln der Erwachsenen. Sein Verhalten ist vorhersehbar.
Dieser Prozeß, *sérieux* zu werden, ist natürlich nie zu Ende. Niemand in Peyrane ist zum vollkommenen Bürger geworden. Noch verläuft der Prozeß des Erwachsenwerdens so klar, wie es in der Analyse scheint. Er geht, von Mensch zu Mensch verschieden, allmählich vor sich. Wenn ein Kind groß geworden ist und sich in gewisser Beziehung *sérieux* verhält, behandelt man es in dieser Beziehung als erwachsen und überträgt ihm entsprechende Verantwortungen.
Sobald sich ein Kind vernünftig Wein einschenken kann, darf es das immer tun. Die meisten Kinder in Peyrane schenken sich mit vierzehn selbst Wein ein. Monsieur Maucorps, der siebenundsiebzig Jahre alt ist, hat nie gelernt, sich beim Weineinschenken zu mäßigen, und man hält ihn in dieser Beziehung für kindlich. Die Leute necken ihn, wie sie ein Kind necken, das aus Unerfahrenheit ein paar Schlückchen zu viel trinkt.
Jungen findet man mit fünfzehn vernünftig genug, abends alleine auszugehen. Mit sechzehn können sie ausgehen, ohne ihren Eltern zu sagen wohin. Mädchen können zu mehreren zum Tanz gehen, wenn sie vierzehn oder fünfzehn sind. Wenn sie sechzehn sind, können sie sich mit einem Jungen alleine zum Tanz verabreden, sofern ihre Eltern nicht konservativ sind und darauf bestehen, daß sie begleitet werden.
Auch der Staat erkennt junge Leute in mancher Hinsicht als Erwachsene an, bevor sie so weit sind, die volle Verantwortung als erwachsene Mitglieder der Gesellschaft übernehmen zu können. So dürfen junge Männer zum Beispiel mit sechzehn einen Jagdschein erwerben. Jungen wie Mädchen können in diesem Alter den Führerschein machen. Mit Erlaubnis der Eltern können junge Männer mit achtzehn Jahren und drei Monaten heiraten, Mädchen mit fünfzehn und drei Monaten. Mit zwanzig müssen die jungen Männer zum Militär. Mit einundzwanzig gelten Jungen und Mädchen offiziell als erwachsen; dann sind sie juristisch und politisch voll verantwortlich.
In den Städten Frankreichs mag das Alter von einundzwanzig dem Alter entsprechen, in dem sich junge Leute erwachsen fühlen, sich wie Erwachsene verhalten und von den anderen Mitgliedern der Gemeinde als Erwachsene behandelt werden. Bei der Jugend in Peyrane besteht in dieser Hinsicht ein unglücklicher Widerspruch. Die jungen Leute sind es mit achtzehn und neunzehn müde, sich zu amüsieren, sie wollen seßhaft werden, heiraten und eine Familie gründen – zwei oder drei

Jahre früher, als der Staat sie als Erwachsene anerkennt. Mädchen werden meist mit siebzehn oder achtzehn als *sérieux* angesehen.
Wenn es nach den jungen Leuten in Peyrane ginge, so würden sie zweifellos früher heiraten, als sie es in Wirklichkeit tun. Aber man läßt dies nicht zu. Der Staat mischt sich in diesem Punkt ein und verlängert die Periode des Heranwachsens um drei bis acht Jahre.
Wenn ein junger Mann zwanzig wird, muß er Peyrane verlassen, um mehrere Monate (die genaue Dauer variierte in den letzten fünfzig Jahren beträchtlich) in der Armee zu dienen. Nur Untaugliche sind vom Dienst befreit. Die jungen Leute murren darüber, daß sie in der Armee dienen müssen, aber andererseits sehen sie diesem Einschnitt in ihrem Leben wie einer Art Abenteuer entgegen. Es ist für die meisten die einzige Gelegenheit, andere Teile Frankreichs kennenzulernen. Die Härte des Militärdienstes bekümmert sie nicht, sie sind dazu erzogen, Härten zu ertragen. Doch hassen sie vor allem die Anonymität, zu der man sie zwingt. Sie mögen nicht zu engem Kontakt mit anderen gezwungen werden. Sie gehorchen nicht gerne ohne vernünftigen Grund. Sie können es nicht leiden, daß sie sich nicht wehren können, wenn ein Vorgesetzter sie beleidigt. Sie mögen nicht, daß sie nicht ihre eigenen Entscheidungen treffen dürfen. Sie vermissen gutes Essen.
Der ernsteste Einwand gegen den Militärdienst von ihrer Seite und von der ihrer Eltern ist aber der, daß diese Unterbrechung in einem ungünstigen Zeitpunkt ihres Lebens stattfindet. Sie verlieren nicht nur ein oder zwei Jahre beim Militär; auch die zwei oder drei Jahre vor dem Militärdienst sind für sie verloren, denn wenn sie zurückkommen, müssen sie sich von neuem dem Leben im Dorf anpassen und Entscheidungen über ihren Beruf treffen, was sie mit achtzehn schon hätten tun können. Dann braucht man eine gewisse Zeit, eine geeignete Frau zu finden und genug Geld zu verdienen, um einen Haushalt gründen zu können. Schließlich heiraten die jungen Männer fünf Jahre später, als sie es ohne Militärdienst getan hätten. Der Staat verliert viel mehr durch geringere wirtschaftliche Produktivität und niedrigere Geburtenraten, als er durch ihren Militärdienst gewinnt.
Die Auswirkung des Militärdienstes kann man bei den beiden Söhnen von Rivet sehen. Paul ist taubstumm. Da von vornherein feststand, daß er vom Militärdienst befreit sein würde, begann er mit fünfzehn ein Handwerk zu erlernen. Jetzt ist er mit achtzehn Schneidergeselle. Er kann seinen Lebensunterhalt verdienen, schon während er das »Zuschneiden« lernt. Und mit einundzwanzig wird er Meister sein.

Sein Bruder Henri fand, wie wir gesehen haben, nur Gelegenheitsarbeiten, obwohl er neunzehn ist. Als ich ihn fragte, was er auf die Dauer beruflich tun wolle, sagte er: »Ich weiß es nicht, es hat keinen Zweck darüber nachzudenken, bevor ich gedient habe.« Während er noch überlegt, wie er seinen Lebensunterhalt verdienen und ob er nach Marseille gehen oder in Peyrane bleiben soll, ist sein jüngerer Bruder beruflich schon etabliert. Indessen ist Henri weiterhin nur Gelegenheitsarbeiter und amüsiert sich, ohne wirkliches Vergnügen daran zu finden.

Henri ist bekümmert, weil seine Familie ihn erst nach dem Militärdienst heiraten lassen will. Er ist in ein Mädchen aus Apt verliebt, und beide Familien sind sich einig, daß es nicht klug wäre, wenn sich die beiden vor dem Militärdienst verlobten oder heirateten.

Olivier Borel, einer der Anführer des »Peyraner Krugs«, kam auf Krankenurlaub vom Militär nach Hause, und da er mehr freie Zeit hatte als die meisten Leute in Peyrane, unterhielten wir uns oft zusammen. Seine Hauptsorge betraf seine Verlobung. Bevor er zum Militärdienst ging, hatte er Latauds Schwägerin gefragt, ob sie ihn heiraten würde. Sie waren immer zusammen ausgegangen, und es schien ihnen selbstverständlich, sich als verlobt zu betrachten. Jetzt war er ernsthafter geworden und fürchtete, sie sei nicht seriös genug für ihn. »Man sieht die Dinge anders, wenn man von zu Hause weg ist«, sagte er. »Wenn man dann zurückkommt, haben sie sich noch stärker verändert.« Er war nicht mehr glücklich mit ihr. Es wäre besser für sie gewesen, sie hätten sich nicht verlobt. Er sagte, er würde nie einem Sohn erlauben, Zukunftspläne zu machen, bevor er den Militärdienst nicht hinter sich gebracht hätte.

Im heiratsfähigen Alter haben die jungen Leute ihren Bekanntenkreis auf das Gebiet des Bassins von Apt und auch auf entfernter liegende Teile des Departements ausgedehnt. Durch Familienbeziehungen, Besuche, *promenades* und vor allem Tanzveranstaltungen haben sich Freundschaften über die Grenzen von Peyrane hinaus gebildet.

Die Wahl eines Ehemannes oder einer Ehefrau ist durch gesetzliche und allgemein gültige Einschränkungen begrenzt. Es ist gesetzlich verboten, einen nahen Verwandten zu heiraten, gleichgültig ob die Verwandtschaft legitim oder illegitim ist, ob die Verwandtschaft blutmäßig, durch Heirat oder durch gesetzliche Adoption besteht. Eine Heirat ist auch verboten zwischen Bruder und Schwester, zwischen Onkel und Nichte, Tante und Neffen, Schwager und Schwägerin (wenn sie geschieden sind). Diese Gesetze würden die Leute von Peyrane befolgen, auch wenn sie der Staat nicht dazu zwingen würde. Hier decken sich die Artikel des *Code Civil* mit den im Volk geltenden Verboten. Allgemein gültige sowie kirchliche Vorschriften gehen noch einen Schritt weiter und verbieten eine Heirat zwischen Vetter und Cousine ersten Grades. Um die Weisheit dieser Vorschrift zu erhärten, verweisen die Leute auf Simon und Marcelle Jouvaud, deren ältestes Kind schwachsinnig ist; sie sehen die Ursache darin, daß seine Eltern Vetter und Cousine ersten Grades sind.

Es kann sein, daß ein allgemeines, aber weniger bewußtes Vorurteil die Möglichkeiten der Wahl noch weiter einschränkt; die jungen Leute suchen offensichtlich lieber einen Ehepartner außerhalb der Gemeinde, als daß sie jemanden aus dem Dorf heiraten, den sie schon immer gekannt haben. Leider ist die Volkszählung in diesem Punkt unvollkommen, so daß man nicht genau weiß, in welchem Ausmaß die Leute ihre Ehepartner außerhalb von Peyrane fanden. Von den zweiundachtzig Ehepaaren, über die wir informiert sind, sind nur sieben endogamisch und fünfundsiebzig exogamisch. Guy Vidal und Yvon Fraysse, die die Volkszählung in der Gemeinde durchführten, berichteten nichts über die restlichen dreiundachtzig Ehepaare in Peyrane.

Wenn ein junger Mann ein bestimmtes Mädchen heiraten möchte, läßt er durch sein Benehmen seine Absicht erkennen. Beim Tanz ist sie seine einzige Partnerin, und er versucht zu verhindern, daß andere Männer mit ihr tanzen. Er macht mit ihr *promenades*, er besucht sie oft zu Hause und bringt manchmal eine Flasche Sekt mit. Allmählich gewöhnt sich die Familie so an seine Besuche, daß er fast als Familienmitglied betrachtet wird. Die meisten Familien erlauben, daß er das Mädchen ohne Aufsicht zum Tanz ausführt. Er kann sie auch auf seinem Motorrad zu Verwandtenbesuchen in der Nachbarschaft mitnehmen. Die Familie des Mädchens zieht sich abends ein wenig früher als gewöhnlich zurück, damit die jungen Leute allein sein können.

Nach ein paar Monaten wundert sich niemand mehr, wenn der Junge dem Mädchen einen Heiratsantrag macht. Wenn es einwilligt, ist es üblich, daß er den Vater des Mädchens offiziell um die Zustimmung bittet. Dies ist gesetzlich vorgeschrieben, wenn die jungen Leute minderjährig sind. Die Familien willigen gerne ein, wenn zwei Voraussetzungen erfüllt sind.

Die erste Voraussetzung ist, daß das Paar sich liebt. Alle Leute von Peyrane, die ich fragte, waren einstimmig der Meinung, daß die wichtigste Voraussetzung für eine Heirat die Liebe sei. Wenn man von ihnen hören wollte, was sie unter Liebe verstünden, fanden sie die Frage töricht, aber wenn man auf eine Definition drang, meinten sie einstimmig, die zwei wichtigsten Elemente in der Liebe seien Leidenschaft und Verträglichkeit. Wenn diese beiden fehlten, sei eine glückliche Ehe unwahrscheinlich.

Die andere wichtige Voraussetzung ist, daß beide jungen Leute *sérieux* sind. *Sérieux* hat mehrere Bedeutungen in diesem Zusammenhang. Vor allem muß man treu sein. Ein Mann, der »hinter anderen Frauen her ist«, und eine Frau, die fähig ist, »ihrem Mann Hörner aufzusetzen«, sind nicht seriös. Die größte Schande ist, wenn der Ehepartner so offenkundig untreu ist, daß es im ganzen Dorf bekannt wird.

Seriosität bedeutet aber noch mehr als Treue. Ein seriöser Ehemann versucht, so viel Geld zu verdienen, daß die Familie »anständig« leben kann. Er wird nicht unmäßig trinken und nicht zu viel Zeit beim Kartenspiel oder Boules verbringen. Er wird sein Einkommen durch Erzeugnisse aus seinem Garten ergänzen. Er wird so leben, daß seine Frau und seine Kinder ihn lieben und achten.

Eine seriöse Ehefrau wird fleißig, vernünftig und bescheiden sein. Sie wird ihr Haus in Ordnung halten, die Familie sparsam und gut ernähren und kleiden. Sie wird gut mit den Nachbarn stehen, aber nicht zu viel Zeit mit Schwätzen verbringen. Sie wird wissen, wie sie einen Hundert-Francs-Schein streckt, ohne für geizig gehalten zu werden. Sie wird das Einkommen ihres Mannes ergänzen, indem sie Kleider näht und Hühner und Kaninchen hält. Wenn der Mangel an Geld sehr groß ist, wird sie sogar die mühsame Arbeit der Seidenraupenzucht auf sich nehmen oder bei der Weinernte helfen, ohne ihre normalen Haushaltspflichten zu vernachlässigen. Sie wird nichts dagegen haben, wenn ihr Mann ins Café geht, solange er nicht zu viel Geld ausgibt, zu viel trinkt oder zu spät zum Essen kommt. Sie wird sogar nichts dagegen haben, wenn er ein wenig unmäßig ist – das heißt, wenn er sich ab und zu einen vergnügten Abend macht. Sie wird die Kinder, solange sie klein sind, daran hindern, auf der Straße herumzulaufen, und sie wird sie sauber halten. Sie wird ihnen gute Manieren beibringen und sie anhalten, ihren Vater zu lieben und zu fürchten. Sie kann von ihrem Mann Unterstützung bei der Erziehung der Kinder erwarten, aber nur in seltenen Ausnahmen wird sie ihn bitten, in seiner Freizeit auf die Kinder aufzupassen.

Es gibt noch andere Eigenschaften neben »Seriosität«, die man bei einem künftigen Schwiegersohn oder bei einer künftigen Schwiegertochter schätzt. Da die Heirat die Familien der beiden Eheleute in engeren Kontakt bringt, wäre es gut, wenn beide Familien sich miteinander vertrügen. Und was das Geld betrifft: jedermann findet es töricht, wegen Geld zu heiraten, aber wenn die Leute von einem bestimmten Paar reden, merkt man, daß sie das Geldproblem mit dem Heiratsproblem verbinden. Sie sagen zum Beispiel, daß Madeleine Fratani Glück gehabt habe, Emile Pian zu heiraten; ihre Familie war arm, und er war der Lieblingsneffe eines reichen Onkels. Philippe Vernet verheiratete sich gut; er fuhr nur einen Lastwagen für die Ockerbrüche und heiratete eine Lehrerin, die mehr Geld verdiente als er.

Geld ist also nicht unwesentlich, aber man findet doch im allgemeinen, daß Wohlstand im Hinblick auf einen zukünftigen Ehepartner nicht der entscheidende Gesichtspunkt ist. Es ist besser, eine seriöse Frau oder einen seriösen Mann zu haben, den man liebt, als einen reichen, mit dem man unglücklich ist. Hélène Monier ist die unverheiratete dreißigjährige Tochter eines reichen Bauern der Gemeinde. Obwohl sie attraktiv und reich ist, glauben die Leute, daß sie nie einen Mann finden wird, weil sie zu fromm ist und eine zu spitze Zunge hat.

Wenn die Eltern eines Mädchens ihre Einwilligung zur Heirat verweigern, brennt das junge Paar oft durch. Die Familie gibt dann doch lieber ihre Zustimmung, als es zu einem öffentlichen Skandal kommen zu lassen. Sie versucht, den Leuten im Dorf weiszumachen, daß sie nie wirklich etwas dagegen gehabt hätte. Wahrscheinlich glaubt dies niemand, aber das Gesicht wird gewahrt, und die Familie behält ihr Ansehen, indem sie sich ins Unvermeidliche schickt. Die Familie Sol hatte gegen Louis Martron heftige Einwände, als er Mireille den Hof machte. Er war nur Kochlehrling, und sie war die Tochter eines Grubenbesitzers. Obwohl die jungen Leute durchbrannten, wurde Louis nicht nur als Schwiegersohn akzeptiert, sondern wurde zum eigentlichen Oberhaupt der Familie, weil Monsieur Sol krank war.

Kurz nachdem die Eltern des Mädchens ihre Einwilligung zur Heirat gegeben haben, versammeln sich die beiden Familien bei einem Festessen. In Peyrane werden sehr selten Eheverträge gemacht. Bei den meisten Verbindungen ist so wenig Geld da, daß es lächerlich wäre, zu seiner Sicherung ein rechtsgültiges, notariell beglaubigtes Dokument zu finanzieren. Solche Verträge waren früher üblicher, aber seit den letzten beiden Kriegen hat, wie gesagt, niemand viel Geld, und diese Formalität wurde vernachlässigt.

Gleich nach der Verlobung werden der junge Mann und das Mädchen in die Familie des anderen aufgenommen. Der junge Mann ist jeden Abend im Hause des Mädchens. Das Mädchen verbringt einen Teil des Tages im Hause des Verlobten, sie näht mit ihrer Schwiegermutter und hilft ihr auch im Haushalt. Die Verlobten dürfen sich in der Öffentlichkeit auf beide Wangen küssen, wenn sie sich treffen oder sich verabschieden. Ein Beobachter könnte feststellen, daß sich die Küsse nicht nur auf die Wangen beschränken, aber diese Küsse sind nicht für die Öffentlichkeit bestimmt.

Man vermeidet eine lange Verlobungszeit. Zwei Monate bis zu einem Jahr liegen gewöhnlich zwischen Verlobung und Heirat. In dieser Zeit kann die Verlobung ohne Formalität und ohne viel Gerede gelöst werden. Die Leute nehmen an, daß die Entlobung einen triftigen Grund hat, und alle finden es besser, den Grund vor der Heirat zu finden als hinterher. Manchmal wird eine Hochzeit verschoben, bis ein Bruder vom Militärdienst zurück ist oder bis es einer kranken Großmutter wieder besser geht oder bis sie stirbt. Wenn diese Wartezeit nicht zu lange ist, ist es besser, sich ein wenig zu gedulden, um unter den angenehmsten Bedingungen zu heiraten.

Man kann das ganze Jahr über heiraten außer im Monat Mai, *le mois de Marie*. Da Ende Juni und Anfang Juli Feld und Garten weniger Arbeit machen, finden die meisten Hochzeiten in Peyrane in den Wochen um den 1. Juli statt.

Das junge Paar muß alle gesetzlichen Formalitäten erfüllen. In Frankreich ist die Gründung einer Familie ein sehr wichtiges Ereignis. Man hat Verträge ausgearbeitet, um alle Rechte und Pflichten von Mann und Frau vollständig und genau zu definieren, die gegenseitigen und die gegenüber den Kindern, den Verwandten und der Gesellschaft. Der Staat hat alles getan, damit diese Vorschriften verstanden und befolgt werden. Das Gericht kann Ausnahmen machen, um das Gesetz individuellen Fällen anzupassen. Sogar eine Inzestheirat kann genehmigt werden – aber nur vom Präsidenten der Republik!

Zuerst muß das Aufgebot bestellt werden. Das heißt, daß zehn Tage lang die Ankündigung der Heirat an den Türen der Rathäuser von mehreren Gemeinden angeschlagen werden muß – in der Gemeinde, in der die Hochzeit stattfinden wird, in den Gemeinden, in denen Braut und Bräutigam seit mindestens sechs Monaten gewohnt haben, in den Gemeinden, in denen sie geboren wurden, und in den Gemeinden der Eltern oder Vormünder, wenn Braut oder Bräutigam minderjährig sind. Das Aufgebot muß die vollen Namen der Braut und des Bräutigams enthalten, ihren Wohnsitz und den Namen des Rathauses, in dem sie getraut werden sollen. Ein Aufgebot kann nur bestellt werden, wenn Braut und Bräutigam ein amtliches Gesundheitsattest vorlegen, das nicht älter als zwei Monate sein darf.

Jeder kann beim Bürgermeister Einspruch gegen die Heirat erheben, und es ist Sache des Bürgermeisters, diese inoffiziellen Einwände zu beachten oder nicht. Aber bestimmte Personen – ein naher Verwandter, ein Vormund oder der Staatsanwalt – sind gesetzlich ermächtigt, gegebenenfalls Einspruch zu erheben. Dann muß die Heirat verschoben werden. Der Einwand muß allerdings stichhaltig sein, denn wird er vom Richter abgewiesen, muß der Antragsteller für jeden dadurch entstandenen Schaden aufkommen.

Mindestens vier Tage vor der Hochzeit gehen Braut und Bräutigam zusammen auf das Rathaus, wo die Trauung stattfinden soll. Dort müssen sie vorlegen: ihre Gesundheitszeugnisse, den Nachweis des erfolgten Aufgebots und daß keine Einwände erhoben worden sind, auf Verlangen eine polizeiliche Anmeldung und die Geburtsurkunde, sofern sie nicht im Dorf selbst geboren sind. Es können noch andere Papiere verlangt werden – ein Ehevertrag, wenn er besteht, eine Todes- oder Scheidungsurkunde, wenn einer der Ehepartner schon einmal verheiratet gewesen war, oder ein Wehrpaß, wenn der Bräutigam aktiver Soldat ist.

Mindestens einen Monat vor der Hochzeit muß das Paar zum Pfarrer gehen, um die kirchliche Trauung zu besprechen. Das Aufgebot muß mindestens drei Wochen an der Kirchentür ausgehängt werden. Nicht selten widersetzt sich der junge Mann einer kirchlichen Trauung, die das Gesetz nicht fordert. Sein Widerstand wird immer wieder durch die Frauen der Familien gebrochen, er gibt nach und sagt, »um des lieben Friedens willen«. Niemand, wahrscheinlich nicht einmal der junge Mann selbst, nimmt seinen Protest ernst. In Peyrane heiraten alle in der Kirche, ohne Rücksicht auf Glauben und politische Parteizugehörigkeit. Charles Pouget, der hitzköpfige Sekretär der kommunistischen Partei, wurde ebenso in der Kirche getraut wie der fromme Joseph Gleizer.

Besteht die Braut darauf, daß »alles seine Ordnung« hat, dann muß der Bräutigam in Apt einen Frack oder Smoking für die Trauung ausleihen. Aber seit dem Krieg findet man diese Art Eleganz unnötig. Ein noch guter schwarzer Anzug genügt für die Hochzeit. Der Bräutigam besitzt sicher einen, denn der schwarze Anzug ist ein wesentlicher Bestandteil der Garderobe jedes Mannes in Peyrane. Manche der schwarzen Anzüge, die man bei Feierlichkeiten sieht, sind im Lauf der Jahre schäbig geworden, denn sie werden bei allen Begräbnissen und Hochzeiten getragen.

Monsieur Maucorps sah ich noch nie im schwarzen Anzug; aber sicher hat er einen mottenzerfressenen irgendwo in dem alten Haus, in dem er wohnt. Vielleicht traut er sich nicht, ihn anzuziehen, aus Angst, daß er auseinanderfällt; er muß ihn aber aufbewahren, um darin begraben zu werden. Vielleicht ist auch der Anzug, den er Tag und Nacht anhat, sein schwarzer Anzug. Es ist schwierig festzustellen, was für eine Farbe er einmal gehabt hat.

Der Bräutigam kümmert sich vor allem darum, daß sein schwarzer Anzug tadellos in Ordnung ist, sonst macht er sich wenig Sorgen um die Hochzeitsvorbereitungen. Vor Jahren gab es noch überlieferte Zeremonien, aber sie sind aufgegeben worden. Es war damals üblich, daß der Bräutigam der Braut einen Ohrring schenkte, um *ferrer l'épouse. Ferrer* bedeutet Eisen an etwas anzubringen, ein Pferd zu beschlagen, ein Werkzeug mit einer Eisenspitze oder eine Tür mit Angeln und Schloß zu versehen. Wenn ein junger Mann also seiner Braut einen Ohrring schenkt, »legt er seine Frau ans Eisen«. Er demonstriert damit seine Herrschaft über sie. Die meisten Leute aus dem Dorf wissen nichts mehr von diesem Brauch, nur die ältesten erinnern sich, als Kinder davon gehört zu haben.

Die einzige Zeremonie, an die der junge Mann heutzutage denken muß, ist »das Begräbnis seines Junggesellenlebens«. Früher war dies in manchen Gegenden Frankreichs eine genau geregelte Feier, bei der ein richtiges Scheinbegräbnis stattfand. In einem Sarg wurde das Junggesellenleben des Bräutigams symbolisch begraben. Heute kennt man nur noch den Ausdruck, aber die zeremonielle Handlung ist in Vergessenheit geraten. Das »Begräbnis« besteht nur noch aus einem Essen, das der Bräutigam seinen Freunden gibt – das letzte Fest, das sie als Junggesellen zusammen feiern.

Die Braut und ihre Mutter sind eifrig mit den Vorbereitungen zum Hochzeitsessen beschäftigt und haben die wichtige Aufgabe, das Brautkleid zu nähen. Wenn der Bräutigam auch nicht mehr offizielle Kleidung bei der Hochzeit tragen muß, so wird doch alles getan, damit die Braut ein langes weißes Kleid und einen Schleier hat. Die Eleganz des Kleides hängt vom Geldbeutel der Familie ab, aber jede Familie ist bereit, Opfer zu bringen, damit ihre Tochter am Tage der Hochzeit so schön wie möglich ist.

Am Hochzeitstag trifft sich die Gesellschaft im Haus der Braut, von wo aus sich der Hochzeitszug zum Rathaus begibt. Der Brautvater geht mit der Braut am Arm voraus, die Gäste folgen paarweise. Der Bräutigam beschließt mit seiner Mutter den Zug. Im Rathaus erwartet sie der Bürgermeister in der *Salle des Mariés*, dem offiziellen Festraum der Gemeinde.

An der Heiratszeremonie kann jeder teilnehmen, der will. Zwei Trauzeugen müssen mindestens zugegen sein. Der Bürgermeister trägt die Eheschließung in das *Registre de l'état civil* ein. Braut und Bräutigam, die Trauzeugen und die Eltern unterschreiben dann die Heiratsurkunde. Der Bürgermeister gemahnt das Paar an seine neuen Rechte und Pflichten. Diese sind auf mehreren Seiten des *Code Civil* mit allen Sanktionen, Strafen und Ausnahmen aufgezählt. Im wesentlichen ist im *Code* festgesetzt, daß Mann und Frau einander zu Treue und Hilfe verpflichtet sind. Der Mann ist das Haupt der Familie. Seine Frau muß mit ihm leben, und er muß sie aufnehmen. (Im *Code* sind natürlich Ausnahmen für jede Regel aufgeführt: zum Beispiel muß die Frau nicht im Hause bleiben, wenn der Mann dort seine Freundin beherbergt; wenn der Mann oder die Frau sich in einem ehebrecherischen Verhältnis eine Geschlechtskrankheit zuzieht, muß der unbelastete Ehepartner nicht für den anderen sorgen.) Die beiden werden ermahnt, ihre Kinder so gut wie möglich zu erziehen, und darauf hingewiesen, daß sie juristisch für die Handlungen ihrer Kinder verantwortlich sind.

Der Bürgermeister erklärt sie für Mann und Frau. Die Heirat wird auf ihren Geburtsscheinen vermerkt. Wenn sie wollen, bekommen sie eine Heiratsurkunde. Sie bekommen ihr *livret de famille*, das Familienbuch, in das alle offiziellen Ereignisse im Leben der Familie auf dem Rathaus eingetragen werden.

Das Paar ist gesetzlich verheiratet, und die Hochzeitsgesellschaft zieht in die Kirche. Das Brautpaar führt jetzt den Hochzeitszug an; der Vater der Braut und die Mutter des Bräutigams nehmen jetzt den Platz am Ende des Zuges ein. Der Pfarrer, Abbé Autrand, und der Meßdiener, Georges Vincent, warten in der Kirche. Monsieur Autrand nimmt ihnen das Eheversprechen ab, segnet die Trauringe, spricht den zur Zeremonie gehörenden Text und liest eine Messe. Die Dauer der Messe hängt von der Summe ab, welche die Familie dafür ausgeben will. Aber es gibt in Peyrane wenige fromme Familien, die reich genug sind, und wenige reiche Familien, die fromm genug sind, um eine lange Messe lesen zu lassen. Die Hauptsache ist, daß beide Zeremonien stattfinden, damit in den Augen der zivilen und der religiösen Obrigkeit alles in Ordnung ist.

Wenn die Hochzeitsgesellschaft die Kirche verläßt und die engen Straßen hinuntergeht, wird ihr Weg durch eine mit Blumen und Bändern geschmückte Barriere behindert, die einige Dorfbewohner errichtet haben. Nach der Überlieferung muß das neuvermählte Paar für »seine Passage zahlen«, indem es Süßigkeiten und Geld auf ein Tablett vor die Barriere legt. Früher spendete man lieber Süßigkeiten als Geld, aber heutzutage gibt die Hochzeitsgesellschaft meist nur Geld. Kaum ist die Barriere passiert, kommen die Dorfkinder, laufen hinter dem Zug her und rufen *»vivent les novi«*, und die Gesellschaft muß zur Beschwichtigung Geld unter die Kinder werfen.

Das Hochzeitsessen findet im Hause der Braut oder auch im Restaurant statt, wenn ihre Familie sich diesen Luxus erlauben kann. Es gibt viele Gänge, die besten Weine des Dorfes und stets einen kunstvoll verzierten Hochzeitskuchen und Sekt.

Gegen Ende der Mahlzeit verschwindet einer der Männer plötzlich unter dem Tisch. Alle kichern, und die Braut quietscht. Er greift nach ihrem Bein und zieht ihr ein Strumpfband aus, das sie für diese Gelegenheit angelegt hat. Es ist dies einer der wenigen alten Bräuche, die sich in Peyrane erhalten haben. Diese Sitte ist in Frankreich weit verbreitet, und die Gelehrten zanken sich um ihre symbolische Bedeutung. Die Leute von Peyrane glauben, es sei nur ein Trick, um die Braut in Verlegenheit zu bringen.

Eine ältere, unverheiratete Schwester der Braut muß darauf gefaßt sein, daß die Aufmerksamkeit aller auf ihre Altjüngferlichkeit gelenkt wird, denn während des Essens wird ihr in aller Form eine Zwiebel überreicht. Auch die erfolglosen Verehrer der Braut werden an ihr Mißgeschick erinnert. In der Hochzeitsnacht heftet man ihnen Salbeisträuße an die Haustüren.

Dem Hochzeitsessen folgt immer ein Tanz, so einfach das Arrangement auch sein mag. Während des Tanzes versucht das Brautpaar sich heimlich fortzustehlen und in eines der beiden Elternhäuser zu gelangen. Um zwei oder drei Uhr morgens werden sie durch heftiges Klopfen an der Tür geweckt. Der Lärm wird immer lauter, bis der Bräutigam an die Tür kommt, um den lärmenden Haufen seiner Freunde einzulassen.

Dem Paar, von dem man annimmt, es sei hungrig, werden zwei Schüsseln mit Zwiebelsuppe gereicht.

Es gibt Charivaris in Peyrane, aber sie sind Witwen vorbehalten, die sich wieder verheiraten. Vor drei Jahren heiratete Monsieur Artigues, Vorarbeiter in einem Ockerbruch. Er war sechzig und hatte lange Jahre allein gelebt. Als er eine junge Witwe aus Avignon heiratete und sie nach Peyrane brachte, organisierten Monsieur Maucorps und einige seiner Kumpanen ein Charivari, das das ganze Dorf aufweckte. Es dauerte nicht lange, bis Monsieur Artigues mit einer Flasche und Gläsern an die Tür kam. Bei diesem Anblick beendete Monsieur Maucorps den Lärm, den er mit Pfannen und Töpfen veranstaltet hatte.

Der Traum aller jungen Paare von Peyrane ist, genug Zeit und Geld zu haben, um für zwei oder drei Wochen eine Hochzeitsreise nach Nizza zu machen; aber nur sehr wenige können diesen Traum verwirklichen. Wenn sie sich eine Reise leisten können, reicht es meist nur, um in Digne oder Marseille für ein paar Tage Verwandte zu besuchen. Manche müssen sich mit einer *promenade* von wenigen Stunden nach Fontaine-de-Vaucluse begnügen. Die meisten können jedoch für einige Tage Peyrane verlassen.

Kommt das Paar nach Peyrane zurück und bezieht die Wohnung, die man für es vorbereitet hat, so bemerken sie, daß ihr Status in der Gemeinde sich verändert hat. Die Jugendzeit ist vorüber, sie sind Mann und Frau, Erwachsene, die sich von nun an mit voller Verantwortung den Problemen des Lebens stellen müssen.

Probleme und Sorgen der Erwachsenen

6. KAPITEL

Gründung eines Haushalts

Das Haus

Als Louis Bonerandi und Françoise Borel sich entschlossen zu heiraten, glaubten sie, ihre Verlobungszeit würde nur kurz sein; aber sie verbrachten Monate mit der Suche nach einer Wohnung. Schließlich mußten sie sich mit einer provisorischen Lösung zufriedengeben: sie würden heiraten und bei Françoise Familie wohnen, bis sie eine eigene Wohnung gefunden hätten. Niemand in Peyrane findet es gut, wenn ein junges Paar bei den Eltern des Mannes oder der Frau wohnen muß, aber eine Heirat kann nicht unbegrenzt hinausgeschoben werden. So schien es Louis und Françoise besser, verheiratet zu sein und eine Zeitlang mit den Borels zusammenzuleben, obwohl sie dort nicht für sich waren und die Eltern sich vielleicht in ihre Angelegenheiten einmischten.

Als nach einem Jahr ein Baby geboren wurde und sie immer noch keine Wohnung gefunden hatten, wurde der provisorische Zustand als Dauerlösung akzeptiert. Borel und Bonerandi bauten zwei Zimmer an Borels Haus an, und die beiden Familien richteten sich gemeinsam im Haus ein. Sie haben sich jetzt an den Zustand gewöhnt, und er scheint sogar vernünftig zu sein. Madame Borel sorgt für das Baby, Françoise arbeitet bei ihrem Onkel, dem Schneider, der nebenan wohnt, und Louis bei seinem Schwiegervater. Der gemeinsame Haushalt läuft glatt, aber niemand findet den Zustand ideal.

Der Mangel an Wohnungen, der junge Paare daran hindert, einen eigenen Hausstand zu gründen, ist paradox, denn ein Drittel aller Häuser von Peyrane steht leer. Trotzdem können sie die Dorfbewohner nicht beziehen. Ihre Eigentümer behaupten, die staatliche Mietüberwachung hindere sie daran, ihre leeren Häuser zu vermieten. Die festgesetzten Mieten sind tatsächlich zu niedrig; nur wenige Häuser in

Peyrane könnten auf legale Weise für mehr als sechzig Mark im Monat vermietet werden. Außerdem soll es fast unmöglich sein, einen Mieter hinauszusetzen, ohne ihn zu verklagen; so lassen die Eigentümer ihre Häuser, in der Hoffnung sie zu verkaufen, lieber leerstehen, als sie von Mietern bewohnen zu lassen, die sie nicht hinaussetzen können und die nicht genug Miete zahlen.

Das Haus, in dem wir wohnten, veranschaulicht diese Situation. Es hatte sieben Jahre lang leergestanden. Monsieur Martron war bereit, es uns zu vermieten, weil er sicher war, daß wir es nach Ablauf eines Jahres wieder verlassen würden, und die hohe Miete, die er von Amerikanern für ein möbliertes Haus verlangen konnte – hundertzwanzig Mark monatlich –, machte das Geschäft lohnend. Monsieur Martron verwandte die Miete, die wir zahlten, für notwendige Reparaturen am Haus, und wenige Monate, nachdem wir ausgezogen waren, verkaufte er es an einen Belgier, der sich im sonnigen Südfrankreich zur Ruhe setzen wollte.

Es gibt noch einen anderen Grund für den Mangel an Wohnungen. Bis auf die Küste bietet die Provence ein billiges Erholungsgebiet für Städter aus dem Norden, die es sich nicht leisten können, an die Riviera zu gehen, oder die das einfache Leben in einem kleinen Dorf vorziehen. Sie können aber mehr für ein Haus bezahlen als die Dorfbewohner; also behält es der Eigentümer, in der Hoffnung, es einem Städter zu verkaufen. Er will es an Dorfbewohner nicht vermieten, und diese können sich einen Hauskauf nicht leisten.

Das größte Haus im Zentrum von Peyrane erwarb ein Architekt aus Moulins. Den Sommer verbringt seine Familie in England, aber während der Osterferien verlassen sie den regnerischen Norden, um für ein paar Tage in ihrem Haus in Peyrane zu wohnen. Das übrige Jahr steht das Haus leer und verlassen da.

Man muß die persönliche Geschichte jedes Hauses und seines Besitzers kennen, um zu verstehen, warum leerstehende Häuser nicht verfügbar sind. Monsieur Prayal will sein zweites Haus nicht vermieten, weil er heranwachsende Kinder hat; er möchte, daß später eines von ihnen darin wohnt. Monsieur Reynard besitzt ein leerstehendes Haus, aber er benutzt es, um Vorräte für seine Kolonialwarenhandlung darin zu lagern. Madame Baume lebt auf dem Lande, aber sie will ihr Haus im Dorf nicht vermieten, weil sie ein Zimmer für ihren Zeitungsvertrieb benutzt. Lucien Bourdin wohnt bei seiner Mutter. Er will sein eigenes Haus nicht vermieten, weil er sich ab und zu dorthin zurückziehen will, um für sich zu sein. Madame Magne ist nach Apt gezogen, um bei ihrer Tochter zu leben. Sie will ihr Haus nicht vermieten, denn sie hofft, zurückkehren zu können, wenn sich ihre Gesundheit gebessert hat. Das Haus, das nördlich von unserem liegt, steht leer, seit Madame Favre gestorben ist. Es ist unbewohnbar. Das Haus südlich von uns sieht unbewohnt aus, es gehört einem blinden Besenverkäufer, der durch Südfrankreich zieht und gelegentlich für ein oder zwei Wochen nach Peyrane zurückkommt.

Die älteren Kinder in Madame Vernets Klasse mußten einen Aufsatz über folgende Fragen schreiben: Welches ist das schönste Haus, das Du kennst? Warum ist es schön? Welches ist das häßlichste Haus, das Du kennst? Warum ist es häßlich? In was für einem Haus würdest Du gerne wohnen, wenn Du erwachsen bist? Die Aufsätze betonten den Unterschied zwischen den Häusern, in denen die Leute tatsächlich wohnten, und einem Idealhaus. Jules Marchal fand, wie die meisten Kinder, das Haus des Notars ideal:

> »Das schönste Haus ist das des Notars. Es ist schön, weil es außen sauber verputzt und schön rotbraun gestrichen ist. Überall um das Haus herum wachsen Blumen und im Sommer wunderschöne Rosen. Im Innern sind die Wände bemalt und leuchten, und die Fliesen sind blank.
>
> Das häßlichste Haus ist das der Charrins, weil die Küche neben dem Kuhstall liegt und weil man nur über eine Leiter ins Schlafzimmer gelangen kann. Das Haus, in dem die Araber wohnen, ist auch häßlich, weil Risse in den Wänden sind, die Fußböden brüchig sind und alles schmutzig ist.
>
> Wenn ich groß bin, möchte ich ein schön verputztes, nach Süden gelegenes Haus haben mit schönen Fenstern, einer schönen Tür und rundherum Blumen. Innen möchte ich ein Eßzimmer haben mit farbigem elektrischem Licht und einem Sofa. In der Küche soll es heißes Wasser geben, und außerdem muß ein WC da sein.«

Des Notars Haus ist eine neue »Villa«, wie man sie in allen mittelständischen Vororten größerer Städte findet. Das einzige vergleichbare wenn auch bescheidenere Haus ist das, welches der Maurer Jouvaud für seine Familie gebaut hat. Dies sind die einzigen Häuser, die in Peyrane in den letzten Jahrzehnten gebaut wurden, und auch die einzigen, die von Blumengärten umgeben sind, die die Kinder so bewundern.

Im Vergleich zu diesen beiden sind alle anderen Häuser sehr alt, und sie würden traurig aussehen, wenn sie nicht in verschiedenen Ockertönen verputzt wären. Es gibt keine Blumen außer wenigen Töpfen mit Geranien. Die meisten Häuser sind zweistöckig und etwa sechs Meter breit. Die Dächer sind mit halbrunden Ziegeln gedeckt; man muß große Steine auf den Rand der Dächer legen, damit der Mistral sie nicht wegbläst. Einzelnstehende Häuser auf dem Land sind nach Süden gerichtet und zeigen eine kahle, fensterlose Mauer gen Norden. Die Häuser im Dorf stehen dicht nebeneinander. Ihre Fassaden liegen unmittelbar an der engen Straße. Wenn sie einen Garten oder einen Hof haben, liegt er hinter dem Haus. Der Wert des Besitzes hängt größtenteils davon ab, ob der Garten im Winter Sonne hat und vor Wind geschützt ist.

Man hat an den Häusern im Laufe der Zeit so viel verändert, hinzugefügt, abgerissen, geteilt, ausgebessert und repariert, daß die Frage kaum gestellt werden kann, ob die Häuser, so wie sie heute dastehen, noch dieselben sind wie die ursprünglich gebauten. Viele dieser Häuser wurden vor ein- oder zweihundert Jahren erbaut, manche sind noch viel älter. Sie wurden gebaut, um zu überdauern; und sieht man von Katastrophen ab, überdauern sie auch.

Gelegentlich gibt es Katastrophen; im Jahre 1936 brach ein Teil der Hügelkuppe ein und vernichtete ein Dutzend Häuser, in denen algerische Ockerarbeiter wohnten. Als Simon Jouvaud die Wand unseres hinteren Zimmers verputzte, schaute er aus dem Fenster. »Die Erosion der Felsen wird bald Ihren Schuppen erreichen. Danach wird Ihr Haus folgen«, sagte er. Ängstlich fragte ich ihn, wie schnell so etwas gehen könne. »Ich würde dem Haus nicht mehr als hundert Jahre geben«, antwortete er.

Für einen Fremden, der zum ersten Mal durch die Straßen geht, sehen die Häuser wegen ihres Alters – oder wegen ihrer Zeitlosigkeit – und wegen des üblichen Ockeranstrichs fast alle gleich aus. Er kann die Häuser der Leporattis und der Charrins, die nebeneinander stehen, nicht unterscheiden, aber jedes Kind im Dorf könnte ihm sagen, daß sie vollkommen verschieden sind. Jules Marchal bezeichnete in seinem Aufsatz das Haus der Charrins als das häßlichste im Dorf. Das Haus der Leporattis, welches ihm ähnlich ist, hat eine Steintreppe und ist gut gehalten. Die Häuser der Alliberts und der Martrons sehen von außen gleich aus, aber die Alliberts haben weder fließendes Wasser noch Elektrizität, während die Martrons über allen »modernen Komfort« verfügen. Andererseits haben die Alliberts den ganzen Winter über einen sonnenüberfluteten Hof, während Martrons Hof im Schatten des Nebenhauses liegt und kalt und feucht ist. Das Haus von Francis Favre und Fraysses Haus sind nicht zu unterscheiden, aber Francis hat hinter dem Haus eine Toilette gebaut, während die Fraysses die öffentliche, etwa hundert Meter entfernte Toilette benutzen müssen.

Francis Mutter starb vor einem Jahr, und ihr Haus steht leer. Für einen Außenstehenden sieht das Haus wie die meisten anderen aus, aber die rückwärtige Mauer hat einen etwa einen Zentimeter breiten Riß vom Dach bis zum Fundament. Francis könnte die Wand sichern, indem er sie mit langen Eisenstangen verklammert; viele Häuser werden auf diese Weise erhalten. Aber wegen der Lage dieses Hauses lohnt es sich nicht. In der Nähe mündet die Kanalisation, und gegenüber wohnen die Charrins mit ihrer Kuh. Das Haus ist unmittelbar dem Mistral ausgesetzt, und die Sonne scheint nie direkt darauf. Ein ungünstigeres Haus kann man sich kaum vorstellen. Statt es zu reparieren, will Francis das Dach abdecken, weil er dann nur noch für den Grund und Boden Steuern bezahlen muß. Dies ist das Los der Häuser, die zu reparieren nicht lohnt.

Der Hauptraum in jedem Haus ist die *salle*. Sie dient als Wohnzimmer, Eßzimmer und Küche. In der Mitte steht ein Eßtisch mit einer Wachstuchdecke. Über dem Tisch hängt eine elektrische Lampe, eine kleine Birne mit einem Schirm, der oft mit Fransen oder Perlen verziert ist. Darum herum stehen mehrere gradlehnige Stühle. An einer Wand befindet sich ein Buffet. Die Möbel sind weder antik noch neu. An den Fenstern sind einfache, nie drapierte Vorhänge. Die Wände machen einen kahlen Eindruck, auch wenn ein oder zwei Bilder oder Photos aufgehängt sind, die meist Berge oder Waldlandschaften zeigen. Manchmal hängt auch ein gerahmtes *certificat primaire* oder eine Militärurkunde an der Wand. Im Fenster, auf dem Kaminsims oder auf der zugedeckten Nähmaschine in der Ecke steht immer ein kleines Radio. Auf dem Kaminsims häufen sich stets Gegenstände: Gewürztöpfchen, ein Kalender, die offizielle Hochzeitsphotographie, die Photographie eines der Männer in Uniform und vielleicht eine Vase mit künstlichen Blumen. Im Frühling stehen dort manchmal frische Blumen, aber sie sind ohne besonderes Geschick angeordnet. Oft wird der Kamin nicht mehr benutzt, und man hat einen Holzofen davor gestellt.

Im ganzen wirkt das Zimmer kahl, aber sauber und ordentlich. Niemandem würde es einfallen, andere Häuser als das des Notars und des Maurers wegen ihrer Schönheit, ihres Komforts oder anderer moderner

Annehmlichkeiten zu loben. Dies sind zwar Maßstäbe für Wohlhabende, aber jede Frau, ob wohlhabend oder nicht, kann ihr Haus sauber halten, und danach werden Häuser und Hausfrauen beurteilt.
Die Wertschätzung der Sauberkeit schließt das Interesse an der Hygiene nicht mit ein, obwohl die Häuser von Peyrane sehr hygienisch sind. Es gibt keine gepolsterten Stühle, nicht einmal im Hause des Notars. Es liegen keine Teppiche auf den Böden. Die Fußböden sind meist gekachelt, selten aus Holz. Aber Hygiene ist hier reiner Zufall. Die Leute haben nicht gerne gepolsterte Möbel, weil sie nicht am »Komfort für den Hintern« interessiert sind, wie sie dies verächtlich nennen. Die Böden der Häuser sind gekachelt, weil Kacheln in diesem Teil Frankreichs billiger sind als Holz. Natürlich haben Kacheln noch andere Vorteile: sie sind kühl im Sommer, sie sind haltbar, sie können leicht gereinigt und poliert werden. Aber die Tatsache, daß Kacheln hygienisch und gleichzeitig billig, dauerhaft und leicht zu pflegen sind, ist ein Zufall, der niemanden interessiert.
Die Gleichgültigkeit gegenüber der Hygiene kann man an den Toiletten feststellen. Die meisten Bauernhäuser haben ein Häuschen außerhalb des Hauses, einen einfachen Schuppen aus Schilf. Darin ist ein Balken in Kniehöhe quer über die Grube gelegt. Dieses Häuschen liegt immer neben dem Misthaufen, und zusammen mit dem Mist werden die Fäkalien zum Düngen des Gartens verwendet.
Manche Häuser im Dorf haben überhaupt keine Toilette, aber drei öffentliche Toiletten sind strategisch günstig im Dorf verteilt. Es sind stabile, äußerlich saubere Schuppen, obwohl sie innen alles andere als sauber sind. Die Einrichtung in diesen Schuppen besteht aus einem Loch im betonierten Boden. Wenn der Gestank dieser Toiletten der Gemeinde zu viel wird, schwemmen die Feuerwehrleute mit ihrem Schlauch alles, was sich angesammelt hat, den Hügel hinunter.
Manche Häuser haben als Toilette einen kleinen Schuppen um eine flache Grube gebaut. Wenn die Grube voll ist, wird ihr Inhalt zum Düngen in den Garten gefahren.
Etwa zehn Prozent der Häuser haben zwar eine Spültoilette, aber ohne fließendes Wasser, man muß mit einem Eimer Wasser spülen. Manche der Spültoiletten sind an einen Abwasserkanal angeschlossen, der sich etwa am Rande des Dorfes entleert. Häuser, die wie das unsrige am Rande der Felsen liegen, brauchen nicht mit der Kanalisation verbunden zu sein. Unsere Toilette lag hinten im Hof, ein langes Abflußrohr ragte über den Felsen und schickte eine Kaskade hinunter ins

Tal. Die anderen Häuser, die an den Felsen lagen, hatten dasselbe bequeme System.

Das ganze sanitäre System des Dorfes beruht auf seiner hohen Lage über dem Tal. Das überschüssige Wasser aus dem Reservoir auf der Kuppe des Hügels fließt Tag und Nacht ins Dorf hinunter und nimmt die Abfälle von den Häusern mit. Es wäre angenehmer, wenn das Wasser in mehrere Rinnsteine geleitet würde, aber es läuft durch eine Hauptrinne zu einem Ockerbruch im Tal. Die Bergwerksgesellschaft benutzt dieses Wasser, um Erz aus dem geförderten Ocker zu waschen, und bezahlt an das Dorf dafür, daß das Wasser zu ihnen geleitet wird.

Als wir unseren Hausbesitzer fragten, wo wir unseren Abfall hintun sollten, sagte er uns, wir sollten ihn vors Haus legen, von wo ihn der Straßenkehrer, Monsieur Anglade, wegfahren würde. »Aber, da es von Ihrer Küche zur Haustür weiter ist als zu Ihrem rückwärtigen Fenster, können Sie die Abfälle ebensogut über den Felsen hinunterwerfen. Das macht Monsieur Anglade sowieso.« Alles über den Felsen! Das Gebiet am Fuße des Felsens überläßt man den Hunden, Katzen, Ratten und Hühnern.

Francis, der Installateur, war darüber amüsiert, vielleicht sogar schokkiert, daß ich mich für die sanitären Anlagen interessierte. Es überraschte ihn aber nicht, denn er hatte in amerikanischen Filmen »all die gekachelten Badezimmer mit Badewannen, heißem, fließendem Wasser und Wasserklosetts« gesehen. »Wir machen nicht so viel Aufhebens darum«, sagte er. »Für unsere Bedürfnisse ist eine Ecke so gut wie die andere.« Da Francis sich der Mühe unterzogen hatte, hinter seinem Haus ein WC zu bauen, darf man seine Bemerkung nicht wörtlich nehmen. Er hat nichts gegen Hygiene, aber er ist auch nicht versessen darauf.

Die meisten Leute von Peyrane teilen diese Gleichgültigkeit. Sie bewundern die Einrichtungen im Haus des Notars und sagen, sie würden in ihren Häusern dergleichen auch installieren, wenn sie genug Geld hätten. Es ist wahr, die meisten Leute sind zu arm, um moderne Badezimmer und Küchen einzurichten, aber das Fehlen sanitärer Anlagen in den Häusern einiger der reichsten Leute beweist, daß Geld nicht der einzige Grund ist. Die zwei reichsten Bauern in der Gemeinde haben kein fließendes Wasser in ihren Häusern. Einer hat keine Elektrizität; der andere ließ sie installieren, weil er sich für die Arbeit in der Landwirtschaft etwas davon versprach. Einer der reichsten Grubenbesitzer lebt in seinem Haus in Peyrane ohne fließendes Wasser und Elektrizität.

Die Lehrerinnen und der Arzt, die am meisten moderne Hygiene propagieren, beklagen sich darüber, daß wohlhabende Familien, statt ihre sanitären Anlagen zu verbessern, ihr Geld auf eine Weise anlegen, die das Kapital ohne zur Schau gestellten Wohlstand erhöht, der zu einer Steuererhöhung führen würde. Nur der mittelständische Notar und der in sozialem Aufstieg begriffene Martron sind bereit, Geld in sanitären Einrichtungen anzulegen. Die meisten Familien finden, daß Investitionen das Einkommen vergrößern müssen.

Das Haus von Martron, in dem wir wohnten, hatte Elektrizität, fließendes Wasser – sogar warmes –, ein Badezimmer mit einer Badewanne, eine Toilette mit Wasserspülung und eine Zentralheizung. Solche Häuser sind in den Dörfern der Vaucluse nicht so selten, wie man annehmen möchte. Fast in jedem Dorf gibt es ein großes Haus, das von einem Sohn, der in die Stadt ging, modernisiert worden ist; er hatte in der Stadt Geld verdient und die Vorliebe der Städter für Komfort und Aufwand angenommen. So wunderten wir uns nicht, in Peyrane ein Haus mit modernen Anlagen vorzufinden. Wir sollten uns noch wundern, wie diese Anlagen funktionierten.

Die Zentralheizung bestand aus einem kleinen Ofen, an den vier kleine Heizkörper in den vier Räumen des zweiten Stockwerks angeschlossen waren. Als es Anfang November kalt wurde, wollten wir die Zentralheizung in Betrieb nehmen. Monsieur Martron hatte gebeten, ihn zu benachrichtigen, damit er uns zeigen könne, wie sie funktioniert. Als ich ihn anrief, versuchte er zuerst, mich davon zu überzeugen, daß wir sie eigentlich nicht anzumachen brauchten. Die Kältewelle würde vorübergehen, meinte er, es würde wieder warm werden. In manchen Wintern machten die Martrons die Heizung überhaupt nicht an, und Monsieur Martron war davon überzeugt, wir würden sie auch nicht brauchen. Als ich darauf bestand, meinte er, es sei sogar gefährlich, die Heizungsanlage in Betrieb zu setzen. Wir müßten dazu die Rohrleitungen mit Wasser füllen, aber bei einem Kälteeinbruch könnten wir vergessen, Feuer im Heizkessel anzumachen, und dann würden die Heizkörper einfrieren und platzen. Ich versicherte ihm, daß wir das sicher nicht vergessen würden und bestand weiter darauf zu heizen. Monsieur Martron kam von Apt nach Peyrane, um die Angelegenheit zu besprechen. Schließlich gab er nach und erklärte mir, wie man die Heizungsanlage bediente. Als wir die Einzelheiten der Anlage untersuchten, stellten wir sofort fest, daß einige Reparaturen nötig waren. Der Wassertank war durchgerostet, und die Rohrleitungen waren voller Rost. Offenbar hatte man die Zentralheizung seit Jahren nicht benutzt.

Ich kann nicht in allen Einzelheiten schildern, wieviel Anstrengung und Zeit es gekostet hat, um die Anlage wieder in Ordnung zu bringen. Aber an Weihnachten konnte man sie benutzen. Monsieur Martron und ich schleppten einen Eimer Wasser nach dem anderen in den dritten Stock, stiegen eine Leiter hinauf und schütteten das Wasser in ein Reservoir, denn die Anlage war nicht an die Wasserleitung angeschlossen. Als das Wasser durch alle Leitungen und Heizkörper gluckste, machten wir Feuer im Ofen. Allmählich wurden die Heizkörper warm. Monsieur Martron ging weg, und ich bemühte mich, das Feuer in Gang zu halten. Bald entdeckte ich, daß die Heizung trotz aller Mühe kaum ihrer Aufgabe gewachsen war. Die Temperaturen in den oberen Zimmern stiegen nie über elf Grad, auch wenn ich so stark heizte, daß die Tapete neben dem Ofenrohr Feuer fing.

Unsere Heißwasseranlage und die Badeeinrichtung funktionierten noch schlechter. Im Grunde lag das Problem darin, daß das Wasser in einer Schlange erhitzt wurde, die durch unseren Küchenofen lief, und dann in einem Boiler im oben liegenden Badezimmer gespeichert wurde. Im Badezimmer war kein Heizkörper, »denn«, meinte Monsieur Martron, »es wäre nicht logisch, dort einen Heizkörper anzubringen, wo schon ein großer Boiler mit heißem Wasser vorhanden sei«. Da aber das Badezimmer sehr groß war und der Mistral durch einen Riß in der Wand blies, konnte der Boiler den Raum nicht wesentlich erwärmen. Drehte man den Wasserhahn an der Badewanne auf, lief nur lauwarmes Wasser heraus. Gleichzeitig füllten sich die Schlangen im Küchenofen mit kaltem Wasser, so daß man den Ofen mindestens eine Stunde lang nicht benutzen konnte.

Im ganzen waren die bequemen Einrichtungen und der Komfort in unserem Haus weder bequem noch komfortabel. Es war klar, daß die Familie Martron sie selten benutzt hatte. Martron hatte sie sicherlich nicht installiert, um den Komfort für seine Familie, sondern um sein Prestige zu erhöhen.

Da wir an unser amerikanisches Haus gewöhnt waren, wo ein Fingerdruck die Wärme des ganzen Hauses regulierte, hatten wir uns auf die Zentralheizung in unserem Peyraner Haus verlassen. Als sich herausstellte, daß sie nicht das ganze Haus heizte, sahen wir uns nach anderen Möglichkeiten um. Jedes Zimmer hatte einen Kamin; in der Küche war ein Ofen, in meinem Arbeitszimmer ein sogenannter Salamander – eine Art Allesbrenner. Ich war entschlossen, das Haus warmzuhalten, da es mit all diesen Anlagen theoretisch möglich war. Ein paar Tage lang ging ich vom Ofen zum Kamin, zum Salamander, zur Zentralheizung und unterhielt die verschiedenen Feuer mit Holz und Briketts. In kurzer Zeit stellte ich fest, daß man den ganzen Tag damit beschäftigt war, all diese Feuer in Gang zu halten. Schlimmer noch waren die Holz- und Kohlerechnungen – in diesem Land, in dem Kohle und Holz rar sind. Selbst wenn ich Geld und Zeit aufwendete, kam ich nicht zum Ziel. Wenn der Mistral blies, konnte kein Feuer mein Arbeitszimmer warmhalten. Ich gab auf, es zu heizen, und brachte meine Schreibmaschine, Bücher und Papiere in die *salle*. Dann erschien es uns sinnlos, Feuer in den Kaminen der Schlafzimmer zu unterhalten, das nur zum An- und Ausziehen nötig gewesen wäre. Das Badezimmer war kein so angenehmer Aufenthaltsort wie zu Hause. Wollte man baden, so mußte man sich in dem kalten Raum ausziehen, in lauwarmes Wasser steigen, und man störte gleichzeitig die Arbeiten in der Küche. So fanden wir, daß wir weniger Bäder nötig hatten als früher.

Ganz allmählich zog sich unser Familienleben, das sich zu Hause über das ganze Haus verteilt hatte und das wir auch in Peyrane über das ganze Haus verteilen wollten, aus allen anderen Räumen zurück und konzentrierte sich in der *salle*. Diese Änderung löste einige Probleme: ich brauchte weniger Zeit zum Heizen, und die Brennstoffrechnung wurde angenehm niedrig. Andere Probleme entstanden. Ich mußte mich daran gewöhnen zu arbeiten, während die Kinder spielten. Die Kinder mußten lernen, leiser zu spielen. Ich mußte meine Papiere vom Tisch nehmen, wenn er zum Essen gebraucht wurde. Das Fleisch brieten wir meist über dem Kohlenfeuer im Kamin. Wenn eines der Kinder nachts Ohrenweh hatte, konnten wir nicht in seinem Zimmer sitzen, um es zu beruhigen; wir brachten es hinunter und hielten es vor dem Feuer auf dem Schoß. Das Eichenholzfeuer, das während sechs Monaten Tag und Nacht brannte, wurde Mittelpunkt unseres Familienlebens.

Ohne uns Rechenschaft darüber zu geben, hatten wir uns nach und nach den Lebensbedingungen in Peyrane angepaßt, wo die meisten Familien zusammen in einem einzigen Zimmer leben. Der einzig warme Platz im Haus ist in der *salle* am Kamin oder heutzutage häufiger am Ofen. An diesem Feuerplatz wird das Essen zubereitet und gegessen, trifft

der Familienrat Entscheidungen, unterhält man sich mit Freunden und Nachbarn. Hier untersucht sogar der Arzt einen Patienten, dessen Bett in das einzige geheizte Zimmer gestellt worden ist.
Im Sommer verliert die *salle* ein wenig an Wichtigkeit. Das Feuer wird nur noch zum Kochen angemacht. Die Familie lebt so viel wie möglich draußen in der Sonne. Aber in den langen Wintermonaten sammelt sich die Familie um die Feuerstelle in der *salle*, dem Zentrum des Familienlebens, dem »heimischen Herd«. Es ist nicht leicht, das englische Wort »home« ins Französische zu übersetzen; am nächsten kommt ihm das Wort *foyer*, der heimische Herd.

Die Familie

Es gibt in Peyrane wenige Familien ohne Kinder. Der Notar und seine Frau haben keine Kinder, aber dies ist nicht erstaunlich, denn sie haben erst mit Ende vierzig geheiratet. Von den Ehepaaren, die Kinder haben könnten, sind nur zwei kinderlos, die Peyrouxes und die Arènes.
Die Arènes besaßen den Kolonialwarenladen uns gegenüber, so daß wir sie jeden Tag sahen. Und jeden Tag hörten wir dieselbe Klage: sie liebten Kinder, wollten gerne welche haben, aber aus einem unbekannten Grund hatten sie keine. Monsieur Arène und seine Frau glaubten, es läge an ihr. Er machte seiner Frau keine Vorwürfe, aber sie beklagte ständig ihre Unfruchtbarkeit.
Früher wäre Madame Arène wegen ihrer Kinderlosigkeit nach Apt gegangen, um die Wiege der Heiligen Anna am Altar der Kirche zu schaukeln, oder zur nahe gelegenen Notre Dame de la Lumière, um zu beten. Heutzutage greifen die meisten Frauen von Peyrane nicht mehr zu diesen Mitteln. Madame Arène wußte, daß sie zu Doktor Magny hätte gehen müssen, aber sie hatte Angst vor den Untersuchungen und machte sich Sorgen wegen der damit verbundenen Kosten. Sie nahm lieber ihre Kinderlosigkeit als unvermeidlich hin.
Obwohl die Arènes die Hoffnung auf Kinder aufgegeben haben, finden sie sich mit ihrem Schicksal nicht ganz ab. Sie sind verbittert, daß ihnen ein normales Glück versagt bleibt. Sie reagieren ihre Bitterkeit damit ab, daß sie andere Kinder des Dorfes kritisieren, die, wie Madame Arène sagt, so schlecht erzogen sind, daß sie in den Laden kommen und um Süßigkeiten betteln. Wenn sie ihnen etwas gibt, gehen sie weg, ohne sich zu bedanken; und sie erzählen es ihren Eltern, die dann

die jüngeren Kinder mit in den Laden bringen, damit Madame Arène ihnen auch etwas gibt. Oder eine Mutter kommt und beklagt sich darüber, daß ein Nachbarskind Süßigkeiten bekommen hat und das eigene nicht. Madame Arène sagt, sie habe es aufgegeben, nett mit den Kindern zu sein, obwohl sie sie gerne hat, weil weder die Kinder noch deren Eltern es ihr danken. Wenn sie selbst Kinder hätte, würde sie sie anders erziehen.

Ihre Verbitterung wird noch verstärkt, weil der Staat sie für ihre Kinderlosigkeit bestraft. Die Arènes müssen als kinderloses Ehepaar höhere Steuern zahlen als andere der gleichen Einkommensgruppe. Um von dem kleinen Laden leben zu können, müssen sie sich sehr anstrengen, und sie sagen, sie könnten schon ohne die hohen Steuern kaum existieren. Es erscheint ihnen ungerecht, daß der Staat ihr Geld nimmt und es als *allocations familiales* Familien mit Kindern gibt. Je mehr Kinder man hat, umso mehr Geld bekommt man vom Staat. Madame Arène findet, daß der Staat die Leute geradezu ermutigt, wie die Tiere zu leben.

»Nehmen Sie die Malitournes«, sagt sie. »Sie haben fünf Kinder, und er arbeitet nicht. Er geht nur zur Amtsstelle, um das Kindergeld abzuholen. Sie vergeuden das Geld und kommen dann hierher, um einzukaufen. Wir sind gutmütig genug, ihnen Kredit zu geben, damit die Kinder zu essen haben, denn es ist nicht die Schuld der lieben, armen Kinder, daß ihre Eltern so sind. So müssen wir, die selbst kaum existieren können, diese Familie von Nichtstuern, die besser lebt als wir, unterstützen.«

Obwohl die Gesellschaft, repräsentiert durch die Regierung in Paris, die Malitournes begünstigt, ist die Gesellschaft von Peyrane mit Madame Arène in der Verachtung solcher Familien wie die Malitournes einig. Es gibt nur vier oder fünf solche Familien in Peyrane, und die allgemeine Meinung ist, daß die meisten von ihnen unfähig, leichtsinnig und ohne Vernunft sind. Sie leben wie die Tiere.

Nur zwei kinderreiche Familien werden geschätzt und als »wundervolle Familien« bezeichnet. Die Jouves sind ein junges Paar aus der Stadt, fromme Katholiken, die aus Idealismus »zur Scholle« zurückgekehrt sind. Sie hoffen, den Glauben in die religiös gleichgültigen ländlichen Gebiete Frankreichs zurückbringen zu können. Nur wenige Leute in Peyrane teilen die Ideale der Jouves, aber sie achten sie wegen ihrer gesellschaftlichen Stellung und bewundern die Familie mit ihren vier Kindern.

Auch die Familie des Vorsitzenden der Traktoren-Genossenschaft Charles Mitan wird geachtet. Sie haben neun Kinder, acht Mädchen und als letztes einen Jungen. Nach der Geburt ihres Sohnes bekamen die Mitans keine Kinder mehr. Jedermann in Peyrane verstand und billigte den Entschluß der Mitans.

Die Malitournes, die Pougets, die Pellegrinas und die Doucets sind anders. Diese Familien haben kein Geld. Von den Männern sagt man, daß sie so wenig wie möglich arbeiten; die Frauen sind keine guten Hausfrauen; die Kinder sind schmutzig und schlecht erzogen. Es scheint auch, daß diese Leute eigentlich nicht viele Kinder wollen. Sie beklagen sich mehr als andere über die Mühe mit den Kindern. Die Leute von Peyrane beschuldigen diese Familien, nur wegen des Kindergeldes so viele Kinder zu haben.

Diese Beschuldigung ist wahrscheinlich nicht richtig. Zu behaupten, daß diese Ehepaare absichtlich große Familien gründen, würde ihnen mehr Voraussicht zugestehen, als sie besitzen. Gewiß, sie leben viel besser, als sie es ohne Kindergeld könnten, aber ich schließe aus Unterhaltungen mit den betreffenden Eltern, daß sie nicht aus Voraussicht viele Kindern haben, sondern aus Mangel an Voraussicht. Obwohl das staatliche Kindergeld den Lebensstandard der großen Familien in Peyrane gehoben hat, hatte diese Maßnahme wenig Einfluß auf die Geburtenrate. Ehepaare, die viele Kinder haben, würden sowieso immer viele haben. Ehepaare, die wenig Kinder wollen, haben auch mit Kindergeld nicht mehr.

Auch die Religion scheint wenig Einfluß auf die Geburtenrate in Peyrane zu haben. Die meisten Eltern großer Familien sind überzeugte Kommunisten. Fast alle frommen Katholiken haben nur zwei oder drei Kinder; sie gehören zu den angesehensten Familien des Dorfes und sind schnell bei der Hand, Eltern mit vielen Kindern zu beschuldigen, wie die Tiere zu leben. Es scheint beinahe so, als pflanzten sich die Leute, mit Ausnahme des Bürgers Jouve, im umgekehrten Verhältnis zur Intensität ihres Glaubens fort.

Die Arènes und die Malitournes repräsentieren zwei Extreme, die die meisten jungverheirateten Paare vermeiden möchten. Sie wollen nicht kinderlos bleiben wie die Arènes, obwohl sie nicht genau erklären können warum. Madame Bonerandi sagte: »Niemand weiß, warum wir Kinder wollen. Wir ..... lieben diese kleinen Wesen.« Jungverheiratete Paare wissen genau, warum sie dem Beispiel der Malitournes nicht folgen wollen. Viele Kinder erschöpfen die Mutter. Zu viele Kinder machen zu viel Arbeit und können nicht so sorgfältig erzogen werden. Sind die Kinder erwachsen, können ihnen die Eltern bei ihrer Etablierung nicht so helfen, wie sie sollten. Außerdem sind Menschen Menschen und keine Tiere.

In Peyrane ist eine Familie mit zwei oder drei Kindern das Ideal. Marie Fratani faßte dies kurz zusammen, als sie meiner Frau sagte: »Sie haben zwei Kinder. Das ist genug. Jetzt sollten Sie den Korken draufmachen.«

Mir ist nicht klar, was für einen »Korken« die Leute in Peyrane benutzen. Eines ist sicher: niemand beschafft sich Verhütungsmittel aus der Apotheke oder vom Arzt. Man kann sie in Apt kaufen, aber sie sind teuer. Manche Leute haben von der Knaus-Ogino-Methode gehört, aber niemand vertraut ihr. Ich glaube, daß der Koitus interruptus häufig praktiziert wird. Auch das überall vorhandene Bidet mit Wasser und Seife ist eine Methode, der man vertraut. Möglicherweise bestehen zwischen Ehepartnern häufiger keine sexuellen Beziehungen mehr, als man denken sollte.

Ein jungverheiratetes Paar braucht sich aber zunächst nicht um Verhütungsmittel zu kümmern, denn sie wollen so bald wie möglich Kinder haben. Die Eltern der drei Babys, die während unseres Aufenthaltes im Dorf geboren wurden, waren bei deren Geburt ein Jahr verheiratet.

Die Schwangerschaft verändert das Leben einer jungen Frau wenig. Sie soll so normal wie möglich leben. Als Madame Vidal, die Frau eines armen Ockerarbeiters, schwanger wurde, putzte sie weiterhin jeden Morgen das Rathaus. Madame Bonerandi half in ihrer freien Zeit weiter ihrer Mutter im Haushalt und arbeitete auch noch für ihren Onkel, den Schneider. Wären diese Frauen krank geworden, wäre jeder bereit gewesen, ihnen zu helfen, aber so lange es ihnen gut geht, erwartet man von ihnen, daß sie ihr gewohntes Leben weiterführen.

Beide Frauen gingen am Ende des dritten, sechsten und achten Monats der Schwangerschaft zum Arzt, und beide ließen in regelmäßigen Abständen zwischen diesen Untersuchungen Urinanalysen von der Apotheke in Apt machen. Da der Staat vorgeburtliche Untersuchungen bezahlt, geht jede schwangere Frau zum Arzt.

Trotz der zuversichtlichen Worte des Arztes nach jeder Untersuchung waren Madame Bonerandi und ihre Mutter beunruhigt. Verstandesmäßig schenkten sie den Ammenmärchen, die man sich erzählte, keinen Glauben; sie spotteten über die Vorstellung, eine schwangere Frau, die

Angst habe, bekäme ein Kind mit einem Muttermal. Doch war bezeichnend, was mir Madame Borel von Charles Pian erzählte. »Seine Mutter soll während der Schwangerschaft von einem Schwein erschreckt worden sein, das ihr Mann schlachten wollte. Es entkam ihm und lief blutüberströmt auf sie zu. Zwei Monate später wurde Charles geboren; die eine Hälfte seines Gesichts war von einem roten Muttermal bedeckt.«

Als Madame Vidal im sechsten Monat war, starb ihre jüngere Schwester, die bei ihr wohnte, an Gelenkrheumatismus, durch den sie schon seit ihrer Kindheit gelähmt war. Madame Vidal ging zu Verwandten und kam nicht zur Beerdigung. Madame Bonerandi, eine nahe Freundin des toten Mädchens, war auch nicht bei der Beerdigung, obwohl alle anderen Freundinnen daran teilnahmen, sechs von ihnen als Bahrtuchhalterinnen. Schwangere Frauen meiden traurige Begebenheiten wie Begräbnisse.

Gegen Ende der Schwangerschaft hielten sich die Familien Vidal und Bonerandi bereit. Die Babywäsche war gerichtet. Es waren Verabredungen mit Verwandten getroffen worden, die zur Zeit der Geburt helfen und den Haushalt in Ordnung halten sollten. Man blieb mit Doktor Magny in Saint-Saturnin in Verbindung.

Zweimal innerhalb von vierzehn Tagen mußten die Gendarmen Doktor Magny wecken, weil er in Peyrane gebraucht wurde. Zuerst gebar Madame Bonerandi in den frühen Morgenstunden einen Jungen. Ein paar Tage später war Madame Vidal an der Reihe. Sie bekam Zwillinge, einen Jungen und ein Mädchen. Bei beiden Frauen dauerte die Geburt fünf bis sechs Stunden, nach Ansicht der meisten Leute eine normale Zeit.

Jeder wußte von diesen Ereignissen bereits am frühen Morgen, und alle schienen besonders glücklich zu sein. Verwandte, Nachbarn, Freunde und selbst Dorfbewohner, die mit diesen Familien mehr oder weniger zerstritten waren, alle waren der Meinung, die Bonerandis und die Vidals seien jetzt »liebe kleine Familien« geworden.

Nach wenigen Tagen nahmen beide Frauen ihr gewohntes Leben wieder auf. Madame Bonerandi hatte Glück, meinten die Leute. Sie lebte mit ihrer Mutter zusammen, die ihr half, das Baby zu versorgen. Obwohl Madame Vidal eine staatliche Unterstützung erhielt, fühlte sie sich verpflichtet, so schnell wie möglich wieder zu arbeiten. Nach wenigen Tagen reinigte sie wieder jeden Morgen die Böden im Rathaus. Sie bat eine ihrer Schwestern, während ihrer Arbeitszeit das Baby zu ver-

sorgen. Da sie keine Beschwerden hatte, mußte sie die gewohnten Mühen wieder auf sich nehmen, wieder normal leben.
Aber »wieder normal leben« ist ein Ausdruck, der jungen Ehepaaren mit ihrem ersten Kind wenig sagt, denn es ist nichts mehr so, wie es früher war. Wenn die Begeisterung über das erste Kind sich gelegt hat, wenn sie sich daran gewöhnt haben, zu dritt, anstatt zu zweit zu sein, stellen sie mit Schrecken fest, was für Erwachsene in Peyrane als »normal« angesehen wird.
Gewiß, in ihrem bisherigen Leben haben sie von ihren Eltern und anderen Erwachsenen Klagen über das schwere Leben gehört, diese »Hure von Leben«, wie die Männer sagen. Selbstverständlich wünscht sich jeder Glück und Frieden, aber diese Hoffnungen erfüllen sich nie. Und Kinder sind die schlimmsten von allen Enttäuschungen. Man möchte sie haben; man liebt sie; man arbeitet für sie. Doch im Grunde verursachen sie viel Ärger und Sorgen. Madame Canazzi, die Frau des Bäkkers, meint: »Wenn sie gesund sind, machen sie Dir Ärger, und wenn sie krank sind, wird man vor lauter Sorge selber krank.« Sind sie endlich erwachsen, sind sie nicht dankbar. Sie gehen fort und lassen Dich allein. Die einzige glückliche Zeit im Leben ist die vor der Heirat, so lange man jung ist und sein Leben genießen kann.
Wenn junge Leute eine Familie gründen, verlieren sie ihre Unabhängigkeit, während Arbeit, Verantwortungen und Sorgen sich beträchtlich vermehren. Sie nehmen es hin, da sie es nicht ändern können, aber sie stimmen in die allgemeinen Klagen der Erwachsenen ein. Natürlich ist vieles davon reines Gerede. Man beklagt sich über das Leben, wie man sich über das Wetter beklagt. Man befreit sich aber auf diese Weise von unterdrückten Gefühlen und ist zugleich auch freundlich mit anderen. Man will nicht zu ernst genommen werden, denn niemand in Peyrane möchte mit den kinderlosen Arènes tauschen. Und wenn man sich auch nach der Jugendzeit zurücksehnt, so will man sie doch nicht für das gegenwärtige Leben mit all seinen Mühen und Sorgen eintauschen. Mit den Klagen über die Kinder will man sich von den Aggressionen gegenüber diesen kleinen Wesen befreien, die man ständig füttern, waschen und erziehen muß. Da man sie nicht schlagen kann, wie man vielleicht möchte, spricht man eben über sie. Die ständige Anstrengung aller Eltern, ihre Kinder nach ihren Vorstellungen zu erziehen, muß irgendeinen Ausgleich finden.

7. KAPITEL

Der Lebensunterhalt

Wie man mit dem Geld auskommt

Die größte Sorge der Leute in Peyrane ist die größte Sorge fast aller Menschen überall auf der Welt: wie unterhält man die Familie. Die Preise in Peyrane sind hoch, die Einkommen niedrig; deshalb ist es die vordringlichste Aufgabe jeder Familie, die Einnahmen zu vermehren, um die Kosten für den Lebensunterhalt decken zu können.

Das Problem scheint ziemlich gut gelöst zu sein. Die Leute beklagen sich über ihre Armut, aber es gibt keine Not. Jeder hat ein Dach über dem Kopf, jeder hat etwas anzuziehen und jeder etwas zu essen. Wenn am Sonntag nachmittag ein Tourist durch die Straßen ginge und sähe, wie die Dorfbewohner spazierengehen oder vor ihren Häusern sitzen, so würde er den Eindruck haben, daß die Peyraner sogar wohlsituiert seien. Der Familienvater in seinem schwarzen Anzug und seinem schwarzen Hut, die Mutter in ihrem einfachen, hübschen Kleid, die Kinder – vor allem die kleinen Jungen – sogar modisch gekleidet: die Peyraner Familie auf ihrem Sonntagsspaziergang wäre nicht zu unterscheiden von irgendeiner Familie in soliden, aber bescheidenen Verhältnissen in Apt oder Avignon. Verglichen mit Dorfbewohnern in ärmeren Gegenden Frankreichs, zum Beispiel der Bretagne, leben die Leute in Peyrane komfortabel und gesichert. Aber ihr Komfort und ihre Sicherheit sind relativ und nur erreichbar durch harte Arbeit, dauernde Sorgen, Umsicht und Einfallsreichtum.

Die Lebensmittel sind teuer. Wie überall in Frankreich sind die Ausgaben für die Ernährung der höchste Posten im Familienbudget. Rechnet man, wie üblich, für 1000 Francs 12 Mark, dann bekommen wir eine Vorstellung von den Kosten einiger besonders wichtiger Nahrungsmittel: ein Laib Brot kostet 60 Pfennige; das Pfund Zucker 60 Pfennige; 1 Liter Erdnußöl 2,80 Mark; 1 Liter Olivenöl 6 Mark;

das Pfund einheimischer Käse 1,80 Mark. Allein für drei wesentliche Posten – Brot, Öl und Wein – muß eine vierköpfige Familie etwa 60 Mark monatlich ausgeben.
Durch Kolonialwarenhändler und andere Informanten erfuhren wir, daß die durchschnittlichen monatlichen Kosten für Nahrungsmittel einer vierköpfigen Familie ungefähr 240 Mark betragen. In unserer eigenen vierköpfigen Familie gaben wir täglich 16 Mark für Nahrungsmittel aus, aber wir waren viel anspruchsvoller als die Leute in Peyrane, und wir aßen viel besser als zu Hause. Als normal kann die Familie des Briefträgers Favre gelten. Seine Frau erzählt, daß sie für ihre sechsköpfige Familie – zwei Erwachsene, eine heranwachsende Tochter und drei kleine Jungen – täglich 12 Mark für die Ernährung braucht. Darin sind nicht enthalten Eier, Hühner, Kaninchen und Käse, die die Favres selbst produzieren oder vom Hof ihres Vaters bekommen.
Die Mieten bilden den niedrigsten Posten im Familienbudget. Für unser möbliertes Haus bezahlten wir 120 Mark monatlich, die höchste Miete in Peyrane. Jeder, außer unserem Hausbesitzer, fand, wir würden ausgenützt. Die niedrigste Miete, 12 Mark monatlich, bezahlt Pouget für ein dürftig möbliertes Haus in schlechtem Zustand. Niemand in Peyrane beklagt sich ernsthaft über zu hohe Mieten. Die Schwierigkeit liegt, wie wir gesehen haben, nicht im Bezahlen der Miete, sondern darin, ein Haus, das man mieten kann, zu finden.
Andererseits sind Kleider, sogar nach amerikanischen Maßstäben, teuer. Gute Kleidung kostet mehr als die gleicher Qualität in den USA. Natürlich trägt, außer der Familie des Notars, niemand in Peyrane Kleider von besonderer Qualität. Die meisten begnügen sich mit Kleidern, wie sie bei uns von großen Versandhäusern angeboten werden, nur sind sie in Frankreich teurer.
Brennmaterial ist in diesem Teil Frankreichs, wo es keine Kohlevorkommen und keine ausgedehnten Wälder gibt, teuer. Holz kostet 36 Mark pro Kubikmeter; ein Zentner Briketts 6 Mark; eine Flasche Propangas 12 Mark; eine Familie braucht im Sommer zum Kochen mindestens eine Flasche monatlich. Elektrizität kostet 40 Pfennige pro Kilowattstunde.
Manche Leute beschränken ihre Ausgaben auf das Notwendige, aber die meisten geben auch Geld für Vergnügungen aus. Ein Platz im Kino kostet 60 Pfennige; die Teilnahme am Boules- oder Belote-Spiel 1 Mark. Die üblichen Getränke im Café kosten 40 Pfennige, und es ist schwierig, ins Café zu gehen, ohne für zwei oder drei Personen mitbezahlen

zu müssen. Tischfußball im Café kostet 10 Pfennige, und der Verlierer muß außer dem verlorenen Spiel auch noch die Getränke seiner Mitspieler bezahlen. Auch wenn er bei Boules oder Belote verliert, muß er den Mitspielern eine Runde zahlen. Hat man zu Hause Gäste, muß man ihnen Kaffee anbieten. Das Pfund Kaffee kostet 5 Mark; ein Päckchen *gauloises bleues*, die billigste und verbreitetste Zigarettensorte, kostet 80 Pfennige. Dreht man seine Zigaretten selbst, zahlt man 1 Mark für ein Päckchen billigsten Tabaks. Der Bus nach Apt kostet 60 Pfennige. Wer ein Auto hat, zahlt pro Liter Benzin 80 Pfennige.

Das Durchschnittseinkommen in Peyrane ist im Verhältnis zu den Lebenshaltungskosten niedrig, obwohl niemand genau weiß, wie hoch dieses Durchschnittseinkommen ist. Das Einkommen einer Familie und das sexuelle Verhalten »normaler« Menschen sind die am strengsten gehüteten Geheimnisse im Dorf. Die Steuerkommission, die unmöglich alle das Einkommen betreffenden Fakten erfassen kann, gibt sich vernünftigerweise mit Steuerauflagen zufrieden, die sie nach den »äußeren Zeichen« des Wohlstandes einer Familie festsetzt.

Die Berechnung des Einkommens ist außerdem erschwert durch das komplizierte Familienunterstützungsprogramm des französischen Staates. Als Einkommen jeder Familie zählen nicht nur der Verdienst der Familie, sondern auch die Beträge, die sie vom Staat in Form von Kindergeld, Unterstützung für Alleinverdiener, Mietzuschuß, Krankengeld usw. erhält. Diese Unterstützungen sind ein wichtiger Teil der Dorfökonomie geworden. Einige Familien bekommen monatlich mehr Unterstützung vom Staat als Lohn für ihre Arbeit. Henri Favre zum Beispiel hat eine schwangere Frau, drei kleine Kinder und ein älteres Kind, das in die Lehre geht. Er verdient weniger als Ockerarbeiter, als er in Form von Kindergeld und Unterstützung für Alleinverdiener vom Staat erhält.

Man kann Genaues über Henri Favres Lohn aussagen, weil er zu der Gruppe von Leuten im Dorf gehört, die über ihr Einkommen bereitwillig sprechen – zur Gruppe der Lohn- und Gehaltsempfänger. Sie haben keine Vorteile, wenn sie ihr Einkommen verheimlichen. Sie glauben sogar, sie könnten daraus Nutzen ziehen, wenn sie es publik machen, weil sie ihr Einkommen zu niedrig finden. Ihr Lebensstandard unterscheidet sich indessen nicht wesentlich von dem anderer Leute. Ihre Gehälter und Löhne können daher als Anhaltspunkt für ein normales Einkommen im Dorf dienen.

Die höchsten Gehälter bekommen die Lehrer; der bestbezahlte Lehrer

erhält monatlich 360 Mark und freie Wohnung im Schulhaus. Den niedrigsten Lohn empfängt Pouget, der ärmste Ockerarbeiter. Er zeigte mir Lohnabrechnungen über durchschnittlich 100 Mark monatlich. Zwischen diesen beiden Extremen liegt Rivet, der Ratsschreiber, der etwa 160 Mark im Monat verdient. Henri Favre, einer der besser bezahlten Ockerarbeiter, bekommt etwa 140 Mark monatlich. Sein staatliches Kindergeld und die Unterstützung für Alleinverdiener erhöhen das monatliche Einkommen auf etwa 280 Mark. Pougets Gesamteinkommen beträgt 240 Mark: 100 Mark Lohn und 140 Mark staatliche Unterstützung. Andere Männer, die mit mir über ihre finanziellen Verhältnisse sprachen, nannten die runde Summe von 20000 Francs – 240 Mark – als ihr monatliches Einkommen. Aus diesen Angaben kann man schließen, daß das durchschnittliche Einkommen von Familien der Gehalts- und Lohnempfänger zwischen 240 und 280 Mark liegt.
Das Familieneinkommen ist also etwa so hoch wie die monatlichen Kosten für die Nahrungsmittel, nämlich 240 Mark. Dazu kommen die Ausgaben für Kleider, Heizung, Miete, Arztrechnungen, Medikamente, Beförderungsmittel, Versicherungen, Sparrücklagen und Vergnügungen. So ist es nicht erstaunlich, wenn die Leute ständig über ihre wirtschaftliche Lage besorgt sind und über sie sprechen. Wie können sie mit dem Geld auskommen?
Die Frage ist ernst, aber die Situation ist nicht so verzweiflungsvoll, wie es den Anschein hat. Die wirtschaftliche Lage von Peyrane ist nicht einfach, sie ist sogar sehr kompliziert. Lohn und staatliche Unterstützung stellen bei weitem nicht das ganze Einkommen einer Familie dar. Es gibt viele zusätzliche Möglichkeiten, dieses zu erhöhen. Die Zahl der Transaktionen – Warentausch und Dienstleistungen – ist so groß und ihre Beschaffenheit so undurchsichtig und kompliziert, daß eine genaue Übersicht der Wirtschaft von Peyrane unmöglich ist. Viele dieser Transaktionen gehen unbemerkt vor sich, manche werden geheimgehalten. Andere scheinen so selbstverständlich und unbedeutend, daß die Leute deren Bezug zum Einkommen kaum realisieren. Die Kompliziertheit dieses Systems wird verständlich durch die Analyse der Einkommensquellen einiger Familien.
Francis Favres Familie besteht aus zwei Erwachsenen, einem großen Mädchen und drei kleinen Jungen. Francis ist Briefträger und wird dafür vom Staat bezahlt. Da er täglich die ganze Gemeinde durchquert, ist es nur selbstverständlich, daß die Leute ihn mit allen möglichen Sonderdiensten beauftragen. Rigaud bittet ihn, Joly zu sagen, er

solle seinen Jungen zum Heuen schicken. Monsieur Reynard gibt ihm für die kranke Madame Chanon ein Päckchen Reis mit, um das sie gebeten hatte. Der Ratsschreiber läßt durch ihn eine Versammlung der Eltern aller Schulkinder am Sonntag nachmittag bekanntmachen. Er wird gebeten, den Begräbnistermin von Thérèse Roget mitzuteilen. Figeard bittet ihn, den Jagdhütern zu bestellen, sie sollten einen Fuchsbau in der Nähe seines Hofes ausräuchern. Diese Dienste werden freiwillig, auf freundschaftlicher Basis ausgeführt, aber das schließt nicht aus, daß Francis Geschenke angeboten werden, die er meistens annimmt. Je nach Wichtigkeit der Gefälligkeit erhält er ein Huhn, eine Flasche Wein, einige Eier oder einen Käse. Dazu kommen die unzähligen Kleinigkeiten, bis zum Glas Wein, Likör oder Kirschwasser, das man ihm anbietet.

Wenn Francis von seinem Rundgang als Briefträger zurückkehrt, warten andere Arbeiten auf ihn. Er ist der einzige Elektriker und Installateur in der Gemeinde, und die Leute zanken sich buchstäblich um ihn. Hätte er genügend Energie und Entschlußkraft, alle Arbeiten, um deren Erledigung er ständig gebeten wird, auszuführen, so würde er einer der wohlhabendsten Männer im Dorf sein. Aber Francis hat wenig Ehrgeiz. Er zieht ein friedliches und geruhsames Leben vor. Um des lieben Friedens willen sagt er nie nein, wenn er um eine Arbeit gebeten wird; er führt sie aber nie aus, solange es sich vermeiden läßt. Während seines Urlaubs hatte er versprochen, an einem bestimmten Tag morgens um neun Uhr zu uns zu kommen. Er kam aber nicht. Später hörte ich von Monsieur Reynard und Monsieur Vincent, daß er auch ihnen versprochen hatte, um neun Uhr zu kommen. Keiner von uns dreien sah ihn an diesem Morgen; er war auf den Markt nach Apt gefahren.

Aber wenn Francis es nicht vermeiden kann, eine Installation oder eine elektrische Reparatur auszuführen, wenn er seine Arbeit tatsächlich beendet, wenn er eine Rechnung präsentiert und diese auch wirklich bezahlt wird, dann erzielt er damit einen wesentlichen Beitrag zum Familieneinkommen, meist in Geld, manchmal auch in Waren.

Eine andere Einkommensquelle ist der Staat. Die Favres bekommen für ihre drei kleinen Jungen monatlich eine Vergütung in Höhe von fünfzig Prozent der für das Gebiet, in dem Peyrane liegt, geltenden Grundgehälter. Außerdem ist Francis' Frau schwanger. Er hat die notwendigen Formulare ausgefüllt, die bestätigen, daß seine Frau in sieben Monaten ein weiteres Kind haben wird. Nach Erledigung der Formalitäten erhalten die Favres vom Beginn der Schwangerschaft an Kindergeld für das ungeborene Kind. Die Unterstützung für vier Kinder beträgt achtzig Prozent des Grundgehalts – ein wesentlicher Betrag für diese Familie.

Suzanne Favre, die Frau von Francis, ist eine der besten Mütter und Hausfrauen von Peyrane. Ihr Haus ist immer in Ordnung; ihre Kinder sind gut gekleidet und wohlerzogen. Sie verachtet Mütter, die ihre Kinder auf die Straße gehen lassen. Sie hält die ihrigen zu Hause und widmet ihnen viel Zeit. Neben diesen Arbeiten muß sie jeden Tag für die Hühner und Kaninchen Futter holen. Dies sind normale Pflichten einer Frau in Peyrane, und Suzanne erfüllt sie gut.

Da Francis' Gehalt nur für die Ernährung der Familie reicht, sorgt Suzanne für die Kleidung. Dies bedeutet nicht nur, daß sie die Kleidung strickt und näht, sondern daß sie auch das Geld verdient, um das Material zu kaufen. Auch für die Dinge, die sie nicht selber machen kann, wie zum Beispiel Schuhe, muß sie das Geld herbeischaffen.

Während der Weinlese und der Spargelernte arbeitet Suzanne täglich volle acht Stunden auf dem Besitz der Marnas'. Die beiden älteren Jungen bleiben den ganzen Tag in der Schule und essen dort mittags in der Kantine. Da der Hof nicht weit vom Dorf entfernt liegt, nimmt sie den dreijährigen Dédou mit. So bringt sie es fertig, ihre Hausarbeiten zu erledigen und gleichzeitig bei der Ernte zu helfen. Wenn sie, auf dem Höhepunkt der Ernte, länger als sonst arbeiten muß, schickt sie ihre Kinder auf den Hof ihres Vaters; aber lieber hat sie sie bei sich.

Natürlich muß Suzanne aufpassen, daß sie nicht zu viel verdient. Denn nimmt sie mehr als die Hälfte des Grundgehalts ein, dann verliert sie eine andere Einkommensquelle – die staatliche Unterstützung für Alleinverdiener. Solange Francis der einzige Lohnempfänger der Familie ist, bekommen die Favres monatlich fünfzig Prozent des Grundgehaltes vom Staat zusätzlich zum üblichen Kindergeld. Diese Beträge erhöhen sich noch, weil Francis als Briefträger staatlich angestellt ist.

Im späten Winter und im Frühling züchtet Suzanne Seidenraupen. Dies bedeutet zuerst wenig Mühe, aber wenn die Würmer zu wachsen beginnen, vermehrt sich die Arbeit unglaublich. Man hat keine Vorstellung von der enormen Menge Maulbeerblätter, die ein paar kleine Würmer fressen. Um die Blätter zu holen, muß Suzanne etwa zwei Kilometer weit gehen. Sie streift die Blätter von den Bäumen (sie hat dazu die Erlaubnis von den Besitzern) und schleppt sie in großen Säkken auf ihrem Rücken ins Dorf zurück.

Francis und Suzanne besitzen eine kleine Kirschplantage, die sie vor einigen Jahren geerbt haben. Sie liegt nur einen Kilometer vom Dorf entfernt. Im Juni, wenn die Kirschen reif sind, geht Suzanne mit ihren Kindern nach der Schule dorthin. Sie nehmen Eimer und Körbe mit und pflücken Kirschen, bis es dunkel wird. Dann kommt Francis mit einem Handkarren aus dem Dorf. Sie beladen den Wagen mit den großen Körben voller Kirschen und schieben ihn den steilen Berg hinauf zu Monsieur Borel, der sie ihnen abkauft und sie am nächsten Tag auf dem Markt in Cavaillon weiterverkauft.

Wenn Suzanne Zeit hat, geht sie von der Obstplantage noch weitere drei Kilometer zum Hof ihres Vaters oder vielmehr zum Hof, auf dem er als Pächter arbeitet. Nach einem kurzen Besuch ihrer Eltern kehrt sie mit Eiern, Käse und Gemüse ins Dorf zurück. Wenn ihr Vater oder ihre Geschwister ins Dorf kommen, versäumen sie nie, einige ihrer Produkte als Geschenk mitzubringen. Ihr Vater verdankt seine relative Wohlhabenheit Suzanne. Sie lebte vor ihrer Heirat zu Beginn des Krieges auf dem Hof ihres Vaters, der damals krank war. Ihre Brüder waren als Kriegsgefangene in Deutschland, und ihre Schwestern waren noch zu jung zum Arbeiten. So besorgte Suzanne die Landwirtschaft, pflügte, pflanzte, erntete und betreute die Pferde, Ziegen und Schafe.

Für Suzanne scheint in der Tat keine Arbeit zu schwer. Als Francis einen Unfall hatte und einige Tage seinen Weg als Briefträger nicht machen konnte, fand der Bürgermeister keinen Ersatz. Suzanne stieg auf ihr Fahrrad, fuhr die Strecke von vierzig Kilometern und lieferte die Post ab, pünktlicher, als ihr Mann es meistens tat.

Mit seiner Begabung und seinen Kenntnissen als Elektriker und Installateur könnte Francis seine Familie ausgezeichnet ernähren und Suzanne müßte nicht so schwer arbeiten. Aber Francis findet keinen Gefallen an der Arbeit, und so muß Suzanne seine Unzulänglichkeit wettmachen. Zusammen verdienen sie genug zum Leben und um ihre Kinder anständig großzuziehen. Es macht viel Arbeit, aber Suzanne beklagt sich nicht, weil das Leben eben so ist – vor allem für eine Frau.

Verglichen mit Francis ist Emile Pian ein vorbildlicher Ehemann. Er hat eine gute Stellung als Maurer bei Gaston Jouvaud, der ihm täglich 12 Mark zahlt. Die Arbeit ist schwer, manchmal sogar gefährlich, wenn er zum Beispiel auf dem Dach eines alten Hauses versucht, eine Mauer, die einzustürzen droht, in ihre ursprüngliche Lage zu bringen. Er ist ein pünktlicher Arbeiter und fehlt, wenn irgend möglich, keinen Tag. Als er im letzten Winter einen Hexenschuß hatte, blieb er nur zwei Tage im Bett und kehrte dann zur Arbeit zurück, obwohl er bei jeder Anstrengung stöhnen mußte.

Niemand ist mehr *sérieux* als Emile. Er geht fast nie ins Café. Er spielt nie Boules oder Belote. Sonntags und abends nach der Arbeit geht er etwa einen Kilometer weit in seinen Garten, ein Stückchen Land, das ihm teils gehört und das er teils von einem Nachbarn gepachtet hat. Auf dem gepachteten Stück pflanzt er so viel Gemüse, wie die Familie das Jahr über braucht, und da das kalte Wetter nicht lange anhält, hat er oft neun Monate lang frischen Salat.

Auf seinem eigenen Stück Land hat er einen Weinberg. In einem guten Jahr erntet er genug, um Wein für das ganze Jahr für seine eigene und die Familie seiner Frau zu haben. Sie helfen alle bei der Weinlese. Emile leiht die Weinpresse von Moïse Jannel und keltert die Trauben selbst. Ist der Wein gut und ist es mehr als für den eigenen Gebrauch benötigt wird, stellt er ein paar Spezialgetränke her. Mit Kräutern, die seine Frau sammelt, macht er, nach einem Rezept seines Onkels Pierre, einige Flaschen Wermut. Er füllt auch ein paar Flaschen mit noch nicht vergorenem, süßem Traubensaft, gießt jeweils einige Unzen Alkohol dazu und verkorkt sie; daraus wird *angélique*, ein Dessertwein, den die Pians abends ihren Freunden vorsetzen. In andere, größere Flaschen mit halbausgegorenem Wein tut er ein bißchen Zucker; dann verkorkt er sie besonders sorgfältig und überzieht den Korken mit einer dicken Schicht Siegellack; daraus entsteht eine Art Sekt, der für besondere Festlichkeiten aufbewahrt wird.

Den Rückstand der gekelterten Trauben wirft Emile nicht fort, obwohl er trocken und unbrauchbar aussieht. Er bringt ihn zu Monsieur Hugon, dem Mann aus Rustrel, der jeden Herbst mit seinem tragbaren Destillierapparat durch die Dörfer kommt. Für wenig offiziell ausgezahltes Geld und einen geringen – da der Staat streng kontrolliert – heimlich geschenkten Anteil am Produkt destilliert Monsieur Hugon aus dem Rückstand genug Schnaps für den jährlichen Verbrauch der Pians und der Fratanis. Ein Teil davon wird für medizinische und andere Zwecke im Haushalt verwendet, das übrige wird von den Männern nach Tisch zum Kaffee getrunken oder zur Herstellung von *pastis* verwendet, der als Apéritif getrunken wird.

Pastis ist ein süßes, nach Anis schmeckendes Getränk, das so mit Wasser verdünnt wird, daß man mehrere Gläser davon trinken kann, ohne viel von der Wirkung des Alkohols zu spüren. Die Männer von Peyrane behaupten, er mache riesigen Appetit. Da Emile seinen eigenen Pastis hat, braucht er nicht ins Café zu gehen. Wenn er gerne Gesellschaft haben möchte, lädt er seine Freunde zu sich nach Hause zum Pastis ein. Der Cafébesitzer beschwert sich darüber, daß seit dem Krieg und der Inflation viele Männer ihren Apéritif zu Hause trinken.

Obwohl Emile eine gute Stellung hat und seine Freizeit dazu benutzt, die Familie mit Gemüse und Getränken zu versorgen, ist sein Einkommen doch ungenügend. Da Madeleine und er nur ein Kind haben, bekommen sie kein Kindergeld, das ihr Einkommen erhöhen könnte. Sie hätten zwar gerne noch ein oder zwei Kinder, aber Madeleine hatte einige Fehlgeburten. Weil aber Emiles Lohn das einzige offizielle Familieneinkommen darstellt, erhalten die Pians vom Staat die Unterstützung für Alleinverdiener, die 20 Prozent des monatlichen Grundlohns ausmacht. Am sechsten Geburtstag des Kindes werden die 20 Prozent auf 10 gesenkt.

Wie Suzanne Favre arbeitet auch Madeleine Pian während der Weinlese und der Spargelernte den ganzen Tag, und sie züchtet auch so viele Seidenraupen, wie es in ihrem kleinen Haus möglich ist. Während der übrigen Zeit des Jahres, in der sie keine reguläre Arbeit hat, geht sie jeden Nachmittag mit ihrer Mutter und Madame Biron in den Wald und auf die Felder in der Nähe des Dorfes und bringt alles, was brauchbar ist, mit nach Hause. Im Herbst sammeln sie Körbe voll Pilze, von denen einige frisch gegessen und die anderen eingemacht werden. Im Winter gehen sie mit einem Handkarren und sammeln Zweige und Äste zum Heizen. In der Kirschenzeit holen sie Kirschen aus Monsieur Rastellos Garten, die sie billiger bekommen, weil sie sie selber pflücken. Während des ganzen Jahres müssen sie täglich Gras für die Hühner und die Kaninchen schneiden gehen.

Vor einem Jahr kam Emiles Bruder, Unteroffizier bei der Luftwaffe, von seinem dreijährigen Dienst in Indochina zurück und wurde auf einem Flugplatz in der Nähe von Peyrane stationiert. Er brachte seine zweijährige Tochter mit, deren Mutter er, wie er scherzend sagte, »kaufte«, als er dorthin kam, und »wieder verkaufte«, als er zurück ging. Die kleine Vietnamesin lebte mehrere Monate bei Emile und Madeleine in Peyrane. Diese freuten sich, eine Nichte bei sich zu haben, teils weil sie sich schon immer eine Tochter gewünscht hatten, teils weil Emiles Bruder eine finanzielle Abmachung mit ihnen getroffen hatte. Diese wurde geheimgehalten; offiziell kam Emile für die Erziehung des Kindes auf. Folglich bekamen die Pians staatliche Unterstützung für zwei Kinder in Höhe von 20 Prozent des Grundgehalts, bis Emiles Bruder versetzt wurde und das kleine Mädchen mit sich nahm.

Emile und Madeleine haben nicht nur ihre eigene Familie zu versorgen; sie unterstützen auch ihre Eltern, Marie und Mario Fratani. Mario ist ein fleißiger Ockerarbeiter, aber seine Gesundheit wurde immer schlechter trotz einer schweren Operation, der er sich vor vielen Monaten unterzog, weil der Arzt ihm versichert hatte, sie würde ihm helfen. Jedesmal, wenn er versucht, regelmäßig zu arbeiten, hat er einen schlimmen Rückfall, der ihn für mehrere Tage ans Bett fesselt. Doktor Magny, Marios Familie und alle im Dorf finden, daß man ihm eine Invalidenrente bewilligen sollte; aber jedesmal wenn Mario zur Untersuchung durch den Vertrauensarzt der Sozialversicherung nach Apt fährt, teilt ihm dieser mit, er sei nicht krank genug, um mehr als eine Teilinvalidenunterstützung zu beziehen. Und auch diese Unterstützung kann er nur bekommen, wenn er versucht, regelmäßig zu arbeiten. Mario versucht es – und hat wieder einen Rückfall. Das Verhalten der Versicherung erscheint Mario und den Leuten in Peyrane ebenso mysteriös wie mir. Es muß eine Erklärung dafür geben, aber ich kenne nur die Version, die Mario und die Dorfbewohner erzählen.

Wenn er sich von seinen Attacken einigermaßen erholt hat – und er bleibt nie so lange im Bett, wie Doktor Magny anordnet –, führt er alle Arbeiten in den Häusern und im Dorf aus, die er finden kann. Er arbeitet in Emiles Garten; er säubert Rinnsteine, er hilft Moïse Jannel beim Keltern.

Marie und Mario wohnen im hinteren Teil des Hauses des Metzgers Biron. Zuerst bewohnten sie das ganze Haus, aber der Hausbesitzer verkaufte es an Biron. Die Fratanis weigerten sich auszuziehen, weil sie keine andere Wohnung finden konnten. Biron hätte sie wahrscheinlich hinaussetzen können, wenn er gerichtlich vorgegangen wäre, aber es schien zu jedermanns Vorteil zu sein, sich zu einigen. Jetzt leben die Birons und die Fratanis freundschaftlich zusammen und helfen sich gegenseitig. Die Fratanis haben zwei Zimmer für sich, und Mario arbeitet seine Miete dadurch ab, daß er Biron beim Schlachten und Zerlegen des Fleisches und beim Wurstmachen hilft. Wenn er sich von seiner Attacke erholt hat, fährt er mit Biron in dem großen roten Lastwagen, an dem vorne rosa Schweinsköpfe aus Plastik angebracht sind, die täglichen Runden über Land, um Fleisch in Dörfer und Weiler zu bringen, die keinen Metzger haben.

Auch seine Frau Marie ist nicht gesund. Sie hat hin und wieder Herzanfälle, die sie möglichst ignoriert, aus Angst, der Arzt würde ihr verbieten zu arbeiten. Sie hat keine feste Stellung, übernimmt aber jede Arbeit, die sie im Dorf finden kann. Einmal wöchentlich nachmittags geht sie zum Notar Barbier, um seiner Frau zu helfen. Sie würde lieber irgendwo ganztags arbeiten, aber es gibt nur drei solche Möglichkeiten für Putzfrauen in Peyrane – in der Schule, im Rathaus und im Hotel –, und diese drei Stellen sind besetzt.

Während des Jahres, in dem wir in Peyrane lebten, putzte Marie jeden Morgen bei uns. Dies war ihre erste regelmäßige Arbeit, seit die Martrons vor sieben Jahren weggezogen waren. Wir bezahlten ihr den Lohn, den sie verlangte – mehrere Monate lang 60 Pfennige in der Stunde, bis sie ihre Forderung auf 70 Pfennige erhöhte. Für diesen Lohn fegte sie das ganze Haus, staubte ab, zog auf Händen und Knien die Fliesen auf, reinigte den Hof und die Toiletten, wusch und bügelte. Sie machte dies alles ohne warmes Wasser und irgendwelche Haushaltsgeräte, außer Madeleines dreißig Jahre altem elektrischem Bügeleisen. Auch als es kalt wurde, bestand Marie darauf, die Wäsche mit kaltem Wasser in den Steinbottichen im Hof zu waschen. Wenn sie die Kälte nicht länger ertragen konnte, stellte sie einen Eimer mit glühenden Kohlen zwischen ihre Füße, damit die Wärme in ihre Röcke stieg. Nachdem wir ihr gut zugeredet und gedroht hatten, wir würden ihre Familie einschalten, erreichten wir schließlich, daß sie mit warmem Wasser in der Küche wusch.

Marie erwartete kein Mitleid und keine Hilfe. Sie weiß, daß die Menschen – und vor allem die Frauen – geboren werden, um zu arbeiten und zu leiden. Sie nimmt ihr Los auf sich und macht daraus das Beste. Sie ergreift jede sich bietende Arbeit. Wenn wir sie auch einmal nachmittags brauchten, konnte sie meist nicht. Sie hatte zum Beispiel versprochen, beim Schweineschlachten auf einem drei Kilometer vom Dorf entfernten Hof zu helfen oder in einem anderen Ort ein Fest vorzubereiten. Nachdem sie den ganzen Morgen in unserem Haus gearbeitet hatte, ging sie also auf jenen Hof, auf dem sie angeheuert war, verrichtete ihre Arbeit und kam dann wieder ins Dorf zurück. Wir hörten, daß sie in der letzten Zeit nicht mehr Herzattacken gehabt habe als gewöhnlich.

Die Fratanis und die Pians wohnen in verschiedenen Häusern, aber sie halten es für ökonomischer, gemeinsam bei den Pians zu essen. Ich weiß nicht, wie die Kosten für die Ernährung aufgeteilt sind, aber sie haben bestimmt eine feste Abmachung, denn die Leute in Peyrane wollen, daß alles klar geregelt ist, um Mißverständnisse zu vermeiden.

Die Favres, die Pians und die Fratanis sind Durchschnittsfamilien in Peyrane. Manchen Leuten geht es besser, manchen schlechter; die meisten leben in ähnlichen Verhältnissen. Aber für alle besteht das gleiche unvermeidbare Problem, die Einnahmen zu erhöhen, um mit dem Geld auszukommen, und jeder findet durch Arbeit und Erfindungsgabe seine eigene Lösung.

Henri Favre war als Junge Metzgerlehrling; jetzt ist er Ockerarbeiter, aber er nimmt sich die Zeit, um die Schweine, die die Dorfbewohner für ihren eigenen Gebrauch halten, zu schlachten. Leporatti, ein anderer Ockerarbeiter, züchtet *appelants*, Lockvögel – Drosseln, Finken, Grasmücken usw. –, die er an Jäger verkauft. Seine Frau ist Putzfrau im Hotel. Lataud, der Besitzer des Cafés, das wenige Monate, bevor wir fortgingen, »Pleite machte«, arbeitete zeitweilig in den Ockerbrüchen. Madame Grandgeon übernimmt Näharbeiten. Die Rivets haben eine Pension für Sommergäste. Arène arbeitet jedes Jahr drei Wochen als Straßenarbeiter, um seine Steuern bezahlen zu können. Der Mechaniker Ricci findet die Einnahmen aus seiner Werkstatt sogar für einen Junggesellen zu gering; hilft Borel, Kirschen und Spargel von den Höfen abzuholen, um sie auf den Markt in Cavaillon zu bringen. Viele bezahlen ihn lieber in Ware als in Geld. Biron gibt ihm Fleisch, Marchal Gemüse, der Cafébesitzer Getränke. Abends auf dem Weg ins Café kam Pascal oft mit einer Melone oder ein paar Pfund Erbsen bei uns vorbei, für die wir ihm so viel Geld gaben, daß er seine Getränke bezahlen konnte.

Pascal ist Bauer, und die wirtschaftliche Lage eines Bauern ist komplizierter als die der Handwerker, Kaufleute oder Arbeiter im Dorf. Die meisten Bauern müssen Bücher führen – als Steuerunterlagen und um der Gemeinde Statistiken zu ermöglichen. Aber die Bücher – vor allem die, welche ein Steuerbeamter prüfen könnte – weichen etwas von der Wirklichkeit ab. Man kann nie aus den Büchern eines Bauern sein wirkliches Einkommen feststellen. Pascal trug bestimmt nicht ein, daß er uns auf seinem Weg ins Café zwei Pfund Erbsen verkauft oder daß er Ricci als Bezahlung für das Schweißen eines Loches in seinem Benzintank drei Melonen gegeben hatte. Es kam ihm gar nicht in den Sinn, daß solche Posten ein Einkommen für ihn darstellten. Als ich ihn fragte, wieviel er im letzten Jahr verdient hatte, sagte er, sein Einkommen habe sich etwa auf 1100 Mark belaufen. Aber in diesem Betrag waren nur die Summen enthalten, die er durch den Verkauf seiner Produkte an Monsieur Borel und auf dem Markt in Apt eingenommen hatte. Um sein wirkliches Einkommen festzustellen, hätte man Pascal dreihundertfünfundsechzig Tage im Jahr beobachten müssen, um jede seiner vielen kleinen Transaktionen festzuhalten und um den Wert seiner Produkte, die die eigene Familie konsumierte, abzuschätzen.

Die Leute von Peyrane interessieren sich für diese theoretischen Fragen, die die Definition des Einkommens betreffen, überhaupt nicht. Sie beschäftigt nur das praktische Problem, die Familie zu ernähren, zu kleiden und für ihre Wohnung zu sorgen. Dieses Problem stellt sich ihnen nicht in abstrakten Begriffen von Einnahmen und Ausgaben; es besteht vielmehr aus einer endlosen Reihe von konkreten Situationen. Um diese Situationen zu meistern, greift man nach allem, was sich bietet: Geld, Warentausch, gegenseitigen Dienstleistungen, Geschenken, psychologischen Ratschlägen und sozialem Druck. Eines ist so gut wie das andere, aber eines allein reicht nicht aus, alle Probleme zu lösen.

Die Kunst zu sparen

Auch wenn jedes Familienmitglied so viel es kann zum Familieneinkommen beiträgt, ist das finanzielle Problem einer Familie nur halb gelöst. Um mit dem Geld auszukommen, müssen alle mithelfen, die Ausgaben auf ein Minimum zu reduzieren. Diese nie endende Notwendigkeit zu sparen, hat dem ganzen täglichen Leben deutliche Merkmale aufgeprägt.

Lebensmittel sind der größte Posten im Budget jeder Familie in Peyrane. Leider ist dieser Posten am schwersten zu reduzieren, weil allgemein großer Wert auf das Essen gelegt wird. Das Essen ist einer der Hauptgesprächsstoffe. Wie das Wetter und wie die Wechselfälle des Lebens kann es freimütig und mit Vergnügen auch unter Leuten diskutiert werden, die, ginge es um Politik, bereit wären, sich an die Kehle zu springen. Gute Rezepte werden nicht nur von Frauen beim Kaffeeklatsch besprochen; Männer an der Bar sprechen genauso gerne darüber, wie man Drosseln schießt, sowie über die beste Art, sie zuzubereiten. Die Menschen in Peyrane essen nicht nur, um ihren Hunger zu stillen; für sie bedeutet essen eines der Dinge, die das Leben lebenswert machen.

Diese Einstellung zum Essen macht die Aufgabe der Mutter besonders schwierig. Sie muß den hohen Ansprüchen der Familie gerecht werden und dennoch sparen. Es ist daher kein Zufall, daß die Gerichte üblicherweise aus billigen Zutaten bereitet werden. Eines der populärsten ist *daube*, das aus billigem Rindfleisch zubereitet wird. Die Peyraner Hausfrau legt das Fleisch einige Zeit in Wein, um die harten Fasern weich zu machen und den Geschmack zu erhöhen. Der Wein wird sorgfältig mit Kräutern und anderen Zutaten gewürzt. Nach einigen Stunden wird das Fleisch herausgenommen, abgetrocknet und in Öl braun angebraten. Dann wird es mit der Marinade in einer Kasserolle drei bis vier Stunden geschmort. Dieses Gericht ist billig und doch ein Familienschmaus, der auch bei besonderen Gelegenheiten aufgetischt werden kann.

Und doch ist es für die Hausfrau schwierig, ein gutes und gleichzeitig billiges Gericht wie *daube* zuzubereiten, weil sie viel Mühe dafür aufwenden muß. Ihre Zeit ist kostbar, denn sie muß mindestens ebenso viel wie ihr Mann zum Lebensunterhalt der Familie beitragen. Selbst wenn sie nicht bei der Trauben- und Spargelernte hilft, so hat sie doch genug zu tun mit Haus, Kindern, Hühnern und Kaninchen, Nähen, Putzen und Waschen. Ihre Lage ist daher schwierig. Sie soll so wenig wie möglich für Essen ausgeben; sie muß für dessen Zubereitung viel Zeit und Mühe aufwenden und hat doch wenig Zeit übrig.

Das Frühstück ist die einfachste Mahlzeit. Die meisten Familienmitglieder trinken eine Schale warme Milch mit einem Schuß heißen Kaffee. In die Milch wird Brot eingetunkt, oder es wird mit Honig oder Marmelade gegessen. Aber den Männern, die eine schwere körperliche Arbeit tun müssen, genügt das »Schalenfrühstück« aus *café au lait* und Brot nicht. Sie wollen ein »Gabelfrühstück« mit Käse, Wurst und dikker Suppe. Dazu trinkt man lieber Wein als Kaffee.

Um zwölf Uhr wird zu Mittag gegessen. Manchmal gibt es ein Fleischgericht, aber meistens ein kräftiges Gericht aus Makkaroni, Nudeln, Reis, Kartoffeln oder Eiern. Als Vorspeise gibt es häufig verschiedene Salate. Als Nachtisch Obst und Käse, Kompott oder Pudding. Das Abendessen besteht meist aus einer herzhaften Suppe und grünem Salat, sofern es mittags keinen gab, und wieder Käse und Obst.

Zu allen drei Mahlzeiten wird viel Brot gegessen, auch zu den Zwischenmahlzeiten am Vormittag und Nachmittag. Alle finden die kleinen Laibe wegen ihrer vielen Kruste am besten, aber die großen sind wirtschaftlicher und werden deshalb am meisten gekauft.

Fast alle trinken Wein. Das Wasser im Dorf ist ausgezeichnet, weil es aus einer Quelle im Gebirge kommt, aber man findet es fad. Selbst Leute, die keinen Wein trinken, gießen ein wenig davon in ihr Glas und in die der Kinder, um dem Wasser einen Geschmack zu geben.
Die Ernährung in Peyrane ist gesund, vielleicht etwas zu reich an Kohlehydraten und zu arm an Proteinen. Der Mangel an Protein durch den geringen Konsum von Fleisch wird teilweise aufgewogen durch das Protein in Käse und Eiern. Butter ist für die meisten Leute zu teuer, dafür wird zum Kochen reichlich Öl verwendet, so daß der Fettgehalt des Essens hoch ist. Zucker ist teuer und wird sparsam verwendet; man kann mit Bestimmtheit sagen, daß niemand zu viel Zukker zu sich nimmt. Frisches Gemüse, Salat und Obst liefern ausreichend Vitamine.
Die Peyraner würden über diese Analyse ihrer Mahlzeiten lächeln. Nach ihrer Meinung ißt ein Mensch, der nicht am Verhungern ist, nicht aus Gesundheitsgründen, sondern aus Vergnügen. Aber trotz ihrer Freude an diesem Vergnügen besitzen sie nicht mehr das gute Unterscheidungsvermögen wie früher. Technische Veränderungen und die hohen Lebenshaltungskosten haben die Eßkultur der Menschen von Peyrane beeinträchtigt. Not und vielleicht auch Gewohnheit haben sie dahin gebracht, bei gewissen Dingen das Mittelmäßige dem Guten vorzuziehen.
Peyrane liegt in einem Gebiet Frankreichs, in dem Oliven wachsen, und Olivenöl war früher ein Haupthandelsartikel des Dorfes. Durch die modernen Transportmöglichkeiten ist es billiger, afrikanisches Erdnußöl im Laden zu kaufen, als Oliven anzupflanzen und daraus selber Öl herzustellen. Da die Leute aus ökonomischen Gründen seit vielen Jahren Erdnußöl statt Olivenöl verwenden, ziehen sie heute den Geschmack des Erdnußöls dem des Olivenöls vor. Die örtliche Olivenernte ist so zurückgegangen, daß die öffentliche Olivenpresse, die in Francis Favres Schuppen steht, kaum noch benutzt wird.
Auch das Verständnis für guten Wein ist geringer geworden. Die größeren Rebbauern bringen ihre ganze Ernte zur Winzergenossenschaft, wo gute und mittelmäßige Trauben zusammengekeltert werden. Dies veranlaßt die Winzer, nur solche Traubensorten zu pflanzen, die ungeachtet ihres Aromas besonders saftig und süß sind. Dieser Genossenschaftswein wird so unindividuell und in so großen Mengen hergestellt, daß die Mittelmäßigkeit des Endprodukts unvermeidbar ist. Der meiste Wein wird an Großhändler verkauft, aber jeder Winzer be-

kommt den Anteil, den er für seine Familie braucht. Folglich trinken die meisten Weinbauern in Peyrane genau den gleichen Wein, der in den Städten als *vin ordinaire* verkauft wird. Sie haben sich so an diesen mittelmäßigen Wein gewöhnt, daß sie ihn annehmbar finden.

Kleine Winzer wie Emile Prayal, die ihre Trauben selber keltern, produzieren meist besseren Wein als die Genossenschaften, aber auch sie müssen die Qualität der Quantität opfern. Sie pressen ihre Trauben bis zum letzten Tropfen aus und erzielen so natürlich keinen Qualitätswein. Nur wenige, wie der alte Monsieur Sanape, legen noch Wert auf guten Wein, unter Verzicht auf Quantität. Sie wenden auch die für die Herstellung von Qualitätswein notwendige Zeit auf. Sanape trinkt nicht viel Wein, aber wenn er welchen trinkt, muß er gut sein.

Wenn man *vin ordinaire* kauft, füllt Monsieur Reynard oder Monsieur Arène die Flasche aus seinem Faß. Hat man keine Flasche, muß man eine kaufen. Da wir gelegentlich guten Wein in Apt und Avignon kauften und die Flasche bei guten Weinen im Preis inbegriffen ist, hatten wir gewöhnlich einen Vorrat an Flaschen, die, wie wir erstaunt erfuhren, einen Schatz darstellten, den man nicht wegwerfen durfte. Die Leute verwenden alle Flaschen, die sie irgend bekommen können, für ihre selbstgemachten Weine, für Marc, Angélique und Pastis. Die Frauen müssen immer Flaschen mitbringen, wenn sie Wein, Öl, Salmiakgeist, Desinfektionsmittel, Brennspiritus oder Essig kaufen. Wenn uns die Leute Wein schenkten, hatten sie keine Hemmungen, uns zu bitten, die Flaschen zurückzugeben oder ihnen andere dafür auszuhändigen.

Der Trödler von Apt, Lou Bey, findet keine heilen Flaschen auf dem Abfallhaufen am Fuß der Felsen in Peyrane. Er findet tatsächlich kaum etwas, was wert wäre, aufgehoben zu werden, denn niemand wirft einen Lappen, eine Blechbüchse oder ein Stück Papier, das noch zu irgend etwas zu gebrauchen wäre, weg. Es wird wenig Papier im Dorf weggeworfen. Der Kolonialwarenhändler wickelt nie etwas ein, wenn er es vermeiden kann. Die Kundin bringt ein Netz oder eine Einkaufstasche mit, in die Waren wie Kartoffeln, Zwiebeln, Tomaten und Kohl unverpackt gelegt werden. Wenn der Händler etwas einwickeln muß – etwa Reis –, wählt er aus dem Stoß ordentlich zugeschnittener Bogen Zeitungspapier ein passendes Stück, faltet es und dreht eine Tüte daraus. Diese wird halten, bis die Kundin zu Hause ist. Der Kolonialwarenhändler hat zwar Bindfaden, aber nur in Knäulen auf dem Regal – zum Verkauf. Für Oliven oder weichen Käse kann man kein

Zeitungspapier nehmen. Für solche Artikel reißt er nur ungern ein Stück Pergamentpapier ab, das er eigens kaufen muß. Wenn die Kundin nach Hause kommt, bringt sie nur noch ein paar Fetzen Zeitungs- oder fettiges Einwickelpapier mit. Sie werden zum Feueranmachen aufgehoben.

Es gibt keine größeren Kartons – auch nicht zu kaufen. Wenn Monsieur Reynard und Monsieur Arène ihre Waren beim Großhändler einkaufen, müssen sie die Behälter für den Transport mitbringen. Der Weinhändler in Apt gab mir manchmal einen großen Karton, um meine Einkäufe nach Hause zu transportieren, wenn ich versprach, ihn beim nächsten Mal zurückzubringen.

Da wir die New York Times abonniert hatten und ich je ein Exemplar der Zeitungen, die es in Peyrane gab, kaufte, besaßen wir außer den Flaschen noch einen fast gleichwertigen Schatz. Um Monsieur Arène oder einem anderen Händler in Peyrane eine Freude zu machen, brauchten wir ihm nur einen Stoß alter Zeitungen mitzubringen. Jeder Händler kauft sicher jeden Tag eine Zeitung. Aber eine Marseiller Zeitung von sechs Seiten reicht nicht für viele Kunden. Monsieur Arène kann nicht andere Leute um ihre Zeitungen bitten, weil er weiß, daß sie sie selbst brauchen. Aber er wußte, daß unsere zu haben waren, weil wir zu den wenigen Kunden gehörten, die Toilettenpapier kauften.

Genauso wie jeder Fetzen Papier wird auch jedes Stückchen Stoff verwendet. Die guten Kleider werden sorgfältig für besondere Gelegenheiten aufbewahrt; die Alltagskleider sind aus solidem, unempfindlichem Stoff. Bei kaltem Wetter tragen die Kinder wollene Kleidung, aber diese wird geschützt durch Baumwollkittel, die billiger und leichter zu reinigen sind. Da Waschen Seife verbraucht, Zeit und Kraft der Mutter beansprucht und außerdem die Kleider abnützt, werden die Kinder angehalten, ihre Kleider beim Spielen so wenig wie möglich zu beschmutzen. Kleider werden immer wieder geflickt. Man findet die Flicken nicht gerade schön, aber bei der Arbeitskleidung ist das sowieso nicht wichtig. Die Arbeitsanzüge der Ockerarbeiter bestehen oft mehr aus Flicken als aus dem ursprünglichen Stoff.

Zu klein gewordene Kleider werden von einem Kind auf das nächste vererbt, von einer Familie auf die andere, von einer Generation auf die nächste. Zu klein gewordene Stricksachen zieht man auf und strickt sie neu. Schuhe werden nacheinander von verschiedenen Personen getragen, bis sie auseinanderfallen, und auch dann findet der Schuster fast immer noch eine Möglichkeit, sie abermals zu flicken. Viele Leute heben ihre Schuhe für besondere Gelegenheiten auf und tragen alltags Pantoffeln, die billig und bequem sind. Im Sommer begnügen sich fast alle mit *espadrilles*, billigen Leinenschuhen mit Schnursohlen. Oft tragen die ärmeren Kinder des Dorfes auch im Winter Leinenschuhe, Landkinder brauchen festere Schuhe; sie werden mit Nägeln, Eisenspitzen und -kanten um die Sohlen so haltbar wie möglich gemacht.

Will eine Familie sich für eine besondere Gelegenheit hübsch anziehen, so hat sie auch die Mittel dazu. Die Kleider für den Alltag dienen als Schutz gegen die Kälte; man schätzt es, wenn sie hübsch und schick sind, aber dies sind zweitrangige Überlegungen.

Im Winter ist warme Kleidung besonders wichtig, weil die Häuser kalt sind. Die provençalischen Kamine sind zwar groß genug für ein mächtiges Feuer, aber wir sahen nirgends eines außer in unserem eigenen Kamin. Wir versuchten, die Temperatur in der *salle* auf achtzehn Grad zu halten. Wir ließen das Feuer die ganze Nacht über brennen, damit das Zimmer warm war, wenn wir morgens zum Anziehen herunterkamen. Wir legten mehr Holz auf, wenn wir aus dem Haus gingen, damit die *salle* warm war, wenn wir zurückkamen. Die Leute fanden uns höchst verschwenderisch und unsere *salle* zum Ersticken heiß.

Den Leuten in Peyrane erscheint es gefährlich, im Sommer zu kalt und im Winter zu heiß zu haben. Wir setzten uns also der Gefahr aus, krank zu werden, und verschwendeten noch dazu Brennholz, weil wir unsere *salle* bis auf achtzehn Grad anwärmten. Um nicht zu frieren, zieht man sich im Winter üblicherweise so warm an, daß man sich drinnen und draußen gleich wohl fühlt. Die einzigen Räume im Dorf, die wärmer waren als unsere, waren die der Postbeamtin, der Sekretärin des Ratsschreibers und einer Lehrerin; und diese drei Frauen waren immer ein bißchen krank. Man war nicht sicher, überheizten sie, weil sie krank waren, oder waren sie krank, weil sie in überheizten Räumen lebten.

Für die meisten Leute ist die *salle* bereits behaglich, wenn nur übermäßige Kälte und Feuchtigkeit behoben sind, und dafür genügt ein kleines Feuer. Will man Feuer machen, so ist es üblich, in der Mitte des Kamins eine kleine Flamme anzufachen. Dann legt man zwei große Scheite rechtwinklig darauf, so daß zwei Enden an den Ecken des Kamins herausragen und die beiden anderen sich über der Flamme gerade berühren. In dem Maß wie die Scheite abbrennen, werden sie langsam weiter zusammengeschoben, so daß ständig eine kleine Flamme brennt und ein Minimum an Brennmaterial verbraucht wird. Geht die Familie

aus dem Haus oder zu Bett, wird das Feuer gelöscht. Bei mildem Wetter wird nur zum Kochen Feuer gemacht. Solch ein Feuer wird meist aus dürren Zweigen oder aus Rebholz entzündet, die man zu Ende brennen läßt. Hat man große Scheite verwendet, so trägt man sie vors Haus und löscht sie aus, sobald das Feuer nicht mehr gebraucht wird.
In vielen Häusern wurde der Kamin durch einen Ofen ersetzt, der direkt davor steht und dessen Ofenrohr in den Abzug des Kamins führt. Das beste Heizmaterial sind Briketts, aber sie sind für die meisten Leute zu teuer. Am häufigsten werden deswegen *petits bois* verwendet, ein bis fünf Zentimeter starke Zweige von Steineichen, die in Stücke von zehn bis fünfzehn Zentimeter Länge zersägt werden. Zu trockenes Holz wird mit frischerem gemischt, damit es nicht zu schnell abbrennt.
Auf den meisten Öfen steht ein Kessel mit warmem Wasser, aber dieses Wasser wird sparsam verbraucht. Geschirr wird fast immer nur mit kaltem Wasser gespült und mit Soda, das man für wirkungsvoller hält und das billiger ist als Seife. Sind die Kleider zu schmutzig, um sie in kaltem Wasser waschen zu können, werden sie in einem großen Waschtopf auf dem Ofen gekocht. Einmal wöchentlich – für die Ockerarbeiter jeden Abend – wird Wasser für ein Bad auf dem Herd heiß gemacht und in eine große Zinkwanne gegossen, die in der *salle* steht. Im Sommer ist warmes Wasser rarer als im Winter, weil der Ofen nicht benutzt wird. Er wird gesäubert und poliert, und man stellt einen zweiflammigen Gasbrenner darauf, der mit Propangas betrieben wird, mit dem man sparsam umgeht, denn Gas ist teuer. Um ein Bad zu nehmen, gehen die Familien zu den Bassins der Ockergruben, in denen der Sand aus dem Ocker gewaschen wird.
Der Notar und seine Familie haben keine solchen Sorgen, denn in ihrem neuen Haus funktioniert alles elektrisch, nicht nur das Licht, sondern auch die Heizung, der Herd und die Warmwasserversorgung. Die anderen Dorfbewohner benutzen so wenig Strom wie möglich. In den meisten Häusern brennt nur eine kleine Birne in der Mitte der *salle*, und hin und wieder wird das Radio eingeschaltet.
Wir schraubten eine Fünfundsiebzig-Watt-Birne in die Fassung über dem Tisch in der Mitte unserer *salle*, denn wir konnten beim Licht der Zwanzig-Watt-Birne, die wir bei unserer Ankunft vorgefunden hatten, nicht gut lesen. Wenn die anderen Birnen im Haus kaputt gingen, ersetzten wir sie durch Sechzig-Watt-Birnen. Als der Angestellte der *Electricité de France* unseren Zähler ablas, sagte er, wir verbrauchten

Essen gehört zu den Genüssen des Lebens (zu Seite 169) ▷
Die Borels mit ihrem »neuen« Wagen (zu Seite 176f.) ▽

Pascals Renault von 1923 (zu Seite 177; 353) ▽

viel mehr Strom als alle anderen Haushalte, etwa so viel wie das Hotel und das Café. Sogar die Rechnung des Notars war niedriger als unsere, weil er Kraftstrom mit höherer Spannung verbrauchte, der mit einem niedrigeren Tarif belastet wird.

Es gibt nicht viele elektrische Geräte im Dorf. Manche Leute haben ein elektrisches Bügeleisen, eine elektrische Nähmaschine oder gar eine elektrische Säge, um die *petits bois* zu zerkleinern. Die Liste von Handwerkern und Kaufleuten mit elektrischer Ausrüstung ist kurz. Der Automechaniker hat eine Lademaschine für Batterien, der Schmied ein elektrisches Gebläse, der Metzger einen neuen großen Kühlraum, die einzige elektrische Kühlanlage in Peyrane. Weder Elektriker noch Maurer haben irgendein elektrisches Gerät.

Gebühren müssen wie alle Ausgaben auf ein Minimum reduziert werden. Da der Betrieb eines Radios gebührenpflichtig ist, sind die offiziellen Angaben über die Anzahl der Radios in der Gemeinde unzuverlässig. Auch Hunde gibt es wegen der Hundesteuer offiziell viel weniger als in Wirklichkeit. Nach der Statistik gibt es weder Esel noch Maultiere in der Gemeinde, aber tatsächlich sind zwei Esel und ein Maultier im Dorf und noch weitere auf den Höfen.

Das vernachlässigte Aussehen der Anwesen kann zum Teil mit dem Wunsch erklärt werden, die Vermögenssteuer niedrig zu halten. Häuser, Felder, Autos und Kleidung sehen manchmal schäbiger aus als nötig, weil äußere Zeichen von Armut niedrigere Steuern bedeuten. Als Lucien Borel mir eines Tages sein Spargelfeld zeigen wollte, führte er mich einen Pfad an seinem Schuppen vorbei, der so schlüpfrig und gefährlich war, daß er eine Erklärung für nötig hielt. »Ich könnte ihn leicht instand setzen«, sagte er, »aber wenn ich ihn befestige, so würde er zugleich auch besser aussehen, und ein Steuerbeamter könnte mich für wohlhabender halten, als er es jetzt tut. Bei der nächsten Veranlagung würde er sicher meine Steuern erhöhen.«

Es gibt trotzdem einige Fälle, in denen die äußere Erscheinung für das Ansehen der Familie wichtig ist. Das Baby muß zum Beispiel hübsch angezogen sein und in einem prächtigen Kinderwagen ausgefahren werden. Die ganze Familie muß am Sonntag nachmittag schön angezogen sein. Wenn Gäste eingeladen sind, muß das Essen besonders gut sein. Aber nur bei ganz besonderen Anlässen kann die Familie sich erlauben, ihr Budget durch verschwenderische Ausgaben zu gefährden. Selbst wenn eine Familie so wohlhabend ist, daß sie keine wirtschaftlichen Schwierigkeiten hat, stellt sie ihre Wohlhabenheit nicht zur Schau.

Sinnlose Zurschaustellung könnte sie gefährden. In Peyrane heißt es nicht »mit den Jones' Schritt zu halten« (»keep up with the Joneses«), sondern »hinter den Jones' zurückzustehen«.
Die Schäbigkeit im Dorf erstaunt besonders einen Amerikaner, der gewohnt ist, allem Neuen einen Wert beizumessen. Für die Leute in Peyrane braucht ein Gegenstand nicht blank und neu zu sein; es kommt nur darauf an, daß er funktioniert und wirtschaftlich ist. Sie finden keine besondere Befriedigung darin, einen Gegenstand zu benutzen, den noch niemand vorher benutzt hat. Die letzten Modelle und die neuesten Erfindungen können zwar Neugier erwecken, aber die Leute sind grundsätzlich nur an Dingen interessiert, die bei geringen Kosten einem dringenden Bedürfnis abhelfen.
Bei dieser Einstellung ist die allgemeine Indifferenz gegenüber modernen sanitären Anlagen zu verstehen. Der Kampf des Arztes und der Lehrerinnen um hygienischere Toiletten verspricht wenig Erfolg, denn man kann nicht beweisen, daß Wasserklosetts besser funktionieren als die alten Anlagen. Man kann nicht einmal damit argumentieren, daß sie hygienischer und daher für die Gesundheit notwendig sind, denn der Gesundheitszustand von Peyrane ist ohnehin gut. Dagegen erweckt die Pflug- und Traktorengenossenschaft echtes Interesse, denn die Männer haben herausgefunden, daß sie durch Zusammenarbeit in der Genossenschaft ihre Felder nicht nur besser sondern auch billiger pflügen können.
Weil niemand auf Neues besonders erpicht ist, kann man überall eine erstaunliche Geschicklichkeit beobachten, alte Dinge »wieder brauchbar« zu machen. Als Monsieur Viquier einen Hühnerstall brauchte, baute er einen auf die billigste und einfachste Weise. In den weichen Sandstein des Felsens neben seinem Haus grub er eine niedere Höhle. Um die Öffnung zu verschließen, errichtete er eine Mauer aus Steinen, die er am Fuße des Felsens gefunden hatte. Natürlich brauchte er einen Eingang, und um einen Eingang in eine Mauer zu machen, braucht man zunächst einen Türrahmen. In einer verlassenen Ockergrube fand er das halbe Rad eines Grubenwagens, welches jetzt als stabiler und nicht unattraktiver Türrahmen für den Hühnerstall dient.
Der steinerne Waschtrog in unserem Hof war in zwei Becken aufgeteilt, eines zum Waschen, das andere zum Spülen. Aber es gab nur einen Wasserhahn, so war es ein Problem, Wasser in das Becken ohne Hahn einzulassen. Es hätte Geld gekostet, einen weiteren Hahn, einen Doppelhahn oder eine besondere Leitung zu installieren. Eine solche

Ausgabe konnte leicht vermieden werden, weil Madame Teste (die in dem Haus bis zu ihrem Tode im Jahre 1900 lebte) einen alten Gewehrlauf mit einer Schnur unter dem vorhandenen Wasserhahn befestigt hatte. Der Gewehrlauf leitet noch heute das Wasser, wohin man es haben will. Es ist gewiß nicht der Zweck eines Gewehrlaufs, als Wasserleitung zu dienen. Er ist verrostet und sieht unansehnlich aus. Er ist sogar unzweckmäßig, denn ein Teil des Wassers geht verloren. Es ist auch unbequem, jedesmal die Schnur zu erneuern, wenn sie verfault ist. Aber der Gewehrlauf erfüllt hinreichend seinen Zweck und kostet nichts.

Die Bauern in der Gegend von Peyrane benutzen Heugabeln, die sozusagen gewachsen sind. Sie pflanzen einen bestimmten Baum, und während seines Wachstums werden alle Zweige abgeschnitten bis auf drei, die in der Stellung der gewünschten drei Zinken gezogen werden. Wenn die Bäume die erforderliche Größe erreicht haben, werden sie gefällt, die Rinde wird abgeschält und die Zweige in der geeigneten Länge zurechtgeschnitten und an den Enden zugespitzt. Das Resultat ist eine Heugabel, die leicht, fest, sicher (weil die Zinken nicht so gefährlich wie stählerne sind) und billig ist. Das Stück kostet nur 2,40 Mark. Diese Gabeln sind für Mist nicht stabil genug, aber für Heu und Stroh sehr geeignet.

Die Geschicklichkeit und Sparsamkeit, die Anstrengungen, unter Vernachlässigung des Äußeren eine Sache zum Funktionieren zu bringen, zeigten sich am deutlichsten an den in Peyrane vorhandenen Autos. Das Departement der Vaucluse hat pro Kopf die höchste Zahl an Personenwagen von allen Departements Frankreichs einschließlich der Gegend um Paris. Das statistische Amt verwendet diese Tatsache – neben verschiedenen anderen aufschlußreichen Daten wie Sparkonten, Steueraufkommen usw. –, um zu beweisen, daß die Vaucluse wirtschaftlich eines der fortschrittlichsten Departements ist. Zweifellos sind viele Departements ärmer als die Vaucluse, aber bevor man übertriebene Schlüsse über den Wohlstand der Vaucluse zieht, sollte man einen Blick auf die Autos von Peyrane werfen, die typisch für die Autos des ganzen Departements sind.

Nur zwei Autos in Peyrane sind weniger als fünf Jahre alt: der große Citroën des Notars und der rote Lastwagen des Metzgers mit den rosa Schweinsköpfen aus Plastik. Die übrigen Wagen in Peyrane sind im Durchschnitt etwa fünfundzwanzig Jahre alt.

Eines Tages kam Madame Borel zu uns und bat uns, ihr neues Auto aufzunehmen, damit sie ihrem Sohn in Marokko eine Fotografie schikken könne. Unverzüglich ging ich zu Borels, denn der Kauf eines neuen Autos ist in Peyrane ein ungewöhnliches Ereignis. Es stellte sich heraus, daß der »neue« Wagen der war, an dem der Automechaniker seit Wochen in seiner Freizeit gearbeitet hatte. Es war ein Fiat von 1929, der nach Peyrane abgeschleppt worden war, weil er nicht mehr aus eigener Kraft fuhr. Die Beleuchtungsanlage war vollkommen in Unordnung. Drei Reifen fehlten. Der Benzintank hatte ein Loch, und es gab sicher noch andere Schäden. Ricci hatte die elektrische Anlage in Ordnung gebracht, den Motor instand gesetzt, das Loch im Benzintank zugeschweißt und auch noch drei brauchbare Reifen gefunden. Jetzt lief der Wagen wieder, aber Lackierung und Polsterung waren in einem jämmerlichen Zustand. Die Borels sagten, sie wollten den Wagen eines Tages neu lackieren.

Die Schwierigkeit, solche Wagen zu reparieren, besteht vor allem darin, Ersatzteile zu finden, aber selbst wenn ein wichtiges Teil nicht zu bekommen ist, lassen sie sich nicht allzusehr entmutigen. Mit Geschicklichkeit ist es immer möglich, einen Gegenstand brauchbar zu machen. Pascal hatte einen Renault 1923 aus zweiter Hand gekauft. Er pflegt den Motor so, daß er ruhig läuft, wenn er nicht unsinnige Anforderungen an ihn stellt. Der Wagen sieht wegen seiner Räder ein wenig merkwürdig aus. Die Vorderräder stammen von einem Lastwagen, eines der Hinterräder von einer *sulphateuse*, einer Rebspritzmaschine, das vierte ist ein Originalrad des Wagens. Pascal konnte sich keinen neuen Wagen leisten und findet es auch nicht notwendig. Er braucht nur ein Fahrzeug, das geeignet ist, seine Produkte auf den Markt und Vorräte mit nach Hause zu bringen. Sein Renault ist nicht schön und fährt nicht schnell, aber er erfüllt seine Aufgabe.

Die Wagen Borels und Pascals sind typisch für die meisten Wagen der Vaucluse. Ursprünglich waren sie Personenwagen, aber die jetzigen Besitzer haben sie für ihre Zwecke zurechtgemacht. Um seinen alten Citroën in einen Lastwagen zu verwandeln, trennte Monsieur Arène einfach den hinteren Teil der Karosserie ab und befestigte ihn wieder mit Scharnieren. Gaston Jouvaud baute seinen alten Panhard bis auf das Chassis ab und setzte einen Holzkasten darauf, mit dem er Sand und Kies befördern kann. Keiner dieser Wagen ist bequem oder schön, aber alle helfen einem dringenden Bedürfnis auf geeignete und billige Weise ab. Ihre Eigentümer sind mit ihnen zufrieden.

Die Leute in Peyrane versuchen lieber, mit dem Wagen auszukommen, den sie haben, als einen neuen auf Raten zu kaufen. Sie wollen keine Schulden machen. Schulden bedeuten, jemandem verpflichtet zu sein, jemandem Rechte über dich einzuräumen, jemandem die Möglichkeit zu geben, sich in deine Angelegenheiten zu mischen und deine Lebensweise zu kritisieren. Schulden bedeuten eine Bedrohung der Unabhängigkeit.

Die Leute nehmen auch nicht gerne Geschenke an, wenn sie nicht in der Lage sind, Gegengeschenke zu machen. Als ich Pierre Pian mit nach Apt nahm, brachte er mir am nächsten Tag eine Flasche seines besten Weines. Als ich Monsieur Graziani fotografierte, weil er die Fotografie für den Antrag zur Altersversorgung brauchte, war es ihm unangenehm, daß ich keine Bezahlung annehmen wollte. Unsere Beziehungen waren gestört, bis er eines Tages ein Dutzend Eier brachte und sich so seiner Verpflichtung entledigte und seine Unabhängigkeit wiedergewann. Als ich Paul Rivet zu einem Hörgerät verholfen hatte, luden uns seine Eltern zu einem Essen ein, das die Verhältnisse der Familie offensichtlich überstieg. Außerdem gab mir Rivet noch drei makellose Boules-Kugeln aus Stahl, die er in einem Wettkampf gewonnen hatte und die er besonders liebte. Wir mußten lernen, daß es unfreundlicher war, solche Geschenke, die ein wirkliches Opfer bedeuteten, abzulehnen, als sie anzunehmen. Aber nur dadurch konnten wir einem Menschen dazu verhelfen, sein Unabhängigkeitsgefühl wiederzugewinnen. Das bedeutete, daß wir auch lernen mußten, keine Geschenke zu machen oder Gefälligkeiten zu erweisen, die von anderen nicht unbedingt erwünscht waren. Sie fühlten sich verpflichtet, eine unerwünschte Gefälligkeit ebenso zu erwidern wie eine erwünschte. Einen Menschen etwas bezahlen zu lassen, was er nicht haben will, heißt ihm einen schlechten Dienst erweisen.

Wirtschaftlicher Erfolg und Mißerfolg

Es mag überraschen, daß die Leute unter solchen Umständen Geld sparen, aber sie tun es wirklich. Trotz des ständigen und erbitterten Kampfes um das Auskommen gelingt es den meisten, etwas mehr zu produzieren, als sie verbrauchen. Anzahl und Umfang der Sparkonten in der Vaucluse sind nach den staatlichen Statistiken im Vergleich zu den anderen Departements sehr groß, und doch erzählt man sich in Peyrane, wesentliche Teile der Ersparnisse seien nicht in Sparkonten angelegt, sondern zu Hause gehortet. Dieses Gerede bestärkt den alten Glauben der Städter, daß alle Bauern Goldmünzen eingemauert haben, aber nur wenige Männer der Gemeinde sind wohlhabend genug, um einen Schatz anhäufen zu können.

Louis Borel wurde in einem kleinen Dorf in den Bergen nördlich von Peyrane geboren, in der ärmsten Gegend der Vaucluse. Seine Eltern starben, als er noch klein war. Er verließ die Berge, wanderte in der Vaucluse umher und verrichtete jede sich bietende Arbeit. Als er Anfang zwanzig war, kam er nach Peyrane, um bei einem Maurer zu arbeiten. Er hatte verschiedene Handwerke erlernt, aber am liebsten baute er Häuser. Sein großes Handicap war seine schlechte Schulbildung. Er war nur ein paar Monate in die Schule gegangen und hatte mit Mühe und Not gelernt, Zahlen zu lesen und seinen Namen zu schreiben.

In Peyrane lernte er Françoise Béchade kennen und heiratete sie. Sie hatte ihr *Certificat* und beherrschte die Buchführung. Zusammen kamen sie vorwärts. Louis arbeitete, und Françoise führte die Bücher. Eine Zeitlang arbeitete er als Maurer. Sein größter Auftrag war der Bau des schönsten Hauses in Peyrane, das des Notars. Während des Krieges gab es wenig Arbeit in seinem Beruf, aber Louis besaß einen Lastwagen. Er kaufte die Produkte der Bauern und verkaufte sie in der Stadt. Als der Krieg zu Ende war, erwarb er einen großen Lastwagen, der von den Deutschen konfisziert worden war, und erweiterte damit sein Geschäft. Jetzt ist er der aktivste Zwischenhändler in der Gemeinde, er kauft Obst und Gemüse bei den Bauern und verkauft es auf dem Markt in Cavaillon oder an die Konservenfabriken in Apt. Im Winter schlägt er Holz in den Bergen, transportiert es nach Peyrane, zersägt und verkauft es an die Dorfbewohner. Kohlen kann man in Peyrane nur bei ihm kaufen. Er holt sie in Cavaillon und verkauft sie fünfzigpfundweise. Er besitzt auch die einzige Tankstelle im Dorf.

Der Lebensstandard der Borels unterscheidet sich nicht von dem der meisten Familien. Sie kleiden sich, essen und leben auf dieselbe Weise wie die meisten andern. Louis zieht zweifellos beträchtlichen Gewinn aus seinem Geschäft, aber das einzige sichtbare Zeichen seines Wohlstandes besteht in der ständigen Verbesserung seiner Einrichtungen. Seinem Haus gegenüber, auf der anderen Seite der Straße, baut er einen Behälter nach dem anderen auf, um darin Kirschen zu konservieren. Ohne diese Behälter müßte er sie während der Erntezeit zu niederen Preisen verkaufen. In den Behältern kann er die Kirschen über Wochen und Monate konservieren und sie dann verkaufen, wenn der Marktpreis hoch ist.

Monsieur Anselme soll der reichste Bauer der Gemeinde sein. Wie Borel stammt er aus den Bergen nördlich von Peyrane und aus einer so armen Familie, daß er schon als kleiner Junge gezwungen war, Geld zu verdienen. Jahrelang ging er jeden Morgen acht Kilometer von den Bergen in die Ebene, um dort als Taglöhner auf einem Hof zu arbeiten, und abends ging er wieder die acht Kilometer nach Hause zurück. Er besaß ein kleines Haus und ein Fleckchen Land, das er sorgfältig bestellte, morgens, bevor er ins Tal ging, und abends, wenn er zurückkam. Jede dieser Tätigkeiten würde genügen, um einen Arbeitstag auszufüllen, aber Anselme betrieb jahrelang beides zusammen. Als er Ende vierzig war, hatte er endlich genug Geld gespart, um sich einen eigenen Hof im Tal kaufen zu können. Aber er änderte seine Gewohnheiten nicht. Er arbeitete weiter mit der gleichen Hartnäckigkeit, bis er in der Lage war, seinen Besitz bis in die fruchtbarsten und bestgelegenen Gebiete der Gemeinde auszudehnen. Sein Haupterzeugnis sind Tafeltrauben. Wenn die Ernte auf dem Höhepunkt ist, kommt er kaum ins Bett. Er stellt einige Pflücker ein, die er gut bezahlt, von denen er aber den gleichen Arbeitseifer wie von sich selbst verlangt. Er hilft bei der Weinlese mit, soviel er kann, doch seine Hauptarbeit besteht darin, die Trauben auf den vierundzwanzig Kilometer entfernten Markt in Cavaillon zu transportieren. Um mit seinen Pflückern Schritt zu halten, muß er täglich zweimal mit seinem großen, von zwei Pferden gezogenen Wagen den Weg machen, insgesamt sechsundneunzig Kilometer. Wenn er von der ersten Fahrt zurückkehrt, belädt er seinen Wagen wieder und wechselt die Pferde, die sich ausruhen müssen, im Gegensatz zu ihm selbst. Die Pferde kennen natürlich den Weg so gut, daß Anselme während der Fahrt dösen kann.

Anselme ist jetzt dreiundsiebzig Jahre alt und scheint sein Arbeitstempo nicht verlangsamen zu wollen. Er lebt abgesondert von der übrigen Gemeinde. Niemand besucht ihn, und er kommt nie ins Dorf, wenn er nicht auf dem Rathaus etwas zu erledigen hat. Als ich eines Tages bei ihm hereinschaute, um nach einem Weg zu fragen, empfing er mich höflich, aber ohne Herzlichkeit. Er lud mich nicht zum Sitzen ein und bot mir nichts zu trinken an – ein für diese Gegend unglaublicher Mangel an Gastfreundschaft.

Anselme hat nie geheiratet. Er lebt mit seiner Schwägerin, der Frau seines vor einigen Jahren verstorbenen Bruders. Sein Bruder hatte keine

Kinder. Anselmes einziger Erbe ist die Tochter seiner Schwester, und diese Nichte hat er kaum gesehen. Die Leute von Peyrane erzählen gerne die Geschichte von Anselme, weil sie beispielhaft für zwei Eigenschaften ist. Sie bewundern Anselmes Fähigkeit, unermüdlich zu arbeiten, genügsam zu leben und seine Angelegenheiten zu erledigen, ohne andere mit hineinzuziehen. Andererseits verstehen sie nicht, warum er so schwer arbeitet, um ein Vermögen anzusammeln, das ein Mensch erben wird, an dem er kein Interesse hat. Wenn er Kinder hätte, wäre es etwas anderes. Borel hat einen Sohn und eine Tochter, für die er arbeitet, aber Anselme hat nur eine Nichte, die er kaum kennt. Obwohl sie bewundern, daß er sich nicht mit anderen einläßt, finden sie, er treibe es zu weit. Es ist für sie schwer verständlich, wie ein Mensch ohne Kontakt mit anderen Menschen leben kann, seien es herzliche Beziehungen zu Freunden oder bittere Fehden mit Feinden. Die Menschen in Peyrane bejahen die Arbeit, aber sie bejahen sie nicht um ihrer selbst willen. Sie billigen, daß man sich nur um seine eigenen Angelegenheiten kümmert, aber sie billigen nicht, daß man sich von der Gesellschaft fernhält.

Borel und Anselme sind Beispiele für die wenigen Männer der Gemeinde, die mit nichts angefangen haben und die ein in den Augen der meisten beachtliches Vermögen angehäuft haben. Wollte man diese Beispiele verallgemeinern, so würde man ein falsches Bild erhalten. Es gibt genauso viele Männer in Peyrane, die mit reichlichen Mitteln anfingen, die sie später durchgebracht haben. Der Vater von Raoul Chanon zum Beispiel war ein reicher Bauer und über viele Jahre im Gemeinderat. Er starb kurz vor dem Zweiten Weltkrieg und hinterließ Raoul einen der reichsten Höfe der Gemeinde. Aber der Hof kam bald herunter. Zunächst traf Raoul keine Schuld. Er wurde zu Zwangsarbeit nach Deutschland verpflichtet; um dieser zu entgehen, schloß er sich dem *maquis* an. Er war beliebt bei den Männern der Untergrundbewegung und wurde Führer des *maquis* von Peyrane. Unter diesen Umständen konnte er seinen Hof nicht sorgfältig bewirtschaften. Aber auch nach dem Krieg wurde Chanon nicht bodenständig. Er betätigte sich politisch und wurde nach der Befreiung der erste kommunistische Bürgermeister von Peyrane. Er gab zu viel Geld aus für die Wahlen und für seine Partei. Um die Verluste wieder wettzumachen, ging er nicht zurück auf den Hof, sondern eröffnete mit zwei Freunden eine Metzgerei. Vielleicht hätte einer der drei Männer davon leben können, aber nicht alle drei – vor allem da sie alle drei die gleiche Leidenschaft für Pastis, Boules und Politik hatten. Bei der Wahl 1949 unterlag die kommunistische Partei, die Metzgerei ging nicht mehr, und Chanon sah sich schließlich gezwungen, auf seinen Hof zurückzukehren. Er bewirtschaftet ihn jetzt, ist aber so arm, daß er nie ins Dorf kommt, um Boules zu spielen oder einen Apéritif im Café zu trinken.

Auch die Schwester Chanons erbte Land und Geld von ihrem Vater. Sie ist eine der tüchtigsten Frauen von Peyrane, und ihre beiden Kinder gehören zu den »besterzogenen« in der Schule. Leider heiratete sie Lucien Peretti, der zum chronischen Säufer wurde, dem einzigen in der Gemeinde. So viel sie auch arbeitet, sie kann sein Benehmen nicht ausgleichen. Ihr Geld wird rasch verbraucht. Zwar haben sie noch den Hof, aber man fragt sich, wie lange sie ihn noch halten können.

Die Eltern Monsieur Maucorps lebten in recht guten Verhältnissen, aber unter seinen Händen schwanden die Familienersparnisse dahin. Monsieur Maucorps war nie verheiratet und hat außer in seinem kleinen Garten nie gearbeitet. Er braucht nur so viel Geld, um sich Brot und Wein kaufen zu können. Jetzt ist er mit fünfundsiebzig Jahren der schmutzigste Mann der Gemeinde. Sein Haus ist eine Bruchbude. Er wäscht sich nie und wechselt auch nie die Kleider. Seine einzige Arbeit besteht darin, den Hügel hinunter zu gehen, um seinen kleinen Garten zu bearbeiten, und sogar das sei schwierig, sagt er, denn bis er dort angekommen sei, müsse er schon wieder nach Hause gehen, um sich auszuruhen. Ihm folgt immer sein kleiner Köter, den er, wie er sagt, zur Trüffelsuche abgerichtet hat – einem Zeitvertreib, der etwa dem Angeln in einer an einem Bach gelegenen Gemeinde entspricht.

Chanon, Peretti und Maucorps sind die Gegenstücke zu Borel und Anselme. Keiner von ihnen repräsentiert jedoch die normalen Verhältnisse in Peyrane. Weder die extreme Gleichgültigkeit Maucorps noch die psychopathische Arbeitswut Anselmes kann man verallgemeinern. Sehr wenige Bauern haben Geld in ihren vier Wänden versteckt, und sehr wenige leben im Schmutz. Die meisten arbeiten hart, um mit ihrem Geld auszukommen, und legen, wenn möglich, sogar noch etwas zurück.

Paul Roussel ist wahrscheinlich ein gutes Beispiel für einen durchschnittlichen Peyraner. Er ist fünfundsechzig Jahre alt und war bis vor zwei Jahren Pächter. Nach vierzig Jahren harter Arbeit und einfachen Lebens hatte er so viel Geld gespart, daß er sich einen eigenen Hof kaufen konnte. Er hat nur ein Kind, einen vierzigjährigen Sohn, der mit ihm den Hof bewirtschaftet und der jetzt, nachdem seine Eltern und er ihr

Ziel erreicht haben, hofft, zu heiraten und Kinder großzuziehen. Gewiß hatten sie es schwer, aber sie haben sich nicht wie Anselme isoliert. Paul und Jacques kommen beide ins Dorf, um bei Boules- und Belotewettkämpfen mitzuspielen, und die Familie ist freundlich zu jedem, der sie besucht. Sie arbeiten hart, aber nicht um der Arbeit willen.
Im allgemeinen legen auch die Handwerker und Arbeiter des Dorfes ein bißchen Geld zurück. Eines Nachmittags zwängte sich ein großer Lastwagen mit einigen Schwierigkeiten durch die Hauptstraße und hielt auf dem Dorfplatz. Zwei Männer stiegen aus, schlugen Stände auf und stapelten allerhand Waren auf. In wenigen Minuten hatten sich etwa dreißig Leute um die Stände versammelt. Es wurde nicht viel verkauft, aber über den Umfang mancher Einkäufe war ich erstaunt. Die meisten Leute gaben zwischen 12 und 24 Mark für Meterware, Handtücher und Schals aus, manche sogar mehr. Roger Prayal, der Sohn des Schmieds, erhandelte einen Stoß Bettzeug für 25 000 Francs, also 300 Mark. Er holte zu Hause fünf 5 000-Francs-Scheine, um zu bezahlen. (Unterdessen hat er eine Lehrerin geheiratet; sein Einkauf war offensichtlich ein Teil der Aussteuer.)
Fast niemand in Peyrane kauft irgendwelche Luxusgegenstände, sondern jeder legt zurück, was er nach allen notwendigen Ausgaben übrig hat. Die Leute sparen, um Land zu kaufen und so die Einnahmequellen für die Familie zu vermehren. Sie sparen, um den Kindern bei deren Etablierung helfen zu können. Sie sparen für besondere Anlässe – eine Erste Kommunion, eine Hochzeit oder einen rosa Angorapullover, um den dreijährigen Sohn am Sonntag nachmittag herausputzen zu können. Sie sparen, um gegen unvorhergesehene Schicksalsschläge, die in der Zukunft lauern, gewappnet zu sein, denn sie haben kein Vertrauen in die Zukunft. Sie leben in einem Land, in dem immer wieder unvorhergesehene Katastrophen eingetreten sind, vom Einfall der Zimbern bis zur Epidemie unter den Seidenraupen, vom großen Frost, der die Olivenhaine zerstörte, bis zur Erfindung des synthetischen Ockers in den USA, von den modernen Kriegen, in denen so viele ihrer Söhne fielen, bis zu den nachfolgenden Inflationen, die das Leben noch schwerer machten. Dies sind allgemeine Katastrophen, die alle betreffen. Ebenso gibt es private, wie schwere Krankheiten, denen man gelassener begegnen kann, wenn man Ersparnisse hat.

Kredit

Was kann eine Familie tun, wenn eine Katastrophe eintritt? Ihre Ersparnisse sind rasch aufgebraucht. Die Unterstützung durch Verwandte und Freunde ist bald erschöpft. Beihilfen vom Staat in Form von Kindergeld, Krankenversicherung, Invalidenversicherung usw. können zwar ein völliges Desaster verhindern, aber sie genügen nicht, um der Familie ein normales Leben zu ermöglichen. Der einzige Ausweg aus dem Dilemma besteht darin, die Ausgaben zu reduzieren. Man bezahlt keine Miete. Man kauft keine Kleider. Man verzichtet auf jede Geselligkeit.

Da die Lebensmittel den größten Posten im Familienbudget ausmachen, kann auf diesem Gebiet die größte Einsparung gemacht werden. Anstatt zwei- oder dreimal wöchentlich gibt es höchstens einmal in zehn Tagen Fleisch. Der Proteingehalt der Nahrung ist somit gleich Null, und die Familie sättigt sich mit Kohlehydraten – Kartoffeln, Spaghetti und Brot. Selbst das billigste Essen kostet Geld; wenn dic Familie keines mehr hat, gibt es noch einen Ausweg. Die Lebensmittel müssen auf Kredit gekauft werden. So wenig ehrenhaft es auch für viele sein mag, Schulden zu machen, eine Familie wird im Katastrophenfall nicht umhin können, auf Kredit zu leben.

»Ach, Monsieur, der Kredit ist die Plage des Handels!« sagt Monsieur Reynard. Dies ist ein beliebter Ausspruch der Kaufleute von Peyrane. Sogar solventen Kunden gewähren die Kaufleute nicht gerne Kredit. Eine Bitte um Kredit macht den Kaufmann verlegen, obwohl er lächelnd sagt: »Aber natürlich. Zahlen Sie, wann Sie wollen.« Aber eine unbezahlte Rechnung ist eine Rechnung, die trotz bester Absichten durch einen unglücklichen Zufall vielleicht nie bezahlt werden wird.

Wenn ein Kaufmann schon einem solventen Kunden nur ungern Kredit gewährt, so steigert sich seine Ängstlichkeit noch, wenn Madame Malitourne den Laden betritt. Malitourne ist nach Marseille gegangen, um Arbeit zu suchen; die Familie lebt von staatlichen Unterstützungen; zwei der vielen Kinder sind krank. Madame Malitourne äußert ihre Wünsche, denen der Kaufmann mit bösem Stirnrunzeln schweigend nachkommt. Er weiß schon, wie es weitergeht. Sie wird sagen: »Schreiben Sie auf. Ich werde es bezahlen, wenn mein Mann Geld aus Marseille schickt.« Der Kaufmann wird über die große Rechnung klagen, die schon angelaufen ist, aber er wird trotzdem den Betrag auf ein Stück Papier schreiben und es ihrer Rechnung beifügen. Er weiß genau,

daß dies alles nutzlos ist, denn sie hat gar nicht die Absicht, je zu bezahlen.
Nicht alle Kaufleute sind gegenüber den Kreditforderungen Madame Malitournes wehrlos. Reynard hat ein solides, gut eingerichtetes Geschäft. Er kann es sich leisten, ihr keinen Kredit zu gewähren. Er gestattet weder ihr noch ihresgleichen, irgend etwas auf Rechnung zu kaufen. Zum Glück von Madame Malitourne gibt es noch vier andere Läden in Peyrane – zu viele für den kleinen Ort –, aber jeder ihrer Inhaber versucht, sich durchzuschlagen, und hofft, daß der andere zuerst Pleite macht. Von diesen vier Läden geht der von Arène am schlechtesten. Deshalb kaufen die ärmsten Familien bei ihm. Wenn Arène Pleite macht, was sicher eintreten wird, werden sie zu dem Kaufmann gehen, der dann am schlechtesten dasteht. Im Endeffekt läuft das Kreditsystem auf eine Armenunterstützung hinaus, die derjenige Kaufmann tragen muß, der es sich am wenigsten leisten kann.
Natürlich kann der Kaufmann gesetzliche Schritte unternehmen. Er kann versuchen, auf gerichtlichem Weg die Kunden zur Bezahlung ihrer Rechnungen zu zwingen. Er kann Madame Malitournes Eigentum vom Gerichtsvollzieher pfänden lassen. Er könnte dies tun, aber er tut es aus mehreren Gründen nicht. Ein solches Verhalten könnte ihm das Wohlwollen der anderen Kunden entziehen. Er würde als ein Mann angesehen werden, der mit dem Gesetz zu tun hat, und die Peyraner sind dem Gesetz gegenüber äußerst mißtrauisch – und gegenüber jedem, der mit ihm zu tun hat. (*»Homme de loi, homme de merde«*, sagen die Leute.) Außerdem wäre dies keine wirkliche Lösung, denn »wo nichts ist, kann man nichts holen«. Die schäbigen Habseligkeiten der Malitournes würden nicht einmal genug einbringen, um die Pfändungskosten zu bezahlen. Man muß die Dinge nehmen, wie sie sind, und gegen seine bessere Überzeugung hoffen, daß die Malitournes in der Lotterie gewinnen und so anständig sein werden, ihre Rechnungen dann zu bezahlen.
Tatsächlich gewann Malitourne in der Lotterie, bevor er Peyrane verließ. Es wurde geheimgehalten, damit er nach Marseille fahren und heimlich das Geld einkassieren konnte, ohne von seinen Gläubigern behelligt zu werden. Man sagte mir, dies sei bei Leuten, die in der Lotterie gewinnen, üblich.
Nur selten greift die Gemeindeverwaltung in Kreditangelegenheiten ein. Als ich eines Tages auf dem Rathaus war, diskutierten der Bürgermeister und der Ratsschreiber über die Schulden, die Monsieur Mau-

corps beim Bäcker Bonerandi gemacht hatte. Maucorps kaufte jeden Tag Brot bei Bonerandi und hatte zwei Jahre lang nicht bezahlt. Er schuldete ihm jetzt 480 Mark! Bonerandi hatte angefragt, ob die Gemeindeverwaltung die Rechnung bezahlen würde.

Der Gemeinderat hatte einen kleinen Betrag als Armenhilfe eingeplant; der Bürgermeister meinte, die Gemeinde solle die Rechnung bezahlen und Maucorps dann ins Altersheim nach Apt schicken. Rivet war dagegen, Maucorps in ein Heim zu schicken. »Das würde ihn umbringen«, sagte er. »Er kann nur in Peyrane leben.« Er fand, Bonerandi solle nur die Selbstkosten ersetzt bekommen. Im übrigen solle in Zukunft die Gemeinde Maucorps' Brot bezahlen. Rivets Vorschlag setzte sich schließlich durch. Maucorps war das Maskottchen des Dorfes.

Bei den Malitournes lagen die Dinge anders. Sie waren nicht einmal in Peyrane geboren, sondern erst vor zwei Jahren nach Peyrane gekommen. Malitourne hatte einen Schuhladen eröffnet, aber nach wenigen Monaten wieder schließen müssen. Malitourne hatte, wie die Leute im Dorf erzählten, die von der Schuhfabrik gekauften Schuhe nie bezahlt; er gab das Geld, das er einnahm, aus, und als alle Schuhe verkauft waren, erklärte er einfach seinen Bankrott. Er hatte einige Monate auf Kosten der Schuhfabrik gelebt und lebte jetzt auf Kosten von Arènes Kolonialwarenladen. Arène lebte selbst noch nicht lange in Peyrane. Die Gemeindeverwaltung fühlte sich weder Malitourne noch Arène gegenüber moralisch verpflichtet. Die Leute bedauerten Arène, denn er war »ein netter Mensch«. Sie empfanden Mitleid mit Madame Malitourne, weil sie einen verantwortungslosen Mann hatte, aber trotzdem, je schneller die Malitournes ihren Kredit erschöpft hätten und damit gezwungen wären, das Dorf zu verlassen, desto besser wäre es für alle.

Die Malitournes zogen wenige Monate nach unserer Ankunft von Peyrane fort. Fast zur gleichen Zeit kam eine andere Familie nach Peyrane. Der Vater fand Arbeit bei den Ockerbrüchen, wurde aber nach einigen Monaten wieder entlassen. Er ging nach Marseille, um Arbeit zu suchen, und seine Frau kaufte währenddessen bei Arène ein. Als ich den Notar auf die Ähnlichkeit zwischen dieser Familie und den Malitournes aufmerksam machte, lächelte er und sagte: »Es ist gleichgültig, ob es die Malitournes sind oder eine andere Familie. Immer lebt solch eine Familie hier. Sie bleiben, solange sie können. Dann, nehme ich an, gehen sie in ein anderes Dorf, wo sie noch unbekannt sind, um das gleiche Manöver zu wiederholen.«

Reynard wollte gerne mit mir über die Malitournes reden. »Als ich mein Geschäft begann«, sagte er, »war ich weichherzig und versuchte, solchen Leuten zu helfen. Aber es hat keinen Sinn, sie haben kein Verantwortungsgefühl. Jetzt erkenne ich eine solche Familie schon aus zehn Meter Entfernung und sage ihnen gleich, daß ich ihnen keinen Kredit geben werde. Sie wissen, Monsieur, Kredit, *c'est la plaie du commerce.«*

»Aber wie steht es mit ihren normalen Kunden?« fragte ich. »Kommen nicht einige manchmal in Schwierigkeiten und müssen um Kredit bitten?«

»Dann«, antwortete er, »ist die Situation heikel, sehr heikel. Manchmal muß ich bestimmten Personen Kredit gewähren, um ihre Verwandten und Freunde, die gute Kunden sind, nicht zu kränken. Aber, wenn möglich, vermeide ich es, Kredit zu geben. Man darf es den Leuten nicht erleichtern, auf das Niveau der Malitournes herabzusinken. Niemand, der genügend Selbstachtung hat, wird um Kredit bitten.«

Monsieur Prayal, der Schmied, erklärte mir folgendes: »Niemand wird um Kredit bitten, wenn er es vermeiden kann. Niemand ist gerne einem anderen verpflichtet. Wir wollen nur in Frieden gelassen werden, jeder von uns.«

»Aber«, sagte ich, »ich habe gesehen, wie eine Frau, deren Familie immer hier gelebt hat, in Arènes Laden ging und Waren auf Kredit kaufte.«

»Das ist etwas anderes«, antwortete er, »Arène ist nicht aus Peyrane. Er wird bestimmt bankrott machen und das Dorf verlassen. Leute, die ihm Geld schulden, wissen, daß sie nicht für immer mit ihm im selben Dorf leben werden, und deshalb halten sie ihr Verhalten gegenüber Arène für gerechtfertigt. Aber Sie wissen, Monsieur, wer diese Leute sind, und Sie wissen auch, daß Sie uns nicht nach ihnen beurteilen dürfen. Diese Leute haben keine Würde.«

8. KAPITEL

Die Gesundheit

Man sollte meinen, Peyrane mit seiner offenen Kanalisation, seinen offenen Toiletten, wo Fäkalien als Dünger verwendet werden, beträchtliche Mengen tierischer Exkremente auf den Straßen liegen, wo Gerümpel und Abfälle den Felsen hinuntergeworfen werden, sei eine Gemeinde mit ungesunden Lebensbedingungen. Aber wir fanden Peyrane gesund, obwohl wir keine besonderen Vorsichtsmaßregeln ergriffen. Wir aßen rohe Karotten, grünen Paprika und Salat aus dem Garten. Wir nahmen alles, was man uns zu essen und zu trinken anbot, und hatten trotzdem keine Magenbeschwerden. Nachdem wir uns daran gewöhnt hatten, in einem kalten Haus mit gekachelten Fußböden zu leben, litten wir sogar seltener unter Erkältungen und Halsentzündungen als gewöhnlich. Entgegen unseren Erwartungen fanden wir das Leben in Peyrane außerordentlich gesund.

Unsere Erfahrungen stimmten mit den Informationen überein, die ich vom Direktor des staatlichen Gesundheitsamts des Departements Vaucluse bekommen hatte. Ich hatte ihn besucht, als ich mich noch nach Möglichkeiten umsah, wo wir für ein Jahr leben könnten. Er versicherte mir, die Vaucluse sei im allgemeinen ein gesundes Departement. Das einzige Problem seien die Slums von Avignon, die Dörfer im Departement aber seien nach den Gesundheitsstatistiken alle in Ordnung. Es gab keinen Typhus, keine Pocken, keine Ruhr, so gut wie keine Kinderlähmung, nichts, was Anlaß zu Sorge hätte geben können. Die seltenen Tuberkulosefälle in den ländlichen Bezirken waren meist Städter, die sich aus Gesundheitsgründen aufs Land zurückgezogen hatten.

Die wenigen Leute aber, die aus Gesundheitsgründen aus der Stadt nach Peyrane gezogen waren, wurden enttäuscht. Keiner von ihnen war ernsthaft krank gewesen, und sie waren mit übertriebenen Vorstellungen von der Heilkraft der ländlichen Luft gekommen. Sie unterschätzten die Unbequemlichkeiten, die sie erwarteten: das Fehlen des städtischen Komforts, das Fehlen gesellschaftlicher Kontakte, an die sie gewöhnt waren, und die Schwierigkeit, hier den Lebensunterhalt zu verdienen. Peyrane hat eine gesunde Luft, aber es ist kein Sanatorium.

Der Winter, den wir in Peyrane verbrachten, war einer der härtesten seit Jahren. In diesem Teil Frankreichs, der als sonnig und trocken gilt, schien keine Sonne, und es fiel tagelang ein kalter, durchdringender Regen. Man sprach noch öfter über das Wetter als gewöhnlich. Eine Grippeepidemie breitete sich über ganz Frankreich aus und verschonte auch Peyrane nicht. Die Leute sagten ständig: »Wenn nur der Mistral blasen würde!«

Der Mistral ist an sich kein Vergnügen. Wenn er mit siebzig oder achtzig Kilometer in der Stunde über das Dorf stürmt, dringt er durch die dicksten Kleider, wirbelt den Staub in den Straßen hoch und läßt den Atem stocken. Die Leute von Peyrane fürchten den Mistral, aber gleichzeitig sind sie ihm dankbar, weil er, wie sie sagen, »Krankheiten wegfegt«. An diesem Glauben ist wahrscheinlich etwas Wahres. Der Mistral ist kalt und unfreundlich, aber trocken. Wenn er bläst, ist der Himmel tiefblau, und es ist strahlende Sonne. Zweifellos ist die Kombination von geringer Luftfeuchtigkeit mit Sonnenschein gut für die Gesundheit.

Im Frühjahr hingegen, wenn die Regenzeit vorüber ist und die Sonne ohne Begleitung des Mistrals scheint, hält man die direkten Sonnenstrahlen für ungesund. Die Menschen bedecken ihre Köpfe und vermeiden es, direkt in der Sonne zu sitzen. Nach Wochen kalten regnerischen Wetters waren wir auf die Wärme der Frühlingssonne begierig, aber als die Leute uns sahen, warnten sie uns: »Sie würden besser aus der Sonne gehen. In dieser Jahreszeit ist sie gefährlich.« Als ich nach einigen Tagen in der Sonne eine Stirnhöhlenentzündung bekam, konnte sich Marie Fratani nicht enthalten zu sagen: »Ich habe Sie gewarnt, nicht in der Frühlingssonne zu sitzen. Jetzt haben Sie die Bescherung!« Ihre Erklärung war einleuchtend: »In dieser Jahreszeit ist die Sonne heiß, aber die Luft ist noch kalt. Die Sonne macht Ihnen heiß, und die Luft kühlt Sie ab. Sie frösteln und erkälten sich.«

Marie wollte ihre Angst vor der Frühlingssonne durch eine logisch klingende Erklärung rechtfertigen. Wie die meisten Leute von Peyrane hat sie eine vernünftige Einstellung zu Krankheit und Medizin. Sie erscheinen ihr ein wenig mysteriös, aber sie glaubt, daß sie ihr nur wegen ihrer Unkenntnis mysteriös vorkommen. Sie meint, daß bessere Erziehung und Ausbildung sie weniger mysteriös erscheinen lassen, und deshalb sei der Arzt der beste Ratgeber in Gesundheitsfragen.

Einige alte Leute im Dorf teilen zwar dieses Vertrauen in die Kenntnisse des Arztes, glauben aber, daß es wirkungsvollere Heilverfahren gibt als die vom Arzt verordneten. Sie erzählen zum Beispiel, Madame Calas könne durch Gestikulieren die Schmerzen bei Verbrennungen vertreiben und Madame Bourdin wisse Sprüche und Gebete, die Zahnweh heilten. Sie glauben, daß man Meningitis zu kurieren vermag, wenn man eine lebendige Kröte, ein Kaninchen oder eine Taube aufschlitzt und auf den Kopf eines Menschen legt, der an Meningitis leidet. In Les Pins lebt ein alter Mann, der über ein geheimes Familienrezept verfügt, das viele Krankheiten heilen soll. Es ist so bitter, daß man es kaum schlucken kann, aber manchmal hilft es, wenn der Arzt keinen Erfolg hat. Manche Leute glauben, eine Schlangenhaut, auf den Magen gelegt, lindere Schmerzen. Die beste Kur gegen anhaltende Schmerzen besteht darin, in die Berge zur Stätte des Heiligen Gen zu pilgern und sich dort in die Aushöhlung eines großen Steins, »St. Gens Bett« genannt, zu legen.

Die wenigen Leute, die noch an diese Kuren glauben, sprechen nicht gerne darüber, weil sie fürchten, ausgelacht zu werden; sie wissen, daß die meisten Dorfbewohner diese »Alt-Weiber-Kuren« unsinnig finden. Aber bestimmte, weniger dramatische traditionelle Allheilmittel werden von allen angewendet. Man sammelt die dafür notwendigen Kräuter. Salbei-, Thymian- und Rosmarintee sind gut gegen Magenschmerzen. Ein Lilienblatt, in Kalkwasser getaucht und mit Olivenöl verquirlt, hilft gegen Verbrennungen. Boretsch in Kognak heilt Erkältungen. Johanniskraut ist gut für Schnittwunden und Fieber. Gurgeln mit Malventee vertreibt Halsschmerzen. Das Inhalieren eines Gebräus aus Thymian, Rosmarin, Eukalyptus und Fichtennadelöl wirkt gegen Stirnhöhlenentzündung. (Ich habe dieses Heilmittel selbst mit Erfolg ausprobiert.) Die meisten dieser Kräuter werden in Apotheken und Drogerien verkauft und manche sogar vom Arzt verschrieben. Viele alte Heilmittel sind in Vergessenheit geraten. Frägt man die ältesten Leute nach einem überlieferten Heilmittel gegen ein bestimmtes Leiden, so sagen sie meist: »Ja, früher gab es da etwas, aber ich kann mich nicht mehr erinnern, was es war. Wenn wir heute krank werden, rufen wir den Arzt.«

Das Wort »krank« wird in Peyrane nicht oft gebraucht; es wird weitgehend durch das Wort *fatigué* ersetzt. Wenn jemand *un peu fatigué* ist, fühlt er sich nicht ganz wohl, aber er ist nicht ernstlich krank. Madame Chobaut und Monsieur Avenas waren *un peu fatigués*, als sie nach Peyrane kamen. Ein Mensch, der Vichy-Wasser statt seines gewohnten Apéritifs trinkt, sagt, seine Leber sei »ein bißchen müde«. Von einem Menschen, der *un peu fatigué* ist, erwartet man, daß er so normal wie möglich lebt. Er kann sich zwar mehr als gewöhnlich ausruhen, man gibt ihm vielleicht etwas Besonderes zu essen und irgendein Hausmittel, aber niemand ließe es sich einfallen, den Arzt zu rufen.

Wenn er merkt, daß er so nicht weitermachen kann, legt er sich ins Bett. Dann ist er *fatigué* und etwas beunruhigt. Wenn das Fieber nicht hoch ist und die Familie die Krankheit und ihre Behandlung kennt, wird kein Arzt gerufen. Der Kranke bleibt im Bett, nimmt seine Medizin und wartet auf Besserung. Wenn er Schmerzen hat, gibt man ihm Aspirin, aber man holt keinen Arzt, nur um Schmerzen zu lindern. Der Kranke wird meistens ohne ärztliche Hilfe gesund. Wenn aber besorgniserregende Symptome auftreten, sind alle beunruhigt, und der Arzt wird gerufen. Der Patient ist dann *bien fatigué*.

Den Arzt zu rufen, ist nicht so einfach, weil in Peyrane kein Arzt wohnt. Doch im Umkreis von zehn Kilometern gibt es ein Dutzend Ärzte. Die meisten Familien brauchen nicht lange zu überlegen, denn Doktor Magny genießt ihr Vertrauen. Nur wer ihm zu viel Geld schuldet, ruft einen anderen Arzt. Magny ist ein freundlicher, energischer Mann, etwa fünfundvierzig Jahre alt, der sich in diesem ländlichen Bezirk nicht auf seinen Lorbeeren ausruhen will. Er besucht jedes Jahr für zwei Wochen einen Kurs an der Universität in Paris, um sich über die neuesten Entwicklungen in der Medizin zu orientieren. Seine Praxis ist mit einem Röntgenapparat und anderen modernen Geräten ausgestattet. Uns schien, daß die Leute von Peyrane mit Doktor Magny ärztlich gut versorgt waren.

Doktor Magny besucht Peyrane regelmäßig zweimal wöchentlich. Montag und Freitag nachmittag kommt er in seinem kleinen Citroën ins Dorf und hält vor dem Laden des Schmieds Prayal. Er unterhält sich einen Augenblick mit Prayal und geht dann zu Vincent, dem Hotelbesitzer. Prayal und Vincent sind seine beiden Mittelsmänner im Dorf. Wenn jemand möchte, daß Doktor Magny ihn bei seinen planmäßigen Visiten besucht, wird einer von beiden benachrichtigt. Für

einen Besuch innerhalb seiner planmäßigen Visiten in Peyrane verlangt er 6 Mark, aber wenn er extra kommen muß, 18 Mark. Deshalb ruft eine Familie den Arzt möglichst erst am Tag seiner regulären Visite.
Aber in einem wirklich kritischen Fall bittet man Doktor Magny, außerhalb des Turnus zu kommen. Zwischen neun Uhr vormittags und fünf Uhr nachmittags kann man ihn ohne Schwierigkeiten erreichen. Man braucht nur von der Post in Peyrane nach dem Dorf, in dem er wohnt, zu telephonieren. Um fünf Uhr werden die Poststellen in beiden Dörfern geschlossen, aber im Hotel in Peyrane kann man einen Telephonanschluß bis elf Uhr benutzen, und die Polizeistation im anderen Dorf verfügt über einen Anschluß, der die ganze Nacht in Betrieb ist. In dringenden Fällen kann man also die Polizei in Doktor Magnys Dorf bitten, in dessen Wohnung zu gehen und ihn an den Apparat zu rufen. Nach elf Uhr abends ist es in Peyrane schwierig, sich mit der Außenwelt in Verbindung zu setzen. Wer dann einen Arzt braucht, muß ihn holen gehen.
Doktor Magny kommt selten zu einem Patienten in Peyrane, der nicht ernstlich krank ist. Es können viele Leute *fatigués* sein, und das ganze Dorf kann husten und niesen, er wird es offiziell nicht erfahren. An einem Freitag mittag, als wir ihn im Hotel zum Apéritif trafen, erzählte er, daß er an diesem Tag keine Besuche zu machen habe. Ich wußte aber von Madame Vernet, daß über die Hälfte der Kinder wegen Mumps oder Grippe in der Schule fehlten; aber in keinem dieser Fälle hatte man Doktor Magny gerufen. Mit den Krankheiten hat es im gewissen Sinne eine ähnliche Bewandtnis wie mit den steuerpflichtigen Einnahmen: den offiziellen Angaben über sie kann man nicht trauen. Als der Direktor des staatlichen Gesundheitsamtes im Departement mir von dem guten Gesundheitszustand der Gegend erzählt hatte, war er ganz ehrlich. Er gründete sein Urteil auf die offiziellen Informationen, die ihm vorlagen; er hatte keine Möglichkeit, von den vielen Krankheiten etwas zu erfahren, die von den Behörden nicht erfaßt wurden. Er hatte eine ziemlich genaue Kenntnis vom Ausmaß der gefährlichen Krankheiten, aber die Lehrer des Departements sind zweifellos besser über den allgemeinen Gesundheitszustand orientiert als die staatliche Gesundheitsbehörde.
Wie von zu Hause gewohnt, baten wir Doktor Magny, zu uns zu kommen, wenn wir uns etwas *fatigués* fühlten, und hofften so zu verhindern, daß einer von uns *bien fatigué* würde. Er war darüber etwas erstaunt und meinte, er sei es nicht gewöhnt, Patienten ohne ernst-

hafte Symptome zu behandeln. Als David Ohrenschmerzen hatte, untersuchte ihn Doktor Magny und verschrieb ihm Aspirin und Ohrentropfen. Ich fragte ihn, ob er nicht Penizillin anwenden wolle. Doktor Magny war erstaunt. »Das Kind hat Schmerzen, aber es ist nichts Ernstes. Man nimmt keine *grands moyens* (also Antibiotika) bei leichten Krankheiten. Man muß sie für ernste Fälle reservieren. Und«, fügte er hinzu, »wenn Sie gelegentlich wieder in eine Apotheke kommen, kaufen Sie ein Rektal-Thermometer. Im Mund kann man nicht genau messen, und dazu kommt noch die ganze Mathematik des Umrechnens von Fahrenheit auf Celsius.«

Auch wenn Doktor Magny *les grands moyens* nur in gefährlichen Fällen anwendete, so verschrieb er doch bei dem geringsten Anlaß eine lange Liste von *petits moyens.* Jedesmal, wenn ich nach Apt in die Apotheke ging, um für uns oder eine andere Familie in Peyrane die verschriebenen Medikamente abzuholen, stellte ich fest, daß auf jedem Rezept mindestens drei oder vier Mittel standen. Für einen stark entzündeten Hals: eine Büchse Malvenblätter, eine Flasche Wasserstoffsuperoxyd, Sulfonamid-Pillen, Sulfonamid in flüssiger Form, um den Hals zu pinseln. Für Grippe: *cyrogénin, phénergan, privine, rectocalcium.* Man wundert sich nicht, daß alle Apotheken in Apt sehr viel zu tun haben; man muß dort immer Schlange stehen.

Doktor Magny hat immer viele Medikamente bei sich, denn für die meisten seiner Patienten ist es unmöglich, selbst in die Apotheke nach Apt zu gehen oder jemanden hinzuschicken. Die Krankheiten, die in Peyrane auftreten, sind die üblichen: Kinderkrankheiten und Altersbeschwerden, Unfälle in der Landwirtschaft und in den Ockerbrüchen, Grippe, Ohrenschmerzen, Hals- und Lungenentzündung. Doktor Magny behandelt nur die dringendsten Fälle dieser Krankheiten und die Unfälle; selbstverständlich kommt er zu fast allen Geburten.

Da es nicht ungewöhnlich viele Krankheiten in Peyrane gibt und die Leute gegenüber Schmerzen eine so spartanische Haltung einnehmen, sollte man meinen, daß nicht viel über die Gesundheit gesprochen würde. Sie ist jedoch ein Hauptgesprächsthema. Überraschend viele Leute beschäftigen sich intensiv mit ihrer eigenen oder mit der Gesundheit eines Familienangehörigen. In manchen Fällen ist die Sorge vollkommen berechtigt. Es ist nicht erstaunlich, daß die Fratanis sich um Mario wegen seines Magengeschwürs sorgen und um Marie wegen ihrer Herzbeschwerden oder daß sich die Favres wegen Louises Gelenkrheumatismus Gedanken machen.

Aber die meisten Sorgen sind nicht spezifisch. Die Imberts sind um Monsieur Imbert besorgt, der immer *un peu fatigué* ist. Die Reynards sorgen sich um Monsieur Reynard, der seit zwanzig Jahren unter Kopfschmerzen leidet. Madame Baume kommt oft nicht ins Dorf, um ihren Zeitungsstand aufzumachen, weil sie *un peu fatiguée* ist. Wenn sich der sonst gepflegte Edouard Pascal nicht rasiert, kann man sicher sein, daß er unter den Beschwerden leidet, die ihn seit Jahren immer wieder plagen. Der Ausdruck *un peu fatigué* wird für solche Unpäßlichkeiten gebraucht. Er ist so angenehm unbestimmt, daß er sowohl für ein allgemeines Unwohlsein als auch für eine bestimmte Krankheit angewendet wird.

Häufig schiebt man bei unklaren Fällen von *fatigué* die Schuld auf die Leber. Zur Apéritifstunde ist fast immer irgendein *habitué* im Café, der anstelle der gewohnten Getränke Vichy-Wasser bestellt. Wenn seine Freunde ihr Erstaunen ausdrücken, erklärt er, »seine Leber sei müde« und er wolle ihr ein wenig Ruhe gönnen. Sie haben Mitgefühl mit ihm, weil viele von ihnen ebenfalls oft von ihrer Leber geplagt werden. Das nächste Mal trinkt dann ein anderer Vichy-Wasser. Die Leberbeschwerden sind so verbreitet, daß ich Doktor Magny fragte, ob sie in Peyrane besonders häufig seien. Er versicherte mir, er habe sehr wenige Fälle von Lebererkrankungen behandelt und glaube auch nicht, daß sie in Peyrane häufiger wären als im übrigen Frankreich.

Als ich Doktor Jouve, dem Chef einer Klinik in Avignon, die gleiche Frage stellte, antwortete er halb scherzhaft, die Leute in Südfrankreich konsumierten so viel Öl, daß ihre Leber besonders groß und gesund würde. Die Leute spürten ihre Leber nicht weil sie krank, sondern weil sie gesund sei. Ernsthaft fügte er hinzu, der ständige Konsum von Alkohol habe vielleicht etwas damit zu tun, aber er glaube, die Häufigkeit von Leberbeschwerden sei nicht so groß, wie man nach dem Hörensagen annehmen könnte. »Vielleicht«, sagte er, »entsprechen diese Leberbeschwerden in Frankreich den Magengeschwüren in den Vereinigten Staaten«.

Krankheiten werden wichtig genommen, weil sie wirtschaftliche Folgen haben können. Viele Leute verdienen so wenig, daß ihre Mittel bald erschöpft sind, wenn sie kein Einkommen mehr haben. Pouget, ein Ockerarbeiter, sagte: »Im letzten Jahr hatte ich 240 Mark gespart. Dann wurde ich krank, und bevor ich wieder arbeiten konnte, waren die 240 Mark aufgebraucht, und wir hatten sogar Schulden.« Während der Unterhaltung in seinem Haus spielte der zweijährige Junge mit dem Baby auf dem Boden. Pouget entging nicht, wie ich bemerkte, daß sie husteten und fügte hinzu: »Jetzt haben beide Kinder Keuchhusten. Das Baby hat gestern so viel Blut gespuckt, daß wir den Arzt holen mußten; er sagte, er käme am Freitag wieder. Ich habe kein Geld, ihn zu bezahlen. Wir haben sechs Monate unsere Miete nicht bezahlt. Wenn ich jetzt krank würde und nicht arbeiten könnte, hätten wir keine Ersparnisse, um die Zeit zu überstehen. *Ce sera la catastrophe.*«

Léon Favre arbeitete wochenlang nicht. Er hatte einen schweren Zusammenstoß mit Francis Favre (kein Verwandter), Léon auf dem Motorrad und Francis auf dem Fahrrad. Francis wurde bei dem Unfall nur leicht verletzt. Bei der Ausübung seines Berufes als Briefträger verletzt, erhielt er drei Wochen sein volles Gehalt. Nach zwei Wochen hatte er sich erholt und konnte noch eine Woche lang seine freie Zeit genießen. Léon hingegen wurde schwer verletzt. Zwei Wochen lag er im Krankenhaus; aber sogar nach mehreren Wochen Rekonvaleszenz zu Hause erschien es immer noch zweifelhaft, ob er jemals wieder normal würde arbeiten können.

»Wir können noch eine Weile durchhalten, aber ich weiß nicht, wie lange. Ich hatte ein wenig gespart. Marie und Marcel (seine heranwachsenden Kinder) arbeiten, und wir bekommen Kindergeld für die beiden jüngeren Kinder und das Baby, das noch nicht geboren ist. Aber wenn ich nicht bald wieder arbeiten kann, sind wir *foutus* (erledigt).«

»Wie steht es mit Ihrer Sozialversicherung?« fragte ich.

»Oh, der Staat! Ich werde wahrscheinlich bekommen, was mir zusteht, aber es wird alles so bürokratisch gehandhabt, daß man es nie genau weiß.«

Zwei allgemein bekannte Fälle trugen dazu bei, das Vertrauen in die Sozialversicherung zu untergraben. Den ersten Fall, den von Mario Fratani, habe ich schon beschrieben. Nach Ansicht der Dorfbewohner hätte Mario fraglos eine Rente wegen Arbeitsunfähigkeit verdient; aus irgendwelchen Gründen, die niemand genau verstand, wurde ihm jedoch jede Unterstützung verweigert. Der andere Fall war der von Elie S., einem Maurer, der vorübergehend durch Kalkspritzer erblindet war. Ein Augenspezialist in der Stadt hatte ihn schnell und erfolgreich behandelt, so daß Elie wieder so gut sehen konnte wie vor seinem Unfall. Trotzdem erhielt er weiterhin eine monatliche Unterstützung vom Staat für seine »teilweise Arbeitsunfähigkeit«. Elie selbst erzählte mir, der Arzt sei bereit gewesen, ihm die Arbeitsunfähigkeit zu bescheinigen, wenn er als Gegenleistung an der monatlichen Zahlung beteiligt würde.

Zweifellos bekommen die meisten Leute, denen Sozialunterstützung zusteht, ihr Geld; weil die Leute aber kein Vertrauen in den Staat haben, sind sie der Meinung, ihre Sicherheit hänge letzten Endes von ihnen selbst ab. Sie glauben, mit leichteren Krankheiten selbst fertigzuwerden, aber sie fürchten die Katastrophe, die eine ernsthafte Krankheit über sie bringen kann.

Den Arènes gelang es, von ihrem kümmerlichen Kolonialwarenladen zu leben, obwohl Madame Arène *un peu fatiguée* war. Sie konnte den Laden führen, während ihr Mann auf andere Weise versuchte, die Einkünfte zu vermehren. Als er sich als Straßenarbeiter betätigte, um seine Steuern bezahlen zu können, verschlimmerte sich der Zustand seiner Frau. Sie wurde *bien fatiguée* und mußte das Bett hüten. Arène gab die Straßenarbeit auf, führte den Laden und pflegte sie. Der Arzt konnte die Ursache für die Krankheit nicht finden, und ihr Zustand wurde immer schlechter. Schließlich wurde sie in das Krankenhaus nach Aix gebracht.

Während Madame Arène im Krankenhaus lag, sehnte sie sich nach ihrem Mann, und der Arzt forderte ihn auf, sie zweimal wöchentlich zu besuchen, um ihre Stimmung zu heben. Dies hatte zur Folge, daß er zweimal wöchentlich nachmittags den Laden schließen mußte und dadurch nicht nur die Einnahmen verlor, die er in dieser Zeit hätte machen können, sondern auch möglicherweise einige seiner ständigen Kunden, die sein Konkurrent Reynard während seiner Abwesenheit versuchen würde zu gewinnen. Madame Arène aß das Essen in der Klinik nicht; sie wollte essen wie zu Hause. Arène verbrachte jede Woche zwei Vormittage damit, appetitanregende Speisen für sie zu kochen. Ihr Renault von 1925 schaffte gerade noch die wöchentliche Fahrt auf den Markt nach Apt; aber viermal wöchentlich die fünfzig Kilometer mit den großen Steigungen zwischen Peyrane und Aix konnte er nicht mehr leisten.

Da Madame Arènes Krankheit sich hinzog, wurde Arène immer bedrückter. Die emotionale und wirtschaftliche Anspannung wurde unerträglich. »Wir haben es vorher immer geschafft«, sagte er, »aber dieses Mal sind wir am Ende. *C'est la catastrophe!*«

9. KAPITEL

Der Umgang mit den anderen

Als wir nach Peyrane kamen, schien es uns zunächst, als wolle uns jeder vor jedem warnen. Unsere ersten Kontakte hatten wir natürlich mit unserem Hausbesitzer Martron, mit unseren Nachbarn Provins und mit den Arènes, die uns gegenüber ihren Kolonialwarenladen betrieben. Martron riet uns, beide Familien zu meiden. »Ich sage nicht warum, aber es ist eine freundschaftliche Warnung. Machen Sie, was Sie wollen«, fügte er mit vielsagendem Blick hinzu. »Und ich bin sicher, Sie werden lieber bei Reynard einkaufen als bei Arène, der ... nun, Sie werden ja selbst sehen.«

Die Familie Provins sprach weniger diskret über Martron. Sie erzählten in allen Einzelheiten die Schwierigkeiten, die sie mit ihm hatten, und rieten uns, ihm unter keinen Umständen zu trauen. Im Gespräch mit den Arènes stellten wir fest, daß sie mit Martron einer Meinung waren: die Provins seien zweifelhafte Leute. Andererseits stimmten sie mit den Provins überein, daß Martron nicht zu trauen sei.

Andere Familien, die wir später kennenlernten, schienen keine besseren Beziehungen zueinander zu haben. Beim ersten Eindruck – dem immer Übertreibung anhaftet – schien es uns, als ob alle Familien sich gegenseitig mißtrauten. »Natürlich können Sie sich auf mich, meine Familie und ein paar andere Leute, die ich Ihnen nennen werde, verlassen, *mais les autres, ils ...« Les autres, ils ...* war der unvermeidliche Anfang jeder Stichelei gegen die anderen Dorfbewohner. *»Die anderen* kritisieren Dich, beleidigen Dich, mischen sich in Deine Angelegenheiten, sagen Dir, wie Du Deine Kinder und Deinen Hund erziehen und wie Du Deine Großmutter behandeln sollst. *Sie* versuchen, andere Leute gegen Dich aufzuhetzen, indem sie Zweifel an Deiner Ehrenhaftigkeit und Moral erwecken. *Sie* reden hinter Deinem Rücken, und wenn Du sie dabei ertappst, lügen sie sich heraus. *Sie* respektieren nicht Deine Rechte und Dein Eigentum. *Sie* sind unehrlich und skrupellos.«

Was die Achtung vor dem Eigentum anderer betraf, so fanden wir das Mißtrauen ungerechtfertigt. So sagte uns zum Beispiel Martron, wir sollten nie aus dem Haus gehen, wenn die Maurer darin arbeiteten oder wenn Francis Favre die Leitungen ausbesserte, weil diese Leute eventuell stehlen würden. Trotz dieser Warnung verließen wir oft das Haus, wenn darin gearbeitet wurde, und es verschwand nie etwas. Jedermann sagte uns, wir sollten nie das Haus verlassen, ohne die Haustür abzuschließen. Trotzdem verließen wir häufig das Haus und ließen die Tür sogar offenstehen. Henri Favres Hund – der bestimmt *nicht* vertrauenswürdig ist – fand bald den Weg in unsere Küche, und wir gewöhnten uns deshalb an, die Türe zu schließen. Aber es war ein Hund und nicht ein Mensch, der uns dazu zwang. Niemand stahl uns etwas, solange wir in Peyrane lebten.

Nur einmal während dieser Zeit mußten die Gendarmen mit ihren Fahrrädern auf den Berg, um einen Diebstahl zu untersuchen. Madame Fraysse hatte einen Bademantel auf der Leine des öffentlichen Waschplatzes hängen lassen, und dieser war verschwunden. Sie meldete es dem Dorfpolizisten, der die *gendarmerie* anrief, und zwei Mann wurden an den Schauplatz des Verbrechens geschickt. Als sie kamen, stellten sie keine Fragen. Sie durchsuchten stattdessen sofort das Haus, in dem die algerischen Ockerarbeiter wohnten. Sie hielten es für selbstverständlich, daß der Diebstahl von jemandem begangen worden war, der – wie zum Beispiel die Algerier – außerhalb der sozialen Ordnung des Dorfes stand. Die Durchsuchung des algerischen Hauses erbrachte nichts, aber die Leute von Peyrane fanden es richtig, daß die Polizisten bei den Algeriern und nicht bei den Dorfbewohnern nachforschten. Obwohl die Leute sich ständig gegenseitig der Unehrlichkeit bezichtigten, verdächtigten sie doch eher einen Fremden als einen der ihren.

Es gab in diesem Jahr noch einen anderen Fall eines offenkundigen Diebstahls. Gaston Gayol, ein Bauer aus einem abgelegenen Winkel der Gemeinde, fuhr an einem Frühlingsmorgen auf den Markt von Cavaillon, um Tomatenpflanzen zu verkaufen. Der Markt war an diesem Tag von Tomatenpflanzen überschwemmt, und er verkaufte fast nichts. Als er seine unverkauften Pflanzen wieder auf seinen Wagen lud, verstaute er nicht nur seine eigenen Pflanzen, sondern auch viele vom Nachbarstand. Man hatte ihn dabei beobachtet. Er wurde festgenommen, vor Gericht gestellt und zu Gefängnis verurteilt. Die Strafe wurde aber wegen seines guten Rufes und weil er zwei kleine Kinder hatte, die auf ihn angewiesen waren, ausgesetzt.

Dieser Fall erregte in Peyrane erhebliches Aufsehen; alle sprachen darüber. Die einstimmige Meinung der Männer im Café drückte Henri Favre folgendermaßen aus: »Man darf es Gayol nicht vorwerfen. Niemand, der bei Sinnen ist, würde so etwas tun.« Als ich genauer wissen wollte, warum Henri glaubte, daß Gayol nicht bei Sinnen gewesen sei, sagte er, daß kein normaler Mensch seinem »natürlichen Trieb«, etwas zu nehmen, was ihm nicht gehöre, nachgeben würde.

Als ich eines Tages mit Lucien Bourdin zu seinem Spargelfeld ging, zeigte er mir unterwegs eine Sichel, die in einem Pfahl neben dem Weg steckte. Sie war durch ein Brett vor Regen geschützt, aber für jeden, der des Weges kam, gut sichtbar.

»Ich beobachte diese Sichel seit drei Jahren«, sagte Bourdin, »irgendjemand hat sie hiergelassen und vergessen, sie wieder zu holen. Jeder, der vorbeikommt, sieht sie. Doch niemand hat sie angerührt.«

»Aber wie steht es um die Unehrlichkeit, über die alle Leute reden?« fragte ich. »Jedermann rät mir, vorsichtig mit *den anderen* zu sein, weil sie unehrlich seien.«

»Haben Sie schon irgend etwas vermißt, das gestohlen worden sein könnte?«

»Nein!«

»Na also, wenn Sie auf alles hören, was *die anderen* sagen, werden Sie nie die Wahrheit erfahren. Die Leute hier sind tatsächlich ehrlich, wie Sie selbst sehen. Sie müssen *die anderen* ignorieren, wenn Sie hier leben.«

Lucien widersprach sich nicht. Er meinte, die Leute seien ehrlich, wenn es um das Eigentum anderer gehe, aber sie würden mit Vergnügen auf unredliche Weise den Ruf eines anderen Menschen zerstören. Man konnte sich darauf verlassen, daß Martron nichts vom Eigentum der Arènes und Provins stahl, aber nicht darauf, daß er ein ehrliches Urteil über ihren Charakter abgab. Andererseits fanden wir, daß alles, was er über seine Freunde Pian und Fratani sagte, stimmte. Der Grund für diese unterschiedliche Beurteilung lag darin, daß er mit den Arènes und den Provins *brouillé*, aber mit den Pians und Fratanis *bien* war.

Mit jemandem *brouillé* sein, heißt, daß man sich mit ihm angelegt hat, daß die gegenseitigen Beziehungen gestört sind. Man hat sich gestritten und ist jetzt entzweit. Man hat die Beziehungen abgebrochen. Man vermeidet, sich auf der Straße zu begegnen, und wenn man es nicht umgehen kann, wendet man sich ab, um nicht miteinander sprechen zu müssen. Man meidet jede Situation, in der man sich normalerweise die

Hand geben würde. Man versucht, durch sein Verhalten den Eindruck zu erwecken, daß derjenige, mit dem man *brouillé* ist, aufgehört hat zu existieren.

Wenn man sich zufällig doch trifft, dann gerät man in Wut. Man droht sich mit körperlichen und juristischen Sanktionen. Freunde versuchen, beide Parteien zu besänftigen. Man scheint nur durch ihr Einschreiten davon abgehalten zu werden, die Drohungen zu realisieren. In Wirklichkeit ist man nicht so vernunftlos, wie es den Anschein hat. Man versucht, seinem Gegner Angst zu machen und die Situation zu dramatisieren, aber man will die eigene Sicherheit nicht durch unvernünftige und folgenschwere Handlungen gefährden. Die Intervention der Freunde erlaubt einfach, die Rolle wirkungsvoller zu spielen.

Wenn man auch seinem Gegner nicht durch körperliche oder juristische Sanktionen schadet, so kann man ihn doch mit Worten beleidigen. Verbale Angriffe sind gesellschaftlich akzeptiert, sie gefährden den Angreifer selten und sind manchmal wirkungsvoller als andere Methoden. Der Zweck dieser Angriffe ist, Verdacht und Empörung gegenüber dem Gegner zu erwecken und ihm damit gesellschaftlich zu erledigen.

Argwohn wird erregt, indem man den Eindruck hervorruft, der Gegner bedeute eine Gefahr für die Gesellschaft im allgemeinen und eine Bedrohung der Sicherheit jedes einzelnen. Man erinnert an Vorfälle, die ihn in ein unvorteilhaftes Licht setzen. Man erfindet sogar solche, aber es ist gefährlich, Lügen über jemanden zu verbreiten. Kann der Gegner die Lüge aufdecken, dann hat er eine Runde gewonnen. Also deutet man an, er sei hinterlistig, boshaft, unehrlich und rücksichtslos, ohne detaillierte Angaben zu machen, und hofft auf diese Weise, die Zuhörer vom Vorhandensein eines tatsächlichen Grundes für die geäußerten Unterstellungen zu überzeugen.

So hatte Martron versucht, unser Mißtrauen gegen die Provins zu erregen, indem er sagte: »Ich rate Ihnen, sich von den Provins fernzuhalten. Ich sage nicht warum – verstehen Sie –, es ist eine freundschaftliche Warnung. Machen Sie, was Sie wollen.« Sein deutlicher Wink sollte heißen, daß er uns viele Beweise geben könnte, wenn er nicht so diskret und gutmütig wäre. Er wendete dieselbe Technik gegenüber den Borels an: »Wenn Sie Holz kaufen wollen, würden Sie es besser bei einem Mann in Apt bestellen. Ich will nicht behaupten, daß die Borels Sie betrügen würden, aber es ist meine Pflicht, Sie darauf aufmerksam zu machen, daß Sie vielleicht besser bei meinem Freund in Apt kaufen.« Martron war mit den Provins und den Borels *brouillé*.

Tatsächlich schien Martron mit fast allen Leuten im Dorf *brouillé* zu sein, außer mit den Pians und den Fratanis. Die Leute, mit denen er *brouillé* war, verbreiteten Geschichten, die ihn ebenso boshaft verleumdeten wie er die anderen. Man erzählte, Martron sei, als er als armer drittklassiger *chef de cuisine* in die wohlhabende Familie Sol eingeheiratet hatte und dadurch Chef der Familie und des Geschäfts geworden war, hart und rücksichtslos gegen seine Schwiegereltern und Verwandten gewesen. Ein alter Onkel, der seit Jahren bei der Familie lebte und heruntergekommen war, wurde in eine Mansarde verbannt. Er mußte in einem kalten, zugigen, sonnenlosen Zimmer wohnen. Wenn er es verließ, durfte er sich nur in der Küche aufhalten. Diese Behandlung brach ihm das Herz, und er starb, ein Opfer der Grausamkeit Martrons, sagen seine Feinde.
Man erzählte auch, Martron habe vor Jahren eine Ockergrube vom alten Jaumard kaufen wollen. Dieser war ebenso am Verkauf interessiert wie Martron am Kauf. Aber Martron wollte sein Kapital nicht angreifen, so überredete er den armen, arglosen und ungebildeten alten Jaumard zu einem höchst ungewöhnlichen Geschäft. Jaumard sollte die Grube an Martron überschreiben. Gleichzeitig sollte er Martron einen fingierten Schuldschein über 20000 Francs geben. Diesen Schuldschein wollte Martron der Bank als Sicherheit für das Darlehen anbieten, mit dem er die Grube bezahlen wollte. Das Darlehen wollte er nach und nach aus den Erträgen der Grube zurückzahlen. Nach Tilgung des Darlehens sollte der Schuldschein vernichtet werden. So hätte Jaumard die Grube zu einem anständigen Preis verkauft und Martron sie, ohne sein Kapital anzugreifen, erworben. Jaumard, zu arglos, um die Perfidie Martrons zu erkennen, nahm den Vorschlag an, übertrug die Grube an Martron und gab ihm den Schuldschein über 20000 Francs. Sobald Martron, der Gauner, die Grube in der Hand hatte, ging er zu seinem Rechtsanwalt anstatt auf die Bank und verklagte Jaumard wegen »Rückerstattung« der 20000 Francs. Das Gericht entschied die Sache zugunsten von Martron. So erhielt Martron die Grube umsonst und nahm Jaumard außerdem 20000 Francs ab, dessen Familie durch diese »Transaktion« ruiniert war.
Ich erfuhr diese Geschichte durch Jaumard selbst und durch den Notar, aber ich habe keine Vorstellung davon, was daran stimmte, denn Jaumard und der Notar waren ihrerseits beide so *brouillés* mit Martron, daß es unfair wäre, diesen nach ihren Aussagen zu beurteilen.
Die Lehrerin der oberen Klasse stellte für einen Aufsatz das Thema

brouilles. Die Fragen lauteten: »Was macht mich ärgerlich; was möchte ich tun, wenn ich ärgerlich bin; was tue ich wirklich, wenn ich ärgerlich bin; wie lange dauern *brouilles*; wie hören sie auf.« Im folgenden einige Aufsätze.

> Dinge, die andere Kinder tun und die mich ärgern, sind: Grimassen schneiden, necken, betrügen. Was mich am meisten ärgert, ist, wenn sie mir Schimpfworte nachrufen, mir meine Mütze wegnehmen oder mich an den Haaren ziehen. Wenn ich mich über jemanden ärgere, möchte ich ihm einen Fußtritt geben und alles nach ihm werfen, was mir in die Finger kommt. In Wirklichkeit gehen wir einander aus dem Wege und sprechen nicht mehr miteinander, wenn wir böse aufeinander sind.
> Man sollte nie kämpfen, nur im Krieg. Wenn wir böse aufeinander sind, dauert dieser Zustand ein paar Stunden oder ein paar Wochen, er ist also sehr verschieden von den *brouilles* der Erwachsenen, die meist jahrelang dauern und manchmal Mißgunst erzeugen, so daß zum Beispiel einer ein Huhn im Feld des Nachbarn tötet.

> Dinge, die andere Kinder tun und die mich ärgern, sind: wenn sie mich betrügen, mich necken oder mitten im Spiel erklären, daß sie nicht mehr mitspielen wollen. Die Schimpfworte, die mich wütend machen, sind: »Schwachkopf«, »Halt' den Mund«, »Dummkopf«, »Red' nicht so viel« und »Du lügst, es ist nicht wahr«.
> Ich möchte hinter ihm herlaufen und ihm zeigen, was eine Harke ist, aber was ich wirklich tue, ist, ihm aus einer Ecke nachzuschreien: »Wart' ab bis nach der Schule. Du wirst sehen, was dann passiert. Wenn Du nach Hause kommst, wird Deine Nase nicht mehr am richtigen Platz sein.«
> Es ist ganz in der Ordnung, sich zu ärgern, wenn man geneckt wird, aber es gibt keine Entschuldigung für prügeln. *Brouilles* dauern höchstens eine Woche. Manche dauern einen Tag, eine Stunde, eine halbe Stunde oder eine Viertelstunde. Sie sind beendet, wenn wir uns die Hand geben.

> Dinge, die andere Kinder tun und die mich am meisten ärgern, sind: wenn sie mogeln, um zu gewinnen. Am wütendsten macht mich, wenn sie sagen, ich sei ein Betrüger, wenn ich nicht betrogen habe. Ich will dann vierzig Tage lang nicht mit ihnen spielen und

sprechen. Wenn ich mich über jemanden ärgere, spreche ich meist nur zwei oder drei Tage lang nicht mit ihm, obwohl ich mir geschworen hatte, es vierzig Tage lang nicht zu tun. Es gibt keine Entschuldigung für prügeln. *Brouilles* dauern höchstens eine Woche. Dann werden sie durch einen Händedruck beigelegt. *Brouilles* von Kindern dauern nie länger als eine Woche, aber Erwachsene können sich für immer verzanken.

Dinge, die Kinder tun und die uns ärgern, sind: Wenn sie beim Spielen schummeln, unsere Murmeln durcheinanderkicken, an unsere Feder stoßen, wenn wir schreiben und dadurch Tintenflecken auf das Papier machen.
Die schlimmsten Schimpfworte sind: »Schwachkopf«, »Idiot« und andere häßliche Worte.
Was uns am meisten ärgert, ist, wenn sie uns bei der Arbeit, in die wir vertieft sind, kneifen und an den Ohren ziehen. Wir möchten sie verprügeln, wenn wir aus der Schule kommen. Meistens denken wir an all das nicht mehr, wenn die Schule aus ist und reden über irgendetwas anderes.
Es ist ganz in der Ordnung, ärgerlich zu werden, wenn zum Beispiel ein Freund ein Buch zuschlägt, in dem wir gerade lesen, oder wenn er sich nicht rührt, wenn ich ihm sage, er soll ein bißchen in der Bank zur Seite rücken, weil er sich so breit macht und den ganzen Platz einnimmt.
Es gibt Momente, in denen Prügel angebracht sind, wenn wir zum Beispiel spielen und einer schummelt und seine Partei behauptet, er habe nicht geschummelt, obwohl unsere Partei es gesehen hat. Dann ärgern wir uns und stellen uns gegen die anderen.
Unsere *brouilles* dauern knapp einen Tag. Manchmal beachten wir einen »schlechten Kameraden« drei Tage lang nicht. Wenn Erwachsene sich zanken, bleiben sie ein Jahr lang *brouillés* und manchmal ein ganzes Leben lang.

Brouilles der Kinder scheinen sich von denen Erwachsener nur durch ihre Dauer zu unterscheiden. Die Ursachen sind die gleichen: fehlende Achtung vor der Würde und dem Eigentum eines Menschen; Weigerung, sich nach den gesellschaftlichen Regeln zu richten; Störung der ernsthaften und berechtigten Beschäftigung eines Menschen. Die Reaktionen sind die gleichen: man braust auf, aber es kommt nicht zu Gewalttätigkeiten; man droht mit Tätlichkeiten, aber man führt sie nicht aus; verbale Beschimpfungen bringen einige Erleichterung, und der Betroffene versucht, sich zurückzuziehen oder seinen Gegner von den anderen zu isolieren. Die *brouille* wird beendet und das Einvernehmen durch einen Händedruck wiederhergestellt.

Das Gegenteil von mit jemandem *brouillé* sein ist mit ihm *bien* sein. *Bien ensemble* bedeutet »gut miteinander« stehen, freundschaftliche Beziehungen haben. Man spielt zusammen. Man nimmt den Apéritif zusammen. Die beiden Familien treffen sich häufig am Abend. Man unterstützt sich gegenseitig bei den *brouilles* oder beteiligt sich sogar daran. Man kann auf die Hilfe eines Freundes, mit dem man *bien* ist, rechnen.

Ist man mit jemandem weder *brouillé* noch *bien*, so hat man wenig mit ihm zu tun. Man sagt voneinander »es ist nichts zwischen uns«, das heißt, daß man einerseits nichts gegeneinander hat, andererseits aber auch kein Grund für eine herzlichere Beziehung besteht. Man achtet und respektiert die Existenz des anderen, und keiner von beiden will diese Beziehung ändern. Ich habe den Eindruck, daß viele Dorfbewohner entweder *brouillés* oder *bien* miteinander sind. Leute, von denen man sagt, »es ist nichts zwischen uns«, wohnen in einem anderen Teil der Gemeinde oder sind solche, mit denen man normalerweise wenig Kontakt hat. Der Notar ist mit Monsieur Maucorps weder *brouillé* noch *bien*, und Monsieur Prayal ist weder *brouillé* noch *bien* mit dem Pfarrer, weil der Notar und Monsieur Maucorps, Monsieur Prayal und der Pfarrer fast keinen gesellschaftlichen Kontakt miteinander haben. Es kann nichts zwischen ihnen sein. Monsieur Joly und Monsieur Gayol wohnen an den entgegengesetzten Enden des Dorfes und sehen sich selten, so ist es ganz natürlich, daß »nichts zwischen ihnen« ist.

Es ist unmöglich, diese Beziehungen zu erraten. Monsieur Joly wohnt zum Beispiel ziemlich weit von Monsieur Jouve entfernt, aber wegen der gleichen politischen und religiösen Ansichten stehen sie *bien* miteinander. Andererseits wohnt Joly nahe bei den Malens, die zwar seine politischen und religiösen Meinungen teilen, aber trotzdem mit ihm *brouillés* sind, weil die Malens *bien* sind mit der Familie der geschiedenen Frau von Joly.

Die Beziehungen ändern sich ständig. Manchmal vollzieht sich das Umschwenken von einer *bien*-Beziehung in eine *brouillé*-Beziehung plötzlich. Eine Zeitlang standen vier der führenden Männer des Dorfes –

Baume, Viquier, der Schneider Prayal und Martron – außergewöhnlich *bien* miteinander. Sie spielten Karten, tranken, jagten und spielten Boules zusammen, und ihre Familien verbrachten viele Abende gemeinsam. Eines Tages gingen sie auf eine ihrer gewohnten Jagdunternehmungen. Mitten am Vormittag kamen sie einzeln ins Dorf zurück. Jeder ging direkt nach Hause statt ins Café, wo sie gewöhnlich gemeinsam etwas tranken. Irgend etwas war geschehen, und jeder der vier Männer war *brouillé* mit den drei anderen. Niemand wußte den Grund der *brouille*, oder man wollte ihn mir nicht sagen. Die einzige Erklärung, die man mir gab, war, sie hätten sich darüber gestritten, wer von ihnen einen Vogel geschossen hätte. Dieser Zustand dauerte Jahre. Die Beteiligten taten alles, um sich gegenseitig zu ignorieren, obwohl dies für vier so prominente Männer in einer so kleinen Gemeinde schwierig war. Ein Freund schrieb mir kürzlich, zwei der Männer hätten sich schließlich die Hand gegeben und ihre *brouille* beendet. Mein Informant war bösartig genug hinzuzufügen, sie hätten sich verständigt, weil sie so den beiden anderen mehr schaden könnten.

Nicht immer sind die Ursachen für die *brouilles* das, was sie zu sein scheinen. Als die Nachricht das Dorf erreichte, Gayol sei für den Diebstahl der Tomatenpflanzen verurteilt worden, der Richter habe jedoch die Strafe ausgesetzt, gerieten im Café R. und A. heftig aneinander. A. billigte die Strafaussetzung, und R. forderte, Gayol sollte unbedingt ins Gefängnis. Die Auseinandersetzung steigerte sich derart, daß A. und R. *brouillés* wurden.

Die wahre Ursache ihrer Erregung wurde später bekannt, sie hatte nichts mit Gayols Tomaten zu tun. Ein Freund von A. kam dazu, als R. etwas auf die Wand der öffentlichen Toilette schrieb. Als R. sich beobachtet sah, versuchte er das Geschriebene auszuwischen und stattdessen die harmlose Beleidigung »A. ist ein Kommunist« hinzuschreiben. Es war zu spät. Er konnte das Geschriebene nicht mehr vollständig entfernen: »A. schläft mit Madame P.« Der Freund von A. rief diesen und zwei weitere Freunde herbei, damit sie in Augenschein nähmen, was R. auf die Wand geschrieben hatte. Am nächsten Tag klagte A. gegen R. Auf Anraten seines Rechtsanwalts und seiner Freunde ließ er die Anklage jedoch nach einigen Tagen fallen, weil er keine Chance hatte, damit durchzukommen.

Gayols Diebstahl hatte also wenig mit dieser *brouille* zu tun. Er war nur ein Vorwand für den Streit. Der wirkliche Grund bestand in Eifersucht. R., der über achtzig war, soll jahrelang Madame P.'s Gunst genossen haben, aber jetzt schenkte sie ihre Gunst dem jüngeren und gutaussehenden A.

Brouilles wie die zwischen A. und R. oder zwischen Martron und Jaumard sind ernsthafter Art. Natürlich gibt es auch kleinere Streitigkeiten, die heftige Reaktionen hervorrufen, sie dauern aber oft nicht länger als die der Kinder. Rivet, der erst einige Jahre in Peyrane lebte, fand es gefährlich, auf Geschwätz zu hören. »Man steht gut mit Monsieur X und Monsieur Y«, sagte er. »Eines Tages streiten sie sich, und Sie treffen Y im Café, wo er eine lange Geschichte über seine Schwierigkeiten mit X erzählt. Am nächsten Tag spricht X nicht mit Ihnen, und Sie können sich nicht erklären, warum. Schließlich finden Sie heraus, daß X und Y sich wieder versöhnt haben, und Y hat X erzählt, Sie würden ihn kritisieren, obwohl Sie nichts anderes getan haben als zuzuhören, wie Y ihn kritisierte. Aber da ist nichts zu machen, X ist *brouillé* mit Ihnen, und das Schlimmste ist, Y ergreift in diesem Streit Partei für X.«

Ein Peyraner, der vollkommen ist, existiert nicht, aber es gibt eine Art Idealvorstellung, an der die Leute gemessen werden. Jeder weicht aber irgendwie davon ab. Dieses Abweichen interessiert die anderen Leute besonders und wird zum Gegenstand ihrer Gespräche. Da solche Äußerungen meist unfreundlich sind, ist es den Leuten lieber, wenn man nicht über sie spricht. Aber jedermann macht irgendwelche Fehler; niemand kann vermeiden, die Zielscheibe des Geschwätzes zu sein. Man könnte eine Liste mit allen Einwohnern von Peyrane aufstellen und für jede Person den Grund angeben, warum sie kritisiert wird. Nicole Favre zum Beispiel läßt ihre Kinder auf der Straße spielen; Suzanne hält ihre zu viel im Haus; Pouget ist zu hitzköpfig; Baume ist zu berechnend; Reynard ist zu ungesellig; Francis Favre schwätzt zu lang mit den Leuten; Martron ist zu geschäftstüchtig; Monsieur Pascal läßt sich zu leicht düpieren.

Bourdin sagte: »Selbst wenn Christus nach Peyrane käme, würden *die andern* etwas falsch an ihm finden. Man kann es hier niemandem recht machen. Ist man nicht zu sehr dies, dann ist man zu sehr das. Man wird kritisiert, wenn man etwas tut und wenn man es nicht tut. So muß man sich entschließen, *die anderen* nicht wichtig zu nehmen. Sagen Sie niemandem, was Sie denken, was Sie vorhaben und wieviel Geld Sie verdienen. Sagen Sie niemandem etwas Wichtiges. Leben Sie möglichst für sich.«

Raymond Caizac, der Trüffelhändler von Apt, der sich mehr für Literatur als für Trüffel interessiert, hat einen Roman über ein Dorf in den Bergen nicht weit von Peyrane geschrieben. Die folgende Stelle aus diesem unveröffentlichten Roman vermittelt auch etwas über die gegenseitigen Beziehungen der Leute in Peyrane.

> Die wenigen Familien, die im Dorf lebten, waren untereinander *brouillés*. Sie sprachen nur miteinander, wenn jemand geboren wurde, krank war oder starb. Dann liefen sie alle zusammen und taten alles, um zu helfen. Danach verstummten sie wieder – außer wenn sie sich um Grundstücksgrenzen und Wegerechte stritten. Dabei konnte wohl jemand ein Gewehr ergreifen, um seinen Nachbarn zu drohen – aber es fiel natürlich kein Schuß. Das Schlimmste, was geschehen konnte, war, daß einer seine Fäuste gebrauchte. Dann holte man den Polizisten und dieser Friedensrichter verhandelte lächelnd den Fall – ein paar Hühner waren ertappt worden, wie sie im Saatfeld des Nachbarn pickten.
>
> In diesem Dorf lebte man auf diese Weise – bewußt mit jedem *brouillé*. Die Leute lasen sogar ungern die gleiche Zeitung. Alle hatten Autos, aber jede Familie ein anderes Fabrikat. Rouget hatte einen Peugeot, Paul einen Fiat, Féli einen Citroën und Jacques einen Ford. So konnte niemand dem anderen ein Ersatzteil leihen. Sie liehen einander allenfalls ihre Pferde zum Pflügen und veranstalteten nach getaner Arbeit ein gemeinsames Essen, ein großes Fest, denn jede Familie wollte sich aufspielen. Aber diese Essen endeten immer mit Streit. Sie waren ständig böse aufeinander, und wenn man *brouillé* ist, spricht man nicht mit der Gegenpartei, folglich stellten sie sich vor, niemand könne seine Nase in des anderen Angelegenheiten stecken. Als ob das dort oben auf dem Berg möglich wäre.

Das Dorf Caizacs war zwar viel kleiner, ärmer und isolierter als Peyrane. Die wechselseitigen Beziehungen der Leute von Peyrane waren nicht so feindselig; aber selbst wenn man diesen wichtigen Gradunterschied berücksichtigt – und die Übertreibung des Erzählers –, so ist der Geist in beiden Gemeinden doch der gleiche. Die Leute von Peyrane würden mit den Leuten von Caizac darin übereinstimmen, daß der Weisheit letzter Schluß in dem Gebot liegt: Laß Dich nicht mit anderen Leuten ein!

Nur wenige Peyraner hatten mit der Befolgung dieses Gebots vollen Erfolg. Der alte Anselme dachte nie an etwas anderes als an seine Arbeit, und er arbeitete außer zur Erntezeit immer allein. Er hat sich nie mit jemandem anderen eingelassen, nicht einmal mit einer Frau. Auch der alte Marnas hat es immer vermieden, mit anderen in zu nahen Kontakt zu kommen. Er spricht mit niemandem über etwas anderes als über das Wetter und den Stand der Ernte. Der alte Allibert erscheint nie in der Öffentlichkeit. Reynard steht mit allen gleich, weder *brouillé* noch *bien*. Niemand mag ihn, aber niemand hat etwas gegen ihn. Er sagt, so sei es besser für sein Geschäft. Es ist zweifellos kein Zufall, daß diese vier Männer zu den wohlhabendsten in der Gemeinde gehören. Ihre Beziehungen zu anderen Leuten beeinflußten nicht ihr Geschäft – etwas, was so vielen Bewohnern von Peyrane zu schaffen macht.

Diese Männer werden wegen ihrer Fähigkeit, Verwicklungen mit anderen zu vermeiden, bewundert. Aber diese Bewunderung ist nicht uneingeschränkt. Die Leute haben zu ihnen eine ähnliche Einstellung wie zu einem Heiligen, das heißt, sie bewundern sie, aber sie möchten nicht mit ihnen tauschen. Etwas Unmenschliches, Unsoziales und Kaltes ist um diese Männer. Sie vermeiden vielleicht Schwierigkeiten, die durch engen Kontakt mit anderen entstehen, aber sie büßen dabei auch das Vergnügen ein, die Stimulation und die Aufregungen, die aus der gleichen Quelle entspringen. Ihr Leben ist eintönig. Eine *brouille* kann den Blutdruck hochtreiben, kann jemanden unglücklich machen und die Sorgen noch vermehren. Gleichzeitig ist sie aber aufregend. Sie gibt den Menschen Gelegenheit, sich und ihre Situation zu dramatisieren. Der Kampf ums Geld, das Unerfülltbleiben der Wünsche, die Sorgen um die Gesundheit, die Familie und die Zukunft würden zuweilen unerträglich werden, fände man nicht in der Aufregung und Dramatik einer *brouille* Erleichterung.

Außerdem verzichtet ein Mensch, der *brouilles* unter allen Umständen vermeiden will, auch auf die Kontakte, die es ihm ermöglichten, mit anderen *bien* zu sein. Er versagt sich das Vergnügen, mit anderen Männern im Café einen Apéritif zu trinken, beim Boulesspiel mitzumachen oder den Abend in Gesellschaft anderer zu verbringen. Er versagt sich sogar das Vergnügen eines Gesprächs.

Die meisten Leute glauben, es sei weise, wichtige Dinge für sich zu behalten und die Auseinandersetzungen mit den anderen so weit wie möglich zu vermeiden. Gleichzeitig ist ihnen aber der Kontakt mit den anderen wichtig. Den meisten erlaubt es ihr Temperament nicht, sich wie Anselme, Marnas, Allibert und Reynard von der Gesellschaft abzuschließen. Im Konflikt zwischen dem Wunsch, von den anderen abgesondert zu leben, und der Notwendigkeit, mit anderen zusammenzusein, haben sie eine praktische Lösung gefunden, die meistens gut funktioniert. Wenn sie mit anderen zusammen sind, geben sie sich herzlich, freundlich, gastfreundlich, ja sogar jovial, aber dieses Verhalten ist nur oberflächlich. Wie Bourdin sagte, »erzählen Sie niemandem, was Sie denken, was Sie vorhaben und wieviel Geld Sie verdienen. Sagen Sie ihnen nichts Wichtiges«. Durch diese soziale Haltung versuchen die Leute von Peyrane zusammen und doch jeder für sich zu leben, indem sie nach außen umgänglich sind, aber gleichzeitig verbergen, was sie für ihr wahres Ich halten.

Die meisten von ihnen haben Montaigne gewiß nicht gelesen, aber sie würden seinen Rat billigen: Wir können die Menschen vorne in unserem Laden freundlich empfangen; aber wir müssen ein kleines Hinterzimmer ganz für uns allein haben, in das nur wir selbst eintreten dürfen.

10. KAPITEL

Peyrane und seine Beziehung zur Außenwelt

Wenn Madame Arène sagt: »Sie *(ils)* haben den Kaffeepreis wieder erhöht«, bezieht sie sich nicht auf die *ils* des Dorfes, sondern auf einen gefährlicheren Kreis von *ils*. Sie meint die *ils*, welche die Gemeinde von außen bedrohen. Natürlich sind die *ils* innerhalb Peyranes lästig, aber da es Menschen sind, die man kennt und jeden Tag sieht, kann man sich vor ihnen in acht nehmen. Die *ils* außerhalb Peyranes sind gefährlich, weil sie anonym, unangreifbar und übermächtig sind. Gegen die außenstehenden *ils* kann sich ein Mensch kaum schützen, dabei bringen gerade sie den Leuten von Peyrane die schlimmsten Übel: Inflation, Steuern, Krieg, gesetzliche Restriktionen und die Bürokratie der Verwaltung. Die außenstehenden *ils* werden verantwortlich gemacht für das Steigen der Düngerpreise, für die achtzehn Monate Militärzeit der jungen Leute, für die Beschränkungen im Weinbau, die Steuern, die einen wesentlichen Teil des Familieneinkommens verschlingen, für alle Dinge, die das Leben komplizieren, wie zum Beispiel das Schlangestehen in Wartezimmern oder das Ausfüllen von Formularen.

Die Identität der *ils* wechselt. Es kann sich dabei um große Gesellschaften, um Zeitungen oder um das *Syndicat d'Initiative d'Avignon* handeln. *Ils* kann sich aber auch auf die Franzosen, die Amerikaner, die Russen oder die Menschen im allgemeinen beziehen. Aber meistens ist die französische Regierung mit all ihren Erlassen gemeint, denn die Regierung treibt die Steuern ein, entscheidet über Krieg und Frieden, kontrolliert die Weinproduktion und beschäftigt eine Menge anonymer Beamter.

Diese Einstellung steht in direktem Widerspruch zu dem, was die Kinder in der Schule lernen. Sie lesen in ihren Büchern über Staatsbürgerkunde, daß die Regierung die konkrete Manifestation des Staates ist – die politische Verkörperung von *la patrie*. Sie lernen Sätze wie folgende auswendig:

> Die französische Nation wird geformt von dem Land und den Menschen, die in ihm leben; sie hat eine von der Geschichte, der Sprache, der Tradition und von Symbolen geformte Seele.
> Wenn die Menschen ihre Nation lieben, wird sie zur *patrie.*
> Der Staat ist die organisierte und verwaltete Nation.
> Die Regierung ist das ausführende Organ des Staates.
> Ein guter Bürger strebt nach Bildung. Er respektiert die Gesetze, bezahlt ehrlich seine Steuern, nimmt die militärischen Pflichten auf sich und verteidigt seine *patrie*, wenn sie bedroht ist.
> Ein guter Bürger ist immer zu Zusammenarbeit und gegenseitiger Hilfe bereit. Zu häufig erweckt Politik Mißtrauen, Geringschätzung oder sogar Abscheu.
> Politik soll nicht für private Interessen mißbraucht werden und vor allem nicht unsere Leidenschaften entfesseln.
> Politik soll ein großer Dienst an der Öffentlichkeit sein, die Kunst, mehr Gerechtigkeit und mehr Glück unter die Menschen zu bringen.[1]

Den Kindern fällt es nicht schwer, das Konzept von *la patrie* zu akzeptieren, denn sie hören zu Hause und im ganzen Dorf nur mit Liebe und Respekt von *la patrie* sprechen. Einer der geheiligtsten Plätze des Dorfes ist das Denkmal der Männer von Peyrane, die für *la patrie* gefallen sind. Mehrmals im Jahr vergessen die Leute des Dorfes vorübergehend ihre persönlichen Meinungsverschiedenheiten und ziehen gemeinsam zum Gefallenendenkmal, um dort einen Kranz niederzulegen. Die Kinder wissen, daß Frankreich ein vor allen anderen begünstigtes Land ist – *»la douce France«* – mit seiner wunderbaren sechseckigen Form. Sie wissen, daß die französische Sprache die Sprache der Kultur ist und daß alle kultivierten Menschen überall in der Welt Frankreich als ihre zweite *patrie* betrachten. In kultureller, emotionaler, geographischer und ästhetischer Hinsicht fühlen sich die Leute von Peyrane als integrierender Bestandteil der *patrie.* Sie erkennen auch an, daß sie offiziell, juristisch und statistisch einen Teil dieses Staates bilden, den sie respektieren, aber nicht lieben.

Leider müssen die Begriffe *la patrie* und der Staat in menschliche Begriffe übertragen werden, aber an diesem Punkt weigern sich die Leute von Peyrane, die »schönen Sentenzen« des Buches über Staatsbürger-

[1] Diese Sätze sind den ›*Retenons par cœur*‹ betitelten Abschnitten der Kapitel 26, 36 und 37 entnommen – aus Ballot und Aveille, *Education morale et civique. Classe de fin d'études* (Paris, Charles-Lavauzelle, 1952).

kunde zu akzeptieren. Theoretisch kann die Regierung die Verkörperung von *la patrie* sein, aber tatsächlich besteht sie aus Menschen – schwachen, törichten, egoistischen und ehrgeizigen Menschen. Es ist die Pflicht des Bürgers, *nicht* mit diesen Menschen zusammenzuarbeiten, wie es in den Büchern über Staatsbürgerkunde verlangt wird, sondern sie vielmehr auf jede mögliche Weise daran zu hindern, ihre Macht über den einzelnen und über die Familien zu vergrößern.

In diesem Punkt würden alle Peyraner übereinstimmen: ein Mensch, der Macht über Dich hat, kann Dir nur zum Schaden gereichen. Sie geben gerne zu, daß ein Mann ehrenhaft ist, wenn er Politiker wird, aber sie würden verneinen, daß er ehrenhaft bleiben kann, wenn er Macht erlangt. Die Wähler von Peyrane sagen, daß außer einigen Anhängern des MRP die Führer ihrer und aller anderen politischen Parteien ein »Haufen Banditen« seien. Sogar Leute, die nicht in der Politik sondern in der staatlichen Verwaltung tätig sind, können dem verderblichen Einfluß der Macht nicht entgehen. Sie werden gleichgültig gegenüber den Empfindungen anderer.

Die Autoren der Bücher über Staatsbürgerkunde wissen wohl, daß sie, indem sie den Kindern bürgerliche Tugenden predigen, in ihren Sentenzen eher einen idealen als den tatsächlichen Stand der Dinge beschreiben. Sie warnen:

> Viele ehrenhafte und intelligente Leute, die die besten Führer im öffentlichen Leben sein könnten, meiden die Politik und mißbilligen sie.
>
> 1. Politik erweckt tatsächlich viel *Mißtrauen.* Die Menschen vermeiden es, im Familienkreis, unter Freunden und im Beruf über Politik zu sprechen. Sie wird in der Armee unterbunden, die unparteiisch bleiben soll *(la grande muette)*, und in der Justiz. Sie muß auch von der Schule ferngehalten werden. Folgende Vorschrift kann man fast immer in den Satzungen von Vereinen finden: »Jede politische und religiöse Diskussion ist ausdrücklich verboten«. Das Mißtrauen scheint also allgemein zu sein.
>
> 2. Nicht weniger groß ist die *Geringschätzung* der Politik. »Politik ist eine Spezialität, die ich gerne den Spezialisten überlasse«, sagt der Schriftsteller Georges Duhamel. So drückt er die *Geringschätzung* aus, die viele Intellektuelle für das empfinden, was einer von ihnen »die Hausarbeiten der Nation« nennt.
>
> 3. Daher die *Abneigung* gegenüber Politik und Politikern, die oft als Männer mit niederer Moral und geringen Verdiensten dar-

gestellt werden, unfähig, ihren Dienst ehrenvoll und nutzbringend auszuüben.

Die Autoren fahren dann fort, den Schülern ein demokratisches Ideal zu predigen, aber in den zitierten Paragraphen ist diejenige Wirklichkeit beschrieben, die die Kinder selbst erleben. Sie hören ständig, wie Erwachsene von der Regierung als einer Quelle des Übels und von den Politikern als Werkzeugen des Übels sprechen. Es ist nichts Persönliches in dieser Ansicht; es betrifft keine bestimmte Regierung. Jede Regierung ist damit gemeint, überall und zu allen Zeiten – französische, amerikanische, russische, alle Regierungen. Manche sind weniger schlecht als andere, aber im Grund sind alle schlecht.

Natürlich darf man vieles von dem Gerede gegen die Regierung und gegen die Politiker nicht allzu ernst nehmen. Die Leute meinen nicht alles so, wie sie es sagen. Sie erkennen die Notwendigkeit einer Regierung an und verstandesmäßig auch die Notwendigkeit eines gewissen Bürgersinns. Aber sowie sie Unannehmlichkeiten haben, die jene auswärtigen *ils* verursachen, wettern sie gegen sie. Die *ils* von außerhalb sind wie das Wetter: unabwendbare Ereignisse, die man in Kauf nehmen muß, weil »es eben so ist«. Man fühlt sich wohler, wenn man über das Wetter und die *ils* fluchen kann. Es wäre naiv, dieses Fluchen zu ernst zu nehmen, aber ebenso naiv, es zu ignorieren. Die Feindseligkeit gegen die Regierung ist echt und tief.

Man sollte meinen, diese Feindseligkeit gegen den Staat würde durch dessen Wohlfahrtsfunktion – das Sozialversicherungswesen – gemildert. Aber der Staat als Wohlfahrtsinstitution ist ein relativ neuer Begriff, der vorwiegend aus dem Jahre 1928 stammt. Bis heute wurde das Mißtrauen des einzelnen gegen den Staat trotz Kindergeld, Krankengeld, Arbeitslosenunterstützung, Altersrente und vielen anderen Beihilfen nicht gemildert. In gewisser Weise hat das soziale Versicherungswesen die Antipathie gegen den Staat eher noch verstärkt. Die Leute nehmen die Beihilfen an, aber sie beklagen sich, daß sie nicht hoch genug sind, um auszugleichen, was der Staat ihnen durch Steuern nimmt oder was durch Inflation verlorengegangen ist, wofür sie auch den Staat verantwortlich machen. Sie beklagen sich auch, weil die Zahlungen zu bürokratisch gehandhabt werden und weil sie manchmal von den Beamten recht willkürlich genehmigt oder abgelehnt werden. Die Leute beklagen sich, weil manche Personen (zum Beispiel die kinderlosen Arènes) gezwungen werden, andere zu unterstützen (etwa die große Familie Malitourne).

So sehen sie, daß Mario Fratani keine Invalidenrente bekommt, obwohl jeder weiß, daß er nicht arbeiten kann. Andererseits wissen sie, daß Elie S. es »arrangiert« hat, weiterhin seine Invalidenrente für sein einmal verletztes, inzwischen aber geheiltes Auge zu beziehen. Sie kennen den Fall von Paul Rivet, der von Geburt an taub ist. Der Arzt sagt, Paul könne nach einer Operation mit einem Hörgerät hören. Der Staat würde zwar die Operation bezahlen, aber nur 24 Mark für das Hörgerät, das 380 Mark kostet. Da die Familie das Hörgerät nicht bezahlen kann, ist die staatliche Hilfe nur eine Tantalusqual.

Zweifellos haben alle diese Geschichten zwei Seiten, und auch in Peyrane gibt es Beispiele, die die positiven Seiten der Sozialversicherung illustrieren; aber die Leute sprechen lieber über die negativen, die ihnen wichtiger vorkommen.

1945, als die Deutschen Frankreich verlassen hatten, übernahm Raoul Chanon, der Führer des örtlichen *maquis*, die Verwaltung der Gemeinde Peyrane. Wenige Stunden nach seiner Amtsübernahme erhielt er ein Telegramm vom *Comité d'épuration* des Departements: »Verhaften Sie folgende Kollaborateure: Barbier (Notar und Bürgermeister unter der Vichy-Regierung), Viquier (Ratsschreiber und Fremdenlegionär), Allibert (Ockergrubenbesitzer), Reynard (Kolonialwarenhändler), Baume (Bus- und Taxibesitzer), Bonerandi (Bäcker), Marnas, Anselme, Sanape, Laplace, Massot und Arnoux (sechs der reichsten Bauern).«

Als Chanon das Telegramm gelesen hatte, zögerte er nicht. Er zerriß es und sagte: *»Nous reglons nos affaires en famille.«*

Keine Tat, kein Ausspruch hätte die Leute von Peyrane mehr für ihn einnehmen können. Ich hörte diese Geschichte von vielen Seiten, von den Kommunisten bis zu Barbier und Reynard, den vorgesehenen Opfern, die politisch rechts standen. Gleichgültig, was die Leute von der Rolle Chanons in der Résistance hielten, und gleichgültig, wie sie über ihn als Bauer, Geschäftsmann und Ehemann dachten, er wurde der Held des Dorfes. Durch diese Tat hatte er sich mit Erfolg denen widersetzt, die damals die Regierung repräsentierten. Er hatte sich über die schlimmsten *ils* hinweggesetzt. Er hatte das Recht der Peyraner verteidigt, ihre Angelegenheiten selbst zu regeln. Er hatte ihrem Empfinden Ausdruck verliehen, daß trotz allen Streits Peyrane doch eine große Familie ist, die zwar aus Individuen besteht, die untereinander uneins sein können, sich aber zusammenschließen, wenn sie gemeinsam von einem äußeren Feind bedroht werden.

Diese Einmütigkeit ist aber nur eine Empfindung, die sich, versucht man sie in die Tat umzusetzen, verflüchtigt. Alle sind der Meinung, Krieg, Inflation, Steuern, Restriktionen und Bürokratie seien Übel, für die der Staat weitgehend verantwortlich zeichne. Sie stimmen darin überein, daß Staat und Regierung Übel sind, weil sie Macht über einzelne und Familien besitzen. Sie sind alle überzeugt, daß einzelne Menschen und Familien gegenüber dem Staat geschützt werden sollten, aber in dem Augenblick, in dem Aktion gefordert wird, verschwindet die Einmütigkeit. Wie der Staat, dieses notwendige Übel, funktionieren soll, ohne den einzelnen und die Familie zu unterdrücken, darüber herrscht in der Gemeinde große Uneinigkeit.

Wenn auch politische Uneinigkeit manchmal die Folge persönlicher Unstimmigkeiten ist, so ist sie auch oft deren Ursache. Die Zugehörigkeit zu verschiedenen Parteien gibt den Leuten die Möglichkeit, einander nicht nur die Schuld für Mißhelligkeiten, die durch das Zusammenleben entstehen, in die Schuhe zu schieben, sondern auch für solche, die ihnen von außen drohen.

Wenn der Kaffeepreis steigt, kann Pouget »Reynard und seinesgleichen, die für Männer stimmen, die dem Großkapital helfen, uns kleine Leute auszuplündern«, die Schuld dafür geben. Reynard seinerseits gibt die Schuld für die zu hohen Steuern »Leuten wie den Pougets, die wie die Tiere leben, einen Haufen Kinder haben und dann für Politiker stimmen, die ihnen, damit sie noch mehr Kinder bekommen, Geld geben, das sie aus der Tasche ›anständiger‹ Leute nehmen, die (wie Reynards) nur zwei Kinder haben«.

Es wäre übertrieben zu behaupten, alle Leute, die aus persönlichen Gründen miteinander verfeindet sind, seien auch politische Gegner oder alle Leute, die für denselben Kandidaten stimmen, kämen gut miteinander aus. Raymond Laurens und Henri Jouve sind enge Freunde, obwohl Laurens Kommunist und Jouve ein frommer Katholik ist. Raoul Favre und Chanon sind persönlich verfeindet, obwohl beide Kommunisten sind. Aber diese Fälle sind Ausnahmen. Meistens ist es so, daß Leute, die sich aus persönlichen Gründen nicht mögen, auch politisch nicht einer Meinung sind. Wenn natürlich Zerwürfnisse allzu persönliche Ursachen haben, als daß sie in der Öffentlichkeit ausgetragen werden könnten, äußern sich die politischen Unstimmigkeiten besonders heftig, denn die Politik trägt dann die ganze Bürde der Feindseligkeit.

Selbst wenn politische Differenzen nicht durch persönliche Feindschaft kompliziert werden, kann die politische Diskussion hitzig werden. Wenn man die Schuld für hohe Preise, Steuern und Krieg auf Männer schiebt, für die der Nachbar eintritt, dann ist es kaum vermeidbar, ihm nicht mit Heftigkeit zu begegnen. Jouve und Laurens können nur deshalb befreundet bleiben, weil sie nicht über Politik reden. Aus demselben Grund vermeidet man bei familiären Zusammenkünften politische Diskussionen. In den Büchern über Staatsbürgerkunde steht, politische Diskussionen sollten in gesellschaftlichen Organisationen verboten sein, weil die Politik deren Existenz bedrohe. Erinnern wir uns daran, wie Paulette Bonerandi die Auflösung des Jugendklubs begründete: »Die Politik erhob ihr Haupt, und das war natürlich das Ende des Klubs.« Der einzig geeignete Platz für politische Gespräche ist ein neutraler Ort wie das Café, aber auch dort bemühen sich die Männer, mit ihrer politischen Meinung zurückzuhalten. Besonders vorsichtig sind sie gegenüber Fremden, deren Motive und Reaktionen sie nicht kennen.

In den ersten sechs Wochen, die wir in Peyrane lebten, hörte ich fast nichts über Politik, obwohl ich jeden Tag an beiden Apéritif-Stunden im Café teilnahm. Eines Tages drückte ich Henri Favre mein Erstaunen darüber aus, wie wenig die Männer an Politik interessiert seien. Er verschluckte sich fast an seinem Apéritif.

»Aber, das ist doch unsere Leidenschaft.«

»Warum sprechen Sie dann nie darüber?«

»Wir sprechen immer darüber, aber natürlich nicht, wenn Sie da sind ... Sie wissen doch, was sie *(ils)* erzählen.«

Er spielte auf das Gerücht an, ich wäre gekommen, um die nächste amerikanische Invasion vorzubereiten. Aber nach einigen Wochen, als die Leute begriffen hatten, daß ich wahrscheinlich doch kein Spion war, sprachen sie offen vor mir über Politik. Henris Bemerkung, daß sie immer über Politik sprächen, war allerdings übertrieben. Über Jagd, Boules und Essen sprach man ebenso häufig, jedoch nie so leidenschaftlich.

In Anbetracht der Leidenschaft, die die Politik in Peyrane erregt, sollte man glauben, die politischen Parteien seien gut organisiert und aktiv. Dies ist aber nicht der Fall. Sogar die kommunistische Partei hat nur einen losen Zusammenhalt und steht ständig vor der Auflösung. Im Winter 1950/51 war die Uneinigkeit so groß, daß manche glaubten, sie würde nicht in der Lage sein, sich der nächsten Wahl zu stellen. Der Streit ging darum, daß manche Parteimitglieder die Kaninchen mit

Frettchen jagen, während andere sie schießen wollten. Da die Jagd mit Frettchen den Bestand der Kaninchen effektiver bedroht, als wenn man sie schießt, beschuldigten die Gewehranhänger die Frettchenanhänger, die Kaninchenjagd zu gefährden, weil sie alle Kaninchen in der Gemeinde ausrotten wollten. Die politischen Organisationen basieren wie alle anderen im Dorf auf dem schwankenden Grund menschlicher Beziehungen.

Manchmal erwecken die politischen Parteien durch die Aktivität einiger Männer, unterstützt durch äußere Einflüsse, den Eindruck, sie seien einig und stark. Einem Touristen, der durch das Dorf geht, erscheint die kommunistische Partei aktiver, als sie in Wirklichkeit ist, weil die kommunistischen Plakate im Dorf so augenfällig an den Mauern angebracht sind. Tatsächlich ist dies ein trügerischer Hinweis auf die Stärke der Partei. Die Plakate werden von auswärts geschickt, und das Anbringen ist die Arbeit von zwei Männern. Moïse Jannel und Charles Pouget machen die ganze Arbeit für die Partei. Sie schlagen Plakate an, sie sammeln Unterschriften, verkaufen Jahrbücher und hausieren mit *la Terre*, der kommunistischen Wochenzeitung für die Bauern. Sie sammeln Geld für die Verteidigung kommunistischer Opfer wie Henri Martin. Die anderen Parteimitglieder nützen Moïse und Pouget aus – und verachten sie, weil sie sich von anderen ausnützen lassen.

Doch die Plakate haben nicht viel zu bedeuten. Sie sagen über die Stärke der Partei nichts aus und haben außerdem kaum Einfluß auf die Meinungsbildung im Dorf. Ihre Hauptwirkung ist ästhetischer Natur. Die Leute bleiben selten stehen, um sie zu lesen, und sprechen selten über sie. Nur ein Plakat wurde zum Gesprächsthema: es war ein kommunistisches Plakat, das französische Kinder zeigte, die von einer amerikanischen Atombombe zerrissen wurden. Ein schreckliches Plakat, das unvermeidlich beeindruckte. Aber anstatt zum Kommunismus bekehrt zu werden, erregten sich die Leute darüber, es anschauen zu müssen, und tadelten Moïse, weil er es angebracht hatte. Meistens erwecken Plakate so wenig Interesse, daß sie nicht einmal abgerissen werden!

Ich persönlich fand die Plakate faszinierend. Eines Tages beobachtete ich, wie der Schmied Jouvaud ein kommunistisches Wahlplakat betrachtete und wollte eine Aufnahme von ihm machen. Als er dies bemerkte, hielt er bereitwillig still, bis ich fertig war, wandte sich mir dann zu und fragte, halb amüsiert, halb mißtrauisch: »Warum haben Sie diese Aufnahme gemacht?«

»Ich wollte eine Aufnahme von jemanden, der ein Plakat anschaut.«
»Warum?«
»Um zu zeigen, wie interessiert Ihr an Politik seid.«
»Das alles«, er zeigte auf alle Plakate an der Mauer, »ist Propaganda, und Propaganda interessiert mich nicht.«
»Ach?«
»Seit 1939 haben alle Parteien uns damit überschüttet, wir beachten sie nicht mehr!«
Die Leute sind genauso skeptisch gegenüber Rundfunksendungen und Zeitungen, aber sie ignorieren sie wenigstens nicht. Die meisten Familien haben ein Radio und hören regelmäßig Nachrichten. Fast alle Leute haben auch Gelegenheit, eine Tageszeitung zu lesen, aber man weiß nie, wie viele und welche Artikel sie lesen. Die Agentur von Madame Baume vertreibt täglich etwa 50 Zeitungen – 20 Exemplare der *Marseillaise* (kommunistisch), 20 Exemplare des *Provençal* (sozialistisch), 10 Exemplare des *Méridional* (konservativ) und zwei oder drei Exemplare des *Dauphiné libéré* (sozialistisch). Nach Aussagen des Briefträgers wird noch einmal die gleiche Anzahl jeder dieser Zeitungen durch die Post verteilt. Das Café Voisin hat die *Marseillaise* abonniert, und viele Männer, die sich keine eigene Zeitung halten, lesen sie dort. Außerdem kursiert eine Reihe Zeitungen jeden Tag von Familie zu Familie, so daß es schwierig zu sagen ist, wieviele Leute täglich eine Zeitung lesen. Aber bei 100 Zeitungen, die innerhalb einer Bevölkerung von 779 Menschen zirkulieren, kann man wohl annehmen, daß eine große Anzahl der Bevölkerung regelmäßig die Gelegenheit hat, eine Zeitung in die Hand zu bekommen.
Bei Unterhaltungen kehrt regelmäßig der Satz wieder »Ich habe in der Zeitung gelesen ...«, meistens ist es eine Geschichte von menschlichem Interesse, aber wenn der Sprecher sich auf ein politisches Thema bezieht, fügt er oft hinzu, »das schreibt die Zeitung, aber man muß Zeitungen natürlich mißtrauen«. Wenn der Sprecher diesen Satz nicht hinzufügt, macht es einer seiner Zuhörer. Skepsis ist weit verbreitet. Sogar der überzeugte Kommunist Moïse sagte zu mir, als er mir ein Exemplar von *La Terre* verkaufte: »Sie ist interessant, aber denken Sie ja nicht, daß ich das alles glaube.«
Es wäre unklug, aus dieser skeptischen Haltung zu schließen, die Leute von Peyrane wären in der Lage, Wahres von Falschem in Rundfunksendungen und Zeitungen zu unterscheiden. Sie können das auch nicht besser als die meisten Hörer und Leser in der Welt. Es fehlt ihnen an

Kenntnissen und Objektivität, um die Informationen vernünftig analysieren zu können. Nachdem sie jahrelang hin- und hergerissen worden waren – von der Dritten Republik dahin, von der Vichy-Regierung dorthin, vom Sender des besetzten Frankreich hierhin, vom BBC dorthin, von pro-deutschen Plakaten hierhin, von pro-amerikanischen dorthin –, sind sie äußerst empfindlich gegenüber der Tatsache geworden, daß die *ils* von außen sie zu manipulieren trachten. Infolgedessen widersetzen sie sich allen Versuchen, ihren Standpunkt zu ändern; sie neigen dazu, nur den Teil der Informationen zu akzeptieren, der sie in ihrem eigenen Standpunkt bestärkt.

Sie sind vor allem mißtrauisch gegenüber den Programmen der politischen Parteien. Sie bleiben auch mißtrauisch, wenn sie sich die Mühe machen, sich durch Plakate und Zeitungen zu informieren. Die meisten wissen sehr wenig über die spezifischen Programme politischer Parteien, aber es gibt einige Ausnahmen. Rivet, der Ratsschreiber, weiß ungefähr, was die verschiedenen Parteien wollen. Edouard Pascal kauft täglich drei Zeitungen und liest sie; er kann folglich mit Autorität über die Parteiprogramme sprechen. Charles Pouget, der Sekretär der kommunistischen Partei, arbeitete in einer Fabrik in Lyon und hat so viel über die Marxsche Theorie gelernt, daß er deren Grundbegriffe in seinen Debatten verwenden kann. Die meisten Leute kennen nur einige Parolen ihrer Partei, vor allem solche, die ihre eigenen Vorurteile treffend bestätigen.

Was bestimmt diese Vorurteile? Auf der einen Seite die Familientradition, die wirtschaftliche und soziale Stellung, die eigene Persönlichkeit und die Beziehungen zu anderen Menschen; auf der anderen Seite die Vorstellung, die jeder Mensch von seiner politischen Partei hat. Diese Vorstellung hat wenig mit dem offiziellen Parteiprogramm oder damit zu tun, wie die Partei tatsächlich in Paris agiert. Ausschlaggebend ist, wie die Partei in Peyrane aufgefaßt wird.

Le Rassemblement des Gauches Républicaines (RGR), als Erbe der Radikalen und Radikalsozialisten, ist die älteste Partei in Peyrane. Außer in den Jahren 1945 bis 1947 hatte Peyrane seit 1895 immer einen Radikalen als Bürgermeister. In dieser Zeit war Monsieur Prullière fünfundvierzig Jahre lang Bürgermeister. Noch heute spricht man von ihm in allen Parteien voller Zuneigung. Niemand hat seit seinem Tod 1940 diesen Platz in Peyrane wirklich ausgefüllt. Er war Besitzer einer Ockergrube, aber er war »nicht hochmütig«, und die Leute konnten zu ihm kommen, um sich diskret Rat zu holen. Er wußte, was zu geschehen hatte und wie der Friede im Dorf zu bewahren war, ohne seine Autorität hervorzukehren. Seine Partei unterstützte die Trennung von Staat und Kirche, aber diese Trennung rief in Peyrane keine Bitterkeit hervor. *Le pauvre Monsieur Prullière* mißachtete die Verordnungen des Staates und traf seine eigenen Arrangements mit dem Abbé Olivier. Er war es auch, der die Wasserleitung vom zehn Kilometer entfernten Lubérongebirge nach Peyrane hatte legen lassen, wodurch Peyrane lange vor den anderen Dörfern der Umgebung fließendes Wasser in den Häusern hatte.

Der jetzige Bürgermeister, Monsieur Ginoux, soll beträchtliche Gewinne durch den Verkauf landwirtschaftlicher Geräte an die Bauern und durch den Ankauf ihrer Erzeugnisse gemacht haben. Er wird nicht als würdiger Nachfolger der Prullièreschen Tradition angesehen, denn er hat den Ruf, »hart« mit den Leuten zu sein. Sie holen sich keinen persönlichen Rat bei ihm. Er bekommt bei der Wahl weniger Stimmen als andere Kandidaten seiner Partei. Trotzdem wählt der Gemeinderat ihn immer wieder zum Bürgermeister, weil er mit Daladier »gut stehen« und somit in der Lage sein soll, Vorteile für die Gemeinde zu erlangen.

Edouard Daladier, bis 1954 Parteivorsitzender des RGR, vertritt seit 1919 die Vaucluse in der Abgeordnetenkammer – mit Ausnahme der Jahre 1940 bis 1946. Weil das Wahlsystem periodisch geändert wurde, war er nicht immer der Abgeordnete des Distriktes, zu dem Peyrane gehört, aber heute ist er der Abgeordnete des ganzen Departements und daher auch von Peyrane. Daladier war immer ein zuverlässiger Repräsentant seiner Wähler. Er versuchte, sie vor der Linken und der Rechten zu schützen. Wenn die Linke zu stark war, unterstützte er die Rechte. Verstärkte sich die Bedrohung von rechts, unterstützte er die Linke. 1936 schloß er sich der Volksfront an. Als 1938 Krieg auszubrechen drohte, unterzeichnete er das Münchner Abkommen. 1939 verbot er die kommunistische Partei. Als 1940 die Ehre der *patrie* und die Freiheit des einzelnen auf dem Spiele standen, stimmte er dafür, den Krieg bis zum bitteren Ende fortzusetzen. 1954 verband er sich mit den Kommunisten, um die EDC zu bekämpfen und den Krieg in Indochina zu beenden.

Politische Beobachter waren über Daladiers Fähigkeit erstaunt, immer wieder seine Stellung zu halten, auch wenn er sich auf der Verliererseite befand. Sie sind es nur deshalb, weil sie die Leute, die für ihn stimmen, nicht kennen. Diese wissen, daß auch sie oft auf der Verliererseite gewesen sind – bedrängt von der Linken und von der Rechten, von Deutschland, von Rußland und von den Vereinigten Staaten. In dem Maße wie sich die Bedrohung des einzelnen veränderte, änderte sich auch Daladier; aber er versuchte stets den einzelnen vor den überwältigenden *ils*, wer diese auch immer waren, zu schützen.

Die Stärke des RGR in Peyrane beruht hauptsächlich auf der älteren Generation, auf den wohlhabenden Traditionalisten, die von klein auf erlebt haben, wie die Kandidaten der Radikalsozialisten alle Wahlen bis auf zwei gewonnen haben. Sie stimmen für die Radikalsozialisten, weil schon ihre Väter für sie gestimmt hatten oder vielmehr anscheinend für sie stimmten, denn wenn auch die Partei noch denselben Namen hat, ihr Programm hat sich geändert. Vor dem Ersten Weltkrieg stimmten die Wähler von Peyrane für einen Kandidaten der Radikalsozialisten, der weiter rechts stand als der von der Umgebung gewählte Radikalsozialist. 1924 und 1936 stand der Radikalsozialist links. Heute ist er ein Gemäßigter. Aber sie alle nannten sich Radikalsozialisten.

Mit dem Aussterben der älteren Generation in Peyrane scheint auch die RGR auszusterben. Sie kann keine Wahl mehr allein gewinnen, sondern muß sich auf die Unterstützung anderer gemäßigter Parteien wie der MRP und der SFIO verlassen.

Traditionsgemäß und theoretisch steht die SFIO (die Sozialistische Partei) links von den Radikalsozialisten. Die Sozialistische Partei will den einzelnen nicht nur vor dem Staat, der Kirche und vor fremden Mächten schützen, wie es die RGR tut, sondern auch vor dem Kapitalismus. Der Unterschied der Programme des RGR und der Sozialistischen Partei hat aber wenig Einfluß auf die Stimmabgabe der meisten Wähler von Peyrane. In Wirklichkeit besteht *kein* Unterschied zwischen den Vorstellungen der Wähler des RGR und denen der Sozialistischen Partei; lediglich einige wenige wie die Lehrer bejahen ausdrücklich die Tendenzen der Sozialisten. Die meisten Leute, die SFIO wählen, tun es, um sich von den Wählern des RGR zu unterscheiden. Einige SFIO-Wähler sind mittleren Alters, also jünger als die RGR-Wähler; sie wenden sich gegen die Vorherrschaft der älteren Generation. Andere Sozialisten sind wirtschaftlich und sozial weniger gut gestellt als viele Radikalsozialisten; sie stimmen aus einem gewissen Ressentiment für die SFIO. Wieder andere Sozialisten sind mit radikalsozialistischen Nachbarn *brouillés* und stimmen deshalb nicht für dieselbe Partei.

Der wesentliche Unterschied zwischen radikalsozialistischen und sozialistischen Wählern wird am deutlichsten an den beiden Stellvertretern des Bürgermeisters. Der zweite Stellvertreter, Monsieur Roche, ist Radikalsozialist. Er wurde 1871 geboren, hat sein ganzes Leben im Dorf verbracht und lebt von den Einnahmen aus seinen zwei Höfen. Der erste Stellvertreter, Monsieur Aubenas, wurde 1896 geboren. Er lebte bis vor kurzem auf dem Land und bestellt heute noch seine Felder am Dorfrand. Wenn auf dem Hof nichts zu tun ist, arbeiten seine Söhne in den Ockergruben. Die wirtschaftlichen und sozialen Differenzen zwischen Roche und Aubenas haben sich durch einen persönlichen Streit über eine Grundstücksgrenze vergrößert. Man kann nicht erwarten, daß Aubenas die Partei unterstützt, deren Führer Roche ist, und trotzdem kann er nicht für die MRP, die RPF oder die kommunistische Partei stimmen, denn sie haben Tendenzen, mit denen er noch weniger zu tun haben möchte. Die Sozialistische Partei bietet Aubenas den gesuchten Ausweg. Dies wird aber zum Problem für den Sohn von Aubenas, der kommunistisch wählen muß, um sich von seinem Vater und von Roche zu unterscheiden.

Bei der Wahl im Jahre 1951 erhielt die MRP *(Mouvement Républicain Populaire)* 37 Stimmen in Peyrane. Dies entspricht etwa der Anzahl praktizierender Katholiken im Dorf. Die meisten MRP-Wähler sind Frauen, die glauben, ihre Stimme käme der Kirche zugute. Doch die Stimmen der zwei oder drei Männer, die den MRP-Kandidaten unterstützen, bedeuten etwas anderes als Stimmen für die Kirche. Sie sind offensichtlich für diese neue Partei begeistert, die, wie sie sagen, die einzige wirklich liberale Partei und die einzige mit rechtschaffenen Führern ist. Sie glauben auf diese Weise für soziale Reformen und gegen die Korruption des RGR und der Sozialisten zu stimmen.

Als noch die *Rassemblement du Peuple Français*, eine von General de Gaulle gegründete Rechtspartei, bestand, hatte sie einige Anhänger in Peyrane, aber diese setzten sich nicht öffentlich für sie ein und gaben ihre Zugehörigkeit nur insgeheim zu. Die meisten der RPF-Wähler stammten aus dem unteren Mittelstand; sie kamen aus der Stadt nach Peyrane und wurden durch die Umstände gezwungen, dort zu bleiben. Durch ihre Stimmen für die RPF zeigten sie ihre Verachtung gegenüber den Dörflern, die entweder für die »korrupten« Parteien stimmten oder »törichterweise« für die Kommunisten, das heißt für eine »fremde Macht«. Sie wollten einen starken Mann haben, der in Frankreich aufräumt und es von den Parteien und den Politikern befreit.

Diese Leute scheinen ein Bedürfnis nach Disziplin zu haben – oder zumindest den Wunsch, *les autres* diszipliniert zu sehen –, ein Verlangen, das die Dorfbewohner nicht teilen.
Eine allgemeingültige soziologische Aussage über die größte politische Gruppe in der Gemeinde, die Kommunistische Partei, ist schwierig. Jede Verallgemeinerung muß wegen wichtiger Ausnahmen modifiziert werden. Man kann sagen, daß die Kommunistische Partei sich im allgemeinen aus den jüngeren Wählern rekrutiert, aber gleichzeitig ist hinzuzufügen, daß einige ihrer glühendsten Anhänger – Moïse Jannel, Raoul Pascal, die Charrins und die Mazons – vor 1900 geboren sind. Im ganzen sind die Kommunisten wirtschaftlich schlechter gestellt als die Radikalsozialisten und die Sozialisten, aber zu ihren Führern gehören Chanon und Laurens, die eigene Höfe haben, Biron, der reichste Metzger der Gegend, und Léon Favre, Vorarbeiter in den Ockerbrüchen. Insgesamt sind die Kommunisten gesellschaftlich weniger etabliert, aber die ganze Sippe der Favres wählt kommunistisch, und die Favres sind wahrscheinlich die älteste Familie in der Gemeinde. Viele, die in Kriegsgefangenschaft gewesen waren, und die meisten Männer des *maquis* sind Kommunisten; doch Emile Pian, der fünf Jahre in deutscher Kriegsgefangenschaft war, und Gaston Jouvaud, ehedem einer der leidenschaftlichsten *maquissards* in der Gemeinde, sind Sozialisten.
Es gibt einen Gesichtspunkt im Parteiprogramm, über den sich alle Kommunisten einig sind: sie glauben, daß die meisten ihrer Schwierigkeiten durch die *ils* von außen verursacht werden – durch die Regierung, die Kapitalisten, durch fremde Mächte und eigennützige Interessen, denen der einzelne hilflos ausgeliefert ist. Sie stimmen in dieser Ansicht natürlich auch mit ihren Nachbarn überein, die radikalsozialistisch oder sozialistisch wählen. Der wesentliche Unterschied besteht darin, daß die Kommunisten unzufriedener sind, empörter über den Stand der Dinge und daß sie infolgedessen so weit links wie möglich wählen. Wenn es eine Partei links von den Kommunisten gäbe, würden sie für diese stimmen. Außerdem stimmen sie durch ihre Wahl auch gegen ihre Nachbarn, die sozialistisch oder radikalsozialistisch wählen. Sie können damit gleichzeitig ihre Verachtung gegenüber den *ils* innerhalb und außerhalb des Dorfes Ausdruck verleihen.
Da die Kommunisten etliche Jahre an keiner französischen Regierung beteiligt waren, haben sie einen Vorteil vor den Radikalsozialisten und den Sozialisten. Sie können diesen Parteien und deren Regierun-

gen für alle gegenwärtigen Probleme die Schuld geben: für die hohen Preise, die hohen Steuern, den Krieg in Indochina und Nordafrika, die wirtschaftliche und militärische Invasion der Amerikaner, die Stärkung Deutschlands, den Militärdienst von achtzehn Monaten, das Fehlen von Wohnungen, die unzureichenden Sozialversicherungen, die Konkurrenz durch die Senkung der Zölle und das Verbot, mehr Wein anzubauen. Für all dies machen die Kommunisten die Regierung verantwortlich und infolgedessen auch die Parteien, die an der Regierung beteiligt sind, und schließlich auch die Leute in Peyrane, die diese Parteien wählen.

Aber nur in diesen negativen Aspekten sind sich die kommunistischen Parteimitglieder einig. Der einzige Kommunist, der an einem positiven Aspekt des kommunistischen Programms interessiert zu sein scheint, ist Charles Pouget, dessen Mutter eine Favre war, das heißt, daß er schon in die Bastion der Kommunisten hineingeboren wurde. Pouget verließ Peyrane nach der Schulzeit und arbeitete in einer Fabrik in Lyon. Dort lernte er die kommunistischen Maximen, die er jetzt predigt. Nach seiner Rückkehr wurde er Parteisekretär – wegen seines Eifers und seiner Bereitschaft, die Parteiarbeit zu übernehmen, die die anderen nicht machen wollen, aber seit einiger Zeit spricht man davon, ihn seines Postens zu entheben. Die Parteiführer finden, Pouget ginge zu weit. Man könne schwer mit ihm auskommen, und er erschrecke die Leute durch seine revolutionären Reden. Sie würden ihn gerne ersetzen, aber es ist schwierig, einen anderen Sekretär zu finden. Moïse würde die Arbeit gerne tun, aber er ist zu dumm dafür. Maurice Favre wäre bereit, er ist aber zu ungebildet. Peretti zeigt sich nur zu bereitwillig, ist aber ein Hitzkopf, der mit jedem Streit anfängt. Wenn Pouget, wie er sagt, wieder in die Stadt geht, um in einer Fabrik zu arbeiten, ist die Partei ohne Sekretär, oder die Parteiführer müssen jemanden wie Raoul Pascal ernennen, der von allen geliebt und geachtet wird, dem aber die Parteidoktrin gleichgültig ist.

Was würde geschehen, wenn die Kommunisten eine Wahl gewännen und die Regierung übernähmen? Würde die Kirche nicht unterdrückt werden? Diese Frage beantworten die Kommunisten nur mit amüsiertem Lächeln. Kommunismus und Religion haben nichts miteinander zu tun, sagt Léon Favre, der Kopf der Kommunistischen Partei. Er weist darauf hin, daß Chanon gerade sein Kind taufen ließ, daß Raymond Laurens' Sohn soeben zur Ersten Kommunion gegangen sei, daß es in Peyrane keinen Unterschied zwischen den religiösen Gebräuchen der Kommunisten und denen der Nichtkommunisten gäbe. Dies ist offensichtlich eine Tatsache.

Wie steht es mit der Kollektivierung der Höfe? Würden Laurens, Chanon und Mitifiot ihr Land verlieren? Nein, sagt Chanon. Lage und Beschaffenheit des Bodens in Peyrane wären für eine kollektive Bewirtschaftung ungeeignet. Eine Kollektivierung würde nur in den Ebenen der Beauce und des Nordens und vielleicht in anderen Teilen Frankreichs stattfinden.

Was würde ein kommunistischer Sieg in Peyrane ändern? Nichts direkt. Wenn die Kommunisten die Regierung in Paris übernähmen, würden indirekt die Preise kontrolliert, die Steuern gesenkt, das Militärbudget und die Militärdienstzeit gekürzt, der Krieg in Nordafrika beendet ... Es sei denn, sagt Léon Favre, Ihr Amerikaner meint, Ihr müßtet wieder herüberkommen, um uns zu retten. Das wäre *la catastrophe.*

Aber wie würde es mit den Preiskontrollen und allem anderen aussehen? Würde es nicht bedeuten, daß Peyrane mehr denn je die Eingriffe der Regierung zu spüren bekäme? Chanon meint, wenn unsere korrupten Führer uns verraten und versuchen, uns vorzuschreiben, was wir zu denken und zu tun haben, dann gibt es immer noch den *maquis*. Laval und Hitler haben uns nicht kleingekriegt; laßt nur andere *salauds* es versuchen. Wir wissen, uns dagegen zu wehren ... So würden viele Kommunisten unter den ersten sein, die einem kommunistischen Regime Widerstand leisten würden. Die Leute von Peyrane ziehen es vor, ihre eigenen Angelegenheiten selbst zu regeln, meint Chanon.

Die Kommunisten erhalten meistens etwa ein Drittel der Stimmen aller Wahlberechtigten, die gemäßigten Parteien – RGR, SFIO und MRP – ein weiteres Drittel. Bei den Wahlen für die Nationalversammlung macht sich etwa ein Drittel nicht die Mühe, in das Wahllokal zu gehen. Darunter sind natürlich einige, die physisch nicht dazu in der Lage sind. Einige Leute scheinen an jeder Wahl uninteressiert zu sein oder wissen noch nicht einmal, daß gewählt wird. Aber die meisten Nichtwähler gehen aus Prinzip nicht zur Wahl, denn sie halten es für Zeitverschwendung, an einer sinnlosen Zeremonie teilzunehmen. Ebenso wie die Wähler klagen sie über die Regierung und andere einflußreiche Mächte, aber sie finden es töricht zu glauben, daß eine einzelne Stimme die Stärke dieser Mächte schwächen könnte.

Die meisten Nichtwähler, mit denen ich sprach, hatten die Einstellung von Figeard: »Warum sollte ich aufhören zu arbeiten und den langen Weg ins Rathaus zurücklegen, um zu wählen? Um einen Politiker zu wählen? Sie sind alle Banditen.«

Natürlich sind sich Wähler und Nichtwähler, wie Figeard, in ihrer Verachtung der politischen Führer einig. Die MRP-Anhänger machen darin eine Ausnahme. Sie glauben, ihre Führer hätten »saubere Hände«. Die Anhänger aller anderen Parteien sind sich einig, daß man den Parteiführern nicht trauen kann. Sogar die Kommunisten verachten ihre Führer. In ihren Augen sind ihre Führer nicht deshalb gut, weil sie vertrauenswürdiger sind als die anderen, sondern weil sie stärker gegen die Regierung opponieren.

Im Grund ist der Unterschied zwischen den Leuten, die radikalsozialistisch, sozialistisch oder kommunistisch wählen, und denen, die überhaupt nicht wählen, gering. Alle verurteilen gleichermaßen die Schwierigkeiten, für die man die Regierung verantwortlich macht. Sie wenden sich gegen die *ils* von außen, die sie unterdrücken, und gegen die *ils* von innen, die die *ils* von außen im Dorf repräsentieren. Ihre Mißfallensäußerungen unterscheiden sich nur gradmäßig, aber nicht inhaltlich. Die Intensität ihrer Reaktionen hat mehr zu tun mit Familientradition, der Persönlichkeit, der Gesundheit, den persönlichen Erfahrungen und den Beziehungen zu anderen Leuten im Dorf als mit politischer Überzeugung. Da persönliche Differenzen heftig empfunden werden, sind auch Wahlen heftig umstritten.

Die Verteilung der Erwachsenen auf drei gleichstarke Gruppen – Gemäßigte, Kommunisten und Nichtwähler – bringt eine starke Spannung in die Wahlen. Eine leichte Verschiebung in der Bevölkerung kann den Ausgang der Wahlen verändern. Einige Leute, die ihre Meinung ändern, oder einige Nichtwähler, die überredet werden, doch zu wählen, können den Ausgang einer Wahl beeinflussen. Aber es ist schwierig, die Leute zu überreden. Sie lassen sich nicht durch Propaganda beeinflussen, und sie wollen sich nicht sagen lassen, wie sie sich verhalten sollen. Sie werden bei Wahlkampagnen mehr durch besondere Situationen beeinflußt. Die Wahl vom Juni 1951 ist dafür ein instruktives Beispiel.

Im Gebiet von Peyrane ergriff die Kommunistische Partei als erste die Initiative. Ende April 1951 rief die Gewerkschaft der Ockerarbeiter, Mitglied der kommunistisch ausgerichteten *Conféderation Générale du Travail*, einen Streik aus. Dieser Angriff traf einen wunden Punkt, denn die Lage der Ockerarbeiter war notorisch schlecht. In die-

sem Gebiet mußten sie am schwersten arbeiten und waren am schlechtesten bezahlt. Im allgemeinen arbeitete niemand in den Ockergruben, wenn er nicht mußte. Diese Art Arbeit zieht Algerier an, die niedere Löhne und armselige Wohnverhältnisse akzeptieren. Der Ockerarbeiter verdient durchschnittlich etwa 80 Pfennige in der Stunde, da aber viele Stunden wegen Regen und Feiertagen ausfallen, beträgt der durchschnittlich ausbezahlte Lohn monatlich nur etwa 120 Mark. Bis 1951 waren die Löhne, trotz der schnell ansteigenden Lebenshaltungskosten, jahrelang nicht erhöht worden. Die von der Gewerkschaft gestellten Forderungen erschienen vernünftig. Die Hauptforderung bestand in der Erhöhung der Löhne um 12 Pfennige pro Stunde.
Die Betriebsleitung verhielt sich in der Angelegenheit sehr ungeschickt. Als die Gewerkschaft eine Delegation schickte, um mit dem Sprecher der verschiedenen Ockergesellschaften zu diskutieren, ließ man sie eine Stunde in dessen Büro warten. Man schickte die Delegation schließlich weg, ohne daß sie mit irgend jemandem gesprochen hatte. Die Betriebsleitung lehnte jede Kontaktaufnahme mit der Gewerkschaft ab, und der Streik ging tagelang weiter. In der dritten Woche des Streiks, der ursprünglich nur für einen halben Tag geplant war, zwang endlich der Druck der öffentlichen Meinung die Leitung der Gruben zu einer vernünftigen Haltung. Selbst konservative Leute im Dorf nahmen für die Arbeiter Partei. Diese erhielten ihre 12 Pfennige Lohnerhöhung und nahmen die Arbeit wieder auf.
Da es in der Gemeinde Peyrane nur wenige kleine Ockergruben gibt, die meistens patriarchalischen Männern gehören, die die Arbeiter persönlich kennen, war der Konflikt nicht so heftig wie in Gargas und Apt, wo sich umfangreiche Gruben im Besitz einer großen Gesellschaft befinden. Die Ockerarbeiter in Peyrane beschuldigten ihre Arbeitgeber nicht so ernsthaft, denn es war ihnen klar, daß der einzelne Arbeitgeber gegen die Politik der großen Gesellschaft ebensowenig angehen konnte wie die Arbeiter selbst. Tatsächlich waren die Beziehungen zwischen den Peyraner Eigentümern und ihren Arbeitern so gut, daß vor dem Streik nur ein Ockerarbeiter von Peyrane der Gewerkschaft angehörte. Das war Pouget, der Sekretär der Kommunistischen Partei.
Aber in der zweiten Woche des Streiks hatte sich die Lage geändert. Alle Peyraner Ockerarbeiter waren Mitglieder der Gewerkschaft geworden. So verstärkte die *Confédération Générale du Travail* ihre Position in dieser vorwiegend ländlichen Gemeinde, zumindest bis

nach der Wahl im Juni. Da sich die Betriebsleitung der Ockergruben in der Angelegenheit so töricht benommen hatte und jedermann wußte, daß in Wirklichkeit die Kommunistische Partei den Streik über die Gewerkschaften herbeigeführt hatte, bestand der eigentliche Effekt in der Schwächung der Position der konservativen Kandidaten und der Stärkung der Position der kommunistischen Kandidaten im gesamten Gebiet.

Noch bevor die Kommunistische Partei das Manöver des Ockerstreiks beendet hatte, startete Bürgermeister Ginoux unauffällig einen Gegenangriff im Peyraner Gebiet, indem er die Affaire um die neue Schule wieder hochspielte. Man wird sich erinnern, wie baufällig die Schule in Peyrane ist. Der Nachbarort Goult, nicht größer und nicht wohlhabender als Peyrane, hatte bereits eine neue Schule, ein modernes Gebäude mit viel Licht und Luft, die unter kommunistischer Verwaltung bald nach dem Krieg gebaut worden war.

Auch Peyrane hatte den Bau einer neuen Schule geplant. Vor einigen Jahren befürworteten der Bürgermeister und der Gemeinderat den Bau. Das Erziehungsministerium genehmigte ihn. Architekten kamen ins Dorf und entwarfen Pläne. Als es sicher schien, daß Peyrane bald eine neue Schule haben würde, begannen die Schwierigkeiten. Es entspann sich unter den Dorfbewohnern ein Streit, wo die Schule gebaut werden sollte. Schließlich beschloß man, die neue Schule neben die alte zu bauen. Das nächste Hindernis entstand, als das Schulamt und das Amt für Denkmalspflege, beides Abteilungen des Erziehungsministeriums, sich nicht einigen konnten. Die Schulbehörde hatte Pläne für ein modernes Schulgebäude anfertigen lassen, die das Amt für Denkmalspflege mit der Begründung ablehnte, ein modernes Gebäude würde die malerische Harmonie Peyranes zerstören.

In diesem Augenblick begann jeder, dem an dem Projekt gelegen war, zu verzweifeln. Es ist schon schwierig genug, die Zustimmung nur einer Regierungsstelle für irgendeinen Plan zu erhalten, aber zwei Regierungsstellen zu veranlassen, ihre Differenzen beizulegen und sich auf eine Linie zu einigen, ist fast unmöglich. Es wurde nichts mehr unternommen. Im Frühjahr 1951 ruhte der Plan der neuen Schule von Peyrane in den Akten des Erziehungsministeriums. Goult, mit einer kommunistischen Verwaltung, hatte eine beachtliche neue Schule; Peyrane, mit einer radikalsozialistischen Verwaltung, mußte sich weiter mit einer Schule begnügen, die Gesundheit und Sicherheit der Kinder gefährdete.

Ende April war ich eines Nachmittags im Rathaus und unterhielt mich mit Rivet, als der Bürgermeister kam. Nachdem er die Leute abgefertigt hatte, die auf ihn warteten, begann er die Papiere durchzusehen, die Rivet ihm vorgelegt hatte. Während er Briefe, Ausweise und Zertifikate unterschrieb, brachte er das Gespräch auf das Thema, das ihn besonders beschäftigte.

»Marcel«, sagte er, »was ist mit der Schule?«

Rivet antwortete mit Achselzucken. Monsieur Ginoux sagte eine Weile nichts, während er die Papiere durchsah. Er setzte noch ohne Aufzusehen seinen Namen unter ein weiteres Dokument und fing dann wieder von neuem an.

»Marcel ... es wird Zeit, daß wir etwas für die Schule tun.«

Rivet zischte: »Monsieur Ginoux, Sie reden so, als ob wir nichts für die Schule getan hätten.«

Nach einer Weile sagte der Bürgermeister leise: »Goult hat eine neue Schule. Peyrane hat keine. Das ist schlecht, besonders jetzt.«

Rivet ließ diese Bemerkung unbeantwortet, aber er zuckte nicht mehr die Schultern. Seine Stellung als Ratsschreiber hing vom Erfolg der Radikalsozialisten, also von Monsieur Ginoux ab.

»Vielleicht sollten wir Daladier einen Brief schreiben, Marcel.«

Rivet konnte eine sarkastische Bemerkung nicht unterdrücken: »Schon gut, Monsieur Ginoux, ich habe ihm so oft wegen der Schule geschrieben, daß ich meine Briefe schon auswendig kann.«

»Ich glaube, Marcel, daß es diesmal etwas anderes ist.« Monsieur Ginoux konzentrierte sich immer noch auf seine Papiere. »Bald sind Wahlen ... Wenn wir uns irgendeinen Trick ausdächten, mit dem Daladier das Erziehungsministerium unter Druck setzen könnte, würde er es jetzt vielleicht tun.«

Rivet beschäftigte sich nunmehr seinerseits mit Papieren auf seinem Tisch; dann fing die Unterhaltung von neuem an.

»Monsieur Ginoux, ... vielleicht wäre es nicht schlecht ...«

»Was?«

»... einen spontanen Protest der Eltern zu organisieren!«

Monsieur Ginoux legte seine Papiere weg und sah Rivet an. Dann starrte er aus dem Fenster und schüttelte den Kopf.

»Nein, Marcel ... das könnte die Dinge komplizieren ... Wir müssen die Dinge in Paris in Bewegung bringen, nicht in Peyrane.«

»Schon gut, Monsieur Ginoux, aber Sie wollten doch Monsieur Daladier gegenüber einen Trick anwenden. Ist es nicht so?«

»Nein, ich fürchte, wir würden Ärger bekommen.«
»Aber, Monsieur Ginoux, können wir etwas dafür, wenn die Eltern sich spontan empören?«
»Nein, Marcel, ich will nichts damit zu tun haben ...« Monsieur Ginoux wandte sich wieder seinen Papieren zu, aber gleich darauf sagte er: »Ich hoffe, Sie werden mich nicht in die Sache hineinziehen, wenn Sie heute abend mit Madame Baume darüber sprechen.«
Madame Baume ist eine pensionierte Lehrerin von Peyrane und Vorsitzende des Elternbeirats. Ich war nicht dabei, als Rivet mit Madame Baume sprach, aber das Resultat der Unterhaltung wurde klar, als Johany zwei Tage später ein Schreiben aus der Schule nach Hause brachte. Die Kinder, die noch nicht schreiben konnten, hatten Zettel mitbekommen, die von anderen Kindern als Teil ihrer Schularbeit geschrieben worden waren:

Nächsten Sonntag um vier Uhr findet eine Versammlung des Elternbeirats im Sitzungssaal des Rathauses statt. Es sollen wichtige Dinge besprochen werden.

Francis Favre brachte die Zettel den Eltern, deren Kinder an diesem Tag nicht in der Schule waren.
Am Sonntag nachmittag um 4.30 Uhr waren achtzehn der etwa achtzig Mitglieder des Elternbeirats im Sitzungssaal des Rathauses. Nachdem es Madame Baume gelungen war, die Aufmerksamkeit der Eltern zu gewinnen, begann die Sitzung.
»Man findet«, sagte Madame Baume, »daß wir etwas für die neue Schule tun könnten. Vielleicht sollten wir unsere Kinder so lange nicht zur Schule schicken, bis ›sie‹ das neue Schulgebäude bewilligt haben.«
Sofort fingen überall im Raum Unterhaltungen an. Madame Baume versicherte den Eltern, daß andere Dörfer Erfolg mit ihren Streiks gehabt hätten und daß keine Gegenmaßnahmen getroffen worden seien. Mit dem Vorschlag sei also keine Gefahr verbunden. Die Eltern waren beruhigt und nahmen stillschweigend an, daß der Vorschlag von allen akzeptiert würde. Jeder Vorschlag gegen die Regierung, der mit keinem Risiko verbunden war und mit dem man vielleicht noch erreichte, was jedermann wünschte, wurde selbstverständlich angenommen. Es wurde nicht abgestimmt. Nach einer halben Stunde war die Versammlung beendet, weil niemand mehr Interesse an einer Diskussion hatte.
Am nächsten Nachmittag klopften Jacques Leporatti und Georges Vin-

cent an unsere Tür und fragten, ob wir eine Eingabe unterschreiben wollten, die sie allen Eltern im Dorf vorlegen wollten.

> Wir, die Unterzeichnenden, Eltern der Schulkinder von Peyrane, protestieren gegen den Aufschub des Baus einer neuen Schule. Wir fürchten den Einsturz des alten Gebäudes und wollen das Leben unserer Kinder nicht länger aufs Spiel setzen. Wenn der Bau der neuen Schule bis 1. Juni nicht genehmigt ist, werden wir unsere Kinder von diesem Tag an zu Hause behalten.

Jacques und Georges erzählten, andere Kinder hätten die Eingabe in die äußeren *quartiers* des Dorfes gebracht und der Briefträger in die *quartiers*, in denen keine größeren Kinder wohnten. Innerhalb von drei Tagen hatten alle Eltern das Gesuch unterschrieben. Niemand hatte sich geweigert. Schließlich war die neue Schule keine politische Angelegenheit, so schien es wenigstens; niemand hatte einen Grund, nicht zu unterschreiben.

Madame Baume schickte das Gesuch am 25. Mai an das Erziehungsministerium. Am 30. Mai bekam der Bürgermeister ein Telegramm vom Minister, der den Bau der neuen Schule genehmigte. Die Wahl sollte am 17. Juni stattfinden. Am 7. Juni erschien in der Vaucluser Ausgabe des radikalen Marseiller *Méridional* folgende Notiz:

> PEYRANES NEUE SCHULE
>
> Der Bürgermeister ist sehr erfreut, bekanntgeben zu können, daß das Ministerium den Bau einer neuen Schule genehmigt hat. Er möchte betonen, daß wir den Erfolg der Unterstützung von Monsieur Daladier verdanken. Daladier hat sich schon wiederholt für unsere Belange eingesetzt.
>
> Der Bau der Schule war verschoben worden, weil das Amt für Denkmalspflege an den Bauplänen gewisse Details bemängelt hatte, derentwegen die Schule nicht zum architektonischen Stil unseres Dorfes gepaßt hätte. Diese Details wurden geändert, und daraufhin erteilte man die Genehmigung.
>
> Jetzt wollen wir die Verzögerung vergessen, da es schließlich auf das Resultat ankommt, und wir sind sicher, die Aussicht auf den Bau einer neuen Schule neben der alten wird alle zufriedenstellen.
>
> Der Bürgermeister möchte denjenigen unseren Dank aussprechen, die geholfen haben, diesen notwendigen und nützlichen Beitrag für unser Dorf zu ermöglichen.

Auch die sozialistische Zeitung *Provençal* brachte eine Notiz über die neue Schule in Peyrane, aber sie erwähnte Daladier nicht.

DER EINFLUSS UNSERER ABGEORDNETEN

> M. Geoffroy, Senator der Vaucluse, hat vom M.P.-O. Lapie, dem Minister für Erziehung, folgenden Brief vom 5. Juni erhalten:
> Mein lieber Freund,
> Vielen Dank, daß Sie mich auf das Schulbau-Projekt in Peyrane aufmerksam gemacht haben.
> Ich freue mich, Ihnen mitteilen zu können, daß die Abteilung des Erziehungsministeriums für das Bauwesen in Frankreich dieses Projekt geprüft hat. Der Einwand der Baubehörde gegen die Lage der neuen Schule ist zurückgezogen worden. Das neue Gebäude muß natürlich architektonisch der Umgebung angepaßt werden. Es muß kleine Fenster und Türen, einen zur Umgebung passenden Anstrich und ein mit halbrunden Ziegeln gedecktes Dach haben.
>
> Mit freundlichen Grüßen
> Lapie

Lapie und Geoffroy sind Mitglieder der Sozialistischen Partei. Offensichtlich hatten Daladier, der Radikalsozialist, und Geoffroy am gleichen Strang gezogen. Dies war bei diesem Wahlkampf richtig, da die beiden Parteien in der Vaucluse *apparentés* waren und damit der Sieg der einen Partei auch den Sieg der anderen bedeutete. Aber jede Zeitung schob dem Repräsentanten ihrer Partei den Erfolg zu.
Die kommunistische *Marseillaise* erwähnte die neue Schule natürlich nicht. Sie hatte keinen Grund, den Erfolg des Bürgermeisters zu veröffentlichen. Stattdessen spielte sie den erfolgreichen Streik der Ockerarbeiter hoch.
Öffentliche Wahlversammlungen wurden von allen Parteien, außer von der RPF, geplant. Die erste Versammlung wurde durch große Plakate im Fenster des Café Voisin angekündigt. Es lud die Wähler von Peyrane zum 1. Juni um sechs Uhr in die *Salle des Fêtes* zu einer Versammlung mit dem führenden Kandidaten einer neuen politischen Partei ein: der Unabhängigen Republikanischen Bauernpartei. Dieser Kandidat hatte den unglaubhaften Namen Alcide Macabet, der auf Französisch denselben komischen Effekt hat wie seine grobe Übersetzung – Herkules Kadaver. Niemand im Dorf wußte etwas über diese

Partei oder über Macabet. Die Kommunisten vermuteten, er sei ein Werkzeug der Gemäßigten, der versuchen wolle, ihnen einige Stimmen zu stehlen. Die Gemäßigten hielten ihn für ein Werkzeug der Kommunisten, um konservative Wähler umzustimmen. Aber niemand war an dem Rätsel Macabet genügend interessiert, um zu der Versammlung zu gehen. Die einzigen Anwesenden waren Monsieur Macabet mit seiner Frau, ein alter Mann aus dem Dorf (der zu allen kostenlosen Veranstaltungen ging, obwohl er völlig taub war), der stellvertretende Bürgermeister Aubenas, der *garde-champêtre* Franchet (beide mußten von Amts wegen an der Versammlung teilnehmen) und ich.

Obwohl die MRP, RGR und die SFIO öffentliche Versammlungen ankündigten, fanden diese nicht statt. Couston, der führende MRP-Kandidat, kam nach Peyrane und traf sich mit dem einzigen Mitglied seiner Partei im Dorf, Edouard Pascal. Pascal aß mit Couston bei Vincent und zeigte ihm dann die malerischen Plätze des Dorfes. Edouard Pascal hatte keine Versammlung angesetzt, weil er meinte, die Dorfbewohner seien zu dumm, um Couston zu verstehen.

Daladier und Lussy, der ständige sozialistische Deputierte der Vaucluse, meldeten ihren Besuch in Peyrane an, aber keiner von ihnen kam. An ihrer Stelle kamen der RGR-Senator Pellenc und der SFIO-Senator Geoffroy, die nicht zur Wiederwahl aufgestellt worden waren, aber für Daladier und Lussy den Wahlkampf führten. Pellenc aß mit Monsieur Ginoux im Restaurant von Vincent. Geoffroy aß mit Aubenas ebenfalls bei Vincent. Wahlversammlungen wurden nicht abgehalten, weil, wie Monsieur Ginoux meinte, jeder genug auf dem Feld zu arbeiten hatte, um das verregnete Frühjahr wieder wettzumachen; es war nicht zu erwarten, daß irgend jemand Zeit für politische Reden haben würde.

Die Kommunistische Partei von Peyrane hielt ihre Wahlversammlung, wie angekündigt, am 5. Juni abends um sechs Uhr in der *Salle des Fêtes* ab. Sechzig Leute kamen, um den kommunistischen Deputierten René Arthaud zu hören, der zur Wiederwahl aufgestellt worden war. Er sprach fünfundvierzig Minuten über die Sünden der Regierung, die Ungerechtigkeiten des amerikanischen Kapitalismus, die amerikanische Invasion in der Vaucluse und über den großartigen Sieg der Gewerkschaft der Ockerarbeiter. Er schloß seine Rede mit der Aufforderung, sich für den Erfolg der kommunistischen Kandidaten einzusetzen, das heißt für die »Liste der Republikanischen, Widerständlerischen, Antifaschistischen Union für Nationale Unabhängigkeit, Brot, Freiheit und

Frieden«. Der Beifall, der den Redner häufig unterbrach, war nicht enthusiastisch, aber dem Ereignis angemessen.

In den Tagen vor der Wahl drehte sich die Unterhaltung im Café immer um Politik; aber man kann nicht behaupten, daß irgend jemand sich wirklich erregte. Jeder Unterhaltung lag die allgemein anerkannte Meinung zugrunde, daß alle Politiker »eine Bande von Banditen« seien, so daß es letzten Endes gleichgültig war, wer gewann. Die Diskussionen erhitzten sich mehr an persönlichen Feindschaften als an unterschiedlichen politischen Meinungen. Aber dies heißt nicht, daß in der Diskussion keine Prinzipien vertreten wurden. Der politische Wahlkampf gab den Leuten vor allem Gelegenheit, ihren persönlichen Feindschaften unter dem Vorwand anonymer Ideale Ausdruck zu verleihen. Aber die Feindseligkeiten nahmen keine ungewöhnlichen Ausmaße an. Die Diskussionen konnten plötzlich erregt werden; drohten sie zu heftig zu werden, so brach man sie ab. Es gab niemals auch nur eine Andeutung von physischer Bedrohung.

Am Wahltag gingen die meisten Leute wie gewöhnlich ihrer Arbeit nach. Nur die Hauptakteure der Parteien und die für die Durchführung der Wahl bestimmten Gemeinderäte nahmen den ganzen Tag frei. Im Erdgeschoß des Rathauses standen Tische und Wahlzellen. Die Wahlausschüsse der Parteien benutzten das Café Voisin nebenan als Hauptquartier. Voisin hatte Tische vor das Café gestellt, an denen die Leute sitzen und sich unterhalten konnten. Weil Chanon und Ginoux mehr Runden als gewöhnlich spendierten, wurde viel getrunken – aber wenig Alkohol.

Die Wahl im Rathaus ging langsam voran. Nur dreihundertneunundzwanzig Bürger wählten, obwohl das Wahllokal zehn Stunden lang geöffnet war. Monsieur Ginoux, Franchet, der *garde-champêtre*, das Wahlkomitee des Gemeinderats und die Beobachter jeder Partei warteten geduldig. Etwa jede Stunde ging einer von ihnen ins Café und kam mit einem Tablett mit Gläsern, Pastis und einem Krug Wasser zurück. Kein aufregendes Ereignis belebte den Tagesablauf. Sie saßen da, unterhielten sich, scherzten und merkten nur auf, wenn jemand zur Wahl kam.

Der Wahlvorgang war einfach. Trat man durch die Tür des Rathauses, so fand man Franchet an einem Tisch mit sechs Stößen Stimmzetteln, einen für jede Partei: die Unabhängigen, die Kommunisten, RPF, SFIO, RGR und MRP. Auf jedem Stimmzettel standen die Bezeichnung der Partei und die Namen der Kandidaten mit ihren Qualifikationen.

So war Daladier folgendermaßen beschrieben: »Gegenwärtig Deputierter, früher Premierminister«. Weniger bekannte Personen gaben eine genauere und detailliertere Beschreibung von sich. Roger Adam beschrieb sich als »Geschäftsmann in Carpentras, entflohener Kriegsgefangener, Mitglied des Arbeitgeberverbandes des Departements und Präsident der Handelskammer«. Denise Jumontier war beschrieben als »Sekretärin, Familienmutter, Kriegerwitwe des Zweiten Weltkrieges«.

Drei der Parteien gaben außerdem auf ihren Stimmzetteln an, daß sie miteinander *apparentés* seien – MRP, RGR und SFIO. Das *apparentement*, ein von den Parteien ausgearbeitetes System, war in die Wahlgesetze aufgenommen worden, um zu verhindern, daß die RPF und die Kommunisten die Wahl gewannen. Nach diesem komplizierten System konnten alle Parteien sich als *apparentés* erklären und ihre Stimmen zusammenzählen, als wären sie eine Partei. Erlangten sie gemeinsam die Mehrheit, so hatte doch jede Partei für sich die Wahl gewonnen. Wir werden sehen, wie dieses System bei der Wahl in Peyrane funktionierte.

Nach Betreten des Wahllokals nahm der Wähler einen Umschlag und von jedem der sechs Stöße einen Stimmzettel. Er trat in die mit einem Vorhang verschlossene Wahlzelle, wo er einen Stimmzettel aus den sechs auswählte und die anderen fünf wegwarf. Er konnte auch auf einem der sechs Stimmzettel einige Namen ausstreichen und andere von den übrigen Stimmzetteln dafür hinschreiben. Auf jeden Fall faltete er einen Stimmzettel, steckte ihn in einen Umschlag und ging von der Wahlzelle zu dem großen Tisch, an dem das Wahlkomitee und die Vertreter der Parteien saßen und auf dem die Wahlurne stand. Der Wähler wies sich aus, und nachdem der Beamte seinen Namen in der Liste nachgeprüft hatte, wurde er gebeten, den Umschlag in die Urne zu stecken. Niemand scherzte in diesem Augenblick. Man empfand die Feierlichkeit des Augenblicks trotz der zynischen Einstellung zur Politik und zu den Wahlen.

Sogar mit Moïse spaßte man weniger als sonst, als er zur Wahl kam, obwohl seine Aufmachung nicht wenig dazu verlockte. Um zu zeigen, wie ernst er diese demokratische Prozedur nahm, hatte er sich rasiert, seinen besten Anzug angezogen und sich eine leuchtend rote Schärpe um die Hüften gebunden. Er trug eine rote Krawatte, auf der die Friedenstaube Picassos abgebildet war. Er ließ sich nicht dazu herab, von jedem der sechs Stöße einen Wahlzettel zu nehmen. Alle kannten seine politische Einstellung, und er benutzte die Gelegenheit, um sich aufzuspielen. Er nahm nur den Stimmzettel der Kommunisten, ging, ohne stehenzubleiben, durch die Wahlzelle, steckte den Stimmzettel in den Umschlag und trat an den Tisch. Keiner wagte einen Witz, bis er das Gebäude verlassen hatte und die Treppe hinunter gegangen war. Im selben Augenblick kam Monsieur Ginoux. Ich fragte, ob ich sie zusammen fotografieren sollte. Natürlich wollten sie das, und als sie sich die Hände schüttelten, kamen alle an die Tür und amüsierten sich darüber.

Die meisten Wahlhelfer waren untätig, bis auf die kommunistischen. Den ganzen Tag über saß einer ihrer Leute am Wahltisch und strich auf der Wählerliste diejenigen aus, die gewählt hatten. Die anderen Parteien kümmerten sich nicht darum. Ab und zu fand sich eine Gruppe Kommunisten an der Bar oder an einem Tisch des Cafés zusammen. Hin und wieder fuhr Pouget oder Léon Favre mit dem Wagen fort und kam etwas später mit einem Wähler zurück. Sie brachten sogar die namenlose alte Frau zur Wahl, die jeden Tag in einem Feld in der Nähe der Felder von Raoul Favre hockte und ihre Ziege am Strick festhielt. Sie war so sehr ein Teil der Landschaft geworden, daß man sie außerhalb des Feldes als unnatürliche Erscheinung empfand.

Um sieben Uhr wurde das Wahllokal von Monsieur Ginoux offiziell geschlossen, und die Zählung begann. Das Rathaus füllte sich mit einer Menge Leute, die sich um den Wahltisch drängten, während die Stimmen ausgezählt wurden. Das Wahlkomitee nahm die offizielle Zählung vor, aber jeder Parteivertreter zählte auch noch selbst. Die Auszählung dauerte fünfundvierzig Minuten. Dann zirkulierten die Resultate durch die Menge. Niemand geriet in Hochstimmung, und niemand verzweifelte. An den Gesichtern der Menschen war nicht abzulesen, ob ihre Kandidaten gewonnen oder verloren hatten. Schließlich drängte ich mich bis an den Tisch vor und erhielt von Rivet die Resultate.

Arthaud (Kommunist)	141
Daladier (RGR)	77
Lussy (SFIO)	40
Couston (MRP)	37
Mazo (RPF)	21
Macabet (Unabhängige)	3

Wahlberechtigte	467
Abgegebene Stimmen	329
Ungültige Stimmen	10
Gültige Stimmen	319

Die Kommunisten hatten die meisten Stimmen erhalten, aber weil RGR, SFIO und MRP *apparentés* waren, gewannen sie die Wahl, denn sie erhielten zusammen dreizehn Stimmen mehr als der kommunistische Kandidat. So konnten 1951 die gemäßigten Parteien in Peyrane durch ihr Zusammengehen die Wahl gewinnen.

Als wir das Rathaus verließen und ins Café zurückgingen, traf ich Bourdin, der SFIO gewählt hatte. Er schüttelte den Kopf und sagte: »Ihr Amerikaner müßt uns für sehr unehrlich halten, weil wir die Wahlen so manipulieren *(truquer)*.« Bourdin war jedoch der einzige Nicht-Kommunist, der sich so ausdrückte. Da die meisten Leute Politik an sich für eine unehrliche Sache halten, kann man kaum ein politisches Ergebnis als manipuliert bezeichnen. Trotzdem waren die Kommunisten über das Wahlergebnis erbost. Sie behaupteten, es beweise nur die Scheinheiligkeit und den Verfall der sogenannten »politischen Demokratien«.

Es ist in gewisser Hinsicht irreführend, alles vom Parteistandpunkt aus zu betrachten, weil Parteiprogramme für Einstellungen und Handlungen weniger bestimmend sind als persönliche Beziehungen. Es mag im allgemeinen zutreffen, daß »die Kommunisten dies sagen« oder die »MRP-Wähler jenes tun«, man kann aber nicht genug betonen, daß nur die Beziehungen der Menschen untereinander wesentlich sind. Die Parteiparolen erlauben leicht Verallgemeinerungen, aber ginge man nur von ihnen aus, würde man ein falsches Bild geben.

Um diesen Punkt näher zu erläutern, mag es nützlich sein zu berichten, wie Léon Favre die Versammlung seiner eigenen Partei sabotierte. Léon Favre ist der Kommunist Nr. 2 von Peyrane, der wichtigste nach Chanon. Die anderen hören auf ihn, weil sie wissen, daß er *sérieux* ist. Er hat kein Amt in der Partei, trifft aber die wichtigsten Entscheidungen. Seine Parteizugehörigkeit hinderte ihn nicht daran, sich mit mir zu befreunden, und unsere Familien besuchten einander sogar abends. Als Léon nach seinem Motorradunfall im Krankenhaus in Cavaillon lag, nahm ich seine Frau gelegentlich mit dorthin, und als er entlassen wurde, holte ich ihn ab. Während seiner Genesung, als er nichts anderes tun konnte als dasitzen und schwätzen, wurde er einer meiner besten Informanten.

◁ *Moïse Jannel beim Lesen der Wahlergebnisse (zu Seite 235)*
▽ *Monsieur Marnas als Wahlhelfer (zu Seite 236)*

▽ *Die mittägliche Apéritif-Runde (zu Seite 250f.)*

Gegen Ende April planten die Peyraner Kommunisten ein großes Treffen als Teil einer allgemeinen »Friedensoffensive« der Kommunistischen Partei, die ein halb verdecktes Wahlmanöver war. Sie wollten Leute zusammenbringen für eine »unparteiische Aktion für den Frieden, der vom amerikanischen Kapitalismus bedroht wird«. Als Pouget mich fragte, ob ich zu der Veranstaltung käme, sagte ich ihm, ich würde alle Versammlungen besuchen, zu denen ich zugelassen würde. Er versicherte mir, daß ich willkommen sei und schickte mir später eine formelle Einladung. Ich fand dies ein wenig merkwürdig, bedankte mich aber für die Einladung und sagte mein Kommen zu.

Einige Tage vor der Veranstaltung traf ich abends auf einem Spaziergang Léon Favre. Er sagte, er sei auf dem Weg zu uns, weil er mir etwas vertraulich mitzuteilen habe.

»Kommen Sie zu unserer Veranstaltung?« fragte er.

»Natürlich. Pouget sagte, ich könne kommen.«

»Kennen Sie den Zweck der Veranstaltung?«

»Ich dachte, Maury würde sprechen.« (Maury war ein Kandidat der Kommunisten und Sekretär des Syndikats der *confiseurs* in Apt.)

»Ja, aber die Hauptsache ist die Sammlung von Unterschriften für die Friedensbewegung.«

»Das betrifft mich nicht. Kann ich trotzdem kommen und zuhören?«

»Nein, das ist es eben. Entweder Sie unterschreiben oder Sie unterschreiben nicht. Wenn Sie unterschreiben, steht in den Zeitungen – *Amerikaner unterschreibt antiamerikanische Petition*!«

»Und wenn ich nicht unterschreibe? Sie wissen genau, daß ich es nicht tue.«

»Dann sind die Kommunisten wütend. Und wenn Sie unterschreiben, werden alle anderen gegen Sie sein.«

»Mit anderen Worten, ich bin in der Klemme.«

»Nicht unbedingt ... sagten Sie nicht, Sie wollten gerne die Schweiz besuchen vor Ihrer Rückkehr nach Amerika?«

»Ja.«

»Im Mai soll es dort am schönsten sein!«

Wir waren also in der Schweiz, als das Friedenstreffen stattfand.

Wenn man die Gemeindewahlen und die Wahlen zur Nationalversammlung seit Kriegsende miteinander vergleicht, kann man an der Wahlbeteiligung feststellen, daß die Leute von Peyrane mehr an lokalen Problemen und an denen ihrer Mitmenschen interessiert sind als an politischen Parteien und nationalen Fragen.

Wahlen zur Nationalversammlung		*Kommunalwahlen*	
Mai 1946	67 %	April 1945	80 %
Juni 1946	68 %	Oktober 1947	80 %
November 1946	73 %	April 1953	90 %
Juni 1951	70 %		

Alle erzählten mir, daß der Wahlkampf für die Kommunalwahlen immer viel heftiger sei als der für die Nationalversammlung, aber leider fanden während meines Aufenthalts in Peyrane keine Kommunalwahlen statt. Es wäre gewiß sehr aufschlußreich gewesen, wenn ich bei den Kommunalwahlen im April 1953 hätte zugegen sein können, denn nach den Briefen aus dem Dorf war der Wahlkampf besonders erbittert. Es hatte eine Zeitlang so ausgesehen, als ob die Kommunistische Partei oder vielmehr die Chanon-Favre-Partei keine Liste aufstellen könnte. Die Gruppe war gespalten. Sie hatten sich darüber zerstritten, ob man Kaninchen mit Frettchen jagen dürfe. Pougets Eifer und Indiskretion hatten frühere Freunde der Partei verärgert. Chanon hatte nach dem Krieg als Bürgermeister so viel Geld verloren, daß er erklärte, er würde den Posten nicht mehr annehmen, falls er gewählt würde. Bei den letzten drei Wahlen hatte die Partei prozentual immer weniger Stimmen bekommen – 1946 51 %, 1947 46 %, 1951 45 %. Die Aussichten für die Kommunisten waren also nicht günstig. Dann ereigneten sich drei Dinge, die ihre Situation verbesserten. Durch die Myxomatose wurden alle Kaninchen ausgerottet, und der Streit um die Frettchen wurde gegenstandslos. Pouget verließ Peyrane. Jouve wandte sich an Chanon.

Jouve ist der dreiunddreißigjährige Sohn einer prominenten, ultrakonservativen, ultrakatholischen Familie in Avignon. Er wollte Medizin studieren, aber der Krieg unterbrach seine Ausbildung, und als er das Medizinstudium wieder hätte aufnehmen können, stellte er fest, daß er lieber wieder »zur Scholle zurück« wolle. Als guter Katholik hielt er es für seine Pflicht, als Bauer zu leben, die Religiosität auf dem Lande wieder zu beleben und eine große Familie zu gründen.

Mehrere Jahre lang erlernte Jouve intensiv die Landwirtschaft, aber nach und nach wurde es ihm langweilig, und er fand – nach Rivets böser Zunge –, daß die Peyraner für die Leitung ihrer Gemeinde einen intelligenten, wohlerzogenen jungen Mann wie ihn brauchten. Er besprach die Angelegenheit mit Ginoux und hoffte, daß er auf die Liste der Gemäßigten für die Kommunalwahlen gesetzt würde. Er übte

sogar Druck auf Daladier aus, damit dieser Ginoux nahelegte, Jouve als Kandidaten der Gemäßigten für den Gemeinderat aufzustellen.
Ginoux wollte nichts mit Jouve zu tun haben. Jouve hatte offensichtlich keine politische Zukunft in Peyrane und würde für die Radikalsozialisten nur eine Belastung bedeuten. Jouve war ein Außenseiter. Er war ein Städter. Er ging jeden Sonntag zur Messe. Er ließ seine vier kleinen Töchter zuhause von seiner Frau erziehen, anstatt sie in die Dorfschule zu schicken. Bei ihm wohnte ein Landarbeiter, der Sohn eines Kollaborateurs aus Avignon, der nach dem Krieg hingerichtet worden war. Er konnte auch kein seriöser Bauer sein, da er jede moderne Methode ausprobierte, von der er gelesen hatte. Er arbeitete aktiv für die Genossenschaft, die eine Bedrohung für Ginouxs Geschäft war. Ginoux widersetzte sich infolgedessen allen Versuchen, Jouve auf die Liste der Gemäßigten zu bringen.
Jouve wandte sich an Chanon und schlug eine Verbindung mit den Kommunisten vor. Dies war nicht allzu erstaunlich. Jouve stand gut mit seinem kommunistischen Nachbarn, Raymond Laurens. Laurens war Vorsitzender der örtlichen CGA (der Bauerngenossenschaft), und Jouve war deren Sekretär. In diesem Teil Frankreichs ist die CGA vorwiegend kommunistisch. Jouve erzählte mir, daß er in die CGA eingetreten sei, um sie von innen auszuhöhlen, denn er fand, die Katholiken könnten diese Taktik genauso wirkungsvoll anwenden wie die Kommunisten. Jouve konnte damit auch seine Kandidatur für die Chanon-Partei begründen.
Chanon und Léon Favre besprachen die Angelegenheit und fanden, sie hätten von Jouves Absicht, die Partei von innen auszuhöhlen, nichts zu befürchten, sein Angebot biete ihnen aber vielleicht die Möglichkeit zu gewinnen. Ihre Partei konnte normalerweise mit etwa 45 % der Stimmen rechnen. Vielleicht konnte Jouve die Stimmen der drei Dutzend frommen Katholiken gewinnen, und mit diesen zusätzlichen Stimmen würden sie als Sieger aus der Wahl hervorgehen. Jouve bestand zwar darauf, Bürgermeister zu werden, sofern die Listengemeinschaft die Wahl gewann, aber das beunruhigte sie nicht. Chanon hatte keine Ambitionen für das Amt des Bürgermeisters. Er wollte Stellvertretender Bürgermeister werden und würde so Jouves politischen Ehrgeiz und seine Dummheit kontrollieren können.
Chanon nahm Jouves Angebot an, und man stellte eine Koalitionsliste auf mit sechs aktiven Mitgliedern der Kommunistischen Partei (Chanon, Laurens, Vidal, Maurice Favre, Avenas und Seignon), drei

Mitgliedern der ultrakonservativen katholischen Partei (Jouve, Joly und Gleizer) und vier *seriösen* Freunden, um der Liste mehr Gewicht zu verleihen (Borel, Jaumard, Mitifiot und Fortias). Diese Liste schien Chanon, der achtunddreißig, und Jouve, der dreiunddreißig Jahre alt war, stark wegen der Jugendlichkeit der Kandidaten. Nur zwei ihrer Kandidaten waren über fünfzig, während nur zwei der Kandidaten der Gemäßigten unter fünfzig waren. Léon Favre erklärte, Jugend sei für die Wahl nicht unbedingt ein Vorteil.

Die Ginoux-Aubenas-Liste bestand aus sieben Gemeinderatsmitgliedern, die zur Wiederwahl standen, ferner aus sechs neuen Kandidaten. Die letzteren waren Gaston Jouvaud und Julien Vincent, zwei der *plus sérieux* und erfolgreichsten Männer des Dorfes; Madame Baume, die pensionierte Lehrerin, die von manchen Leuten nicht geschätzt, aber von den meisten als ihre frühere Lehrerin geachtet wurde; *père* Imbert, Vater einer großen Schar junger Wähler und der Schwiegervater des Briefträgers; Brousse, ein Bauer, von dem man sagte, daß er mit den frommen Katholiken gut stand; und Antoine Charial, ein erst dreiunddreißig Jahre alter Bauer, ein Beispiel dafür, daß die Ginoux-Aubenas-Partei nicht prinzipiell etwas gegen junge Leute hatte.

Diese beiden Listen lagen zu Beginn der Wahl vor. Die entscheidenden Fragen betrafen die Kanalisation, den Bau öffentlicher Bäder (beziehungsweise die Verlegung der Duschen vom unbenutzten Fußballplatz in ein neues Gebäude in der Nähe des Dorfplatzes) und die neue Schule. In der Tat, der Bau der neuen Schule war immer noch ein Problem. Trotz der Zusagen vor der Wahl von 1951 war die Schule nicht gebaut worden. Die Klasse im oberen Stock, die unmittelbar durch Einsturz bedroht war, hatte man ins Café von Lataud verlegt, aber die beiden anderen befanden sich immer noch im alten Gebäude. Der erbitterte Wahlkampf drehte sich indessen nicht um dieses Problem; er betraf vielmehr die *histoires personelles*, die ich erfahren hätte, wenn ich in Peyrane gewesen wäre. Leider scheinen meine Briefpartner abgeneigt, mir über die *histoires personelles* zu schreiben. Wenn ich dringend um Details bat, antworteten sie: »Oh, Monsieur, wissen Sie, diese *histoires personelles*, die zwar niemand glaubt, über die aber jeder spricht.«

Der Wahlsieg war hart umkämpft. Die erforderliche Mehrheit für die Wahl betrug 204 Stimmen; kein Kandidat erhielt mehr als 217 und keiner weniger als 172 Stimmen. Das Resultat sah folgendermaßen aus:

Liste der Republikanischen Union zur Wahrung der kommunalen Interessen (Sozialisten, Radikalisten)		*Liste der Bauern- und Arbeiterverbände zur Wahrung der lokalen Interessen* (Katholiken – Kommunisten)	
GEWÄHLT WURDEN:			
Marnas, Louis	217		
Arnoux, Lucien	216		
		Chanon, Raoul	216
Jouvaud, Gaston	216		
Aubenas, Albert	213		
Sanape, Marcel	213		
		Mitifiot, Aimé	212
Vincent, Julien	210		
Ginoux, Laurent	210		
Baume, Geneviève	208		
		Fortias, Jean	206
		Jaumard, Roger	206
NICHT GEWÄHLT WURDEN:			
Laplace, Léo	203		
Brousse, Paul	203		
		Borel, Louis	202
Charial, Antoine	202		
		Laurens, Raymond	202
Massot, Georges	200		
Imbert, Marcel	199		
		Vidal, Guy	191
		Gaston-Jouve, Henri	190
		Seignon, Elie	180
		Favre, Maurice	177
		Joly, Paul	177
		Gleizer, Joseph	175
		Avenas, Maurice	172

Es ist offensichtlich, daß Parteirichtlinien wenig Einfluß auf die Kommunalwahlen haben. Diese Tatsache wurde am folgenden Sonntag noch deutlicher. Da nur zwölf Kandidaten die erforderliche Stimmenzahl erreicht hatten, mußte der dreizehnte Sitz im Gemeinderat durch eine Stichwahl bestimmt werden. Die gemäßigten Laplace und Charial traten zugunsten ihres Freundes Brousse zurück. Die katholisch-kommunistische Koalition stellte Borel gegen ihn auf. Wären die Radikalsozialisten in der Lage gewesen, Parteidisziplin zu erzwingen, dann

hätte Brousse die Wahl leicht gewonnen, aber es stellte sich heraus, daß er gegen Borel mit 160 zu 224 Stimmen verloren hatte.
Ein Statistiker, der nichts von den betreffenden Personen bei dieser Wahl weiß, könnte die Resultate folgendermaßen zusammenfassen: Die Gemäßigten erhielten 8 Sitze, die Kommunisten 5. Die Gemäßigten erhielten 52 % der Stimmen, die Kommunisten 48 %, das heißt 3 % mehr als 1951. Folglich haben in Peyrane die Kommunisten in den letzten drei Jahren an Einfluß gewonnen.
Offensichtlich ist dies jedoch nicht der Fall. Selbst wenn man zugäbe, der Kommunismus habe dabei eine Rolle gespielt, so wäre es doch nötig klarzustellen, daß außer Chanon alle kommunistischen Parteimitglieder eindeutig geschlagen wurden. Die einzigen Mitglieder der Chanon-Jouve-Koalition, die gewählt wurden, waren jene *seriösen* Männer, die man in die Liste aufgenommen hatte, um ihr Gewicht zu verleihen. Chanon selbst wurde gewählt, weil er als Held des Dorfes galt. Die regulären kommunistischen Parteimitglieder Avenas, Maurice Favre, Seignon und Vidal waren ebenso wie die Konservativen Jouve, Joly und Gleizer geschlagen worden.
Es wäre klüger, nach anderen, tiefer liegenden Gründen zu suchen, als die Frage des Kommunismus aufzuwerfen. So könnte man sagen, daß die Wahl ein Sieg für die Bauern war. Dies wäre nicht erstaunlich in einer Gemeinde, in der drei Fünftel der Wähler Bauern bzw. Bauersfrauen sind. Sieben von dreizehn gewählten Gemeinderäten sind Bauern. Aber dies ist kein ausschlaggebender Faktor. Angesichts des hohen Anteils der Bauern auf der Wahlliste ist das Resultat normal.
Ein wichtiger Faktor ist die Herkunft der Kandidaten. Die vier Kandidaten, die nicht aus der Vaucluse stammten, wurden geschlagen. Hingegen schien es den Wählern gleichgültig zu sein, aus welchem Teil der Vaucluse die Kandidaten kamen. Von den zehn Kandidaten aus Peyrane wurden fünf gewählt und von den elf Kandidaten aus anderen Teilen der Vaucluse sieben.
Kandidaten, die im Dorf wohnten, wurden den auf dem Land lebenden vorgezogen, obwohl die Mehrzahl der Wähler auf dem Land lebt. Sieben von den elf Dorfkandidaten wurden gewählt, während nur sechs von den fünfzehn Landkandidaten Erfolg hatten.
Noch wichtiger ist die Frage des Alters. Das durchschnittliche Alter der erfolgreichen Kandidaten ist dreiundfünfzig, das der nichtgewählten vierundvierzig. Dies ist nicht erstaunlich in einer Gemeinde, in der der Prozentsatz der älteren Leute ungewöhnlich hoch ist. Jouve hatte

unrecht, wie Léon Favre gleich gesagt hatte, anzunehmen, daß eine »junge, energische Liste« von Vorteil sei.
Der Altersfaktor ist jedoch nicht entscheidend. Der siebzig Jahre alte Imbert und der vierundsechzig Jahre alte Massot, beide Bauern aus der Vaucluse, wurden geschlagen, während der zweiunddreißigjährige Fortias und der achtunddreißigjährige Chanon gewählt wurden. Es muß noch einen anderen grundlegenden Faktor geben.
Es zeigt sich, daß Persönlichkeit und Charakter eines Kandidaten der bestimmende Faktor für Erfolg oder Niederlage bei der Wahl ist. Fassen wir – ohne Rücksicht auf ihre Parteizugehörigkeit – alle Kandidaten ins Auge, die man für *sérieux* hält und die sich um ihre eigenen Angelegenheiten kümmern und nicht um die anderer Leute, so sind diese identisch mit den erfolgreichen Kandidaten. Die einzige Ausnahme macht Chanon, aber wenn Chanon auch nicht für *sérieux* gehalten wird, so kümmert er sich doch nur um seine eigenen Angelegenheiten. Die Beziehungen dieser Männer zu anderen Leuten sind herzlich, ohne daß sie je beschuldigt werden, sich in etwas eingemischt zu haben, was sie nichts angeht.
Dies erklärt den unerwarteten Sieg Borels über Brousse bei der Stichwahl. Als nach der Wahl feststand, daß die Ginoux-Aubenas-Liste die Mehrheit der Sitze im Gemeinderat gewonnen hatte, ließen ihre Anhänger Brousse ohne weiteres fallen. Er hat den Ruf eines üblen Reaktionärs und die schlechte Angewohnheit, den Leuten vorzuschreiben, was sie tun und denken sollen, was nie dem entspricht, was sie tun und denken wollen. Hingegen macht Borel trotz seiner herzlichen Beziehungen zu anderen Leuten immer den Eindruck, als wären diese ihm gleichgültig. Er hat sich durch harte Arbeit und ein zurückgezogenes Leben mit seiner Familie ein einträgliches Geschäft aufgebaut. Er geht ins Café, aber bleibt dort nicht hängen. Er spielt ab und zu Boules, ist aber kein leidenschaftlicher Spieler. Er steht gut mit den Kommunisten, so wie er mit jedem gut steht. Er ist *bien* mit jedermann und *brouillé* nur mit Menschen, die wie Monsieur Martron von allen verachtet werden. Die Wähler können bei ihm sicher sein, daß er sich so wenig wie möglich in ihre Familienangelegenheiten einmischt und so anständig sein wird, wie es einem Mann in seiner Machtposition nur immer möglich ist. Von den beiden Kandidaten war Borel derjenige, den man weniger leicht mit den *ils* des Dorfes oder mit den *ils* jenseits der Grenzen der Gemeinde identifizieren konnte. Ohne Rücksicht auf ihre Parteizugehörigkeit wurde Borel gewählt und Brousse geschlagen.

Erholung und Vergnügungen der Erwachsenen

11. KAPITEL

Im Café

Der Wirt und seine Gäste

In Peyrane bilden die Familie und das Heim den Existenzmittelpunkt für jeden, sowohl was die Arbeit als auch was die Vergnügungen angeht. Der bevorzugte Ort, um sich außerhalb der Familie zu vergnügen, ist das Café. Es hat noch weitere Funktionen, die es zu einer wichtigen Einrichtung in der Gemeinde machen. Vor allem ist es ein Laden, wie andere Läden auch, spezialisiert auf den Verkauf von alkoholischen und alkoholfreien Getränken. Leute, die keinen eigenen Wein haben oder den Wein nicht gern beim Kolonialwarenhändler kaufen, holen ihn im Café, genauso wie sie ihr Fleisch beim Metzger kaufen. Manche Kinder müssen mittags auf ihrem Heimweg von der Schule im Café eine leere Flasche mit Wein zum Mittagessen füllen lassen. Man holt dort auch für einen Kranken eine Flasche Vichy-Wasser.

Da das Café zugleich ein *tabac* (Verkaufsstelle für Tabakwaren) ist, werden hier auch Waren verkauft, die unter Staatsmonopol stehen. Dafür braucht man eine staatliche Lizenz, und jede Änderung der Besitzverhältnisse muß genehmigt werden. Der Besitzer ist vereidigt, und sein Betrieb wird regelmäßig von staatlichen Inspektoren kontrolliert. Im Café werden außer Tabak und Zigaretten noch Streichhölzer, Feuerzeuge, Briefmarken und Lotteriescheine verkauft. Hier bekommt man auch die Formulare, auf denen alle, die ein Brennrecht besitzen, die Menge Schnaps, die sie gebrannt haben, angeben müssen. Und schließlich kauft man im Café die Steuermarken, die für alle juristischen Dokumente obligatorisch sind.

Aber vor allem ist das Café ein neutraler Treffpunkt, der einzige Ort im Dorf, wo Einheimische und Fremde ungestört ein- und ausgehen können. Touristen, Fremde, Geschäftsleute, alle, die im Dorf nicht zu Hause sind, können sich hier ausruhen und erfrischen. Einheimische, die sich an einem neutralen Ort treffen wollen, um private Angelegenheiten zu besprechen, finden immer einen Tisch, wo sie ungestört sind. Ein Politiker, der zu einer Besprechung mit seinen örtlichen Parteigenossen ins Dorf kommt, trifft sich mit ihnen im Café.

Als ich begann, Rorschach-Tests zu machen, traf ich mich zunächst mit meinen Versuchspersonen bei ihnen oder bei mir zu Hause. Bald stellte ich fest, daß beides unbefriedigend war. Bei ihnen zu Hause war ich Gast, und mein Kommen wurde natürlich als Besuch angesehen. Als Gast konnte ich andere Mitglieder der Familie nicht von der Teilnahme am Test abhalten. Bei uns zu Hause fühlten sich die Leute nicht wohl. Ihre Doppelrolle als Gast und Versuchsperson verwirrte sie, und der relative Komfort unseres Hauses machte einige der einfacheren Leute des Dorfes verlegen. Ich entdeckte bald den idealen Platz für meine Tests – einen Tisch hinten im Café, der bald als mein Büro bekannt wurde. Dort waren wir auf neutralem und vertrautem Boden. Die Versuchspersonen und ich fühlten uns wohl, und der Wirt hielt Neugierige fern. Außerdem sahen die Leute, daß etwas Interessantes vor sich ging, und wollten auch daran teilnehmen. Ich hatte bald mehr Versuchspersonen zur Verfügung, als ich testen konnte.

Da so viele verschiedenartige Leute aus verschiedenen Gründen ins Café kommen und da wenige fortgehen, ohne mit dem Wirt oder seiner Frau ein wenig geschwätzt zu haben, ist das Café natürlich das inoffizielle Informationsbüro des Dorfes. Alle richtigen und falschen Neuigkeiten, über die irgendwo im Dorf geklatscht wird, laufen schließlich im Café zusammen. Der Ratsschreiber bringt täglich etwa zwei Stunden im Café zu. Der Arzt trinkt dort oft auf seinem Weg durch das Dorf einen Apéritif. Leute aus abgelegenen Gebieten der Gemeinde, die nur in offiziellen Angelegenheiten aufs Rathaus in Peyrane kommen, gehen ins Café und erzählen Neuigkeiten aus der Nachbarschaft. Über den Wirt läßt der Briefträger Botschaften ausrichten, die man ihm unterwegs aufgetragen hat. Durch diese und viele andere ihm zugängliche Informationsquellen ist der Wirt über alle Vorgänge im Dorf am besten orientiert.

Das Café dient auch als Heim, als Ersatz*foyer* für die Einsamen, für die fünf oder sechs ärmsten Männer der Gemeinde – Junggesellen, Witwer, Geschiedene –, die alleine leben. Für sie ist das Café Mittelpunkt ihres Lebens. Sie sind so arm, daß sie täglich nur wenige *canons* bezahlen können. Ein *canon*, ein kleines Glas Rotwein, kostet nur 10 Pfennige. Der Wirt verdient also wenig an den Einsamen. Wenn sie nicht arbeiten oder schlafen, sind sie im Café. Sie lesen die Zeitungen, die es im Café gibt, spielen mit den Spielkarten des Wirts, schütten seiner Frau ihr Herz aus oder sitzen einfach da und tun nichts. Zur Essenszeit bringen sie oft Brot, Käse und Wurst mit ins Café und essen das in Gesellschaft der Wirtsleute.

Die Einsamen sind für den Wirt eine Plage. Als wir nach Peyrane kamen, betrieben Monsieur und Madame Chobaut das Café. Sie waren erst seit einigen Monaten da. Sie erzählten, daß sie vorher in Nizza ein sehr bekanntes und gut gehendes Café gehabt hatten und daß Madame Chobaut von der Überanstrengung *un peu fatiguée* geworden war. Damit sie sich wieder erholen konnte, verkauften sie ihr Café in Nizza und kauften das in Peyrane. Sie fanden, daß sie die Ruhe und den Frieden des Landlebens überschätzt hatten. Madame Chobaut kam nicht zur Ruhe. Sie mußte von morgens früh bis abends spät auf den Beinen sein, während die Einsamen ihre trostlosen Unterhaltungen mit ihr führten. Sie war in England Erzieherin gewesen und war an die geistreiche Unterhaltung ihrer Kundschaft in Nizza gewöhnt. Monsieur Maucorps, Pierre, Marino und *lou* Frisé taten ihr leid, aber sie fand zehn Stunden täglich in ihrer Gesellschaft unerträglich. Ihr Gesundheitszustand verschlechterte sich, und nach einigen Monaten verkaufte ihr Mann das Café in Peyrane und kaufte eine Schäferei in den südlichen Alpen. Madame Chobaut hoffte, dort die Ruhe und den Frieden zu finden, die sie brauchte.

Anstelle der Chobauts kamen die Voisins. Voisin war vierzig Jahre alt, aber er war nie *serieux* geworden. Er hatte sich in verschiedenen Berufen versucht, war aber mit keinem zufrieden gewesen. Als wir nach Peyrane kamen, war er Bäcker. Sein Brot war nicht schlecht, aber Voisin war unglücklich. Seine Arbeit störte ihn bei der Leidenschaft seines Lebens – dem Boulesspiel. Im Winter, wenn es zu kalt zum Boulesspielen war, ging es besser, aber im Sommer, wenn er bis ein oder zwei Uhr Boules spielte und dann um drei oder vier Uhr zu backen anfangen mußte, bekam er nicht genug Schlaf. An drei Tagen der Woche mußte er mit seinem Wagen Brot zu den Höfen in der Umgebung von Peyrane bringen. An den anderen Tagen, an denen er den Schlaf hätte nachholen können, ging er erst ins Bett, wenn er das Klicken der Kugeln auf der *place* neben dem Haus hörte. Er versuchte zunächst, das Geräusch zu ignorieren, aber schließlich siegte seine Leidenschaft über sein Schlafbedürfnis, er stand auf und spielte für den Rest des Tages Boules. Seine Frau und sein Vater machten ihm Vorwürfe, aber es half

nichts. Er schlief so wenig, daß er im September *fatigué* wurde und die Bäckerei aufgeben mußte.
Er ging mit seiner Frau und seiner Tochter zu seinem Vater nach Apt, wo er sich mehrere Monate ausruhte und nebenher nach einer Arbeit suchte. Schließlich hörte er, daß die Chobauts weggingen, und glaubte, daß dies endlich seine Berufung sei. Sobald er die staatliche Genehmigung erhalten hatte, übernahm er das Café in Peyrane.
Inzwischen hatte die Boulessaison begonnen, und Voisin konnte endlich Arbeit und Vergnügen vereinigen. Während seine Frau hinter der Theke stand, spielte er den ganzen Tag Boules. Leider ist Voisin kein guter Spieler. Trotz seiner Begeisterung und seiner ständigen Übung verbessert er sich nicht und verliert bei jedem Spiel. Der Gast bekommt ein Glas Wein umsonst, statt dafür zu bezahlen. Voisin verliert auch beim Kartenspiel, und er verliert in seinem Geschäft, weil er nicht den Mut hat, einen Kredit, um den ihn einer gebeten hat, abzulehnen. Madame Voisin versucht, dies alles wettzumachen, aber wenn sie fortgeht und er die Bar übernimmt, *c'est la catastrophe.* Wenn sie vom Einkaufen nach Hause kommt, findet sie eine ganze Seite des kleinen schwarzen Buches voll Namen von Leuten, die in ihrer Abwesenheit anschreiben ließen. Rivet sagte eines Tages zu Voisin (er ist ein Unglücksrabe, der Beleidigungen herausfordert): »Du machst mit diesem Café nur nicht bankrott, weil Du sonst immer verlierst. Du verlierst beim Boules, Du verlierst beim Belote. Du wirst bestimmt auch deine Frau verlieren, und sie wird trotzdem das Café in Gang halten.«
Natürlich kann man nicht vom Geschäft mit den Einsamen existieren. Der Verkauf von staatlich monopolisierten Dingen wie Zigaretten ist nicht einträglich, wenn er vielleicht auch Kunden bringt, die etwas trinken. Das Café als Informationszentrum und neutraler Treffpunkt zieht täglich einige Gäste an. Der Verkauf von Tischwein bringt etwas Geld. Aber der Verdienst hängt hauptsächlich vom Verkauf der Getränke während der »Mußestunden« ab: während der Apéritifstunden, beim Boules- und Belotespiel und wenn im Café Filme gezeigt werden.
Als Treffpunkt für die Männer des Dorfes dient das Café während der Apéritifstunden von zwölf bis ein Uhr vor dem Mittagessen und von sechs bis sieben Uhr vor dem Abendessen. Die beiden Apéritifstunden unterscheiden sich wesentlich. Die Mittagsstunde ist die Zeit für die städtischen Leute. Rivet, der Ratsschreiber, Avenas, der Schneider, Porte, ein pensionierter Radiotechniker der Marine, der wegen der Jagd

aufs Land gezogen war, – alle drei aus Marseille – sind mittags immer im Café. Auch Barbier, der Notar, kommt oft. Er ist in Peyrane geboren, aber in Aix und Paris ausgebildet. Doktor Magny schaut meistens montags und freitags herein und manchmal auch mittwochs, wenn er nicht viel zu tun hat. Chobaut, der höfliche *cafetier* aus Nizza, ist der Mittelpunkt der Gruppe. Natürlich sind die Einsamen auch da, aber man nimmt kaum Notiz von ihnen, und sie beteiligen sich nicht an der Unterhaltung. Ab und zu ist einer der Männer an der Bar in Geberlaune und sagt: »Monsieur Maucorps sieht durstig aus. Geben Sie ihm auch etwas zu trinken«, und der Wirt bringt ein *canon* Rotwein zu Monsieur Maucorps, der sich murmelnd bedankt.

Die Gruppe an der Bar trinkt weder Rotwein noch Pastis, sondern die modischen und teuren wermutartigen Getränke der Städter. Wieviel jeder trinkt, hängt von der Anzahl der Anwesenden ab, denn es ist üblich, daß jeder eine *tournée* (eine Runde) bezahlt. Dies ist ein feststehender Brauch, aber man kann ihn aus einem triftigen Grund leicht umgehen. Wenn jemand weggehen muß, bevor er seine Runde spendiert hat, sagt er: »Morgen bin ich an der Reihe«. Wenn jemand weggehen muß, bevor er von einer ihm zustehenden Runde profitiert hat, sagt er: »Morgen dann«. Aber »morgen« haben alle alles vergessen.

Die Unterhaltung beim mittäglichen Apéritif dreht sich meist um die mangelnde geistige Regsamkeit in diesem Dorf, in das man vom Schicksal verschlagen worden ist. Sie amüsieren sich über Ereignisse und Skandale, die typisch für die Dorfatmosphäre sind und ganz im Gegensatz zum Stadtleben stehen, das sie vorziehen. Von dieser Gruppe erfuhr ich die Einzelheiten solcher Skandale wie die *brouille* von Aubenas und Roche.

Wenn von Politik die Rede ist, versucht Avenas, der einzige Kommunist der Gruppe, zu diskutieren. Niemand nimmt ihn ernst, und deshalb verschiebt man politische Gespräche auf die Tage, an denen er nicht da ist. Wenn Avenas aber zugegen ist, bildet er unvermeidlich das Ziel aller Scherze. Man macht sich lustig über seine Unfähigkeit als Präsident des Jagdklubs und über seine angeblichen Exzesse. Wenn Avenas nicht da ist, sind die Einsamen die Zielscheibe, aber sie profitieren davon, denn sie bekommen etwas zu trinken, wenn jemand von ihnen Notiz nimmt.

Gespräche über Sex sind für die Tage reserviert, an denen der Notar nicht da ist. Er ist nicht im mindesten prüde, aber er ist der Notar und verdient daher Respekt. In seiner Gegenwart dreht sich die Unterhaltung mehr um die Reisen, die er kürzlich gemacht hat, nach Italien, Spanien oder Paris, um die Hotels, in denen er gewohnt hat, und um das gute Essen. Autos sind ein anderer ungefährlicher und ausgiebiger Gesprächsstoff. Der Notar hat das größte, neueste und stärkste Auto im Dorf.

Um ein Uhr, wenn die meisten Dorfbewohner ihr Mittagessen beendet haben und die Kinder wieder zur Schule gehen, bricht diese Gruppe auf und geht zum Essen nach Hause.

Der abendliche Apéritifkreis ist größer und weniger intim. Es sind meistens außer den Einsamen zehn oder fünfzehn Ockerarbeiter, Handwerker und Bauern da. Das bevorzugte Getränk ist weder Rotwein, der Apéritif des armen Mannes, noch Wermut, der Apéritif der Bürger, sondern Pastis, das nach Anis schmeckende, milchige, süße Getränk; es ist in jedem Café Südfrankreichs der beliebteste Apéritif. Es spielt sich abends im Grunde alles so ab wie mittags, nur weniger formell. Die Männer stehen an der Bar oder sitzen an den Tischen, und die *tournée*-Gruppen gehen so durcheinander, daß man oft nicht weiß, wer an der Reihe ist zu bezahlen. Nur die Frau des Wirts findet sich zurecht; sie weiß genau, wer für wen bezahlt hat und vor allem, wer ihr noch Geld schuldet. Bei der allgemeinen Unordnung kann ein Mann, der nicht genug Geld für eine ganze Runde hat, ohne Schwierigkeiten für sich etwas zu trinken bestellen.

In diesem abendlichen Kreis wird vorwiegend provençalisch gesprochen, und die Unterhaltung dreht sich vor allem um Jagd, Kriegserinnerungen, Klatsch und Politik. Wenn die Männer über Politik sprechen, wird die Atmosphäre gespannt. Wird einer allzu heftig, so rettet ein anderer mit einem Scherz die Situation, und die Diskussion beruhigt sich. Der Betroffene murmelt eine Weile vor sich hin, überwindet aber bald seine Verstimmung und nimmt wieder an der Unterhaltung teil.

Beim Apéritif abends wird mehr getrunken als mittags. Die meisten Männer werden offensichtlich vom Alkohol angeregt. Sie sprechen laut, und die Unterhaltung ist lebhaft, aber selten ist einer betrunken. Der einzige chronische Alkoholiker des Dorfs trinkt für sich allein. Ich erlebte nur selten Fälle von Betrunkenheit, zum Beispiel, wenn ein Einsamer Arbeit bekommen hatte, gerade ausbezahlt worden war und dann mehr getrunken hatte, als er gewohnt war. Bei diesen Gelegenheiten wird der Einsame lebendig. Er beteiligt sich aggressiv an den *tournée*-Gruppen. Er besteht darauf, alle einzuladen. Er reißt die

Unterhaltung an sich. Er ist nie stockbetrunken, aber sein Benehmen stört die anderen. Wenn er beim Trinken friedlich wird, sind die Männer freundlich mit ihm, aber scherzen mit ihm wie mit einem unverständigen Kind. Zeigt er sich laut oder aggressiv, so wenden sie sich von ihm ab. Der *cafetier* gibt ihm nichts mehr zu trinken und legt ihm nahe, nach Hause zu gehen, um zu schlafen. Beleidigt geht er fort, und die Atmosphäre im Café wird wieder normal.

Um sieben Uhr sind die meisten Männer nach Hause gegangen. Wenn einer noch verweilt, schickt seine Frau eines der Kinder, um ihm zu sagen, daß das Abendessen fertig sei. Aber das Kind wird so herzlich empfangen, daß es oft den Zweck seines Kommens vergißt. Die Männer geben ihm die Hand, scherzen mit ihm, und der Vater gibt ihm ein Schlückchen Pastis. Dann mischt der *cafetier* für das Kind ein Getränk aus Grenadine oder Pfefferminzsirup mit Mineralwasser, und es bleibt der Mittelpunkt, bis es »Danke, Monsieur« gesagt hat.

Gewöhnlich geben Vater und Kind einige Minuten später allen die Hand, bedanken sich noch einmal beim *cafetier* und gehen nach Hause zum Abendessen. Wenn sie noch eine Weile zögern, erscheint die Mutter an der Tür des Cafés, ärgerlich, aber lächelnd.

»*Aimé*, das Abendessen wird kalt. Hat das Kind es nicht ausgerichtet?«

»Ja, ja, ja. Ich komme gleich.«

Aber er geht nicht gleich. Er wartet noch ein paar Minuten, um sich nichts zu vergeben. Kurz darauf bezahlt er jedoch und eilt nach Hause.

Um ein halb acht Uhr sind alle außer den Einsamen gegangen, und der *cafetier* und seine Frau können zu Abend essen.

Abends ist es ruhig im Café. Meist kommen nur vier oder fünf *habitués*: der kleine Avenas und seine Frau, zwei oder drei ältere Junggesellen und Raoul Pascal, der abends nicht zu Hause sein möchte. Sie spielen Karten, und die Einsamen schauen ihnen zu. Fehlt ein Spieler, so bittet man einen der Einsamen mitzuspielen. Der Abend zieht sich hin, vor allem für den *cafetier*, der kaum genug Getränke verkauft, um Licht und Heizung davon bezahlen zu können. Um zehn oder ein halb elf Uhr hören sie auf zu spielen, und die Verlierer bezahlen die Getränke. Man unterhält sich noch eine Weile, und schließlich gehen die Avenas und die anderen *habitués* nach Hause. Die Einsamen werden freundlich, aber deutlich aufgefordert, das Lokal zu verlassen, und endlich kann der *cafetier* schließen und zu Bett gehen.

Leider werden diese Stammgäste gelegentlich munter. Es kommt vor, daß Raoul Pascal, der den ganzen Abend über verloren hat, so ausgelacht wird, daß er schließlich beleidigt ist. Er besteht dann darauf, noch ein Spiel anzufangen und den Einsatz von einem Getränk auf ein oder zwei Päckchen Zigaretten zu erhöhen. Bei diesen hohen Einsätzen wächst die Aufregung, und alle bleiben bis ein oder zwei Uhr, um den Ausgang des Spiels zu erleben. Wenn der *cafetier* auch nicht selbst mitspielt, so ist die Situation für ihn doch schwer erträglich. Licht und Heizung sind drei Stunden länger benutzt worden; er hat drei Stunden weniger Schlaf; und die Einnahmen an diesem Abend stehen dazu in keinem Verhältnis.

Der *cafetier* und seine Frau sagen, sie hätten es schwer. Sie stehen früh auf, gehen spät zu Bett und sind fast den ganzen Tag auf den Beinen. Auch beim Essen sind sie nicht allein. Sie müssen sich so manche langweilige Unterhaltung anhören, und die Frau muß lachen, wenn schmutzige Witze gemacht werden. Sie trauen sich nicht, an politischen Diskussionen teilzunehmen, aber sie müssen sich die Zeitungen und Illustrierten halten, die etwa den Ansichten ihrer Gäste entsprechen. Sie plagen sich mit dem Problem des Kredits herum – *la plaie du commerce*. Sie führen kein normales Leben, und trotz der langen Arbeitszeit sind die Einnahmen ungenügend. Um mehr Geld zu verdienen, müssen sie sich besondere Attraktionen ausdenken.

Boules

Auf der verwitterten Fassade des Cafés steht geschrieben:

BOULES-TURNIER
JEDEN SAMSTAG ABEND
UM NEUN UHR

Indem der *cafetier* diese Wettkämpfe organisiert und sein Café zum Treffpunkt für alle macht, die gerne Boules spielen, wird mehr Kundschaft angezogen, und das Einkommen erhöht sich wesentlich.

Vom Frühling – wenn die Gärten in Ordnung gebracht sind – bis zum Beginn der Jagd im Herbst spielt auf der *place* vor dem Café immer irgend jemand Boules – und wenn es nur Voisin ist, der allein übt. Über der *place* sind Lampen aufgehängt (der *cafetier* bezahlt den Strom), damit alle, die Voisins Leidenschaft für Boules teilen, Tag und Nacht spielen können. Im Sommer spielt täglich etwa ein Dutzend Männer Boules bis ein, zwei oder drei Uhr morgens. Sie machen so viel

Lärm, daß die Häuserpreise an der *place* gesunken sind. Drei Häuser stehen leer. Niemand will an einem so lauten Platz wohnen. Die meisten der Männer, die bis spät in die Nacht spielen, sind im Gegensatz zu Voisin ernsthafte Arbeiter. Raoul Pascal, der jeden Abend spielt, hat einen der am besten geführten Höfe in der Gemeinde.

»Wie können Sie am nächsten Tag arbeiten, wenn Sie jeden Abend so lange aufbleiben? Sind Sie nicht müde?« fragte ich ihn.

Er war überrascht. »Müde? Was macht das? Man muß eben aufstehen und arbeiten.«

Doch die meisten kommen nur, um beim Wettkampf am Samstag abend mitzuspielen – oder am Samstag nachmittag, an dem auch Wettkämpfe stattfinden, sofern sich genügend Spieler einfinden. Ein Wettkampf kann jederzeit arrangiert oder abgesagt werden. Es gibt Formalitäten, aber niemand nimmt sie ernst.

Obwohl der Wettkampf am Samstag abend auf neun Uhr festgesetzt ist, kommen wenige Spieler pünktlich. Sie kommen allmählich nach dem Abendessen, bestellen etwas zu trinken und unterhalten sich wie gewöhnlich, als ob nichts geplant wäre. Schließlich sagen einige: »Nun, was ist mit dem Wettkampf?«, und dann fangen sie endlich mit den Vorbereitungen an. Sie kassieren 1 Mark von jedem der zwanzig oder dreißig Spieler, die am Wettkampf teilnehmen wollen. Von diesem Geld werden die ersten, zweiten und dritten Preise für die Gewinner bezahlt. Sie schreiben den Namen jedes Teilnehmers auf und geben ihm eine Nummer. Der *cafetier*, der zu viel mit dem Ausschank zu tun hat, um beim Arrangieren helfen zu können, gibt ihnen eine Zigarrenschachtel mit alten Nummernkarten, die sie in ein *béret* werfen, um die Mannschaften auszulosen. Jeder findet so seine Partner, holt seine Kugeln aus dem alten Kasten im Café, geht hinaus und klickt die Kugeln vergnügt aneinander. Der Wettkampf beginnt schließlich um half elf Uhr.

Früher spielte man Boules mit Holzkugeln, die mit Nägeln beschlagen waren. Aber im zwanzigsten Jahrhundert wurde diese altmodische Kugel durch eine aus Bronze oder Stahl ersetzt, die *intégrale* heißt. Heutzutage ist die beste Kugel aus rostfreiem Stahl die »J. B. Boule«. Ein ernsthafter Boules-Spieler muß einen Satz von drei »J. B.'s« erwerben, die zusammen etwa 48 Mark kosten – eine erhebliche Summe für einen Peyraner.

Das Boulesspiel ist relativ einfach, aber die von der F.F.B.J.P.P. (*La Fédération Française Bouliste du Jeu Provençal et Pétanque* – der französischen Vereinigung der Pétanque- und der Provençale-Boules-Spieler) aufgestellten Regeln umfassen drei engbedruckte Seiten. Jede Eventualität ist berücksichtigt – was geschieht, wenn eine Kugel kaputtgeht, wenn ein Zuschauer sich ins Spiel mischt, was geschieht, wenn es regnet oder bei *force majeur* etc. Wir brauchen nicht alle Feinheiten des Spiels zu kennen. Wir sollten auch keinen Unterschied zwischen den beiden Spielen machen: dem *pétanque* (von dem provençalischen Ausdruck »Füße zusammen«) und dem *provençal* (auch das »lange Spiel« oder »Marseille-Spiel« genannt). Aber es ist nötig, daß wir diesen Sport in großen Zügen verstehen, der in Südfrankreich so wichtig ist wie Softball, Horseshoes, Croquet, Bowling und Shuffleboard in Amerika.

Die Parteien bestehen aus ein, zwei oder drei (selten vier) Mann, von denen jeder zwei oder drei Kugeln hat. Eine Kugel muß einen Durchmesser zwischen sechs und acht Zentimetern haben und darf nicht mehr als ein Kilo wiegen. Das Spiel kann auf jedem Terrain gespielt werden, aber am besten ist eine harte und glatte Oberfläche. (Wenn die passionierten Spieler von Peyrane ihres gewohnten Terrains überdrüssig sind, spielen sie auf der asphaltierten Fahrstraße.) Das Spielfeld ist unbegrenzt. Man kann das Spiel überall spielen. Man braucht nur die Kugeln und eine kleine hölzerne Kugel, deren Durchmesser zweieinhalb Zentimeter ist und die *le but* (die Zielscheibe) oder *le bouchon* (der Korken) genannt wird.

Einer der Spieler beginnt, indem er die kleine Kugel in irgendeine Richtung fünf bis fünfundzwanzig Meter weit wirft. Dann wirft er eine seiner Kugeln so nahe wie möglich an die kleine Kugel. Einer der anderen Partei wirft dann eine Kugel möglichst noch näher an die kleine Kugel heran. Danach versucht jede Partei, ihre Kugeln näher an die kleine Kugel zu werfen als die Gegenpartei. Für jede Kugel, die näher an der kleinen Kugel liegt als die beste der Gegenpartei, bekommt die Partei einen Punkt. Das Spiel ist beendet, wenn eine Partei fünfzehn Punkte hat. Dann bezahlen die Verlierer den Gewinnern eine Runde.

Die wirklichen Schwierigkeiten des Spiels entstehen aus den verschiedenen Möglichkeiten, eine Kugel näher an die kleine Kugel zu bringen. Man kann ›zielen‹, das heißt einfach seine Kugel nahe an die kleine Kugel rollen. Man kann ›schießen‹, das heißt nach einer feindlichen Kugel werfen, um sie aus der Nähe der kleinen Kugel zu vertreiben. Man kann ›auf die kleine Kugel schießen‹, um sie von einer

feindlichen Kugel wegzutreiben oder sie näher an eine eigene zu bringen.
Das Spiel wird beherrscht von den Entscheidungen, die eine Partei vor jedem Wurf treffen muß. Soll eine Kugel ›gezielt‹ werden? Wenn ja, auf welche Weise? Mit viel oder wenig Drall? Welche Unebenheiten und kleinen Steine sind auf der Bahn, die die Kugel beeinflussen könnten? Ist das Terrain hart und schnell oder weich und langsam? Es werden eine Unmenge solcher Fragen besprochen. Die Spieler einer Partei können lange darüber diskutieren, wie geworfen werden soll. Scharfsinn, Humor, Sarkasmus, Beleidigungen, Flüche, logische Argumente, Demonstrationen eines Wurfes und Dramatisierung der Situation geben dem Spiel seinen eigentlichen Reiz. Zuschauer interessieren sich nicht für ein Spiel, dessen Spieler zwar geschickt sind, aber das Spiel nicht dramatisieren, sie drängen sich jedoch um ein Spiel, dessen Spieler nicht sehr gut spielen, die aber durch Witz, Dramatisierung und Scharfsinn ihre Gegner zu überlisten suchen. Die beliebtesten Spieler sind aber natürlich diejenigen, die Gewandtheit mit Scharfsinn vereinen.
An einem Sonntagnachmittag hatte sich eine große Zuschauermenge versammelt, um dem Wettspiel zwischen zwei der besten Teams des Dorfes zuzuschauen. In dem einen Team waren Rivet, Paul und Pascal; im anderen der Schneider Prayal, Henri Favre und Fraysse. Es ging um die Schlußrunde. Alle diese Männer spielen ungewöhnlich gut, und alle haben Sinn für Dramatisierung. Die Spannung wuchs. Rivets Partei hatte vierzehn Punkte, Prayals elf. Rivets Partei hatte alle Kugeln gespielt und eine davon lag näher an der kleinen Kugel als alle Kugeln von Prayals Partei. Es konnte die Gewinnkugel sein. Aber Prayal hatte noch eine Kugel zu werfen, und von seiner Partei lagen drei Kugeln näher an der kleinen Kugel als die zweitnächste von Rivets Partei. Der Ausgang des Spiels und des Wettkampfes hing von der Kugel ab, die Prayal noch zu werfen hatte.
Die Frage war, wie er diese letzte Kugel werfen sollte. Er konnte ›zielen‹, das heißt, einfach versuchen, sie näher an die kleine Kugel zu bringen als Rivets beste Kugel. Wenn es ihm gelang, würde seine Partei einen Punkt bekommen; der Stand des Spieles wäre: Rivets Partei vierzehn Punkte; Prayals Partei zwölf Punkte. Das Spiel ginge also weiter. Wenn es ihm mißlang, Rivets beste Kugel zu schlagen, wäre das Spiel zu Ende.
Es gab die andere Möglichkeit: die letzte Kugel zu ›schießen‹, das heißt, sie direkt auf Rivets beste Kugel zu werfen. Dieser Schuß war sehr

verlockend. Wenn Prayal genau ›schoß‹, würde seine Kugel die Gewinnkugel Rivets voll treffen und sie wegschießen, während seine eigene Kugel in der Gewinnposition von Rivets Kugel liegen bleiben würde, ein perfekter Billardschuß. In diesem Fall würde Prayals Partei nicht nur einen Punkt gewinnen, sondern vier, denn durch das Wegschießen von Rivets Kugel würden vier Kugeln von Prayals Partei näher an der kleinen Kugel liegen als die nächste Kugel von Rivets Partei. Der Spielstand wäre: Prayals Partei fünfzehn Punkte; Rivets Partei vierzehn Punkte. Prayals Partei würde Spiel und Wettkampf gewinnen.

Aber die kleine Kugel lag fünfzehn Meter von der Stelle entfernt, von der aus Prayal werfen mußte. Prayal ist ein ausgezeichneter ›Schießer‹, aber die Chance für diesen Schuß stand nur fünfzig zu fünfzig, denn es ist sehr schwer, aus dieser Entfernung genau zu ›schießen‹. Normalerweise ist es viel leichter zu ›zielen‹, aber andererseits war das Spielterrain steinig und holprig, und ein kleiner Stein oder eine Unebenheit konnte den Lauf einer Kugel verhängnisvoll ablenken. Es gab also keinen sicheren Wurf. Wahrscheinlich war es sicherer zu ›zielen‹ als zu ›schießen‹, aber die Entscheidung war schwierig.

Prayal und seine Mitspieler Favre und Fraysse betrachteten eine Weile schweigend die Situation, gingen umher, sahen sich genau die Lage der Kugeln an, klopften auf den Boden und schätzten die Entfernung. Schließlich brach Prayal das Schweigen:

»Ich schieße. Alles oder nichts.«

Favre zeigte Erstaunen und Verachtung: »Bist Du verrückt? Du bist heute nicht in Form, sonst hätten wir schon gewonnen.«

Prayal war entrüstet: »Was heißt, ich bin nicht in Form! Ich habe keinen schlechten Wurf getan. Hättest Du so gut gespielt wie ich, säßen wir schon lange im Café und würden etwas trinken.«

Die Diskussion wurde heftiger. Prayal und Favre forderten beide ihren Mitspieler Fraysse und die Zuschauer auf, ihnen recht zu geben. Die Zuschauer schwiegen, aber Rivet – ihr Gegner – wollte Öl ins Feuer gießen und sie noch mehr aufregen. Er rief:

»Nun wirf schon endlich. Der Punkt zählt doch für uns. Jeder weiß, daß Prayal nicht ›schießen‹ kann, und heute kann er auch nicht ›zielen‹, so soll er endlich werfen.«

Prayal war beleidigt, und es entspann sich eine Diskussion zwischen ihm und Rivet darüber, wer bei ihrem letzten gemeinsamen Wettkampf schuld gewesen war, daß sie verloren hatten.

Unterdessen hatte Fraysse das Terrain untersucht und war zu folgendem Ergebnis gekommen:
»Schau her, Prayal. So mußt Du spielen. Du mußt ›zielen‹. Wirf die Kugel genau auf diese Stelle, um die Steine vor Dir zu vermeiden. Du mußt genau da aufkommen, wo der Boden fest ist. Nicht zu viel Drall. Dann wird von dem kleinen Buckel die Kugel direkt zwischen die Kugel von Rivet und die kleine Kugel rollen. Wir gewinnen den Punkt. Es ist ganz einfach, schau!« Er tat so, als ob er eine Kugel würfe, und rannte dann die Bahn entlang, die die Kugel nehmen sollte.
Favre widersprach diesem Vorschlag: »Nein, es sind zu viele kleine Steine im Weg. Man muß die Kugel hoch und mit viel Drall werfen, damit sie direkt neben der kleinen Kugel landet – dann haben wir unseren Punkt. Man kann sie nicht rollen lassen. Sieh dir die Steine an.«
Fraysse meinte: »Das ist schon richtig. Wir entfernen sie von der Bahn.« Und er fing an, die Steine wegzufegen. Dies war gegen die Regeln. Rivets Leute stürzten wütend vor und schoben mit Geschrei die Steine wieder zurück.
Eine wilde Diskussion setzte ein. Die Männer, die bis jetzt provençalisch gesprochen hatten, sprachen plötzlich französisch, wie immer, wenn es um Regeln geht. Fraysse mokierte sich über Rivet und seine Leute, »kleinliche Leute, die über Steine streiten«, aber er wußte, daß die Regeln gegen ihn waren.
Prayal rief Fraysse zu: »Kümmere dich nicht um die Steine, Fraysse. Reg' die kleinlichen Leute nicht damit auf. Ich werde sowieso nicht ›zielen‹, ich werde ›schießen‹, und damit Schluß.«
Favre widersprach dieser leichtsinnigen Entscheidung. Er versuchte Prayal klarzumachen, die einzige logische, vernünftige und sichere Weise, den Punkt zu gewinnen, bestünde – wie er schon gesagt habe – darin, zu ›zielen‹, die Kugel hoch über die Steine weg zu werfen, mit genügend Drall, damit sie nicht zu weit rolle. Dies wäre ohne Zweifel ein vernünftiger Wurf gewesen, aber Prayal war eigensinnig. Er bestand darauf zu ›schießen‹.
Obwohl Rivet Prayals Fähigkeit zu ›schießen‹ angezweifelt hatte, wußte er, daß Prayal in Wirklichkeit besser ›schießen‹ konnte als irgendein anderer im Dorf. Er wollte ihn von einem Schuß abhalten, mit dem er das Spiel gewinnen konnte. So sagte er:
»Wenn ich zu Eurer Partei gehörte, würde ich Prayal raten zu ›schießen‹. Ihr wißt, daß er ›schießen‹ muß, weil er Angst vor dem ›Zielen‹ hat.«

Prayal fiel darauf rein. Er wollte nun ›zielen‹, um zu zeigen, daß er es konnte. Er wollte nicht zugeben, daß er seine Meinung geändert hatte, aber schließlich ließ er sich von seinen Mitspielern überreden zu ›zielen‹. Prayal war jetzt in einer beneidenswerten Lage. Er würde ›zielen‹ anstatt ›schießen‹. Er würde sicher und vernünftig werfen. Gleichzeitig stieg er in der Achtung, weil er den leichtsinnigeren und dramatischeren Schuß hatte tun wollen, nämlich ›schießen‹. Außerdem war er die Verantwortung los. Wenn der Schuß daneben ging, konnte er sagen, es sei die Schuld seiner Mannschaft, die ihn gegen seine Überzeugung überredet hatte, so zu spielen, wie sie wollte.

»Nun gut«, sagte er schließlich, »ich werde ›zielen‹, obwohl das hier nicht richtig ist. Es wäre leichter zu ›schießen‹ und das Spiel zu beenden, aber wenn Ihr es so wollt, bitte.«

Favre durchschaute Prayals Trick: »Oh nein, das tust Du nicht. Du kannst uns nicht dafür verantwortlich machen, wenn Dein Wurf mißlingt. Tu, was Du für richtig hältst, und ›schieß‹, wenn Du willst.«

Prayal wollte antworten, aber Fraysse unterbrach ihn. Fraysse hatte zwei Päckchen Zigaretten auf dieses Spiel gesetzt und konnte es sich nicht leisten zu verlieren.

»Laß ihn in Ruhe, Favre«, sagte er. »Prayal, Du kennst unsere Meinung, aber tu, was Du willst.«

Prayal untersuchte noch einmal das Terrain. Man sprach noch einmal davon, die Steine wegzukehren, aber die Situation war nicht mehr dramatisch. Prayal war endlich bereit zu werfen.

»Da habt Ihr Euern Willen«, sagte er.

Er stellte sich in Positur, Fraysse kniete nieder und deutete auf die Stelle, auf der die Kugel nach seiner Ansicht aufkommen mußte. Favre ging in die Hocke und zeigte auf die Stelle neben der kleinen Kugel, wo die Kugel hinrollen sollte. Es war so weit, aber Prayal überlegte den Wurf noch einmal. Endlich warf Prayal die Kugel vorsichtig, aber mit leichter Hand. Es war ein hervorragender Wurf. Die Kugel kam genau da auf, wo Fraysse hingedeutet hatte, rollte fast an die Stelle, die von Favre bezeichnet worden war, und blieb neben der kleinen Kugel liegen. Es sah so aus, als ob sie genauso weit von der kleinen Kugel entfernt wäre wie die Kugel Rivets. War das Spiel unentschieden?

Niemand sagte ein Wort. Spieler und Zuschauer kamen näher an die Kugeln heran. Rivet hob einen Strohhalm auf, um die Abstände zu messen, aber er war zu kurz. Mit einer ungeduldigen Bewegung zog er seinen Gürtel aus, bückte sich und maß mit ihm die Abstände. Es war sofort klar, daß seine Kugel näher lag und daß somit seine Partei Spiel und Wettkampf gewonnen hatte. Alle schwiegen. Er maß noch zwei- oder dreimal. Niemand sagte ein Wort, die Zuschauer gingen weg, und die Spieler sammelten ihre Kugeln ein.

Die dramatische Spannung hatte zu lange gedauert; die Entspannung kam plötzlich. Prayal hatte das Ziel um einen Zentimeter verfehlt. Es war eindeutig, und niemand fand nötig, es zu kommentieren. Zuschauer und Spieler, die kurz zuvor noch angespannt waren, waren jetzt völlig uninteressiert. Man konnte den Spielern nicht ansehen, wer gewonnen und wer verloren hatte.

Als die Männer ins Café zurückgingen, murmelte Prayal gerade laut genug, daß Fraysse es hören konnte:

»Ich hätte ›schießen‹ sollen, wie ich wollte, anstatt auf Fraysse zu hören.«

Fraysse war wütend. »Ah, so ist's richtig, Prayal. Du gibst mir die Schuld, wo jeder sehen kann, daß es Dein Fehler war. Du hast der Kugel zu viel Drall gegeben. Als Du die Kugel warfst, wußte ich schon, daß wir wegen dieses Dralls verlieren würden. Außerdem, wenn Du ›geschossen‹ hättest, hättest Du bestimmt nicht getroffen.«

Sie gingen zusammen zum Platz zurück, legten die Kugeln wieder so hin, wie sie ihrer Ansicht nach gelegen hatten, und begannen ihren Streit von neuem. Fraysse erklärte, er wolle Prayal zeigen, wie er hätte werfen müssen, und wettete ein Päckchen Zigaretten, daß er die Kugel direkt neben die kleine Kugel rollen könne. Er versuchte es – und verfehlte sein Ziel völlig. Seine Kugel streifte einen Stein und wurde drei Meter seitlich abgelenkt. Prayal lachte hämisch und wettete ein weiteres Päckchen Zigaretten, daß er die Kugel genau so ›schießen‹ könne, wie er behauptet hatte. Sein Wurf war erstklassig: die gegnerische Kugel flog weg, und Prayals Kugel rollte direkt neben die kleine Kugel.

Prayal frohlockte. Er hatte sich gerechtfertigt. Er hatte das Spiel zwar verloren, aber er hatte bewiesen, daß er recht gehabt hatte. Er hätte den gewagten ›Schuß‹ tun müssen, mit dem er das Spiel gewonnen hätte, anstelle des vorsichtigen und vernünftigen Wurfs, auf dem Fraysse bestanden hatte.

Fraysse war unglücklich. Er wußte, daß er recht hatte, aber er hatte nicht nur vier Päckchen Zigaretten verloren, sondern es auch Prayal ermöglicht, ihm die Verantwortung zuzuschieben. Er wußte, daß Prayals sogenannter ›Beweis‹ nichts bewies, sondern daß er bei der Demonstration einfach Glück gehabt hatte. Alle würden insgeheim

Fraysse zustimmen, aber niemand würde es offen zugeben, da er sich zum Sündenbock hatte machen lassen.

Rivet rief von der Tür des Cafés: »Was ist nun mit den Getränken, die Ihr uns schuldet?« Prayal und Fraysse hoben die Kugeln auf und gingen zurück ins Café. Die Männer saßen alle am Tisch, tranken Pastis und schienen alles vergessen zu haben. Die Unterhaltung drehte sich um andere Dinge als um Boules. Nur ab und zu machte Rivet einen für Prayal bestimmten Scherz, den dieser an Fraysse weitergab. Die dramatische Spannung löste sich in Scherze auf. Erst zwei Monate später gewann die Angelegenheit wieder ihre ursprüngliche Wichtigkeit, als Prayal und Fraysse erneut in einer Mannschaft zusammen spielten. In einem spannenden Augenblick erinnerte Prayal Fraysse und die Zuschauer daran, wie vor einiger Zeit Fraysse schuld daran gewesen war, daß sie einen Wettkampf verloren, weil er auf seiner Methode bestanden hatte, statt auf Prayals Rat zu hören.

Für einen Amerikaner ist es schwierig, die Gleichgültigkeit zu verstehen, mit der die Zuschauer und alle Spieler außer Prayal und Fraysse den Ausgang dieses Wettkampfes zur Kenntnis nahmen. Man gab sich nicht die Hand, applaudierte nicht, gratulierte niemandem und bemitleidete niemanden.

Als Léon Favre nach seinem Motorradunfall vom Krankenhaus in Cavaillon nach Peyrane zurückkam, erholte er sich sehr langsam. Seine Gesichtslähmung besserte sich nicht. Er konnte wochenlang nicht arbeiten. Mit der Zeit verlor Léon sein Selbstvertrauen und seinen Glauben an die Zukunft. Diese Depression sowie seine körperliche Behinderung beunruhigten seine Freunde und seine Familie.

Um diese Zeit fand das große Boules-Turnier des Frühlingsfestes statt. Léon hatte nicht vor zu spielen, aber in letzter Minute fiel ein Spieler aus, und man bat ihn einzuspringen. Zum Erstaunen aller gewann Léons Mannschaft ein Spiel nach dem anderen, und am Nachmittag war sie in der Endrunde. Die Gegner waren halbprofessionelle Spieler aus Apt, die beste Mannschaft in diesem Teil Frankreichs, die später nach Algier geschickt wurde, um am französischen National-Boules-Turnier teilzunehmen.

Die Mannschaft aus Apt spielte nicht so gut wie gewöhnlich, und Léons Mannschaft übertraf sich selbst. Der Ausgang des Spiels war ungewiß bis zum letzten Wurf, den Léon spielte, ein schwieriger Wurf, der auch einem geübten Spieler leicht hätte mißlingen können. Léon gewann mit diesem Wurf den Punkt, das Spiel und den Wettkampf.

Mich bewegte die Situation, denn mir schien, daß dieser unerwartete öffentliche Erfolg Léon helfen könnte, sein Selbstvertrauen wiederzugewinnen. Vielleicht empfanden das andere Leute auch, aber sie zeigten es nicht. Das Spiel war aus, und die Leute gingen weg. Niemand gratulierte oder applaudierte. Niemand schien erregt. Man sprach nicht darüber, nur zwei Leute der Mannschaft, die verloren hatte, stritten darüber, wie man den letzten Punkt hätte spielen müssen. Ich lief hinter Léon her, der seine Kugeln aufgehoben hatte und allein wegging. Als ich ihm die Hand gab und ihm zu seinem guten Spiel gratulierte, schien er überrascht. Er war nicht ungehalten, aber da er meine Glückwünsche nicht erwartet hatte, wußte er nicht, wie er sich verhalten sollte. Nach seinem Gesichtsausdruck zu urteilen, schien ihm sein Sieg gleichgültig.

Belote

Nach dem größten Wettkampf des Jahres am St. Michaelstag nimmt das Interesse am Boules-Spiel ab. Die eifrigsten Spieler kommen zwar noch jeden Abend auf die *place*, aber die Samstagabend-Wettkämpfe werden bald eingestellt. Einige Männer sind bei der Weinlese und beim Keltern. Andere spielen nur gern, wenn es warm ist. Wenn es kühler wird, ist es nicht angenehm, den Nachmittag oder Abend im Freien zu verbringen. Der Mistral setzt ein. Voisin, Rivet, Fraysse und Léon Favre halten am längsten aus, aber schließlich müssen auch sie aufgeben. Die Stahlkugeln machen ihre Hände zu kalt, daß sie den Drall nicht mehr kontrollieren können. Mitte November ist die Boules-Saison zu Ende. Um diese Zeit beginnt die Jagd und ersetzt bei Tag das Boules-Spiel. Abends oder an Regentagen, wenn die Männer nicht auf die Jagd gehen können, spielen viele Karten.

In Peyrane werden verschiedene Kartenspiele gespielt. *Manille* und *écarté* sind recht beliebt. Einige Leute spielen Bridge, aber man findet, es sei ein Spiel für Städter. Nur Bonerandi, Aubenas und Vincent spielen mit Begeisterung Bridge. Im Winter spielen sie an drei Abenden in der Woche im Restaurant.

Das weitaus beliebteste Spiel im Winter ist *belote*, das ähnlich wie Bézique und Pinochle sein soll. Jeder in Peyrane kann Belote spielen, und es ist eines der wenigen Spiele, an dem auch Frauen teilnehmen. Die Lehrerinnen und ihre Männer, die einen ziemlich abgeschlossenen

Kreis bilden, spielen abends oft Belote. Wenn die Arènes ihren Laden zugemacht und zu Abend gegessen haben, spielen sie meist einige Partien, bevor sie zu Bett gehen. An kalten, regnerischen Sonntagnachmittagen spielen manche Männer im Café vier Stunden ununterbrochen.

Der *cafetier* profitiert von dieser Belote-Begeisterung und organisiert für die Samstagabende Belote-Wettspiele. Er verdient mehr an den Belote- als an den Boules-Wettspielen. Denn Karten spielende Männer trinken natürlich mehr als solche, die vom Boules-Spiel erst hereinkommen müssen, um etwas zu sich zu nehmen. Da außerdem Belote-Wettspiele während der Jagdzeit stattfinden, besteht der Preis für die Gewinner meist aus Wild, Hasen oder Drosseln, die der *cafetier* selbst oder einer seiner Schuldner geschossen hat. Die Preise kosten den *cafetier* also nichts, und er steckt die eine Mark ein, die jeder Teilnehmer bezahlen muß – »um die Kosten für Heizung, Licht und die Benutzung der Spielkarten zu decken«.

Das Wettspiel wird vom *cafetier* einige Tage vorher angekündigt. Er hängt ein großes Schild »Belote-Wettspiel am Samstag abend« in sein Fenster. Darunter legt er die Preise, ein paar Hasen oder Drosseln, um den Appetit der Vorübergehenden anzuregen.

Die Beteiligung ist immer gut. Es kommen selten weniger als fünfzig oder sechzig Männer, die am Wettspiel teilnehmen, und immer ist eine Frau dabei. Klein-Avenas spielt nicht, aber seine Amazone von Frau erscheint immer. Vielleicht würden auch andere Frauen gerne mitspielen, aber außer Madame Avenas wagt es keine. Die Männer necken sie wegen ihrer Anwesenheit, aber ihre Erwiderungen sind oft so treffend, daß sie meist als Partner akzeptiert wird. Aber hinter ihrem großen Rücken fallen von einigen Männern Äußerungen wie: wäre sie meine Frau, dann würde ich dafür sorgen, daß sie da wäre, wo sie hingehört; und sie verachten Avenas.

Es sind mehr Spieler als Zuschauer beim Belote-Wettspiel, weil das Zuschauen nicht sehr interessant ist. Partner dürfen sich nicht darüber verständigen, wie sie spielen wollen. Schwierige Entscheidungen können nicht gemeinsam und offen getroffen werden wie beim Boules-Spiel. Belote-Spieler fällen ihre Entscheidungen individuell und schweigend. Belote kann spannend sein, aber nie so dramatisch wie ein gutes Boules-Spiel.

Natürlich können Männer wie Rivet und Prayal nicht unterlassen, jede Gelegenheit zur Dramatisierung zu ergreifen. Wenn sie normale

Karten haben, spielen sie schweigend, aber wenn sie außergewöhnliche Karten haben, eine Gewinnkarte, mit der sie sicher nicht geschlagen werden können, durchbrechen sie die Regeln des Schweigens und verkünden laut jede Karte, die sie ausspielen wollen. Wenn sie dann zu spielen anfangen, stellen sich die anderen Leute im Café um ihren Tisch, um zuzusehen.

Prayal lehnt sich dann nach vorne und drückt die Karten an seine Brust, damit die Zuschauer sie nicht sehen können. Da sein Gegner mit einem Treff anfängt, hält er eine Karte hoch über seinen Kopf, wirft sie triumphierend auf den Tisch und schreit: »So geht das. Du spielst Treff. Ich steche es mit einem Coeur, und dann bin ich an der Reihe.« Er zieht eine weitere Karte und haut sie auf den Tisch: »Und jetzt spiele ich den Coeur-Buben, um eine Deiner Trumpfkarten herauszuziehen.« Die anderen drei Spieler bekennen. Er wirft eine weitere Karte auf den Tisch: »Und hier die Coeur-Neun, um noch einen Trumpf von Dir herauszuziehen. Du bist dumm, Baume, Coeur zu reizen, wenn ich die beiden höchsten Karten habe.« Baume sieht niedergeschlagen aus und bekennt zögernd. Eine andere Karte wird auf den Tisch gehauen: »Und hier das Pique-As, und ein weiterer Stich gehört mir . . . Und hier das Karo-As, der letzte Stich für mich. Du hast noch eine lumpige kleine Trumpfkarte, Baume, so bekommst Du den letzten Stich. Du hast Glück, daß Du nicht *capot* bist!« Während die Zuschauer an ihre Tische zurückgehen, braust Baume auf: »Es ist leicht, sich aufzuspielen, wenn man alle guten Karten hat.« Prayal ignoriert diese Bemerkung, von der jeder weiß, daß sie berechtigt ist. Er starrt in die Luft und ist nicht geneigt, eine völlig irrelevante Sache zu diskutieren. Er will kein Lob für sein gutes Spiel. Er und die Zuschauer sind zufrieden, daß er seine Rolle gut gespielt hat.

Über ein Belote-Spiel wird nur ernsthaft diskutiert, wenn zwei Männer beschuldigt werden, mit vorher ausgemachten Zeichen zu spielen. Aber es ist gefährlich, solche Beschuldigungen zu erheben, denn sie sind schwer zu beweisen; es gibt wenige Ausdrücke, die beleidigender sind als »Betrüger«. Jeder weiß, daß, wenn er – berechtigt oder nicht – einen anderen des Betruges bezichtigt, er mit diesem *brouillé* wird. Sogar als Biron und Ginez das Samstagabend-Wettspiel drei Wochen lang gewannen, beschuldigte sie niemand offen des Betrugs, aber ihre Gewinnsträhne erweckte Verdacht und war überall Gesprächsthema. Einige gingen so weit, deutliche Anspielungen oder Scherze in ihrer Anwesenheit zu machen. Biron und Ginez ignorierten diese Anspielungen, und da sie niemand direkt beschuldigte, entstand kein heftiger Disput. Aber die beiden Männer begriffen die Situation, denn am vierten Samstagabend suchte sich jeder einen anderen Partner.

Heftige Auseinandersetzungen sind selten, geringfügige Streitereien dafür umso häufiger, besonders unter Partnern. Nach Spielende macht sich die Empörung Luft, die sich während des erzwungenen Schweigens angestaut hat. Einer beschuldigt seinen Partner, er habe dumm oder nachlässig gespielt. Er habe die Trumpfkarten, die gespielt wurden, nicht genau gezählt, in der Gefahrenzone überboten und nicht die den Regeln entsprechenden Karten gespielt. Der beschuldigte Partner wehrt sich gegen die Kritik. Sie haben über Jahre so viele Belote-Spiele zusammen gespielt, daß sich jeder an Dummheiten des anderen erinnert. Die Gegenspieler schenken den Argumenten keine Aufmerksamkeit, wenn die Beleidigungen nicht geschickt formuliert sind. Dann aber lachen alle. Das Opfer des Scherzes sieht, daß alle gegen es sind, und läßt seine Argumente fallen. Wenn er wieder spricht, tut er, als ob nichts gewesen wäre.

Wenn fünfzig oder sechzig Männer und Madame Avenas am Wettspiel teilnehmen, dauert es lange. Wie der Boules-Wettkampf ist das Belote-Wettspiel auf neun Uhr angesetzt, aber es beginnt nie vor zehn oder halb elf. Folglich dauert es oft bis zwei oder drei Uhr morgens. Wenige der Männer schlafen sonntags lange. Viele stehen sogar früher auf als gewöhnlich, um auf die Jagd zu gehen. Dieser Mangel an Schlaf scheint ihnen nichts auszumachen.

Kino

Armand Foullet, ein junger Mann aus dem Nachbardorf Goult, hat nach dem Krieg ein einträgliches Geschäft begonnen. Mit seinem transportablen 35-Millimeter-Projektor und seiner transportablen Leinwand führt er in den umliegenden Dörfern Filme vor. Sein Bereich umfaßt sieben Dörfer, und er hat mit dem jeweiligen *cafetier* abgesprochen, daß das Café an einem Abend wöchentlich in ein Kino umgewandelt wird. Der *cafetier* verdient durch den großen Umsatz an Getränken. Foullet stellt den Film und kassiert 60 Pfennige Eintritt.

Nach Peyrane kommt Foullet am Dienstag. Wenn er sich bis auf einen Kilometer dem Dorf genähert hat, drückt er auf die Hupe, bis er vor dem Café angekommen ist. Dieses Hupen ist das lauteste Geräusch, das man die Woche über in Peyrane zu hören bekommt. Wenn er seinen Wagen geparkt und die Ausrüstung ins Café getragen hat, schiebt er mit Hilfe des *cafetiers* die Tische zurück. Sie arrangieren die Stühle, stellen den Projektor, den Lautsprecher und die Leinwand auf, sie nehmen das Plakat, das die Vorführung dieses Abends ankündigt, ab und hängen ein anderes auf, das den Film für die kommende Woche anzeigt. Um halb neun Uhr, wenn der Film beginnen soll, ist Foullet fertig, weil aber erst wenige Zuschauer da sind, trinkt er noch etwas mit dem *cafetier* und spielt mit ihm ein paar Runden Belote.

Der Zuschauerraum füllt sich nur langsam. Die *clientèle* wechselt wenig; es sind fast immer dieselben dreißig oder vierzig Personen, die jede Woche zur Filmvorführung kommen. Fast alle Jugendlichen kommen regelmäßig. Drei oder vier Familien, die wie die Henri Favres und die Bellets keine »Zerstreuung« auslassen, erscheinen mit allen Kindern. Die Einsamen, sofern sie die 60 Pfennige für den Eintritt haben, sind immer da. Lucien Bourdin, Elie Seignon und die anderen dreißig- und vierzigjährigen Junggesellen kommen ausnahmslos. Dagegen gehen sehr wenige »seriöse« Leute ins Kino. Einige Ehefrauen der angesehenen Familien aber geben ihrer Liebe zum Kino nach: Madame Vincent, Madame Bonerandi, Madame Borel und Mademoiselle Héraud, die Postbeamtin. Regelmäßig kommen auch die algerischen Ockerarbeiter. Die Filmvorführung ist die einzige öffentliche Veranstaltung, an der sie teilnehmen, aber sie mischen sich nicht unter die anderen Leute. Niemand verachtet sie, nicht einmal Madame Vincent oder Mademoiselle Héraud, aber sie bleiben isoliert, als ob es so verabredet wäre.

Um viertel oder halb zehn Uhr sind fast alle Zuschauer da und haben ihre gewohnten Plätze eingenommen. Foullet und der *cafetier* unterbrechen ihr Belote und kassieren von allen 60 Pfennige, außer von den Kindern, die freien Eintritt haben. Das Licht wird ausgemacht, und die Vorführung beginnt.

Die Leute haben keinen Einfluß auf die Auswahl der Filme, die sehr verschiedenartig sind. Sie sehen den besten Pagnolfilm wie den geschmacklosesten Tarzanfilm, eine Bettkomödie wie einen phantastischen Krimi, einen surrealistischen Cocteaufilm wie einen Western mit Hopalong Cassidy, der französisches *argot* spricht. Auch Foullet hat keinen Einfluß auf die Auswahl der Filme. Er hat einen Vertrag mit einer Verleihfirma in Paris, die ihm jede Woche einen Spielfilm, einen Kurzfilm und eine Wochenschau schickt. Er kann zwar Vorschläge machen, aber er scheint wenig Einfluß zu haben. Da die Kinogänger in Peyrane diese Umstände kennen, machen sie ihm keine Vorwürfe, wenn sie einen langweiligen Film über sich ergehen lassen müssen. Sie wissen, daß er ihm auch nicht gefällt, denn er sagt ihnen oft, daß der Film diesmal schlecht ist, bevor sie Eintritt bezahlen. Sie nehmen seine Entschuldigungen an und sind zufrieden, wenn er ihnen für die nächste Woche einen besseren Film verspricht.

Am beliebtesten sind französische Filme, aber auch ausländische Filme werden gern gesehen. Manche amerikanischen Filme gefallen ihnen, andere lehnen sie ab, weil sie unerträglich naiv und unrealistisch sind. Sie lachen über Hapalong, weil er unaufhörlich seine Pistole lädt. Sie fühlen sich hintergangen, wenn ein amerikanischer Film ein Happyend hat, obwohl es logischer und realistischer wäre, wenn er schlecht ausginge. Aber im ganzen nehmen sie die Filme, wie sie sind, und äußern weder Lob noch Tadel.

Während der Vorführung werden wenig Reaktionen laut. Nur die Kinder lachen über groteske Szenen, doch im Laufe des Abends schlafen sie ein. Im schwachen Licht der Leinwand kann man den Ausdruck der Gesichter nicht erkennen. Niemand pfeift, zischt, trampelt oder applaudiert. Ich erlebte nur einmal, daß die Zuschauer heftig reagierten: während einer französischen Wochenschau. Man sah eine brennende Strohhütte in Korea. Ein verstümmeltes Kind weinte neben seiner toten, völlig entstellten Mutter. Als die Szene über die Leinwand lief, hörte man Schreckenslaute. Einige Männer pfiffen laut, um ihr Mißfallen zu äußern.

Wenn der Hauptfilm halb abgelaufen ist und Foullet die Rollen wechseln muß, wird das Licht angemacht, und es ist zehn bis fünfzehn Minuten Pause. Die Frauen bleiben meist sitzen. Die Männer gehen entschlossen hinaus, als ob sie zu einer geschäftlichen Verabredung müßten. Als ich das erste Mal im Kino war, folgte ich ihnen, um zu sehen, was sie machten. Sie gingen alle ohne Zögern über die Straße und stellten sich gegenüber dem Café an die Mauer. Viele Jahre dieses gemeinsamen Urinierens haben die Mauer in einer Höhe von fünfzig Zentimetern verfärbt.

Ins Café zurückgekehrt, trinken die Männer ein Bier, einen Fruchtsaft oder ein Glas Wein. Meistens wird außer einem Wort der Zustimmung oder Ablehnung wenig über den Film gesprochen. Die Unterhaltung dreht sich um andere Filme oder um Erlebnisse der Männer, an die sie das, was sie im ersten Teil gesehen haben, erinnert. Kriegsfilme erwek-

ken natürlich die meisten Erinnerungen, und sie werden nach den eigenen Erfahrungen beurteilt.
Die Pause ist zu Ende, das Licht wird wieder ausgemacht, und der zweite Teil des Films beginnt. Gegen halb zwölf oder zwölf Uhr ist die Vorführung beendet. Die Zuschauer stehen auf und gehen schweigend hinaus. Die Eltern nehmen die kleineren schlafenden Kinder auf den Arm und wecken die größeren, damit sie hinter ihnen nach Hause stolpern können. Madame Vincent geht mit Mademoiselle Héraud und Madame Borel mit Madame Bonerandi nach Hause. Die Algerier warten, bis die anderen gegangen sind, und verlassen dann schweigend das Café. Die Einsamen ziehen sich in ihre gewohnten Ecken zurück, und einige der Junggesellen spielen noch ein paar Runden Belote.
Dies war jeden Dienstag abend das gleiche. Während des Jahres, in dem ich in Peyrane lebte, erregte das Kino nur einmal größeres Interesse im Dorf, als der Film *Marius* gezeigt wurde.
Marius ist ein Film über einen jungen Mann, der zwischen der Liebe zu einem jungen Mädchen und seiner Sehnsucht nach dem Meer hin- und hergerissen wird. Beide Familien, das Mädchen selbst und die Nachbarschaft, deren Treffpunkt die Bar von Marius' Vater am Quai von Marseille ist, versuchen Marius zu überreden, Fanny zu heiraten und seßhaft zu werden. Aber Fanny sieht ein, daß Marius zu Hause nie glücklich und vor allem nie ein zuverlässiger Ehemann und Vater sein wird. Sie schickt ihn weg.
Der wichtigste Darsteller des Films ist Raimu, einer der damals beliebtesten Darsteller des französischen Films. Er spielt die Rolle von Marius' Vater César, des großen Marseiller Barbesitzers, der seine Gefühle hinter Scherzen verbirgt. César verkörpert den Humor und das Pathos des Südfranzosen.
Obwohl *Marius* schon 1932 gedreht wurde, ist der Film immer noch einer der beliebtesten in Frankreich, vor allem im Midi. Zwei späteren Filmen Pagnols, *Fanny* und *César*, fehlt das, was die Zuschauer bei *Marius* anzieht. An den Dienstagabenden, an denen sie vorgeführt wurden, waren nicht mehr Zuschauer als gewöhnlich da, und alles blieb ruhig.
Der Dienstagabend, an dem *Marius* gezeigt wurde, war ungewöhnlich. Anstelle der üblichen dreißig bis vierzig Kinobegeisterten drängten sich über hundert Menschen in den Saal. Alle waren guter Laune, lachten, schwätzten und waren vergnügt. Die meisten hatten diesen Film schon acht oder zehn Mal gesehen, aber das war gleichgültig. Sie liebten ihn

umso mehr. Es herrschte ein Gefühl der Einmütigkeit, fast der gemeinsamen Verehrung, das sonst bei allen öffentlichen Ereignissen fehlte, sogar bei Beerdigungen und Mitternachtsmessen.

Als ich die Leute fragte, warum ihnen *Marius* so gefiele, nannten sie vor allem Raimu. Sie erklärten, daß sie ihn immer gerne auf der Leinwand sähen. Aber als die beiden anderen Filme der Trilogie gezeigt wurden, kamen nur die gewohnten Zuschauer. Auch die anderen Filme mit Raimu, die während des Jahres liefen, wurden nicht besonders beachtet.

Ich wies die Leute darauf hin, und die Reaktion war bei allen die gleiche.

»Oui, mais Marius, c'est tellement ça!«

»Ça . . . .?«

»Oui, c'est tellement ça, la vie.«

Die Leute fanden, *Marius* sei »so wie das Leben«. Sie fanden ihn realistisch. Deshalb liebten sie ihn, und weiter konnten sie ihre Gefühle nicht erklären. Aber vom literarischen Standpunkt aus und objektiv gesehen, ist der Film nicht realistisch. Was in dieser Mischung von Farce und Melodrama gibt den Leuten von Peyrane die Illusion vom wirklichen Leben? Was vermittelt ihnen gleichzeitig ein beinahe religiöses Erlebnis?

Man kann sich kaum realistischere Menschen als die Peyraner vorstellen. *»C'est comme ça«* ist ihre häufigste Redensart. Sie beklagen sich über die Schwierigkeiten des Lebens, aber sie bieten ihnen die Stirn. Von Kindheit an haben sie gelernt, sie hinzunehmen – die physischen Beschwerden, die Abhängigkeit von zärtlichen, aber strengen Eltern, die Naturereignisse, die Belastungen durch den Staat, die Notwendigkeit, sich nach Familien- und Gemeindegesetzen zu richten, die Familiensorgen und die Schwierigkeiten, mit den *autres* auszukommen.

Um in Peyrane leben zu können, muß man all dies ertragen, und man muß es alleine ertragen. Man kann keine Hilfe von *les autres* erwarten, und die meisten Leute finden auch keinen Trost in der Religion. Jeder kann sich nur an sich selbst halten. Diese innere Einsamkeit wird verdeckt durch eine Art von sarkastischer Fröhlichkeit, die die Illusion von Leichtherzigkeit hervorruft. Die Leute erkennen sich selbst in Raimus César, dem unglücklichen Vater.

Aber viele Menschen fühlen bewußt oder unbewußt das unterdrückte Verlangen, wie Marius fortzugehen, weit fort. *»Partir . . . N'importe où, mais très loin. Partir«*, sagt Marius. Dieser Film stellt auf einfache

Weise, unter dem Deckmantel einer Farce, die Nöte von Menschen dar, die sozialem Druck ausgesetzt sind. In der Form einer Farce und eines Melodramas schildert er eine psychologische Situation, die für die Peyraner Realität ist. Wenn sie gebildeter wären, fänden sie sicher Gefallen an den Dichtungen von Baudelaire, Rimbaud und Mallarmé. Sie würden dann die Empfindungen eines zeitgenössischen Dichters verstehen, der wie sie das Meer liebt:

Emportez-moi dans une caravelle,
Dans une vieille et douce caravelle,
Dans l'étrave, ou si l'on veut, dans l'écume,
Et perdez-moi, au loin, au loin.

Henri Michaux

12. KAPITEL

In den Familien

Das Leben der Frauen

Die Filmvorführung am Dienstag abend ist für die Frauen die einzige Gelegenheit in der Woche, zum Vergnügen ins Café zu gehen. Sie können sonst ins Café gehen, um Wein, Briefmarken oder Zigaretten zu kaufen oder um Madame Voisin, die Frau des *cafetiers*, zu besuchen, aber in der Regel gehen Frauen nie ins Café, um Karten zu spielen oder um etwas zu trinken. Die einzigen, die diese Regeln nicht befolgen, sind die städtischen Frauen der Männer, die zum mittäglichen Apéritif-Kreis gehören. Gelegentlich bringt Barbier oder Doktor Magny seine Frau zum Apéritif mit, genau wie er sie auch in Paris oder Marseille mit ins Café nehmen würde; aber selbst diese Bürgerfrauen gehen nie allein ins Café. Die einzige, die im Café erscheint und auch sonst überall, wo sie will, hingeht, ist Madame Avenas. In Marseille wäre ihr Verhalten für bestimmte Kreise normal. In Peyrane ist es dies nicht. Keine in Peyrane geborene und aufgewachsene Frau geht ins Café, außer zum Einkaufen oder zur Filmvorführung.

Es gibt im Dorf keine Einrichtung, die eine größere Gruppe Frauen in ähnlicher Weise vereinigt, wie Apéritif, Boules oder Belote die Männer. Es ist schwer vorstellbar, daß Frauen ihre Arbeit aufgeben würden, um sich zu amüsieren. Männer können leichter tun, was sie wollen. Sie können gemeinsam spielen, trinken oder einfach zusammensitzen und nichts tun. Die Frauen müssen arbeiten. Der Tag einer Frau ist so mit Arbeit ausgefüllt, daß sie versuchen muß, Arbeit und Vergnügen zu vereinen. Sie könnte ihre täglichen Einkäufe in einem Bruchteil der tatsächlich aufgewendeten Zeit erledigen, wenn sie diese Einkaufstour nicht als Gelegenheit zur Zerstreuung benutzen würde. Begegnet sie befreundeten Frauen auf der Straße, schwätzt sie mit ihnen. Während sie in Reynards Laden wartet, bis sie an der Reihe ist, schwätzt sie mit den anderen Kundinnen. Nachdem Reynard sie bedient hat, schwätzt sie manchmal noch zehn Minuten lang mit ihm. Das wiederholt sich in Canazzis Bäckerei und in Birons Metzgerei. Wenn die Peyraner Hausfrau dann endlich nach Hause kommt, hat sie alle Neuigkeiten des Dorfes erfahren und hat sich von den Sorgen und der Arbeit im Haushalt ein wenig abgelenkt.

Die Frauen auf den Bauernhöfen außerhalb des Dorfes haben diese Gelegenheit nicht, denn sie gehen nur ein- oder zweimal wöchentlich einkaufen, an den anderen Tagen sind sie sehr einsam. Als die älteren Kinder über die Tätigkeit ihrer Eltern an einem normalen Tag einen Aufsatz schreiben mußten, erzählte Colette Magnan über die tägliche Arbeit ihrer Mutter auf dem Hof folgendes:

> Mama steht um fünf Uhr auf; sie macht Feuer, kocht für Papa eine Tasse Kaffee und richtet das Frühstück, dann weckt sie uns und gibt uns Frühstück. Danach füttert sie die Kaninchen und Ziegen, läßt die Hühner heraus und füttert sie. Sie schlägt ein Ei auf und füttert damit die Küken. Dann frühstückt sie mit Papa. Danach läßt sie die Ziegen heraus, fegt das Haus, spült das Geschirr, staubt ab (»wirbelt den Staub auf«), bringt das Schlafzimmer in Ordnung und wischt in der Küche, in den Schlafzimmern und in der Diele die Fliesen auf. Dann bereitet sie das Mittagessen und wäscht die Kittel meiner Schwestern. Danach deckt sie den Tisch, und wir essen. Dann kehrt sie um den Tisch herum und spült wieder. Sie bindet die Spargel in Bündel, wäscht sie und bringt sie an die Straße. Danach geht sie in den Weinberg und hilft Papa, der dort seit dem Morgen arbeitet. Dann kommt sie und richtet für Papa das *goûter* und arbeitet weiter. Danach holt sie Gras für die Kaninchen. Wenn sie zurückkommt, ist es dunkel. Sie füttert die Kaninchen und die Hühner, sperrt die Hühner in den Stall und sammelt die Eier ein. Sie füttert die Ziegen und sperrt die Jungen in den Stall. Dann melkt sie die Ziegen. Bevor sie zum Gras holen ging, hat sie das Abendessen vorbereitet, das Gemüse geputzt und Feuer gemacht. Wenn sie bei Dunkelheit zurückkommt, deckt sie den Tisch, und wir essen zu Abend. Dann gehen wir zu Bett. Mama flickt unsere Kleider. Papa hört Radio oder liest Zeitung. Dann gehen auch sie zu Bett, weil sie am nächsten Tag früh aufstehen müssen, um Spargel zu stechen.

An solchen Tagen hat Madame Magnan wenig Gelegenheit, irgend jemanden außer der Familie zu sehen. Ihre Nachbarn wohnen einige hundert Meter entfernt, aber sie sind ebenso beschäftigt wie sie. Sie wäre nicht »seriös«, wenn sie ihre Zeit mit Besuchen bei den Nachbarn verschwendete. An solchen Tagen ist für Madame Magnan die beste Gelegenheit, andere Frauen zu sehen, wenn sie die Spargel an die Straße bringt, denn sie trifft dort einige, die ebenfalls auf Monsieur Borels großen Lastwagen warten, der die tägliche Spargelernte der Gegend einsammelt. Es ist nicht erstaunlich, daß sich die Bauersfrauen der Umgebung auf die Fahrt am Samstag morgen zum Markt nach Apt freuen. Durch die Isolierung unterscheidet sich ihr Leben sehr von dem der Frauen im Dorf.

Die Frauen im Dorf sind während ihrer Hausarbeit allein, aber einige Arbeiten können sie in Gesellschaft anderer Frauen verrichten. Marie Fratani, Madeleine Pian, Madame Biron und ihre Kinder gehen an manchen Nachmittagen der Woche zusammen über Land. Im Herbst suchen sie Pilze. Im Winter gehen sie mit einem zweirädrigen Karren in den Wald und sammeln Reisig. Im Frühjahr holen sie in großen Säcken Gras und Maulbeerblätter. Diese Unternehmungen sind wirtschaftlich nützlich und gewähren gleichzeitig eine angenehme Abwechslung.

Bleiben die Frauen zu Hause, um zu nähen oder zu stricken, dann laden sie oft eine oder zwei Freundinnen zum Kaffee ein. Die Freundinnen bringen ihr Näh- oder Strickzeug mit und machen, wenn sie Kaffee getrunken haben, ihre Handarbeiten. Ist es warm und sonnig, tragen sie ihre Stühle vor das Haus und schwätzen und arbeiten im Freien.

Manchmal kommt noch eine oder die andere Frau dazu. Auch viele der Vorübergehenden bleiben stehen und schwätzen eine Weile. Diese Gruppen sind klein und beständig. Es sind meistens dieselben drei oder vier Frauen, die täglich zusammenkommen. Oft bilden Mutter und Tochter den Kern einer solchen Gruppe. Marie Fratani verbringt ihre Zeit mit ihrer Tochter Madeleine Pian und mit Madame Biron, die in deren Haus wohnt. Madame Pleindoux macht ihre Handarbeiten zusammen mit ihrer Tochter Nicole Favre und mit Madame Voisin, der Frau des *cafetiers*, die gegenüber wohnt. Madame Borel ist mit ihrer Tochter Françoise Bonerandi und mit der Braut ihres Sohnes, Nicole Magnan, zusammen. Andere Gruppen basieren mehr auf Freundschaft als auf Verwandtschaft. Giselle Favre ist immer mit Marie Mazon zusammen; die beiden sind schon seit ihrer Kindheit befreundet. Marcelle Jouvaud näht und schwätzt zusammen mit ihrer älteren Nachbarin, Madame Grandgeon. Berthe Fraysse und Renée Fortias wohnen nicht nahe beieinander, stammen aber beide aus der Stadt.

Diese Gruppen genügen sich selbst. Frauen aus verschiedenen Gruppen sieht man selten zusammen, es sei denn auf der Straße oder im Laden. Manche Frauen des Dorfes sehen sich so gut wie nie. Die meisten Männer des Dorfes hingegen treffen sich ab und zu – zum Beispiel wenn sie beim Boules zuschauen. Die Kontakte der Frauen sind viel begrenzter.

Weil die Unterhaltungen in diesen Gruppen sich oft um Ereignisse im Dorf und vor allem um die Leute des Dorfes drehen und dabei meistens Kritik geübt wird, beklagen sich die Männer über den schlechten Einfluß dieser Klatschgruppen. Sie behaupten, Ruf und Ansehen vieler sei vor allem durch diese Gruppen zerstört worden. Diese Klage ist gerechtfertigt, obwohl auch die Männer üble Nachreden führen. Keine Frau kann so gründlich das Ansehen eines Menschen zerstören wie der bösartige Edouard Pascal. Aber im allgemeinen sind die Männer mehr an Sport und Politik interessiert als an Dorfklatsch, wogegen den Frauen ihre Schwätzereien am wichtigsten sind.

Die Gruppe von Frauen, die ich am besten beobachten konnte, war die vor Madame Pleindouxs Haus. An sonnigen Tagen sitzt diese Gruppe in einer Ecke des Rathausplatzes gegenüber dem Café. Dies ist ein strategischer Punkt, weil jeder dort vorbeigehen muß – ob er nun zum Bäcker, zum Kolonialwarenladen, zur Metzgerei, zum Rathaus, ins Café, zum öffentlichen Waschplatz oder zu den öffentlichen Toiletten geht. Da die Frau des *cafetiers* zu der Gruppe gehört, sind diese Frauen am besten über die Angelegenheiten orientiert, die beim Apéritif an der Bar besprochen werden. Wenige Frauen wissen besser als sie über die Vorgänge im Dorf Bescheid.

Eines Morgens saß ich bei der Gruppe. Es war langweilig. Die Frauen strickten und hatten sich nicht viel zu erzählen. Der zweijährige Dédou spielte auf dem Platz mit einem Gummiball und saugte ab und zu an seinem Schnuller, den er an einer Schnur um den Hals hängen hatte. Da wenig los war, nahmen die Frauen von Dédou mehr Notiz als gewöhnlich. Immer wenn er im Schmutz spielte, schrie ihn seine Mutter an. Dies veranlaßte sie, sich über alle ihre Kinder zu beklagen – Dédou und seine drei älteren Schwestern, die sich immer schmutzig machten, ihre Kleider zerrissen und ihr dadurch mehr Arbeit verursachten. Sie deutete als Beweis dafür auf einen Haufen Flickzeug. Madame Pleindoux, ihre Mutter, widersprach ihr, verteidigte ihre Enkelkinder und behauptete, sie benähmen sich viel besser als die meisten Dorfkinder. Sie zitierte die Kinder von Marcelle Jouvaud, die wirklich schmutzig und ungezogen wären.

Diese Unterhaltung wurde durch Madame Peyroux unterbrochen, die gerade in Reynards Laden Garn gekauft hatte. Sie erzählte, daß das Knäuel Garn wieder 10 Francs teurer geworden sei. Dies rief bei allen Frauen Protest gegen die mysteriösen Mächte hervor, die sie anscheinend ruinieren wollten. »Schon wieder. *Sie* erhöhen zuerst den Preis für Wolle, dann für Kaffee, dann für Zucker und jetzt fangen *sie* wieder von vorne an.«

Madame Pleindoux, stets optimistischer als ihre Tochter, meinte, das Garn sei schließlich billiger, leichter zu bekommen und von besserer Qualität als während des Krieges. Die anderen Frauen gaben es zu, und die Erinnerung an das, was sie von 1940 bis 1945 durchgemacht hatten, änderte den Gang der Unterhaltung. Sie sprachen von der Not, die sie in jenen Jahren ertragen mußten, und von den damaligen Schwierigkeiten, ihre Familien zu versorgen. Dann erinnerte eine der Frauen daran, daß das Leben vor dem Krieg leichter gewesen sei, und das brachte die Gruppe wieder auf die jüngsten Preiserhöhungen zurück.

Über dieses Thema hätten sie sich, wie schon oft, noch den ganzen Vormittag unterhalten, wenn nicht Madame Fraysse mit Neuigkeiten über Paul Jouvauds letzten Streich dazugekommen wäre. Paul, den schwachsinnigen Jungen von Simon Jouvaud, fürchteten alle im Dorf, besonders die Frauen. Er war stark wie ein Stier, und man behauptete, er habe ein unnormal großes Geschlechtsorgan. Alle fürchteten, seine Kraft, sein tierhaftes Wesen und sein wachsendes sexuelles Verlangen könnten früher oder später zu einer Katastrophe im Dorf führen. Erst vor einigen Tagen war er hinter Madame Pleindoux hergeschlichen, hatte ihre weißen Haare gestreichelt und geflüstert: »Wie schön sind Sie! Wie schön sind Sie!«

Madame Fraysse berichtete, ihr Mann sei vor wenigen Minuten an einem verlassenen Hof oben auf dem Hügel vorbeigegangen. Er hörte Schreie, und als er nachschaute, fand er Paul, der die zwölfjährige Suzanne Canazzi ins Haus gezerrt hatte und sie nicht mehr loslassen wollte. Fraysse gab ihm eine Ohrfeige und hoffte, ihm damit eine Lektion erteilt zu haben.

Alle waren empört. Die erwartete Katastrophe war beinahe eingetreten. Alle hatten Simon und Marcelle Jouvaud gesagt, daß sie Paul in eine »Schule« schicken sollten, aber Marcelle weinte immer, wenn man davon sprach. Simon meinte, nur Marcelle und er könnten Paul begreifen. Wenn sie Paul wegschickten, würde er vor Heimweh sterben. Und wenn Paul stürbe, würde er, Simon, sich das Leben nehmen.
Die Frauen hatten Mitleid mit den Jouvauds, aber sie sagten: »Was kann man schon von solchen Leuten erwarten?« Simon und Marcelle waren Vetter und Cousine ersten Grades. Sie waren immer ineinander verliebt gewesen, aber ihre Eltern wollten sie nicht heiraten lassen. Simon heiratete eine andere Frau. Aber er traf sich weiter mit Marcelle, und Paul entstammte dieser Beziehung. Nach dem Tod von Simons Eltern ließ er sich scheiden und heiratete Marcelle. Sie bekamen dann noch vier Kinder, die alle normal sind.
Obwohl alle Frauen in Madame Pleindouxs Gruppe die Jouvauds bemitleideten, beschuldigten sie selbstgerecht die Jouvauds, sie wären an ihrem Unglück selbst schuld. Außerdem waren die Jouvauds schmutzig, hatten zu viele Kinder, zahlten ihre Schulden nicht, und Simon trank zu viel. Für die anständigen Peyraner symbolisierten die Jouvauds alles das, was nicht anständig war.
Angesichts der Bedrohung durch Paul Jouvaud waren sich die Frauen darin einig, daß die Gemeinde die Angelegenheit in die Hand nehmen müsse, wenn die Familie Jouvaud nichts unternahm. Dies rief Kritik am Bürgermeister und am Ratsschreiber hervor. Der Bürgermeister wohnte nicht einmal in der Gemeinde, und es interessierte ihn nicht, was in ihr vorging. Er wollte nur Bürgermeister sein, um seine Geschäfte zu fördern. Der Ratsschreiber hatte versucht, die Gastwirtschaft zu betreiben, bevor sie Vincent übernahm, und war gescheitert. Wie konnte man von ihm erwarten, daß er in der Gemeindeverwaltung eine Hilfe war. Früher, als »der arme Monsieur Prullière« Bürgermeister war, war das anders. Er würde nie diese skandalöse Situation – Paul Jouvaud frei im Dorf herumlaufen zu lassen – geduldet haben.
Die Jouvaud-Affaire blieb noch für mehrere Tage Gesprächsstoff der Frauen, aber an diesem Morgen brach die Unterhaltung ab, als die Turmuhr zwölf schlug. Die Frauen ergriffen ihr Nähzeug und ihre Stricksachen und erklärten, sie hätten nicht gemerkt, wie spät es schon sei. Madame Favre eilte nach Hause, und Madame Pleindoux folgte ihr langsam mit Dédou an der Hand. Nur Madame Voisin nahm sich ein wenig Zeit, denn die Voisins konnten erst nach der Apéritifstunde

essen. Sie ging ins Café zurück, und die sonnige Ecke auf dem Platz blieb leer bis zum Nachmittag, wenn sich die Frauen dort wieder zusammenfinden würden.
Die Frauen gingen befriedigt nach Hause. Sie hatten über ihre Probleme sprechen können. Sie hatten Erleichterung empfunden durch ihre Angriffe auf die Jouvauds, den Bürgermeister, den Ratsschreiber und durch ihre Auflehnung gegen die unbestimmten Mächte von außerhalb. Sie hatten Trost darin gefunden, über vergangene Tage, die schwerer, und solche, die leichter gewesen waren, zu sprechen. Die Affaire Jouvaud hatte ein wenig Spannung in ihr einförmiges Leben gebracht.

La Veillée

Da man als Außenstehender das Café und die Gruppen der Frauen leicht beobachten kann, scheinen sie auf den ersten Blick die wesentlichen Zentren der Erholung für die Dorfbewohner zu sein. In Wirklichkeit aber gehen viele Männer nicht ins Café, und viele Frauen gehören keiner Gruppe an. Wie sie ihre Freizeit verbringen, ist schwieriger festzustellen, weil es sich nicht in der Öffentlichkeit abspielt. Wenn man abends durch die Straßen von Peyrane geht, sieht man fast niemanden. Außer bei Pougets und Malitournes, denen es an *pudeur* fehlt, sind an allen Häusern die Läden geschlossen. Man kann nicht feststellen, ob die Leute zu Hause sind und was sie tun, wenn sie zu Hause sind. Dies schafft eine geheimnisvolle Atmosphäre, aber tatsächlich geschieht nichts Aufregendes in den Häusern; die meisten Leute verbringen ihre Abende einfach ruhig daheim.
Die Abende sind kurz. Im Winter hat man frühestens um acht Uhr zu Abend gegessen, und im Sommer wird es sogar oft neun Uhr oder noch später, bis der Tisch abgeräumt ist. Während der Schulzeit müssen die Kinder dann ihre Hausaufgaben machen. Sie sitzen um den Tisch in der *salle*. Die älteren Kinder helfen den jüngeren; wenn nötig, werden die Eltern befragt. Der Vater liest die Zeitung und hört die Nachrichten im Radio. Gelegentlich hört er auch noch das weitere Programm. Seine Frau näht, strickt oder bügelt. Manchmal kommt ein Freund vorbei, aber unangemeldete Besuche sind kurz und haben meist einen bestimmten Grund. Gegen zehn Uhr geht die Familie zu Bett.
Ein- oder zweimal in der Woche ist die Familie abends bei Freunden eingeladen oder Freunde kommen zu ihr. *Faire la veillée chez des amis*

ist das beliebteste Vergnügen in Peyrane. Da es eine zwanglose Angelegenheit ist, braucht ein Außenstehender Zeit, um die Regeln zu erkennen, die die Familien während der *veillée* befolgen. Es ist leichter, Boules spielen zu lernen, weil es feststehende Regeln hat. Es ist schwierig, die örtlichen Gepflogenheiten zu begreifen, wie man einen Besuch macht und wie man einen empfängt.

Die *veillée* ist eine familiäre Angelegenheit; die Männer müssen sich zwar rasieren, aber weder Gastgeber noch Gäste ziehen ihre guten Kleider an. Die besten Alltagskleider sind das richtige. Die Gäste werden gewöhnlich zwischen acht und neun Uhr erwartet, aber es kommt nicht so genau darauf an. Sie kommen, wenn sie gegessen und gespült haben.

Eine Familie ist immer mit ihren Kindern eingeladen. Wir versuchten, unsere Gewohnheit beizubehalten, unsere Kinder um sieben Uhr ins Bett zu legen, unabhängig davon, wie wir den Abend verbringen wollten. Es schien nicht schwierig, einen Babysitter zu bekommen, da die jungen Leute Geld brauchten und Zeit hatten, aber in Peyrane verstand man die Funktion eines Babysitters nicht ganz. Das Zweideutige der Rolle als Gast und als Angestellter, die Mischung von freundschaftlicher Hilfe und bezahltem Dienst sowie die Merkwürdigkeit, einem Außenstehenden Verantwortung innerhalb der Familie zu geben, erschien den Leuten seltsam. Es war ihnen nachts allein in unserem Haus ungemütlich. Sie fanden, daß wir alles komplizierten, weil wir unsere Kinder ins Bett schickten, statt sie mitzunehmen.

Kamen wir zu Freunden – zum Beispiel zu Favres, die für unsere Gastgeber in Peyrane typisch waren – bedauerten sie, daß wir die Kinder nicht mitgebracht hatten, obwohl sie unseren Standpunkt kannten. Die nächsten Worte drehten sich unvermeidlich um eine andere unserer Verrücktheiten – unsere bekannte Gewohnheit, die *salle* gut zu heizen. Wenn wir unsere Mäntel auszogen, sagte Monsieur Favre immer: »Ich weiß nicht, was mit dem Feuer los ist. Es ist viel zu kalt hier.« Trotz unseres Protests legte er zu Ehren seiner Gäste noch einige Briketts in den Ofen. Nachdem das Feuer geschürt war, stellte Madame Favre eine Kanne Kaffee auf den Ofen. Wie in den meisten Häusern war auch bei Favres der Kamin durch einen Ofen ersetzt worden. Wir setzten uns um den großen Tisch in der *salle*.

Madame Favre schenkte Kaffee ein und reichte eine Schale mit Zuckerstückchen herum. Wir nahmen, wie die anderen Gäste, ein Stück Zucker, aber Madame Favre sagte nachdrücklich: »Oh, bitte, nehmen

Sie doch zwei«. Wir protestierten, aber schließlich nahmen wir alle ein zweites Stück. Während wir Kaffee tranken, holte Monsieur Favre eine Flasche seines selbstgebrannten *marc* aus dem Schrank. Madame Favre brachte Gläser für alle, aber es wurde nicht erwartet, daß jeder *marc* trank. Er ist ein sehr starker Branntwein, und man versteht, daß Leute, deren Magen und Leber empfindlich sind, ihn nicht trinken. Die Männer trinken den *marc* pur, ab und zu im Laufe des Abends in kleinen Schlücken. Die wenigen Frauen, die ihn trinken, nehmen nur ein paar Tropfen in ein Glas und tunken ein Stückchen Zucker hinein.

Man erzählte uns, daß manche Leute abends Karten spielen, aber an unseren *veillées* mit Favres und anderen Freunden war die Unterhaltung so lebhaft, daß niemand Verlangen nach einem arrangierten Spiel hatte. Es war lange Zeit üblich, den Abend mit *faire la castagnade* (Kastanien rösten) zu verbringen, aber der Brauch stirbt langsam aus. Man muß die Kastanien beim Kolonialwarenhändler kaufen, und da ein Kastanienschädling sich in Frankreich ausbreitet, werden sie immer teurer. Außerdem müssen die Kastanien jetzt auf dem Ofen geröstet werden, und das Hauptvergnügen bei der *castagnade* war das Rösten am offenen Feuer. Von unseren Freunden, mit denen wir die *veillées* verbrachten, hatten nur noch die älteren Pians einen offenen Kamin. Nur bei ihnen erlebten wir eine *castagnade.*

Madame Pian brachte eine langstielige Pfanne, die so alt war, daß der Boden lauter Löcher hatte. Da sie in der Küche nicht mehr verwendet werden konnte, waren noch mehr Löcher hineingebohrt worden, um sie zum Kastanienrösten benutzen zu können. Dann brachte sie einen Sack voll Kastanien und ein Küchenmesser, mit dem sie in jede Kastanie einen Schnitt machte, bevor sie sie in die Pfanne legte. Sie erklärte, daß sie aufpassen müsse, denn eine uneingeschnittene Kastanie könne in der Pfanne explodieren und jemanden verletzen. Als der Boden der Pfanne mit Kastanien bedeckt war, röstete sie sie über den Kohlen, bis sie braun waren und aufplatzten. Dann schüttete sie sie in ein wollenes Tuch, wickelte sie fest ein, denn Kastanien müssen ein paar Minuten »erstickt« werden, bevor man sie ißt. Unterdessen hatte Monsieur Pian eine Flasche seines besten Weißweins aufgemacht. Kastanien schmecken am besten mit Weißwein, wie Käse mit Rotwein. Sie »verheiraten sich« gut. Meistens war bei Pians mindestens einer, der das Vergnügen an der *castagnade* nicht teilen konnte, weil die Kastanien und der Weißwein ihm zu schlecht kamen. Auch den Enkelkin-

dern der Pians wurde geraten, nicht zu viel zu essen, weil Kindermägen für das »Gewicht« der Kastanien zu »empfindlich« seien.
Aber in den meisten Häusern waren die Abende nicht so abwechslungsreich. Um elf Uhr holte die Gastgeberin gewöhnlich Gläser aus dem Schrank und polierte sie sorgfältig mit einem besonderen, bestickten Geschirrtuch. Während sie die Gläser auf den Tisch stellte, öffnete der Gastgeber eine Flasche seines selbstgemachten Dessertweins, eines schweren, süßen Weins, der manchmal mit Kräutern gewürzt ist. Bei besonderen Anlässen brachte er eine Flasche selbstgemachten *vin mousseux*. Wenn die Familie keinen eigenen Weinberg hat, muß sie eine Flasche Dessertwein bei Reynard im Laden kaufen. Er ist teuer und so süß, daß niemand mehr als ein kleines Glas trinkt. So reicht eine Flasche für mehrere *veillées*. Für besondere Anlässe machte die Gastgeberin einen Pudding oder backte eine Torte oder einen Kuchen, aber meist bot sie süßes Gebäck an, das sie bei Reynard gekauft hatte.
Die Unterhaltung ging währenddessen weiter, aber wenn alles aufgegessen war, war auch der Abend zu Ende. Freunde, die ihre Kinder mitgebracht hatten, weckten sie und unterzogen sie der qualvollen Prozedur, die Mäntel anzuziehen und die langen Schals um den Hals zu wickeln. Die Tortur wurde noch größer durch das Lachen der Erwachsenen, die die Kinder besonders *mignons* fanden, wenn sie verschlafen waren. Die Gäste bedankten sich bei den Gastgebern, jeder reichte jedem die Hand, und dann gingen sie nach Hause.

13. KAPITEL

Feiertage in Peyrane

Vergangene Bräuche

Die Frauengruppen, die *veillées* und die verschiedenen Zusammenkünfte im Café sind die üblichen Formen der Zerstreuung für die Erwachsenen von Peyrane. Ältere Leute erzählen, daß vor dem Ersten Weltkrieg der Alltag häufiger durch besondere Ereignisse unterbrochen wurde, so daß man sich immer auf etwas freuen konnte.

An Neujahr arbeitete niemand. Die Leute besuchten Freunde, um ihnen ein gutes Neues Jahr zu wünschen. Die Kinder bekamen von Verwandten und Paten Geschenke. Sie zogen in Gruppen von Haus zu Haus, wünschten Glück und erhielten Sous und Süßigkeiten.

An Dreikönig traf man sich abends mit Freunden, um einen Kuchen in Form einer Krone zu essen. In den Kuchen war eine Bohne oder ein kleines Geschenk eingebacken, und derjenige, der den Gegenstand fand, mußte am nächsten Sonntag für dieselbe Gruppe einen Kuchen backen. Der Witz war, das Stück Kuchen mit der Bohne dem Geizigsten zuzuschieben. Die anderen waren eingeweiht, und sie beobachteten den Betreffenden genau, damit er die Bohne nicht herunterschluckte, um keinen Kuchen backen zu müssen.

An Maria Lichtmeß ließ jeder in der Kirche eine Kerze weihen. Eine an Maria Lichtmeß geweihte Kerze, die man bei einem Unwetter anzündet, sollte die Familie vor dem Blitz schützen. Maria Lichtmeß war auch der Tag, an dem früher der Bär nach seinem Winterschlaf aus seiner Höhle kroch. War das Wetter schlecht, ging er wieder in seine Höhle zurück, und das Wetter blieb vierzig Tage lang schlecht.

Der Sankt Josephstag war ein besonderer Tag für die Kinder. Sie gingen mit ihren Eltern zur Messe und bekamen vom Pfarrer geweihte Medaillons und Gebäck. Zu Hause gab es ein besonderes Essen mit allen ihren Lieblingsgerichten.

Dann kamen Karneval, Fastnachtsdienstag, Aschermittwoch und die Karwoche. Palmsonntag war auch ein Festtag für die Kinder. Olivenzweige anstelle von Palmblättern wurden bei der Messe geweiht und zu Hause mit kandierten Früchten geschmückt. Man verbrannte sie bei Unwetter, um die Familie vor dem Blitz zu schützen. Am Gründonnerstag beobachteten die Kinder genau den Glockenturm der Kirche und den Himmel, denn man glaubte, an diesem Tag würden die Glokken durch die Luft nach Rom fliegen, um dort geweiht zu werden, und erst am Ostersonntag wieder zurückkehren. Da keine Glocken da waren, um die Metten einzuläuten, liefen Gruppen von Kindern dreimal durch das Dorf und machten mit Pfannen und Klappern Lärm, um die Leute zur Messe zu rufen.

Dann kam Pfingsten, die Zeit für Ausflüge und lange *promenades.* In der Bittwoche machte der Pfarrer mit einer Menge Gläubigern eine Flurprozession durch die Felder und hielt kurze Gottesdienste in den kleinen Kapellen und an den Kreuzen ab, die verstreut am Wege und in den Feldern stehen. An Fronleichnam fand eine Prozession im Dorf selbst statt. Die Frauen hingen ihre besten Bettücher an die Fassaden der Häuser und errichteten davor kleine Altäre. Die Prozession bewegte sich durch die Straßen, voraus gingen die Kinder, die Blumen streuten, gefolgt vom Pfarrer und den Meßknaben, dann, wie die alten Leute sagen, *le bon Dieu* selbst, auf einem Podest von mehreren Männern getragen. Im Vorübergehen segnete der Pfarrer die Familienaltäre.

In der Johannisnacht zündeten alle Leute Freudenfeuer an. Von der Kuppe des Hügels aus konnte man sehen, wie die ganze Landschaft mit Lichtflecken übersät war. Selbst oben in den Bergen brannten Feuer; jeder einsame Schafhirt, der sein Johannisfeuer anzündete, fühlte sich den Menschen unten im Tal verbunden. Abends sprang man über das Feuer, denn man sagte: wer über ein Johannisfeuer springt, der wird für den Rest des Jahres nicht mehr von Flöhen geplagt.

Am 15. August, Mariä Himmelfahrt, machte der Pfarrer mit den Dorfbewohnern eine Wallfahrt zu der achthundert Meter unterhalb des Dorfes gelegenen kleinen Michaelskapelle, wo nur einmal jährlich eine besondere Messe zelebriert wurde.

Das Fest des Schutzpatrons von Peyrane, des Heiligen Michael, wurde gegen Ende September eine ganze Woche lang gefeiert. Diesem fröhlichen Fest folgte einen Monat später der ernsteste Tag des Jahres,

Allerseelen. Die Glocken läuteten die ganze Nacht vor Allerheiligen, um die Dorfbewohner auf die Feiern am nächsten Tag vorzubereiten. Den darauffolgenden Tag, Allerseelen, verbrachte man in der Messe und auf dem Friedhof. Abends blieben die Familien zu Hause. Man besuchte keine Freunde. Jede Familie verbrachte die *veillée* für sich.

Weihnachten galt nicht wie in manchen anderen Ländern als das bedeutendste Fest des Jahres, aber es war doch eine wichtige Angelegenheit. Heute gibt es nur noch zwei Bäckereien in Peyrane; früher waren es sieben, und sie alle backten an Weihnachten fleißig die traditionellen Nougats, die aus Honig und Mandeln gemacht wurden, und flache Kuchen, die man *gibaciers* nannte. In dieser Zeit beschenkten die Bauern die Bäcker als Anerkennung mit Eiern und Fleisch.

Während der Mitternachtsmesse war die Kirche überfüllt. Danach nahm jede Familie das größte Festessen des Jahres ein. Dieses *réveillon* dauerte manchmal vom Ende der Mitternachtsmesse bis zur ersten Messe am Weihnachtsmorgen. Bevor man sich zum Essen setzte, legte der Vater als Haupt der Familie einen großen Holzscheit auf das Feuer im Kamin; dann tauchte er eine Stange Sellerie in ein Glas Wein, besprengte damit das Scheit und segnete es. Dann trank jeder feierlich ein wenig von dem Wein, in den die Sellerie getaucht worden war, und das Fest begann.

Es gab noch viele andere Tage, die besonders gefeiert wurden. Der 2. Januar, der Tag der Heiligen Klara, war der Feiertag der Hausangestellten. Die Näherinnen nähten an diesem Tag nicht, weil man sagte, sie würden sonst blind. Am Abend des St. Vincentstages liefen die Frauen mit Fackeln durch das Dorf und besuchten alle Männer, die Vincent hießen, und alle Vincents mußten ihnen ein Glas Wein geben. Auch die Handwerker hatten ihre Feiertage: die Zimmerleute am St. Josephstag, die Schmiede am St. Eligiustag und die Schuhmacher am St. Thomastag. Mariä Himmelfahrt war der Feiertag der Maurer. An diesem Tag durften die Maurer nicht arbeiten und sollten sich betrinken.

Heute trinken die Maurer nicht mehr und nicht weniger als alle anderen in Peyrane. Himmelfahrt ist kein besonderes Fest mehr für sie. Man beachtet die Männer namens Vincent am St. Vincentstag nicht mehr besonders, und die Näherinnen nähen auch am St. Klaratag. Die meisten Leute nehmen nach der Christmette nur einen kleinen Imbiß ein. Die Kirchenglocken schweigen am Abend vor Allerheiligen. Man unternimmt an Himmelfahrt keine Prozession mehr zur Michaels-

kapelle; die kleine Kapelle wird seit Jahren nicht mehr benutzt. An Fronleichnam führt der Pfarrer keine Prozession mehr durch die Straßen des Dorfes, um die Altäre zu segnen.
Als die Lehrerinnen entdeckten, daß die Kinder praktisch nichts über Karneval wußten, stellten sie ihnen eine Aufgabe. Jedes Kind mußte seine Eltern und Großeltern über frühere Karnevalsfeste befragen. Alle Informationen wurden gesammelt, und die Kinder machten gemeinsam folgenden Bericht:

Unsere Untersuchung über Karneval in unserem Dorf

Heute feiert man Karneval fast gar nicht mehr. Nur an Maria Lichtmeß (am 2. Februar) backen wir noch Pfannekuchen. Um das ganze Jahr reich zu sein, machten die Leute früher Pfannekuchen, mit dem Pfannenstiel in der rechten und einem Goldstück in der linken Hand. Die Leute, die heute diesen Brauch noch einhalten, nehmen irgendeine Münze in die linke Hand. Wir backen auch Krapfen und *oreillettes*, die wir mit unseren Freunden zusammen essen. Dann spielen wir jemandem einen Streich, den wir schon vorher heimlich bestimmt haben. Wir geben ihm einen Krapfen oder eine *oreillette*, in die ein Faden oder Pfeffer oder Salz hineingebacken ist. Wenn es ein Faden ist, zieht er ihn beim Essen heraus. Wenn es Pfeffer ist, hustet er, macht Grimassen und bittet um etwas zu trinken. Alle lachen ihn aus und lassen ihn auf seinen Weißwein warten.

Früher gab es viele Maskenbälle an Karneval; den größten am *Mardi Gras*. Kurz nach Mitternacht verkündete ein alter Mann die Ankunft seiner Majestät *Caramentran* und seiner Frau *Carême* (das bedeutet: der Beginn der Fastenzeit und die Fastenzeit). Es waren zwei kostümierte Strohpuppen. Der *cafetier* füllte einen Krug mit Glühwein, der ihnen zu Ehren ausgetrunken wurde. Man stellte sie auf das Podium neben die Musiker, und der Tanz begann. Leute, die nicht tanzen konnten, bewachten seine Majestät. Um vier Uhr setzte man sich zu einem Festessen, bei dem *Caramentran* mit seinen Wächtern präsidierte. Dann bemalten sich die jungen Leute ihre Gesichter, gingen hinaus aufs Land und baten in allen Höfen um Eier, Wurst, Geflügel, Wein usw.

Am Mittwoch abend oder am folgenden Sonntag bekamen alle, die zum Tanzen kamen, Krapfen. Wenn alte Leute kamen, gab man ihnen eine Schale *café au lait*. Nach dem Tanz, der lange dauerte, veranstalteten die jungen Leute mit den eingesammelten Nahrungsmitteln ein großes Festessen. Nachmittags war eine närrische Gerichtsverhandlung, in der *Caramentran* zum Tode verurteilt wurde. Dann erschossen sie ihn und trugen ihn auf den Friedhof. Alle sangen dabei: »Leb wohl, armer *Caramentran*«. Dann verbrannten sie ihn. Die jungen Männer, die die Nahrungsmittel eingesammelt hatten, zogen Frauennachthemden und Nachtmützen an und tanzten zu Trommeln und Trompeten eine teuflische *farandole* um das Feuer; dies war die Feier der *Camisards* (Männer im Hemd).

An dem Karneval, den wir in Peyrane erlebten, aßen die Leute Krapfen zum Nachtisch. Reynard hatte einige Masken in seinem Laden, aber nur unsere Söhne kauften welche. Jeanne Reynard bekam eine Maske von ihrem Vater. Wir kauften noch eine für Colette Favre, die gerne eine haben wollte, deren Mutter aber gesagt hatte, daß sie »kein Geld für so dummes Zeug« habe. Man war freundlich mit Jeanne, Collette und unseren Jungen, als sie durch die Straßen stolzierten. Nur ein junges Pärchen trug an diesem Abend Kostüm und Maske. Einige Nachbarn kamen, um ihre alten provençalischen Kostüme zu bewundern, aber der Junge und das Mädchen gingen nicht durchs Dorf. Sie fuhren mit dem Auto zum Tanz nach Cavaillon. Das war alles, was vom Karnevalsfest übriggeblieben ist.
Die einzigen Feste aus früherer Zeit, die noch heute von vielen gefeiert werden, sind Allerseelen, die Mitternachtsmesse an Weihnachten, das Fest zu Ehren des Schutzpatrons des Dorfes und das Fest des Schutzpatrons der Freiwilligen Feuerwehr.

Allerseelen

Allerheiligen, der Tag zu Ehren aller Heiligen im Himmel, und Allerseelen, der Tag, an dem man für die Seelen im Fegefeuer betet, sind in Peyrane etwas durcheinandergeraten. Der Name Allerheiligen hat sich zwar erhalten, aber seine Funktion haben die Leute vergessen. Im allgemeinen wird Allerheiligen an Allerseelen gefeiert, auch von den Leuten, die selten in die Kirche gehen.

In den letzten Oktobertagen sind viele Dorfbewohner auf dem Weg zum Friedhof, auf dem man sonst nur Touristen sieht. Alle benutzen ihre freie Zeit, um die Familiengräber herzurichten. Mit Gartengeräten beladen, steigen die Eltern mit ihren Kindern den Hügel zum Friedhof hinauf. Auswärtige Autos parken an der Kreuzung des Weges mit der Straße, denn viele Familien, die von Peyrane weggezogen sind, kommen in diesen Tagen ins Dorf, um das Familiengrab in Ordnung zu bringen. Alle ziehen fleißig Unkraut heraus, streuen frischen Kies auf die Wege und säubern die Grabsteine.

Unsere Kinder feierten den Abend vor Allerheiligen auf amerikanische Weise. Sie machten Papierlaternen und schnitten Hexen und Gespenster aus. Aber wir verlegten diese Tätigkeit in ein Hinterzimmer, denn es wäre wenig taktvoll gewesen, die Leute von Peyrane merken zu lassen, daß wir Allerseelen mit Karneval durcheinanderbrachten. Die meisten Menschen in Peyrane sind nicht fromm, aber »trotzdem, man schuldet dem Tod Respekt«.

Die Kirchenglocken läuteten nicht mehr wie früher die ganze Nacht vor Allerheiligen; aber am Morgen von Allerseelen läuteten sie mehrmals, denn es wurden drei Messen gelesen. Obwohl wenige Leute in die Messe gingen, erweckte das Glockengeläut das Gefühl, es sei ein besonderer Tag. Im Dorf war mehr Betrieb als gewöhnlich durch die an- und abfahrenden Autos.

Die Prayals fuhren an diesem Tag nach Goult, die Louis Pians nach Gordes und die Vernets nach Pernes. Madame Girard machte eine lange Busfahrt in ein Dorf im nächsten Departement. Die Martrons, die vor einigen Jahren nach Apt gezogen waren, kamen an diesem Tag nach Peyrane. Die Carles kamen von Saint-Saturnin herüber. Es waren viele Leute im Dorf, die ich nicht kannte. Häuser, die das übrige Jahr geschlossen waren, wurden an diesem Tag geöffnet. Jede Familie, die es möglich machen konnte, kam in das Dorf zurück, in dem die meisten ihrer Angehörigen begraben waren. Leute, die sich ein Jahr lang nicht gesehen hatten, umarmten sich herzlich auf der Straße, aber sie waren nicht fröhlich. Die schwarze Kleidung, die alle trugen, gemahnte an den Ernst des Tages.

Den ganzen Tag über war der Friedhof voller Leute, die Blumen auf die schon ein paar Tage zuvor hergerichteten Gräber legten. Madame Jouvaud, die Frau des Maurers, ist die einzige, die Blumen um ihrer Schönheit willen pflanzt, aber einige Familien ziehen nur Blumen, um ihre Familiengräber an Allerseelen damit zu schmücken. Das ist billiger, als die Chrysanthemen bei Monsieur Grandgeon zu kaufen. An diesem Tag war der Abendgottesdienst am besten besucht. Nach dem Gottesdienst führte der Pfarrer die Gläubigen in einer Prozession auf den Friedhof. Als die Prozession durch die Straßen ging, schlossen sich ihr viele Leute an, die nie in die Messe gingen, aber an der Zeremonie auf dem Friedhof teilnehmen wollten. Kurz vor dem Friedhof war die Prozession auf fast hundert Leute angewachsen.

Nach einer halben Stunde war die Zeremonie beendet, und der alte Abbé Autrand ging so schnell wie möglich ins Dorf zurück. Er war von der Zermonie erschöpft und eilte ins Pfarrhaus, um seinen schweren Priesterrock auszuziehen. Georges Vincent war sein einziger Meßdiener. Die Leute, die nur für diesen Tag nach Peyrane gekommen waren, verabschiedeten sich und fuhren weg. Die Dorfbewohner besuchten sich an diesem Tag nicht gegenseitig, sondern gingen unmittelbar nach Hause. Zur Apéritifstunde waren nur die Einsamen im Café.

Christmette

Allerseelen ist ein Feiertag, der in einer religiösen Atmosphäre begangen wird, aber nur wenige gehen zur Messe. An Weihnachten dagegen besuchen fast alle die Messe – aber nicht viele aus religiösen Gründen. Sie gehen zur Mitternachtsmesse wie zur Preisverteilung in der Schule. Die wenigen Frommen verlieren sich unter den vielen, die sich nur an diesem Tag in der Kirche zeigen.

Da die Kirche nur am Weihnachtsabend voll ist, bietet sich für Abbé Autrand an diesem Tag die einzige Gelegenheit, die Mehrzahl der Dorfbewohner zu beeindrucken. Er bereitet sein Programm schon Wochen vor Weihnachten vor und tut alles, um die Christmette würdig zu gestalten.

Als erstes versucht Abbé Autrand einen Chor zusammenzustellen und einzuüben. Da es für einen Chor nicht genug junge Leute aus den frommen Familien gibt, muß er solche aus Familien gewinnen, die der Kirche indifferent gegenüberstehen. Es ist für den Abbé demütigend, jedes Jahr von neuem die geringe Frömmigkeit im Dorf zugestehen zu müssen, aber es gelingt ihm immer, seinen Chor zu bilden. Gleichgültig, wie indifferent die Leute der Kirche gegenüberstehen oder welche politische Ansicht sie haben, sie sind doch stolz, ihre Kinder öffentlich auftreten zu sehen.

Abbé Autrand hat Schwierigkeiten, seinen Chor einzuüben, denn Musik spielt keine große Rolle in Peyrane. Die Kinder lernen zwar Lieder in der Schule; eines der Schulkinder hat sogar Trompetenunterricht in Apt und möchte Musiker werden, und manchmal hört man eine Frau beim Arbeiten singen. Aber sonst kommt die einzige Musik, die im Dorf zu hören ist, aus dem Radio. Niemand hat ein Klavier oder auch nur ein Akkordeon. Es gibt keine »band« im Dorf. Tanzorchester müssen aus anderen Orten geholt werden.

In der Kirche steht ein altes Harmonium; manche zynischen Dorfbewohner fragen, ob es wirklich ein Musikinstrument sei. Auf jeden Fall dient es als solches und wird von der Postbeamtin, Mademoiselle Héraud, gespielt. Sie ist eine der wenigen frommen Kirchgänger, und vor Weihnachten verbringt sie ihre ganze freie Zeit in der feuchten und kalten Kirche, um ihre Lieblingsstücke einzuüben.

Abbé Autrand ist froh, daß Monsieur Gérard ihm bei der Musik für die Christmette helfen wird. Vor Jahren begegnete Gérard, ein Pariser, der auf eine erfolgreiche Karriere als Sänger hoffte, einem Mädchen aus Peyrane und heiratete sie. Zwei oder drei Jahre lang sang er in Varietés, aber er wurde *fatigué* und mußte aus Gesundheitsgründen in Südfrankreich leben. Es war selbstverständlich, daß er nach Peyrane zog. Madame Gérard war als junges Mädchen nach Paris gegangen, um von zu Hause fort zu kommen; jetzt wollte sie nicht wieder im Dorf leben. Sie verließ ihren Mann und ging nach Paris zurück, aber er blieb für einige Jahre in Peyrane. Jetzt lebt er in Apt und kommt stets nach Peyrane, um bei der Christmette das *Minuit Chrétien* zu singen. Abbé Autrand kann sicher sein, daß dies allen gefällt.

Ich besuchte die Weihnachtsmesse; alle Bänke waren besetzt, und außerdem standen noch viele Leute hinten in der Kirche. Léon Favre war mit seiner Familie und Verwandten da, um Louise im Chor singen zu hören. Chanon, der Vorsitzende der Kommunistischen Partei, und Pouget, der Sekretär der Partei, erschienen mit ihren Familien, obwohl die Kinder noch zu klein waren, um mitzusingen. Roche, der antiklerikale Stellvertreter des Bürgermeisters, und Rivet, der agnostische Ratsschreiber mit seiner Frau, waren ebenfalls zugegen. Das ganze Dorf schien da zu sein, aber das stimmte nicht, denn die Kirche war gar nicht groß genug, um alle fassen zu können. Trotz der Menschenmenge war die Kirche eiskalt. Die Feuchtigkeit des Steinbodens war durchdringend, aber das schien niemanden zu stören.

Die Musik erweckte das Interesse der Leute. Als Mademoiselle Héraud ihre Lieblingsstücke auf dem Harmonium spielte, lächelten viele, aber die alten provençalischen Weihnachtslieder, die der Mädchenchor sang, wurden mit viel Beifall aufgenommen. Wenn die Mädchen unsicher wurden, sang Abbé Autrand zur Unterstützung mit. Er war sehr erkältet, aber trotz seiner Hustenanfälle ließ er sich nicht davon abhalten.

Für die meisten Leute erreichte die Zeremonie ihren Höhepunkt, als Monsieur Gérard das *Minuit Chrétien* sang. Danach begannen die Leute wegzugehen. Abbé Autrand hatte sich zum Altar gewendet und setzte die Messe fort. Edouard Pascal, Monsieur Charpier, Madame Reynard und die anderen Gläubigen, die vorne saßen, blieben.

Einige Leute gingen direkt nach Hause, andere ins Café, um sich bei einem Glas Rum am Ofen aufzuwärmen. Sie hatten gemischte Gefühle in bezug auf die Weihnachtsfeier, aber sie würdigten die Anstrengungen Monsieur Autrands. »Er tut sein Bestes«, sagten sie. »Sein Mädchenchor war wunderschön, und Monsieur Gérard war herrlich wie immer. Aber Mademoiselle Héraud und das Harmonium ... Man konnte manchmal nicht unterscheiden, ob Autrand oder das Harmonium hustete!«

Manche Leute gingen nach der Messe zu Freunden, um ein Glas Wein zu trinken und Pastete und Kuchen zu essen, aber es gab kein großes Essen. Seit dem Krieg feiert niemand mehr *réveillon*, das Weihnachtsfest, das früher auf die Christmette folgte. Man aß nicht mehr gemeinsam bei Monsieur Vincent im Restaurant; seine Tür blieb geschlossen, die Fenster waren dunkel.

Obwohl Marcel Rivet mir erzählt hatte, diese Tradition sei ausgestorben, weil die Leute sich einen solchen Luxus nicht mehr leisten könnten, war es doch offensichtlich, daß sie nicht aus Armut sondern aus Gleichgültigkeit diese Feste nicht mehr feierten. Die meisten Leute hatten wie gewöhnlich zu Abend gegessen; sie hatten vor der Messe nicht gefastet. Wenige Leute dachten daran, am Weihnachtsmorgen zur Messe zu gehen. Weihnachten bedeutete den meisten nicht mehr viel.

Einige Tage nach Weihnachten erschien in einer Marseiller Zeitung ein Artikel über die Christmette in Peyrane. Edouard Pascal, der einzige fromme junge Mann im Dorf und Leiter des *Syndicat d'initiative*, hatte ihn geschrieben. Sein Artikel war einerseits von seiner Frömmigkeit inspiriert, andererseits von dem Wunsch, den Ruf Peyranes auf Kosten eines nahegelegenen Dorfes, Les Baux, zu verbessern, wo die Christmette Tausende von Besuchern anzieht. Die von Pascal in dem

Artikel beschriebene Feier unterschied sich so sehr von der tatsächlichen, daß sich sogar die Gläubigen darüber amüsierten.

In der alten Kirche in Peyrane in den Bergen der Vaucluse sind noch die alten Weihnachtslieder aus dem 15. und 17. Jahrhundert lebendig.

Peyrane ist einer der goldenen Orte des Tourismus in diesem Gebiet – ein Adlernest in den Bergen der Vaucluse, ein Hafen des Friedens inmitten des gequälten Gebirges, das Ströme von Gold und Blut in einer Atmosphäre ausblutet, die aus einer Beschreibung der Apokalypse herzurühren scheint.

Der Weihnachtsabend war in einen ungewohnten Glanz gehüllt, aber nicht durch die lärmende Pracht der Touristen, die mehr an dem darauffolgenden Fest interessiert sind, als durch den Geist des Glaubens, der diese heilige Zeremonie beherrschte. Es war ein Glanz, der aus der einfachen Frömmigkeit des ganzen Dorfes erwuchs, dessen Bewohner alle, ohne Rücksicht auf die Verschiedenheit ihrer Ansichten, sich um Mitternacht vor dem erleuchteten Altar versammelt hatten.

Hier gab es keine überschwengliche Demonstration des Volkstums. Hier zeigte sich Tradition in der reinsten Form, und nur wenige Besucher, eingeladen von den angesehensten Persönlichkeiten des Dorfes, die diese durch Jahrhunderte erhaltene Tradition verkörpern, nahmen an diesem prächtigen Schauspiel teil, das der gesamten Bevölkerung des Dorfes geboten wurde.

Dank des Eifers des Pfarrers von Peyrane, des Abbé Autrand, war ein Mädchenchor zusammengestellt worden. So hatten wir das seltene Vergnügen, zum ersten Mal keine »Standard-Weihnachtslieder«, sondern schöne und seltene Gesänge aus dem 15., 16. und 17. Jahrhundert zu hören, und vor allem die Weisen, die zur Weihnachtsmesse am Hofe des Sonnenkönigs gesungen wurden.

Das einzige Zugeständnis, das bei allem sonstigen Respekt an moderne Gebräuche gemacht wurde, war das von einem hervorragenden Sänger des *Gaîté-Lyrique* Theaters in Paris, Monsieur Gérard, gesungene *Minuit Chrétien*, das Mademoiselle Héraud auf dem Harmonium begleitete.

»Ite missa est.« Nach der Zeremonie zerstreuten sich die Leute in den Straßen, wo noch die Schatten von William von Cabestang und seiner Brüder, der Troubadoure, umhergeisterten, wäh-

rend das Mondlicht über die schrägen Dächer flutete und eine heitere Ruhe über das Tal ausbreitete, dessen wildromantischer Anblick auf wunderbare Weise gemildert schien.
Peyrane ist eines der wenigen Dörfer der Vaucluse und der ganzen Gegend, wo die Tradition noch lebendig ist.

Das Fest des Heiligen Michael

Das wichtigste Ereignis des Jahres in Peyrane ist zweifellos das Votivfest zu Ehren des Heiligen Michael, des Schutzpatrons des Dorfes. In einem seiner Briefe schrieb mir Marcel Rivet: »Es ist zu schade, daß Sie *das* Fest dieses Jahr versäumten. Ich sage *das* Fest, denn für jeden Menschen, der in Peyrane geboren und aufgewachsen ist, ist es das einzige Fest, das wirklich zählt.«
Anfang September stellt das Festkomitee der Gemeinde ein Programm auf, läßt große Plakate drucken und sie in der Gegend verteilen.

GEMEINDE PEYRANE
VOTIVFEST DES HEILIGEN MICHAEL

Programm

Samstag, den 28. September, *Café Voisin*

20 Uhr	Pétanque-Boules-Turnier Gruppen von 2 Spielern, jeder 3 Kugeln Preise von 5 000 Francs zusätzlich zu den Einsätzen
21 Uhr	Besonderes Filmprogramm

Sonntag, den 29. September

10 Uhr Café Voisin	Boules-Turnier *à la longue* Gruppen von 3 Spielern, die durch das Los bestimmt werden Preise von 5 000 Francs zusätzlich zu den Einsätzen
14 Uhr Café-Hotel Vincent	Spiele und Wettläufe für Kinder, Frauen und Großväter Sackhüpfen, 100-Meter-Lauf etc.

16 Uhr Platz vor der Post	Symphoniekonzert unter der Leitung von Maestro PIERRE MONTI mit seinem neunköpfigen Orchester
17 Uhr Festhalle	Eröffnung des Balls mit dem berühmten PIERRE MONTI und dem großartigen Sänger YVES RICHARD *Eintritt frei* *Sie sind Gäste der Gemeinde*
20 Uhr	Illuminierung der öffentlichen Gebäude und Denkmäler Zug des Bläserkorps der Stadt Apt durch das Dorf
21 Uhr	Großes Feuerwerk auf dem Gipfel des Hügels mit Aussicht auf die wunderbaren Felsen von Peyrane
22 Uhr Festhalle	Großer Ball mit dem berühmten PIERRE MONTI und seinem Orchester *Eintritt frei*

Montag, den 30. September

10 Uhr Café Voisin	Großes regionales Boules-Turnier *à la longue* Über dreißig Meisterspieler-Gruppen Preise von 20000 Francs
17 Uhr Festhalle	Nachmittagstanz Kapelle Pierre Monti
22 Uhr Festhalle	Großer Ball Unter der musikalischen Leitung des berühmten PIERRE MONTI mit seinem neunköpfigen Orchester

Plätze für Händler und Schausteller stehen zur Verfügung.
Das Fest wird durch Lautsprecher übertragen.
Für Gäste aus den umliegenden Dörfern verkehren Sonderomnibusse.
Auskünfte bei den Busstationen.

Das Komitee haftet nicht für Unfälle während des Festes

Viele Leute aus der Umgebung folgen dieser Einladung, denn das Fest des Heiligen Michael gilt als eines der schönsten im ganzen Departement. 1951 wurden einhundertachtzig auswärtige Autos gezählt, die im Dorf oder in der Nähe parkten. Fünf Busse brachten Leute aus anderen Orten. Fahrräder und Motorräder wurden überall abgestellt. Die Straßen und Cafés waren überfüllt. Der große Schulhof war in einen Rummelplatz verwandelt. Es gab Schießbuden, Schaukeln für Kinder und Erwachsene, ein Karussell, Spielbuden und Stände für Süßigkeiten. Der Lärm war fürchterlich. Jeder Stand ließ ununterbrochen Schallplatten laufen, und die Musik wurde mit vollaufgedrehten Lautsprechern übertragen. Am Abend wurde die Musik des Tanzorchesters über sechs im Dorf verteilte Lautsprecher ausgestrahlt. Dies war, was die Ankündigung auf dem Plakat besagte: »das Fest wird durch Lautsprecher übertragen«.
Peyrane wimmelte von Leuten, die den Umzug und das Feuerwerk sehen wollten. Die Tanzveranstaltungen waren überfüllt. Die Boulesspieler schenkten dem übrigen Fest wenig Aufmerksamkeit. Die ungewöhnlich hohen Einsätze erhöhten die Spannung des Spiels. Die einzige im Programm vorgesehene Veranstaltung, die nicht stattfand, waren die Spiele und Wettläufe für Kinder, Frauen und Großväter, die am Sonntag nachmittag vor dem Hotel veranstaltet werden sollten. Ich war mit meiner Kamera noch vor zwei Uhr dort, aber es kamen keine Kinder, keine Frauen, keine Großväter und niemand vom Festkomitee. Als ich Madame Vincent fragte, war sie erstaunt. Ich zeigte ihr die Ankündigung auf dem Plakat und sie lachte: »Oh, das wird nicht stattfinden, das Festkomitee hielt es für eine gute Idee, auf diese Weise auf dem Plakat auf unser Restaurant hinzuweisen.«
Für viele Leute in Peyrane ist das St. Michaelsfest deshalb wichtig, weil an diesem Tag viele ehemalige Bewohner Peyrane besuchen. Manche kommen, wie erwähnt, auch an Allerseelen, aber das ist eine ernste Angelegenheit. Am St. Michaelstag kommen Familien und Freunde zu einem vergnügten Fest. In den Straßen bleiben viele Menschen alle paar Meter stehen und umarmen alte Freunde, die sie seit Wochen oder vielleicht seit Jahren nicht mehr gesehen haben. Es finden ausgiebige Familienessen statt. Monsieur Biron, der Metzger, verkauft in der letzten Septemberwoche mehr Fleisch als zu jeder anderen Zeit des Jahres.
Für die Peyraner ist dies die schönste Zeit des Jahres. Die Kinder sind begeistert von den Buden in ihrem Schulhof. Die meisten von ihnen

haben nur so viel Geld, um ein paarmal zu schaukeln und einige Süßigkeiten zu kaufen, aber sie genießen es auch, den anderen Leuten zuzusehen. Die jungen Leute können an zwei Tagen vier Tanzveranstaltungen besuchen. Für Boulesfanatiker gibt es an drei Tagen Turniere. Die Frauen und die alten Männer freuen sich über die Gelegenheit, mit alten Freunden zu schwätzen. Die Geschäftsleute haben fast zu viel zu tun. Voisins Café ist von morgens bis abends spät voller Gäste, die etwas trinken und nicht nur herumsitzen und Wärme und Licht ausnützen. Alle freuen sich auf das Festessen am St. Michaelstag – dem größten Familienfest des Jahres.

Früher war das St. Michaelsfest das volkstümlichste religiöse Fest des Jahres. Alle Dorfbewohner nahmen an einer Prozession teil, die zur Kapelle des Heiligen Michael zog und eine große Statue des Heiligen mittrug. Der Abbé führte nicht nur die Prozession an; er arrangierte das ganze Fest. Heute wird zwar noch eine besondere Messe gelesen, an der aber nur die wenigen Gläubigen teilnehmen. Das Fest ist völlig verweltlicht. Es wird von einem Komitee arrangiert und geleitet, das der Gemeinderat bestimmt.

Aber Abbé Autrand scheint das nichts auszumachen. Als er nach Peyrane kam, hatte er keine Illusionen, denn er war in der Vaucluse geboren und aufgewachsen und kannte die Gleichgültigkeit der Menschen in Dörfern wie Peyrane. Obwohl er sich in seiner Frömmigkeit von diesen Leuten unterscheidet, ist er ihnen in anderer Hinsicht doch ähnlich. Er teilt ihre Fähigkeit, unangenehme Tatsachen so zu nehmen, wie sie sind. Er weiß, daß einige der jüngeren Pfarrer diese Realität nicht anerkennen wollen und daß sie Fußballmannschaften und Pfadfindergruppen bilden, um so die jungen Leute für die Kirche zu gewinnen. Er vermutet, daß diese Anstrengungen nutzlos sind, weil die Gleichgültigkeit der Leute tief in ihrem Charakter begründet ist.

14. KAPITEL

Organisationen

Das Bankett der Feuerwehrleute

Früher feierte jede Zunft in Peyrane das Fest ihres Schutzpatrons – so wie das Dorf als ganzes das Fest des Heiligen Michael begeht. Heute gibt es keine Zimmerleute, Tischler, Faßbinder, Sattler, Schuhmacher, Holzschuhmacher und Müller mehr wie früher. Allein die Maurer könnten noch ein Fest feiern, denn sie bilden eine Gruppe von elf Leuten im Dorf, aber ihr Beruf verbindet sie nicht. Gaston Jouvaud und Arcangelo Caselli, die beiden Bauunternehmer, sind *brouillés* und sprechen nicht miteinander. Casellis Angestellte sind an der *brouille* beteiligt und sprechen nicht mit den Angestellten von Jouvaud.

Offiziell hat Jouvaud nur zwei Angestellte, seinen Bruder und Elie Seignon. Tatsächlich arbeiten noch sechs andere Maurer regelmäßig für ihn, aber er gibt sie als Gelegenheitsarbeiter aus, um keine Sozialversicherung für sie bezahlen zu müssen. Sie sind unzufrieden, protestieren aber nicht; denn verlören sie diese Arbeit, müßten sie für viel geringeren Lohn in den Ockergruben arbeiten. Unter diesen Männern herrscht ein gewisser *esprit de corps*. Die meisten sind Junggesellen und wollen noch ihr Leben genießen. Die meisten waren auch fünf Jahre in deutscher Kriegsgefangenschaft und gehören jetzt derselben politischen Partei an. Und schließlich spielen die meisten von ihnen jeden Abend in Latauds Café zusammen Belote.

Nach dem Krieg wurde Elie Seignon von der Verwaltung beauftragt, die Feuerwehr von Peyrane neu zu organisieren. Er wurde zum Leutnant ernannt und für einen Monat zu einer kostenlosen Ausbildung nach Paris geschickt. Als er zurückkam, stellte er das Feuerwehrkorps natürlich aus Männern zusammen, die ihm nahestanden. Fünf der Feuerwehrleute sind Maurer und arbeiten mit Seignon für Jouvaud. Die anderen sind nahe Freunde: Francis Favre, Briefträger-Elektriker-Installateur, Raoul Favre, Besitzer der Sägemühle, Maurice Favre, Ockerarbeiter, Samson Aubenas, Traktorfahrer, André Saut, Bauer, und Charles Prayal, Straßenarbeiter.

Diese Männer akzeptierten Seignon wegen seines Prestiges und wegen der militärischen Tradition der Feuerwehr in Frankreich als Führer. Würde Seignon als Vorsitzender eines Boules- oder eines Jagdklubs versuchen, den Mitgliedern Befehle zu geben, so würden sie ihm nicht gehorchen. Dieselben Männer aber unterwerfen sich als Freiwillige Feuerwehrleute einer gewissen Disziplin, und die Organisation funktioniert in der Tat. Die meisten kommen einmal im Monat am Sonntag morgen zu Übungen zusammen. Abwechselnd kauft jeder eine Flasche Pastis, die sie nach der Übung trinken. Sie organisieren zusammen ein Frühlingsfest. Es ist nicht erstaunlich, daß diese Gruppe die einzige in Peyrane ist, die ihr traditionelles Zunftfest, das Fest der Heiligen Barbara, beibehielt. Natürlich hat die Heilige Barbara, die Schutzpatronin der Artilleristen, der Bergleute, der Feuerwehrleute und all derer, die Schutz vor Explosionen und Feuer brauchen, keine wirkliche Bedeutung für die Feuerwehrleute in Peyrane. Sie nennen ihr Fest *Fête de la Sainte-Barbe*, aber es hat keine religiöse Bedeutung mehr. Es liefert einfach den Vorwand für das am sorgfältigsten vorbereitete gastronomische Fest des Jahres in Peyrane.

Die Feuerwehrleute begannen ihr Bankett, das im Dezember stattfinden sollte, schon zu Anfang des Herbstes zu planen. Wenn sie nach den Septemberübungen im Café saßen, diskutierten sie das Programm im ganzen. Bei den Oktoberübungen, einen Monat später, wurde ein Komitee gebildet, das die Angelegenheit mit Monsieur Vincent besprechen sollte. Nach den Novemberübungen wurde das Menü zusammengestellt. Obwohl das vorgeschlagene Essen für jeden den Lohn von zwei Tagen kosten würde, fand man es nicht üppig genug. Sollte es ein richtiges *gueuleton* (Schlemmeressen) sein, so mußte noch ein weiterer Gang hinzugefügt werden. Die Männer waren bereit, auch den Lohn eines dritten Tages zu opfern, um *faire les choses bien.* »Wir wollen, daß alles richtig ist«, sagten sie. Sie beschlossen auch, den Bürgermeister als Ehrengast und andere Leute, die selbst bezahlen sollten, einzuladen. Da ich eine Schreibmaschine besaß, kauften sie reich verzierte Menükarten und baten mich, für jeden Gast ein Menü zu schreiben.

Man diskutierte auch über den Tag, an dem das Fest stattfinden sollte. St. Barbara fiel in diesem Jahr auf einen Montag. Sollten sie an der Tradition festhalten und einen Arbeitstag ausfallen lassen, oder sollten sie ein anderes Datum wählen? Man brauchte nicht lange, um einig zu werden. Man wollte nicht drei Tagelöhne für das Bankett aufbringen und dann, nur wegen der Heiligen Barbara, auch noch den Lohn eines vierten Tages verlieren. Das Bankett wurde auf Sonntag, den 3. Dezember, ein Uhr, festgesetzt.

Als der Tag gekommen war, saßen die Männer bereits um halb eins im Café. Sie hatten ihre schwarzen Anzüge an und tranken ihren Pastis ungewöhnlich würdevoll. Drei oder vier Männer waren dabei, die keine Feuerwehrleute waren, die sich aber offensichtlich für das Festessen angezogen hatten. Ich nahm an, daß sie der allgemeinen Einladung an jeden, der selbst für sein Essen bezahlen wollte, gefolgt waren, aber Seignon sagte mir, außer mir hätte niemand im Dorf die Einladung angenommen. Diese Männer waren anwesend, weil man in letzter Minute beschlossen hatte, eine Doppelfeier abzuhalten. Der Verein ehemaliger Kriegsgefangener veranstaltete ebenfalls jedes Jahr ein Festessen. Da die meisten Feuerwehrleute gleichzeitig Mitglieder dieses Vereins waren, hielten sie es für vernünftig, die beiden Festessen zusammenzulegen.

Um viertel zwei kam dann der Bürgermeister und trank einen Apéritif mit den Feuerwehrleuten und den ehemaligen Kriegsgefangenen. Als er sein Glas geleert hatte, gingen wir alle feierlich vom Café ins Rathaus, wo er im Namen der Gemeinde Peyrane einen offiziellen Toast auf die Feuerwehrleute ausbrachte. In dem Raum, der sonst für Trauungen benutzt wurde, befanden sich eine Flasche Pastis, ein Krug Wasser und ein Tablett mit Gläsern, das Voisin heraufgebracht hatte. Wir standen schweigend und ziemlich verlegen im Kreis um den mit grünem Filz belegten Tisch, während der Bürgermeister einschenkte und die Gläser herumreichte. Dann erhob er sein Glas und hielt eine gewandte Rede auf die Freiwillige Feuerwehr von Peyrane, die jeden Tag bereit wäre, ihr Leben einzusetzen, um Besitz und Leben der übrigen Dorfbewohner zu schützen. Peyrane habe Glück gehabt, sagte er. Der einzige Brand in diesem Jahr sei ein Kaminbrand gewesen, den einer der Feuerwehrleute sofort gelöscht habe, indem er geistesgegenwärtig einen Ziegel in den Kamin geworfen habe. Dadurch sei ein Unglück abgewendet worden. Der Bürgermeister trank auf die Freiwillige Feuerwehr als Wächter über alle Gefahren, die Peyrane bedrohen könnten. Nachdem wir den *Apéritif d'honneur* getrunken hatten, verließen wir das Trauzimmer feierlich, wie wir es betreten hatten.

Auf der Straße wurden die Männer gelöster und schlenderten den Hügel hinunter zum Hotel. Unterwegs erzählte mir Seignon, daß sie sich Sorgen machten, weil der Cafébesitzer Lataud ihnen vielleicht übelnehmen würde, daß sie den Apéritif nicht bei ihm eingenommen hatten. Er könnte gekränkt sein, weil seine besten Freunde zum Feiern in das andere Café gegangen waren. Ob sie es nun erwartet hatten oder nicht, ich lud die Gruppe zu einem Apéritif *chez Lataud* ein. Als eingeschenkt war, merkte ich, daß die Männer von mir einen Toast erwarteten. Ich hielt es für angebracht, einen Toast auf die Freundschaft zwischen Frankreich und Amerika und auf die Franzosen auszubringen, die in fünfjähriger Kriegsgefangenschaft in Deutschland für die Menschheit gelitten hatten.

Wir gingen dann weiter den Hügel hinunter in das Hotel von Monsieur Vincent, der in ungewöhnlicher Freigiebigkeit die Feuerwehrleute mit einer weiteren Runde Pastis ehrte, bevor sie sich zum Essen setzten. Es war schon halb drei, als wir diesen letzten *Apéritif d'honneur* getrunken hatten, aber selbst Monsieur Vincent regte dies nicht auf. Er meinte: »Essen ist kein militärischer Angriff, bei dem die Stunde heilig ist«.

Madame Vincent hatte den Speisesaal so hübsch dekoriert, als erwarte sie den Präfekten des Departements zum Essen. Die Tische waren in der Mitte des Saales in einem großen Viereck angeordnet. Madame Vincent hatte ihre besten Tischtücher aufgelegt und alles mit Blumen geschmückt. Am Platz eines jeden Gastes lag eine der Menükarten, die ich getippt hatte:

MENU DE LA SAINTE-BARBE

Verschiedene Hors d'oeuvres
Hummer à l'Américaine
Hasenpfeffer du Ventoux
Artischockenherzen Peyrannais
Bergdrosseln sur canapé
Hausgemachte Pâtisserie

Rotwein aus der Gegend
Rosé Reserve
Vin mousseux
Kaffee – Liköre

Es herrschte eine gelockerte Stimmung. Alle Männer waren darauf konzentriert, sich an dem außergewöhnlichen Essen zu erfreuen, für das sie drei Tagelöhne bezahlt hatten. Es war eine wichtige Angelegenheit, denn es gibt nicht oft im Leben solche gastronomischen und gesellschaftlichen Ereignisse. Jedesmal, wenn Wein eingeschenkt wurde, wurde angestoßen, nicht offiziell mit allen Anwesenden, sondern die einzelnen stießen untereinander mit einem einfachen »Auf Dein Wohl« an. Dies wurde allmählich abgekürzt in »Auf Deins« oder »Zum Wohl«, schließlich blieb nur Kopfnicken oder ein Blick des Einverständnisses. Nach einer Stunde war die Unterhaltung so angeregt und fröhlich, daß die Stimmen der einzelnen im Lärm untergingen. Jeder war mit Essen und Trinken beschäftigt und unterhielt sich mit seinen Tischnachbarn. Der Bürgermeister versuchte mehrfach, die Aufmerksamkeit aller auf sich zu lenken, aber auch er mußte sich mit seinen Tischnachbarn als Zuhörer begnügen. Obwohl die Männer sich amüsierten und ihre Unterhaltung für die Ohren der frommen Mademoiselle Héraud sicherlich zu derb gewesen wäre, artete das Fest doch nicht aus.

Als um vier Uhr die Artischocken serviert wurden, stand Maurice Favre auf, entschuldigte sich, ging hinaus und legte sich im Vestibül des Hotels auf eine Bank. Die Männer sahen ihm mitleidig nach. André Saut, der neben mir saß, erklärte mir, Favre hätte früher wie jeder andere essen und trinken können. In der Kriegsgefangenschaft wäre er beinahe verhungert, und dadurch sei sein Magen geschrumpft. Favre ruhte sich etwa eine halbe Stunde auf der Bank aus. Als er in den Speisesaal zurückkam, wurde er mit Beifall begrüßt. Er kam genauso ungezwungen zurück, wie er hinausgegangen war.

Als um fünf Uhr der Kaffee serviert wurde, bemerkte ich, daß ich einem solchen *gueuleton* nicht gewachsen war. Ich ging nach Hause.

Am späteren Abend begab ich mich ins Café und fand einige Feuerwehrleute in ihren Alltagskleidern an der Bar oder beim Belote, als ob nichts Besonderes gewesen wäre. Aber in Wirklichkeit besprachen sie das Ganze noch einmal in allen Einzelheiten, urteilten über jedes Gericht und jeden Wein, verglichen das Essen mit früheren und solchen, von denen sie gehört hatten, tadelten Monsieur Vincent in mancher Hinsicht und lobten ihn in anderer. Als ich fragte, was in meiner Abwesenheit noch geschehen sei, machten sie zunächst Witze über mich, aber dann gab es eine ernsthafte Diskussion über die Notwendigkeit, für solche Festessen zu trainieren. Die Männer hielten es für die Hauptsache, hin und wieder solche Essen zu sich zu nehmen, damit der Magen sich daran gewöhne. Amerikaner könnten darin keine Übung haben, meinten sie, denn man sähe in ihren Filmen, daß sie sich nicht viel Zeit zum Essen nähmen. Außerdem tränken die Amerikaner keinen Wein, sondern Whisky. Einige der Männer gaben zu, daß sie während des Krieges mit amerikanischen Soldaten Whisky getrunken hätten und daß die Folgen katastrophal gewesen seien. Sie hätten zu viel getrunken, ohne es zu realisieren, und sich deshalb blamiert. Auf meine Frage, ob die Amerikaner nicht auch betrunken gewesen seien, antworteten sie: »Ja, aber die Amerikaner scheinen gerne betrunken zu sein.«

Die Genossenschaften

Bei weitem die besten Organisationen in Peyrane sind die Genossenschaften, denen viele Bauern angehören. Es gibt Winzergenossenschaften in den benachbarten Gemeinden Bonnieux, Lumière und Apt; die Bauern von Peyrane gehören zu derjenigen, die ihrem Terrain am nächsten ist. In Costellans, etwa fünfzehn Kilometer von Peyrane entfernt, ist eine Brennereigenossenschaft. In Apt ist eine Genossenschaft für Getreide und landwirtschaftliche Geräte, der viele Peyraner Bauern angehören. Schließlich gibt es noch die Genossenschaft für Traktoren und landwirtschaftliche Maschinen, die ihren Hauptsitz in Peyrane hat und deren sich alle Bauern der umliegenden Gemeinden bedienen.

Der Erfolg dieser Organisationen wird ersichtlich an dem Ärger, den sie dem Bürgermeister von Peyrane bereiten; er beklagt sich, sie würden seine Existenz untergraben. Er verkaufte früher die meisten Düngemittel und Insektizide in der Gemeinde, aber jetzt, seitdem die Bauern der Genossenschaft angehörten, mußte er seine Preise senken, um seine letzten treuen Kunden zu behalten. Seine Haupteinnahmen hat er jetzt während der Ernte, wenn er die Produkte der Bauern kauft und sie auf den Markt nach Cavaillon bringt. Aber kürzlich unterhielten sich die Bauern darüber, auch diesen Vorgang zu organisieren. Monsieur Ginoux fragte mich, was in Amerika getan werde, um den Geschäftsmann vor »heimtückischen Organisationen wie den Genossenschaften« zu schützen. Er sagte, er versuche, seine Partei für ein Gesetz zur Besteuerung der Genossenschaften zu gewinnen, damit der Wettbewerb weniger ungerecht sei.

Die Genossenschaftsfunktionäre werden durch die Steuerkampagne des Bürgermeisters weniger beunruhigt als durch Personalfragen, die das Problem aller Organisationen in Peyrane sind. Ab und zu kommt es zu einem Krach, wie es kurz vor der Wahl der Fall war, als Louis Aubenas als Traktorfahrer angestellt wurde. Einige Mitglieder drohten aus der Genossenschaft auszutreten; sie beschuldigten die Funktionäre, ihn nur aus politischen Gründen angestellt zu haben. Sie behaupteten, er habe diesen Posten nur bekommen, weil sein Vater stellvertretender Bürgermeister sei. Er sei unerfahren, brauche das Geld nicht, habe kein Verantwortungsbewußtsein und sei außerdem viel zu jung für eine so harte Arbeit. Das Exekutivkomitee ignorierte die Drohung, und nach der Wahl beruhigten sich die unzufriedenen Mitglieder. Sie konnten es sich nicht leisten, aus der Genossenschaft auszutreten, denn sie bestellten mit ihrer Hilfe ihr Land für die Hälfte des Preises, den private Gesellschaften in Cavaillon dafür verlangten.

Die Genossenschaften können als Unternehmen existieren, weil sie wirtschaftlich notwendig sind, aber ihre erzieherischen und umstrukturierenden Funktionen sind unbedeutend. Während der Wintermonate, wenn die Bauern nicht so viel zu tun haben, wird jeden Samstag morgen im Büro der Genossenschaft in Apt von einem landwirtschaftlichen Experten ein Vortrag gehalten. Danach folgt eine praktische Unterweisung auf einem der Höfe in der Nähe des Ortes. Von den einigen hundert Mitgliedern der Genossenschaft kam nur etwa ein Dutzend zu diesen Treffen.

Jouve nahm mich an einem Samstag vormittag mit zu einem Vortrag über das Beschneiden von Obstbäumen. Den Vortragenden, Mitglied der Bezirksdirektion *des Services Agricoles,* brachte meine Anwesenheit zunächst in Verlegenheit, weil er über den Unterschied zwischen amerikanischen und französischen Methoden des Baumschnitts sprechen wollte, aber er versicherte mir, daß sein Vortrag keinen politischen Aspekt habe. Mit Hilfe ausgezeichneter Abbildungen legte er dar, wie die amerikanische Methode auf die Langlebigkeit der Bäume und auf die Qualität der Früchte zugunsten der Quantität verzichte. Die französische Methode hingegen erziele einen geringeren Ertrag, aber sie verlängere das Leben der Bäume, und die Früchte seien von besserer Qualität. Nach dem Vortrag fuhren wir auf einen Hof, wo jeder Gelegenheit hatte, unter der Anleitung des Experten einen Rebstock zu beschneiden.

Die zwölf Männer, die an dem Vortrag teilnahmen, waren nicht typisch für die Bauern dieser Gegend. Der einzige aus Peyrane war Jouve. Drei der Teilnehmer waren Belgier, die während des Krieges nach Südfrankreich gekommen waren und die lieber Bauern sein als in die Städte des Nordens zurückkehren wollten. Sogar Bourdin und Joly, die beiden aufgeschlossensten Bauern von Peyrane, beachten diese Veranstaltungen nicht. Als ich Bourdin fragte, warum er nie zu diesen Treffen gehe, sagte er: »Ich habe zu viel zu arbeiten, um auf solche Versammlungen zu gehen«. Aber trotz der vielen Arbeit versäumte er nie, auf eine Versammlung der Genossenschaft zu gehen, wenn es sich um finanzielle Angelegenheiten handelte.

Der Jagdklub

Jagen ist die große Leidenschaft der meisten Männer von Peyrane. Solange die Jagd offen ist, verbringen sie möglichst wenig Zeit zu Hause und auf dem Feld. Die Bouleskugeln liegen ungenutzt auf dem Regal im Café. Belote wird nur abends gespielt. Zur Apéritifstunde dreht sich die Unterhaltung nur um das Jagen, das Zubereiten und das Verzehren von Wild. Die Dorfhunde, die sich sonst vom Abfall am Fuße der Felsen ernähren, sehen plötzlich gepflegt aus. Während der Jagdsaison sorgt man für sie wie für Kinder.

Das beste Terrain zum Jagen sind natürlich die einige Kilometer vom Dorf entfernten Berge. Dort kann man noch Großwild finden, sogar Wildschweine. Aber das Jagdgebiet in den Bergen wurde immer kleiner, da private Jagdklubs aus den Städten ganze Gebiete aufkauften. Auch hat man nicht immer Zeit, in die Berge zu gehen, und außerdem ist es schwierig, Transportgelegenheiten zu finden. Die meisten Männer von Peyrane müssen innerhalb der engen Grenzen der Gemeinde jagen. Deshalb ist das Wild in dem kleinen Gebiet von Peyrane sehr selten geworden. Meist kommen die Männer, wenn sie einen Vormittag lang gejagt haben, nur mit einem Kaninchen und einem oder zwei Vögeln in der Jagdtasche zurück. Oft ist die Tasche auch leer.

Mit Vögeln meine ich nicht Wachteln, Fasane oder Waldschnepfen. Solche Vögel werden zwar von den Jägern sehr geschätzt, aber sie sind selten geworden. Wenn die Leute von Vögeln sprechen, die sie jagen, meinen sie fast alle Sorten von Vögeln außer Krähen, Elstern und Spatzen. Drosseln schätzt man, aber noch mehr die *petits oiseaux* – »kleine Vögel« aller Art, Kleiber, Meisen, Zaunkönige, Grasmücken,

Rotkehlchen usw. Ein Mann mag auf einer Jagd vielleicht nur einen oder zwei dieser kleinen Vögel schießen, das macht aber nichts, denn sie halten sich gut, so daß man sie ansammeln kann, bis es genug für ein Festessen sind. Manche Männer brüsten sich damit, fünfzig bis sechzig bei einer einzigen Mahlzeit gegessen zu haben, aber sie gaben zu, daß man normalerweise ungefähr ein halbes Dutzend »kleine Vögel« zu sich nimmt.

Kleine Vögel werden nicht ausgenommen, bevor man sie zubereitet. Sie werden nur gerupft, mit Speck umwickelt, auf einen Spieß gesteckt und über dem Feuer gebraten. Man legt ein Stück Brot darunter, um das Fett aufzufangen. Man ißt die Vögel auf folgende Weise: Man nimmt das geröstete und mit Fett vollgesogene Stück Brot und legt die besten Stücke des Vogels darauf. Dies ist die eigentliche Delikatesse, aber man ißt auch den Rest des Vogels, die Knochen und den Kopf, die kaum mehr Konsistenz als die Gräten von Sardinen haben.

Die Jäger klagen, es gäbe weniger kleine Vögel als früher. Und die Bauern jammern, daß die Insekten mehr Schaden anrichten als früher. Um die Vögel anzulocken, werden im Wald lebendige Lockvögel ausgesetzt. Manche Männer ziehen selbst Lockvögel groß; Aldo Leporatti macht daraus ein Geschäft. Er hat Dutzende von Vögeln in kleinen Käfigen, die er das ganze Jahr über sorgfältig pflegt, um sie während der Jagdsaison zu verkaufen oder zu vermieten.

Wenn es reichlich Wild gäbe, wäre kein Jagdklub nötig, aber da es so knapp ist, müssen sich die Männer zusammentun, um den Wildbestand zu erhalten und, wenn möglich, zu vermehren. So besteht der Jagdklub alle Stürme von Individualismus und überwindet eine Krise nach der anderen. Er hat zwei Jagdhüter für wenig Geld angestellt, die das Wild von Peyrane vor Wilddieben und Raubtieren schützen. Wenn sie einen Wilddieb entdecken, benachrichtigen sie den *garde-champêtre*, den Dorfpolizisten, der befugt ist, die Schurken zu verhaften. Wenn ein Fuchsbau entdeckt wird, setzen die Jagdhüter ihre Gasmasken auf, treiben die Füchse mit Gas aus dem Bau und erschießen sie. Der Jagdklub kann sich anderen Klubs des Departements angliedern. Dies verschafft den Mitgliedern gewisse Jagdrechte in anderen Gemeinden.

Einmal im Jahr, gegen Ende der Jagdsaison, versammelt sich der Klub, um über das Zusammengehen mit anderen Jagdklubs sowie darüber zu entscheiden, welches Zuchtwild während des Jahres ausgesetzt werden soll. Obwohl die meisten Männer dem Jagdklub angehören, kamen am 28. Januar 1951 um vier Uhr nur etwa dreißig zum Treffen im Rathaus. Das Exekutivkomitee saß an einem Tisch am einen Ende des Raumes. Moïse Jannel, einer der Jagdhüter, hatte als Ordnungshüter eine Glocke, um für Ruhe zu sorgen. Die Mitglieder setzten sich auf Bänke, die in Reihen in dem kleinen Raum aufgestellt waren.

Als alle Mitglieder da zu sein schienen, rief Monsieur Avenas, der Präsident, die Versammlung zur Ordnung. Avenas ist der kleine Schneider mit der großen Frau. Während der Jagdsaison spielt Avenas vorübergehend die Rolle des Mannes in der Familie. Er geht jagen, und seine Frau bleibt zu Hause. Als Avenas zur Ordnung rief, begann Moïse zu schreien und die Glocke zu läuten. Wegen des Lärms mußten die Männer noch lauter sprechen, um sich weiter zu unterhalten. Schließlich gewann Avenas die Aufmerksamkeit von wenigen Männern und eröffnete die Sitzung. Avenas las die zwei Punkte der Tagesordnung vor: Sollten sie sich mit dem Jagdklub von Roussillon zusammentun? Welches Zuchtwild sollten sie dieses Jahr aussetzen?

Alle sprachen auf einmal. Schließlich erhob sich Raoul Figeard, und es gelang ihm, die Aufmerksamkeit der meisten auf sich zu ziehen. Er sagte, daß er kein Jäger und kein Mitglied des Jagdklubs sei, daß er aber gekommen wäre, weil er den Mitgliedern etwas zu sagen habe. Im vergangenen Jahr seien ein paar Zuchthasen in der Nähe seines Hauses ausgesetzt worden, und im Frühjahr hätten sie seine neu angepflanzten Spargelfelder zerstört. Er hätte im Dorf die Jagdhüter aufgesucht, aber sie hätten ihn nur ausgelacht, so sei er nach Hause gegangen und hätte die Hasen erschossen. Er sei jetzt zu der Versammlung gekommen, um sich über die Jagdhüter zu beklagen, die ihre Pflicht nicht getan hätten.

Die beiden Jagdhüter, Moïse Jannel und Charles Pian, standen sofort auf, schrieen Erklärungen, und alle sprachen durcheinander. Avenas rief zur Ordnung. Moïse ergriff die Glocke und schlug damit auf den Tisch, um seinem Standpunkt Nachdruck zu verleihen. Der Lärm verstummte, und Avenas erklärte, sie seien zusammengekommen, um die Fragen der Tagesordnung zu diskutieren, und nicht, um Nichtmitgliedern die Gelegenheit zu geben, sich über die Jagdhüter zu beklagen. Figeard schüttelte wütend den Kopf und verließ den Raum. Avenas erteilte dann Buisson, einem Mitglied des Exekutivkomitees, das Wort, um über die fraglichen Punkte zu berichten. Buisson konnte die Aufmerksamkeit der Mitglieder nicht auf sich ziehen. Trotzdem las er seinen Bericht ruhig vor, wobei Moïse weiter die Glocke läutete.

Nachdem Buisson geendet hatte, bat Avenas um allgemeine Diskussion der Fragen. Christian Laplace erhob sich und verschaffte sich durch Brüllen die Aufmerksamkeit der Mitglieder. Die Glocke schwieg für einen Augenblick. Aber statt über die vorliegenden Fragen zu sprechen, fuhr Laplace da fort, wo Figeard aufgehört hatte. Er meinte, die Kritik Figeards an den Jagdhütern sei vollkommen berechtigt. Laplace hatte einen Fuchsbau entdeckt, und die Füchse brachten seine Hühner um. Er kam ins Dorf und berichtete es den Jagdhütern, aber sie antworteten nur: »Gut, wenn wir dafür Zeit haben. Sie können uns nicht vorschreiben, was wir tun sollen.« Erst nach einem Monat töteten sie die Füchse, inzwischen hatten diese aber die meisten Hühner umgebracht.

Es war schwierig festzustellen, was die Mitglieder über diese Beschwerde dachten, weil alle aufgestanden waren und auf einmal sprachen. Moïse läutete nicht mehr die Glocke, sondern schrie, um sich verständlich zu machen. Schließlich warf er die Glocke vor Avenas auf den Tisch, zog sein Dienstabzeichen als Jagdhüter aus der Tasche und schrie: »Ich bekomme nicht genug bezahlt, um mir das gefallen zu lassen!« Er warf sein Abzeichen auf den Tisch und verließ den Raum.

Alle waren bestürzt, und Avenas benützte die Ruhe, um zu bemerken, daß die Versammlung noch zu entscheiden habe, ob der Verein sich Gordes und Goult anschließen wolle. In diesem Augenblick kam Robert Peretti herein und sagte, er habe dem Verein etwas mitzuteilen: »Sie alle wissen, daß ich vor einem Jahr aus dem Klub ausgetreten bin, weil ich mit Frettchen jagen wollte. Jetzt will ich wieder in den Klub eintreten.«

Charles Pian, der zweite Jagdhüter, sprang auf und rief: »Natürlich, jetzt, wo Du alles Wild mit Frettchen getötet hast, bist Du bereit, damit aufzuhören.«

Er ging zu Peretti hinüber, und sie schrieen sich an. Sie sprachen jetzt mit einer solchen Wut provençalisch, daß man sie kaum verstehen konnte. Aber ihre Beleidigungen hatten nichts mehr mit der Jagd zu tun. Sie ließen einen alten Streit wieder aufleben und sprachen über etwas, das sich während der Besetzung durch die Deutschen ereignet hatte, als sie beide dem *maquis* angehörten. Ihre Freunde ergriffen Partei und schrieen so laut wie Peretti und Pian. Avenas läutete verzweifelt mit der Glocke, die Moïse auf den Tisch geworfen hatte, aber niemand schenkte ihm die geringste Aufmerksamkeit.

Schließlich schrie Avenas: »Stimmen alle darin überein, daß wir uns Roussillon anschließen und daß wir drei Paar Hasen kaufen und sie

als Zuchtwild aussetzen?« Die meisten merkten nicht, daß er sprach, aber das Exekutivkomitee und ein paar Mitglieder in der ersten Reihe hörten ihn. Einer von ihnen rief zurück: »Natürlich, einverstanden.« Das Exekutivkomitee schrie auch seine Zustimmung. Avenas warf die Glocke auf den Tisch und brüllte: »Die Sitzung ist geschlossen.«
Er verließ mit einigen Mitgliedern aus den vorderen Reihen den Raum. Die anderen merkten, daß die Versammlung beendet war, hörten auf zu diskutieren und gingen ebenfalls fort. Bald waren alle wieder im Café und tranken Pastis. Sie schienen freundlich und guter Laune.
Ein paar Tage später erschien in der Vaucluser Ausgabe einer Marseiller Zeitung folgender Artikel.

Peyrane
Versammlung des Jagdklubs am Sonntag

> Am Sonntag, dem 28. Januar, hörten zahlreiche Bürger die Rede unseres würdigen Präsidenten Avenas, der die Entwicklung des Klubs seit Beginn seiner Amtszeit schilderte.
> Nachdem er verschiedene Vorschläge erläutert hatte, bat der Präsident die Mitglieder, sich zur Tagesordnung zu äußern. Einige Jäger erläuterten ihre Standpunkte, dann wurden die Anträge einstimmig angenommen.
> Ein wichtiges Ereignis muß erwähnt werden. Monsieur Moïse Jannel, einer der beiden Jagdhüter, legte sein Amt nieder. Er gab sein Dienstabzeichen zurück und bedauerte, aus persönlichen Gründen dem Klub nicht länger dienen zu können.
> Alles in allem war es in jeder Beziehung eine erfolgreiche Versammlung.
> Wir beglückwünschen das Exekutivkomitee und vor allem den Präsidenten, der die Diskussion in ruhiger und verbindlicher Weise leitete.

Dieser Artikel, den Rivet, der Korrespondent der Zeitung in Peyrane, eingeschickt hatte, amüsierte für mehrere Tage die Apéritifrunden. Rivet erzählte mir, daß Moïse selbst gewildert hatte und daß er die Augen zuzudrücken pflegte, wenn er einen seiner Freunde beim Wildern erwischte, aber wenn einer seiner Feinde gegen die Vorschriften verstieß, meldete er es sofort der Polizei. Moïse hätte also sein Dienstabzeichen sowieso zurückgeben müssen. Er habe nur die Gelegenheit benutzt, um auf dramatische Weise zurückzutreten.

15. KAPITEL

Das ideale Vergnügen

Die Geschichte mit der Dampfwalze

Rivet freute sich über den Erfolg seines scherzhaften Artikels, aber das Ganze war ihm doch etwas unangenehm. Er, als ins Dorf verpflanzter Stadtmensch, schämte sich ein bißchen, weil es eben doch nur ein Kleinstadtscherz war. »Was kann man hier in Peyrane schon erwarten?«, sagte er. »Es ist nicht viel los in einem so kleinen Dorf, also müssen wir eben sehen, wie wir uns amüsieren.«

Natürlich gibt es vom Standpunkt eines Städters aus gesehen in einem Dorf weniger Unterhaltungsmöglichkeiten als in den Städten. Außer dem wöchentlichen Kino, gelegentlich einem Wanderzirkus, einem Zauberer, einer Schauspieltruppe oder einigen Gauklern und Akrobaten, die durch die Dörfer ziehen, bietet Peyrane keine professionellen Schaustellungen.

Die Künstler solcher Vorführungen sind mit dem Publikum von Peyrane zufrieden. Die Leute sind zugänglicher als in anderen Dörfern, und die Zuschauerzahl ist normal. Ein Zirkus zieht etwa fünfzig Leute an, und die kleineren Vorführungen können mit einem oder zwei Dutzend rechnen. Im großen und ganzen sieht man dieselben Leute bei solchen Vorstellungen wie im wöchentlichen Kino – nämlich nur einen kleinen Teil der Dorfbevölkerung. Wenn ich die Leute fragte, warum sie nicht zu den Vorstellungen gingen, war die Antwort immer dieselbe: Seit dem Krieg kann sich niemand mehr solche Dinge leisten.

Aber die meisten Leute sind grundsätzlich nicht an solchen Vorführungen interessiert, selbst wenn sie nichts dafür zu bezahlen brauchten. An einem Sonntagnachmittag fuhr ein großer Lastwagen ins Dorf, um im Auftrag einer elsässischen Düngemittelfirma Reklame zu machen. Die begleitenden Männer mieteten den Saal im Café, um drei Filme zu zeigen. Ein Film warb für Düngemittel, die beiden anderen, ein Dokumentarfilm und ein Lustspiel, sollten lediglich das Publikum anlokken, das durch Lautsprecher und öffentliche Ausrufer eingeladen wurde. Die einzigen, die kamen, waren die Einsamen, die Dorfkinder, die Algerier, die drei oder vier Familien, die jede Art von Unterhaltung wahrnahmen, und ein Bauer – Jouve. Alle anderen Leute ignorierten die kostenlose Vorstellung. Sie saßen lieber in der Sonne und schwätzten oder gingen im Dorf spazieren.

Im Gegensatz zu jenem Mißerfolg kam bei einem Unfall das ganze Dorf zusammen. Wir aßen gerade zu Abend, als es einen großen Krach gab und das ganze Haus erzitterte. Wir liefen zur Tür, sie war aber blockiert. Wir liefen die Treppe hinauf und schauten aus dem Fenster auf die Straße. Zwischen unserem Haus und dem Laden der Arènes war ein großer Wohnwagen eingekeilt, der an eine Dampfwalze angehängt war. Der Fahrer hatte versucht, die Dampfwalze mit dem Wohnwagen durch die enge Straße zu fahren, hatte aber die Neigung der Straße nicht bedacht. Der kopflastige Wohnwagen war gekippt und mit seinem Oberteil auf unser Haus, mit dem unteren Teil in den Laden Arènes gestürzt.

Als wir das Fenster erreicht hatten, waren schon ungefähr fünfzehn Dorfbewohner am Unfallort. Fünf Minuten später waren noch zwanzig dazugekommen, und nach zehn Minuten standen alle Kinder, alle Männer und einige Frauen da. Der Fahrer war auf das Dach des Wohnwagens geklettert und sah sich die Geschichte an. Er versuchte, seine Frau zu ignorieren, die ihm zuschrie, er habe das ganze Geschirr im Wohnwagen zerschlagen. Ihr Kind klammerte sich an ihren Rock und weinte vor Schreck. Die Zuschauer standen in kleinen Gruppen zusammen und diskutierten den Unfall und die Umstände, die dazu geführt hatten.

Die Dampfwalze war die Vorhut einer Belegschaft von Straßenarbeitern, die eine der Dorfstraßen neu pflastern sollten. Als der Fahrer im Dorf ankam, sah er sofort, daß der Schulhof der geeignetste Platz zum Abstellen der Dampfwalze und des Wohnwagens war. Er hatte gerade seinen Wohnwagen geparkt, als Edouard Pascal dazu kam; der platzte vor Wichtigkeit in seiner Eigenschaft als Vorsitzender des Peyraner Touristenbüros. Er gab zu bedenken, daß man für den kommenden Sonntag eine Menge Touristen erwarte und das Dorf nicht dadurch verunstalten könne, daß man diese häßliche Dampfwalze und den Wohnwagen so aufstellte, daß sie jedermann sehen könne. Der Fahrer müsse vor das Dorf fahren. Der Fahrer, von der Bedeutung Pascals überzeugt, fuhr weg. Als er aber die *rue de Gordes* hinunterfuhr, hielt ihn jemand an und warnte ihn, die Straße sei für eine so große Belastung nicht stabil genug. Unter der Straße lägen alte Ockergruben, die unter dem Gewicht der Dampfwalze einstürzen könnten.

Es gab für den armen Mann nur noch zwei Möglichkeiten: die auf die *place de la mairie* führende Hauptstraße, die aber für die Dampfwalze offensichtlich viel zu eng war, und unsere Straße, die *rue de la Fontaine,* die breit genug schien. Also versuchte er es, und es ging schief. Sein Wohnwagen war eingekeilt. Das Dach schien geborsten. Die Häuser waren beschädigt. Seine Frau war wütend. Sie schrie unentwegt: »Das ist eine Katastrophe! Eine Katastrophe!« Das ganze Dorf sprach über ihn. Er stieg vom Wohnwagen herunter und prüfte die Situation von allen Seiten. Die Kommentare der Männer waren alles andere als hilfreich. »Sie hätten sehen müssen, daß die Straße zu eng war.« »Sie hätten sie vorher ausmessen müssen.« »Sie hätten im Schulhof bleiben und Edouard Pascal zum Teufel jagen sollen.« »Sie hätten die *rue de Gordes* hinunterfahren sollen. Es sind schon andere Dampfwalzen diese Straße gefahren.« »Jetzt stecken Sie hier für immer.«

Wahrscheinlich hätte mit Hilfe aller anwesenden Männer die Dampfwalze aus ihrer Lage befreit werden können, aber die Männer machten keine Anstalten zu helfen. Sie waren gekommen, um das Schauspiel zu sehen und ihre Kommentare zu geben. Schließlich kam jemand, der helfen konnte und wollte. Alain Peyroux, der Straßenarbeiter, war staatlich angestellt und sollte mit den anderen Straßenarbeitern zusammenarbeiten. Peyroux und der Fahrer besprachen die Situation und machten einen Plan. Der Fahrer sollte die Dampfwalze abkoppeln, den Hügel hinunter-, um das ganze Dorf herum- und die *rue des Gordes* wieder herauffahren bis zum Anfang der *rue de la Fontaine*, wo der Wohnwagen eingeklemmt war, die Dampfwalze sodann hinten am Wohnwagen befestigen und ihn herausziehen.

Da die Dampfwalze mehr als einen Kilometer fahren mußte, bis sie wieder beim Wohnwagen war, dauerte die Fahrt ziemlich lange. Unterdessen hatten sich auch die übrigen Frauen des Dorfes eingefunden. Sie waren nicht früher gekommen, weil sie das Abendessen kochen mußten. Da die Dampfwalze gerade den Hügel hinunterfuhr, konnten die Frauen ihre Männer und Kinder leicht davon überzeugen, daß genug Zeit sei, zu Abend zu essen und wieder am Schauplatz zurückzusein, bevor die Dampfwalze um das ganze Dorf gefahren war.

Dreiviertel Stunden später waren alle wieder da. Die Dampfwalze fuhr hinten an den Wohnwagen heran, die beiden Fahrzeuge wurden aneinandergehängt und unter schrecklichem Krachen wurde der Wohnwagen herausgezogen. Als er die zehn Meter bis zur Kuppe hochgezogen worden war, tauchte ein neues Problem auf. Die Bremsen des Wohnwagens funktionierten beim Vorwärtsfahren, aber nicht, wenn er rückwärts gezogen wurde. Jetzt mußte man ihn rückwärts die Steigung hinunterziehen bis zu einer Stelle, wo man wenden konnte. Die Straßenarbeiter fanden eine Lösung des Problems, die haarsträubend war. Als der Wohnwagen den Hügel rückwärts hinunterzurollen begann, liefen sie vor ihm her und warfen – bevor er genug Geschwindigkeit hatte, um in die Dampfwalze hineinzufahren – Knüppel unter die Räder. Als diese gegen die Knüppel stießen, blieben der Wohnwagen und die Dampfwalze zitternd stehen.
Meter für Meter rutschten sie die dreißig Meter bis zu dem kleinen Platz vor der Post hinunter, wo man den Wohnwagen wenden und wieder richtig an die Dampfwalze koppeln konnte. Dann fuhren sie auf den Schulhof, um dort, trotz Edouard Pascal, die Nacht zu bleiben. Die Straßenarbeiter wurden mit ihren Frauen von der Frau des Fahrers zu einem Glas Wein eingeladen. (Die Gläser waren nicht *alle* zerbrochen!) Die anderen Leute gingen nach Hause.
Während des Jahres, das wir in Peyrane verbrachten, löste eine Aufregung die andere ab. Es ereignete sich der schlimme Zusammenstoß zwischen Henri Favre auf dem Motorrad und Francis Favre auf dem Fahrrad. Es gab den Streit der Bellets an Weihnachten und den darauffolgenden Selbstmordversuch von Madame Bellet. Es gab den Diebstahl des Bademantels von der öffentlichen Wäscheleine und die Untersuchung durch die Polizei. Es drohte immer ein Drama, in dem der schwachsinnige Paul Jouvaud eine führende Rolle spielen würde. Und es gab schließlich den Diebstahl der Tomatenpflanzen durch Louis Gayol, der zur aufregendsten *brouille* des Jahres führte.
In den köstlichsten Vorfall wurde eine Pariserin verwickelt, die ihre Osterferien in einem Hause ohne Toilette verbrachte. Eines Morgens, als alle Frauen gerade ihre Einkäufe machten, ging die Pariserin auf die öffentliche Toilette, rutschte aus und fiel in die Grube. Nur mit großen Schwierigkeiten kam sie wieder heraus und mußte danach an allen Frauen vorbei nach Hause gehen.
Solche Ereignisse befriedigen das Verlangen nach Unterhaltung weit besser als ein Film oder irgendeine andere Vorführung, weil sie ein

integrierender Bestandteil des Lebens im Dorf sind. Die Leute fühlen sich gleichzeitig als Mitspieler und als Zuschauer. So benutzen sie geschickt jedes Ereignis als dramatisierende Anregung, die ihre Einbildungskraft nährt und ihnen Abwechslung bringt.

Wie man alt wird in Peyrane

16. KAPITEL

Das Alter

Ein Fremder, der durch die Straßen von Peyrane geht, hat den Eindruck, es sei ein Dorf der alten Leute. Der Eindruck mag falsch sein, wenn die Kinder in der Schule und ihre Eltern bei der Arbeit sind, aber im Grunde ist er doch richtig. In den Vereinigten Staaten sind etwa zwölf Prozent der Bevölkerung über sechzig Jahre alt. In Frankreich und in der gesamten Gemeinde Peyrane sind es etwa siebzehn Prozent. Aber im Dorf Peyrane sind fünfundzwanzig Prozent der Leute älter als sechzig Jahre.

Der triftigste Grund für diese Situation ist folgender: in den meisten Dörfern ist der Prozentsatz der alten Leute höher als in der ländlichen Umgebung, weil die Bauern, wenn sie alt werden, meist vom Hof ins Dorf ziehen. In Peyrane kommt noch hinzu, daß viele junge Leute in die Stadt abwandern. Die Abnahme der Bevölkerung auf die Hälfte ihres Bestandes von vor hundert Jahren geht zu Lasten der jungen Leute.

Die Tatsache, daß ein Viertel des Dorfes über sechzig ist, bedeutet aber nicht, daß ein Viertel der Bevölkerung senil und unproduktiv wäre. Obwohl die Leute von Peyrane meinen, das Alter beginne mit sechzig, so werden diejenigen, die dieses Alter erreichen, doch nicht untätig. Im Gegenteil, einige der produktivsten Leute in der Gemeinde sind über sechzig. Die drei Männer, die als die fleißigsten Bauern der Gegend gelten, sind Roussel mit vierundsechzig, Anselme mit siebenundsechzig und Pierre Pian mit einundsiebzig Jahren. Die beiden Schmiede in der Gemeinde, Prayal und Jouvaud, sind achtundsechzig und siebzig Jahre alt, und Prayal arbeitet noch ebenso viel wie ein junger Mann. Der alte Mazon, *lou Frisé*, arbeitet ganztägig in den Ockergruben und ist schon siebzig Jahre alt.

Natürlich sind nicht alle alten Leute so aktiv wie diese Männer, aber die meisten arbeiten, so lange sie dazu in der Lage sind. Wenn sie sich gezwungen sehen, ihre normale Arbeit aufzugeben, übernehmen sie alle Aufgaben, die sie bewältigen können. *Ils font de la bricole*, sagt man; das heißt, sie machen sich nützlich und übernehmen Gelegenheitsarbeiten. Monsieur Grandgeon repariert Fahrräder und zieht Blumen zum Verkauf an Allerseelen. Madame Grandgeon beschäftigt sich mit Näharbeiten. Mademoiselle Pamard gibt zwei jungen Mädchen Nähunterricht. Monsieur Favarel hält ein paar Hühner und verkauft die Eier. Der alte Anglade ist Straßenkehrer. Madame Charrin geht von Haus zu Haus und verkauft die Milch ihrer Kuh. Madame Pernet trägt die Zeitungen im Dorf aus; sie wird dafür nicht bezahlt, bekommt aber ihre Zeitung umsonst.

Wenn es keine Gelegenheitsarbeiten gibt, so können sich die älteren Leute, wie die Kinder, im Haushalt nützlich machen. Sie sammeln Holz und Pilze, Kräuter und Gras. Sie passen auf kleinere Kinder auf, arbeiten im Garten oder hüten Schafe und Ziegen.

Aber es kommt der Tag, an dem Alter und Krankheit die Aktivität so beschneiden, daß ein Mensch nicht einmal mehr Gelegenheitsdienste oder die Arbeiten, die auch Kinder tun, verrichten kann. Dann sitzt er geduldig still im Stuhl und begnügt sich mit möglichst wenig Aufmerksamkeit, damit die anderen nicht von ihrer Arbeit abgehalten werden. Madame Donnadieu ist blind und sitzt den ganzen Tag über auf einem Stuhl am Küchentisch. Lange Zeit hörte sie Radio, aber jetzt ist sie dafür zu taub. Monsieur Isnard, der Vater von Madame Baume, liegt im Bett, durch einen Schlaganfall gelähmt.

Der alte Jaumard kann noch im Dorf spazierengehen, bei Boulesspielen zuschauen und sogar Samstag abends am Belote teilnehmen, aber er wird kindisch, und sein Zustand erfordert von seiner Tochter, Madame Paul, zunehmend Pflege. Sie klagt unter Freunden über diese Belastung, aber es würde ihr nie in den Sinn kommen, sie nicht auf sich zu nehmen. Man hatte sie schon als Kind eindringlich auf diese Pflicht vorbereitet. Ihr Ansehen würde leiden, wenn sie ihren Vater vernachlässigte. Außerdem verlangt das französische Zivilrecht, daß Kinder ihren notleidenden Eltern helfen.

Nach der Auffassung im Dorf hat man die moralische Verpflichtung, seine Eltern nicht nur materiell zu unterstützen, sondern sie auch zu lieben, zu respektieren, zu fürchten und ihnen zu gehorchen, solange sie leben. Aber Furcht, Respekt und Gehorsam sind in der Beziehung zwischen betagten Eltern und erwachsenen Kindern oft nicht aufrechtzuerhalten. Madame Paul kann schwerlich den alten Jaumard fürchten, respektieren und ihm gehorchen, denn sein Verstand und sein Verhalten sind kindisch. Sie muß ihn also wie ein Kind behandeln, und er muß seine Tochter respektieren, fürchten und ihr gehorchen.

Wenn die älteren Leute, wie Jaumard, ihre körperliche und geistige Kraft verlieren, sind die Rollen vertauscht. Je mehr sie sich wie Kinder benehmen, umso mehr werden sie wie Kinder behandelt. Man erwartet von ihnen, daß sie die Arbeit von Kindern tun. Sie sind dann mehr Zeugen als Hauptakteure bei den Ereignissen in der Familie und im Dorf. Man fragt sie nicht mehr nach ihrer Meinung, und wenn sie eine Meinung äußern, wird sie nicht beachtet. Man scherzt über sie auf dieselbe freundliche Art wie über Kinder.

Die einzigen alten Leute, die sich ernsthaft über ihr Los beklagen, sind die wenigen, die allein leben müssen, weil ihre Kinder in die Stadt gezogen sind. Bellets einziges Kind, eine Tochter, zog vor Jahren nach Marseille, um dort zu arbeiten. Sie kommt selten mit ihrem Mann nach Peyrane. Sie schicken den Bellets ab und zu Geld – nicht viel, denn sie haben selbst nicht viel, aber genug, um ihr Gewissen zu beruhigen. Bellet ist verbittert über seine Tochter und will überhaupt nichts von Kindern wissen. Warum soll man sich Sorgen machen und sich fast zu Tode arbeiten, um Kinder großzuziehen, meint er, die, wenn sie erwachsen sind, fortgehen und vergessen, was man für sie getan hat.

Madame Pernet hat mehr Haltung als Bellet, sie beklagt sich nie laut über ihre Kinder, aber auch sie ist verbittert. Ihre Kinder leben in Apt, besuchen Peyrane aber nur an hohen Feiertagen. Sie kommen ihrer Pflicht, sie zu unterstützen, kaum nach. Sie schicken ihr sehr wenig Geld. Sie würde gerne mit ihnen zusammenleben, aber die Kinder haben sie nie gefragt. Sie meldet es nicht den Behörden, denn sie will nicht, daß ihre Kinder Ärger haben.

Obwohl wenige alte Leute reich sind, so haben doch viele von ihnen Einkünfte aus der einen oder der anderen Quelle. Einige beziehen Einnahmen von ihren Höfen. Madame Pleindoux ist die Witwe eines Bauern. Als ihr Mann starb, zog sie nach Peyrane, um in der Nähe ihrer Tochter, Nicole Favre, zu leben, und verpachtete ihren Hof an den Sohn von Figeard, der gerade vom Militärdienst zurückgekommen war. Sie lebt bescheiden, aber angenehm, von der Pacht, die er ihr bezahlt. Auch Madame Isnard hat ein Einkommen von ihrem Hof, den sie einem *métayer* anvertraut hat. Sie beklagt sich, weil er unehrlich ist, und er beklagt sich, weil sie nicht genug zur Instandhaltung der Ausrüstung beiträgt. Aber beide leben von diesem Hof.

Die Verpachtung oder der Verkauf von kleinen Besitzungen im Dorf ist auch eine häufige Einkommensquelle. Als Lataud Charrins Café kaufte, wollte Charrin keine hohe Summe auf einmal, er wollte eine monatliche Rente von 2000 Francs (24 Mark) für den Rest seines Lebens. Lataud ging Pleite und verließ das Dorf nach zwei Jahren, aber Charrin überredete die Gemeinde, das Gebäude als Postamt zu kaufen und den Vertrag zu übernehmen. Diese Art von Verträgen werden von alten Leuten sehr gerne gemacht, vor allem von Leuten wie Charrin, die keine Kinder haben und die nur bis zu ihrem Tod ein sicheres Einkommen haben wollen.

Eine andere Einkommensquelle für die Alten ist die staatliche Altersversicherung. Sowohl Lohnempfänger wie Selbständige (unabhängige Handwerker, Kaufleute, Angehörige freier Berufe und Bauern) sind rentenberechtigt. Da diese Altersversicherung erst nach dem Zweiten Weltkrieg wirklich in Kraft trat, haben wenige alte Leute genug in den Fond eingezahlt, um mehr als eine unbedeutende Rente zu bekommen. Bis der Fond angewachsen ist, erhalten »alte Arbeiter« und »wirtschaftlich Schwache« vorläufige Unterstützungen. Jeder Mensch, der fünfundsechzig Jahre alt oder älter ist und nachweisen kann, daß er keine Einkommensquellen besitzt, hat Anrecht auf eine Rente von 400–1200 Mark im Jahr, je nach seiner sozialen Stellung und der Anzahl der von ihm Abhängigen. Um sich diese Rente zu sichern, hält jeder ältere Mensch im Dorf seine finanziellen Quellen streng geheim, damit er als bedürftig eingestuft wird. Aber jeder einzelne Fall wird sorgfältig geprüft, und es ist schwierig, der Bezirkskommission, die den finanziellen Status eines jeden untersuchen muß, der eine Alterspension beantragt, etwas vorzumachen.

Eines Mittags erschienen die Avenas empört beim Apéritif. Am Morgen war ihnen mitgeteilt worden, daß Madame Gontier, die Mutter von Madame Avenas, die Bezirkskommission nicht davon überzeugen konnte, daß sie mittellos sei. Die Kommission hatte ihren Antrag abgelehnt, weil sie selbst zwar kein Einkommen hatte, aber ihre drei Kinder Lohnempfänger waren. Die Avenas saßen wütend bei ihrem Apéritif. Aber sie merkten sofort, daß sogar ihre Freunde im Café sie nicht ernst nahmen, denn jeder wußte, daß Monsieur Avenas als Schneider und Madame Avenas als Friseuse Geld verdienten, daß sie keine Kinder hatten und in einem der schönsten Häuser des Dorfes wohnten. Als sie merkten, daß niemand ihnen beipflichtete, brachten sie ein anderes Argument vor, welches Anklang fand. Anderen Leuten, die mehr

Geld hatten, wurde die Altersunterstützung zugebilligt. Alle fanden es ärgerlich, daß es Madame Gontier nicht wie anderen gelungen war, »dem Staat die Karotten herauszuziehen«.

Ein Mensch, der wirklich mittellos ist und von der Altersunterstützung leben muß, kann kaum mit den 400–1200 Mark auskommen. Seine letzte Rettung ist die Wohltätigkeit der Dorfbewohner, die genau wissen, wer wirklich Hilfe braucht und wer nicht. Man kann ihnen nichts vormachen. Sie wissen zum Beispiel, daß der alte Maucorps nur das Haus besitzt, in dem er lebt, nur die Lumpen, die er auf dem Leib trägt, seinen Trüffelhund und sein kleines Gartenstück am Fuße des Hügels. Er bekommt Brot von Bonerandi auf Veranlassung der Gemeinde und kann immer umsonst in der Schulkantine essen. Ab und zu findet er ein paar Trüffeln oder verkauft ein wenig Gemüse, um Wein und Tabak bezahlen zu können. Die Männer im Café bieten ihm oft ein Glas Wein oder Zigaretten an. So lebt Maucorps, der ärmste Mann in Peyrane, in Armut, aber nicht in Not. »Ein Tag folgt dem anderen«, wie er sagt.

Der alte Maucorps ist fünfundsiebzig Jahre alt, und er kann nicht erwarten, daß immer weiter ein Tag dem nächsten folgt. Ein Leben muß zu Ende gehen, und er zitiert gerne das provençalische Sprichwort:

> *Entre setanto e quatre-vint*
> *Pau de gènt reston sus lou camin.*
> (Zwischen siebzig und achtzig
> bleiben wenige auf dem Weg.)

Vor hundert Jahren, als die Bevölkerung doppelt so groß war wie heute, waren 90 Personen zwischen sechzig und siebzig (5,5 % der Bevölkerung), 60 zwischen siebzig und achtzig (3,5 %), 6 zwischen achtzig und neunzig (0,3 %) und keiner über 90. Nach der Volkszählung von 1946 sind 71 Personen zwischen sechzig und siebzig (9 %), 51 zwischen siebzig und achtzig (6,5 %), 8 zwischen achtzig und neunzig 0,1 %) und 2 über neunzig. Die Lebenserwartung hat sich in den letzten hundert Jahren erhöht, aber das Sprichwort schildert noch immer die wirkliche Situation. Wenige Leute erreichen das Alter von achtzig. Genauer gesagt, liegt die kritische Periode zwischen fünfundsiebzig und achtzig.

Die Haltung der alten Leute gegenüber dem herannahenden Tod ist Hinnahme und Resignation. Bewußt wenigstens wollen sie *raisonnable* gegenüber Tod und Leben sein. Natürlich gibt es Unterschiede bei den

◁ *1950 schien Peyrane ein Dorf der Greise zu sein; jeder vierte Einwohner war über sechzig (zu Seite 315; 347)*
▽ *Monsieur Maucorps (zu Seite 54; 182; 186; 319f.)*

▽ *Begräbnis (zu Seite 325)*

einzelnen, je nach ihrer Gesundheit, ihrem Glauben, ihrem materiellen Wohlergehen und dem Gefühl, ob sie noch gebraucht werden oder nicht.

Der alte Maucorps hat gewiß ein Minimum an materiellem Komfort. Seine Gesundheit ist weder gut noch schlecht. Er ist meist ein wenig *fatigué*, aber es geht ihm besser, wenn er ein oder zwei Glas Wein getrunken hat. Er hat keine nahen Verwandten, niemanden, den er gern haben kann oder der ihn gern haben könnte, außer seinem Hund. Die Dorfbewohner mögen ihn, und obwohl sie ihn necken, fühlt er das. Er hat wenig Beziehung zur Kirche; er war das letzte Mal in der Kirche beim Tod seiner Mutter vor fünfzig Jahren. Man könnte meinen, Maucorps habe nicht viel vom Leben zu erwarten – und daher auch nicht viel vom Tod. Aber er ist voller Lebenslust, wie man sie selten bei jüngeren, gesünderen und reicheren Leuten findet.

Noch lebendiger mit ihren siebenundneunzig Jahren ist Madame Pamard, *la Mélanie*, die älteste Einwohnerin der Gemeinde. Sie ist auf einem Auge blind und auf einem Ohr taub. Sie lebt mit ihrer unverheirateten, verkrüppelten Tochter zusammen. Sie ist nicht so arm wie Maucorps, aber keineswegs reich. Ihr Haus könnte ein trostloser Ort sein, ist es aber nicht. *La Mélanie* und ihre Tochter sind zwei der lustigsten Leute im Dorf. Als ich mit *Mélanie* den Rorschachtest machte, schnalzte sie laut, wenn sie eine farbige Karte bekam, und sagte: »*Das* ist eine schöne Karte, sie gefällt mir!« Sie hat es nicht eilig zu sterben. Wie Maucorps sagte sie: »Wenn der Tag kommt, könnt Ihr mich hinaustragen, aber *ça ne presse pas*. Es eilt nicht.«

Monsieur Marnas hat eine andere Einstellung gegenüber dem Tod. Er beklagt sich dauernd, daß Gott ihn noch nicht abgerufen hat. Er ist bereit zu gehen. Er hat seine Angelegenheiten geregelt. Er hinterläßt alles seiner Adoptivtochter – und alles bedeutet in seinem Fall einen der größten Besitze in der Gemeinde. Er ist einer der wenigen Menschen, die immer zur Messe gehen. Er hat seinen Frieden mit Gott gemacht. Er hat kein Interesse mehr am Hof oder am Dorf, obwohl er immer ein vorbildlicher Bauer und Bürger gewesen ist. Er ist bei guter Gesundheit, hat aber wenig Lust zu arbeiten oder sich zu zerstreuen. Er sagt, er habe kein Interesse mehr am Leben, seit seine Frau vor mehreren Jahren gestorben sei, aber andere Dorfbewohner erzählten mir, er habe schon immer ein langes Gesicht gemacht. Die Leute respektieren ihn, aber er ist nie ein fröhlicher Geselle gewesen.

Bei Maucorps und Marnas sind Gesundheit und materieller Komfort offensichtlich weniger maßgebend für ihre Haltung gegenüber Leben und Tod als tieferliegende, persönliche Eigenschaften. Diese beiden Männer repräsentieren zwei extreme Typen im Dorf. Maucorps ist voller Lebenslust, Marnas das Gegenteil. Typischer für die alten Leute ist Pierre Pian. Er ist noch so tätig wie möglich, aber er muß langsam tun. Er spricht jetzt davon, seinen Hof zu verkaufen und sich zurückzuziehen. Diese Aussicht macht ihn weder glücklich noch unglücklich. Als ich mich bei unserer Abreise aus Peyrane von ihm verabschiedete, sagte ich, ich hoffte, ihn in sieben Jahren wiederzusehen. »Rechnen Sie nicht damit«, antwortete er nüchtern. »Ich bin einundsiebzig, und Sie wissen, daß zwischen siebzig und achtzig wenig Leute auf dem Weg bleiben.« Er erwartete nicht wie Marnas ungeduldig den Tod, fürchtete ihn andererseits aber auch nicht übermäßig.

Monsieur Roche, der stellvertretende Bürgermeister, war für seine achtzig Jahre noch sehr lebenslustig. Als ich ihn kennenlernte, klatschte man über seine Liebesabenteuer. Aber während der Monate, die wir in Peyrane lebten, verschlechterte sich seine Gesundheit sichtlich. Bald wurde er *bien fatigué*, und Doktor Magny wurde geholt. Nach einigen Tagen hatte Doktor Magny den Widerstand der Familie überwunden, und Roche wurde ins Krankenhaus nach Apt gebracht.

Eine Woche darauf traf ich seinen Sohn auf der Straße und fragte ihn nach seinem Vater.

»Haben Sie nichts gehört?«, fragte er. »Wir haben ihn gestern abend aus dem Krankenhaus zurückgebracht.«

Ich wollte ihm gerade sagen, wie sehr ich mich darüber freute, als mich sein Gesichtsausdruck vorsichtig machte. Ich sagte also nur, ich hätte nichts gehört.

»Ja«, sagte er, »sie riefen gestern aus dem Krankenhaus an, wir sollten den alten Mann holen, denn er würde bald sterben. Also brachten wir ihn nach Hause. Ich bin jetzt auf dem Wege zu Abbé Autrand.« So wie die Leute von Peyrane finden, daß Babys zu Hause geboren werden sollten, halten sie es auch für richtig, daß die Menschen zu Hause sterben, inmitten der Familie, von der sie geliebt werden.

Es gibt auch einen praktischen Grund, warum man Sterbende nach Hause bringt. Das Gesetz verlangt eine Genehmigung, um einen Toten aus einer Gemeinde in eine andere zu bringen. Der Sohn Roches tat also nicht nur seine Pflicht, als er seinen alten Vater zum Sterben nach Hause brachte; er vermied auch unnötige Komplikationen. Es gibt noch genug andere Sorgen, wenn ein Mensch gestorben ist.

Meistens wird ein naher Freund oder Verwandter der Familie, der von dem Tod nicht so berührt ist wie die engere Familie, damit beauftragt, die Formalitäten zu erledigen und das Begräbnis zu arrangieren.
Wenn der Arzt beim Tod nicht anwesend war, muß er geholt werden, um den Tod offiziell festzustellen. Er trägt Todesstunde und -ursache in ein Formular ein und steckt die Bescheinigung in einen Umschlag, den er mit einem amtlichen Siegel verschließt. Diese Bescheinigung muß innerhalb vierundzwanzig Stunden in das Rathaus gebracht werden, wo sie zusammen mit dem *livret de famille* oder dem Geburtsschein als Identitätsausweis vorgelegt werden muß. Der Ratsschreiber stellt den Totenschein aus und gibt die Genehmigung zum Begräbnis. Das Begräbnis kann außer bei ungewöhnlichen Umständen erst vierundzwanzig Stunden nach dem Tod stattfinden.
Für die weiteren Formalitäten muß man mit dem Pfarrer sprechen. Theoretisch kann man wählen zwischen einer *missa cantata*, die gewöhnlich 1 200 Francs, und einer Stillen Messe, die 800 Francs kostet; aber nur eine Familie, die ihren Reichtum zur Schau stellen will, bestellt eine *missa cantata*. Abbé Autrand hat während seiner Amtszeit in Peyrane nie eine *missa cantata* als Requiem singen lassen. Manchmal, wenn die Familie nicht sofort zusammenkommen kann, wird bei dem Begräbnis nur ein einfacher Segen erteilt, und das Requiem wird um eine Woche verschoben.
Mit der Genehmigung zum Begräbnis erhält der Vertreter der Familie auch die Erlaubnis, den öffentlichen Leichenwagen anzufordern, der in einem Höhlenkeller in den Felsen steht. Aber er muß einen Bauern finden, der mit seinem Pferd den Leichenwagen zum Begräbnis fährt. Das kostet meistens 2 000 Francs. Er muß auch einen Sarg kaufen. Dies ist nicht so einfach, denn es gibt in Peyrane keinen Schreiner. Früher bat man manchmal Raoul Favre, einen rohen Sarg in seiner Sägemühle zusammenzunageln, aber er hat selten das geeignete Holz, und er findet die Arbeit abscheulich; deshalb wird der Sarg meist in Apt gekauft oder in den Nachbarorten Saint-Saturnin oder Goult bei einem Schreiner in Auftrag gegeben. Ein Sarg kostet 4 000 Francs.
Meist hat die Familie schon einen Platz oder ein kleines Grabmal auf dem Dorffriedhof, aber man muß prüfen, ob alles in Ordnung ist und ob die Pacht bezahlt ist. Die Gemeinde verlangt 630 Francs pro Quadratmeter für eine Erbbegräbnisstätte, 270 Francs für dreißig Jahre Konzession und 120 Francs für fünfzehn Jahre. Es ist wichtig, daß diese Abmachungen klar sind, denn nachträgliche Veränderungen

sind teuer. Anglade, der Totengräber, verlangt 1800 Francs, um ein Grab auszuheben, und noch einmal so viel für das Begraben.
Verwandten und nahen Freunden teilt man den Tod sofort mit. Eine der älteren Frauen des Dorfes, meist Madame Pernet, wird gebeten, es den anderen Dorfbewohnern offiziell bekanntzugeben. Sie geht von Haus zu Haus durch das ganze Dorf, überbringt die Nachricht vom Tod und kündigt das Begräbnis an. Der Briefträger benachrichtigt die Leute auf dem Lande.
Wenn ein Kind oder ein junger Mensch begraben wird, benutzt man nicht den Leichenwagen. Der Sarg wird von Bahrtuchhaltern, Freunden des Verstorbenen, getragen. Beim Begräbnis eines Erwachsenen gibt es auch Bahrtuchhalter, aber sie tragen den Sarg nicht durch die Straßen.
Im Hause des Toten wird das Sterbezimmer gereinigt. Die Fenster werden geschlossen, die Spiegel verhängt. (Die Vasen werden nicht wie in anderen Gegenden Frankreichs zugedeckt.) Familienangehörige legen, oft mit Hilfe von Freunden, den Leichnam auf das Bett. Man richtet den Toten so schön wie möglich her. Er wird in seinen besten Kleidern begraben.
Die Familienangehörigen legen Trauerkleidung an, obwohl formell die Trauerzeit erst bei der *messe de mise en deuil*, eine Woche nach dem Begräbnis, verkündet wird. Für die Männer bedeutet Trauertragen, einfach ihre besten Sachen anzuziehen, denn ihre besten Anzüge und Hüte sind immer schwarz. Aber ein Mann kann seinen besten Anzug nicht jeden Tag anziehen. Er trägt ihn nur zum Begräbnis, und danach begnügt er sich mit einem schwarzen Band am Hut oder nur einer schwarzen Rosette am Aufschlag. Manche Männer tragen ein schwarzes Band an einem Ärmel, aber diese Sitte beginnt zu verschwinden. Die Frauen tragen schwarze Schuhe, Strümpfe, Kleider und Hüte – und, wenn sie es sich leisten können, einen schweren schwarzen Schleier.
Offiziell dauert die Trauerzeit bis zur *messe de sortie de deuil*, die ein Jahr später stattfindet; aber je nach der Einstellung des einzelnen und der Familien wird unterschiedlich lang Trauer getragen. Die alten Frauen kleiden sich nicht selten bis an ihr Lebensende in Schwarz. Junge Leute tragen nur ein halbes Jahr Trauer. Während der Trauerzeit vermeidet jeder, an öffentlichen Vergnügungen teilzunehmen, obwohl sich die Familien auch hierin verschieden verhalten. Im allgemeinen finden junge Leute, daß zu viel Gewicht auf die Trauerkleidung gelegt und unvernünftig viel Geld dabei ausgegeben wird.

Von jedem Erwachsenen in der Gemeinde erwartet man, daß er zum Begräbnis geht. Sogar mitten in der Ernte nehmen sich die Männer dafür Zeit. Familienstreitigkeiten werden vorübergehend vergessen. Wenn nicht die ganze Familie teilnehmen kann, ist wenigstens eines ihrer Mitglieder dabei. Wenn jemand aus persönlichen Gründen dem Toten nicht die Achtung erweist, die ihm die ganze Gemeinde bezeugt, sind alle entrüstet. Selbst wenn alle den Toten nicht leiden konnten, wird er doch vom Augenblick seines Todes bis zu der Stunde, in der er mit Anstand zu Grabe gebracht ist, geachtet.

Kurz vor dem Begräbnis sammeln sich die Leute vor dem Haus des Verstorbenen. Sie unterhalten sich in kleinen Gruppen auf der Straße. Ab und zu geht einer ins Haus, um den aufgebahrten Toten zu sehen. Zehn Minuten vor Beginn der Trauerfeier wird er in den Sarg gelegt und der Deckel zugenagelt.

Wenn der Pfarrer kommt, wird der Sarg in den Leichenwagen gestellt und Blumen und Dekorationen aus Glasperlen daraufgelegt. Die Prozession nimmt ihren Weg zur Kirche. Voran gehen Georges Vincent, der Meßgehilfe, und der Pfarrer im Trauerhabit. Ihnen folgt der Leichenwagen, hinter diesem die Familie, dann schließen sich die Freunde und die übrigen Dorfbewohner an. Auf dem halben Weg zum Hügel, wo der neue Dorfteil an den alten grenzt, durchschreitet die Prozession den Glockenturm des alten Walles und bleibt einen Augenblick stehen. Der Fahrer des Leichenwagens muß eine schwierige Kurve fahren und dem Pferd gut zureden, den Wagen die enge Straße in das alte Dorf hinaufzuziehen.

Die großen Mitteltüren der Kirche, die sonst geschlossen bleiben, sind geöffnet, und die Bahrtuchhalter tragen den Sarg in die Kirche und stellen ihn auf ein Podest im Seitenschiff. Die Türen werden geschlossen, die Messe beginnt.

Die meisten Frauen sind in der Kirche, aber nur sehr wenige Männer, Familienangehörige oder nahe Freunde des Toten. Die übrigen Männer bleiben draußen in Gruppen vor der Kirche stehen und unterhalten sich. Einige gehen ins Café hinunter, um etwas zu trinken oder eine Partie Belote zu spielen, bis die Messe zu Ende ist.

Nach der Messe formiert sich die Prozession wieder und zieht den Hügel hinunter. Am Café ordnen sich die Männer, die Karten gespielt haben, etwas verstohlen wieder ein. Der Fahrer des Leichenwagens zieht die Bremsen an, wenn er die steile *rue centrale* hinunterfährt. Es wäre eine Katastrophe, wenn er an dieser gefährlichen Stelle die Kontrolle verlöre. Sobald er am Ende der Straße die Kurve genommen hat, ist die Fahrt für ein paar Minuten ungefährlich. Die Prozession geht am Postamt, dem Gasthaus, der Schmiede und an der Schule vorbei, dann einen felsigen Weg hinauf, so nah an den roten Felsenklippen vorbei, daß ein Mann sich seines Pferdes sehr sicher sein muß, um den Leichenwagen fahren zu können.

Die Bahrtuchhalter tragen den Sarg an den Rand des Grabes, um das sich die Leute versammeln. Selbst die Gleichgültigen sind andächtig, wenn der Pfarrer den Segen erteilt und der Sarg ins Grab gesenkt wird. Das Wehklagen erreicht seinen Höhepunkt, aber selbst in diesem Augenblick bleiben Gemütsbewegungen beherrscht. Während der ganzen Trauerfeier wird ständig, aber nicht haltlos, geweint. Ein Angehöriger, der seinen Schmerz beim Begräbnis nicht unter Kontrolle halten könnte, würde zu Hause bleiben, von irgend jemandem umsorgt.

Die Trauerfeier ist beendet. Der Pfarrer und der Meßgehilfe gehen als erste; sie kehren schnell zur Kirche zurück. Die Familie des Toten verläßt langsam den Friedhof. Die Trauernden gehen am offenen Grab vorbei und werfen eine Handvoll Erde auf den Sarg. Bald sind alle gegangen außer dem alten Anglade, der auf seinen Spaten gelehnt beiseite stand.

Die Menschen und die Kirche von Peyrane haben von einem Peyraner Abschied genommen. Im Rathaus hat Rivet den Tod in das *livret de famille* und in die Geburtsurkunde des Toten eingetragen. War der Tote in einer anderen Gemeinde geboren, informiert Rivet die betreffende Gemeinde. Er hat auch das Gesundheitsamt in Avignon benachrichtigt. Und schließlich meldet er den Tod dem Statistischen Amt in Marseille. Der Peyraner hat damit offiziell aufgehört zu existieren.

Epilog

17. KAPITEL

Peyrane heute

Briefe aus Peyrane sind wie Briefe aus jedem kleinen Dorf. Die Neuigkeiten sind die gleichen: Heiraten, Geburten, Todesfälle. Manche sind weggezogen, andere zugezogen. Man hat eine Kanalisation angelegt. Die alte Duschanlage beim Fußballplatz wurde in einer neuen Badeanstalt in der Nähe der Wäscherei installiert. Ein Pariser Künstler lebt jetzt in einer der Windmühlen. Die Kuh der Charrins ging ein, sie schlossen ihr Haus und zogen weg. Madame Pamard ist jetzt hundertzwei Jahre alt. Sie überlebte die öffentliche Feier ihres hundertsten Geburtstags und die katastrophale Kältewelle im Januar 1956. Abbé Autrand ist gestorben, und die Kirche von Peyrane wurde geschlossen. Da es nicht genug Gläubige in der Gemeinde gibt, um einen eigenen Pfarrer zu unterhalten, kommt ein Pfarrer von Apt, um die Messe am Sonntag und bei besonderen Gelegenheiten zu zelebrieren.

Diese Ereignisse werden bestimmt vom Lauf der Dinge. Man konnte sie nicht voraussagen, aber sie haben nichts Überraschendes und können vor allem unsere Vorstellung von Peyrane nicht verändern. Wenn man aber in Peyrane lebt, haben solche Ereignisse ein bedeutendes Gewicht. Nur in Städten verlieren sie ihr Gewicht, weil sie im allgemeinen Getriebe untergehen. Selbst ein kleines Ereignis wird im Dorf beachtet, vor allem wenn es ein dramatisches Element enthält.

Zweifellos war das dramatischste Ereignis in den letzten fünf Jahren die Invasion der Filmgesellschaft Gaumont in Peyrane. Fast über Nacht kamen Schauspieler, Schauspielerinnen, künstlerische Mitarbeiter und technisches Personal, um einen Film mit dem Titel: ›*Le Paradis retrouvé*‹ zu drehen. Für mehrere Wochen gaben die roten Felsen von Peyrane den Hintergrund für eine romantische Geschichte ab. Alles, was ich darüber erfahren konnte, ist, daß es sich um Adam und Eva drehte, die eben doch noch leben. Sie entdecken sich und das Paradies in Peyrane wieder. Aber sie stoßen auf den Ewigen Juden, und diese

Begegnung bringt eine Reihe von Ereignissen in Gang, die der Inhalt des Filmes sind.
Man kann sich vorstellen, was das Drehen dieses Filmes für Peyrane bedeutete. Rivet schrieb: »Das Dorf ist auf den Kopf gestellt, und zwar schon einen Monat lang. Ich wurde zum Impresario und zum offiziellen Verbindungsmann zwischen dem Regisseur und den Dorfbewohnern ernannt. Viele Szenen wurden im Dorf und bei den Felsen aufgenommen. Ich hatte sogar auch eine Rolle – ich war der Briefträger – und trat in verschiedenen Szenen in der Uniform meines Sohnes auf. Andere bekamen ebenfalls Rollen, und wieder andere übernahmen technische Aufgaben. Der allbekannte Moïse und der junge Philippe Aubenas arbeiteten mit den Technikern zusammen. Die Innenaufnahmen wurden in meinem Haus gedreht. Die meisten der Schauspieler und Schauspielerinnen konnten im Dorf wohnen, aber manche mußten in Apt untergebracht werden. Der Wirbel hat das ganze Dorf verändert.«
Die spektakulären Veränderungen währten nur kurze Zeit, aber es gab andere Veränderungen, die von Dauer waren. Zum Beispiel machte das Café Voisin durch den Film bankrott. Man hatte erwartet, daß die Leidenschaft für Boules Voisin ruinieren würde, aber sein Reichtum und nicht das Boulesspiel brachte ihn schließlich zu Fall.
Als die Filmgesellschaft Gaumont nach Peyrane kam, brachte sie Schauspieler und Techniker mit, die Zeit und Geld hatten, ins Café zu gehen. Es kamen auch Touristen ins Café, um die Schauspieler und Schauspielerinnen zu sehen. Voisin wurde durch die Schauspielerinnen und durch das Aufblühen seines Geschäftes so verwirrt, daß er überschnappte. Madame Voisin übernahm den Betrieb. Sie stellte Jacques Leporatti als Hilfe ein und schickte ihren Mann zum Boulesspielen, damit er nicht hinter der Bar Kredite und Getränke auf Kosten des Hauses ausgab. Eine Zeitlang glaubten die Voisins, daß Peyrane wirklich »das wiedergefundene Pardies« sei.
Auch Madame Avenas Frisiersalon blühte auf. Sie hatte vollauf zu tun, und ihre freien Zimmer waren von den Leuten der Filmgesellschaft belegt. Doch sie war eifersüchtig auf die Voisins. Sie fand, daß sie zu leicht Geld verdienten. Ihre Mieter brachten sie auf die Idee, selbst ins Cafégeschäft einzusteigen. Da die Filmleute mit den hohen Preisen in Vincents Guide-Michelin-Restaurant unzufrieden waren, überredeten sie Madame Avenas, ihnen auch die Mahlzeiten zu geben. Als nächstes verlangten sie Apéritifs vor dem Essen und dann Ge-

tränke zu allen Tageszeiten, und bald war Madame Avenas mitten im Cafégeschäft. Sie bezahlte ihre Konzession, stellte Charles Pouget als Kellner ein und wurde eine richtige *cafetière*. Unnötig zu sagen, daß die Beziehungen zwischen Madame Voisin und Madame Avenas sich verschlechterten.

Eine unerwartete Komplikation verschärfte die Konkurrenz. Der Besitzer eines Cafés in Marseille, Jean Mauron, hörte von dem kleinen Ort, wo eine Filmgesellschaft viele Touristen anzog. Seine Frau war *fatiguée* und brauchte Luftveränderung; so schloß er seinen Marseiller Betrieb und brachte sein Inventar aus der Stadt in den leeren Laden neben Madame Voisin.

Während einiger Wochen gab es direkt nebeneinander drei Cafés auf dem kleinen Rathausplatz von Peyrane. Sie hielten sich alle, solange die Filmgesellschaft Gaumont da war, aber als die faszinierenden Schauspieler abreisten, *c'était la catastrophe*. Der normale Betrieb genügte kaum, *ein* Café am Leben zu erhalten. Jedes der drei spekulierte darauf, daß die anderen beiden eingehen würden. Als erste gaben die Voisins auf. Obwohl sie zusätzlich das Tabakgeschäft hatten, waren sie nicht kapitalkräftig genug, um durchzuhalten. Sobald sie die Formalitäten zur Abgabe des staatlichen Tabakmonopols erledigt hatten, zogen sie von Peyrane fort. So blieben Madame Avenas und Mauron und machten sich den Vorrang streitig.

Dieses Ereignis wäre kaum erwähnenswert, wenn nicht die Politik hineingespielt hätte. Madame Avenas ist die Nummer drei der Kommunisten in der Gemeinde. Chanon ist der Führer der Partei, Léon Favre ihr Kopf. Madame Avenas ist die treibende Kraft. Pouget, den sie als Kellner in ihrem neuen Café angestellt hatte, ist Nummer vier und Sekretär der Partei, der die Arbeit macht. Aber es stellte sich heraus, daß Mauron auch ein aktiver Kommunist war, mit dem Ansehen, der Selbstsicherheit und den einflußreichen Beziehungen eines gewichtigen Bürgers von Marseille. Er war darauf aus, die Leitung der Partei in Peyrane zu übernehmen.

Es scheint eine heftige Reaktion gegeben zu haben. Wenn Madame Avenas schreit und sich an die Brust schlägt, geschieht etwas Schreckliches. Mauron, Karikatur eines normalen Marseillers, konnte es mit ihr aufnehmen. Der Rathausplatz wurde ein unerfreulicher Ort. Sogar die Boulesspieler wurden davon betroffen. Anstatt sich zwischen den beiden Cafés zu entscheiden und sich an dem mörderischen Streit zu beteiligen, verlegten sie ihr Spiel in einen anderen Teil des Dorfes.

Treffen der Kommunistischen Partei wurden unmöglich, weil Madame Avenas und Mauron die Parteistreitigkeiten mit denen um die Cafés koppelten. Seit der Auseinandersetzung über den Gebrauch von Gewehren oder Frettchen bei der Kaninchenjagd war die Partei nie mehr so zerrissen gewesen.

Zu dieser Zeit setzte Premierminister Faure eine Wahl an. Die Anhänger von Mendés-France konnten nicht wütender sein als die Mitglieder der Kommunistischen Partei in Peyrane. Die Wahl fand im ungeeignetsten Augenblick statt. Es bedurfte aller Geduld und des gesunden Menschenverstandes von Léon Favre, die Streitigkeiten beizulegen. Vielleicht aber war es gut für die Partei, daß die Wahl so plötzlich kam und die Mitglieder dadurch zu einer gewissen Disziplin gezwungen wurden.

Der Wahlkampf war kurz, aber erbitterter als irgendeiner nach dem Krieg. Die Heftigkeit wurde durch eine neue politische Kraft geschürt, die bis ins Zentrum der traditionellen politischen Konstellation vorgedrungen war: die Bewegung Poujade, eine Mittelstandspartei, die gegen die Steuern vorgehen wollte. Wir sagten schon, daß die Kommunistische Partei in Peyrane am besten unterminiert werden konnte von einer Partei, die noch heftiger protestierte. Aber da alle Parteien in Peyrane Protestparteien waren, gefährdete Poujade alle. Poujade war sogar in der Vaucluse gefährlicher als sonstwo, denn in diesem Departement fand er in allen Bevölkerungsschichten Anhänger. Das heißt, es gab nicht einen Kandidaten für Poujade, es gab drei – einen für die Geschäftsleute, einen für die Bauern und einen für die Verbraucher. Nach dem Wahlgesetz von 1951 wurde jedem der Kandidaten der Erfolg von allen dreien zugeschrieben.

Die Heftigkeit des Wahlkampfes wird ersichtlich aus der Tatsache, daß diesmal die Wahlbeteiligung höher war als bei jeder anderen Wahl zur Nationalversammlung seit dem Krieg. Bei der Wahl vom Januar 1956 kamen 79 Prozent der Stimmberechtigten zu den Wahlurnen, statt der üblichen 70 Prozent.

Die Wahlresultate bestätigen unsere Vorstellung von der Politik in Peyrane. Ihre Bedeutung wird klar, wenn man sie mit den Wahlergebnissen von 1951 vergleicht (vgl. Seite 236 f.).

	1951	*1956*	*Differenz*
Stimmberechtigte	467	457	– 10
Abgegebene Stimmen	329	361	+ 32
Ungültige Stimmen	10	14	+ 4
Gültige Stimmen	319	347	+ 28
Kommunisten (PC)	141	130	– 11
Radikalsozialisten (RGR)	77	44	– 33
Sozialisten (SFIO)	40	42	+ 2
Volksrepublikaner (MRP)	37	27	– 10
De Gaulle (RPF)	21	–	– 21
Unabhängige	3	–	– 3
Poujade	–	104	+ 104

Fast ein Drittel der Peyraner Wähler hatten Poujades Kandidaten gewählt. Wer waren diese Wähler? Wir können keine definitive Antwort geben, aber die Tabelle oben gibt uns einen Hinweis. Wenn wir die 78 Stimmen der Wähler, die offensichtlich nicht mehr für die traditionellen Parteien stimmten, zu den 32 Stimmen der Wähler hinzuzählen, die 1956 wählten, sich hingegen 1951 der Stimme enthielten, so ist das Resultat nahe an den 104 Stimmen, die die Kandidaten von Poujade erhielten.

Die Stimmen für Poujade kamen von drei Seiten. Als erstes stimmten Leute wie Figeard für ihn, die früher Verächter der Politik gewesen und nicht zur Wahl gegangen waren. Die destruktiven, überaus vereinfachenden Behauptung Poujades sprachen sie mehr an als irgendwelche Parteimaximen. Dann bekam Poujade Stimmen von vielen, die immer rechts gewählt, also 1951 für die Konservativen, für de Gaulle oder für die Unabhängigen gestimmt hatten.

Aber die stärkste Unterstützung kam von den Radikalsozialisten, die Daladier nicht mehr wählten. Ihr Umschwenken ist nicht erstaunlich, denn im großen und ganzen sind es Leute mit beträchtlichen Mitteln, die die höchste Steuerlast in der Gemeinde tragen. Poujades Kritik am Steuersystem sprach sie direkt an. Er gab ihnen Gelegenheit, ihrem starken Protest gegen staatliche Übergriffe Ausdruck zu verleihen, ohne gleichzeitig mit den anderen extremen Protestlern, ihren kommunistischen Nachbarn, gemeinsame Sache zu machen. So war ihre Stimme für Poujade eine Stimmabgabe gegen die Besteuerung; es war eine radikale Stimmabgabe gegen die Regierung; es war auch ein Mittel, sich noch ausgesprochener von den Nachbarn abzuheben.

Für jemanden, der Peyrane gern hat, ist es schmerzlich, zugeben zu müssen, daß Poujade dort mehr Anhänger fand als in den meisten anderen Gemeinden der Vaucluse. Leider ist dies nicht das erste Mal, daß Peyrane durch die Wahl derartiger Kandidaten hervortrat. François Goguel weist in einer unveröffentlichten Analyse der Wahlgeschichte von Peyrane darauf hin, daß Peyrane bei etlichen Wahlen um die Jahrhundertwende mehr Stimmen als andere Dörfer der Vaucluse Georges Laguerre gab, einem ehemaligen Sozialisten und Boulangisten, einem nationalistischen und dem Alkohol ergebenen Abenteurer. Goguel warnt uns aber, solchen Tatsachen zuviel Bedeutung beizumessen. Man könnte meinen, Peyrane habe eine Neigung zu Demagogen, wenn wir nicht von einer Tatsache Kenntnis hätten, die eine ganz andere Motivierung der Stimmabgabe für Laguerre bloßlegt. Es war Laguerre, der mit dem Bürgermeister für Peyrane die erste Wasserleitung in dieser Gegend durchgesetzt hatte. Wahlstatistiken können Aufschluß geben, aber sie können auch irreführen, vor allem wenn bei der Untersuchung andere Faktoren außer acht gelassen werden und das Zahlenmaterial so klein ist wie in der Gemeinde Peyrane.

Auch die Wahlresultate von 1956 sind in gewisser Hinsicht irreführend. Es ist eine Tatsache, daß bei dieser Wahl ungefähr ein Viertel der Wähler nicht, ein Viertel für Poujade, ein Viertel kommunistisch und ein Viertel für die gemäßigten Kandidaten stimmte. Folglich müßte man schließen, daß die Revolution in Peyrane schwelt, da nur ein Viertel der Erwachsenen die Vierte Republik unterstützt, während drei Viertel von ihnen entweder gleichgültig sind oder ihren Sturz wollen.

Wir wissen, daß das Gegenteil richtig ist. Die Peyraner sind von Grund auf konservativ. Die Abstimmung bedeutet nicht, daß sie die Ordnung der Dinge ändern wollen. Im Gegenteil, sie wollen in Ruhe gelassen werden, um nichts ändern zu müssen. Nicht daß die Lage der Dinge gut wäre. Sie ist weder gut noch schlecht; sie ist erträglich. Oder vielleicht, sie wäre erträglich, wenn es nicht die Bosheit der in Gruppen organisierten Menschen gäbe. Denn Organisation heißt Macht, und Macht bedeutet die Unterdrückung des Individuums.

Selbst auf lokaler Ebene, wo sich die Leute persönlich kennen, sind, wie wir gesehen haben, die einzigen erfolgreichen Organisationen die Genossenschaften, deren Nutzen so offensichtlich ist, daß die Unannehmlichkeiten aufgehoben werden. Alle anderen Gruppen haben eine unsichere Existenz und lösen sich meistens wieder auf. Die Leute wollen keiner Organisation angehören, weil sie nicht in die Lage kommen

wollen, daß andere Leute sie kontrollieren, dirigieren, kritisieren und ihnen Verpflichtungen aufladen, die sie zur Zielscheibe von Geschwätz und Spott machen und sie zu unfreiwilligen Handlungen verleiten.
Sie können örtliche Organisationen zwar ignorieren oder sprengen; ob sie wollen oder nicht, stehen sie jedoch unter der Kontrolle des französischen Staates und verborgener Mächte, von denen, wie sie glauben, dieser Staat gelenkt wird. Sie reagieren typisch. Wer nicht wählt, ignoriert den Staat, so wie er einen Menschen ignoriert, mit dem er *brouillé* ist. Er ermordet ihn symbolisch. Wer wählt, bedient sich einer noch stärker verbreiteten Abwehrform: Wie er seinen Feind beschimpft und schmäht, indem er ihn mit Worten beleidigt, so benutzt er die Wahl als Beleidigung der organisierten Macht. Einige Wähler begnügen sich nicht mit ihrer negativen Stimmabgabe. Sie schreiben Schmähworte auf ihre Stimmzettel, obwohl sie wissen, daß damit ihre Stimme ungültig ist.
So gesehen, verliert das politische Verhalten der Peyraner seinen scheinbaren Widersinn. In diesem Zusammenhang wird verständlich, daß eine konservative Bevölkerung auf solche Weise ihren Willen bekundet, um den einzelnen vor der kollektiven Macht zu schützen.
Diese Erklärung wirft drei grundsätzliche Fragen auf. Warum empfinden die Menschen von Peyrane, daß kollektive Macht von Grund auf böse sei? Warum handeln sie nicht kollektiv, um die Macht zu kontrollieren, statt sie einfach zu verfluchen? Warum machen sie keinen positiven Gebrauch von der einzigen wirklichen Waffe, die ihnen zur Verfügung steht – der Wahl?
Die Antwort auf diese Fragen müßte in den Fakten des Peyraner Lebens enthalten sein, wie ich sie beschrieben habe; aber die kulturellen, psychologischen und historischen Informationen sind für mich zu fragmentarisch, als daß ich kausale Zusammenhänge daraus abzuleiten vermöchte. Ich kann nur in gewissen Verhaltensweisen Merkmale aufzeigen, die für die Beantwortung dieser Fragen von Bedeutung sind.
Wenn ich an den einzelnen in Peyrane denke, der sich einer kollektiven Macht gegenübersieht, fällt mir sofort ein Bild ein. Ich sehe Alphonse Peretti, wie er stoisch von der Schule zur Kirche hinauf geht, seine schlechte Schularbeit auf den Rücken geheftet, damit sich die Leute über ihn lustig machen. Oder ich sehe, wie ein kleines Mädchen im Schulhof im Kreis geht, allein, die Hände auf dem Kopf und ein Schild mit der Aufschrift »Diebin« auf dem Rücken, während die anderen Kinder auf es zeigen und es verspotten. Dieses sind außergewöhnliche

Fälle, aber sie zeigen eindringlich die grundsätzlichen Erziehungsmittel – Schmach und Lächerlichkeit –, deren sich die Erwachsenen zu Hause und in der Schule bedienen. Die Kinder brauchen keine Angst zu haben vor Gewalttätigkeit, Züchtigung, Verlust von Zuneigung, Trennung von den Eltern, Androhung von Verdammung oder irgendeiner anderen Waffe, die Menschen in anderen Ländern gebrauchen, um den Gehorsam der Kinder zu erzwingen. Aber sie sind dauernd anklagenden Fingern und verspottendem Lachen ausgesetzt. Um der Schande und der Lächerlichkeit in der Öffentlichkeit zu entgehen, müssen die Kinder lernen, sich anzupassen – zumindest nach außen hin. Ihre einzige Möglichkeit, sich zu wehren, besteht darin, aus sicherer Entfernung Beleidigungen herauszuschreien.

Wie soll bei dieser Erziehung ein Kind, wenn es heranwächst, nicht ständig befürchten müssen, daß die Menschen als Kollektiv es öffentlich mit Erniedrigung bestrafen, wenn es sich anders verhält, als man von ihm erwartet? Da aber niemand leben kann, ohne – sowohl im Handeln als auch im Denken – von den gesellschaftlichen Normen abzuweichen, meint jeder, daß die Gesellschaft ihn zu Recht belange. Er ist sogar überzeugt, daß die Menschen als Kollektiv feindselig sind, weil er annimmt, daß sie ihn ebenso feindlich betrachten wie er sie.

Diese Einstellung wird noch durch konventionelle Verhaltensweisen verstärkt, die in Peyrane zweifellos gültig sind, seit sich die ersten Menschen auf dem roten Hügel niederließen. Denn zu jeder Zeit bedeutete für Peyrane der Kontakt mit organisierten Menschen Ausbeutung und Manipulation des einzelnen: Die Nomaden, die Römer, die Feudalherren – inbegriffen die päpstlichen Herrscher, die Vertreter der provençalischen Grafen und der französischen Könige, die von Paris eingesetzten Regierungen des neunzehnten Jahrhunderts, die in Paris zentralisierte Bürokratie des zwanzigsten Jahrhunderts –, sie alle formen in der vagen Erinnerung des Dorfes eine ununterbrochene Vergangenheit. Sie alle bedeuten Herrschaft menschlicher Macht, der sich der einzelne nicht entziehen kann. Bestenfalls hat diese Machtausübung unerwartete Veränderungen in den Lebensgewohnheiten herbeigeführt. Schlimmstenfalls brachte sie Verderben. Und so ist es üblich geworden, menschliche Macht als eine Geißel anzusehen gleich den Geißeln der Natur: Es gibt den zerstörenden Mistral, die Überschwemmungen der Durance und den verhaßten Staat.

Später, wenn die jungen Leute mit dem Staat in Berührung kommen, finden sie diese Gefühle und die Einstellung gegenüber menschlicher

Macht und vor allem gegenüber dem Staat bestätigt. Durch den Militärdienst kommt ein junger Mann in engen Kontakt mit einer staatlichen Einrichtung. Was man auch sonst von einer Armee sagen kann, es ist nicht ihre Aufgabe, die Ansichten eines jungen Mannes aus Peyrane über kollektive Macht zu ändern. Er kommt nach Hause, in mancher Beziehung verändert, nicht aber in dieser einen Überzeugung. Und wenn er eine eigene Familie gründet, leidet er persönlich unter den direkten und indirekten Auswirkungen all der Übel, die schon immer dem Staat zugeschrieben worden sind: Krieg, Steuern, Inflation, gesetzliche Restriktionen und die Sturheit der Verwaltung.

Aber er hat auch Vorteile durch den Staat. Wie kann er das Gute übersehen, das der Staat für ihn als Individiuum wie für seine Familie leistet? Manche Wohlfahrtseinrichtungen, wie die allgemeine Gesundheitsfürsorge, verhindern Leiden, aber es ist schwierig, das Nicht-Leiden zu empfinden und dafür dankbar zu sein. Die Wirkung der Sozialversicherung ist konkret und wichtig, aber sie wird durch Inflation, Bürokratismus und Günstlingswirtschaft geschmälert. Andere Leistungen, wie der Postdienst, sind im täglichen Leben so selbstverständlich geworden, daß man sie gedankenlos hinnimmt. Der bei manchen staatlichen Leistungen ausgeübte Druck ruft unmittelbar eine negative Reaktion hervor, wogegen Annehmlichkeiten nicht positiv bewertet werden. Unter diesem Druck möchten sich die Leute völlig abschließen, damit die Autorität von außerhalb nicht ihre bösartigen Kontrollen innerhalb der unsichtbaren Grenzen, die das *foyer* von der übrigen Welt trennen, ausüben kann. Da dies nicht möglich ist, ziehen sie sich zurück und stoßen – wenn durch die Stimmabgabe auch nur symbolisch – Beleidigungen aus.

Sich zurückzuziehen und Beleidigungen auszustoßen, ist freilich kein konstruktives Vorgehen zur Lösung eines Problems. Warum handeln sie nicht, anstatt zu schreien?

Das Gefühl der Frustration lähmt jedoch nicht ihre ganze Aktivität. Wir haben gesehen, daß, wenn es sich unmittelbar um die Familie handelt, die Hoffnungslosigkeit nicht so sehr überhandnimmt. Alle Mitglieder einer Familie haben eine positive Einstellung zu den Fragen des Familienlebens. Ein Kind lernt schon früh, daß es diesen Problemen nicht ausweichen kann. Eine Verantwortung nach der anderen wird ihm aufgeladen, so daß sein Verantwortungsgefühl für das Wohlergehen der Familie wächst. In diesem Bereich wird das Kind dazu erzogen, konstruktiv zu handeln.

Aber in anderen Lebensbereichen wird auf kooperative Verantwortung und konstruktive Anteilnahme wenig Wert gelegt. Wir haben gesehen, daß die Schulerziehung Passivität und Immobilität fördert. Den Kindern wird hier nicht beigebracht, wie im häuslichen Leben Initiative zu entwickeln. Spontaneität wird im Erziehungssystem in Peyrane nicht offiziell anerkannt. Ein Kind, das spontan handelt, läuft Gefahr, bestraft zu werden, und die Strafe besteht in einer mit Verhöhnung verbundenen erzwungenen körperlichen Immobilität. Beim Lernen legt man besonders auf die Deduktion Wert: die Kinder werden nicht angeregt, ein Prinzip selbst zu »entwickeln«; es wird ihnen aufgezeigt, und man erwartet, daß sie es passiv hinnehmen. Sogar im Zeichenunterricht gibt es keine freie Ausdrucksmöglichkeit; die Kinder sollen so realistisch wie möglich eine Blume oder eine Vase, die vor ihnen steht, abzeichnen. Die Spiele im Schulhof während der Pause werden nicht vorgeschrieben, aber die Kinder müssen sich anständig und vorsichtig benehmen. Im großen und ganzen erweckt die Schulerziehung kein Verlangen zu handeln, kühn zu handeln, um die eigene Situation zu meistern, und gemeinsam zu handeln, um die Lage der ganzen Gruppe zu verbessern. Ein durchschnittlicher Schüler muß danach trachten, Verantwortung zu vermeiden. Wir erinnern uns, warum Jacques Leporatti so hart in der Schule arbeitete: »Damit sie mich in Ruhe lassen!«

Unter den gleichen Voraussetzungen entwickelt sich das Verhältnis des Kindes zum Staat. Zu keiner Zeit hat eine Regierung ernsthaft versucht, dem einzelnen im Dorf das Gefühl zu geben, aktiv und verantwortungsbewußt am öffentlichen Leben teilzunehmen. Seit hundert Jahren kann er wählen, aber die Zentralisierung der Macht ist so weitgehend, daß der einzelne eher das Gefühl hat, daß er manipuliert wird, als daß er selbst agiert. Ein gutes Beispiel dafür ist der Bau des neuen Schulhauses: das Vorhaben des Dorfes wird durch eine entfernte, zentralisierte Regierung vereitelt. Solche Vorkommnisse haben eine größere Wirkung auf die Entwicklung des Kindes als die »wunderschönen Sätze« in den Büchern über Staatsbürgerkunde. Diese Sätze bleiben bei ihm ebenso an der Oberfläche wie das Gebot, gut zu kleinen Vögeln zu sein. Es wird erwachsen und merkt, daß es außerhalb der Familie ein manipuliertes Objekt und nicht eine handelnde Persönlichkeit ist.

Natürlich mögen andere Menschen auf der Welt in der gleichen Situation sein und doch glauben, daß ihr Schicksal in ihren eigenen Händen liegt. Die Leute von Peyrane würden dem entgegnen, daß dieses Gefühl der Omnipotenz nur eine Illusion sei, die sie nicht teilen können. Sie weisen bequeme Illusionen zurück und sehen lieber unangenehmen Wahrheiten ins Gesicht. Unangenehme Wahrheiten kann man, wenn man sie einmal erkannt hat, akzeptieren. Man kann nicht gegen sie angehen. Resignation ist das Heilmittel. Wie wir gesehen haben, ist der gebräuchlichste Ausdruck in Peyrane: *»C'est comme ça«*.

Aber was ist mit der Wahl? Warum benutzen so viele Leute diese einmalige Gelegenheit nicht? Hinter jeder ungenutzten Stimme steht die gleiche negative Absicht. Warum setzt man sie nicht positiv ein?

Auch die Ursachen für das Verhalten der Peyraner bei der Wahl kann man in der Schulzeit finden. Die Immobilität, die die Erziehung in der Schule hervorruft, wird noch durch eine Art Dschungel gefördert, in dem das System von Strafen und Belohnungen nicht funktioniert. Dies ist, wie wir in dem Kapitel über die Schule gesehen haben, das Phänomen der »Begünstigungen«. Das Gewähren von Begünstigungen hängt von nicht vorauszusehenden und recht mysteriösen Gefühlen ab, die eine Person für eine andere hegt. Sowohl Eltern wie Schüler nehmen an, daß der Lehrer Lieblinge hat, weil Sympathie und Antipathie nicht vorgeschrieben werden können. Spontaneität ist hier so natürlich wie in den *bien-* und *brouillé*-Beziehungen der Kinder und der Eltern untereinander. Man hat nichts gegen das Gewähren von Begünstigungen einzuwenden, solange die Schulgesetze nicht übertreten werden. Eine Begünstigung ist etwas vom Gesetz Unabhängiges, sie hat nichts mit Recht oder Unrecht zu tun. Die Tatsache, daß sie als Ausnahme anerkannt wird, bürgt für die Intaktheit des Systems.

Wenn ein Kind heranwächst, lernt es, daß diese Dualität für das Leben charakteristisch ist. Da ist auf der einen Seite das lähmende Netzwerk der offiziellen Gesetze und Regelungen. Daneben gibt es das Gebiet der menschlichen Beziehungen, wo man mit Findigkeit das zustande bringen kann, was auf legalem Weg unerreichbar ist. Die Existenz dieser beiden Welten kann durch zahlreiche Vorfälle, die sich in Peyrane ereignet haben, dokumentiert werden, aber das dramatischste Beispiel ist die Geschichte von Paul Rivets Hörapparat.

Durch eine unwahrscheinliche Kette von Anstrengungen und Zufällen bekam Paul einen Hörapparat von Big Joe Rosenfeld, dem Direktor eines amerikanischen Radioprogramms mit dem Titel »Happiness Exchange«. Die Zollbeamten des Flugplatzes von Marignane benachrichtigten Pauls Vater, daß man das Paket nicht schicken könne, bevor er nicht eine Importlizenz vorgelegt und 384 Mark Einfuhrzoll bezahlt habe. Da Rivet den Hörapparat nicht gekauft hatte, besaß er keine Importlizenz und konnte auf keinen Fall die Zollgebühren bezahlen, die das Dreifache seines monatlichen Lohns ausmachten. Er begab sich nach Marignane, um den Beamten die Angelegenheit zu erklären. Kein Argument war überzeugend genug, den Hörapparat freizubekommen. Die örtlichen Beamten konnten oder wollten auch für einen menschenfreundlichen Zweck keine Hintertür in den Regeln und Vorschriften finden. (»Gesetz ist Gesetz, und es steht nicht in unserer Macht, es zu ändern. Sie müssen unseren Vorgesetzten aufsuchen.«) Nach wochenlangen, vergeblichen Versuchen auf verschiedenen Ebenen der öffentlichen Wege fand Rivet eine Lösung. Er rief einen Jugendfreund in Marseille an, der Besitzer einer Bar und eines Rennstalls war. Ich weiß nicht, wieso der Freund Erfolg hatte, aber ich weiß, daß er bald darauf in Peyrane mit dem Hörapparat für Paul erschien.

Da Rivet im Bereich der Regeln und Vorschriften keinen Erfolg hatte, zog er sich in den Dschungel der menschlichen Beziehungen zurück, wo er sich frei und erfolgreich bewegen konnte. Er hatte das »Système D« – die Hintertür – benutzt, das ein wesentliches Schmiermittel für die schwer bewegliche französische Gesetzesmaschine ist. Durch dieses System können individuelle, menschliche Ansprüche über offizielle Beschränkungen triumphieren, wenn beide Sphären miteinander in Konflikt geraten. Wer geschickt genug ist und über gute Beziehungen verfügt, kann die Regeln und Vorschriften umgehen. So hängt die Macht eines Menschen weniger von seiner offiziellen Position als von seiner Geschicklichkeit ab, menschliche Beziehungen spielen zu lassen. Wer hätte gedacht, daß ein kleiner Gemeindeschreiber sich gegen den kollektiven Willen, verkörpert durch die Zollbeamten in Marignane, erfolgreich durchsetzen könnte?

Im allgemeinen glauben die Leute von Peyrane, daß man nicht dadurch Erfolg hat, daß man offiziell die legalen Kanäle, sondern daß man inoffiziell persönliche Beziehungen benutzt. Die meisten Leute haben keine so gewichtigen Beziehungen außerhalb der Gemeinde wie Rivet. Ohne die *belles relations*, die notwendig sind, um sich im Bereich der Begünstigungen und Verpflichtungen bewegen zu können, fühlen sie sich Gesetzen und Vorschriften gegenüber vollkommen hilflos. Was bedeutet ihre Macht, verglichen mit der Macht von Rivets Freund? Was bedeutet seine Macht, verglichen mit den wirklich großen Mächten in Paris? Gegen solche Mächte ist die Wahlstimme eines ein-

zelnen nur eine leere gesetzliche Geste. Es wäre naiv, sie für mehr zu halten. Dem einzelnen als Geste gewährt, wird sie auch als Geste gebraucht – als Geste der Herausforderung.
Der Unmut des Peyraners wird durch diese widerspruchsvolle Position noch gesteigert. Er würde sich gerne von der übrigen Welt absondern – und trotzdem möchte er es nicht. Monsieur Marnas sticht, putzt und bündelt seine Spargel und bringt sie an die Straße. Monsieur Borel kommt mit seinem Lastwagen vorbei und transportiert Spargel nach Cavaillon, von wo sie nach London verschifft werden. Die Beträge, die Monsieur Marnas einnimmt, hängen von den vielen Faktoren ab, die zwischen ihm und der Londoner Hausfrau liegen, welche die Spargel schließlich bezahlt. Diese Faktoren interessieren Monsieur Marnas. Sie bilden eine Verbindung mit der Außenwelt, die er nicht abschneiden möchte, eine konkrete und enge Verbindung, die mehr Nutzen als Schaden bringt. Schon deshalb sollte man Monsieur Marnas und den Leuten von Peyrane helfen, positiver über ihre Beziehungen zur übrigen Welt zu denken.
Es wäre eine Hilfe, wenn es in Peyrane starke Kräfte gäbe, die dem traditionellen Verhalten entgegenwirken würden. Vielleicht könnte ein »Mittler« helfen, der die Welt Peyrane und Peyrane der Welt interpretiert. Für diese Aufgabe wäre Geduld, Sympathie, Intelligenz und Vorstellungskraft nötig. Vor allem Vorstellungskraft, denn diese Eigenschaft fehlt den Peyranern wahrscheinlich am meisten – die Vorstellungskraft, abstrakte Ziele ins Auge zu fassen, die über ihre konkreten Erfahrungen hinausgehen. Sie brauchen einen »Komplikator«, der ihnen zeigt, daß zu stark vereinfachte Lösungen mehr Schaden als Nutzen bringen.
Aber wer könnte »Mittler«, »Komplikator« sein? Es ist tragisch, daß jedes Jahr die zwei oder drei begabtesten Kinder ermutigt werden, in die Stadt zu gehen. Ihr potentieller Einfluß ist für die Gemeinde verloren. Natürlich leiden fast alle Dörfer unter dem gleichen Verlust, aber die meisten haben einen Lehrer, einen Pfarrer oder einen Bürgermeister, der die Gemeinde leiten kann. Peyrane hat in dieser Beziehung kein Glück. Die Lehrerinnen bleiben nur so lange, bis sie in die Stadt versetzt werden, wo sie Menschen ihres geistigen Niveaus und zusätzliche Einkommensquellen finden. Die Pfarrer, die nach Peyrane kamen, waren immer alt, müde und resigniert, und jetzt wirkt, wie erwähnt, in Peyrane überhaupt kein ständiger Pfarrer mehr. Seit Monsieur Prullière hat es keinen Bürgermeister mehr gegeben, der die Ge-

meinde tatsächlich geführt hätte. Rivet ist intelligent und hat Vorstellungsvermögen, aber es fehlen ihm Geduld und Zuversicht.
Die einzigen für die Leitung der Gemeinde in Frage kommenden Männer sind Chanon und Edouard Pascal. Chanon ist freundlich und besitzt trotz seiner Parteizugehörigkeit das Vertrauen der Leute, weil »er im Grunde ein guter Kerl ist«. Aber Chanon mangelt es an der notwendigen Intelligenz und Vorstellungskraft, um einen positiven Einfluß auszuüben, und, obwohl er im *maquis* wirklichen Mut bewiesen hat, zieht er sich zurück, wenn Pascal ihn anfährt. Pascal ist intelligent und hat Phantasie, aber sein mürrisches Wesen, seine böse Zunge und seine Verachtung der Dorfbewohner machen ihn zur mächtigsten destruktiven Kraft in der Gemeinde. Sein Einfluß verstärkt allenfalls die psychologischen Barrieren, die die Zusammenarbeit der Menschen erschweren. Politik führt in Peyrane immer zu Personen, und mein Versuch, das politische Verhalten der Leute zu erklären, hat mich zu dem düsteren Edouard Pascal geführt.
Manchen Lesern wird das politische Verhalten der Leute von Peyrane als das verwirrendste Merkmal ihres Lebens erscheinen. Ich habe es so ausführlich behandelt, weil es der Interpretation bedarf. Aber ich laufe Gefahr, eine falsche Vorstellung zu erwecken, wenn ich diesen einen Faktor zu sehr betone. Schließlich ist Politik nur ein kleiner Teil – und der wenigst attraktive – des Lebens in Peyrane. Wenn ich die Lebensweise als Ganzes betrachte, erscheint jedes Element in der richtigen Perspektive, und auch der kleine Bereich des politischen Verhaltens erhält seine richtige Proportion. Was ist, insgesamt betrachtet, das Leben in Peyrane?
Peyrane ist ein Ort, an dem ein Mensch für sich leben kann. Zeit und Natur bestimmen sein Leben. Er hält es für wichtig, »die Dinge zu sehen, wie sie sind«, und akzeptiert bereitwillig die angenehmen und unangenehmen Seiten des Lebens. Er weiß, daß sein Wissen und seine Erfahrungen begrenzt sind, aber er respektiert das Streben nach Wissen um seiner selbst willen und wegen des Nutzens, den er daraus ziehen kann. Er hat eine klare Vorstellung von seiner Rolle im Leben und bemüht sich, ihr gerecht zu werden, ohne seinen tiefsten Empfindungen Gewalt anzutun. Er ist gerne allein. Er kann allein dasitzen, und die Betrachtungen darüber, was in ihm und um ihn herum vor sich geht, sind seine Unterhaltung. Er hört dann und wann Radio und geht ins Kino oder in die Kirche, aber organisierte Vergnügungen, Comics und Sensationsblätter interessieren ihn nicht.

Aber er liebt auch die Gesellschaft anderer, ja sie stimuliert ihn sogar. Seine Beziehungen zu seinen Mitmenschen und seine Teilnahme an ihren persönlichen Dramen bringt Wärme und Emotion in sein Leben. Die Toleranz auf sexuellem Gebiet ermöglicht ein gewisses Gleichgewicht zwischen seinen eigenen Bedürfnissen und den Erwartungen der Gesellschaft. Er bekennt sich zu seinen Gefühlen, aber er dämpft sie, weil er extreme Ausbrüche fürchtet. Er wird leicht wütend, aber die Wut artet selten in Tätlichkeiten aus. Verbale Beschimpfungen erleichtern und beruhigen ihn meistens, obwohl die Folge sein kann, daß der andere für ihn jahrelang »gestorben« ist. Peyrane ist eine Gemeinde, in der Totschlag, Selbstmord, Diebstahl, Jugendkriminalität oder Überfälle kaum vorkommen. Alle trinken Alkohol, aber Trunksucht ist selten.

Das Leben in Peyrane konzentriert sich auf die Familie, und die Familie ist ein starker, gesunder Organismus. Man will Kinder haben, und sie werden liebevoll behandelt und sorgfältig erzogen. Es gibt wenige Scheidungen. Man kümmert sich um die alten Leute. Der feierlichste Tag des Jahres ist Allerseelen, wenn sich die Familie am Familiengrab zusammenfindet. Der formellen Religion zollt man formell Anerkennung, aber die tiefsten religiösen Gefühle beziehen sich unmittelbar auf die Familie.

Peyrane ist eine hart arbeitende, produktive Gemeinde. Obwohl nur ein Drittel des Landes nutzbringend bebaut werden kann, obwohl der Boden ungünstig verteilt ist und es wenige andere natürliche Einnahmequellen in der Gemeinde gibt, produzieren die Leute mehr, als sie verbrauchen. Der Reichtum der Gemeinde ist ziemlich gleichmäßig verteilt: niemand ist außergewöhnlich reich, und es gibt kein Elend. Die Gesundheit ist gut. Die Wohnungen sind ärmlich, aber es hat jeder ein Dach über dem Kopf. Die Kleider mögen geflickt sein, aber alle haben etwas anzuziehen. Die Nahrung ist teuer, aber keiner hungert.

Wenn Adam und Eva wieder lebendig würden, wie in dem Film von Gaumont, könnten sie Peyrane gut als ihr wiedergewonnenes Paradies wählen. Verglichen mit den meisten Gemeinden in der Welt, geht es Peyrane gut. Seine Lebensweise scheint ausgeglichen und gesund. Die Beziehung von Peyrane zur übrigen Welt ist ein wenig verrückt. Aber wenn wir das Leben in Peyrane betrachten und das Leben anderswo, ist es nicht immer sicher, auf welcher Seite die Verrücktheit liegt.

18. KAPITEL

Peyrane zehn Jahre später

Als wir im Sommer 1959 zu einem Besuch nach Peyrane zurückkamen, waren wir überrascht, daß die Straße am Eingang des Dorfes gesperrt war. Ein Schild lenkte alle Autos auf einen Parkplatz, der sich als der alte, jetzt geteerte Schulhof herausstellte. Wir ließen unseren Wagen dort und gingen zu unserem alten Haus. Alle Straßen des Dorfes waren von tiefen Gräben durchzogen: Algerier und Spanier, gelb vom Ockerstaub, warfen Erdhaufen auf. Auf beiden Seiten der Straßen zweigten Gräben in die Häuser ab. Übereinandergelegte Bretter bildeten einen Steg für die Schubkarren der Arbeiter – und für die Kinder, die im Gänsemarsch darüberliefen. Vor Madame Favres Haus schwätzte eine Gruppe »ockergelber« Arbeiter mit den Favres, die herausgekommen waren, um nach dem Fortgang der Arbeiten zu sehen.
Durch die offenen Haustüren konnte man erkennen, was der Grund für diese Erdarbeiten war. Überall wurden Porzellanbecken, Wasserklosetts und manchmal sogar Badewannen installiert. Vor Jahren schon hatte der Gemeinderat von einer neuen Kanalisation in Peyrane gesprochen, und endlich war es so weit. Seit man 1912 das Wasser von den Quellen der Luberon-Berge ins Dorf geleitet hatte, waren die Straßen nicht mehr in einem solchen Zustand gewesen. Peyrane war damals unter den ersten Gemeinden in diesem Gebiet gewesen, die fließendes Wasser installierten; 1959 gehörte es zu den ersten, die eine moderne Kanalisation anlegten. 1912 war die Verbesserung durch eine neue Industrie im Dorf, den Abbau der Ockergruben, ermöglicht worden. Welches war der wirtschaftliche Anlaß für die Kanalisation von 1959?
Sicher wäre es 1951 unsinnig gewesen, an eine solche Verbesserung in Peyrane zu denken. Im Zuge des technologischen Fortschritts schien das Zentrum der Gemeinde zum Aussterben verurteilt. Obwohl die umliegenden Höfe einigermaßen prosperierten, hatte das Dorf selbst kaum Nutzen davon, weil es seine Funktion als wirtschaftlicher Mittel-

punkt verloren hatte. Durch die modernen Transportmittel konnten die Bauern günstiger in der Geschäftsstadt und Bahnstation Cavaillon einkaufen und dort ihre Produkte auch vorteilhafter verkaufen. Synthetische Farben hatten auf dem Weltmarkt den Ocker verdrängt; die Gruben wurden geschlossen, und die meisten Arbeiter waren weggezogen. Das Dorf Peyrane blieb nur noch das Verwaltungszentrum der kleinen Gemeinde. Die Bauern kamen dorthin, um zu wählen, ihre Ernteberichte abzugeben und ihre Treibstoffanträge für die Traktoren auszufüllen. Babys wurden zur Taufe in die Kirche gebracht, und man ließ sich dort trauen. Einige Frauen – sehr wenige – kamen sonntags noch zur Messe ins Dorf. Die meisten Kinder besuchten die Dorfschule. Aber die kleinen Läden und Cafés dienten fast nur noch den wenigen Beamten und älteren Leuten, die weiterhin den *bourg* bewohnten – letzte Zeugen des reichen Dorfes, das Peyrane im neunzehnten Jahrhundert gewesen war. In vieler Hinsicht schien Peyrane ein sterbendes Dorf. Warum installierte man jetzt eine neue Kanalisation?

1959 gewann das Dorf Peyrane eine neue Funktion, die sich seltsamerweise aus der Krise entwickelte, durch die es gegangen war, vor allem die der Grundstückspreise. 1950 war der Wert von Grundstücken außerordentlich niedrig. Wer sollte auch Grundbesitz kaufen in einem Dorf ohne Zukunft? Die Amerikaner? Damals schlug mir der Notar den Erwerb einer verlassenen Windmühle und des ganzen Hügels, auf dem sie stand, für 360 Mark vor. Als die Charrins 1953 von Peyrane wegzogen, schrieben sie uns, ob wir nicht etwas Grundbesitz in dem Dorf, das ich so liebgewonnen hatte, erwerben wollten. Sie boten mir ihr Grundstück mit dem Haus zum Preis von 1800 Mark an. Als ihre Nachbarn, die Leporattis, starben, stand ihr Haus monatelang leer, bevor es schließlich für 2000 Mark verkauft wurde.

Die meisten Besitzungen in den Nachbardörfern hatten einige Jahre zuvor das gleiche Schicksal erfahren, denn es gab dort nicht einmal die Ockerindustrie, die Peyrane bis nach dem Krieg am Leben erhalten hatte. Nach und nach entdeckten die Leute aus der Stadt diese billigen Grundstücke. Sie entdeckten, daß sie für ein paar tausend Francs ein altes Haus kaufen und dort ihre Ferien verbringen konnten, in der südlichen Sonne, weit weg vom kalten Regen und den stickigen Straßen von Paris. Für einige weitere tausend Francs – wenn auch für den mehrfachen Kaufpreis – konnte das Haus in einen angenehmen und bequemen Feriensitz umgewandelt werden, wo die Pariser dem alten französischen Wunschtraum, Bauern zu spielen, frönen konnten.

Die Dörfer, die fast völlig ausgestorben waren und in denen die Grundstücke am billigsten waren, wurden zuerst von den Städtern überlaufen. 1950 wurden Oppède und Gordes »entdeckt«. Ein Soziologe der Sorbonne kaufte eine Ruine in Gordes für 240 Mark. Er hielt es für ein zweistöckiges Haus, aber beim Aufräumen entdeckte er, daß es fünf Stockwerke hatte, die in den Hang hineingebaut waren – das Ergebnis vieler Jahrhunderte. Für 8000 Mark verwandelte er die Ruine in einen malerischen Feriensitz. Stolz auf diesen vornehmen neuen Bürger, kaufte der Gemeinderat von Gordes das Nachbargrundstück und überließ es dem Professor als Garten. Unter seinen interessanten Nachbarn war auch der Maler Chagall. Natürlich folgten diesen Intellektuellen und Künstlern andere Leute aus der Stadt, und bald wurde es schwierig, billige Grundstücke in Gordes zu erwerben.
Als die Preise stiegen und die Künstler vor den Nichtkünstlern flohen, wurden andere Dörfer der Umgebung zu Ferienorten. Schließlich war das hübsche ockergelbe Dorf Peyrane an der Reihe – und die Invasion der Städter begann. Die Grundstückspreise stiegen rapide. Heute steht die 360-Mark-Windmühle nicht mehr zum Verkauf, der Notar erzählte mir, der jetzige Besitzer habe gerade ein Angebot von 12000 Mark abgelehnt. Das 1800-Mark-Haus der Charrins gehört einem berühmten amerikanischen Geiger, der es bestimmt nicht für den zehnfachen Preis verkaufen würde. Das 2000-Mark-Haus der Leporattis wurde für 12000 Mark verkauft. Das baufällige Haus von Madame Favre ist seit ihrem Tod vor zwanzig Jahren unbewohnt. Es liegt in einem schattigen Winkel des Dorfes und verfällt immer mehr, es würde aber 8000 Mark bringen, wenn die Erben ihre *brouille* beenden und in den Verkauf einwilligen würden. Der Notar erzählte mir, Grundstücke, die vor zehn Jahren für 600 Mark nicht verkauft werden konnten, seien jetzt 20000 Mark pro Hektar wert. Mitten in einem solchen Grundstücksboom ist die Anlage einer Kanalisation eine sinnvolle Investition.
In gleichem Maße, wie Peyrane sich als Ferienort entwickelte, verlor es allmählich seine Funktion als landwirtschaftlicher Mittelpunkt. 1951 schloß der alte Monsieur Jouvaud seine Schmiede, und ein paar Monate später starb er. Niemand trat an seine Stelle. Zwei Jahre danach zog sich Monsieur Prayal, der Hufschmied, im Alter von siebzig Jahren zurück. Sein Sohn Roger, der mit ihm zusammengearbeitet hatte und den Betrieb übernehmen sollte, zog nach Apt und arbeitet als Angestellter in einer Eisenwarenhandlung. Da die Bauern ihre Pferde

Jacques Roussel beim Pflügen (zu Seite 315)

◁ *Die neue Kanalisation (zu Seite 344ff.)*
▽ *Alte Häuser verwandeln sich in »neue« Sommerhäuser (zu Seite 346ff.)*

▽ *Monsieur Vincent, dessen Restaurant im ›Guide Michelin‹ mit einem Stern ausgezeichnet ist (zu Seite 11; 347f.)*

Der alte Schmied und seine Frau beobachten mit Madame Lanval die Touristen (zu Seite 347)

verkauften und Traktoren anschafften, hielt ihn nichts mehr in Peyrane. Die Schmiede von Prayal ist geschlossen.
Da alle neun Kinder der Prayals Peyrane verlassen haben, um anderswo zu leben, sind die Prayals natürlich einsam, umso mehr, als ihre alten Freunde immer weniger werden. Als wir 1961 nach Peyrane zurückkamen, fanden wir das alte Paar mit ihrer Freundin, Madame Lanval, auf einer Bank im Schatten vor der geschlossenen Schmiede sitzen. Sie unterhielten sich damit zuzuschauen, wie die Touristen und Sommerfrischler im Dorf aus- und eingingen, aber sie haben sicher in Gedanken die Straßen auch mit ihren alten, verlorenen Freunden bevölkert. Als wir 1950 zum ersten Mal nach Peyrane kamen, schien es ein Dorf von älteren Leuten zu sein. Ein Viertel der Bevölkerung war über sechzig Jahre. Jetzt sind viele dieser Leute tot. Die fröhliche Älteste der Gemeinde, Madame Pamard, von allen Mélanie genannt, starb mit hundertzwei Jahren. Der alte Maucorps wurde krank und mußte ins Krankenhaus nach Apt. Er siechte langsam dahin; ohne seinen Trüffelhund, seinen Platz im Café und sein oft gefülltes Glas verlor er bald den Willen zum Leben. Auch die meisten seiner Freunde, die Einsamen, die das Café bevölkerten, sind tot. Ebenso die angesehensten und wohlhabendsten Bauern der Gemeinde – Monsieur Marnas, Monsieur Pian und Monsieur Anselme. Und auch die meisten der älteren Witwen, deren schwarze Kleidung so charakteristisch für das Dorf war, sind gestorben. Es gibt nur noch Madame Lestapis, die auf dem Gipfel des Hügels wohnt; sie scheint unverändert und bereit, den Platz der Mélanie als Älteste der Gemeinde einzunehmen. Ohne die älteren Frauen sieht Peyrane fröhlicher aus, denn die jungen Frauen, auch die Witwen, tragen nicht wie früher Trauer. Die jungen Frauen ziehen sich städtischer an, und so ist wenig Unterschied zwischen den Dorfbewohnern und den Touristen, die sich um die lustigen Sonnenschirme vor den drei Cafés auf dem Rathausplatz versammeln.
Diese Sonnenschirme sind – neben den verchromten Espressomaschinen – die Symbole der neuen Funktion Peyranes als Ferienort, denn als Folge der veränderten Wirtschaftslage blüht das Cafégeschäft. 1950 gab es zwei Cafés, aber das eine ging so schlecht, daß es nach wenigen Monaten schloß. Jetzt, zumindest während der Saison, florieren drei Cafés, und es gibt auch noch ein Restaurant und einen Gasthof. 1950 war Julien Vincent nach Peyrane gekommen, um das Hotel-Restaurant zu übernehmen, und er mußte sich sehr anstrengen, um genug zu verdienen. Glücklicherweise begann bald nach seiner Ankunft die Um-

gestaltung von Peyrane. Er trug sogar dazu bei, denn in wenigen Monaten wurden sein *civet de lièvre du Ventoux* und der Blick von seiner Terrasse berühmt, und schließlich bekam er einen Stern im *Guide Michelin*. Er hatte so großen Erfolg, daß sein einziger Sohn, Georges Vincent, – 1950 ein Musterschüler in meiner Englischklasse – sein Ingenieurstudium aufgab und nach Hause zurückkam, um das Metier seines Vaters zu erlernen. 1961 hatte Georges das Kochen übernommen, und Julien konnte an lebhaften Sonntagnachmittagen von Tisch zu Tisch gehen und die Komplimente der Gäste entgegennehmen. 1963 hatte Georges geheiratet, und seine Frau erlernte von Madame Vincent das Metier der *patronne* – Buch zu führen, die Angestellten zu dirigieren, in der Küche nach dem Rechten zu sehen und alle Arten von Gästen mit dem angemessenen Respekt zu behandeln.

Madame Avenas, die Inhaberin des Frisiersalons, die ein Café aufgemacht hatte, als die Filmgesellschaft Gaumont nach Peyrane kam, hatte ihren ursprünglichen Beruf völlig aufgegeben und betrieb mit Erfolg ihr Hotel. Unter ihrem *nom de guerre*, »Maman Jeanne«, bemutterte sie die Bewohner der *pension de famille*. Jedes Zimmer in diesem einfachen Gasthaus auf dem Rathausplatz ist während der Ferienzeit besetzt. Im Winter versammeln sich die Nachbarn, die keinen eigenen Fernsehapparat haben, in ihrem Speisesaal.

Das älteste Café, das 1951 Jean Voisin betrieb, liegt neben dem von Maman Jeanne, und es setzt die Reihe der »beschirmten« Tische fort. Als Jean Voisin 1953 das Café aufgab, übernahm es ein Mann aus Marseille, der im Winter in Paris einen Verkaufsstand für Meeresfrüchte hatte, aber im Sommer gerne in die Heimat seiner Frau, Peyrane, zurückkam, um Boules zu spielen. Mit der Zeit wurde er des Cafégeschäfts überdrüssig und zog weg, sobald seine Tabaklizenz auf seinen Nachfolger Robert Peretti übertragen worden war. Dies war Roberts erstes Geschäftsunternehmen; bis dahin hatte er als Maurer für Gaston Jouvaud gearbeitet. Jetzt ist er mit Jacqueline Favre verheiratet, die vor Jahren als kleines Mädchen in meiner Englischklasse war. Dieses Café ist das einzige, das von einem Einheimischen betrieben wird, und es entwickelt sich immer mehr zum Klatschzentrum der Gemeinde.

Es gibt noch ein drittes Café auf dem kleinen Rathausplatz, das *Café du Castrum*, das einem Marseiller gehört, der die Stadt aus Gesundheitsgründen verlassen hat. Auch hier stehen Tische mit Sonnenschirmen. An heißen Sommertagen, wenn die drei Cafés mit Sommerfrischlern überfüllt sind, die den Boulesspielern auf der Straße zuschauen, scheint die Atmosphäre von Peyrane so fröhlich wie die einer Operette – fröhlich, aber auch künstlich, denn unter der Oberfläche liegt eine Spannung. Die Cafébesitzer beobachten die Gäste ihrer Konkurrenten und merken sich genau, welcher Gast in welchem Café, zu welcher Zeit und mit wem etwas trinkt. Wenn man dreimal hintereinander ins *Café du Castrum* geht, ohne bei Maman Jeanne oder im *Café des Sports* etwas zu sich zu nehmen, vermeiden es die Besitzer als Strafe für die Bevorzugung der Konkurrenz, mit einem zu sprechen. Manchmal sprechen sie auch nicht miteinander, was die Situation kompliziert, da sie Seite an Seite leben – oder zumindest Sonnenschirm an Sonnenschirm.

Außerdem sind alle drei Besitzer begeisterte Kommunisten. Da persönliche und geschäftliche Konflikte in Peyrane am wirksamsten in politischer Opposition ausgedrückt werden, konnte die ideologische Übereinstimmung dieser drei Betriebe nicht von Dauer sein. Man erzählte, daß das Problem während der Poujadezeit gelöst wurde, als die Avenas sich zum Großen Pierrot bekehrten. Dies beendete den Konflikt, da ihr Café zwischen den beiden anderen lag und somit als Puffer diente. Leute aus der Stadt, die ins Dorf verpflanzt werden, scheinen die Dorfbewohner an Intensität und Komplexität ihrer *brouilles* noch zu übertreffen. Das Landleben ist nicht das Arkadien, das sie erwartet hatten, und sie lassen ihre Enttäuschung aneinander aus.

Die Besitzer der Cafés und Restaurants finden, daß die Konkurrenz in den letzten zwei Jahren durch Eröffnung eines weiteren Gasthauses noch schärfer geworden ist. Das schönste Haus in der Gemeinde, das alte *Cavalier*-Haus – von einem wohlhabenden Notar im achtzehnten Jahrhundert erbaut, aber in den letzten Jahren von den Besitzern vernachlässigt –, wurde von einem englischen Architekten erworben. Er machte daraus ein exquisites Landgasthaus mit modernem Komfort bei einer herrlichen Aussicht. Jedes der wenigen Zimmer hat Bad und Telephon, und die Küche ist gut. Tatsächlich aber stellt das neue Hotel – *La Rose d'Or* – nicht in dem Maße eine Konkurrenz für die anderen Restaurant- und Cafébesitzer dar, wie sie glauben, denn es kommen sehr verschiedenartige Gäste nach Peyrane. Maman Jeannes Pension wird von Leuten des Mittelstandes bevorzugt. Das *Café du Castrum* ist eigentlich nur eine Snackbar. Bei Monsieur Vincent sind die Touristen, die dem *Guide Michelin* folgen, und die *promeneurs* aus der ganzen Vaucluse, die für ein besonders gutes Essen an Sonn- und

Feiertagen nach Peyrane kommen. Die *Rose d'Or* hingegen zieht die wohlhabenden Touristen an, die von dem pittoresken Dorf entzückt sind, aber nicht auf Komfort verzichten wollen.
Die Leiter des *Syndicat d'Initiative* von Peyrane hoffen, daß die *Rose d'Or* dazu beiträgt, das ästhetische Niveau des Dorfes zu heben. Die meisten Dörfer der Umgebung, die zu Ferienorten geworden sind – Oppède, Gordes, Lourmarin und Murs –, haben nicht ihren charakteristischen baulichen Charme verloren. Dagegen scheint Peyrane viele Leute mit einem Geschmack angezogen zu haben, der zu einer Zerstörung der traditionellen, einfachen Bauweise führte. Sie haben die Pfefferkuchenhäuser gebaut, die so charakteristisch für die Riviera und für französische Vorstädte sind. Diese Entwicklung ist erstaunlich, da Peyrane *classé* ist, so daß bei jeder baulichen Veränderung im Dorf die Genehmigung des Amts für Denkmalspflege eingeholt werden müßte. Aber als die Dorfbehörden an das Ministerium schrieben, um gegen den Bau von lachs- oder aprikosenfarbenen Lebkuchenhäusern Einspruch zu erheben, erhielten sie keine Antwort. Die einheimischen Maurer bauen weiterhin Häuser nach dem Geschmack der Zugezogenen, und der Gemeinderat fühlt sich in seinem Glauben bestärkt, daß es keinen Zweck hat, sich nach Paris zu wenden.
Das einzige, was das Amt für Denkmalspflege in Peyrane bewirkt hat, war der endlose Aufschub des Baus der neuen Schule. Es bestand darauf, daß das Gebäude mit dem traditionellen Stil und der Farbgebung von Peyrane harmonisiere, während das Erziehungsministerium nur eine moderne, helle, luftige Schule haben wollte. Erst nach fünfzehn Jahren wurde dieser Konflikt beigelegt, und 1961 hatte ich endlich Gelegenheit, die neue Schule zu besichtigen, ein ausgezeichneter Kompromiß zwischen den beiden entgegengesetzten Forderungen. Die Schule wurde am Rand des Dorfes erbaut und harmoniert mit ihren einfachen Linien und in der traditionellen Ockerfarbe mit dem geschmackvoll renovierten *Cavalier*-Haus. Trotzdem hat sie eine moderne Einrichtung und sanitäre Anlagen. Durch die großen Fenster im Süden flutet die Sonne des Midi in die Klassenzimmer.
Das Gebäude wurde uns von der neuen Direktorin, Madame Manuel, gezeigt, die sehr stolz auf ihre Schule ist. Endlich hat Peyrane eine Lehrerin, die nicht nur tüchtig in ihrem Beruf ist, sondern die am Wohlergehen der ganzen Gemeinde ein aktives Interesse nimmt. Ihr Mann, der Neffe eines Senators aus einer Nachbargemeinde, betreibt das Kinogeschäft in den umliegenden Dörfern, und die Leute

von Peyrane haben ihm ihre Anerkennung durch die Wahl in den Gemeinderat bewiesen. Die Manuels haben vier kleine Töchter und wohnen in dem neuen Appartement in der Schule; man hat den Eindruck, als ob Peyrane mit ihnen die dringend notwendigen, potentiellen Leiter für die Gemeinde gewonnen habe.

Da man in Peyrane immer alles kritisiert, gibt es natürlich auch Kritiken an der neuen Schule. Man sagt, sie sähe eher wie eine Garage als wie eine Schule aus. Aber diesem Urteil gegenüber muß man etwas skeptisch sein, da man für den Bau der Schule einen Bauunternehmer aus Avignon statt einen aus Peyrane genommen hatte. Dabei brauchen sich die Maurer von Peyrane nicht zu beklagen, denn sie haben mehr Arbeit, als sie bewältigen können. 1951 gab es nur zwei Bauunternehmer in Peyrane; heute gibt es drei, mit einer Menge Hilfskräfte. Sie hatten sogar so viele Aufträge, daß sie den Umbau der *Rose d'Or* nicht übernehmen konnten und man Arbeiter von auswärts holen mußte. Es müssen nicht nur ständig alte Häuser im Dorf für Sommerfrischler umgebaut werden und für Leute aus Apt, die in der Stadt arbeiten, aber gerne auf den roten Hügeln wohnen wollen, sondern auch auf den Höfen in der Umgebung des Dorfes wird viel gebaut. Wie fast überall in Frankreich hat sich auch in Peyrane in den letzten Jahren eine große bauliche Veränderung vollzogen.

Natürlich sind die Maurer von Peyrane durch den Bauboom wohlhabend geworden. Jouvaud, der bekannteste Maurer, hat sein nettes Haus im Dorf verkauft und sich ein größeres und moderneres, einen Kilometer vom Dorf entfernt, errichtet. Emile Pian, Jouvauds erster Gehilfe, hat sich selbständig gemacht. Er hat so viel Erfolg, daß er gerne sein Haus umbauen würde, aber er findet keine Zeit dafür, weil Fernsehen und Reisen seine freie Zeit ganz in Anspruch nehmen.

Ende der fünfziger Jahre kam das Fernsehen nach Peyrane, als ein Umsetzer auf dem Lubéron errichtet wurde, um das Marseiller Programm in die Gemeinden um Apt auszustrahlen. Emile kaufte sofort einen Apparat, vielmehr er brachte ihn mit nach Hause und bezahlte ihn in zwölf Monaten ab. Solche Transaktionen waren für ihn neu und widersprachen den Gewohnheiten und Prinzipien der Familie, nie etwas auf Kredit zu kaufen. Jetzt aber hält er es für dumm, all die Jahre keine Schulden gemacht zu haben. »Bei der allgemeinen Preissteigerung«, sagt er, »ist es töricht, sich nicht sofort zu holen, was man haben möchte – innerhalb vernünftiger Grenzen, natürlich.« Da er jedes Jahr mehr zu tun hat und diese Entwicklung anscheinend anhält, sieht die Zukunft weniger unsicher aus. Seine Einstellung ist die der jüngeren Leute in Peyrane, ein ungewohntes Verhalten für Peyrane, denn noch 1950 hatte der Schmied Prayal zu mir gesagt: »Niemand nimmt hier Kredit auf, wenn er es vermeiden kann. Niemand möchte einem anderen verpflichtet sein.«[1] Die meisten Fernsehapparate in Peyrane sind auf Raten gekauft. Wieviele gibt es? 1961 tat mir der Briefträger Francis Favre den Gefallen, sie auf seinen Rundgängen für mich zu zählen. Er berichtete von 23 in Peyrane und von 17 auf den Höfen.

Der Einfluß des Fernsehens auf das Leben im Dorf ist bemerkenswert. Der Bauer Paulin versäumte früher nie einen Boules-Wettkampf. Aber im Sommer 1959 traf ich ihn am Sonntag nachmittag, als er nach Hause ging statt ins Café, wo ein Wettkampf vorbereitet wurde. »Ich spiele nicht mehr viel«, sagte er, als ich ihn wegen der veränderten Gewohnheiten befragte. »Manchmal schaue ich zu, aber nicht oft, denn meistens spielen nur Feriengäste. Ich bleibe lieber zu Hause und sehe mir ein gutes Programm im *télé* an.«

Als ich Paulin traf, kam ich gerade von Emile Pian, wo wir ein raffiniertes Sonntagsmahl eingenommen hatten. Das Essen war ausgezeichnet und reichlich gewesen und dauerte so lange, daß Emile es kaum abwarten konnte, bis der Kaffee serviert wurde. Er wollte fernsehen. Wir sahen uns einen internationalen Schwimmwettkampf in Paris an, statt uns wie früher beim Kaffee zu unterhalten.

Am Abend ging ich ins *Café des Sports*, vor allem um Pascal und die Avenas zu treffen, die dort jeden Abend einige Partien Belote zu spielen pflegten. Aber es war niemand da.

»Beide haben *télé*«, sagte Gavaret, »sie kommen abends nicht mehr so oft«.

Das Fernsehen scheint die gesellschaftlichen Kontakte, die schon 1950 sehr gering waren, noch mehr vermindert zu haben. Aber zweifelsohne fühlen sich die Peyraner beim Fernsehen stärker mit den übrigen Franzosen verbunden, die auch den Schwimmwettkampf in Paris anschauen, als wenn sie Boules mit ihren Nachbarn spielen und über die Dorfereignisse schwätzen. Dies ist nur ein Beispiel für die vielen Einflüsse, die heute auf die Leute von Peyrane einwirken und ihnen ein Gefühl der Integration mit dem übrigen Frankreich geben.

Da Emile Pian seine Einstellung zu Kreditkäufen und Schulden geän-

[1] Siehe oben S. 187.

dert hat, kann er sich einen lange gehegten Wunsch erfüllen: er reist. 1959 hatte er bereits einen Motorroller und besuchte mit seiner Frau Freunde und Verwandte in den entlegensten Gegenden des Departements; 1961 besaß er einen kleinen Wagen, einen Citroën 2 CV, in dem auch sein Sohn und seine Schwiegereltern mitfahren konnten. (Natürlich benutzte er den Wagen werktags für sein Geschäft.) 1950 hatten wir die Pians zu Emiles Mutter und Schwester gefahren, die auf einem Hof in der Nachbargemeinde lebten; sie hatten sich monatelang nicht gesehen. Jetzt sehen sie sich jede Woche mindestens einmal. Die Pians fahren jetzt auch oft zum Schwimmen ins benachbarte Saint-Saturnin, wo sie früher nie hingingen. Am Tag des Boules-Wettkampfes spielte Emile nicht mit, weil er und Madeleine mit ihrer Familie auf den Gipfel des *Mont Ventoux* gefahren waren, des großen Berges, der die Vaucluse beherrscht. Bevor er einen Motorroller hatte, war er nur einmal auf den *Mont Ventoux* gestiegen. Seit sie ein Auto besitzen, haben sie ihren Horizont durch Touren in andere Departements des Midi beträchtlich erweitert.

Durch die neuen Autos ist der Automobilpark von Peyrane nicht mehr so pittoresk wie 1951. Pascal hat noch seinen Renault von 1923, und sein Motor schnurrt so munter wie eh und je, aber die meisten anderen alten Wagen gibt es nicht mehr. Auch ein anderes malerisches Kennzeichen der Vergangenheit ist verschwunden: die Freiwillige Feuerwehr von Peyrane. Der Gemeinderat hielt es für rationeller, die besser trainierten und besser ausgerüsteten Feuerwehrleute vom acht Kilometer entfernten Apt zu holen als Geld für eigene Leute und deren Ausrüstung auszugeben. Die Feuerwehrleute von Apt können, so sagt man, in der gleichen Zeit in Peyrane sein, die die Freiwilligen in Peyrane brauchen, um sich zu versammeln. Die Freiwillige Feuerwehr wurde also aufgelöst. Es gibt infolgedessen sonntags keine Übungen mehr auf dem Schulhof, keine *gueuletons* mehr in Vincents Restaurant am St. Barbara-Tag und kein Feuerwehrfest mehr im Frühling. Die Feuerwehrleute beklagen sich heftig darüber und behaupten, die Änderung habe politische Gründe: die meisten von ihnen waren Kommunisten, und im Gemeinderat hatten die Radikalen die Mehrheit. Aber sie trösteten sich schnell, denn die meisten von ihnen sind jetzt verheiratet und mit Familienangelegenheiten beschäftigt. Ihre potentiellen Nachfolger, die heutigen Junggesellen, beklagen sich nicht, denn sie fahren sowieso lieber mit ihren »motos« nach Cavaillon zum Tanzen.

Die Modernisierung des Verkehrs hat auch verhindert, daß die Kirche von Peyrane geschlossen wurde. Als Abbé Autrand 1953 starb, beschloß die Diözesanbehörde, in Peyrane keinen Pfarrer mehr zu unterhalten. Das Pfarrhaus wurde geschlossen und ein Pater aus einer benachbarten Missionsschule beauftragt, die Reste religiösen Lebens in Peyrane und den benachbarten Dörfern aufrechtzuerhalten, wo die Religion wenig praktiziert wird und man nur geringe Beiträge aufzubringen gewillt ist. Aber die Gläubigen mußten selbst dafür sorgen, daß der Pater am Sonntagmorgen von *Notre-Dame-de-la-Lumière* nach Peyrane kam.

Die Frage war, wer den Pater fahren sollte. Es nahmen zwar etliche Leute an der Messe teil, aber da normalerweise Frauen nicht Auto fahren und nur zwei Männer zur Messe gingen, war die Auswahl an Fahrern begrenzt. Edouard Pascal hatte keinen Wagen, so mußte Bourdin jeden Sonntagmorgen nach *Notre-Dame-de-la-Lumière* fahren und Pater Bertin nach Peyrane bringen; nach dem Gottesdienst fuhr er ihn dann nach Goult zur Messe.

Bourdin hatte im Grunde nichts dagegen. Er ist Junggeselle und braucht für keine Familie zu sorgen. Er unterhält sich auch gern mit Pater Bertin. Aber im Laufe einiger Wochen hatte er immer stärker das Gefühl, eine *poire* (der Dumme) zu sein. Bei der Messe sah er alle die Frauen, deren Männer ebenfalls Wagen hatten und die mit ihm hätten abwechseln können – Bonerandi, Jouvaud, Favre und Vincent –, und er sagte sich, daß alle neuere Wagen hatten als er und es sich eher leisten konnten, das Benzin zu bezahlen.

Schließlich ging er zu Vincent und erklärte ihm offen seinen Standpunkt. Vincent ist nicht antikirchlich und nahm den Vorschlag wohlwollend auf. Aber er erklärte Bourdin, daß Restaurant und Kirche für ihn unvereinbar seien. Der Chef hat sonntags am meisten zu tun, er muß von vier Uhr morgens bis vier Uhr nachmittags in der Küche sein. Er kann nicht einmal zur Messe gehen, also noch weniger nach *Notre-Dame-de-la-Lumière* fahren, um Pater Bertin zu holen.

Bourdin fand dies einleuchtend und ging zu Léon Favre. Favre ist Vorarbeiter in den Ockergruben in Apt und hat sonntags frei. Übrigens ist er nie ausgesprochen antikirchlich gewesen, obwohl er einer der führenden Kommunisten in Peyrane ist. Es gibt nur zwei kommunistische Familien in Peyrane, die ihre Kinder aus Prinzip nicht in die Katechismusstunde schicken, und Favre hat wenig Sympathie für diese fanatischen Kommunisten aus der Stadt, die aufs Land gezogen sind und versuchen, die Dinge im Dorf in die Hand zu bekommen. Seine Frau und seine Tochter gehen zur Messe, und sein Sohn ist Chorknabe. Er nahm Bourdins Vorschlag freundlich auf, sagte ihm aber zwei Tage später, er habe es sich noch einmal überlegt und könne sich nicht beteiligen. Er habe zwar nichts gegen die religiöse Aktivität seiner Familienangehörigen: das sei Toleranz; aber es sei zu viel von ihm verlangt, die Kirche aktiv zu unterstützen, die eine stark antikommunistische Institution sei. Das sei mit seinen Prinzipien wirklich nicht zu vereinen.

Bourdin fand auch diese Einstellung einleuchtend und ging zu Jouvaud. Jouvauds Frau, Tochter und Schwiegermutter gehen zur Messe. Er ist kein Kommunist, so würde er keine Skrupel haben zu helfen. Aber Bourdin hatte keine Gelegenheit, seine Ansicht zu vertreten, denn der schlaue Jouvaud begriff sofort, um was es ging:

»Weißt Du, Bourdin«, sagte er, »wir Maurer haben mehr zu tun, als wir in der Sechs-Tage-Woche schaffen können. Ich arbeite auch sonntags und brauche dafür meinen Lastwagen. Wenn der Pater einen Wagen für seine Arbeit braucht, soll er sich einen kaufen, anstatt uns auszunützen.«

Bourdin machte einen letzten Versuch. Die Frauen der Familie Bonerandi gingen zur Messe. Er selbst war immer antikommunistisch gewesen. Er arbeitet nicht am Sonntag. Bourdin war nicht gleich zu ihm gegangen, weil er in der Gemeinde für besonders ungefällig galt, aber Bourdin hoffte, er würde vielleicht diesmal Verständnis haben. Dies war eine törichte Vorstellung, wie mir Bourdin später erzählte:

»Bonerandi lachte mich gleich aus und sagte, ich könne ja der Dumme sein, wenn ich wolle, aber er nicht. Wenn die Frauen einen Pfarrer wollten, könnten sie ihn ja im Schubkarren holen.«

Nach dieser Beleidigung gab Bourdin auf, und er gab auch auf, Pater Bertin zu holen. Er wollte nicht länger als *poire* des Dorfes gelten. Er hatte es satt, und er sagte dies auch dem Pater am nächsten Sonntag. Eine Woche später erschien Pater Bertin in einem »neuen« gebrauchten 2-CV-Citroën. Natürlich führte dies unvermeidlich zu dem Gerücht, die Missionare verdienten in Peyrane und den benachbarten Dörfern so viel Geld, daß sie Autos kaufen und großartig leben könnten. Bourdin weiß nicht, wie der Pater zu dem Wagen gekommen ist, aber er ist froh, daß er sein Gewissen nicht mehr mit diesem Problem zu belasten braucht.

Aus dieser Episode wird ersichtlich, daß inmitten all der wirtschaftlichen, technischen und baulichen Veränderungen eines im Leben von Peyrane gleich geblieben ist: die menschlichen Beziehungen. Vielleicht ist durch die Leute aus der Stadt die Atmosphäre noch gespannter geworden, denn diese kommen noch schlechter miteinander aus als die Menschen, die im Dorf geboren und dort aufgewachsen sind.

Aber ich weiß jetzt, daß weniger alteingesessene Peyraner im Dorf wohnen, als ich beim Schreiben dieses Buches angenommen hatte. Damals stellte ich fest, daß nur ein Viertel der Bevölkerung in der Gemeinde geboren war, aber unterdessen ist mir klargeworden, daß die Bevölkerungsbewegung noch stärker ist, als ich vermutet hatte. Im Sommer 1959 studierte ich mit Marcel Rivet zusammen die Volkszählung von 1954. Er nahm sich die Zeit, mir auseinanderzusetzen, was aus jedem einzelnen geworden war, der die Gemeinde in diesen fünf Jahren verlassen hatte. Es lagen auch entsprechende Statistiken für die Jahre 1946 bis 1951 vor, so daß ich zwei vergleichbare Fünfjahresperioden zur Verfügung hatte. Die Bevölkerungsfluktuation war stärker als vermutet. Als ich für jede Person, die zu diesen vier Zeitpunkten im Dorf war, eine Karte anlegte, entdeckte ich mehrere interessante, völlig unvorhergesehene Tatsachen. Als erstes stellte ich fest, daß mehr Menschen zwischen 1946 und 1959 in Peyrane gelebt hatten, als ich angenommen hatte. Obwohl zu keinem Zeitpunkt mehr als 779 Menschen in Peyrane lebten, so hatte ich doch 1150 Karten in meinem Ordner, die 1150 Peyraner repräsentierten, welche mindestens zu einem der Zeitpunkte 1946, 1951, 1954 und 1959 in der Gemeinde gelebt hatten. Dabei sind viele Leute zu- und weggezogen, ohne an einem der vier Zeitpunkte gezählt worden zu sein. Tatsächlich haben viel mehr als 1150 Menschen während der dreizehn Jahre lange genug in Peyrane gelebt, um sich dort zu Hause zu fühlen. Man müßte ausgedehnte Forschungen in den Gemeindearchiven machen, um die genaue Anzahl festzustellen, aber es waren wohl etwa 3000! Wenn wir einfach annehmen, daß die Bevölkerung der Gemeinde zwischen 1946 und 1959 von 779 auf 680 abgenommen hat, stellen wir uns fälschlich vor, es seien nur wenige weggezogen, während die anderen dablieben. Wir vermuten, daß dort ein fester Bevölkerungsstamm von etwa 700 Leuten lebt. Nichts ist unzutreffender. Die Bevölkerung verändert sich durch Zu- und Abwanderung ständig.

Aber wieviele von den Menschen, die sich von 1946 bis 1959 in Peyrane aufhielten, lebten dort die ganzen dreizehn Jahre? Nur 275. Und von diesen waren 137 nicht einmal in Peyrane geboren. An diesem

Punkt frage ich mich, wen ich eigentlich meine, wenn ich von »den Leuten in Peyrane« spreche. Es scheint jetzt, daß sich dieser Ausdruck vor allem auf die kleine Anzahl von Menschen bezieht, die in der Gemeinde bleiben und ihre Lebensweise den vielen übermitteln, die zuziehen, für einige Monate oder Jahre bleiben und dann wieder abwandern.

Man könnte meinen, daß Peyrane eine Ausnahme unter den ländlichen Gemeinden bildet, und diese Vorstellung wird noch bestärkt durch die periodischen wirtschaftlichen Schwankungen, die in diesem Buch hervorgehoben worden sind. Um einen Vergleich zu haben, zogen wir eine entsprechende Studie über eine sehr konservative Gemeinde in Westfrankreich zu Rate, aber auch dort fanden wir zu unserem Erstaunen eine viel stärkere Bevölkerungsbewegung, als wir erwartet hatten; sie war fast ebenso stark wie in Peyrane. Man kommt zu der Überzeugung, daß unsere traditionelle Vorstellung von der stabilen ländlichen Gemeinde unrichtig ist und daß sie vor allem von Städtern des Mittelstandes gepflegt wird, welche selbst das Verlangen nach einer Stabilität haben, die ihnen fehlt, die sie aber fälschlicherweise ländlichen Gemeinden zuschreiben.

Es ist nicht schwer zu verstehen, wie eine solche Illusion entsteht. Wenn ich nach Peyrane zurückkomme und sehe, daß die alte Madame Favre – *la Léoncie* – immer noch auf demselben Stuhl auf dem Rathausplatz sitzt, umgeben von anderen Frauen, habe ich den Eindruck, daß sich nichts geändert hat. Wenn ich ins Café gehe und Henri Favre steht dort an der Bar, wo ich mich vor zehn Jahren von ihm verabschiedet habe, habe ich das Gefühl von Beständigkeit. Dies stimmt, obwohl die Frauen von Madame Favres Gruppe gewechselt haben und obwohl der Cafébesitzer und die Männer bei Henri Favre an der Bar nicht dieselben sind wie früher. Wenn man alte Freunde sieht, hat man das Gefühl von Beständigkeit. Aber in Wirklichkeit gibt es außer diesem kleinen Stamm von Dorfbewohnern, die immer da sind, wenige Leute, die ihr ganzes Leben in Peyrane verbracht haben.

Es ist erstaunlich schwierig, die Stammbevölkerung auf einen Nenner zu bringen. In vieler Hinsicht scheint sie wie alle anderen Peyraner zu sein. Manche sind wohlhabend, andere nicht. Manche haben eine Position in der Gemeinde, andere gehören zu den einfachsten Dorfbewohnern. Es ist interessant aufzuzeigen, daß die meisten Mitglieder des Gemeinderats zur Stammbevölkerung gehören. Bei den Gemeindewahlen 1959 kamen neunzehn von den sechsundzwanzig Kandidaten aus der Stammbevölkerung, ein viel größerer Prozentsatz, als ihr Anteil an der Gesamtbevölkerung erwarten ließe. Von den dreizehn gewählten Kandidaten kamen zehn aus der Stammgruppe. Zwei der drei anderen waren verständliche Ausnahmen: der eine war Julien Pecquet, ein Pariser Schriftsteller und Funktionär, der Interesse an Peyrane gewonnen hatte; der andere war Jean Manuel, der Mann der neuen Lehrerin und Neffe eines Senators aus der Vaucluse. Abgesehen von diesen Ausnahmen, dominierten im Gemeinderat die Repräsentanten der Stammbevölkerung.

Da die Wahl von 1959 eine gute Gelegenheit bietet, sowohl den Wechsel als auch die Beständigkeit in den menschlichen Beziehungen von Peyrane zu veranschaulichen, würde ich gerne einige Details bringen. Es war eine besonders erbitterte Wahl, obwohl einige der maßgebenden Männer entschlossen waren, den üblichen Kampf zu vermeiden. Wegen der persönlichen Spannungen in Peyrane waren der Notar und Edouard Pascal, der Präsident des *Syndicat d'Initiative*, der Meinung, daß es für den Ruf der Gemeinde verhängnisvoll und für den Tourismus schädlich wäre, einen harten Wahlkampf zuzulassen. Aber wie konnte eine Wahl ohne Kampf stattfinden? Ob sie tatsächlich einen lokalen de Gaulle für Peyrane wollten, sagte mir niemand. Aber es ist klar, daß Pascal die nationale politische Situation im Sinne hatte, wenn er einen Streit vermeiden wollte. Der Notar und er entwickelten einen Plan, nach dem ein Außenstehender, jemand, der »über allem stand«, ein Unparteiischer oder über den Parteien Stehender als Bürgermeister gewählt werden sollte. Um dieses Ziel zu erreichen, mußten alle politischen Parteien dazu gebracht werden, sich auf eine gemeinsame Kandidatenliste zu einigen. Dann würde es keinen heftigen Wahlkampf geben.

Pascal ging zunächst zum Bürgermeister Ginoux, der nichts gegen den Plan einzuwenden hatte. Er war seit Kriegsende im Amt und hatte eine Menge Kritik erfahren; außerdem war er bei schlechter Gesundheit. Er wollte sich unter keinen Umständen wieder aufstellen lassen. Dies würde natürlich jeder Bürgermeister an seiner Stelle gesagt haben, und es würde ihn doch nicht davon abgehalten haben, seine Nominierung anzunehmen, wenn die Wähler darauf bestanden hätten. Doch diesmal bestand niemand darauf. Einer seiner stärksten Trümpfe war seine Freundschaft mit den Abgeordneten des Departements Lussy und Daladier gewesen, doch diese waren wenige Monate zuvor von gaullistischen Kandidaten geschlagen worden. Sein Ruf, der richtige Mann am richtigen Platz zu sein, litt entsprechend. Man war im allgemeinen nicht dafür, ihn für die Wahl aufzustellen.

Da der Bürgermeister nicht in Betracht kam, konnte Pascal direkt zu den Führern der politischen Gruppen gehen, zu jenen, die sich mehr aus Bequemlichkeit und vager ideologischer Assoziation als aus wirklicher Überzeugung oder aus Loyalität mit den Parteien identifizierten. Die MRP, die kleinste Gruppe in der Gemeinde, war kein Problem, da Pascal ihr einflußreichster Wortführer war. Die größte und wichtigste Gruppe, die er gewinnen mußte, waren die Kommunisten, gegen die sich meistens alle anderen Gruppen zusammenschlossen. Chanon, der Führer der Kommunisten, bildete das größte Hindernis im Bestreben, eine Einheitsliste aufzustellen, aber er akzeptierte den Plan ohne Schwierigkeiten. Chanon dachte, dies würde seiner Gruppe tatsächlich Macht in der Gemeinde verschaffen, ohne ihm die lästige Aufgabe, Bürgermeister zu sein, aufzubürden. Seine Bürgermeisterzeit gleich nach dem Krieg reichte ihm.

Nach Pascals Plan sollten Chanon und seine Anhänger starken Einfluß in der Gemeinde gewinnen. Vom neuen Bürgermeister, Peyranes de Gaulle, konnte man, wer es auch immer sein würde, nicht erwarten, daß er in Peyrane wohnen und sich mit den täglichen Angelegenheiten auf dem Rathaus befassen würde. Er wurde für diese Tätigkeit auch nicht wirklich gebraucht, denn Rivet erledigte sowieso die Angelegenheiten der Gemeinde. Wenn er Rat oder Unterstützung brauchte, konnte er sich an die beiden Stellvertretenden Bürgermeister wenden. Und wer würden diese beiden sein? Natürlich die Führer der beiden größten politischen Gruppen. Der erste Stellvertretende Bürgermeister würde Chanon sein, der zweite Madame Baume, die pensionierte Lehrerin, die die Tradition der Sozialistischen Partei in der Gegend repräsentierte. In Wirklichkeit würde also Rivet die Gemeinde unter den Direktiven von Chanon und Madame Baume leiten. Der neue Bürgermeister, der Außenstehende, würde ihnen als *Schirm* dienen, indem er die Verantwortung für ihre Entscheidungen übernahm und nur bei einem Streit aktiv eingriff.

Madame Baume war von Pascals Plan ebenso begeistert wie Chanon. Einige glaubten sogar, es sei ursprünglich ihre Idee gewesen. Er entsprach dem gleichen Prinzip, nach dem die französische Verwaltung jahrhundertelang wirkungsvoll funktioniert hatte: gib die Macht einem örtlichen Funktionär, aber decke ihn, indem du die Verantwortung einem Beamten in Paris überträgst!

Aber wer konnte Peyranes de Gaulle sein? Durch seine jahrelange Tätigkeit als Präsident des *Syndicat d'Initiative* hatte sich Pascal einen großen Bekanntenkreis von Intellektuellen geschaffen, von denen er schon einige nach Peyrane gezogen hatte. Unter den Grundstücksbesitzern war ein deutscher Maler, ein holländischer Photograph, ein amerikanischer Geiger, ein französischer Schriftsteller, der bei der Unesco arbeitete, ein kanadischer Journalist, Mitglied der französisch-kanadischen Akademie, ein Architekt von Moulins und ein Subpräfekt von Paris. Sie gaben seit kurzem sogar eine literarische Zeitschrift – *Soleils* – heraus, deren redaktioneller Hauptsitz Peyrane war. Zu dieser Gruppe gehört der Beamte Jean Pecquet, früher in einer hohen Stellung in einem Pariser Ministerium, der ein Grundstück im benachbarten Dorf Cabrière d'Avignon besaß. Er war verantwortungsbewußt und beliebt, aber er gehörte keiner Partei an. Pascal überredete ihn, sich für den Gemeinderat nominieren zu lassen, mit der Zusage, daß der Gemeinderat ihn nach der Wahl zum Bürgermeister wählen würde. Sein Name würde auf dem Stimmzettel der Einheitspartei, der »Gemeinsamen Liste für das Gemeinwohl von Peyrane«, stehen, neben anderen Kandidaten, die ohne Rücksicht auf ihre Parteizugehörigkeit unter den »seriösesten« Bürgern von Peyrane ausgewählt wurden.

Aber es bestand noch eine Schwierigkeit; man mußte die kleine Gruppe der Konservativen berücksichtigen, deren einflußreichster Mann Julien Vincent war. Diese Leute waren die alten Gaullisten, also diejenigen, die seine Ideen von 1946 bis 1958 unterstützt hatten, obwohl manche von ihnen vorübergehend zu Poujade neigten. Da sie vor allem die Auffassung vertraten, daß Frankreich eine starke Hand brauche, um es von der politischen Uneinigkeit zu befreien, konnte man annehmen, daß sie eine de-Gaulle-artige Lösung der Probleme in Peyrane akzeptieren würden.

Trotzdem weigerte sich Vincent entschieden, als Pascal mit ihm sprach. Was bei dieser Unterhaltung vorging, kann man nur mutmaßen. Es kommt darauf an, ob man Pascals oder Vincents Version akzeptiert – oder eine der anderen zahlreichen Versionen, die in Peyrane kursieren. Auf jeden Fall waren die Gründe für die Weigerung Vincents klar. Er widersetzte sich aus Prinzip jeder Koalition von Katholiken und Kommunisten: das war unnatürlich und unmoralisch. Außerdem wäre es für Vincent folgerichtig gewesen, selbst Bürgermeister oder zumindest anstelle von Chanon erster Stellvertretender Bürgermeister zu werden. Bei den letzten Wahlen wurde er von einer starken Mehrheit in den

Gemeinderat gewählt. In den vergangenen neun Jahren hatte er dank seines erstklassigen Restaurants dafür gesorgt, daß Peyrane auf der Landkarte ein Begriff wurde. Er hatte in vieler Hinsicht zur Umwandlung Peyranes beigetragen. Er hatte auch die Fußballmannschaft des Dorfes wieder aufgestellt, die Instandsetzung des alten Fußballplatzes und die Erneuerung des Duschhauses bezahlt und die Mannschaft unterstützt, die dann mit seinem Sohn als Mannschaftsführer die regionale Meisterschaft gewann. Es war daher folgerichtig, daß er einen offiziellen Posten in der Gemeindeverwaltung bekam, und deshalb hatten seine Freunde und er beschlossen, eine eigene Kandidatenliste für die Wahl aufzustellen.

Pascal diskutierte mit Vincent, konnte ihn aber nicht zu einer Meinungsänderung bewegen. Chanon suchte ihn auf, Madame Baume suchte ihn auf. Rivet und der Notar sprachen vor. Man sagte ihm sogar die Position als zweiter Stellvertretender Bürgermeister im neuen Gemeinderat zu. Aber Vincent ließ sich auf keinen Kompromiß ein. Er wollte nichts damit zu tun haben, daß ein Außenseiter aus Paris Bürgermeister würde. Vor allem lehnte er ein Zusammengehen mit den Kommunisten ab. Mag Edouard Pascal, ein frommer Katholik, der jeden Sonntag zur Messe geht, eine solche Verbindung eingehen. Er, Vincent, könne einen derartigen Gesinnungswandel vor seinem Gewissen nicht vertreten.

Wir kennen jetzt die ideologischen Standpunkte und die Fronten des Wahlkampfes, aber wenn wir nur bei diesem politischen Aspekt bleiben, werden wir die Situation nicht wirklich verstehen. Da politische Debatten vor allem dazu dienen, verborgene und unausgesprochene Antagonismen zum Ausdruck zu bringen, können wir die Lage nicht begreifen, ohne zu wissen, welcher Art die Beziehungen Vincents zu jedem einzelnen der Leute waren, die mit ihm zusammenarbeiten wollten. Wir müssen auch die wirtschaftliche und soziale Entwicklung der umliegenden Höfe kennen. Dies kam während der Wahl überhaupt nicht zur Sprache, obwohl es sich um einen wichtigen Faktor handelte.

Wir wissen bereits, daß Rivet und Vincent sich nicht leiden können. Dies war unvermeidlich von dem Augenblick an, als Rivet 1950 das Restaurant aufgegeben hatte und Ratsschreiber geworden war. Ihre Beziehungen waren korrekt, aber kühl. Obwohl es für ihre gegenseitige Feindschaft wichtige Gründe gab, versicherten sie, daß »nichts zwischen ihnen sei«.

Andererseits hatte Pascal Vincent jahrelang geholfen, und Vincents

Restaurant wurde zum Teil erst durch das *Syndicat d'Initiative* so bekannt. Aber als Peyranes Ruf wuchs und es immer mehr Künstler, Intellektuelle und Touristen anzog, hielten die Mitglieder des *Syndicat d'Initiative* es für nötig, daß Vincents Restaurant renoviert wurde. Es war schäbig, aber Vincent zögerte, das Restaurant in ein erstklassiges Etablissement umzuwandeln. Über diese Meinungsverschiedenheit entfremdeten sie sich derart, daß Pascal, als er ein Fest für die Herausgeber und Mitarbeiter von *Soleils*, Peyranes literarischer Zeitschrift, veranstaltete, dieses nicht *chez Vincent*, sondern in dem kleinen Speisesaal in Maman Jeannes *pension de famille* arrangierte. Dies war das Ende der Zusammenarbeit von Vincent und Pascal.
Vincent erklärte ausführlich, daß er seine Ersparnisse gerne in das Restaurant stecken würde, um es in eine höhere Kategorie im *Guide Michelin* zu bringen; aber leider gehöre der Besitz nicht ihm, sondern Madame Baume, der Schwägerin der pensionierten Lehrerin, die jetzt im Dorf eine führende Rolle in der Politik spielen wollte. Die Baumes wollten von einer Restaurierung nichts wissen. Madame Baume war weder bereit, Vincent ihren Besitz zu verkaufen, noch ihm einen längeren Mietvertrag geben, so daß er das Restaurant umbauen und sein Geld wieder herausbekommen könnte. Pascal und die anderen hätten deshalb besser daran getan, die Rückständigkeit der Madame Baume überwinden zu helfen, anstatt ihre literarischen Feste in einer Pension abzuhalten, die von einer Marseiller Friseuse betrieben wurde, die jetzt Köchin spielte.
Heftiger noch traf Vincent, daß das alte *Cavalier*-Haus mit Hilfe des Notars in die *Rose d'Or* umgewandelt worden war. Alle fanden Vincents Küche besser als die der *Rose d'Or*, aber die Konkurrenz war ernsthaft, weil die *Rose d'Or* die auswärtige reiche Kundschaft anzog, der das reizende moderne Gasthaus besonders gut gefiel.
Zwischen Chanon und Vincent bestand eine persönliche Feindschaft, die von der ideologischen Meinungsverschiedenheit verdeckt wurde. Als Bauer und Kommunist vertrat Chanon sowohl die Interessen der Landbevölkerung in der Gemeinde als auch die der ärmeren Leute im Dorf. In diesen beiden Gruppen galt Vincent als hochmütig. Man erzählte, daß Vincent einfachere Leute durch Erhöhung seiner Preise abzuwimmeln suchte, wenn sie bei ihm eine Taufe oder eine Hochzeit feiern wollten. Folglich kamen sie nicht mehr zu ihm und feierten immer häufiger ihre Taufen und Hochzeiten bei sich zu Hause. Zu dieser Entwicklung soll Vincent gesagt haben: »Die Bauern feiern die Hoch-

zeit ihrer Tochter lieber im Stall als an einem dafür geeigneten Ort.« Ob er es nun gesagt hat oder nicht, es vergiftete die Beziehung zwischen Chanon und Vincent.

Unter diesen Umständen ist es kaum erstaunlich, daß Vincent auf jene Weise reagierte, als Rivet, Pascal, Madame Baume, der Notar und Chanon, einer nach dem anderen, kamen, um ihn zu überreden, für ihre gemeinsame Wahlliste und einen Bürgermeister aus Paris einzutreten. Weit davon entfernt, den Vorschlag zu akzeptieren, bekämpfte er ihn. Vincent hatte einen Verbündeten in Louis Borel, einem Selfmademan und einem der reichsten Unternehmer der Gegend, wie wir gesehen haben.[2] Jedesmal, wenn wir nach Peyrane zurückkamen, stellten wir fest, daß sein Geschäft sich vergrößert hatte. Aus seiner Tankstelle war eine Autowerkstatt geworden. Er baute immer mehr Behälter zur Aufbewahrung der Kirschen, die er von den einheimischen Bauern in der Hauptsaison erwirbt und, wenn die Preise am höchsten sind, an Konservenfabriken in Apt verkauft. Er schaffte weitere Lastwagen an, um die Spargel, Melonen und Bohnen zu transportieren, die er von den Bauern kauft und auf dem Markt in Cavaillon wieder verkauft. Er transportiert jetzt Düngemittel und Insektizide nach Peyrane und bietet sie den Bauern an. 1953 wurde er zum ersten Mal in den Gemeinderat gewählt. Damals standen Vincent und er auf verschiedenen Listen – Vincent auf der konservativen und Borel auf der kommunistischen. Aber seit damals hat Borel seine kommunistischen Verbindungen aufgegeben und hat zunächst Poujade und dann de Gaulle unterstützt.

Die Verbindung zwischen Borel und Vincent schien gegeben, da beide viel für die Wirtschaft von Peyrane getan hatten. Warum sollten die Wähler der Gemeinde zwei der »seriösesten« Bürger nicht unterstützen? Zwei Dinge sprachen zu ihren Gunsten, die ihren Gegnern schaden mußten: die Einmischung von Parisern in die Angelegenheiten des Dorfes und die unheilige Allianz zwischen konservativen Katholiken und Kommunisten auf der gegnerischen Liste. Außerdem hatten Borel und Vincent im Herbst 1958 de Gaulle aktiv unterstützt; dies würde ihnen bei der Wahl von Nutzen sein. Deshalb beschlossen sie, gegen die Einheitsliste in Peyrane zu opponieren und eine eigene Liste aufzustellen. Sie gewannen dafür: Bonerandi (Poujadist-Gaullist, Bäcker und der Vater von Borels Schwiegersohn), Aubenas (ehemaliger Radi-

2 Siehe oben S. 179.

kalsozialist und Stellvertretender Bürgermeister) und sieben Bauern, die mit Borel gut standen.

Als bekannt wurde, daß Vincent und Borel eine eigene Liste aufgestellt hatten, sah es so aus, als ob der ursprüngliche Plan nicht zustandekommen würde, weil Pecquet Pascal erklärt hatte, er würde sich nur für den Gemeinderat aufstellen lassen und das Amt des Bürgermeisters übernehmen, wenn er an erster Stelle einer Einheitsliste stehe. Er wollte nichts mit Politik zu tun haben. Trotzdem wurde er überredet, seinen Namen auf der Wahlliste zu belassen. Er brauche sich nicht um Politik zu kümmern. Er könne und solle wirklich »über allem« stehen, so daß er nach seiner Wahl unabhängig auf de-Gaulle-Weise agieren könne.

Über den Ausgang der Wahl gab es für Pascal keinen Zweifel. Auf der Einheitsliste standen außer Pecquet die drei führenden Kommunisten, zwei konservative Katholiken und sieben der »seriösesten« Männer der Gemeinde mit leichten radikalsozialistischen Tendenzen, die die Dorf- und Landbevölkerung repräsentierten. Auch Jouvaud befand sich darauf, der bekannteste Unternehmer und Baumeister der Gemeinde. Noch wichtiger, Pascal realisierte, daß Vincent und Borel das in Peyrane schlimmste soziale Verbrechen begangen hatten: Sie hatten nicht nur Erfolg, sie waren auch – zu Recht oder zu Unrecht – in den Ruf gekommen, *fiers* (hochmütig) zu sein. Außerdem hatte Borel die Kommunisten verärgert, weil er sich von ihrer Gruppe getrennt hatte. Überdies litt er unter dem Schicksal aller Zwischenhändler: auch wenn die Leute die Dienste eines Zwischenhändlers brauchen, nehmen sie ihm doch übel, daß er davon lebt, ihre Produkte zu kaufen und zu verkaufen. Borels Kirschenbehälter, Lastwagen und seine Autowerkstatt waren deutliche Merkmale seines geschäftlichen Erfolgs und seiner politischen Schwäche.

In diesem Zusammenhang können wir leicht verstehen, warum der Wahlkampf sich zu einem der heftigsten seit Jahren entwickelte. Unnötig, die einzelnen Ereignisse der Kampagne wieder aufzuzählen, vor allem die *petites histoires*, die als Beweise in dieser ehrenrührigen Auseinandersetzung verwendet wurden. Es wäre zweifellos unangebracht, hier über sie zu berichten.

Es ist erstaunlich, daß jede Seite bis zu dem Augenblick der Stimmenauszählung glaubte, die Wahl zu gewinnen. Doch stellte sich heraus, daß der Ausgang der Wahl völlig eindeutig war; Vincent und Borel wurden hoffnungslos geschlagen. Der Pariser Pecquet erhielt 292 Stimmen, Chanon 297, Vincent dagegen nur 119 und Borel 116. Der schwächste Kandidat der Koalitionsliste erhielt 248 Stimmen, der stärkste der Vincent-Borel-Liste 133. Für Vincent und Borel *c'était la catastrophe!* Das Schlimmste bei der Niederlage war, daß sie warten mußten, bis die Stimmen ausgezählt waren, obwohl das Resultat von Anfang an feststand. Anhänger der Koalition erzählten mir – etwas zu erfreut –, daß sogar ihnen die beiden Männer leid getan hätten, die verstört beim Auszählen dabeisaßen, während alle rundherum kicherten.

Als ich die Borels und Vincents einige Monate nach der Wahl sah, waren sie offensichtlich durch dieses Erlebnis sehr mitgenommen. Die Borels sprachen gar nicht darüber. Die Vincents waren verbittert: »Wer hätte gedacht, daß die Leute sich so verhalten! ... Wir gehen kaum mehr aus *(Nous ne fréquentons presque plus)*, wir kümmern uns nur noch um unser Geschäft. Oh, Monsieur, glücklicherweise wissen wir es zu nehmen *(heureusement qu'on est philosophe)*!«

Nach der Analyse der Hauptteilnehmer an der Wahl möchte es scheinen, als ob es sich um einen ideologischen, von persönlichen Interessen angeheizten Kampf gehandelt habe. Aber als ich auf dem Land mit den Bauern sprach, realisierte ich die Bedeutung der neuen wirtschaftlichen Situation und des veränderten Standpunktes der Bauern in der Gemeinde. Sie haben ein neues Statusbewußtsein, das sich im Anwachsen ihrer Organisation und in ihrem Solidaritätsgefühl mit den Bauern anderer Gegenden widerspiegelt. Sie fühlen sich den Dorfbewohnern und Städtern gegenüber nicht mehr unterlegen, sie sind erhaben über das Gezänk im Dorf und die lokale Politik. Obwohl manche Bauern sich zur Wahl aufstellen ließen und obwohl jeder gefühlsmäßig am Kampf beteiligt war, so bestärkte gerade diese gefühlsmäßige Beteiligung sie in ihrer Überzeugung, das alte politische Spiel nicht mehr mitspielen zu wollen.

Als ich Marc Peyre, den Geschäftsführer der Traktorgenossenschaft, besuchte, war er so erpicht darauf, mir die neue, von der Genossenschaft an der Weggabelung zum Dorf gebaute Garage zu zeigen, daß ich ihn nur mit Mühe dahin bringen konnte, mir von der Wahl zu erzählen. Erst später begriff ich den Zusammenhang zwischen dem Reichtum der Genossenschaft und Peyres Indifferenz gegenüber der Politik.

Marc war Mitglied der Genossenschaft seit ihrer Gründung 1945. Als wir 1950 in Peyrane lebten, besaß diese einen Traktor und zwei Pflüge für ihre 48 Mitglieder in Peyrane und den umliegenden Gemeinden.

Als wir 1959 zurückkamen, besaß sie drei Traktoren und drei Angestellte. 1961 gehörte ihr die große, neue Garage, die Peyre mir stolz gezeigt hatte, und sie umfaßte nun 225 Mitglieder. Die Organisation besaß ein ganzes Assortiment von Pflügen für verschiedenartige Böden und für den Anbau verschiedener Erzeugnisse. Peyre zeigte mir folgende Liste der Ausrüstung, die mit staatlichen Anleihen erworben worden war:

1 Diesel-Bulldozer
1 Diesel-Raupenschlepper zum Pflügen
1 Diesel-Raupenschlepper für die Weinberge
3 Diesel-Traktoren verschiedener Stärke
1 Benzin-Traktor
2 Maschinen zum Anhäufeln von Spargeln
1 Spiralzerstäuber
3 Rührpflüge
1 Futterpresse
1 Mähmaschine
1 Rotorpflug

(Zu dieser Ausrüstung kamen natürlich noch die Traktoren, die die verschiedenen Bauern in Peyrane besaßen – 57, davon 33 moderne Diesel-Traktoren. Und 1950 hatte es knapp für einen Traktor in der ganzen Gemeinde gereicht.)

Als Peyre immer weiter über die Genossenschaft sprach, versuchte ich ihn auf die Gemeinderatswahlen zu bringen. Schließlich wurde er ein wenig ärgerlich und sagte:

»Wissen Sie, diese Wahl fand vor zwei Jahren statt, und ich versuchte damals, mich herauszuhalten. Es gab allerhand Streit im Dorf, aber die Leute dort oben haben ja Zeit dazu. Wir auf dem Land sind seriöser.«

»Aber es war Ihnen doch sicher nicht gleichgültig, wer die Verwaltung der Gemeinde übernehmen würde«, antwortete ich.

»Die Leute im Dorf meinen, die Dinge liefen immer noch so, wie sie früher gelaufen sind, aber das stimmt nicht. Wenn ich etwas brauche, gehe ich dann zum Bürgermeister? Nein, ich gehe nach Avignon und spreche mit Monsieur Mauron, dem Leiter der *Services Agricoles* des Departements. Gehen wir, wenn wir Geld brauchen, zum Notar? Wir gehen nicht einmal auf die Bank in Apt; wir gehen zu Maître Rouvière. Er ist Präsident des *Crédit Agricole*.«

»Aber, nebenbei, wie haben die Bauern gewählt?«

Heute spielt man nicht mehr so viel Boules; man schaut lieber den Touristen beim Boulesspielen zu (zu Seite 352)

Peyre blockiert die Straße mit seinem Traktor (zu Seite 367)

»Wie konnte ein Bauer für Vincent stimmen? Und wie konnte ein Genossenschaftsmitglied für Borel stimmen? Es ist nicht mehr das alte politische Spiel; die Zeiten haben sich geändert. Sehen Sie, wie wir die Dinge heute anpacken!« Er zeigte auf eine Plakattafel, die in einer Ecke seines Büros stand. Ich las:

C. U. M. A.
de PEYRANE

Je représente
250 petites
exploitations
familiales
menacées de
disparaître
par M. DEBRÉ

OUVRIERS PAYSANS
UNISSEZ-VOUS![3]

Ich wußte genau, was Peyre meinte, denn ich hatte vor zwei Wochen ähnliche Plakate im Westen Frankreichs gesehen. Verärgert durch die Agrarpolitik des Staates, für die sie de Gaulles Premierminister Debré verantwortlich machten, hatten die Bauern Frankreichs Massendemonstrationen veranstaltet. Sie blockierten mit ihren Traktoren die Straßen. Sie fuhren in den wichtigsten Städten der Departements auf. Dann schickten sie Delegationen zu den Regierungsbeamten. In Angers nahm ich mit den Bauern vom Dorf Chanzeaux an der Demonstration teil. Zwar versuchten einige der Demonstranten (nicht aus Chanzeaux), Kartoffeln in die Fenster der Präfektur zu werfen, um gegen die zu niederen Kartoffelpreise zu protestieren, aber im allgemeinen

[3] C. U. M. A. (*Coopérative d'utilisation du matériel en commun*, das heißt, Genossenschaft für gemeinsame Benutzung landwirtschaftlicher Geräte) von Peyrane: Ich vertrete 250 kleine Bauernhöfe, denen durch Monsieur Debré Vernichtung droht. Landarbeiter, vereinigt Euch!

verliefen diese Demonstrationen ruhig. Meine Freunde aus Chanzeaux trugen Plakate, auf denen stand:

DEBRÉyons Chanzeaux![4]

PARITÉ
des PRIX AGRICOLES
et
des PRIX INDUSTRIELS[5]

TOUS UNIS contre la POLITIQUE
GOUVERNEMENTALE[6]

Es war eindrucksvoll zu sehen, wie die französischen Bauern sich bei diesen Demonstrationen zusammenschlossen. In Angers marschierten die konservativen katholischen Bauern von Chanzeaux gleichsam Schulter an Schulter mit den kommunistischen Bauern der Vaucluse in Avignon. Außerdem waren sich die französischen Bauern offensichtlich darin einig, daß nichts geschehen würde, wenn sie nur mit den Abgeordneten sprächen. Stattdessen marschierten sie vor der Präfektur des Departements auf und betrauten ihre verschiedenen Gewerkschaftsvertreter mit der Aufgabe, geeignete Verwaltungsmaßnahmen zur Änderung der Agrarpolitik zu veranlassen. Schließlich merkten sie, daß ihre wirksamsten Repräsentanten nicht die traditionell gewählten Vertreter – Abgeordnete und Senatoren – waren, sondern Bauern wie sie selbst, die in ein Amt einer Berufsorganisation gewählt worden waren. Dies meinte Peyre, als er auf das Plakat deutete und sagte: »Sie sehen, wie wir die Dinge heute anpacken«.
Während der Unterhaltung mit Peyre wurde mir einer der Hauptgründe für die Niederlage von Vincent und Borel bei den Gemeindewahlen klar: sie repräsentierten den alten Stil politischen Verhaltens. Die Bauern von Peyrane hatten nicht nur gegen sie gestimmt, weil sie den Ruf hatten, *fiers* zu sein, oder weil Borel ein erfolgreicher Händler zwischen den örtlichen Produzenten und dem Markt war, sondern weil sie das Vertrauen in das alte politische Spiel verloren hatten. Sie wählten die Liste, die eine erfolgreiche, jedoch unpolitische Lösung ihrer Probleme versprach.

[4] Ein Wortspiel, das bedeutet: Laßt uns Chanzeaux von Debré befreien.
[5] Gleiche Preise in Landwirtschaft und Industrie.
[6] Wir stehen zusammen gegen die Politik der Regierung.

Derselbe Trend charakterisiert die Wahlen zur Nationalversammlung im November 1962. Ich war während des Wahlkampfes in Chanzeaux und wunderte mich vor allem, daß alle sechs Kandidaten sich von den traditionellen Parteien trennten, um Wähler zu gewinnen. Was man im allgemeinen als einen persönlichen Sieg de Gaulles bezeichnete, war in Wirklichkeit weniger der Begeisterung für ihn als der Abneigung gegen seine politischen Gegner zuzuschreiben. Nach der Wahl traf ich in Paris Monsieur Pecquet, den Bürgermeister von Peyrane, der Nachrichten vom Wahlkampf in der Vaucluse mitbrachte. Scheinbar war die Wahl in Peyrane umgekehrt verlaufen wie die in Chanzeaux. In Chanzeaux hatte der gaullistische Kandidat gewonnen, während in Peyrane der gaullistische Kandidat (unser alter Drogist aus Apt, Monsieur Santoni) durch einen Kandidaten der kommunistisch-radikalsozialistischen Koalition geschlagen wurde. Aber als ich mit Monsieur Pecquet den Wahlkampf diskutierte, wurde mir klar, daß, von der Parteizugehörigkeit abgesehen, den Wahlen in den beiden Gemeinden die gleiche Bedeutung zukam. In Peyrane war die siegreiche Koalition die gleiche, die 1959 bei den Gemeindewahlen das traditionelle Spiel abgelehnt hatte. 1961 hielt sie auch gegen einen gaullistischen Kandidaten, den man normalerweise als den unpolitischen Kandidaten ansehen konnte. In Peyrane waren die unerschütterlichsten Gaullisten Vincent, Borel und Bonerandi. In Chanzeaux hatten die Wähler den gaullistischen Kandidaten unterstützt, weil die Gegenkandidaten die traditionelle Politik verfolgten. Aus den Wahlergebnissen konnte man vor allem schließen, daß die Wähler in beiden Gemeinden von der traditionellen Politik und ihren politischen Repräsentanten genug hatten.

Die wirtschaftliche Entwicklung der Peyraner Bauern, der Erwerb von landwirtschaftlichen Geräten durch Organisationen und durch einzelne, der Reichtum der Genossenschaft und des Zwischenhändlers Borel, all das zeigt die wesentliche Änderung des Standpunkts der Bauern. 1950 bauten sie noch Weizen an und weigerten sich, Obstbäume anzupflanzen, obwohl landwirtschaftliche Experten versicherten, daß Obstbäume für den Boden und das Klima geeigneter seien als Getreide. Lucien Bourdin hatte ihren Widerstand erklärt: »Obstplantagen anlegen, damit die Amerikaner und Russen sie zu Schlachtfeldern machen? Vielen Dank. So dumm sind wir nicht!«[7] Die Bauern hatten nicht genug Vertrauen in die Zukunft, um etwas anzupflanzen, was erst in mehreren

[7] Siehe oben S. 34.

Jahren einen Ertrag bringen würde. Schließlich seien sie in einigen Jahren vielleicht gar nicht mehr da – die Bäume, die Bauern und die Kinder der Bauern.

Aber als ich 1961 auf dem Hügel stand und das Gebiet von Peyrane überschaute, sah ich überall Obstplantagen. Die Bauern hatten nicht nur Aprikosen- und Apfelbäume gepflanzt, sondern sie hatten auch viele der alten Olivenhaine wieder bepflanzt, die während der großen Frostperiode 1956 zerstört worden waren. Die jungen Olivenbäume tragen erst in zwanzig Jahren. Es stimmt zwar, daß die Regierung Subventionen für die Wiederbepflanzung der Olivenhaine gab, aber die Bauern hätten nie so wertvolles Land für eine Pflanzung verwendet, die so lange keinen Ertrag bringt, wenn sie nun nicht mehr Vertrauen in die Zukunft hätten als 1950.

Ich kam zu der Überzeugung, daß 1950 das Vertrauen in die Zukunft in Peyrane wie in ganz Frankreich wahrscheinlich auf seinem Tiefpunkt angelangt war. Die Hoffnung, die die Franzosen von 1940 bis 1945 aufrechterhalten hatte, war der Traum von der Rückkehr Frankreichs nach dem Kriege zu jener mythischen glücklichen Zeit, die der Ausdruck »vor dem Ersten Weltkrieg« symbolisiert. 1950 wurde offensichtlich, daß dies unmöglich war. Politische Auseinandersetzungen, technische Entwicklungen, Veränderungen der Familienstruktur, Wohnungsprobleme, die Auflösung der französischen Weltmacht, die wachsenden Schwierigkeiten in Algerien – alles schien eher schlechter als besser geworden zu sein. Sogar der Wert des Goldes, die letzte Zuflucht der Mißtrauischen, sank 1950 auf einen neuen Tiefstand. Doch lähmte der alte Traum von der Rückkehr in ein goldenes Zeitalter jede schöpferische Initiative.

Die charakteristische Peyraner Haltung war ein Zucken mit den Schultern: *»C'est comme ça«*. Aber allmählich wurde die Verzweiflung so groß, daß sogar der Traum von der Wiederkehr des goldenen Zeitalters dahinschwand. Erst als die Menschen die unvermeidlichen Veränderungen akzeptierten, wurde es ihnen möglich, ihre Energie darauf zu konzentrieren, neue Lösungen für ihre Probleme zu finden. Mit größerer Freiheit setzten sie sich nun für ihr eigenes Wohlergehen ein. Die Ablehnung des alten politischen Systems, die Modernisierung der Höfe, die Traktoren-Demonstrationen und die Entwicklung der Bauernorganisationen sind gewissermaßen Manifestationen dieser veränderten Einstellung. Paradoxerweise hatte sich die Zuversicht von 1961 aus der Verzweiflung von 1950 entwickelt.

Dies beruht nicht allein auf einer Wandlung im Verhalten der Peyraner; denn man darf nicht vergessen, daß sich auch die Zusammensetzung der Bevölkerung geändert hat. Offensichtlich gehörten viele, die am zähesten an dem alten Traum hingen, der älteren Generation an, die 1950 in der Gemeinde überwog. Heute sind die meisten dieser Menschen gestorben, oder sie haben sich zurückgezogen. Ihre Plätze sind von jüngeren Menschen eingenommen worden, die weniger Sehnsucht nach der Vergangenheit, vielmehr das Bestreben haben, in der Gegenwart für die Zukunft zu handeln. Diese jüngeren Menschen begnügen sich nicht mehr damit, gegen die Regierung zu stimmen; sie ziehen es vor, mit ihren Traktoren in die Städte zu fahren, um für eine Änderung der Agrarpolitik zu demonstrieren. Sie befassen sich weniger mit Ideologien und mehr mit wirtschaftlichen Problemen.

Diese Probleme sind ernst. Manche sind erst im Zuge des Fortschritts entstanden. Mit der Modernisierung der Höfe hat sich die Produktion der Bauern vergrößert, aber gleichzeitig auch ihre Verschuldung erhöht. Um die neuen Geräte bezahlen zu können, muß der moderne Bauer mehr Produkte zu höheren Preisen verkaufen. Aber die Märkte haben sich nicht im gleichen Maße entwickelt wie die Produktion, und das Verteilersystem ist den Erfordernissen der modernen Landwirtschaft nicht genügend angepaßt. Um diese Probleme zu lösen, hat Frankreich seine Zuflucht immer mehr zur staatlichen Planwirtschaft genommen. Obwohl die traditionelle französische Politik die Bauern stets geschützt und sie sogar gegenüber den Industriearbeitern begünstigt hat, scheint die Situation bei der neuen Planung umgekehrt zu sein. Heute entfällt auf die französischen Bauern ein weit geringerer Prozentsatz des Nationaleinkommens als vor hundert Jahren oder sogar vor fünfundzwanzig Jahren. Der Bauer merkt, daß die väterlich sorgende Hand des Staates seine jüngeren Brüder, die Industriearbeiter, die Angestellten und die *fonctionnaires* begünstigt, und deshalb fordert er den gleichen sozialen Status wie diese. Der französische Bauer erstrebt Vorteile vor dem städtischen Kapitalisten, der sein Geld in Grundstücken anlegt; er fordert höhere und feste Preise, Reform des Marktsystems, Ausdehnung des Außenhandels, Steuererleichterung und bessere technische Ausbildung für seine Kinder.

Dies sind die Probleme, über die man in den Zeitungen liest, aber die Bauern von Peyrane sprechen mehr über andere, die sie unmittelbarer betreffen. Eines davon ist der Wassermangel. Obwohl es 1950 keinen Überfluß an Wasser gab und es in der heißen Jahreszeit manchmal knapp war, schien die Wasserversorgung auszureichen. Durch die Modernisierung von Dorf und Höfen wurden zwar alte Probleme gelöst, aber es entstanden auch neue. Das Schlimmste war der Wassermangel, der sich zuerst im Dorf bemerkbar machte. Die Wasserversorgung aus den Quellen des Luberongebirges hatte fünfzig Jahre lang bis zu dem Tag genügt, an dem die neue Kanalisation in Betrieb genommen wurde. Sobald man Wasserklosetts und Badewannen in den Häusern installiert hatte, wurde das Wasser knapp. Nachdem auf den Höfen elektrische Pumpen eingerichtet und Bewässerungsgräben angelegt worden waren, reichten viele der alten Brunnen und Quellen nicht mehr aus. Man mußte weit östlich von Peyrane einen Kanal von der Durance abzweigen, um alle Gemeinden des Gebiets mit Wasser versorgen zu können.

Durch die Einführung moderner landwirtschaftlicher Methoden trat ein altes Problem noch stärker hervor: die Aufteilung des Besitzes eines jeden Bauern in kleine Parzellen, die über ein weites Gebiet zerstreut lagen. Dieses Problem wurde bereits erwähnt[8], aber durch die Einführung von Traktoren ist es heute viel ernster als im Jahre 1950. Moderne landwirtschaftliche Maschinen können nicht rationell auf kleinen Parzellen eingesetzt werden, was manche Bauern, die die Ausrüstung auf Kredit gekauft hatten, feststellen mußten. Folglich können sie zu ihrer Bestürzung ihre Maschinen nicht bezahlen, die sich bei rationellem Einsatz rasch amortisiert hätten.

Man kann sich kaum vorstellen, wie zerstückelt der Besitz eines Bauern in Peyrane ist, wenn man nicht einen spezifischen Fall aufzeigt. Ein Besuch auf Carettes Hof im Sommer 1961 war für mich ein ideales Anschauungsobjekt. Ich hatte Carette im Dorf getroffen, als er ins Café kam, um Tabak zu kaufen. Ich hatte Glück, ihn zu treffen, denn er erzählte mir gleich, daß er nur noch selten ins Dorf käme. Er kaufte seinen Tabak gewöhnlich am Samstag morgen in Apt oder Cavaillon. Er lud mich zu sich ein, und so stiegen wir in seinen Peugeot aus dem Jahre 1929, den er mit einer Kurbel anwarf.

»Ja, es ist immer noch dieselbe alte Kiste. Es gibt nicht mehr viele alte Wagen; ich brauche ihn nur, um auf den Markt zu fahren, und das schafft er noch. Warum sollte ich einen neuen kaufen? Aber warten Sie nur, bis Sie meinen Traktor sehen!«

Unterwegs erzählte er mir von seinen Kindern. Sein Sohn hatte gerade

[8] Siehe oben S. 22 f.

den Militärdienst in Algerien beendet und war auf dem Weg nach Hause.
»Ich wollte eigentlich, daß er sich weiter ausbildet«, sagte Carette, »aber er möchte zurück auf den Hof und zu den Tieren – weg von den Menschen. Vielleicht ändert er seine Meinung, wenn er den ganzen Tag Traktor fahren, den Lärm ertragen und die Auspuffgase einatmen muß.«
»Warum haben Sie dann den Traktor überhaupt gekauft?« fragte ich.
»Ich mußte. Ich konnte keine Hilfe bekommen und mußte daher die meiste Arbeit selbst tun. Auf diese Weise kann ich wenigstens die Arbeit bewältigen.«
Auf seinem Hof angekommen, setzten wir uns in den Schatten und tranken ein Glas Himbeersaft. Das Haus liegt mit zwei anderen an einem gemeinsamen Brunnen. Das mittlere, das er von einem Onkel geerbt hat, steht schon seit Jahren leer, aber Carettes halten es in gutem Zustand.
»Es ist praktisch«, sagte er. »Ich benutze es als Scheune, und die Kinder laden ihre Freunde dorthin ein. Im Sommer halte ich dort meine Siesta. Da es völlig geschlossen ist, bleibt es kühl, und niemand stört mich.«
Das dritte Haus gehört Alexandre Ruffat, dessen verschiedene Parzellen so mit denen von Carette verschachtelt sind, daß ich vermutete, die beiden Männer müßten Schwierigkeiten miteinander haben.
»Oh nein, es gibt für uns keine Probleme, weil wir uns nicht umeinander kümmern«, sagte Carette. »Wenn es nötig ist, helfen wir uns gegenseitig, aber die meiste Zeit geht jeder seines Weges.«
Als wir durch die Felder zu einer Stelle gingen, wo Carette mir die schöne Aussicht zeigen wollte, beeindruckte mich seine Fähigkeit, mit den Nachbarn auszukommen, noch stärker. Ich entdeckte, daß die Besitzungen aller Bauern in der Umgebung eng ineinander verzahnt waren. Wir mußten über Ruffats Hühnerhof gehen, um dahin zu kommen, wo Carettes beste Reben wuchsen. Diese Felder wurden von anderen Feldern durchschnitten, die nicht nur Ruffat, sondern auch Figeard (der auf der anderen Seite der Straße wohnt) und Ricard (dessen Haus auf einem etwa ein Kilometer entfernten Hügel steht) gehören. Andererseits gehören Carette Felder in der Nähe der Häuser von Figeard und Ricard wie auch anderswo in der Gemeinde.
Als ich mich über das Durcheinander wunderte, sagte er: »Wenn Sie

dies für ein Durcheinander halten, so schauen Sie Ricards Haus drüben auf dem Hügel an. Das Haus gehört ihm, aber die Scheune auf der linken Seite gehört Figeard und mir. Das heißt, mir gehört der mittlere, mit gewölbten Ziegeln gedeckte Teil, und Figeard gehören die beiden Seitenteile, die mit neuen flachen Ziegeln gedeckt sind. Schauen Sie auf die andere Seite des Hauses. Der Schuppen gehört Ricards Bruder, der in Cavaillon lebt, aber der Anbau gehört mir.«
Als ich Carette fragte, warum er nicht das *remembrement*-Programm[9] ausnutzte, sagte er: »Manchmal funktioniert es, aber meistens nicht. Und glauben Sie vielleicht, ich würde jemals diese Felder hergeben?«
Wir waren an der Stelle angelangt, die er mir zeigen wollte, einem außergewöhnlichen Platz, von wo aus man das ganze Becken von Apt und die umliegenden Berge überschauen konnte: das Lubérongebirge, das hochgelegene Dorf Saignon, die in eine Schlucht geschmiegte Stadt Apt und den Perréal-Hügel, wo die Römer einst eine Invasion der Zimbern abgewehrt hatten. Es war eine Szenerie wie aus Gionos Novellen. Wer würde dieses Stück Erde gegen ein anderes, noch so fruchtbares tauschen?
»Früher konnte ich bei der Arbeit in den Reben diese schöne Aussicht genießen«, sagte Carette. »Mein Pferd kannte seinen Weg. Jetzt mit dem Traktor muß ich immer auf die Furchen schauen. Das ist der Fortschritt!«
Es war spät geworden. Die Sonne ging unter, und man erwartete mich im Dorf; aber Carette bestand darauf, auf dem Feld nach Resten von römischen Ziegeln für meine Kinder zu suchen. Das Feld sei voll davon, sagte er. Also hatte ein Römer vor zweitausend Jahren auf diesem Platz sein Haus gebaut. Auch er hatte sich am Widerschein der untergehenden Sonne am Lubérongebirge erfreut.
Leider ist es unvermeidlich, daß Carettes wirtschaftliche Lage schlechter wird. Abgesehen von Zeit und Energie, die er vergeudet, wenn er mit seinen Maschinen von Feld zu Feld zieht, nützt er deren Möglichkeiten nicht aus, weil seine Felder dafür zu klein sind. Carettes ganzer Besitz ist nicht größer als zwanzig Hektar, und der meiste Boden eignet sich nicht für eine Spezialisierung im Anbau, die einen kleinen Hof rentabel machen könnte. Man kann sich kaum vorstellen, daß Carette der wachsenden Konkurrenz des Gemeinsamen Marktes oder gar dem

[9] Ein vom Staat gefördertes Programm, um den Bauern zu helfen, ihre Besitzungen abzurunden und deren Aufsplitterung zu verringern.

Weltmarkt standzuhalten vermag. Verschiedenartige Anbauprodukte sind ein Vorteil für die Eigenversorgung einer Familie, aber heute ist dies für Carette unsinnig, da er mit den großen Weinbergen der Languedoc und den Getreidefeldern der Beauce konkurrieren muß, ganz zu schweigen von den Ranches in Argentinien, den Getreidefeldern in Rußland und den Maisfeldern von Iowa.

Durch Landreform, Weiterentwicklung der Genossenschaften, Versuche mit anderen Formen der Zusammenarbeit in der Produktion, der Finanzierung und der Verteilung – durch diese oder andere Vorkehrungen wird sich vielleicht eine Änderung auf den Höfen von Peyrane vollziehen. Bevor sich jedoch eine neue, stabile Form entwickelt hat, wird es noch mehr Kummer und soziale Unruhen als bisher geben, denn die Carettes in Frankreich geben nicht kampflos auf. Durch ihre Berufsorganisationen und durch Druck – wie die Demonstrationen von 1961 – können die Bauern den Staat vielleicht zwingen, ihnen den Übergangsprozeß zu erleichtern, aber die Umwandlung ist unvermeidlich.

Carette ist in genau der gleichen Situation wie die wenigen übriggebliebenen Ladenbesitzer in Peyrane, die sich mit ihren kleinen selbständigen Betrieben mühsam durchschlagen. Zwei von ihnen, Arène und Saindol, haben unterdessen aufgegeben, ihre Läden sind geschlossen. Ein dritter Laden hat dreimal den Besitzer gewechselt, da jeder neue Eigentümer vergeblich hoffte, damit verdienen zu können. Dem vierten Kolonialwarenhändler gelingt es zu existieren, aber nur, weil er auch eine Bäckerei betreibt und Waren und Brot mit dem Lastwagen direkt zu den Bauern aufs Land bringt. Der fünfte Kolonialwarenhändler scheint zu verdienen, aber im Sommer 1961 sagte er mir, er suche einen Käufer für seinen Laden. Seine Frau und er waren es leid, in der Woche achtzig Stunden zu arbeiten und nur so viel zu verdienen, daß sie gerade davon leben konnten.

Diese kleinen Bauern und Ladenbesitzer stellen einen wunden Punkt der französischen Ökonomie dar, da solche Betriebe in einer modernen Wirtschaft auf die Dauer nicht mehr existieren können. Sie waren es, die in den fünfziger Jahren aus Verzweiflung Poujade wählten. Jetzt lehnen sie seine Phrasen ab und suchen nach anderen Quellen der Hoffnung. Anstatt sich auf politische Lösungen zu verlassen, wenden sich die Bauern an ihre Berufsorganisationen – Bauerngewerkschaften und -genossenschaften. Die Ladenbesitzer haben keine entsprechenden Organisationen. Manche wenden sich de Gaulle zu, der ihnen Sicherheit verspricht, oder den Kommunisten, die so heftig protestieren. Manche setzen ihre Hoffnung in die Unabhängigen, vielleicht weil deren Name ihr eigenes Verlangen widerspiegelt. Manche ziehen sich schließlich immer mehr zurück, um ihre Verbitterung in den Hinterzimmern ihrer kleinen Läden zu nähren. Wenn diese Menschen nicht einen Weg finden, ihren Traum von Unabhängigkeit mit der wirtschaftlichen Realität in Einklang zu bringen, werden zweifellos noch andere Poujades von dieser paradoxen Lage profitieren.

So zeigen sich zwei Seiten des heutigen Frankreichs in Peyrane: auf der positiven Seite die Veränderungen und die Prosperität, auf der negativen Seite die Menschen, die durch diese Veränderungen in ihrer Existenz bedroht sind. Auf dem Land erkennt man das Positive an der Modernisierung der landwirtschaftlichen Methoden, an dem Anwachsen der Genossenschaften und vor allem an dem Interesse am Gemeinwohl, das 1950 noch nicht existierte. Das Dorf Peyrane hat eine neue Funktion, die sich in den restaurierten Häusern, der modernen Kanalisation und den fröhlichen Sonnenschirmen vor den Cafés manifestiert. Peyrane ist heute eine junge Gemeinde mit vielen Kindern, die in eine moderne, helle und gut eingerichtete Schule gehen und in der Stadt weitere Ausbildungen erhalten können.

Über die negative Seite kann man sich im *cadastre* orientieren, wo in riesigen Bänden die Besitzverhältnisse festgehalten sind. Hier erkennt man die verwickelten Verhältnisse des Landbesitzes, die durch jede Heirat, jede Geburt und jeden Todesfall mit den daraus sich ergebenden Erbteilungen weiter kompliziert werden. Bis das Problem der Flurbereinigung gelöst ist – oder auch nur der Versuch einer Lösung gemacht wird, denn es scheint unwahrscheinlich, daß eine vernünftige, annehmbare Lösung gefunden werden kann –, werden noch viele Menschen von Peyrane ihre Unabhängigkeit verlieren. Man weiß nicht, was aus den Kindern und Enkelkindern von Carette, Chanon, Marchal, Seignon und vieler anderer Bauern werden wird.

Wenn wir von der Bedrohung der Unabhängigkeit der Bauern und Ladenbesitzer sprechen, wenn wir die Modernisierung Frankreichs beschreiben, setzen wir oft voraus, daß das Frankreich, wie wir es kannten, verschwunden ist. Modernisierung wird immer mit »Amerikanisierung«, »Massenkultur« und dem »Tod des Individualismus« gleichgesetzt – dem Verlust eben der echten Ideale und Werte, die für die französische Kultur charakteristisch sind und die auf der wirtschaftlichen Unabhängigkeit der kleinen Leute zu basieren schien.

Aber es gibt andere Kräfte, die die wirtschaftliche Veränderung aufhalten oder sie modifizieren, so daß die traditionellen Werte in neuen Formen ihren Ausdruck finden können. Vielleicht muß Carettes Sohn die Landwirtschaft aufgeben und bei Shell in Berre arbeiten, aber er wird nie jene wesentlichen Wertbegriffe vergessen, die man ihm zu Hause und in der Schule eingeprägt hat. Gerade auf dem Gebiet der Kindererziehung und Ausbildung hat sich in Peyrane seit 1950 am wenigsten geändert. Die Beziehungen der Familienangehörigen untereinander, die Weise, wie die Kinder erzogen werden und ihre Umwelt zu begreifen lernen, die Weise, wie sie lernen, über die Natur, die Menschen und sich selbst zu denken – alle diese Dinge haben sich relativ wenig gewandelt. Das Schulhaus ist neu; die Lehrbücher sind attraktiver, sie enthalten mehr Abbildungen, und es ist weniger Text auf einer Seite. Aber im Grunde hat man die Lehrmethoden beibehalten: dem Kind wird ein Prinzip auf einfache Weise beigebracht, und es lernt systematisch, es auf seine eigenen Erfahrungen anzuwenden. Die Funktion des Lehrers und seine Beziehung zu den Kindern sind dieselben geblieben. Die Art der Belohnung und Bestrafung ist unverändert. Es gehen jetzt mehr Kinder in die Stadt, um ihre Ausbildung fortzusetzen, aber auch dort sind die Methoden und der Geist dieselben geblieben. Dies sind Kräfte, die dazu beitragen, das Peyrane zu bewahren, das wir kannten. Gleichzeitig wird es durch andere starke Kräfte verändert. Wahrscheinlich wird das im Leben von Peyrane Bestand haben, was das fundamentale Element der französischen Zivilisation ist: das Gefühl für die Würde des einzelnen, das den Menschen treibt, seine Umwelt menschlich zu gestalten, und das es ihm erlaubt, an einer hochentwickelten Kultur teilzuhaben und trotzdem eine starke unabhängige Persönlichkeit zu bleiben.

19. KAPITEL

Fünfundzwanzig Jahre später

Je öfter ich seit 1970 Peyrane und Chanzeaux besuchte, um so klarer wurde mir, daß die Bewohner dieser beiden Orte sich nicht mehr durch die Grenzen ihrer Gemeinden, im weitesten Sinn des Wortes, bestimmt fühlen. Zunächst hatte ich bei meiner Rückkehr nach Peyrane vor, das ich so genau zu kennen glaubte, kurz vor Mittag anzukommen, um meine Freunde zur Apéritifstunde begrüßen zu können. Ich konnte nicht damit rechnen, die meisten der Stammgäste von 1950 anzutreffen. Wenn auch einzelne gestorben oder weggezogen waren oder die Bar nur ihrer Leber wegen mieden, so war es doch wahrscheinlich, daß andere ihren Platz eingenommen hatten. Früher waren der Ratsschreiber, der Arzt, der Briefträger, der *notaire*, der Ehemann der Lehrerin und der Cafébesitzer als Gruppe der vitale Mittelpunkt des Ortes gewesen. Wenn ich eine Stunde mit diesen Männern verbracht hatte, war ich immer sicher, daß mir kein wichtiges Ereignis der Vergangenheit oder der Gegenwart entgangen war.

Zu meiner Enttäuschung stellte ich fest, daß es in der Bar keine feste Gruppe mehr gab. Bei meiner ersten Rückkehr 1973 traf ich Rivet; er erzählte mir sofort, daß er seit seiner Pensionierung als Ratsschreiber vor drei Jahren nicht mehr regelmäßig ins Dorf »herauf« käme. Seine Nachfolgerin, Madame Girard, eine ausgebildete Verwaltungsbeamtin, besuchte das Café nicht. Sie ist geschickt, kommt von außerhalb, sagt Rivet: Sie versteht es sich rauszuhalten und läßt sich nicht in die Zänkereien hineinziehen, wie er seinerzeit. Rivet hatte nie so glücklich ausgesehen wie jetzt, da er sich ganz den regionalen Boules-Wettkämpfen widmen konnte. Als er einige Minuten später nach Cavaillon aufbrach, wies er mich darauf hin, daß ich ihn vielleicht in einigen Stunden im Fernsehen sehen könnte, wenn er, wie so oft, das Finale in diesem Nachmittagsturnier erreichte.

Jetzt wird mir klar, warum die Apéritifrunde nicht mehr existiert: Peyrane hat aufgehört, eine eng verflochtene kleine Gemeinde zu sein, in der eine solche Gruppe eine wichtige Rolle spielt. Die Bewohner von Peyrane fühlen sich nicht mehr als eine Einheit, die sich so autonom wie möglich gegen die Außenwelt verteidigt: Sie sind ein integraler Teil der Welt geworden, der sie sich einst beharrlich widersetzt hatten.

Derselbe Wandel hat in Chanzeaux stattgefunden, diesem Dorf im Anjou, wo ich auch so viel Zeit verbracht habe. Dort waren die wöchentlichen Zusammenkünfte in den Cafés und der genossenschaftliche Stammtisch nach der Messe am Sonntag das Gegenstück zu Peyranes täglicher Apéritifrunde. In der Vergangenheit war ich sicher, die wichtigen Neuigkeiten zu erfahren, wenn ich mit dem Bürgermeister, dem Ratsschreiber, dem Präsidenten der örtlichen Bauerngenossenschaft, dem »Verantwortlichen« des *Mouvement familial* und dem Leiter der Pfarrschule zusammen am Tisch saß. Heute ist es noch nicht einmal sicher, daß diese Leute im Ort sind, denn heutzutage ist der Sonntag der Tag der Familienexkursionen. Die Bewohner von Chanzeaux gehen oft erst am Samstagabend in die Messe, um den Sonntag freizuhalten, oder sie gehen mit Freunden, die sie in einem anderen Ort besuchen, in die Kirche. Es kursiert sogar das Gerücht, daß einige überhaupt nicht zur Messe gehen – wenn sie erst einmal dem sozialen Druck ihrer Nachbarn entronnen sind.

Diese Entwicklung kann nicht überraschen, denn beim Studium der Geschichte beider Gemeinden beeindruckte mich ihr ständiger Wandel stärker als ihre Stabilität. Stadtbewohner glauben gerne, daß ländliche Gemeinden sich nicht verändern. Wir haben jedoch in Peyrane wie in Chanzeaux gesehen, daß Umschichtungen in der Bevölkerung und Veränderungen des Lebensstils im allgemeinen regelmäßiger und schneller vor sich gingen, als man gemeinhin annimmt. Die Illusion der Beständigkeit wird von einem kleinen Kern von Familien genährt, die über viele Generationen hinweg ihrer Gemeinde treu geblieben sind. In Peyrane spielen die Familien Jouvand und Favre diese Rolle, obwohl tatsächlich mehr Mitglieder dieser Familienclans weggegangen als dageblieben sind.

Als einige Leser vermuteten, daß die Mobilität der Bevölkerung von Peyrane ungewöhnlich für eine französische ländliche Gemeinde sei, haben meine Studenten und ich beschlossen, seine Bevölkerungsbewegung mit derjenigen von Chanzeaux zu vergleichen, einer erheblich konservativeren Gemeinde, die vom Touristenstrom unberührt geblieben ist. Wir stellten fest, daß in den letzten 150 Jahren die jährliche Umschichtung von etwa 5 % der Bevölkerung konstant war, obwohl die nationale Wirtschaftslage die Häufigkeit des Wechsels beeinflußte. Der größte Teil der dort geborenen

Menschen lebt jetzt anderswo in Frankreich; die meisten der jetzt dort lebenden Menschen wurden anderswo geboren.[1]

Der ständige Wechsel der Bevölkerung steht natürlich in enger Beziehung zu den Veränderungen des allgemeinen Charakters dieser besonders ländlichen Gemeinden. 1790 lebten Peyrane und Chanzeaux in relativer Isolierung und produzierten hauptsächlich das, was für ihre Selbstversorgung notwendig war. Verbesserungen im Verkehrswesen ermöglichten ihnen in der Mitte des 19. Jahrhunderts, ihre Produktion für einen weit größeren Markt zu spezialisieren: in Chanzeaux Fleisch und Wein, in Peyrane Seide und Krapp, die Pflanze, aus der die rote Farbe für die britischen Militäruniformen gewonnen wurde. Um 1860 erreichte die Einwohnerzahl der beiden Gemeinden, stimuliert durch diese Wirtschaftsform, ihren Höhepunkt, fast das Doppelte von heute. Um 1900 hatte sich Chanzeaux wenig verändert, doch Peyrane hatte sich zu einem völlig anderen Ort entwickelt: Es war ein Bergbau-Dorf geworden mit zahlreichen Arbeitern, die man von außerhalb geholt hatte, um bei der Gewinnung von Ocker aus den roten Felsen zu helfen. Während des Zweiten Weltkrieges kehrten beide Dörfer fast völlig zur Selbstversorgung zurück. In den 50er Jahren, als ich mit meiner Untersuchung begann, waren dort die Zustände weniger klar. Man versuchte herauszufinden, wie man in einer modernen Welt leben konnte. Das Gefühl der Menschen, die Kontrolle über ihr Schicksal verloren zu haben, manifestierte sich in dem resignierenden Satz: *»c'est comme ça«*. Zehn Jahre später hatte sich diese Atmosphäre unausweichlichen Ausgeliefertseins verbessert. Die Bevölkerung war verjüngt. Stadtbewohner belebten das Dorf. Die Bauern hatten die Hoffnung, daß auch sie durch eine Modernisierung ihrer Arbeitsweise an den Wohltaten einer aufblühenden französischen Wirtschaft teilhaben könnten. Die resignierte Haltung, die im *»c'est comme ça«* zum Ausdruck gekommen war, beschränkte sich jetzt auf die schwache Gesundheit, das schlechte Wetter und die Enttäuschung über die Nachkommenschaft.

In der Mitte der 70er Jahre indessen wurde es klar, daß der neue Wohlstand nicht allen Bewohnern Peyranes und Chanzeauxs gleichmäßig zugute kam. Diejenigen, die sich aus diesem oder jenem Grund dem neuen Leben nicht anpassen konnten, waren verzweifelter denn je. Rivet schlug vor, ich solle Lucien Bourdin, einen alten Freund, besuchen, der *»fatigué«*, in Wirklichkeit aber schwer depressiv war. 1950 gab es ein Dutzend Bauern in Peyrane,

[1] Siehe *Chanzeaux, A Village in Anjou* (Cambridge/Mass., Harvard University Press, 1966) S. 156f.

die in der *bourg*[2] lebten. Zusammen mit den Schmieden und anderen Handwerkern, die den Bauern halfen, verliehen sie dem Leben dort eine ländliche Atmosphäre. Heute gibt es keine Handwerker mehr, und Bourdin ist der letzte Bauer. Er lebt zusammen mit seiner Mutter, die auf mein Klopfen hin aufmachte. Er versuchte, mich fröhlich zu begrüßen und sagte seiner Mutter, sie solle mir ein Glas ihres Likörs geben, der aus seinem Branntwein, grünen Mandeln und Kräutern hergestellt war. Er begann sofort über das Problem zu sprechen, von dem er überzeugt war, daß es die Ursache seiner Depression sei. Bourdin glaubt, daß die Regierung und das ganze wirtschaftliche System gegen ihn sind, und er hat es aufgegeben, sie zu bekämpfen. Mit Ersparnissen und einem kleinen Garten kommen seine Mutter und er – wenn auch knapp – zurecht. Auf seine Felder geht er nicht mehr. Die Spargel wurden nicht geerntet, die Kirschen nicht gepflückt, und die Melonen verfaulten im Weinberg.

Bourdin braucht einen Psychiater, was ihm auch seine Mutter und der Arzt des Dorfes immer wieder sagen, aber er rationalisiert immerzu, so daß niemand mit ihm wirklich sprechen kann. Die meisten Bauern von Peyrane und Chanzeaux denken dasselbe über das System, obwohl sie nicht neurotisch wurden wie Bourdin. Für Generationen war der kleine Bauer mit dem kleinen Stückchen Land das Symbol sozialer Stabilität; er wurde von jeder Regierung und aus jeder politischen Richtung gestützt. Aber Frankreich ist jetzt in erster Linie ein Industriestaat geworden – in der Landwirtschaft ebenso wie in der Fabrikation –, und die kleine landwirtschaftliche Einheit ist nicht länger lebensfähig. Gerade der Schutz, den man den kleinen Bauern über Jahrzehnte gewährte, hat zu ihrem Verderben geführt; es bestand früher für sie keine Notwendigkeit, sich weiter zu entwickeln, um auf dem Weltmarkt konkurrenzfähig zu sein. Nach dem Kriege ermutigte man sie und half ihnen, ihre Arbeitsweise zu modernisieren, und viele verschuldeten sich, um eine neue Ausrüstung zu kaufen; moderne Landmaschinen sind jedoch nur für extensive Anbauweisen brauchbar, wie man sie in Beauce und in der Picardie antrifft. In Peyrane und Chanzeaux, wie in vielen anderen Teilen Frankreichs auch, haben die meisten Höfe weniger als 20 Hektar Land, und die Felder sind über weite Gebiete verstreut. Angesichts des Wettbewerbs auf dem Gemeinsamen Markt können die Bourdins von Frankreich nicht überleben. Die Regierung verkennt das Problem des kleinen Bauern nicht, nur ist man offiziell der Meinung, daß er zum Untergang verurteilt ist. Die *Concorde* ist anstelle des Bauern zum nationalen Symbol geworden, das die Regierung subventioniert.

[2] Gemeint ist: im Ortskern. (Anm. d. Red.)

Häufige Unruhen und Demonstrationen in solchen Gebieten, in denen kleine Höfe vorherrschen, am stärksten in der Bretagne und im Südwesten Frankreichs, sind symptomatische Reaktionen auf die veränderte Regierungspolitik. Als kürzlich ein Steuereinzieher beschuldigt wurde, einen widerspenstigen Bauern in Chanzeaux unter Druck gesetzt zu haben, versuchten Freunde des Bauern, den Beamten daran zu hindern, die Unterlagen im Rathaus einzusehen. Zu dieser Gruppe gehörte einer der friedlichsten und angesehensten Bauern Chanzeauxs. Er steht jetzt unter Anklage, den Steuereinzieher angerempelt zu haben. Cardins neue Maschinen, die moderne Küche seiner Frau und die Luxusgegenstände in seinem Haus machen das Dilemma deutlich, welches Cardin veranlaßte, sich gegen die Regierung aufzulehnen. Wäre Cardin mit dem niedrigen Lebensstandard seines Großvaters zufrieden geblieben, könnte er immer noch von seinem Hof leben, doch sowohl er wie seine Frau lehnen die traditionsbedingten Gewohnheiten der Bauern ab. Sie bestehen darauf, daß ihre harte Arbeit sie berechtigt, an dem allgemeinen französischen Lebensstil teilzuhaben, der ihnen im Fernsehen und in den Frauenzeitschriften als Vorbild vorgeführt wird. Wenn sie diesen Stil annehmen und die Einkünfte vom Hof nicht ausreichen, ist das Ergebnis Frustration und Ärger.

Die unmittelbare Lösung für die kleinen Bauern scheint darin zu liegen, sich auf den Anbau von Feldfrüchten zu spezialisieren, welche intensive Pflege erfordern, die von industriell geführten Betrieben nicht aufgewendet werden kann. In dieser Hinsicht haben es die Weinbauern gut. Da der Bedarf an französischen Weinen auf dem Weltmarkt enorm gestiegen ist und die wohlbekannten Weinsorten aufgrund ihrer Preise außerhalb des normalen Marktes liegen, besteht Nachfrage nach »kleinen« Weinen. Seit der Beaujolais für den normalen Verbraucher zu teuer ist, entdeckt man bis jetzt vernachlässigte Alternativen in einem Bourgueil, einem Gigondas, selbst in einem Auvergne. In Chanzeaux geht es den wenigen Bauern gut, die einen Anjou *rosé* an den Hängen des Layon anbauen. In Peyrane können die Weinbauern all ihren Wein durch die nahe gelegene Genossenschaft von Goult vorteilhaft verkaufen.

Bauern, deren Land für den Anbau von Wein nicht geeignet ist oder denen die technischen oder psychologischen Voraussetzungen für den Weinbau fehlen, wenden sich anderen arbeitsintensiveren Feldfrüchten zu. In Chanzeaux mit seinen großen Familien ermöglicht es die Mitarbeit von Frauen, Kindern und älteren Verwandten Tabak, Kamille, Minze und Stiefmütterchensamen zu ziehen. In Peyrane machen die Sonne und der gute Boden Gemüse- und Obstanbau profitabel. Da Arbeitskräfte knapp sind und die

Bauern wegen zu geringer Hofgröße keine ausländischen Arbeiter mit Hilfe offizieller Stellen bekommen können, lösen sie auf ihre Weise mit Findigkeit das Problem: Als ich Paul Carette in seinem Spargelfeld besuchte, traf ich ihn bei der Arbeit mit zwei Soldaten, die bei der atomaren Verteidigungsanlage in der Nähe von Apt stationiert waren. Sie verdienten sich an ihrem freien Tag ein wenig hinzu.

Eine andere Lösung für die Bauern von Chanzeaux und Peyrane wäre der Zusammenschluß in Genossenschaften, was schon viele Winzer getan haben. Sie sagen jedoch, daß Gemüse, Obst und Fleisch mehr Schwierigkeiten beim genossenschaftlichen Verkauf machen als Wein; ich vermute jedoch, daß der Hauptgrund ein psychologischer ist. Von alters her wachen die französischen Bauern eifersüchtig über ihre Unabhängigkeit. Sie tun sich nur zusammen, um sich gegen die Regierung zu wehren. Vor einigen Jahren, als eine Gruppe von Bauern aus Chanzeaux, die zusammen in der katholischen Landjugendbewegung aufgewachsen war, eine Landmaschinen-Kooperative startete, glaubte ich, daß die Notwendigkeit und eine einigende Ideologie eine Änderung im traditionellen Widerstand gegen die Genossenschaft hervorrufen würden. Aber nach 5 Jahren wurde die Genossenschaft aufgegeben. Die Abneigung gegen die gemeinsame Planung und den gemeinsamen Gebrauch der Geräte war zu groß. In Peyrane war die Traktor- und Pflug-Genossenschaft unter der Leitung eines überzeugten Kommunisten, Marc Peyre, außerordentlich erfolgreich. Ich hatte angenommen, daß der Erfolg dieser Gruppe mit dem starken Einfluß der kommunistischen Partei in dieser Gegend zu tun hatte. Landwirtschaftliche Beamte versicherten mir jedoch, daß der Erfolg der Genossenschaft auf das Charisma und die organisatorischen Fähigkeiten von Peyre und nicht auf seine politischen Ansichten zurückzuführen sei.

In der Tat läge die Lösung des Problems in einer vollständigen Reorganisation der Eigentumsstruktur, ein Verfahren, welches – zumindest theoretisch – die Cartesianische Denkart der Franzosen anspricht. Seit Jahren hat die Regierung tatsächlich ein Programm des *remembrement* gefördert: Auf Wunsch einer Gemeinde analysieren Verwaltungsspezialisten die örtliche Eigentumsstruktur und sorgen für ein zweckmäßiges und gesetzliches Verfahren bei der Neugestaltung und dem Austausch von Äckern und Wegerechten, so daß jeder Bauer einen geschlossenen Besitz von großen zusammenhängenden Feldern bewirtschaften könnte. Aber nur wenige Gemeinden – bestimmt weder Chanzeaux noch Peyrane – sind gewillt, sich diesem großen, korrektiven chirurgischen Eingriff zu unterziehen. Um dies zu umgehen, reden sich die Leute unter anderem damit heraus, daß es auf lange

Sicht zwecklos sei; durch die dauernde Teilung und Streuung der Äcker bei Todesfällen und Erbschaften würden bald die alten Strukturen wiederhergestellt sein. Außerdem lägen die Felder eines Hofes selten innerhalb der Grenzen einer Gemeinde; eine Lösung würde daher eine gemeinsame Anstrengung mehrerer Gemeinden notwendig machen. Dies sei mindestens ebenso schwierig wie die Lösung der Kooperationsprobleme der Bauern untereinander.

Doch findet eine Änderung in der Eigentumsstruktur allmählich durch Auszehrung statt. Da die Bauern nicht mehr wettbewerbsfähig sind, sind sie gezwungen, ihr Land aufzugeben; die übriggebliebenen Bauern können dann ihr Tätigkeitsfeld ausdehnen. Während der letzten 50 Jahre hat die Zahl der Bauernhöfe in Chanzeaux stetig von 150 auf weniger als 100 abgenommen. Trotzdem ist man sich im allgemeinen darüber einig, daß allenfalls 10 Bauernhöfe in der Gemeinde existieren können. Die mißliche Lage der Bauern wird weiter kompliziert durch die wachsende Konkurrenz der Städter beim Erwerb von ländlichem Eigentum. Die Frage lautet jetzt: *Welche* Bauern werden überleben?

Der frühere Vorsitzende des Bauernverbandes von Chanzeaux ist einer der wenigen, der seine mißliche Lage offen erkannte und handelte, bevor er zu schmerzhaften Konzessionen gezwungen war. Eugène Bourdelle setzte sich früh zur Ruhe und zog in die *bourg;* sein Bauernhof wurde einem jungen Nachbarn vermietet; seinem Sohn riet man ab, Bauer zu werden, und er wurde als beamteter Agronom ausgebildet. Es ist menschlich, sagt Bourdelle, daß kein Bauer zugeben will, daß er zu denen gehört, die ihr Land unter Zwang aufgeben müssen. Jeder glaubt, daß er durchhalten und vielleicht genug Land von den umliegenden Höfen erwerben kann, um Rinder für den unersättlichen Markt zu züchten.

Die *bourg* bleibt das Zentrum für Verwaltung und Erziehung der *communes.* Sie ist jedoch nicht mehr der funktionelle Mittelpunkt der bäuerlichen Wirtschaft. Die Bauern tendieren stärker zum Großmarkt als zum Nachbardorf. 1950 war noch nicht klar, wie die Zukunft dieser zurückgebliebenen Dörfer aussehen würde, aber jetzt sehe ich, daß sie bereits neue Funktionen entwickeln. Die *bourgs* von Peyrane und Chanzeaux sind heute Ableger der Städte. Sie haben die Aufgabe, den Menschen aus der Stadt Wohngebiete, Zweitwohnungen und Alterssitze zu bieten.

Früher zogen die Arbeiter in die Stadt, um in der Nähe ihrer Arbeitsplätze zu sein. Jetzt ziehen sie es vor, außerhalb zu wohnen und zu pendeln. Arbeiter, die schon in der Stadt wohnen, versuchen, aus den großen Wohnsiedlungen in stadtnah gelegene kleine Einzelhäuser umzuziehen. Peyrane ist nur 8 km von Apt entfernt, das ursprünglich eine verschlafene kleine Stadt war, heute aber aufgrund der nahe gelegenen Abschußrampen von Frankreichs atomaren Raketen aufblüht. Der Bürgermeister von Chanzeaux, Jean-Pierre Gardais, ein Autodidakt, der früher Landarbeiter war, wurde Leiter einer Dienststelle für Sozialfürsorge in Angers und fährt jeden Tag mit seinem 2 CV dorthin zur Arbeit. Er hat eine große Familie, und in Chanzeaux ist das Wohnen billiger und das Leben angenehmer als in Angers. Der Verkehr zwischen Chanzeaux und Angers wird durch die Engpässe der Loire-Brücken stark beeinträchtigt. Wenige Kilometer südlich von Chanzeaux jedoch bietet die aufblühende Stadt Cholet die Möglichkeit zu Fabrikarbeit.

Zweifellos wäre die Popularität der *bourgs* als *villages-dortoirs* (Schlaf-Städte) größer, wenn nicht ein anderes Phänomen den Wert von dörflichem Eigentum höher getrieben hätte, als es sich die meisten Arbeiter leisten können. Früher konnten sich nur die Wohlhabenden eine *résidence secondaire,* ein Landhaus neben einer Stadtwohnung, leisten. Heute haben die meisten Mitglieder des Mittelstands ein Haus auf dem Land und die Oberschicht sucht einen dritten, ja sogar einen vierten Wohnsitz: einen im Midi, um die Sonne zu genießen, einen anderen, um in den Bergen Wintersport zu treiben und einen dritten in der Bretagne, um im Ozean zu baden. Nachdem die französischen Arbeiter am Ende der sozialen Skala größtenteils durch Gastarbeiter ersetzt worden sind, erfaßt auch diese nunmehr arrivierte Gruppe der Wunsch nach einer *résidence secondaire.* Die kommunistische Parteizeitung *L'Humanité* bringt Anzeigen über Immobilien, die erschwinglich sein dürften: »*Aulnay-sous-Bois: Spécial week-end, anciennes dépendences de château, bord de rivière, océan de verdure.*« »*Sup. pav! pl-pied gd liv 3 chbres/cuis bns ch cent jard park pêche chasse.*«

Jedes Dorf bekommt entsprechend dem Typ der Städter, die es anzieht, einen neuen Charakter. Chanzeaux, weniger schön, weniger bekannt und weniger teuer als Peyrane, ist ein Anziehungspunkt für Ladenbesitzer, kleine Beamte und Facharbeiter. Peyrane mit seinen eindrucksvollen Okkerfelsen und der Sonne des Midi hat intellektuellere Leute aus der Stadt angezogen. Das Haus, das wir ein Jahr bewohnten, wurde vor einigen Jahren von einem italienischen Bildhauer gekauft und modernisiert. Auf der Rückseite unseres Hofes, am Rande der Felsen, war der Schuppen abgerissen, in dem unser Hausbesitzer die Geräte seiner Weinkellerei aufbewahrt hatte, und durch ein Schwimmbad mit Blick über das Tal ersetzt worden. Kürzlich wurde das Haus von einem der bekanntesten Pariser Journalisten gekauft. Hier kann man nichts mehr günstig erwerben!

Viele *résidences secondaires* werden mit der Absicht erworben, dort den Lebensabend zu verbringen. Die Hälfte des von uns bewohnten Hauses in Chanzeaux wurde z. B. an einen Pariser Lastwagenfahrer und seine Frau verkauft, die es für einen Sommer mieteten und sich dann entschlossen, sich dort zur Ruhe zu setzen. Ein ehemaliger Werftarbeiter aus Nantes hatte die andere Hälfte gekauft. Peyrane ist wieder einmal eine Stadt der alten Leute geworden. Als wir dort lebten, war ein Viertel der Bevölkerung über 60 Jahre alt. Dann entstand durch die steigende Geburtenrate eine Gemeinde, in der die Jugend überwog. Mit der wachsenden Zahl pensionierter Menschen ist nun die Atmosphäre mit der des Alters-Paradieses Florida vergleichbar. Der Bürgermeister ist ein pensionierter Ingenieur; der stellvertretende Bürgermeister ist ein pensionierter Offizier. Es wird jetzt den ganzen Tag Boules gespielt, weil so viele Leute nicht arbeiten. Boules in Peyrane erinnert an Shuffleboard in Petersburg.

Jeden Sonntag wird Peyrane von Ausflüglern überschwemmt und die Gelegenheit einer Familienexkursion in die Ockerfelsen mit einem besonders guten Essen verbunden. Das kleine Restaurant, das Monsieur Vincent ein Jahr vor unserer Ankunft in Peyrane übernahm, ist jetzt weithin bekannt. Die einfachen Tische am Rand der Felsen, an denen die Touristen unter freiem Himmel bei schönem Wetter getrüffelte Omelettes und gebratene Drosseln zu essen pflegten, wurden durch ein massives Gebäude ersetzt. Es wird nun das ganze Jahr über bewirtet. Vincent hat sich zurückgezogen, und das Restaurant wird von seinem Sohn George geführt, der seine Ingenieur-Pläne aufgegeben hat und nun Küchenchef geworden ist. George ist freundlich, zuvorkommend und besonders beliebt in Peyrane, weil er eine Fußball-Mannschaft aufstellte und als ihr Mittelstürmer glänzte. Als er älter wurde, zog es ihn aufgrund seiner Popularität in die Politik, und er wurde bald zum Gemeinderat und anschließend zum stellvertretenden Bürgermeister gewählt. Es sah so aus, als ob er der schon lange entbehrte Führer von Peyrane werden könnte, aber nach einigen Jahren war das Restaurant so groß geworden, daß es Georges ganze Kräfte erforderte. Für den Küchenbetrieb hatte er sich Jaques Leporatti geholt, einen Klassenkameraden aus der Englisch-Klasse, die ich vor Jahren unterrichtete, der seine Ausbildung als Küchenchef in einer Reihe von Hotels an der Riviera beendet hatte. Jetzt, da das Vincent-Restaurant regionale Bedeutung gewonnen hat und Peyranes Identität als Gemeinde schwindet, ist George weniger an der Rolle eines Lokalpolitikers interessiert. Für Peyranes Schwierigkeiten kam dieser geborene Führer eine Generation zu spät auf die politische Bühne. Die *Rose d'Or*, Peyranes luxuriöses Hotel, geht auch besser, aber es hat sich immer noch nicht in die Gemeinde integriert. Um Verwicklungen in lokale Streitereien zu vermeiden, holt der Hotelmanager Hilfskräfte von auswärts, anstatt Leute aus Peyrane anzustellen. Die Lage des Hotels verstärkt seine Isolierung, denn es liegt sowohl innerhalb wie außerhalb des Dorfes. Es ist auf einen Vorsprung der Ockerfelsen gebaut und hat deshalb keinen Anteil am Leben des Dorfes: Seine Gäste, die angenehm auf der Terrasse zu Mittag essen, genießen den Blick über das enge Tal auf Peyrane, ohne am Dorfleben teilzunehmen. Besucher, die am Dorfleben teilnehmen wollen – wenn sie Verwandte, Künstler und Soziologen in Peyrane besuchen –, wohnen meistens in der *pension de famille*, die Maman Jeanne aufgemacht hatte. Doch Maman Jeanne hat sich jetzt zurückgezogen, und die *pension* wurde von Georgette Jannel übernommen, die mit ihrem italienischen Mann und ihren Kindern in ihre Geburtsstadt Peyrane zurückgekehrt ist. Man soll gut essen bei Georgette, und man nimmt dort teil an dem neuen Treiben auf der *place de la Mairie* – oder beobachtet es nur. Maman Jeanne, die nicht mehr an Geschäft oder Politik interessiert ist, widmet sich nun einem der beliebtesten Zeitvertreibe in Peyrane. Die leuchtende Schönheit der Felsen war immer eine Attraktion für eine bestimmte Art von Künstlern, und diese Begeisterung hat sich auf manche Einheimische übertragen. Rivet war ein produktiver Maler, bevor er sich im Boules-Wettkampf engagierte. Für Maman Jeanne ist Malen eine Einnahmequelle und ein Vergnügen zugleich, denn sie verkauft ihre Bilder für 1000 Franken. »Je suis un primitif«, sagt sie. Im Sommer hat Peyrane sogar eine Kunstgalerie in dem Schuppen, in dem früher Monsieur Prayals Kreissäge stand. Oben auf dem Hügel, wo Madame Lestapis so lange als einzige Überlebende einer anderen Zeit gelebt hat, haben ein junger Silberschmied und seine Frau einen Laden aufgemacht, in dem sie seine Arbeiten und die anderer Künstler aus der Gegend verkaufen. Seit dem Tod von Madame Lestapis sind alle Häuser oben auf dem Hügel von »Stadt-Leuten« bewohnt.

Die Ökonomie des Dorfes hat sich den Bedürfnissen der neuen Bevölkerung angepaßt. Als wir in Peyrane lebten, gab es fünf Kolonialwarenläden; jetzt gibt es nur noch einen. Die alten Läden hatten die einzigen Eisschränke im Dorf. Wir kauften für jede Mahlzeit bei Arène ein, vier Meter von uns entfernt. Sein Laden war unsere Speisekammer und unser Vorratsschrank. Heute hat jedes Haus im Dorf einen Eisschrank, und für die meisten Einkäufe fahren die Leute zu einem Supermarkt in der Stadt. Der letzte Kolonialwarenladen mit einer Bäckerei ist nur lebensfähig, weil er mobil ist: Monsieur Bonerandi fährt seine Ware über Land, während seine Frau und seine Mutter den kleinen Laden besorgen.

In den fünfziger Jahren wohnten Handwerker in unserer Umgebung. In Chanzeaux arbeitete gegenüber unserem Hause ein Holzschuhmacher. Unser Hausbesitzer war Sattler. In Chanzeaux und Peyrane gab es je zwei überlastete Schmiede. Heute gibt es in beiden Gemeinden kaum mehr ein Pferd; die Schmiede und die Sattler haben sich zur Ruhe gesetzt. Holzschuhe und Blecheimer gibt es nicht mehr, man kauft statt dessen Plastikgegenstände in der Stadt. Die Witwe des Klempners versucht ihre Sozialversicherung durch den Verkauf von Küchengeräten aufzubessern.

Die Energieversorgung der modernen Häuser bringt einigen Geschäftsleuten Gewinn. Als wir in Peyrane lebten, brachte uns Monsieur Borel Wagenladungen voll Eichenholz und *petits boits* in unseren Hof; unser Kamin und der Holzofen in der Küche waren den Winter über die einzigen Wärmequellen im Haus. Jetzt betreiben Borels Söhne im ganzen Dorf ein gut gehendes Geschäft mit Propangasflaschen zum Kochen und Heizen. Das Propangas hat auch dazu beigetragen, das Leben der Bauern in Chanzeaux zu verändern. Die Bauern verbringen nicht mehr lange Stunden im Winter damit, Zweige aus den Hecken zwischen den Feldern einzusammeln.

Früher wurde in Peyrane der wenige Abfall meist über die Felsen in das umliegende Tal gekippt. 1950 wurde jede alte Flasche und jedes abgetragene Kleidungsstück wieder verwendet. Wenn wir in Monsieur Reynards Laden Oliven kauften, wickelte er sie in ein sauberes Stück Zeitungspapier ein, das er von einem Stoß nahm. Wir hoben das ölige Papier auf, als wir herausgefunden hatten, daß es sehr gut zum Feueranmachen zu gebrauchen war. Jetzt wird Zeitungspapier selten ein zweites Mal benutzt. Man verwendet kein Holz mehr zum Kochen und Heizen. Zum Einwickeln hebt jeder die Plastiktüten aus dem Supermarkt auf. Das Aufkommen von Toilettenpapier macht ebenfalls das Zeitungspapier überflüssig. Der Abfallhaufen am Fuße der Felsen wächst – ein Berg von Papier und Plastik, den der Mistral aufwirbelt.

In den fünfziger Jahren war in beiden Dörfern das Wasser knapp. »*Chanzeaux sans eau*«, klagte der Gemeinderat. Dann wurde nach Chanzeaux eine drei Kilometer lange Wasserleitung von der Loire verlegt. Peyrane wurde von der Durance versorgt. Aber Wasser war nur für kurze Zeit genügend vorhanden. Die Wasserversorgung brach bald durch neue Anforderungen zusammen – für Bewässerungen, Toiletten, Badezimmer, Waschmaschinen, Geschirrspüler, ja sogar für Schwimmbäder.

Als in den fünfziger Jahren der französische Lebensstandard seinen phänomenalen Aufschwung nahm, sahen viele Franzosen darin den Verfall der französischen Kultur durch die »Amerikanisierung«. Sie prangerten die *ci-*

vilisation du gadget und die *coca-colonisation* Frankreichs an. Diese Begriffe werden heute nicht mehr verwendet. Jedermann weiß, daß die Hebung des Lebensstandards einfach das Resultat der Modernisierung eines Landes war, das so lange ökonomisch rückständig geblieben war. Heute erwähnen die Franzosen stolz die Prognose des Hudson-Instituts in USA, daß um 1980 ihr Land die erste Industriemacht Europas sein wird. Sie finden es selbstverständlich, daß alle Franzosen (wenn auch vielleicht nicht die Gastarbeiter) den Komfort einer hochindustrialisierten Gesellschaft genießen sollen.

Im Hinblick auf die bis jetzt beschriebenen Veränderungen ist es überraschend, Stabilität und Kontinuität in den Lebensaspekten zu finden, die am unmittelbarsten auf einer Ideologie basieren. Bei den Wahlen von 1972 stimmte Chanzeaux entschieden für den gaullistischen Kandidaten; Peyrane, das zeitweise durch Vereinbarungen zwischen Sozialisten und Kommunisten auf nationaler Ebene einig war, stimmte entschieden gegen den gaullistischen Bürgermeister von Apt. Die politischen Besonderheiten haben Bestand. Obwohl die Begriffe »links« und »rechts« von jeder Generation verschiedenartig verstanden wurden, tendiert Peyrane weiterhin nach links und Chanzeaux nach rechts.

Das religiöse Verhalten bleibt ebenfalls unverändert, zumindest wenn man es statistisch betrachtet. In Peyrane gibt es immer noch etwa 5% Gläubige, die zur Messe gehen. Als sich der Abbé Autrand zurückzog, wurde kein Nachfolger für ihn bestellt; jetzt kommt jeden Samstag und für jeden Notfall ein Missionar.

In der großen Kirche in Chanzeaux gehen die Menschen zur Messe wie eh und je. Aber diese Angaben sind eher ein Maßstab für die Gewohnheit als für religiösen Eifer. Vor langer Zeit erklärte mir der Pfarrer von Chanzeaux, daß die meisten Mitglieder der meisten Gemeinden religiös indifferent sind; die 5% in Peyrane entsprechen wahrscheinlich den 5% in Chanzeaux, die er für wirklich fromm hielt. Die meisten Leute gehen zur Messe, weil man in diesem Teil des Anjou eben zur Messe geht; in der Vaucluse ist es nicht Brauch, in die Messe zu gehen. Diese spezifischen Gewohnheiten waren wie das politische Verhalten seit Jahrhunderten vorherrschend. Die Gläubigen von 1950 unterschieden sich jedoch von denen von 1970. Seit Anfang des Jahrhunderts, nachdem 1905 die Trennung von Kirche und Staat vollzogen worden war, unterstützten und beherrschten die Honoratioren einer Gemeinde die Kirche und die Pfarrschulen. Heute kommen die 5% Gläubigen aus einer Elite, die in den vierziger und fünfziger Jahren in der ländlichen katholischen Jugendbewegung geschult worden war. Die

Leiter treten allgemein für eine soziale Veränderung ein ebenso wie für eine Veränderung in der Kirche; sie werden von den konservativen Gemeindemitgliedern als »Kommunisten, die als Geistliche verkleidet sind«, abgelehnt.

Auf den ersten Blick scheint eine erstaunliche Veränderung in der Erziehung stattgefunden zu haben. Peyrane hat eine neue Schule, die groß, sonnig und gut belüftet ist. In Chanzeaux, wo es nur Pfarrschulen gibt, wurden die Gebäude und deren Ausstattungen vollständig modernisiert, seit die Kirche öffentliche Unterstützung erhält. Die audiovisuellen Hilfsmittel sind eindrucksvoll. Die Lehrbücher sind neu konzipiert und reich bebildert worden. Neben diesen sichtbaren Zeichen der Veränderung jedoch scheint die Erziehung im wesentlichen das geblieben zu sein, was sie seit Jahrzehnten war. Ihr liegen immer noch dieselben gewöhnlich als cartesisch bezeichneten Konzeptionen zugrunde: etwa dafür, woraus Wissen besteht, wie man es erwerben und anwenden sollte. Die Lehrbücher folgen trotz ihres veränderten äußeren Bildes der traditionellen Struktur und den gleichen Inhalten. Letztlich ist der Zweck der Prüfungen immer noch der, dem einzelnen eine geeignete Nische in der sozialen Hierarchie anzuweisen.

Ein Aspekt des Schullebens unterscheidet sich jedoch merklich von dem, was ich in den fünfziger Jahren beobachtete. Da die Veränderung auch im Familienleben festzustellen ist, finde ich die Entwicklung besonders signifikant. Sowohl in der Lehrer-Kind- wie in der Eltern-Kind-Beziehung sind die traditionellen Träger der Autorität weniger sicher in der Ausübung ihrer Macht. Diese mangelnde Überzeugungskraft haben sie den Kindern weitervermittelt.

Vor 20 Jahren hat der fünfjährige Dédou Favre vielleicht gelegentlich seiner Mutter widersprochen; ja, er ist sogar frech zu anderen Erwachsenen geworden, wenn er schlagfertig war – und konnte sich auch manchmal einer strafenden Hand entziehen. Grundsätzlich war Dédou jedoch bereit, Erwachsenen zu gehorchen. In dem einzigen Klassenzimmer für zwei Dutzend Vier- bis Sechsjährige war die Disziplin streng, aber so wirkungsvoll, daß man im oberen Klassenzimmer kaum ein Flüstern vernahm. Dieses Jahr sah ich Dédous Neffen, einen anderen Dédou Favre, wütend vor seinem Haus; seine Mutter schien völlig gleichgültig, was früher einen Skandal in der Nachbarschaft heraufbeschworen hätte. In der Schule äußern sich die Kinder heute freier, sie beteiligen sich wie zu Hause an den Unterhaltungen der Erwachsenen, ohne daß man sie immer mit dem traditionellen *»mange et tais toi«* zum Schweigen bringt.

Das Fehlen einer Kontrolle ist noch augenfälliger bei den Heranwachsenden, von denen immer mehr täglich in die Stadt gehen, die einen zur Arbeit, die anderen, um ihre Ausbildung fortzusetzen. Einige Eltern suchen verzweifelt – und unglücklich –, die traditionellen Formen von Autorität und Hierarchie zu erzwingen. Die meisten Familien jedoch billigen – vielleicht ein wenig wehmütig – die neue Unabhängigkeit der jungen Leute. Seit einigen Jahren sind die Eltern im Dorf wohl entsetzt, wenn ihre Kinder mit ihren Schulkameraden in der Stadt an den Revolten in den Höheren Schulen teilnehmen, aber gleichzeitig bewundern sie erstaunt den Mut der Jugend, sich der Autorität zu widersetzen.

Die Franzosen sind durch diese Entwicklung verwirrt und wissen nicht, wie sie sich verhalten sollen. Wenn alte und neue Lebensformen nebeneinander bestehen und doch gehandelt werden muß, entstehen Konflikte. Beobachter fragen sich, warum französische Beamte – von Schullehrern und Polizeibeamten bis zu Kabinettsmitgliedern – nicht in der Lage waren, mit den jüngsten Unruhen fertig zu werden. Warum sollte sich der am stärksten zentralisierte Staat der westlichen Welt von ein paar tausend jungen Leuten verwirren lassen? Die Erklärung mag darin liegen, daß viele der Beamten – wie die Eltern und Lehrer von Peyrane und Chanzeaux – zunehmend ambivalente Gefühle bei der Ausübung von Autorität haben und ihre öffentlichen mit ihren privaten Rollen im Widerstreit stehen. Allgemein anerkannt ist noch der Glaube an die Hierarchie von Gesetz und Ordnung, aber private Erfahrung hat in vielen Familien diese Überzeugung untergraben. Zu Hause haben die Leute gelernt, eine weniger autoritäre Atmosphäre zu dulden – ja sogar zu genießen. Gleichwohl scheinen die Familien, die ich in den beiden Provinzen und in Paris kenne, eine stärkere Einheit in ihren menschlichen Beziehungen zu bilden als zuvor. Der Glaube an die Hierarchie ist gewichen. An seine Stelle ist Anteilnahme am Wunsch jedes einzelnen, gegenseitiger Respekt und Toleranz bei Differenzen in einem Maße getreten, wie ich es nicht für möglich gehalten hätte. Die Unabhängigkeit des einzelnen ist gewachsen, während die Einheit der Familie jetzt weniger rigide, jedoch in sich gefestigt ist. Ich schließe, mit mehr Überzeugung als 1960, daß das grundlegendste und dauerhafteste Element in der französischen Kultur die Bereitwilligkeit des einzelnen ist, seine Verpflichtungen innerhalb der Familie zu übernehmen, sich aber gleichzeitig zu weigern, sein Recht auf Unabhängigkeit zu gefährden.

Namen- und Sachregister

Conditio humana
Ergebnisse aus den Wissenschaften vom Menschen

Howard S. Becker
Außenseiter
Zur Soziologie abweichenden Verhaltens.

Peter L. Berger
Zur Dialektik von Religion und Gesellschaft
Elemente einer soziologischen Theorie.

Peter L. Berger und Thomas Luckmann
Die gesellschaftliche Konstruktion der Wirklichkeit
Eine Theorie der Wissenssoziologie.

Joseph Church
Sprache und die Entdeckung der Wirklichkeit
Über den Spracherwerb des Kleinkindes.

Earl W. Count
Das Biogramm
Anthropologische Studien.

Mary Douglas
Ritual, Tabu und Körpersymbolik
Sozialanthropologische Studien in Industriegesellschaft und Stammeskultur.

Paul R. Ehrlich und Anne H. Ehrlich
Bevölkerungswachstum und Umweltkrise
Die Ökologie des Menschen.

Morton Fried, Marvin Harris und Robert Murphy (Hrsg.)
Der Krieg
Zur Anthropologie der Aggression und des bewaffneten Konflikts.

Helmut Gipper
Gibt es ein sprachliches Relativitätsprinzip?
Untersuchungen zur Sapir-Whorf-Hypothese.

Martin Hoffman
Die Welt der Homosexuellen
Beschreibung einer diskriminierten Minderheit.

Theodore Lidz
Familie und psychosoziale Entwicklung

Ralph Linton
Gesellschaft, Kultur und Individuum
Interdisziplinäre sozialwissenschaftliche Grundbegriffe.

Bronislaw Malinowski
Magie, Wissenschaft und Religion
Und andere Schriften.

Jean Piaget
Biologie und Erkenntnis
Über die Beziehungen zwischen organischen Regulationen und kognitiven Prozessen.

Helmuth Plessner
Philosophische Anthropologie
Lachen und Weinen. Das Lächeln. Anthropologie der Sinne.

Ilse Schwidetzky (Hrsg.)
Über die Evolution der Sprache
Anatomie – Verhaltensforschung – Sprachwissenschaft – Anthropologie.

Philip E. Slater
Mikrokosmos: Eine Studie über Gruppendynamik

David Sudnow
Organisiertes Sterben
Eine soziologische Untersuchung.

Erwin Stengel
Selbstmord und Selbstmordversuch

Lew Semjonowitsch Wygotski
Denken und Sprechen

Anton Zijderveld
Die abstrakte Gesellschaft
Zur Soziologie von Anpassung und Protest.

S. Fischer

Neues Denken – Neue Perspektiven

Amilcar O. Herrera/
Hugo D. Scolnik
Grenzen des Elends
Das Bariloche-Modell:
So kann die Menschheit
überleben.
244 Seiten, brosch.

Daniel Bell
Die Zukunft der westlichen Welt
Kultur und Technologie
im Widerstreit. Aus dem
Amerikanischen von
Inge Presser.
348 Seiten, brosch.

Herbert Gruhl
Ein Planet wird
geplündert
Die Schreckensbilanz
unserer Politik.
384 Seiten, Paperback

Yona Friedman
Machbare Utopien
Absage an geläufige
Zukunftsmodelle. Mit
einem Vorwort von Robert
Jungk. 240 Seiten, brosch.

S. Fischer